高等学校交通运输与工程类专业规划教材

路基路面工程

(第2版)

何兆益　杨锡武　主　编
黄晓明　主　审

人民交通出版社股份有限公司
北京

内 容 提 要

本书共分为十三章,主要内容包括:概论、路基的工程特性、路基设计、路基边坡稳定性验算、挡土墙设计、路基施工、交通荷载与环境因素、路面基层、沥青路面基本知识、沥青路面设计、水泥混凝土路面基本知识、水泥混凝土路面设计、路基路面养护与管理等。

本教材可作为高等院校土木工程类公路与城市道路工程、机场工程、桥梁与隧道工程专业方向的教材,也可供公路与城市道路工程、机场工程、市政工程等部门相关专业的工程技术人员学习和参考。

图书在版编目(CIP)数据

路基路面工程 / 何兆益、杨锡武主编. — 2 版. — 北京:人民交通出版社股份有限公司, 2019.12

ISBN 978-7-114-15413-3

Ⅰ. ①路… Ⅱ. ①何… Ⅲ. ①路基工程②路面—道路工程 Ⅳ. ①U416

中国版本图书馆 CIP 数据核字(2019)第 054123 号

高等学校交通运输与工程类专业规划教材
Luji Lumian Gongcheng

书　　名	路基路面工程(第 2 版)
著 作 者	何兆益　杨锡武
责任编辑	李　瑞
责任校对	刘　芹
责任印制	刘高彤
出版发行	人民交通出版社股份有限公司
地　　址	(100011)北京市朝阳区安定门外外馆斜街 3 号
网　　址	http://www.ccpress.com.cn
销售电话	(010)59757973
总 经 销	人民交通出版社股份有限公司发行部
经　　销	各地新华书店
印　　刷	北京虎彩文化传播有限公司
开　　本	787×1092　1/16
印　　张	29.5
字　　数	730 千
版　　次	2006 年 8 月　第 1 版　2019 年 8 月　第 2 版
印　　次	2024 年 1 月　第 2 版　第 3 次印刷　共 16 次印刷
书　　号	ISBN 978-7-114-15413-3
定　　价	60.00 元

(有印刷、装订质量问题的图书由本公司负责调换)

第2版前言

"路基路面工程"是高等院校土木工程类公路与城市道路、机场工程和桥梁与隧道工程方向的一门重要专业课。课程涉及土质学与土力学、路面材料学、弹性力学、道路结构分析及电算、工程经济与管理学等多学科知识,同时与工程实践紧密结合,是一门理论性和实践性并重的课程。

本书第1版是在重庆交通大学主编《路基路面工程》(21世纪西部高等学校本科系列教材,2001年,重庆大学出版社)的基础上,根据《公路工程技术标准》(JTG B01—2003)及有关规范进行编写,并于2006年8月由人民交通出版社出版,先后使用十余年。本次修订过程中,在坚持本教材特色的基础上,吸收了国家最新标准、规范及近年来我国道路工程研究的新成果,在讲解和阐述清楚路基路面工程基本概念、基本理论和基本方法的同时,更加注重教材的工程实践性。在教材编排体系上,遵循路基路面工程的学科特性与认知规律,既相互独立又联系紧密,构成有机统一的整体,以便于教学和研究。

本书共分为十三章,主要内容包括:概论、路基的工程特性、路基设计、路基边坡稳定性验算、挡土墙设计、路基施工、交通荷载与环境因素、路面基层、沥青路面基本知识、沥青路面设计、水泥混凝土路面基本知识、水泥混凝土路面设计、路基路面养护与管理等。

教学中应辅之以参观实习、施工实习、试验和课程设计等教学内容,在教学手段上,应充分借助实体工程照片、录像、多媒体教学,以培养学生综合运用理论知识分析问题和解决工程实际问题的能力。根据教学内容和学时安排,部分章节(标示※)可作为选学或自学内容。

全书编写分工如下:第一章由重庆交通大学何兆益教授编写,第二、三、四、五、六章由重庆交通大学杨锡武教授编写,第七、十章由重庆交通大学何兆益教授、朱洪洲教授编写,第八章由重庆交通大学黄维蓉教授编写,第九章由重庆交通大学魏建明教授、黄刚教授编写,第十一、十二章由重庆交通大学叶巧玲副教授编写,第十三章由重庆交通大学何兆益教授、郑智能副教授编写。本书由重庆交通大学何兆益教授、杨锡武教授担任主编,何兆益教授负责全书统稿工作,由东南大学黄晓明教授主审。

限于编者水平,本书不足和错误之处在所难免,恳请使用本书的单位或个人多提宝贵意见,寄至重庆交通大学土木建筑学院(邮编:400074),以便再版时修改。

编　者

2019 年 5 月

目录

第一章　概论 ··· 1
　第一节　路基路面工程发展概况 ·· 1
　第二节　路基路面工程的特点与性能要求 ···································· 4
　第三节　路基路面结构及功能 ··· 7
　第四节　公路自然区划 ·· 12
　思考题 ·· 15

第二章　路基的工程特性 ·· 17
　第一节　路基土的分类与工程性质 ··· 17
　第二节　路基受力与路基工作区 ·· 25
　第三节　路基水温状况及干湿类型 ··· 28
　第四节　路基强度与设计参数 ··· 36
　思考题 ·· 41

第三章　路基设计 ··· 42
　第一节　一般路基设计的内容与要求 ·· 42
　第二节　路基横断面设计 ··· 47
　第三节　路基排水设计 ·· 58
　第四节　路基边坡防护与加固设计 ··· 71
　思考题 ·· 81

第四章　路基边坡稳定性验算 ·· 82
　第一节　概述 ··· 82

第二节　直线法 ·· 86
　　第三节　圆弧法 ·· 88
　　第四节　不平衡推力传递法 ·· 93
　　第五节　浸水路堤边坡稳定性验算 ·· 95
　　第六节　边坡稳定性验算示例 ·· 98
　　思考题 ··· 101

第五章　挡土墙设计 ··· 103
　　第一节　挡土墙的类型及使用条件 ·· 103
　　第二节　重力式挡土墙的构造 ·· 107
　　第三节　挡土墙的土压力计算 ·· 110
　　第四节　挡土墙稳定性验算 ·· 125
　　第五节　浸水挡土墙设计 ··· 146
　　第六节　地震地区挡土墙设计 ·· 150
　　第七节　加筋土挡土墙设计 ·· 152
　　第八节　轻型挡土墙设计 ··· 161
　　第九节　挡土墙的布置设计示例 ··· 169
　　思考题 ··· 171

第六章　路基施工 ··· 173
　　第一节　概述 ·· 173
　　第二节　土质路基施工 ··· 175
　　第三节　路基压实标准 ··· 182
　　第四节　路堤压实方法与质量控制 ·· 186
　　思考题 ··· 190

第七章　交通荷载与环境因素 ·· 191
　　第一节　交通荷载 ··· 191
　　第二节　设计轴载与轴载换算 ·· 198
　　第三节　湿度状况对路面的影响 ··· 203
　　第四节　温度状况对路面的影响 ··· 206
　　思考题 ··· 208

第八章　路面基层 ··· 210
　　第一节　概述 ·· 210

第二节	碎(砾)石基层	211
第三节	无机结合料稳定材料基层	219
第四节	沥青稳定碎石基层	239
※第五节	其他类型基层	240
思考题		249

第九章 沥青路面基本知识 251

第一节　沥青路面分类及特点 251
第二节　沥青混合料的力学性质 256
第三节　沥青路面对材料的基本要求 264
第四节　沥青混合料技术性质与组成设计 273
思考题 289

第十章 沥青路面设计 291

第一节　弹性层状体系理论分析 291
第二节　沥青路面破坏状态与设计标准 295
第三节　沥青路面结构组合设计 299
第四节　新建沥青路面的结构设计 306
第五节　改建沥青路面结构设计 321
第六节　沥青混凝土路面排水设计 323
※第七节　国外主要沥青路面设计方法概述 328
思考题 336

第十一章 水泥混凝土路面基本知识 338

第一节　概述 338
第二节　普通水泥混凝土路面的构造 339
第三节　面层水泥混凝土材料要求 352
第四节　水泥混凝土路面施工工艺与质量控制 357
第五节　其他类型水泥混凝土路面简介 370
思考题 377

第十二章 水泥混凝土路面设计 378

第一节　弹性地基板理论 378
第二节　水泥混凝土路面荷载应力分析 379
第三节　水泥混凝土路面温度应力分析 388

第四节　水泥混凝土路面破坏形式与设计标准……………………………………391
　第五节　水泥混凝土路面板厚计算…………………………………………………393
　第六节　水泥混凝土路面排水设计…………………………………………………402
　第七节　水泥混凝土路面加铺层设计………………………………………………407
　※第八节　国外主要水泥混凝土路面设计方法概述………………………………414
　思考题……………………………………………………………………………………424

第十三章　路基路面养护与管理……………………………………………………425
　第一节　概述……………………………………………………………………………425
　第二节　路基技术状况评定……………………………………………………………427
　第三节　路面使用性能评价……………………………………………………………428
　第四节　路面的病害与防治……………………………………………………………444
　※第五节　路面养护管理系统概述……………………………………………………458
　思考题……………………………………………………………………………………462

参考文献……………………………………………………………………………………463

第一章 概 论

第一节　路基路面工程发展概况

　　道路伴同人类活动而产生,又促进社会的进步和发展,是历史文明的象征、科学进步的标志。原始的道路是由人践踏而形成的小径。东汉训诂书《释名》解释道路为"道,蹈也;路,露也。人所践蹈而露见也"。

　　商朝已经懂得夯土筑路,并利用石灰稳定土壤。周朝道路的规模和水平已有了很大的发展。战国时期车战频繁,交往繁忙,道路的作用显得日益重要,甚至一国道路的好坏,为其兴亡的征兆。秦朝修筑的驰道可与罗马的道路网媲美。秦始皇统一六国后即开始修建以首都咸阳为中心、通向全国的驰道网。汉朝继承了秦朝的制度。西汉时全国共有干道近 15 万 km。沟通欧亚大陆世界著名的丝绸之路,在公元前 1 世纪起已经形成商业之途,并将中国的丝绸穿越沙漠,输送到欧洲。唐朝是中国封建王朝的鼎盛时期,重视道路建设。宋朝、元朝、明朝均在过去的道路建设基础上有所提高,尤其是元朝地域辽阔,自元大都（今北京）通往全国有 7 条主干道,形成一个宏大的道路网。清朝在筑路及养路方面也有新的提高,规定得很具体。在低洼地段,出现高路基的"叠道",在软土地区用秫秸铺底筑路法,犹如今天的土工织物,对道路建设有不少新贡献。

　　尽管我国曾经创造了领先于世界的古代道路文化,但是由于长期的封建制度和近百年帝国主义列强的侵略和掠夺，束缚了生产力的发展，旧中国道路发展十分缓慢，直至20世纪初，我国公路的兴建才开始。

"中华民国"时期(1912—1949年)，公路有了初步发展，全国先后共修建了13万km公路。这些公路大多标准很低，设施简陋，路况很差。到1949年能够维持通车的仅有8万km，全国有1/3的县不通公路，西藏地区没有一条公路。1949年新中国建立以来，我国公路交通事业得到了迅速发展。特别是1978年改革开放以后，我国公路建设开创了崭新的局面。截至2018年年底，全国公路总里程达到486万km，公路运输已渗透到经济建设和社会生活的各个方面，在国民经济中占据越来越重要的地位。

自20世纪80年代中期开始，我国开始兴建高速公路，30多年来，已经形成了连接重要城市及地区的高速公路通道，横跨东西、连接南北的高速公路干线网络正在形成。截至2018年年底，高速公路总里程突破14.2万km，高居世界第一。高速公路的建设和使用，为汽车快速、高效、安全、舒适地运行提供了良好的条件，标志着我国的公路运输事业和科学技术水平进入了一个崭新的时代。

路基路面作为道路的主要结构，直接承受行驶车辆的作用，是道路工程的重要组成部分。如我国古代曾以条石、块石或石板等铺筑道路路面，以供人、畜以及人力、畜力车辆的通行。进入20世纪后，随着汽车工业和交通运输的发展，现代化公路的路基路面工程逐步形成了新的学科分支。它主要研究公路、城市道路和机场跑道路基路面的合理结构、设计原理、设计方法、材料性能要求以及施工、养护、维修和管理技术等。

我国广大道路工程科技工作者，从我国实际和建设需要出发，引进外国先进技术，刻苦钻研、反复实践，在路基路面工程建设和科学研究中，取得了许多突破性的系列成果。现作简要介绍：

公路自然区划 我国幅员辽阔，各地自然条件和道路的工程性质差异很大。为此将自然条件大致相近者划分为区，在同一区划内从事公路规划、设计、施工、管理时，有许多共性因素可以相互参照。我国现行的《公路自然区划标准》分三级区划，一级区划是根据地理、地貌、气候、土质等因素将我国划分为七个大区，二级区划以气候和地形为主导因素，三级区划以行政区域作为界限。

土的工程分类 土是填筑公路路基的主要材料，由于天然成因的差异，不同的路基土表现出截然不同的工程特性。我国依据土颗粒组成特征、土的塑性指标(塑限、液限和塑性指数)、土中有机质存在情况，将公路用土按不同的工程特性划分为巨粒土、粗粒土、细粒土和特殊土四大类，并细分为12种土。确认土的类别需应用标准的仪器，按统一的规程进行测试界定。为了在野外勘察中能对不同土类作鉴别，系统地总结了"简易鉴别、分类和描述"的方法与细节。

路基强度与稳定性 路基作为路面结构的基础，应具有足够的强度和稳定性。我国较早就确定以回弹模量作为评价路基强度与稳定性的力学指标，并形成了成套的室内外试验标准方法与仪器。为了在施工中以物理量指标控制工程质量从而保证达到规定的强度指标，广泛开展了不同土种的最佳含水率与最大密实度相关关系的研究，并且统一以重型击实试验法作为基本控制标准。为了提高路基的强度与稳定性，根据不同类别土壤的特性，研究了粒料加固、石灰加固、水泥加固、专用固化剂加固等行之有效的技术措施。在多年冻土地区、膨胀土地区、沙漠地区、黄土地区、盐渍土地区等特殊地区，通过研究采用各种有效技术修建公路路基取得了十分宝贵的经验。

高路堤修筑技术与支挡结构　为了提高高路堤路基的稳定性,研究提出的技术措施包括减轻路堤自重,采用轻质粉煤灰,或采用轻质塑料块修筑路基。修筑轻型路基支挡结构,特别是加筋土挡墙的研究和工程建设在我国取得了许多成果,例如条带加筋、网络加筋、土工织物加筋等均取得良好效果。

软土地基稳定技术　在软土地基上修筑路基路面,天然地面的自然平衡状态将发生改变,在很长时间内路基将处于不稳定状态。为此广泛研究了软土的调查与判别方法,改变软土性质的技术措施,如砂井或塑料板排水固结法,砂层排水加载预压法,无机结合料深层加固法,碎石桩、水泥搅拌桩、水泥碎石(CFG)桩、置换强夯等复合地基处理技术。在力学分析研究方面,通过现场跟踪观测、建立本构模型与预测分析模型预估与控制软土地基加固后的工后沉降,从而提高路基的稳定性。

岩石路基爆破技术　利用爆破技术开山筑路在我国有悠久的历史。最近几十年,我国在山区筑路工程中有新的发展,创造了系统的大爆破技术,每次总装炸药量多达数十吨,一次爆破可清除岩石数十万立方米。大爆破以现代爆破理论为基础,事先进行周密的勘测与调查,经过精心设计的大爆破不仅能降低造价,缩短工期,而且能够使爆破后形成的坡面状况十分接近路基横断面设计要求。

沥青路面结构　20世纪60年代初,随着我国石油资源的大规模开发,揭开了用国产沥青筑路的序幕。早期的沥青路面主要是铺设在现有中级路面上的薄层表面处治层,以改善其行车条件。20世纪70年代末,逐步形成了以贯入式路面为主的沥青路面承重结构。20世纪80年代末,开始兴建高速公路,沥青路面成为主要的路面形式。通过长期的科学研究形成了适合我国实际的沥青路面设计、施工及管理整套技术,包括沥青及改性沥青材料的生产工艺、装备,沥青及改性沥青材料的技术指标与标准、试验设备及方法,沥青混合料的技术指标与标准、混合料设计技术、混合料性能检测设备及方法,高性能沥青混合料组成设计方法与材料性能,长寿命沥青路面结构与材料,沥青路面现代化施工成套设备、施工技术与施工管理等。

水泥混凝土路面结构　20世纪70年代中期,交通运输发展加快,部分干线公路、城市道路及厂矿道路为提高承载能力,相继采用水泥混凝土路面结构。随后,针对水泥混凝土路面存在的主要问题,开展了系统而具有相当规模的科学研究。从而形成了我国水泥混凝土路面结构与材料的成套技术,包括道路水泥的性能、指标、标准以及生产工艺,水泥混凝土路面基层结构与材料性能要求、水泥混凝土路面结构性能与设计方法,接缝构造、工作原理以及接缝设计方法,聚合物改性水泥混凝土、纤维增强混凝土路面结构与材料,水泥混凝土路面小规模施工和大规模现代化施工成套装备及施工方法、施工组织管理等。

柔性路面设计理论与方法　我国道路科技工作者在充分吸取世界上各种流派的学术思想和借鉴国外设计方法基础上,通过长期的理论探索与工程实践,形成了符合我国实际的基于力学经验法的柔性路面设计理论与方法体系。在力学理论基础方面,建立了弹性力学多层结构承受多个圆形荷载的分析系统及相应的计算程序;提出了能控制路面结构主要性能的设计指标体系;形成了符合我国当前交通状况的荷载模式及交通分析方法;形成了完整的设计参数指标、标准、测试仪器与方法;建立了切实可行的设计计算方法。在路面功能设计、可靠度设计等方面的研究也取得了明显的进展。目前,沥青路面设计规范经过几次修订,不断修正和补充完善,形成了以沥青路面车辙、路基顶面压应变为变形控制指标,以沥青结构层、半刚性层底拉应变为路面各结构层疲劳开裂控制指标的路面设计方法,设计参数也日臻完善。

刚性路面设计理论与方法 20世纪70年代起,我国道路科技工作者对刚性路面设计进行较系统且具有相当规模的研究。在力学基础理论方面,运用解析法及有限元法建立了弹性力学层状结构、弹性地基板体结构模型,形成了整套分析计算方法与计算程序;建立了以弹性力学为基础,以混凝土弯拉应力为设计控制指标,综合考虑荷载应力与温度应力疲劳作用的设计体系与方法;研究并建立了地基支承、疲劳效应、动力效应等一整套设计参数的取值与测试方法;对钢纤维混凝土路面、连续配筋混凝土路面、碾压混凝土路面、复合结构混凝土路面等新型路面结构开展系统研究,并取得一批实用性研究成果。

半刚性基层沥青路面结构 利用石灰、水泥、工业废料等无机结合料修筑半刚性路面始于20世纪60年代初,五十多年间,对半刚性路面的强度发展规律、强度机理、路用性能等进行了广泛的研究。由于这种路面结构具有很多优势,目前已广泛用于高等级公路与城市道路,成为一种主要的结构形式。近年来对它的长期使用性能、耐久性能、疲劳性能、抗裂性及变形规律等问题进行了深入的研究,此外对于半刚性基层改良技术,如添加柔性纤维、乳化沥青改善半刚性基层韧性和提高抗裂性能等方面进行研究。

路面使用性能与表面特性 路面的平整度、破损程度、承载能力及抗滑性能是路面使用性能的重要方面。目前,我国已对这些性能对行车产生的影响,这些性能与路面结构设计、材料、施工的关系,量测手段与量测方法,评价指标与标准,在车辆的反复作用下性能的衰减及恢复等,开展了广泛的研究,取得了不少成果并应用于实际工程中。

绿色道路路面建设技术 绿色交通是21世纪资源节约型交通建设的主题。近年来,围绕温拌技术,开展了温拌沥青路面设计与施工技术、温拌橡胶沥青的设计与施工等系列技术研究,以减少热拌沥青混凝土施工过程中对能源的消耗。围绕再生技术,进行了沥青路面厂拌热再生和厂拌冷再生技术、沥青路面就地热再生技术和就地冷再生技术、全厚式再生技术等系列再生技术的应用研究;结合水泥混凝土路面旧路改造,进行了水泥混凝土路面就地碎石化技术和水泥混凝土路面材料再生利用等技术研究,形成了成套的绿色路面建养技术。

路面养护管理 将系统工程的理论与方法用于协调路面养护决策与管理,构建与形成路面管理系统是20世纪80年代后的新动向。多年来,我国在路面性能的非破损快速跟踪检测手段与技术、路面使用性能评价方法、路面性能预估模型的建立、路面管理网络系统的建立以及项目级和路网级优化管理决策等方面取得了系列研究成果。

综上所述,路基路面工程作为一个学科分支,随着我国交通运输的发展,正在以较快的速度逐步接近国外同类学科的前沿。进入21世纪,交通运输仍然是一个重要的科技领域。我国道路科技工作者将会从我国的实际出发,不断吸取交叉学科的新成就以及世界各国的有益经验,全面推动路基路面工程学科的发展,为我国交通运输现代化做出贡献。

第二节 路基路面工程的特点与性能要求

一、路基路面工程的特点

路基和路面是道路的主要工程结构物。路基(Subgrade)是按照路线位置和一定技术要求修筑的带状构造物,是路面的基础,承受由路面传递下来的行车荷载。它贯穿公路全线,与桥梁、隧道相连,是构成公路的主体。路面(Pavement)是在路基顶面的行车部分用各种混合料铺筑而成的层状结构物。路基是路面结构的基础,坚强而又稳定的路基为路面结构长期承受汽车荷载提供了重要的保证,而路面结构层的存在又保护了路基,使之避免直接经受车辆和环境因素的破坏作用,长久处于稳定状态。路基和路面相辅相成,实际上是不可分离的整体,应综合考虑它们的工程特点,综合解决两者的强度、稳定性和变形等工程技术问题。

路基路面是构成道路线形主体结构密不可分的主要组成部分,工程数量十分可观,例如微丘区的三级公路,每公里路基土石方数量为 8000~16000m³,山岭、重丘区的三级公路每公里可达 20000~60000m³,对于高速公路,数量更为可观。据分析,一般公路的路基修建投资占公路总投资的 25%~45%,个别山区公路可达 65%。路面结构在道路造价中所占比重也很大,一般都要达到 30% 左右。因此,精心设计、精心施工,使路基路面能长时期具备良好的使用性能,对节约投资、提高运输效益具有十分重要的意义。

路基路面是一项线性工程,有的公路延续数百公里,甚至上千公里。公路沿线地形起伏、地质、地貌、气象特征多变,再加上沿线城镇经济发达程度与交通繁忙程度不一,因此决定了路基与路面工程复杂多变的特点,工程技术人员必须掌握广博的知识,善于识别各种变化的环境因素,恰当地进行处理,建造出理想的路基路面工程结构。

二、路基路面工程的性能要求

现代化道路运输,不仅要求道路能全天候通行车辆,而且要求车辆能以一定的速度,安全、舒适且经济地在道路上运行。这就要求路面具有良好的使用性能,提供良好的行驶条件和服务水平。

为了保证公路与城市道路最大限度地满足车辆运行的要求,提高车速、增强安全性和舒适性,降低运输成本和延长道路使用年限,要求路基路面具有下述一系列基本性能:

(1)承载能力

行驶在路面上的车辆,通过车轮把荷载传给路面,由路面传给路基,在路基路面结构内部产生应力、应变及位移。如果路基路面结构整体或某一组成部分的强度或抗变形能力不足以抵抗这些应力、应变及位移,则路面会出现断裂,路基路面结构会出现沉陷,路面表面会出现波浪或车辙,使路况恶化,服务水平下降。因此要求路基路面结构整体及其各组成部分都应具有与行车荷载相适应的承载能力。

结构承载能力包括强度与刚度两方面。路面结构应具有足够的强度以抵抗车轮荷载引起的各个部位的各种应力,如压应力、拉应力、剪应力等,保证不发生压碎、拉断、剪切等各种破坏。路基路面整体结构或各个结构层应具有足够的刚度,使得在车轮荷载作用下不发生过量的变形,保证不发生车辙、沉陷或波浪等各种病害。

(2)稳定性

在天然地表面建造道路结构物改变了土体的自然平衡,在达到新的平衡状态之前,道路结构物处于一种暂时的不稳定状态。新建的路基路面结构袒露在大气之中,经常受到大气温度、降水与湿度变化的影响,结构物的物理、力学性质将随之发生变化,处于另外一种不稳定状态。路基路面结构能否经受这种不稳定状态,而保持工程设计所要求的几何形态及物理力学性质,称为路基路面结构的稳定性。

在地表上开挖或填筑路基,必然会改变原地面地层结构的受力状态。原来处于稳定状态的地层结构，有可能由于填挖筑路而引起不平衡，导致路基失稳。如在软土地层上修筑高路堤，或者在岩质或土质山坡上开挖深路堑时，有可能由于软土层承载能力不足，或者由于坡体失去支承，而出现路堤下沉或坡体坍塌破坏。路线如选在不稳定的地层上，则填筑或开挖路基会引发滑坡或坍塌等病害出现。因此在选线、勘测、设计、施工中应密切注意，并采取必要的工程措施，以确保路基有足够的稳定性。

大气降水使得路基路面结构内部的湿度状态发生变化，低洼地带路基排水不良，长期积水，会使得矮路堤软化，失去承载能力。山坡路基，有时因排水不良，会引发滑坡或边坡滑塌。水泥混凝土路面，如果不能及时将水分排出结构层，会发生唧泥现象，冲刷基层，导致结构层提前破坏。沥青混凝土路面中水分的侵蚀，会引起沥青结构层剥落，结构松散。砂石路面，在雨季时，会因雨水冲刷和渗入结构层，而导致强度下降，产生沉陷、松散等病害，因此防水、排水是确保路基路面稳定的重要方面。

大气温度周期性的变化对路面结构的稳定性有重要影响。如沥青路面在高温季节软化，在车轮荷载作用下产生车辙、波浪等永久变形；低温时沥青面层出现收缩、变脆而开裂，半刚性基层低温收缩产生反射裂缝。而水泥混凝土路面高温时发生拱胀开裂，低温时出现收缩裂缝以及在温度梯度作用下产生翘曲而破坏等。在北方低温冰冻季节，温度和湿度的共同作用会引起路基路面结构的冻胀，春融季节在重交通路段产生翻浆。

为了设计出适合当地气候条件、稳定性良好的路基路面结构，应充分调查和分析当地温度、湿度状况，在此基础上选择具有足够稳定性的路基路面结构及材料。

(3) 耐久性

路基路面在车辆荷载的反复作用与大气水温周期性的重复作用下，使用性能将逐年下降，强度与刚度将逐年衰变，如路面出现疲劳破坏和塑性变形的累积，路面材料性能会由于老化衰变而导致路面结构的破坏，路基的稳定性也可能在长期经受自然因素的侵袭后，逐年削弱。因此，提高路基路面的耐久性，保持其强度、刚度，几何形态经久不衰，除了精心设计、精选材料、精心施工之外，还要重视长年的养护、维修等工作。

(4) 表面平整度

路面表面平整度是影响行车安全、行车舒适性以及运输效益的重要使用性能。特别是高速公路，对路面平整度的要求更高。不平整的路表面会增大行车阻力，并使车辆产生附加的振动作用。这种振动作用会造成行车颠簸，影响行车的速度和安全、驾驶的平稳性和乘客的舒适性。同时，振动作用还会对路面施加冲击力，从而加剧路面和汽车机件的损坏和轮胎的磨损，并增大油料的消耗。而且，不平整的路面还会积滞雨水，加速路面的破坏。因此，为了减少振动冲击力，提高行车速度和增进行车舒适性、安全性，路面应保持一定的平整度。

优良的路面平整度，要依靠优良的施工装备、精细的施工工艺、严格的施工质量控制以及经常和及时的养护来保证。同时，路面的平整度同整个路面结构和路基顶面的强度和抗变形能力有关，同结构层所用材料的强度、抗变形能力以及均匀性有很大关系。强度和抗变形能力差的路基路面结构和面层混合料，经不起车轮荷载的反复作用，极易出现沉陷、车辙和推挤破坏，从而形成不平整的路面表面。

(5) 表面抗滑性能

路面表面要求平整，但不宜光滑。汽车在光滑的路面上行驶时，车轮与路面之间缺乏足够的附着力或摩擦力。雨天高速行车，或紧急制动或突然启动，或爬坡、转弯时，车轮也易产生空转或打滑,致使行车速度降低,油料消耗增多,甚至引起严重的交通事故。通常用摩擦系数表征抗滑性能,摩擦系数小,则抗滑能力低,容易引起滑溜交通事故。对于高速公路行车道,要求具有较高的抗滑性能。

路面表面的抗滑能力可以通过采用坚硬、耐磨、表面粗糙的粒料组成路面表层材料来实现,有时也可以采用一些工艺措施来实现,如水泥混凝土路面的刷毛或刻槽等。此外,路面上的积雪、浮冰或污泥等,也会降低路面的抗滑性能,必须及时予以清除。

(6)不透水性(抗透性)

透水的路面,雨天水分容易渗入路面结构和土基,这些滞留于路面表层和路面结构内部的水分,在大量高速行车荷载反复作用下,自由水产生很大的动水压力不断冲刷路面,路面会产生剥落、坑洞、唧泥和网裂等早期破坏现象。在降水量大的潮湿多雨地区,交通量大、载货车辆多的高速公路沥青路面水破坏更严重。

为避免路面水破坏,通常情况下,路面结构应该尽量采用不透水的路面面层,设置路面结构排水层或有效防水层。

需要特别指出的是,透水沥青混凝土又称多空隙沥青混凝土磨耗层或开级配磨耗层(Open Graded Friction Course,简称 OGFC)或排水沥青混凝土磨耗层,在国外使用广泛。由于其设计空隙率通常大于 15%(最大达 25%),良好的透水性使这种路面具有排水、抗滑、降低噪声、减少高速行车时引起的水雾和水漂现象,从而提高行车安全性。透水沥青混凝土面层通常需要设置有效的层间防水层,以便排水。

第三节　路基路面结构及功能

在不同的场合,路基的内涵有一定的差异。在路基设计时,路基的内涵是道路整个横断面,包含路堤或路堑(Embankment 或 Cutting);路面设计时,路基的内涵是路面的承载平台和基础,即路面结构以下的部分(Subgrade)。

一、路基横断面

路基横断面包含路基和路面结构两部分,路基宽度沿横断面方向由行车道、中间带、硬路肩和土路肩所组成。各部分的宽度与道路等级、设计车速等有关。各级公路典型的路基横断面如图 1-1 所示。

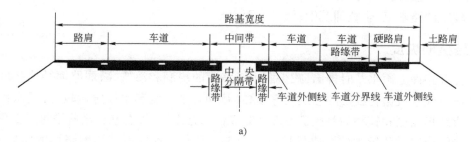

图　1-1

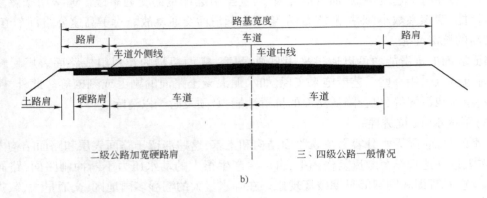

图 1-1　路基横断面图
a)高速公路、一级公路路基标准横断面；b)二、三、四级公路路基标准横断面

二、路面横断面

根据道路等级的不同,路面横断面可选择不同的形式,通常分为槽式横断面和全铺式横断面,如图 1-2 所示。

图 1-2　路面横断面形式
a)槽式；b)全铺式
1-路面；2-土路肩；3-路基；4-路缘石(侧石)；5-加固路肩

1. 槽式横断面

在路基上按路面行车道及硬路肩设计宽度开挖路槽,保留土路肩,形成浅槽,在槽内铺筑路面。也可采用培槽方法,即在路基两侧培槽,或采用半填半挖的方法培槽。

2. 全铺式横断面

在路基全部宽度内都铺筑路面。在高等级公路建设中,有时为了将路面结构内部的水分迅速排出,在全宽范围内铺筑基层材料保证水分由横向排入边沟。有时考虑到道路交通的迅速增长,适应扩建的需要,将硬路肩及土路肩的位置全部按行车道标准铺筑面层。在盛产石料的山区或较窄的路基上,全宽铺筑中、低级路面。

三、路拱横坡度

为了保证路面上雨水及时排出,减少雨水对路面的浸润和渗透,减弱路面结构强度,路面表面应做成直线形或抛物线形的路拱。等级高的路面,平整度和水稳定性较好,透水性也小,通常采用直线形路拱和较小的路拱横坡度。等级低的路面,为了有利于迅速排除路表积水,一般采用抛物线形路拱和较大的路拱横坡度。表 1-1 列出了各种不同类型路面的路拱平均横坡度。

各类路面的路拱平均横坡度　　　　　表1-1

路面类型	路拱平均横坡度(%)
沥青混凝土、水泥混凝土	1~2
厂拌沥青碎石、路拌沥青碎(砾)石、沥青贯入碎(砾)石、沥青表面处治、整齐石块	1.5~2.5
半整齐石块、不整齐石块	2~3
碎石、砾石等粒料路面	2.5~3.5
炉渣土、砾石土、砂砾土	3~4

路拱横坡度的选择,应充分考虑有利于行车平稳和有利于横向排水两方面的要求。在干旱和有积雪、浮冰地区,应采用低值;多雨地区采用高值。当道路纵坡较大或路面较宽,或行车速度较高时,或交通量和车辆载重较大时,或常有拖挂汽车行驶时,应采用平均横坡度的低值;反之则应取用高值。高速公路和一级公路设有中央分隔带,通常采用两种方式布置路拱横断面。若分隔带未设置排水设施,则做成中间高,两侧路面低,由单向横坡向路肩方向排水。若分隔带设置排水设施,则两侧路面分别单独做成中间高两边低的路拱,向分隔带排水设施和路肩两个方向排水。

路肩横坡度一般较路面横坡大1%,但是高速公路和一级公路的硬路肩采用与路面行车道相同的结构时,应采用与路面行车道相同的路面横坡度。

四、路面结构分层及其功能

行车荷载和自然因素对路面的影响,随深度的增加而逐渐减弱。因此,对路面材料的强度、抗变形能力和稳定性的要求也随深度的增加而逐渐降低。为了适应这一特点,路面结构通常是分层铺筑的,按照使用要求、受力状况、土基支承条件和自然因素影响程度的不同,分成若干层次。通常按照各个层位功能的不同,划分为三个层次,即面层、基层和垫层,如图1-3所示。

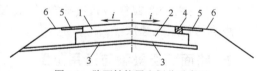

图1-3　路面结构层次划分示意图
i-路拱横坡度;1-面层;2-基层(有时包括底基层);3-垫层;4-路缘石;5-加固路肩;6-土路肩

1. 面层

面层是直接同行车和大气接触的表面层次,它承受较大的行车荷载的垂直力、水平力和冲击力的作用。同时还受到降水的浸蚀和气温变化的影响。因此,同其他层次相比,面层应具备较高的结构强度、抗变形能力、较好的水稳定性和温度稳定性,而且应耐磨,不透水;其表面还应有良好的抗滑性和平整度。

修筑面层所用的材料主要有:水泥混凝土、沥青混凝土、沥青碎(砾)石混合料、砂砾或碎石掺土或不掺土的混合料以及块料等。

面层分两层或三层铺筑,如高速公路沥青面层总厚度18~20cm,可分为上、中、下三层铺筑,并根据各分层的要求采用不同的级配组成,通常表面层应根据使用要求设置抗滑耐磨、密实稳定的沥青层;中面层、下面层应根据公路等级、沥青层厚度、气候条件等选择适当的沥青结构层。水泥混凝土路面为分为上、下两层铺筑的复合式混凝土路面,分别采用不同强度等级的水泥混凝土材料和工艺铺筑。碾压水泥混凝土路面上加铺沥青混凝土复合式结构(RCC + AC)也是常见的一种路面面层,类似的复合式路面还有连续配筋混凝土 + 沥青混凝土。但是砂石路面上所铺的 2~3cm 厚的磨耗层或 1cm 厚的保护层,以及厚度不超过 1cm 的简易沥青表面处治,不能作为一个独立的层次,应看作面层的一部分。

2. 基层

基层主要承受由面层传来的车辆荷载的垂直力,并扩散到下面的垫层和土基中。基层是路面结构中的承重层,它应具有足够的强度和刚度,并具有良好的扩散应力的能力。基层遭受大气因素的影响虽然比面层小,但是仍然有可能经受地下水和通过面层渗入雨水的浸湿,所以基层结构应具有足够的水稳定性。基层表面虽不直接供车辆行驶,但仍然要求有较好的平整度,这是保证面层平整性的基本条件。

修筑基层的材料主要有各种结合料(如石灰、水泥或沥青等)稳定土或稳定碎(砾)石、贫水泥混凝土、碾压混凝土、天然砂砾、各种碎石或砾石、片石、块石或圆石,各种工业废渣(如煤渣、粉煤灰、矿渣、石灰渣等)和土、砂、石所组成的混合料等。

基层厚度太厚时,为保证工程质量可分为两层或三层铺筑。当采用不同材料修筑基层时,基层的最下层称为底基层,对底基层材料质量的要求较低,可使用当地材料来修筑。

3. 垫层

垫层介于土基与基层之间,它的功能是改善土基的湿度和温度状况,以保证面层和基层的强度、刚度和稳定性不受土基水温状况变化所造成的不良影响。另一方面的功能是将基层传下的车辆荷载应力加以扩散,以减小土基产生的应力和变形。同时也能阻止路基土挤入基层中,影响基层结构的性能。

修筑垫层的材料,强度要求不一定高,但水稳定性和隔温性能要好。常用的垫层材料分为两类:一类是由松散粒料,如砂、砾石、炉渣等组成的透水性垫层;另一类是用水泥或石灰稳定土等修筑的稳定类垫层。

五、路面面层类型与适用范围

路面类型应根据公路功能、技术等级、交通水平、工程造价、环境保护等因素进行综合论证后选用;路面结构形式应根据当地气候条件、交通荷载、当地材料,并结合路面结构耐久性、资源循环利用等因素进行全寿命周期经济分析后合理确定。通常按路面面层的使用品质、材料组成类型以及结构强度和稳定性,将路面面层分为沥青混凝土路面、水泥混凝土路面、沥青碎石路面、沥青贯入式路面、沥青表面处治路面和砂石路面,如表 1-2 所示。

路面面层类型及适用范围　　　　　　　表 1-2

面 层 类 型	所适用的公路等级
沥青混凝土路面	高速公路、一级公路、二级公路、三级公路、四级公路
水泥混凝土路面	高速公路、一级公路、二级公路、三级公路、四级公路
沥青碎石路面、沥青贯入式路面、沥青表面处治路面	三级、四级公路
砂石路面	四级公路

路面结构层所选用材料,应满足强度、稳定性和耐久性的要求,同时对于需要设置垫层的路面,路面垫层材料宜采用水稳定性好的粗粒料或各种稳定类粒料。

(1)沥青混凝土路面和水泥混凝土路面

沥青混凝土和水泥混凝土路面的特点是强度高,稳定性和耐久性好,平整度好,使用寿命长,能保证高速行车,能适应较繁重的交通量。该路面需要采用质量高的材料来修筑,因此初期建设投资高,但该类路面养护费用少,运输成本低。

(2)沥青碎石路面、沥青贯入式路面、沥青表面处治路面

与沥青混凝土和水泥混凝土路面相比,沥青碎石路面、沥青贯入式路面、沥青表面处治路面的强度和刚度较差,使用寿命较短,所适应的交通量较小,行车速度也较低,其初期建设投资虽较沥青混凝土和水泥混凝土路面低些,但要求定期修理,养护费用和运输成本也较高。

(3)砂石路面

砂石路面的强度和刚度低、稳定性差、使用期限短、平整度差、易扬尘,仅能适应较小的交通量,行车速度低。砂石路面的初期建设投资虽然很低,但是养护工作量大,需要经常维修和补充材料,才能延长使用年限,运输成本也高。砂石路面包括级配砂(砾)石路面、泥结碎石和水结碎石路面及其他粒料路面。

六、路面分类

路面类型可以从不同角度来划分,但是一般都按面层所用的材料区分,如沥青混凝土路面、水泥混凝土路面、砂石路面等。但是在工程设计中,主要从路面结构的力学特性和设计方法的相似性出发,将路面划分为柔性路面(沥青混凝土路面)、刚性路面(水泥混凝土路面)和半刚性路面三类。国外一般将沥青混凝土和水泥混凝土路面称为有铺装路面;沥青碎石路面、沥青贯入式路面、沥青表面处治路面称为简易铺装路面;砂石路面称为未铺装路面。

1. 柔性路面

柔性路面与刚性路面相比,总体结构刚度较小,在车辆荷载作用之下会产生较大的弯沉变形,路面结构本身的抗弯拉强度较低,它通过各结构层将车辆荷载传递给土基,使土基承受较大的单位压力。路基路面结构主要靠抗压强度和抗剪强度承受车辆荷载的作用。柔性路面主要包括各种未经处理的粒料基层和各类沥青面层、碎(砾)石面层或块石面层组成的路面结构。

2. 刚性路面

刚性路面主要指用水泥混凝土作面层或基层的路面结构。水泥混凝土的强度高,与其他筑路材料比较,它的抗弯拉强度高,并且有较高的弹性模量,故呈现出较大的刚性,在车辆荷载作用下,水泥混凝土结构层处于板体工作状态,竖向弯沉较小,路面结构主要靠水泥混凝土板的抗弯拉强度承受车辆荷载。通过板体的扩散分布作用,传递到土基上的单位压力较柔性路面小得多。

3. 半刚性路面

用水泥、石灰等无机结合料处治的土或碎(砾)石及含有水硬性结合料的工业废渣修筑的基层,在前期具有柔性路面的力学性质,后期的强度和刚度均有较大幅度的增长,但是最终的强度和刚度仍远小于水泥混凝土。由于这种材料的刚性处于柔性路面与刚性路面之间,因此把这种基层和铺筑在它上面的沥青面层统称为半刚性路面。

刚性路面、柔性路面和半刚性路面,这种以力学特性为标准的分类方法主要是为了便于从力学受力原理和设计方法出发进行区分,并没有绝对的定量分界界限。近年来材料科学的发展正在逐步改变这种属性,如水泥混凝土的增塑技术研究正在使它的刚性降低而保留它的高

强性质,沥青的改性研究使得沥青混凝土随气候而变化的力学性质趋向于稳定,大幅度提高其刚度。这说明不同的路面类型是处于发展和相互转化中的。

第四节 公路自然区划

由于我国幅员辽阔,各地气候、地形、地貌、水文地质条件等相差很大,而自然条件与公路建设密切相关,各种自然因素对公路构造物产生的影响和造成的病害也各不相同,因此,在不同地区的路基、路面设计中应考虑的问题亦各有侧重。例如,季节性冰冻地区的道路病害主要是冻胀和翻浆,而干旱地区主要病害则是路基的干稳性问题。因此,如何根据各地的自然条件特点对路线勘测、路基路面的设计、筑路材料的选择、施工方案的拟定等问题进行综合考虑是十分必要的。有关部门根据我国各地自然条件及其对公路建筑影响的主要特征,提出了中国公路自然区划,绘制成《全国公路自然区划图》(图1-4),相应地列出了各自然区的气候、地形、地貌、地质等特征,自然区内的公路工程特点,以及常见公路病害和路基、路面设计的有关参数,供各地在公路设计与施工中参考使用。

根据影响公路工程的地理、地貌及气候的差异特点,公路自然区划按以下三项原则进行划分:

(1)工程特征相似的原则:即在同一区划内,在同样的自然因素下筑路具有相似性。例如,北方不利季节主要是春融时期,有翻浆病害;南方不利季节在雨季,有冲刷、水毁等病害。

(2)地表气候区划差异性的原则:即地表气候是地带性差异与非地带性差异的综合结果。通常,地表气候随着当地纬度而变,如北半球,北方寒冷,南方温暖,这称为地带性差异。除此之外,还与高程的变化有关,即沿垂直方向的变化,如青藏高原,由于海拔高,与纬度相同的其他地区相比,气候更加寒冷,即称为非地带性差异。

(3)自然气候因素既有综合又有主导作用的原则:即自然气候的变化是各种因素综合作用的结果,但其中又有某种因素起着主导作用。例如道路冻害是水和热综合作用的结果,但是在南方,只有水而没有寒冷气候的影响,不会有冻害,说明温度起主导作用;西北干旱区与东北潮湿区,同样都有负温度,但前者冻害轻于后者,说明水起主导作用。

一、一级区划

"公路自然区划"分三级进行区划,一级区划首先将全国划分为多年冻土、季节冻土和全年不冻土三大地带,然后根据水热平衡和地理位置,划分为冻土、温润、干湿过渡、湿热、潮暖、干旱和高寒七个一级区:

Ⅰ区——北部多年冻土区;

Ⅱ区——东部温润季冻区;

Ⅲ区——黄土高原干湿过渡区;

Ⅳ区——东南湿热区;

Ⅴ区——西南潮暖区;

Ⅵ区——西北干旱区;

Ⅶ区——青藏高寒区。

第一章 概论

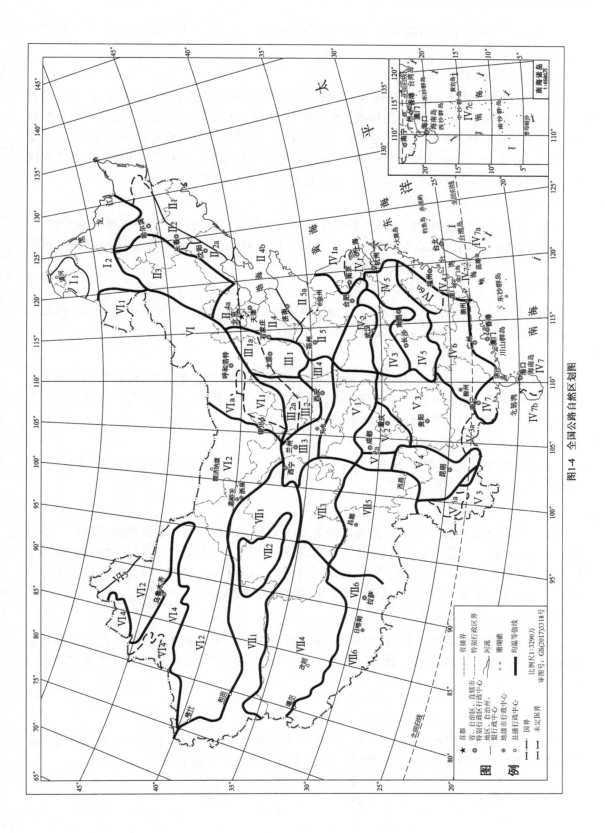

图 1-4 全国公路自然区划图

我国七个一级自然区的路面结构设计注重的特点各有不同,根据各地区经验,可大致归纳如下:

1. Ⅰ区——北部多年冻土区

该区北部为连续分布多年冻土,南部为岛状分布多年冻土。对于泥沼地多年冻土层,最重要的道路设计原则是保温,不可轻易挖去覆盖层,使路堤下保持冻结状态,若受大气热量影响融化,后患无穷。对于非多年冻土层的处理方法则不同,须将泥炭层全部或局部挖去,排干水分,然后填筑路堤。该区主要是林区道路,路面结构为中级路面。林区山地道路,因表土湿度大,地面径流大,最易翻浆,应采取换土、稳定土、砂垫层等处理方法。

2. Ⅱ区——东部温润季冻区

该区路面结构突出的问题是防止翻浆和冻胀。翻浆的轻重程度取决于路基的潮湿状态。可根据不同的路基潮湿状态采取措施。该区缺乏砂石材料,采用稳定土基层已取得一定的经验。

3. Ⅲ区——黄土高原干湿过渡区

该区特点是黄土对水分的敏感性,干燥土基强度高、稳定性好。在河谷盆地的潮湿路段以及灌区耕地,土基稳定性差,强度低,必须认真处理。

4. Ⅳ区——东南湿热区

该区雨量充沛集中,台风暴雨多,水毁、冲刷、滑坡是道路的主要病害,路面结构应结合排水系统进行设计。该区水稻田多,土基湿软,强度低,必须认真处理。由于气温高、热季长,要注意黑色面层材料的热稳定性和防透水性。

5. Ⅴ区——西南潮暖区

该区山多,筑路材料丰富,应充分利用当地材料筑路,对于水文不良路段,必须采取措施,稳定路基。

6. Ⅵ区——西北干旱区

该区大部分地下水位很低,虽然冻深多在100~150cm以上,但一般道路冻害较轻。个别地区,如河套灌区,内蒙古草原洼地,地下水位高,翻浆严重。丘陵区1.5m以上的深路堑冬季积雪厚,雪水浸入路面造成危害,所以沥青面层材料应具有良好的防透水性,路肩也应做防水处理。由于气候干燥,砂石路面经常出现松散、搓板和波浪现象。

7. Ⅶ区——青藏高寒区

该区局部路段有多年冻土,须按保温原则设计。由于地处高原,气候寒冷,昼夜气温相差很大,日照时间长,沥青老化很快,又因为年平均气温相对偏低,路面易遭受冬季雪水渗入而破坏。

二、二级区划

二级区划是在一级区划范围内进一步划分,其主要依据是潮湿系数 K。所谓潮湿系数是指年降雨量 R 与年蒸发量 Z 之比,即:$K = R/Z$,据此划分为六个潮湿等级:

$K > 2.0$	1级	过湿
$2.0 > K > 1.5$	2级	中湿

$1.5 > K > 1.0$	3级	润湿
$1.0 > K > 0.5$	4级	润干
$0.5 > K > 0.25$	5级	中干
$0.25 > K$	6级	过干

除了这六个潮湿等级外，还结合各个大区的地理、气候特征（如雨季、冰冻深度）、地貌类型、自然病害等因素，将全国分为33个二级区和19个二级副区，共有52个二级自然区。它们的区界与名称如下。

Ⅰ北部多年冻土区中有：$Ⅰ_1$连续多年冻土区，$Ⅰ_2$岛状多年冻土区。

Ⅱ东部温润季冻区中有：$Ⅱ_1$东北东部山地湿润冻区，$Ⅱ_{1a}$三江平原副区，$Ⅱ_2$东北中部山前平原重冻区，$Ⅱ_{2a}$辽河平原冻融交替副区，$Ⅱ_3$东北西部润干冻区，$Ⅱ_4$海滦中冻区，$Ⅱ_{4a}$冀北山地副区，$Ⅱ_{4b}$旅大丘陵副区，$Ⅱ_5$鲁豫轻冻区，$Ⅱ_{5a}$山东丘陵副区。

Ⅲ黄土高原干湿过渡区中有：$Ⅲ_1$山西山地、盆地中冻区，$Ⅲ_{1a}$雁北张宣副区，$Ⅲ_2$陕北典型黄土高原中冻区，$Ⅲ_{2a}$榆林副区，$Ⅲ_3$甘东黄土山地区，$Ⅲ_4$黄渭间山地、盆地轻冻区。

Ⅳ东南湿热区中有：$Ⅳ_1$长江下游平原润湿区，$Ⅳ_{1a}$盐城副区，$Ⅳ_2$江淮丘陵、山地润湿区，$Ⅳ_3$长江中游平原中湿区，$Ⅳ_4$浙闽沿海山地中湿区，$Ⅳ_5$江南丘陵过湿区，$Ⅳ_6$武夷南岭山地过湿区，$Ⅳ_{6a}$武夷副区，$Ⅳ_7$华南沿海台风区，$Ⅳ_{7a}$台湾山地副区，$Ⅳ_{7b}$海南岛西部润干副区，$Ⅳ_{7c}$南海诸岛副区。

Ⅴ西南潮暖区中有：$Ⅴ_1$秦巴山地润湿区，$Ⅴ_2$四川盆地中湿区，$Ⅴ_{2a}$雅安、乐山过湿副区，$Ⅴ_3$三西、贵州山地过湿区，$Ⅴ_{3a}$滇南、桂西润湿副区，$Ⅴ_4$川、滇、黔高原干湿交替区，$Ⅴ_5$滇西横断山地区，$Ⅴ_{5a}$大理副区。

Ⅵ西北干旱区中有：$Ⅵ_1$内蒙古草原中干区，$Ⅵ_{1a}$河套副区，$Ⅵ_2$绿洲—荒漠区，$Ⅵ_3$阿尔泰山地冻土区，$Ⅵ_4$天山—界山山地区，$Ⅵ_{4a}$塔城副区，$Ⅵ_{4b}$伊犁河谷副区。

Ⅶ青藏高寒区中有：$Ⅶ_1$祁连—昆仑山地区，$Ⅶ_2$柴达木荒漠区，$Ⅶ_3$河源山原草甸区，$Ⅶ_4$羌塘高原冻土区，$Ⅶ_5$川藏高山峡谷区，$Ⅶ_6$藏南高山台地区，$Ⅶ_{6a}$拉萨副区。

三、三级区划

三级区划是二级区划的具体化。划分的方法有两种：一种以水热、地理和地貌为依据，分为若干个具有相似性的区域单元；另一种是以地表的地貌、水文和土质为依据，分为若干个类型单元。三级区划未列入全国性的区划中，由各省市结合当地自然情况自行划分。

各级区划的范围不同，在公路工程中的应用亦各有侧重：一级区划主要为全国性的公路总体规划和设计服务；二级区划主要为各地的公路路基路面设计、施工、养护提供较全面的地理、气候依据和有关参数，如土基和路面材料的回弹模量、路基临界高度、土基压实标准等。

思考题

1. 路基路面工程的特点及性能要求主要包括哪几个方面？

2. 为什么要特别重视路基路面的稳定性？路基路面的稳定性受哪些因素影响？
3. 路面结构为什么要分层设计？水泥混凝土路面和沥青混凝土路面如何分层设计？
4. 柔性路面、刚性路面、半刚性路面各有何特点？如何选择路面结构类型？
5. 我国公路自然区划的原则是什么？各自然区划的道路设计应重视的特点有何差别？

第二章
路基的工程特性

第一节 路基土的分类与工程性质

一、路基土的分类

世界各国公路用土的分类方法虽然不尽相同,但是分类的依据则大致相近,一般都根据土颗粒的粒径组成、土颗粒的矿物成分或其余物质的含量、土的塑性指标进行分类。我国公路用土依据土的颗粒组成特征、土的塑性指标和土中有机质存在的情况,分为巨粒土、粗粒土、细粒土和特殊土四类,并进一步细分为 12 种土。土的颗粒组成特征用不同粒径粒组在土中的百分含量表示。表 2-1 为不同粒组的划分界限及范围。

粒 组 划 分 类　　　　　　　表 2-1

200		60	20		5	2		0.5	0.25		0.075	0.002(mm)
巨粒组			粗粒组								细粒组	
漂石（块石）		卵石（小块石）	砾(角砾)			砂					粉粒	黏粒
			粗	中	细	粗	中		细			

土分类总体系包括四类并且细分为 12 种,如图 2-1 所示。

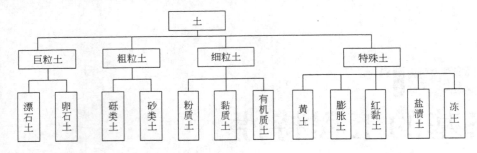

图 2-1　土分类总体系

公路用土的成分、级配、液限和特殊土等基本代号规定构成如表 2-2 所示。

公路用土的成分、级配、液限及特殊土的基本代号　　　表 2-2

名　称	代　号	名　称	代　号	名　称	代　号
漂石	B	级配良好砂	SW	含砾低液限黏土	CLG
块石	Ba	级配不良砂	SP	含砂高液限黏土	CHS
卵石	Cb	粉土质砂	SM	含砂低液限黏土	CLS
小块石	Cba	黏土质砂	SC	有机质高液限黏土	CHO
漂石夹土	BSl	高液限粉土	MH	有机质低液限黏土	CLO
卵石夹土	CbSl	低液限粉土	ML	有机质高液限粉土	MHO
漂石质土	SlB	含砾高液限粉土	MHG	有机质低液限粉土	MLO
卵石质土	SlCb	含砾低液限粉土	MLG	黄土(低液限黏土)	CLY
级配良好砾	GW	含砂高液限粉土	MHS	膨胀土(高液限黏土)	CHE
级配不良砾	GP	含砂低液限粉土	MLS	红土(高液限粉土)	MHR
细粒质砾	GF	高液限黏土	CH	红黏土	R
粉土质砾	GM	低液限黏土	CL	盐渍土	St
黏土质砾	GC	含砾高液限黏土	CHG	冻土	Ft

1. 巨粒土分类

在粗(巨)粒土中巨粒组土粒质量多于或等于粗粒组土粒质量的土称巨粒土,分类体系示意图见图 2-2。

巨粒组质量多于总质量 75% 的土称漂(卵)石。巨粒组质量为总质量 50%～75%(含75%)的土称漂(卵)石夹土。巨粒组质量为总质量 15%～50%(含 50%)的土称漂(卵)石质土。巨粒组质量少于总质量 15% 的土,可扣除巨粒,按粗粒土或细粒土的相应规定分类定名。

2. 粗粒土分类

在粗(巨)粒土中粗粒组土粒质量多于巨粒组土粒质量的土称粗粒土。粗粒土中砾粒组质量多于总质量 50% 的土称砾类土,砾类土中细粒组质量少于总质量 5% 的土称砾。砾类土应根据其中细粒含量和类别以及粗粒组的级配进行分类,分类体系见图 2-3。

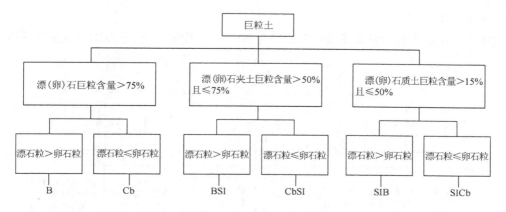

图 2-2　巨粒土分类体系

注：1. 巨粒土分类体系中的漂石换成块石，B 换成 Ba，即构成相应的块石分类体系。
　　2. 巨粒土分类体系中的卵石换成小块石，Cb 换成 Cba，即构成相应的小块石分类体系。

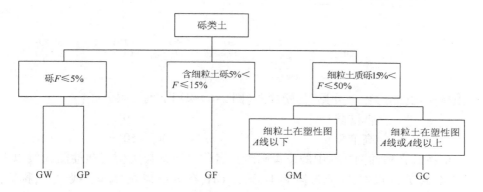

图 2-3　砾类土分类体系

注：砾类土分类体系中的砾石换成角砾，G 换成 Ga，即构成相应的角砾土分类体系。

粗粒土中砾粒组质量少于或等于砂粒组质量的土称砂类土，砂类土应根据其中细粒含量和类别以及粗粒的级配进行分类，分类体系见图 2-4。根据粒径分组由大到小，以首先符合者命名。

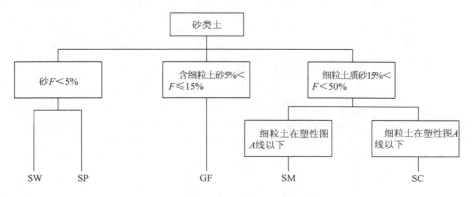

图 2-4　砂类土分类体系

注：需要时，砂可进一步细分为粗砂、中砂和细砂，粗砂粒径大于 0.5mm 的颗粒多于总质量的 50%；中砂粒径大于 0.25mm 的颗粒多于总质量的 50%；细砂粒径大于 0.075mm 的颗粒多于总质量的 75%。

3. 细粒土分类

试样中细粒组土粒质量多于或等于总质量50%的土称细粒土,分类体系示意图见图2-5。

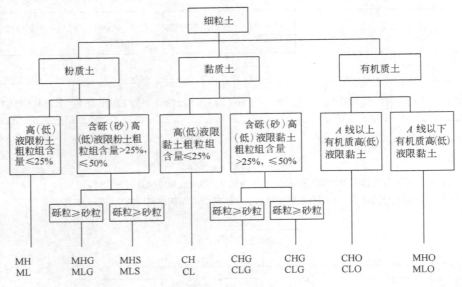

图 2-5 细粒土分类体系

细粒土按塑性图分类。"分类"的塑性图(图2-6)采用下列液限分区:

低液限　　　　　　　　　　$w_L < 50\%$

高液限　　　　　　　　　　$w_L > 50\%$

细粒土应按其在塑性图2-6中的位置确定土名称。当细粒土位于塑性图A线以上时,按下列规定定名:在B线以右,称高液限黏土,记为CH;在B线以左,$I_P = 7$线以上,称低液限黏土,记为CL。

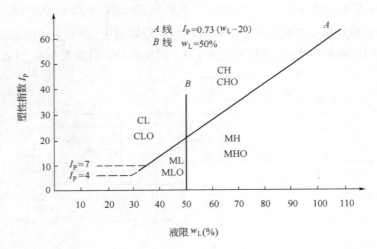

图 2-6 塑性图

当细粒土位于A线以下时,按下列规定定名:在B线或B线以右,称高液限粉土,记为MH;在B线以左,$I_P = 4$线以下,称低液限粉土,记为ML。

黏土—粉土过渡区(CL-ML)的土可以按相邻土层的类别考虑细分。

4. 特殊土分类

特殊土主要包括黄土、膨胀土、红黏土和盐渍土、冻土。黄土、膨胀土和红黏土按在特殊土塑性图(图2-7)中的位置定名。

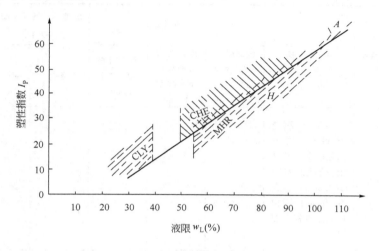

图2-7 特殊土塑性图

黄土:低液限黏土(CLY),分布范围:大部分在A线以上,$w_L<40\%$。
膨胀土:高液限黏土(CHE),分布范围:大部分在A线以上,$w_L>50\%$。
红黏土:高液限粉土(MHR),分布范围:大部分在A线以下,$w_L>55\%$。
盐渍土:按土中所含盐的种类和质量百分率进行分类,如表2-3所示。

盐渍土工程分类 表2-3

名 称	被利用的土层中平均总盐量(以质量%计)			
	氯盐渍土	亚氯盐渍土	亚硫酸盐渍土	硫酸盐渍土
	Cl^-/SO_4^{2-} 比值			
	>2.0	1.0~2.0	0.3~1.0	<0.3
弱盐渍土	0.3~1.5	0.3~1.0	0.3~0.8	0.3~0.5
中盐渍土	1.5~5.0	1.0~4.0	0.8~2.0	0.5~1.5
强盐渍土	5.0~8.0	4.0~7.0	2.0~5.0	1.5~4.0
过盐渍土	>8.0	>7.0	>5.0	>4.0

冻土:根据冻土冻结状态持续时间的长短,我国冻土可分为多年冻土、隔年冻土和季节冻土三种类型,如表2-4所示。

按冻结状态持续时间的冻土分类 表2-4

类 型	持续时间t(年)	地面温度(℃)特征	冻土特征
多年冻土	$t \geq 2$	年平均地面温度≤0	季节融化
隔年冻土	$2 > t \geq 1$	最低月平均地面温度≤0	季节冻结
季节冻土	$t < 1$	最低月平均地面温度≤0	季节冻结

二、路基土的工程分级与野外鉴定

在路基设计和施工中,路基土、石按其开挖难易程度分为 6 级,如表 2-5 所示。

土、石工程分级　　　　表 2-5

土、石等级	土、石类别	土、石名称	钻 1m 所需时间			爆破 1m³ 所需炮眼长度 (m)		开挖方法
			湿式凿岩一字合金钻头净钻时间(min)	湿式凿岩普通淬火钻头净钻时间(min)	双人打眼时间(人工)(min)	路堑	隧道导坑	
Ⅰ	松土	砂类土、腐殖土、种植土、中密的黏性土及砂性土、松散的水分不大的黏土、含有 30mm 以下树根或灌木根的泥炭土						用铁锹挖,脚蹬一下到底的松散土层
Ⅱ	普通土	水分较大的黏土、密实的黏性土及砂性土、半干半硬状态的黄土、含有 30mm 以上的树根或灌木根的泥炭土、碎石类土(不包括块石土及漂石土)						部分用镐刨松,再用锹挖,以脚蹬锹需连蹬数次才能挖动
Ⅲ	硬土	硬黏土、密实的硬黄土,含有较多的块石土及漂石土,各种风化成土块的岩石						必须用镐先整个刨过才能用锹
Ⅳ	软石	各种松软岩石、盐岩、胶结不紧的砾泥质页岩、砂岩、煤、较坚实的泥灰岩、块石土及漂石土、软的节理多的石灰岩	7 以内	0.2 以内	0.2 以内	0.2 以内		部分用撬棍或十字镐及大锤开挖,部分用爆破法开挖

续上表

土、石等级	土、石类别	土、石名称	钻1m所需时间			爆破1m³所需炮眼长度（m）		开挖方法
			湿式凿岩一字合金钻头净钻时间(min)	湿式凿岩普通淬火钻头净钻时间(min)	双人打眼时间（人工）(min)	路堑	隧道导坑	
V	次坚石	硅质页岩、砂岩、白云岩、石灰岩、坚实的泥灰岩、软玄武岩、片麻岩、正长岩、花岗岩	15以内	7~20	0.2~1.0	0.2~0.4	2.0~3.5	用爆破法开挖
VI	坚石	硬玄武岩、坚实的石灰岩、白云岩、大理岩、石英岩、闪长岩、粗粒花岗岩、正长岩	15以上	20以上	1.0以上	0.4以上	3.5以上	用爆破法开挖

根据各土组的分类标准,通过土的颗粒分析及必要时塑性指数和液限试验,即可划分土类。但在路基设计中通常仅需判别土组即可,判别方法宜简便、快速。表2-6是路基土的野外鉴定方法。

土的野外鉴定方法　　　　　　　　表2-6

土组	土名	用手搓捻时的感觉	用肉眼及放大镜观察时的情况	土的状态		潮湿时将土搓捻的情况
				干时	潮湿时	
砂土	粗砂	感到是粗糙的砂粒	看到比较粗的砂居多	疏散	无塑性	不能搓成土条
	中砂	感到是不太粗的砂粒	看到砂粒不太粗	疏散	无塑性	不能搓成土条
	细砂	感到是细的砂粒	看到细的砂粒多	疏散	无塑性	不能搓成土条
	极细砂	感到是极细的砂粒	看到极细的砂粒多	疏散	无塑性	不能搓成土条
砂性土	粉质砂土	在手掌上揉搓时粘有许多粉土粒	看到砂粒而夹有粉土粒	疏散	无塑性	不能搓成土条
	粗亚砂土	含砂粒较多,湿润时用力可握成土团,干后有少量黏土粘在手上不易去掉	看到砂粒而夹有黏土粒	土块用手挤及在铲上抛掷时易破碎	无塑性	不能搓成土条
	细亚砂土	感到含细颗粒较多	看到砂粒而夹有黏土粒	没胶结	无塑性	难搓成细土条,搓至直径3~5mm即断

续上表

土组	土 名	用手搓捻时的感觉	用肉眼及放大镜观察时的情况	土 的 状 态		
				干时	潮湿时	潮湿时将土搓捻的情况
粉性土	粉质亚砂土	有干粉末感	明显看出砂粒少、粉土粒多	没胶结,干土块用手轻压即碎	流动的溶解状态	摇动易使土球成为饼状,不能搓成细土条
	粉土	有干粉末感	看到粉土粒更多	没胶结,干土块用手轻压即碎	流动的溶解状态	摇动易时使土球成为饼状,不能搓成土条
	粉质轻亚黏土	感到砂粒多,土饼易于压碎	可以看到细的粉土颗粒	土块不硬,用锤打时易成细块	有塑性、黏着性	不能搓成长的细土条
	粉质重亚黏土	感到砂粒多,土块易压碎	可以看到细的粉土颗粒	土块不硬,用锤打时易成细块	有塑性、黏着性,唯塑性程度较大	不能搓成长的细土条,搓成细土条稍长
黏性土	轻亚黏土	感到有砂粒,湿润后有黏土粘手,土块易压碎	明显看出细粒粉末中有砂粒	干土块压碎时,常要用力	塑性与黏着性低微	不能搓成长的细土条
	重亚黏土	干时用手揉搓感觉不到砂粒,土块难压碎	可以看到细的粉土颗粒	土块不硬,用锤打时易成细块	塑性与黏着性较大	揉搓时可以得1～2mm 直径的细土条,将小土球压成扁块时,周边不易发生破裂
黏性土	轻黏土	潮湿时用手揉搓感觉不到砂粒,土块很难压碎	黏土构成的均匀细粉末物质,几乎不含粒径大于0.25mm 的颗粒	土块坚硬,用锤可将大土块变成小土块,但不易成粉末,干土块不易用手压碎	塑性和黏着性极大,易于粘手涂污	可以搓成小于1mm 直径的细土条,易于团成小球,压成扁土时,周边不易破裂
重黏土	重黏土	潮湿时用手揉搓感觉不到砂粒,土块很难压碎	黏土构成的均匀细粉末物质,几乎不含粒径大于0.25mm 的颗粒	土块坚硬,用锤可将大土块变成小土块,但不易成粉末,干土块不易用手压碎	塑性和黏着性极大,易于粘手涂污,唯塑性和黏着性更大	可以搓成小于1mm 直径的细土条,易于团成小球,压成扁土时,周边不易破裂

三、路基土的工程性质

不同土组的粒径不同,用其修筑的路基强度、水温稳定性也不同。下面分别介绍各土组的主要工程性质,以初步了解不同土组填筑的路基性能。

砂土没有塑性,具有良好的透水性,毛细水上升高度很小(仅$0.2 \sim 0.3m$),具有较大的内摩阻系数。采用砂土修筑的路基,强度高,水稳定性好。但砂土的黏结性小,易松散,压实困难,车辆通过时容易产生较深车辙。为了克服这一缺点,可添加一些黏性大的土(黏土类土),以改善路基的使用质量。

砂性土是修筑路基的良好材料。含有一定数量的粗颗粒,使路基获得足够的强度和水稳定性,又含有一定数量的细颗粒,使其具有一定黏结性,不致过分松散。砂性土遇水干得快,不膨胀,干时有足够黏结性,飞尘少。因此,雨天不泥泞,晴天不扬尘。其粒径组成接近最佳级配,因而用砂性土修筑的路基在行车荷载作用下易被压实,并易形成平整坚实的路基表面。

粉性土是最差的筑路材料。因其含有较多粉土粒,干时稍有黏结,但易被压碎,扬尘大,浸水后很快被湿透,易成流体状态(稀泥)。粉质土毛细水上升高度大,可达$0.9 \sim 1.5m$,在季节性冰冻地区很容易使路基产生湿度累积,造成严重的冻害现象,故一般称为翻浆土。如遇粉质土,特别是水文地质条件不良时,应采取一定措施改善其工程性质。

黏性土透水性差,黏结力大,因而干时坚硬,不易挖掘。具有较大的可塑性、黏结性和膨胀性,毛细现象也很显著,用来筑路比粉质土好,但不如砂性土。浸水后,黏质土能比较长时间地保持水分,因而承载力很小。对黏质土如加以充分压实和设有良好的排水措施,筑成的路基亦能获得稳定。

重黏土是指塑性指数大于27的黏土类。一般情况下,其工程性质与黏性土相似,但受黏土矿物成分影响较大。含高岭土为最好,伊利土次之,蒙脱土最差。重黏土不透水,黏结力强,干时很坚硬,很难挖掘,膨胀性和塑性都很大。

除上述土类外,还有一些具有特殊性质或含有害物质的土类,如泥炭、硅藻土、腐殖土或含有石膏等易溶盐类的土等,这些土均不宜用于填筑路基。如实在需要,必须在设计和施工上采取适当的措施。

第二节　路基受力与路基工作区

一、路基的受力

路基在实际工作过程中,同时受到由路面上传递下来的车辆荷载,以及路基和路面的自重作用。图2-8为土质路基受力时,不同深度Z范围内的应力分布图。

其中,σ_1为车轮荷载在路基内部任一点产生的竖向压应力,把车轮荷载简化为集中荷载P时,集中荷载P在深度Z、水平距离为r处的竖向应力σ_1可按布辛奈斯克(J. Boussinesq)公式进行计算,即:

$$\sigma_1 = \frac{P}{Z^2} \cdot \frac{3}{2\pi \left[1 + \left(\frac{r}{Z}\right)^2\right]^{5/2}} \tag{2-1}$$

为使用方便,式(2-1)可简化为:

$$\sigma_1 = K \cdot \frac{P}{Z^2} \tag{2-2}$$

式中:P——车辆荷载,kN;

Z——荷载下的垂直深度,m;

K——应力系数,$K = 3/2\pi \left[1 + \left(\frac{r}{Z}\right)^2\right]^{5/2}$;

r——计算点距 z 轴的水平距离,轮迹中心线以下应力最大,$r = 0$,$K = \frac{3}{2\pi} = 0.4775 \approx 0.5$。

路基自重引起的压应力 σ_2 用式(2-3)计算:

$$\sigma_2 = \gamma \cdot Z \tag{2-3}$$

式中:γ——土的重度(kN/m³)。

因此,路基中任一点受到的竖向压应力 σ_z 为:

$$\sigma_z = \sigma_1 + \sigma_2 = K \cdot \frac{P}{Z^2} + \gamma Z$$

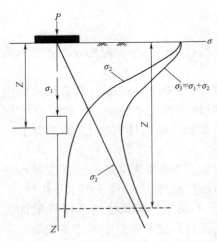

图 2-8 路基中应力沿深度的分布示意图
σ_1-车辆荷载引起的应力;σ_2-土基自重引起的应力;σ_3-应力之和

二、路基工作区

由式(2-2)、式(2-3)可见,车辆荷载产生的垂直应力 σ_1 随深度的增加而减小,自重应力 σ_2 则随深度的增加而增大,因此,车轮荷载在路基中产生的应力 σ_1 与路基自重应力 σ_2 之比 σ_1/σ_2 亦随之变小。如果此比值减小到一定数值,例如 $\sigma_1/\sigma_2 = 0.1 \sim 0.2$,即在某一深度 Z_a 处,行车荷载在路基中产生的应力仅为路基土自重应力的 $1/10 \sim 1/5$,与路基自重引起的应力 σ_2 相比,车辆荷载在 Z_a 以下路基中产生的应力已经很小,可忽略不计。把汽车荷载通过路面传递到路基中的应力与路基土自重应力之比小于 0.1 的应力深度分布范围叫路基工作区(Subgrade Workaround)。

据此可以得到路基工作区深度 Z_a 的计算式:

$$\sigma_1 = \frac{1}{n}\sigma_2 \tag{2-4}$$

或

$$K \cdot \frac{P}{Z_a^2} = \frac{1}{n}\gamma \cdot Z_a$$

$$Z_a = \sqrt[3]{\frac{KnP}{\gamma}} \tag{2-5}$$

式中:Z_a——路基工作区深度(m);

P——车轮荷载(kN);

K——系数,$K = 0.5$;

γ——土的重度(kN/m³);

n——系数,$n = 5 \sim 10$。

表 2-7 是用式(2-5)计算的几种国产车型的 Z_a 值,其中 $\gamma = 18 \text{kN/m}^3$,$1/n = 1/10 \sim 1/5$。

路基工作区深度　　　　　　　　　表 2-7

车　型	$P = \dfrac{1}{2}$（后轴重）(kN)	作用深度 Z_a(m)	
		$1/n = 1/5$	$1/n = 1/10$
黄河 JN—150	$\dfrac{1}{2}(101.60)$	1.9	2.4
解放 CA—10B	$\dfrac{1}{2}(60.85)$	1.6	2.0
交通 SH—141	$\dfrac{1}{2}(55.1)$	1.6	2.0
跃进 NJ—130	$\dfrac{1}{2}(38.3)$	1.4	1.7
北京 BJ—10B	$\dfrac{1}{2}(27.18)$	1.2	1.6
上海 SH—130	$\dfrac{1}{2}(23.00)$	1.2	1.5
红旗 CA—773	$\dfrac{1}{2}(15.75)$	1.0	1.3
天津 TJ620	$\dfrac{1}{2}(12.5)$	1.0	1.2

由于路基、路面材料不同，路面材料的强度和刚度及重度比路基大，路基工作区的实际深度随路面强度和厚度的增加而减小。因此，要精确计算 Z_a，需将路面换算为与路基同性质的当量厚度的土体后，再进行计算。柔性路面厚度可以用以下公式换算为当量的路基厚度：

$$Z_e = h_1 \sqrt[m]{\dfrac{E_1}{E_0}} \tag{2-6}$$

式中：Z_e——路面换算成路基土的当量厚度(m)；

h_1——路面厚度(m)；

E_1、E_0——路面材料和路基土的形变模量(kPa)；

m——开方指数，多层柔性路面为 2.5。

根据上述路基工作区的概念，当路堤填筑高度 $H > Z_a$ 值[图 2-9a)]时，车辆荷载作用深度位于填筑高度内，路堤应按规定要求分层填筑与压实，Z_a 内尤其应注意填筑质量；对 $H < Z_a$[图 2-9b)]的矮路堤，此时不但要对填土充分压实，而且要保证工作区内原地面下部土层具有足够的强度和稳定性，采取必要的措施，使天然地基下部土层和路堤同时满足路基工作区的设计要求。

为便于路基设计和施工质量控制，以路基工作区深度为依据，工程中把路面结构层以下 0.8m 或 1.2m 范围内的路基叫路床(Roadbed)，0.3m 厚度范围叫上路床，下路床的高度因交通轴载的不同而不同，轻、中等及重交通公路的下路床厚度为 0.5m，特重和极重交通公路的下路床厚度为 0.9m。对于通行特种交通的道路，应根据轴载单独计算的路基工作区深度，确定路床厚度(图 2-10)。

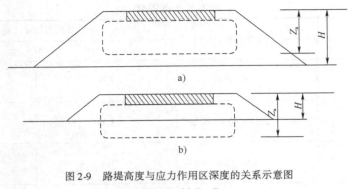

图 2-9 路堤高度与应力作用区深度的关系示意图
a) $H > Z_a$; b) $H < Z_a$

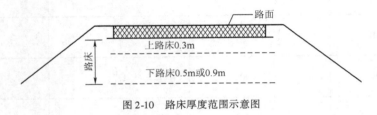

图 2-10 路床厚度范围示意图

第三节 路基水温状况及干湿类型

一、路基水温状况及对路基稳定性的影响

路基稳定性指路基在各种外界因素作用下保持其强度的性质。路基在水作用下保持其强度的性质叫水稳定性,在温度作用下保持其强度的性质叫温度稳定性。路基稳定性包括两种含义:一种是指路基整体在车辆荷载及自然因素作用下,不致产生过大的变形和破坏,称为路基整体稳定性;另一种是指路基在水温等自然因素的长期作用下保持其强度,称为路基的强度稳定性。

路基的整体稳定性:一方面取决于路基土的强度;另一方面取决于路基与基底的结合情况(路堤),或边坡的稳定性。

气候的变化使路基内的湿度和湿度产生坡差,从而引起水分迁移。由于气候有季节性变化,路基内水分的变迁亦有明显的季节性,使路基的湿度、密实度和强度在一年内亦发生季节性变化。把路基强度最低的季节,称为最不利季节。

我国南方地区,气候因素的变化幅度不如北方大,且自然水系和农田灌溉沟渠密布,土基的湿度在一年内的季节性变化并不突出。一般情况下,其最不利季节为雨季。

北方地区,由于负温差的影响,路基下层温度较高的水分将向上层较冷的土层移动,产生积累和冻结,引起冻胀。春融时,冻结的水分融化,路基又因过湿而发生翻浆。因此,土的湿度、密实度和强度在一年内出现显著的季节性变化。其最不利季节为春融季节。

根据水温状况对路基强度的影响,在进行路基设计时,必须充分考虑当地的自然环境条件,采取有效措施,保证路基在各种气候条件下具有足够的强度和稳定性。

二、路基干湿类型划分

路基的强度与稳定性不仅与土质有关,而且与干湿状态密切相关,并在很大程度上影响路面结构及厚度。因此,路基干湿类型确定对路基、路面结构设计具有重要影响。

1. 路基潮湿的来源

如图 2-11 所示,引起路基湿度变化的水源主要有:
①大气降水,通过路面、路肩和边坡渗入路基。
②边沟水及排水不良时的地表积水渗入路基。
③靠近地面的地下水,借助毛细作用上升到路基内部。
④在土粒空隙中流动的水汽凝结成的水分。

各种水源对路基的影响,因路基处地形、地质与水文等具体条件不同而不同,同时亦随路基结构、断面尺寸、排水设施及施工方法而变化。

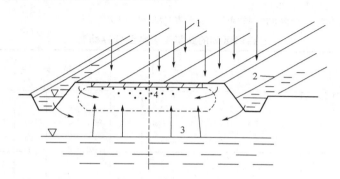

图 2-11 路基潮湿来源示意图
1-大气降水;2-地面水;3-由地下水上升的毛细水;4-水蒸气凝结的水

2. 确定路基干湿类型的方法

在路基、路面设计中,把路基干湿类型划分为干燥、中湿、潮湿、过湿 4 种类型。确定路基干湿类型的指标和方法有以下几种。

(1)稠度

土的稠度较准确地表示了土的各种形态与湿度的关系,综合了土的塑性特性,包含了液限与塑限,全面直观地反映了土的软硬程度,物理概念明确,因此,可用稠度作为确定路基干湿类型的指标。

路基土的平均稠度 $\overline{w_c}$ 按下式计算:

$$\overline{w_c} = \frac{w_L - w_m}{w_L - w_p} \tag{2-7}$$

式中:w_L——土的液限含水率(%);

w_p——土的塑限含水率(%);

w_m——在最不利季节,路槽底以下 80cm 深度内土的平均含水量(%)。

表 2-8 为路基土稠度 w_c 与路基干湿类型的关系。表 2-9 为各自然区划的路基干湿类型分界稠度。在应用中,根据求得的路槽底以下 80cm(或 120cm)深度范围内路基土的平均稠度

$\overline{w_c}$,并与表 2-9 进行比较,即可确定路基的干湿类型。

路基干湿类型　　　　　　　　　　　　　　　　　　　　表 2-8

路基干湿类型	路基平均稠度$\overline{w_c}$与分界相对稠度的关系	一般特性
干燥	$\overline{w_c} \geq w_{c1}$	路基干燥稳定,路面强度和稳定性不受地下水和地表积水影响,路基高度 $H > H_1$
中湿	$w_{c0} \geq \overline{w_c} > w_{c1}$	路基上部土层处于地下水或地表积水影响的过渡带区内,路基高度 $H_2 < H \leq H_1$
潮湿	$w_{c3} \geq \overline{w_c} > w_{c2}$	路基上部土层处于地下水或地表积水毛细影响区内,路高度 $H_3 < H \leq H_2$
过湿	$\overline{w_c} \leq w_{c3}$	路基极不稳定,冰冻区春融翻浆,路基经处理后方可铺筑路面,路基高度 $H < H_3$

注:1. H 为不利季节路床表面距地下或地表积水位的高度。
　　2. 地表积水指不利季节积水 20d 以上。
　　3. H_1、H_2、H_3 分别为干燥、中湿和潮湿状态的路基临界高度,见表 2-10。

各自然区划的路基干湿类型分界稠度　　　　　　　　　　　　表 2-9

土组 分界稠度 自然区划	砂性土				黏性土				粉性土				附注
	w_{c0}	w_{c1}	w_{c2}	w_{c3}	w_{c0}	w_{c1}	w_{c2}	w_{c3}	w_{c0}	w_{c1}	w_{c2}	w_{c3}	
Ⅱ$_{1,2,3}$	1.87	1.91	1.05	0.91	$\dfrac{1.29}{1.20}$	$\dfrac{1.20}{1.12}$	$\dfrac{1.03}{0.94}$	$\dfrac{0.86}{0.77}$	1.12	$\dfrac{1.04}{0.96}$	$\dfrac{0.96}{0.89}$	$\dfrac{0.81}{0.73}$	黏性土:分母适用于Ⅱ$_{1,2}$区; 粉性土:分母适用于Ⅱ$_{2a}$区
Ⅱ$_4$,Ⅱ$_5$	1.87	1.05	0.91	0.78	1.29	1.20	1.03	0.86	1.12	1.04	0.89	0.73	
Ⅲ	2.00	1.19	0.97	0.79					1.20	$\dfrac{1.12}{1.04}$	$\dfrac{0.96}{0.89}$	$\dfrac{0.81}{0.73}$	分子适用于粉土地区; 分母适用于粉质亚黏土地区
Ⅳ	1.73	2.32	1.05	0.91	1.20	1.03	0.94	0.77	1.04	0.96	0.89	0.73	
Ⅴ					1.20	1.08	0.86	0.77	1.04	0.96	0.81	0.73	
Ⅵ	2.00	1.19	0.97	0.78	1.29	1.12	0.98	0.86	1.20	1.04	0.89	0.73	
Ⅶ	2.00	1.32	1.10	0.91	1.29	1.12	0.98	0.86	1.20	1.04	0.89	0.73	

注:w_{c0} 为干燥状态路基常见下限稠度,w_{c1}、w_{c2}、w_{c3} 分别为中湿、潮湿和过湿状态的分界稠度。

（2）路基临界高度

对于新建道路,路基尚未建成,不能得到路槽底以下 80cm 或 120cm 路床范围内路基土的平均含水率,这时路基的干湿类型可用路基临界高度确定。

路基临界高度是指在最不利季节,当路基分别处于干燥、中湿或潮湿状态时,路槽底距地下水位或长期地表积水水位的最小高度（图 2-12）。若以 H 表示路槽底距地下水位的高度,当路基的高 H 变化时,路床内的平均含水率 w_m 将变化,土的平均稠度亦随之改变,路基的干湿状态也相应地变化。路基高度、临界高度、土的平均稠度$\overline{w_c}$与路基干湿类型的关系如表2-8所示。

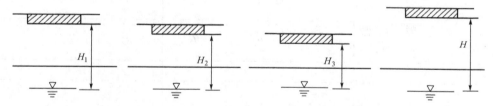

图 2-12 路基临界高度(相对于地下水)与路基干湿类型关系示意图

H-最不利季节路槽底距地下水位的高度(m);H_1、H_2、H_3-路基分别处于干燥、中湿、潮湿状态时的临界高度(m)

路基临界高度与当地气候(温度、湿度、日照等)、土质及对路基状态的要求密切相关。根据各地区多年调查资料,经综合评比得到的路基临界高度如表2-10所示。当应用中缺乏实际资料时,可根据设计的路基高度H及地下水或地表水情况,参考表2-10的路基临界高度(H_1,H_2,H_3),对照表2-8确定路基干湿类型。

路基临界高度参考值(单位:m)　　　　　　　　　　　表2-10

自然区划	水的分类 临界高度(m)	地下水			地表长期积水		
		H_1	H_2	H_3	H_1	H_2	H_3
砂性土	II$_1$						
	II$_2$						
	II$_3$	1.9~2.2	1.3~1.6				
	II$_4$						
	II$_5$	1.1~1.5	0.7~1.1				
	III$_1$						
	III$_2$	1.3~1.6	1.1~1.3	0.9~1.1	1.1~1.3	0.9~1.1	0.6~0.9
	III$_3$	1.3~1.6	1.1~1.3	0.9~1.1	1.1~1.3	0.9~1.1	0.6~0.9
	III$_4$						
	III$_{1a}$						
	III$_{2a}$	1.4~1.7	1.0~1.3				
	IV$_1$,IV$_{1a}$						
	IV$_2$						
	IV$_3$						
	IV$_4$	1.0~1.1	0.7~0.8				
	IV$_5$						
	IV$_6$	1.0~1.1	0.7~0.8				
	IV$_{6a}$						
	IV$_7$				0.9~1.0	0.7~0.8	0.6~0.7
	V$_1$,V$_2$,V$_{2a}$(紫色土)						

续上表

自然区划 \ 水的分类 临界高度(m)		地下水			地表长期积水		
		H_1	H_2	H_3	H_1	H_2	H_3
砂性土	V_3						
	V_1, V_2, V_{2a} (黄壤土,现代冲积土)						
	V_4, V_5, V_{5a}						
	VI_1	(2.1)	(1.7)	(1.3)	(1.8)	(1.4)	(1.0)
	VI_{1a}	(2.0)	(1.6)	(1.2)	(1.7)	(1.3)	(1.1)
	VI_2	(1.9)	(1.5)	(1.1)	(1.7)	(1.2)	(0.9)
	VI_3	(2.1)	(1.7)	(1.3)	(1.9)	(1.5)	(1.1)
	VI_4	(2.2)	(1.8)	(1.4)	(1.9)	(1.5)	(1.2)
	VI_{4a}	(1.9)	(1.5)	(1.1)	(1.6)	(1.2)	(0.9)
	VI_{4b}	(2.0)	(1.6)	(1.2)	(1.7)	(1.3)	(1.0)
	VII_1	(2.2)	(1.9)	(1.6)	(2.1)	(1.6)	(1.3)
	VII_2						
	VII_3	(2.3)	(1.9)	(1.6)	(2.1)	(1.6)	(1.3)
	VII_4	(2.1)	(1.6)	(1.3)	(1.8)	(1.4)	(1.0)
	VII_5	(3.1)	(2.4)	(1.9)	(2.4)	(2.0)	(1.6)
	VII_{6a}						
黏性土	II_1	2.9	2.2				
	II_2	2.7	2.0				
	II_3	2.5	1.8				
	II_4	2.4~2.6	1.9~2.1	1.2~1.4			
	II_5	2.1~2.5	1.6~2.0				
	III_1						
	III_2	2.2~2.75	1.7~2.2	1.3~1.7	1.75~2.2	1.3~1.7	0.9~1.3
	III_3	2.1~2.5	1.6~2.1	1.2~1.6	1.6~2.1	1.2~1.6	0.9~1.2
	III_4						
	III_{1a}						
	III_{2a}						
	IV_1, IV_{1a}	1.7~1.9	1.2~1.3	0.8~0.9			
	IV_2	1.6~1.7	1.1~1.2	0.8~0.9			
	IV_3	1.5~1.7	1.1~1.2	0.8~0.9	0.8~0.9	0.5~0.6	0.3~0.4
	IV_4	1.7~1.8	1.0~1.2	0.8~1.0			

续上表

自然区划	水的分类 临界高度(m)	地下水			地表长期积水		
		H_1	H_2	H_3	H_1	H_2	H_3
黏性土	IV_5	1.7~1.9	1.3~1.4	0.9~1.0	1.0~1.1	0.6~0.7	0.3~0.4
	IV_6	1.8~2.0	1.3~1.5	1.0~1.2	0.9~1.0	0.5~0.6	0.3~0.4
	IV_{6a}	1.6~1.7	1.1~1.2	0.7~0.8			
	IV_7	1.7~1.8	1.4~1.5	1.1~1.2	1.0~1.1	0.7~0.8	0.4~0.5
	V_1, V_2, V_{2a}（紫色土）	2.0~2.2	0.9~1.1	0.4~0.6			
	V_3	1.7~1.9	0.8~1.0	0.4~0.6			
	V_1, V_2, V_{2a}（黄壤土,现代冲积土）	1.7~1.9	0.7~0.9	0.3~0.5			
	V_4, V_5, V_{5a}	1.7~1.9	0.9~1.1	0.4~0.6			
	VI_1	(2.3)	(1.9)	(1.6)	(2.1)	(1.7)	(1.3)
	VI_{1a}	(2.2)	(1.9)	(1.5)	(2.0)	(1.6)	(1.2)
	VI_2	(2.2)	(1.8)	(1.5)	(1.9)	(1.6)	(1.1)
	VI_3	(2.4)	(2.0)	(1.6)	(2.1)	(1.7)	(1.4)
	VI_4	2.4	2.0	1.6	(2.2)	(1.7)	(1.3)
	VI_{4a}	(2.2)	(1.7)	(1.4)	(1.0)	(1.4)	(1.1)
	VI_{4b}	(2.3)	(1.8)	(1.4)	(2.0)	(1.6)	(1.2)
	VII_1	2.2	(1.9)	(1.5)	(2.1)	(1.6)	(1.2)
	VII_2	(2.3)	(1.9)	(1.6)	1.8	1.4	1.1
	VII_3	(2.3)	(1.9)	(1.6)	(2.0)	(1.6)	(1.3)
	VII_4	(2.1)	(1.6)	(1.3)	(1.8)	(1.4)	(1.1)
	VII_5	(3.3)	(2.6)	(2.1)	(2.4)	(2.0)	(1.6)
	VII_{6a}	(2.8)	2.4	1.9	2.5	2.0	1.6
粉性土	II_1	3.8	3.0	2.2			
	II_2	3.4	2.6	1.9			
	II_3	3.0	2.2	1.6			
	II_4	2.6~2.8	2.1~2.3	1.4~1.6			
	II_5	2.4~2.9	1.8~2.3				
	III_1	2.4~3.0	1.7~2.4				
	III_2	2.4~2.85	1.9~2.4	1.4~1.9	1.9~2.4	1.4~1.9	1.0~1.4
	III_3	2.3~2.75	1.8~2.3	1.4~1.8	1.8~2.3	1.4~1.8	1.0~1.4
	III_4	2.4~3.0	1.7~2.4				
	III_{1a}	2.4~3.0	1.7~2.4				

续上表

自然区划	水的分类 临界高度(m)	地下水 H_1	地下水 H_2	地下水 H_3	地表长期积水 H_1	地表长期积水 H_2	地表长期积水 H_3
粉性土	III_{2a}	2.4~3.0	1.7~2.4				
	IV_1, IV_{1a}	1.9~2.1	1.3~1.4	0.9~1.0			
	IV_2	1.7~1.9	1.2~1.3	0.8~0.9			
	IV_3	1.7~1.9	1.2~1.3	0.8~0.9	0.9~1.0	0.6~0.7	0.3~0.4
	IV_4						
	IV_5	1.9~2.1	1.3~1.5	0.9~1.1			
	IV_6	2.0~2.2	1.5~1.6	1.0~1.1			
	IV_{6a}	1.8~2.0	1.3~1.4	0.9~1.1			
	IV_7						
	V_1, V_2, V_{2a}(紫色土)	2.3~2.5	1.4~1.6	0.5~0.7			
	V_3	1.9~2.1	1.3~1.5	0.5~0.7			
	V_1, V_2, V_{2a}（黄壤土,现代冲积土）	2.3~2.5	1.4~1.6	0.5~0.7			
	V_4, V_5, V_{5a}	2.2~2.5	1.4~1.6	0.5~0.7			
	VI_1	(2.5)	(2.0)	(1.6)	(2.3)	(1.8)	(1.3)
	VI_{1a}	(2.5)	(2.0)	(1.5)	(2.2)	(1.7)	(1.2)
	VI_2	2.6	2.2	1.6	2.3	1.6	1.2
	VI_3	(2.6)	(2.1)	(1.6)	(2.4)	(1.8)	(1.4)
	VI_4	(2.6)	(2.2)	1.7	2.4	1.9	1.4
	VI_{4a}	(2.4)	(1.9)	1.4	2.1	1.6	1.1
	VI_{4b}	(2.5)	1.9	1.4	(2.2)	(1.7)	(1.2)
	VII_1	(2.5)	(2.0)	(1.5)	(2.4)	1.8	1.3
	VII_2	(2.5)	(2.1)	(1.6)	(2.2)	(1.6)	(1.1)
	VII_3	(2.6)	2.1	1.6	(2.3)	(1.8)	(1.3)
	VII_4	(2.3)	(1.8)	(1.3)	(2.1)	(1.6)	(1.1)
	VII_5	(3.8)	(2.2)	(1.6)	(2.9)	(2.2)	(1.5)
	VII_{6a}	(2.9)	(2.5)	1.8	(2.7)	2.1	1.5

注：1. H_1 为干燥状态路基临界高度，H_2 为中湿状态路基临界高度，H_3 为潮湿路基临界高度。
2. VI、VII有限者，表示实测资料较少，有括号者表示没有实测资料，根据规律推算的。
3. 缺少资料的二级区，可论证地参考相邻二级区数值。

（3）路基土的基质吸力与饱和度

路基湿度受大气降水和蒸发、地下水、温度和路面结构及其透水性等多种因素的影响，采用平均稠度指标进行路基干湿状态评价，虽然综合了土的塑性特性，包含了塑限和液限，也能反映土的软硬程度，但是，对于塑性指数为0或接近0的土组，土的平均稠度就不能全面反映路基土的工作状态。

路基土为非饱和土，非饱和土的孔隙中不但充有水，而且还有空气，水气界面承受着孔隙气压力与孔隙水压力，由于毛细管作用，这两个压力不相等，孔隙气压力大于孔隙力压力，这两个压力差值称为基质吸力。路面竣工后路基在整个使用期间处于非饱和状态，其湿度状况主要由土的基质吸力所决定，根据非饱和土土力学理论，非饱和土的含水率与基质吸力的关系就是水—土特性曲线，只要知道路基土的基质吸力，就可以根据水—土特性曲线得出土的饱和度，从而预估路基湿度状况（图2-13）。

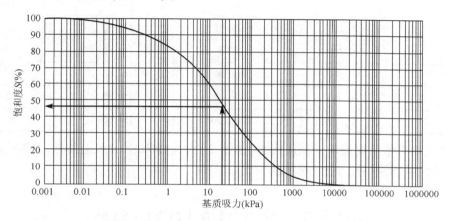

图2-13 非饱和土的水—土特性曲线

根据基质吸力的概念，基质吸力可定义为压力势与重力势的差值，即：

$$h_m = u_a - u_w \tag{2-8}$$

式中：h_m——基质吸力；
  u_a——重力势；
  u_w——压力势。

基质吸力主要受地下水、土组类型、气候等因素的影响。路基土的基质吸力可以用以下模型进行预估计算：

$$\begin{cases} h_m = y \cdot \gamma_w & \text{地下水位控制的基质吸力预估模型} \\ h_m = \alpha \{ e^{[\beta/(\text{TMI}+\gamma)]} + \delta \} & \text{气候因素控制的基质吸力预估模型} \end{cases}$$

式中：y——计算点与地下水位间的距离（cm）；
  γ_w——水的重度（kN/m³）；
$\alpha、\beta、\gamma、\delta$——回归参数，与 wPI = $P_{0.075}$ × PI 有关，$P_{0.075}$ 为 0.075mm 筛的通过率，PI 为塑性指数，查表2-11；
  TMI——湿度指数，年湿度指数 TMI_y 可以用下式计算：

$$\text{TMI}_y = \frac{100(R_y) - 60(\text{DF}_y)}{PE_y} \tag{2-9}$$

R_y——年度净流量(cm);
DF_y——年度缺水量(cm);
E_y——年度蒸发蒸腾总量(cm)。

路基土基质吸力预估模型回归参数　　　　　表 2-11

wPI	α	β	γ	δ
0	0.300	419.07	133.45	15.0
0.5	0.300	521.05	137.30	16.0
5	0.300	663.5	142.50	17.5
10	0.300	801.00	147.60	25.0
20	0.300	975.00	152.50	32.0
50	0.300	1171.20	157.50	27.8

利用基质吸力预估模型求得基质吸力,查图 2-13"非饱和土的水土特性曲线",即得出路基土的饱和度,从而预估路基土的湿度状况。

第四节　路基强度与设计参数

路基是路面结构的支承体,车轮荷载通过路面传到路基。因此路基的强度和变形特性对路面结构的整体强度和刚度有很大影响。在路面结构的总变形中,路基的变形占很大部分,为 70%～95%。路面结构的破坏,除其本身原因外,主要是由于路基过大变形所引起。因此,研究路基的强度和变形特性对路面设计具有重要意义。

一、路基的应力—应变特性

在一定应力范围内,理想线弹性体的应力与应变关系呈线性特性。当应力消失时,应变亦随之消失,恢复到初始状态。路基土的内部结构非常复杂,包括固相、液相和气相。固相又由不同矿物成分、不同粒径的颗粒组成。因此路基土在应力作用下的变形特性同理想线弹性材料有很大区别。

图 2-14 是用压入承载板试验所得的土基竖向变形 l 与压力 p 之间的关系曲线。图中的曲线变化大致可分 3 个阶段:

Ⅰ阶段——弹性变形阶段。在此阶段内,卸载后,变形可以恢复,土基受到弹性压缩,应力与应变的关系呈近似直线形式。

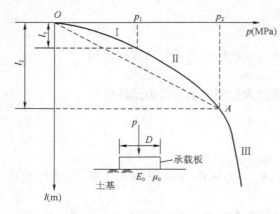

图 2-14　承载板测试的路基应力—应变关系曲线

Ⅱ阶段——塑性变形阶段。在此阶段内,外力增大,变形发展较快,卸载后,变形不能完全恢复。其中,能够恢复的变形,叫弹性变形;不能恢复的变形,叫塑性变形(或残余变形)。在此阶段范围内,应力—应变关系呈曲线形式。

Ⅲ阶段——破坏阶段。应力继续增大,变形急剧增大,土体已失去抵抗变形的能力,表明土体已破坏。

路基在外力作用下表现出的这种应力与应变不成线性关系变化的应力—应变特性叫土基的非线性。非线弹性体路基的弹性模量 E 并不是一个常数,会使路基在重复荷载作用下产生残余变形累积,并使路面产生过大变形和破坏。

二、表征路基强度的指标

路基在外力作用下将产生变形,路基强度是指路基抵抗外力作用的能力,亦即抵抗变形的能力。在一定应力作用下,土基变形越大,强度越低;反之,则表明土基强度越高。根据路基简化的力学模型不同,以及土体破坏的原因不同,表征路基强度的指标主要有以下几种:

1. 回弹模量 E_0

把路基简化为一弹性半空间体,用回弹模量 E_0 表征其应力-应变特性,并作为路基的强度指标。为模拟车轮印迹的作用,通常以圆形承载板压入路基的方法测定其弹性模量 E_0(图2-14)。根据弹性力学原理,用圆形承载板测试计算路基回弹模量的公式为:

$$E_0 = \frac{\pi D}{4} \frac{\sum p_i}{\sum l_i}(1 - \mu_0^2) \tag{2-10}$$

式中:E_0——路基的回弹模量(MPa);

l_i——各级荷载下的承载板回弹弯沉值(m);

D——承载板的直径(m);

μ_0——土的泊松比,一般取0.35;

p_i——各级荷载下的承载板单位压力(kPa)。

由于承载板测试回弹模量的野外测试速度较慢,因此工程中常用标准汽车做荷载试验,根据测得的回弹变形(回弹弯沉 l_0)计算路基回弹模量值,公式为:

$$E_0 = \frac{pd}{l_0}(1 - \mu_0^2) \times 0.712 \tag{2-11}$$

式中:p——标准试验车的轮胎压力(kPa);

d——试验车轮迹当量圆直径(cm);

μ_0——土的泊松比,一般取0.35;

l_0——路基在最不利季节的计算弯沉值(cm),取平均值加2倍方差。

与用承载板做加载测试相比,两者结果相差不大,但后者测试工作大为简化,为工程检测常用方法。

2. 动态回弹模量

路床承受由路面传递下来的车辆动荷载作用,在路床土体中引起的动应力大小及作用方向则随作用的时间而变化。为反映路基在动荷载作用下的强度变化及其应力应变关系,采用动态回弹模量,表征路基在动荷载作用下的强度特性。

路基土的动态模量可以用动三轴仪测试。如图 2-15 所示,动三轴仪一般由三轴压力室、轴向及侧向加压控制系统、数据测量和采集系统三部分组成。采用动三轴仪测试路基土动态模量的基本方法是:按试验规程要求把取自现场的土样制作成室内三轴试验试件,然后将组装好的试件安置于三轴仪的三轴压力室基座上,安装位移传感器;试件和传感器安装完成后,对试件进行预加载,调试围压和脉冲荷载至目标设定值,以 10Hz 的频率重复加载 100 次,采集最后 5 个波形的荷载和变形曲线,记录施加荷载、试件轴向可恢复变形。试验完成后,根据采集数据,按下式计算土体动态回弹模量:

$$M_R = \frac{\sigma_0}{\varepsilon_0} \tag{2-12}$$

式中:M_R——路基土动态回弹模量(MPa);

σ_0——试验应力幅值,按下式确定:

$$\sigma_0 = \frac{P_i}{A} \tag{2-13}$$

P_i、A——最后 5 次加载循环中轴向试验荷载平均值(N)和试件径向横截面积(可取试件上下端面积平均值);

ε_0——试验应变幅值,按下式计算:

$$\varepsilon_0 = \frac{\Delta_i}{l_0} \tag{2-14}$$

Δ_i、l_0——最后 5 次加载循环中可恢复轴向变形平均幅值(mm)和位移传感器的量测间距(mm)。

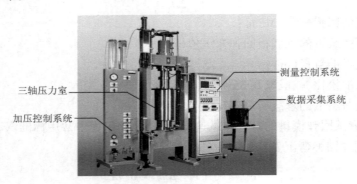

图 2-15 动三轴仪系统

路面结构设计时的路基动态回弹模量取值可参考表 2-12、表 2-13。

标准状态下路基土动态回弹模量 M_R 参考值　　　表 2-12

土　组	取值范围(MPa)	土　组	取值范围(MPa)	土　组	取值范围(MPa)
砾(G)	110~135	砂(S)	95~125	低液限粉土(ML)	50~90
含细粒土砾(GF)	100~130	含细粒土砂(SF)	80~115	低液限黏土(GL)	50~85
粉土质砾(GM)	100~125	粉土质砂(SM)	65~95	高液限粉土(MH)	30~70
黏土质砾(GC)	95~120	黏土质砂(SM)	60~90	高液限黏土(GH)	20~50

注:1. 对砾和砂,D_{60}(通过率为 60%时的颗粒粒径)大时,模量取高值,D_{60} 小时,模量取低值。
　　2. 对其他含细粒的土组,小于 0.075mm 颗粒含量大和塑性指数高时,模量取低值,反之取高值。
　　3. 同等条件下,轻、中等及重交通荷载的路基土回弹模量取较小值,特重、极重交通条件下取较大值。

标准状态下粒料路基土动态回弹模量 M_R 参考值　　　　表2-13

粒料类型	取值范围(MPa)	粒料类型	取值范围(MPa)
级配碎石	180~400	级配砾石	150~300
未筛分碎石	180~220	天然砂砾	100~140

新建公路路基回弹模量设计值 E_0 按下式确定：

$$E_0 = K_S K_\eta M_R \qquad (2\text{-}15)$$

且

$$E_0 \geqslant [E_0] \qquad (2\text{-}16)$$

式中：E_0——平衡湿度状态下路基回弹模量设计值(MPa)；

$[E_0]$——路面结构设计的路基回弹模量要求值(MPa)；

M_R——标准状态下路基动态回弹模量值(MPa)；

K_η——干湿循环或冻融循环条件下的路基土模量折减系数，通过试验确定。

K_S——路基回弹模量湿度调整系数，为平衡湿度(含水率)状态下回弹模量与标准状态下回弹模量之比。潮湿和干燥类型路基的回弹模量湿度调整系数可参考表2-14和表2-15取值。

潮湿类路基的回弹模量湿度调整系数　　　　表2-14

土质类型	砂	细粒土质砂	粉质土	黏质土
路基工作区顶面	0.8~0.9	0.5~0.6	0.5~0.7	0.6~1.0
路基工作区底面	0.5~0.6	0.4~0.5	0.4~0.6	0.5~0.9

注：1. 砂的回弹模量调整系数，D_{60} 大时取高值，D_{60} 小时取低值。
2. 细粒土质砂的回弹模量调整系数，细粒含量大、塑性指数高时取低值，反之取高值。
3. 粉质土和黏质土的回弹模量调整系数，路基高度低时取低值，反之取高值。

干燥类路基的回弹模量湿度调整系数　　　　表2-15

土组	湿度指数 TMI					
	-50	-30	-10	10	30	50
砂(S)	1.3~1.84	1.14~1.80	1.02~1.77	0.99~1.77	0.86~1.69	0.8~1.64
粉土质砂(SM) 黏土质砂(SC)	1.59~1.65	1.10~1.26	0.83~0.97	0.73~0.83	0.7~0.76	0.7~0.76
低液限粉土(SC)	1.35~1.55	1.01~1.23	0.76~0.96	0.58~0.77	0.51~0.65	0.42~0.62
低液限黏土(CL)	1.22~1.71	0.73~1.52	0.57~1.24	0.51~1.02	0.49~0.88	0.48~0.81

注：1. 砂的回弹模量调整系数，D_{60} 大时(接近2mm)取低值，D_{60} 小时(接近0.25mm)取高值。
2. 粉土质砂、黏土质砂或细粒土的饱和度取值与细粒土含量和塑性指数相关，细粒土含量高、塑性指数大时取低值，反之取高值。

中湿类型路基的回弹模量湿度调整系数，可按路基工作区内两类湿度来源的上部和下部分别确定其湿度调整系数，并以工作区上、下部的厚度加权计算路基总的回弹模量湿度调整系数，可参考《公路路基设计规范》(JTG D30—2015)。

3. 土基反应模量 K_0

除用弹性模量表征土基强度外,亦常用反应模量 K_0 作为指标表征路基的强度,称为地基反应模量。这种弹性地基力学模型把路基简化成由一系列互不联系的并联弹簧组成的弹性体

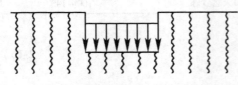

图 2-16 文克勒地基力学模型

(图 2-16)。假设地基上任一点的反力与该点的挠度成正比,而与其他点无关。

这种地基力学模型首先由捷克工程师文克勒(E. Winkler)提出,因此又叫文克勒地基。地基反应模量 K_0 为压力 p 与沉降 l 之比,即:

$$K_0 = \frac{p}{l} \quad (\text{MN/m}^3) \tag{2-17}$$

地基反应模量 K_0 值,用承载板试验确定。承载板的直径规定为 76cm。测试方法与回弹模量测试方法相类似,但采用一次加载法,施加的荷载由两种方法控制:当地基较为软弱时,用 0.127cm 的沉降控制承压板的荷载;若地基较为坚硬,沉降难以达到 0.127cm 时,以单位压力 $p = 0.07$ MPa 控制承载板的荷载。当采用直径为 30cm 的承载板测试时,可用式 $K_{76} = 0.4 K_{30}$ 修正成 76cm 承载板测试的反应模量。

4. CBR(California Bearing Ratio)值(加州承载比)

加州承载比是早年由美国加利福尼亚州提出的一种评定路基及其他路面材料承载能力的指标。承载能力以材料抵抗局部荷载压入变形的能力表征,并采用高质量标准碎石为标准,它们的相对比值即为 CBR 值。

试验时,用一个端部面积为 19.35cm^2 的标准压头,以 0.127cm/min 的速度压入土中。记录每贯入 0.254cm(0.1in) 时的单位压力,直到总深度达到 1.27cm 为止,此时的贯入单位压力与达到该贯入深度时的标准压力之比即为路基的 CBR 值,即:

$$\text{CBR} = \frac{p}{p_s} \times 100\% \tag{2-18}$$

式中:p——对应于某一贯入度的路基单位压力(MPa);

p_s——与路基贯入相同的标准单位压力(MPa),见表 2-16。

标准压力值 p_s 表 2-16

贯入度(cm)	0.254	0.508	0.762	1.016	1.270
标准压力(MPa)	7.03	10.55	13.36	16.17	18.23

CBR 试验设备有室内试验与室外试验两种。室内 CBR 试验装置如图 2-17 所示。试件按路基施工时的含水率及压实要求在试筒内制备,并在加载前浸泡在水中饱水 4d。为模拟路面结构对土基的附加应力,在浸水过程中及压入试验时,在试件顶面施加环形砝码,其重力根据预计的路面结构重力确定,但不得小于 45.3N。试件浸水至少淹没顶部 2.54cm。CBR 值的现场试验方法基本与室内试验相同,但其压入试验直接在路基顶面进行。

以上 4 项指标——回弹模量 E_0、动态回弹模量 M_R、土基反应模量 K_0、CBR 值是表征特定力学模型下路基的应力与应变关系,既是表征路基的强度指标,也是路面设计时的路基设计参数。进行路面设计或对路基强度进行评价时,应根据路面结构设计理论和方法及路面设计力学模型,确定采用哪一种路基强度指标或设计参数。

图 2-17 CBR 试验
a) CBR 试验装置；b) 测试完的土样

5. 抗剪强度指标

土的抗剪强度指土体抵抗剪切破坏的能力。土的抗剪强度通常用库仑公式表示：

$$\tau = c + \sigma\tan\varphi \tag{2-19}$$

式中：τ——土的抗剪强度（kPa）；

σ——剪切破坏面上的法向总应力（kPa）；

c——土的单位黏聚力（kPa）；

φ——土体的内摩擦角。

c、φ 值即为土的抗剪强度指标，它反映了土体抗剪强度的大小，是土体非常重要的力学指标。

土的抗剪强度测试有多种方法。若用三轴压缩试验测定，在一定围压下进行轴向加载，可以模拟土体受荷时发生的应力状况。

思考题

1. 简述表征土基的强度指标及测试方法。
2. 简述确定土基干湿类型的目的、意义及方法。如何确定旧路改建和新建公路的路基干湿类型？
3. 何谓路基工作区？确定路基工作区有何意义？
4. 简述常用路基土的工程特性。现场如何用简易方法判定土的类型？

第三章
路基设计

为了确保路基的强度与稳定性,使路基在各种外界因素作用下,不致产生不允许的变形破坏,一般路基设计包括路基结构、路基排水、路基防护与加固结构物设计,以及与路基工程直接相关的附属设施(如弃土堆、取土坑、护坡道、碎落台、堆料坪和错车道等)的设计。

第一节 一般路基设计的内容与要求

一、路基的破坏形式与原因分析

路基在各种自然因素及行车荷载作用下,常发生变形,最后导致破坏。其破坏形式多种多样,原因也错综复杂。常见的破坏形式主要有路堤的变形破坏、路堑的变形破坏及特殊气候水文条件下的破坏三大类,每类破坏的具体形式和原因如下。

1. 路堤沉陷(Settlement)

路堤沉陷的特征是路基表面作竖向位移。这种竖向位移可能来自路堤的压缩变形或地基的沉降。路基因填料选择不当,填筑方法不合理,压实不足或压实不均匀,在荷载和水、温度的综合作用下,路基将产生堤身向下沉陷的变形破坏,如图 3-1 所示。所谓填筑方法不合理,包括不同土质混杂,未分层填筑和压实,土中含有未打碎的大土块或冻土块等;填石路堤因石料规格不一,性质不均,或就地爆破堆积,乱石中空隙很大,在一定期限内(例如经过一个雨季)路堤产生明显的下沉。原地面比较软弱,例如,软土地基、垃圾堆等填筑前未换土或压实,在路堤重力作用下地基整体下沉,引起路堤下陷。在季节性冰冻地区冻融作用也常使路基产生不均匀变形。路堤的不均匀沉陷,将导致路面变形破坏,影响道路的正常运营。

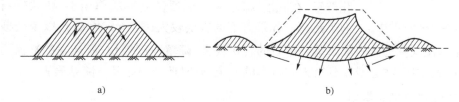

图 3-1　路堤沉陷示意图
a)堤身压缩沉降;b)地基下陷

2. 路堤边坡溜方及滑坡

溜方是指边坡上薄的表层土,被水浸泡或受水流冲刷引起沿边坡向下滑移的破坏现象(图 3-2)。

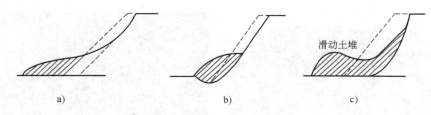

图 3-2　路堤边坡的破坏
a)、b)溜方;c)滑坡

滑坡(Slide Slope)是指路堤边坡土体在重力作用下沿某个滑动面发生的剪切破坏,一般发生在高路堤边坡。其主要原因有以下几方面:

①边坡过陡。
②不正确地应用倾斜层次的方法填筑。
③含水率过大,土体黏聚力和内摩阻力降低。
④坡脚被水冲刷。

3. 路堤沿山坡滑动

在较陡山坡上填筑的路基,如果原地面未清除杂草、凿毛或人工挖台阶,坡脚又未进行必要的支撑,填方与原地面之间的抗剪力很小,特别是受水的润滑时,在自重和荷载作用下,路基整体或局部有可能沿原地面向下移动(图 3-3)。这种破坏一般发生在斜坡上填筑的路堤或半填半挖路基。

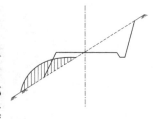

图 3-3　路堤沿山坡滑动示意图

4. 路堑边坡岩体剥落和碎落

剥落是指路堑边坡表土层或风化岩层表面,在大气的干湿或冷热循环作用下,表面发生胀缩,使零碎薄层岩土呈片状从坡面上剥落下来的风化现象(图 3-4),而且老的脱落后,新的又

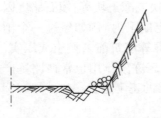

图 3-4 路堑边坡的风化碎落

不断产生。泥质页岩、绿泥岩等易风化岩层的路堑边坡易发生这种破坏。路堑边坡剥落的碎石堆积在坡脚下,堵塞边沟,影响路基稳定和妨碍交通。

碎落是岩石碎块的一种脱落现象,其规模与危害程度比剥落严重。产生的主要原因是路堑边坡较陡(大于45°),岩石破碎,风化严重,在胀缩、振动及水的浸蚀与冲刷作用下,块状碎石沿坡面向下滚落。如果落下的岩块较大(直径>40cm),以单个或多块落下,此种碎落现象称为落石或坠落。落石的石块较大,降落速度极快,所产生的冲击力可使路基结构物遭到破坏,亦会威胁到行人和行车的安全,有时还会引起其他路基病害。

5. 路堑边坡滑坍和崩塌

滑坍是指路基边坡土体或岩石,沿着一定滑动面整体向下滑动,其规模与危害程度较碎落更为严重,有时滑动体可达数百方以上。挖方边坡岩层对公路呈顺向坡,岩层倾角在50°~75°之间,夹有软弱和透水的薄层或岩石严重风化等,在水的浸蚀和冲刷作用下,形成滑动面致使边坡失去平衡产生滑坍[图3-5a)]或大规模滑坡[图3-5b)]。产生滑坍的主要原因是边坡较高,不利的岩层倾向,坡度较陡(>50°),缺少应有的支挡与加固。

a)

b)

c)

图 3-5 路堑边坡破坏形式
a)滑坍;b)滑坡;c)崩塌

崩塌是指岩块在重力作用下倾倒、崩落,主要原因是岩体风化破碎,边坡较高,是比较常见且危害较大的路基病害之一。崩塌体的各部分相对位置在移动过程中完全打乱,其中较大石块翻滚较远,边坡下部形成倒石堆或岩堆。它与滑坍的主要区别在于崩塌无固定滑动面,亦无下挫现象。

6.特殊地质水文条件下的破坏

公路通过不良地质和水文地带,或遇较大自然灾害,如滑坡、岩堆、泥石流、雪崩、岩溶(即喀斯特地区)、地震及特大暴雨(图3-6)和严重冰冻等,均能导致路基结构的严重破坏。

图3-6 沿河路基水毁

根据上述路基变形破坏形式及原因分析可知,路基破坏的原因是多方面的,各种变形破坏既有各自特点,又往往具有共同原因,大致可归纳为以下几个方面。

①不良的工程地质和水文地质条件。如地质构造复杂,岩层走向及倾角不利,岩性松软,风化严重,土质较差,地下水位较高以及其他特殊不良地质灾害等。

②不利的水文与气候因素。如降雨量大、洪水猛烈、干旱、冰冻、积雪或温差特大等。

③设计不合理。如断面尺寸不符合要求,包括边坡取值不当,挖填布置不符合要求,最小填土高度不足,未进行合理的防护、加固和排水设计等。

④施工不符合规定。如填筑顺序不当,土基压实不足,盲目采用大型爆破以及不按设计要求和操作规程施工,工程质量不符合标准规定等。

二、一般路基设计的要求

一般路基设计的基本要求是针对道路所处地形、地质、水文气候环境条件,采取相应的工程技术措施,确保道路运营过程中路基具有足够的强度和稳定性,基本要求有以下几方面:

(1)具有足够的整体稳定性

路基是直接在地面上填筑或挖去一部分地面建成的。路基建成后,改变了原地面的天然平衡状态。在工程地质不良地区,修建路基则可能加剧原地面的不平衡状态;开挖路堑使两侧边坡土体失去支承力,可能导致边坡坍塌或滑坡;天然坡面特别是陡坡面上的路堤,则可能因自重而下滑。因此,路基设计必须因地制宜地采取一定措施来保证路基的整体稳定性。采取设置支挡和防护结构,对原地面或软基进行加固等,以保证路基的整体稳定性。

(2) 具有足够的强度

公路上的行车荷载,通过路面传递给路基,对其产生一定压力,路基自重及路面的重力也给予路基和地基一定压力。这些压力都可使路基产生一定的变形,使路面变形而遭到破坏,直接影响路面的使用品质。因此,要求路基应具有足够的强度,以保证外力作用下,不致产生超过容许范围的变形。施工中采取合理的填筑方案,选择性能良好的填料,充分压实,完善各种排水设施等措施,确保路基具有足够的强度。

(3) 具有足够的水温稳定性

路基在地面水和地下水作用下,其强度将显著地降低。特别是在季节性冰冻地区,由于水温状况的变化,路基将发生周期性冻融作用,使路基强度急剧下降。因此,对路基不仅要求其具有足够的强度,而且还应保证在最不利的水温状况下,强度不至于显著地降低,以使路面处于正常稳定状态,亦即要求路基具有足够的水温稳定性。

为满足路基的强度和稳定性要求,设计和施工时可以采取以下措施:

① 合理选择路基断面形式,确定合理的边坡坡度。
② 选择强度和水温稳定性良好的路堤填料,并采取正确的施工方法。
③ 充分压实土基,提高土基的强度和水稳定性。
④ 做好地面排水工作,保证水流畅通,防止路基过湿或水毁。
⑤ 保证路基有足够高度,使路基工作区保持干燥状态。
⑥ 设置隔离层或隔温层,切断毛细水上升通道,阻止水分迁移,减少负温差的不利影响。
⑦ 采取边坡加固与防护措施,以及修筑支挡结构物。

三、一般路基设计的基本内容

路基是由土石修筑而成的土工建筑物。它的结构形式虽然简单,但由于是设在地面之上,暴露于大气中,受地形、地质、水文和气候等自然因素的影响大,如果设计、施工不当,容易产生各种病害,使路面变形、破坏,影响交通行车安全,同时需要耗费大量投资进行修复,增加养护维修费用。此外,公路建设还与人类的生产、经济活动密切相关,必须妥善处理好周围环境、征地、拆迁及农田水利设施的关系。路基设计基本内容如下:

① 沿线工程地质勘查。收集沿线地形、地质、水文资料及其他必要的设计基础资料,作为路基设计的依据。

② 一般路基设计。一般地形地质水文条件下的路基,可根据路基设计规范规定,按路线纵断面设计确定的填挖高度,结合沿线地质、水文调查资料,进行路基主体工程的路堤、路堑、半挖半填路基设计。

③ 排水设计。根据沿线地面水流及地下水埋藏情况,进行基本排水设施和排水系统的布置设计;特殊水文条件下的地面和地下排水设施结构的设计与计算。

④ 路基防护与加固结构设计。包括坡面防护、冲刷防护与支挡结构物等的布置与设计。

⑤ 路基工程其他设施的设计。包括取土坑、弃土堆、碎落台及错车道等的布置设计。

⑥ 特殊路基设计。对于下列条件下的路基,必须进行单独设计:工程地质、水文条件复杂地段的路基;边坡高度超过规范规定高度的高填深挖路基;修筑在陡坡上的路堤;滑坡地段的路基;不良水文条件下的路基(如浸水路堤);膨胀土地段路基;软土上的路堤;采用大爆破施工的路基及软土或震害严重地区的路基等。

第二节 路基横断面设计

一、路基的典型横断面形式与特点

路基的典型横断面形式有路堤、路堑和填挖结合路基三种。路堤是指全部用岩土填筑而成的路基,具有通风排水较好,路基病害少的特点。路堑是在天然地面上开挖后形成的路基,路堑开挖破坏了山体平衡,易产生边坡风化的地质问题,通风排水条件差,路基路面病害多。路堤和路堑是路基的基本结构类型。当原地面横坡较大,且路基较宽时,路基的一侧需要填筑,另一侧需要开挖,这种由部分填筑和部分开挖后而形成的路基,称为填挖结合路基,亦称为半填半挖路基,是丘陵或山岭地区公路常用的路基横断面形式,填挖结合路基同时具有路堤和路堑的特点,在填挖结合部易产生不均匀沉降。

1. 路堤(Embankment)

按填土高度不同,路堤可划分为矮路堤、高路堤和一般路堤三种。

填土高度小于路基工作区深度的路堤称为矮路堤;矮路堤通常在地形平坦地区、取土困难时选用。由于平坦地区地势低,水文条件较差,易受地下水和地表水的影响,设计时应满足最小填土高度要求。力求不低于干燥或中湿状态的路基临界高度,并在路基的两侧设置边沟。由于矮路堤高度通常接近或小于路基工作区的深度,施工中,除填土本身要满足规定的压实度要求外,天然地面亦应进行压实,达到规定的压实度。必要时需采取清除基底、换土,设置隔离层,排除地下水或降低地下水位等措施,以保证路基的强度和稳定性。

填方高度不大,一般在 2.0~3.0m 范围内,最大不超过 20m 的路堤,称为一般路堤。当一般路堤填方数量较少时,在两侧设置取土坑取土或用来自挖方的土作填料。当在取土坑取土时,取土坑应与排水沟渠结合,合理规划布置。路两侧有农田时,为保护填方坡脚不受流水侵蚀,保证边坡稳定,可在坡脚设置矮护脚墙或在坡脚与填方之间预留 1~2m 甚至 4m 以上宽度的护坡道[图 3-7e)]。填筑于地面横坡陡于 1∶2.5 的斜坡上的陡坡路堤,为防止路堤沿山坡滑动,应将天然地面挖成台阶,或设置石砌护脚[图 3-7d)]。

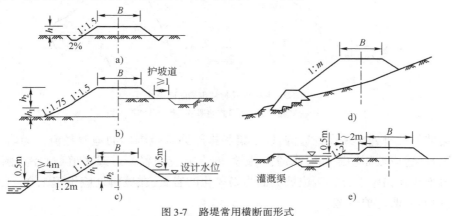

图 3-7 路堤常用横断面形式
a)矮路堤;b)一般路堤;c)浸水路堤;d)护脚路堤;e)农田地段路堤

图3-7所示为常见的路堤断面形式。

填方边坡高度大于20m的路堤叫高路堤(图3-8)。高路堤是山区公路常见的路基形式,其路基结构形式与一般填方路基相近,但由于路基填筑高度大,边坡高,保证边坡的稳定性和减小工后沉降是高路堤设计和施工的关键。边坡结构设计时,必须每隔6~8m高度设置宽度不小于2.0m的护坡道,各级坡比根据填料土质而定,一般土质边坡为1:1.5~1:2,填石边坡最陡为1:1,并通过验算确定边坡的稳定性。为避免坡面径流对边坡的冲刷,可在护坡道上设置截水沟和在路肩上设拦水带,在坡面上采用浆砌片石或混凝土框格植草进行防护。原地面处理是高路堤设计和施工的重要内容,处理方法视原地面情况而定,基本方法有挖台阶、清除原地面腐殖土、软基换填、抛石挤淤、碎石桩、塑料排水板加固等。高路堤的填方数量大,占地多,为使路基稳定和断面经济合理,需进行专门设计。

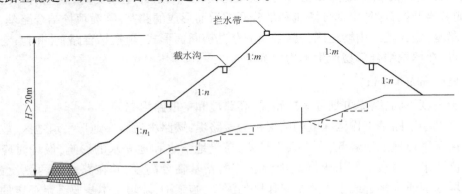

图3-8 高路堤断面

2. 路堑(Cutting)

图3-9是常见的路堑断面形式,有全挖式、台口式和半山洞三种。

路堑开挖破坏了原地层的天然平衡状态,其稳定性主要取决于地质与水文条件,以及边坡的高度和边坡坡度,因此路堑设计需根据地质水文条件和边坡高度,设置成直线或折线形[图3-9a)],并选择合适的边坡坡度。

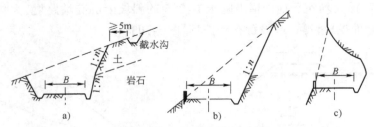

图3-9 路堑的几种常用横断面形式
a) 全挖式路基; b) 台口式路基; c) 半山洞路基

挖方边坡的坡脚处必须设置边沟,以汇集和排除路基范围内的地表径流。为防止大量地表水流向路基,造成坡面冲刷和边沟溢流,路堑的上方应设置一道或多道截水沟[图3-9a)]。挖方弃土可堆放在路堑下方。若边坡坡面为易风化的岩石,在坡脚处应设置1.0~1.5m的碎落台,或对坡面采取防护措施。

陡峻山坡上的半路堑,路中线宜向内侧移动,尽量采用台口式路基[图3-9b)],避免路基外侧的少量填方。遇有整体性的坚硬岩层，为节省石方工程，可采用半山洞路基[图3-9c)]。

在一些地形地质条件复杂的山区修建公路，为满足线形要求，路堑开挖深度较大，一般把土质挖方边坡高度大于20m或岩石挖方边坡大于30m的路堑称为深路堑。深路堑的断面形式与一般路堑基本相同，但由于开挖深度较大，深路堑地段的边坡稳定性和排水不良等病害更多，边坡稳定性受坡体地形、地质条件影响大。设计时，为保证边坡的稳定性，应根据边坡岩土体性质，每隔8~10m高度设置一护坡道和改变边坡坡比，每级坡比依坡体岩性而定，一般为(1:0.5)~(1:0.75)~(1:1)~(1:1.5)，护坡道宽度≥1m，每级护坡道上宜设置一道深度不小于50cm的截水沟，防止坡面水冲刷边坡；对于岩体易于风化破碎的深路堑边坡必须进行坡面防护，常用的防护方法有：石砌护面墙、喷浆防护、混凝土框格植物防护和三维网植被防护等；对于未满护的坡面，应在坡脚设置碎落台，以便于坡面风化岩石的堆积和清理。深路堑路基结构断面如图3-10所示。

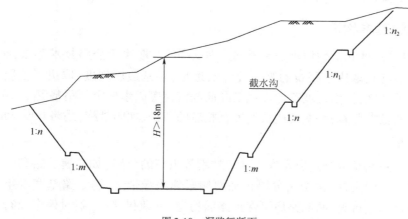

图3-10 深路堑断面

如挖方路基所处土层水文状况不良，经常发生水分积聚现象，可能会导致路面的破坏，在这种情况下，路堑以下的天然土基要人工压实至规定的密实程度，必要时还应翻挖、重新分层填筑或换土，或采取加隔离层、设置必要的地下排水设施等措施。

3.填挖结合路基

图3-11是填挖结合路基常见的横断面形式。

位于山坡上的路基，通常取路中心的高程接近原地面高程，以减少土石方数量，避免高填深挖，保持土石方数量的横向填挖平衡。若处理得当，路基稳定可靠，是比较经济的路基横断面形式。

填挖结合路基兼有路堤和路堑两者的特点，因此均应满足前述路堤和路堑的设计要求。填方部分的原地面横坡陡于1:5时，土质应挖台阶或石质应凿毛[图3-11a)]；填方部分的局部路段，如遇原地面的短缺口，可采用石砌护肩[图3-11c)]。如果填方量较大，可就近利用废石方砌筑护坡或护墙。石砌护坡和护墙相当于简易式挡土墙，承受一定的侧向压力，要求坚固稳定。有时为了保证路基的稳定，压缩用地宽度，可在填方部分设置路肩(或路堤)式挡土墙。石砌护肩、护坡与护墙，以及挡土墙等路基形式见图3-11c)~f)；如果填方部分悬空，而纵向建成又有适当的基岩，则可以沿路基纵向建成半山桥路基[图3-11g)]。

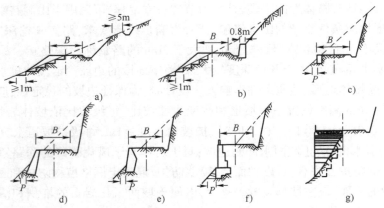

图 3-11 半填半挖路基的几种常用横断面形式

a) 一般填挖结合路基;b) 矮挡土墙路基;c) 护肩路基;d) 砌石护坡路基;e) 砌石护墙路基;f) 挡土墙路基;g) 半山桥路基

二、路基的基本构造

路基由宽度、高度和边坡坡度三者构成。路基宽度,取决于公路技术等级;路基高度(路中心线的填挖深度),取决于路线的纵坡设计及地形;路基边坡坡度,取决于土质、地质构造、水文条件及边坡高度,并由边坡稳定性和横断面经济性等因素确定。路基宽度、高度和边坡坡度是路基设计的基本要素,路基的边坡坡度及相应的防护、加固措施,是路基设计的基本内容。

1. 路基宽度

路基宽度为路面及两侧路肩宽度之和。技术等级高的公路(如高速公路和一级公路),路基宽度内还需设置中央带(由中央分隔带加两侧紧邻路缘带组成)。路基宽度组成如图 3-12 所示。路面供机动车行驶,两侧路肩可保护路面稳定,并兼供错车、临时停车及行人和非机动车通行。路面宽度根据设计通行能力及交通量大小而定,一般每个车道宽度为 3.50~3.75m。

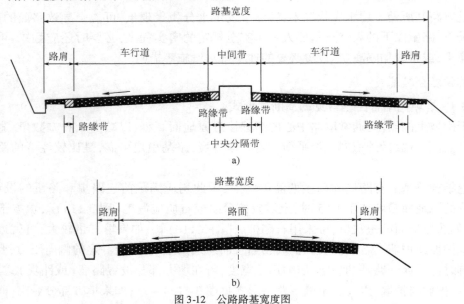

图 3-12 公路路基宽度图

a) 高速公路、一级公路路基标准横断面图;b) 二级、三级、四级公路路基标准横断面图路肩宽度由公路等级和交通情况而定,最小宽度为 0.5m,城镇近郊行人与非机动车较集中,路肩宽度应尽可能增大,一般取 1~3m,并予以辅筑硬质面层,提高路肩利用率,保证路面行车不受干扰。

公路路基宽度因技术等级及具体要求的不同,除路面和路肩外,对于不同等级公路和不同交通条件要求的道路,还应包括中央分隔带、路缘带、变速车道、爬坡车道、慢行道或路用设施(如护栏、照明、绿化)等可能占用的宽度。设计时各级公路的路基宽度可按表 3-1 取值。

各级公路路基宽度 表 3-1

公路等级		高速公路、一级公路								
设计速度(km/h)		120			100			80		60
车道数		8	6	4	8	6	4	6	4	4
路基宽度(m)	一般值	42.00	34.50	28.00	41.00	33.50	26.00	32.00	24.50	23.00
	最小值	40.00	—	25.00	38.5	23.5	23.50	—	21.50	20.00

公路等级		二级公路、三级公路、四级公路					
设计速度(km/h)		80	60	40	30	20	
车道数		2	2	2	2	2	1
路基宽度(m)	一般值	12.00	10	8.50	7.50	6.50(双车道)	4.50(单车道)
	最小值	10.00	8.50	—	—	—	—

注:1. "一般值"为正常情况下的采用值,"最小值"为条件受限制时可采用的值。
2. 八车道高速公路路基宽度"一般值"为设置在左侧硬路肩、内侧车道采用 3.50m 时的宽度,八车道高速公路路基宽度"最小值"为不设置左侧硬路肩、内侧车道采用 3.75m 时的宽度。

2. 路基高度

路基高度是指路基设计高程与路中线原地面高程之差(亦称为施工高度),即路堤的填筑厚度或路堑的开挖深度。边坡高度是指填方坡脚或挖方坡顶高程与路基设计高程之差,当原地面平坦时,路基高度与边坡高度相等,而山坡地面上,两者不等,且两侧边坡高度亦不相等。二、三、四级公路的路基设计高程一般是指路基边缘的高程;设置中间带的高速公路和一级公路的路基设计高程是指中间带外侧边缘的高程。超高、加宽的弯道上的路基高程是未超高、加宽前的路基高程。

路基高度由路线纵坡设计确定。确定时,要综合地考虑地形、地质、地貌、水文等自然条件,桥涵等构造物与交叉口的控制高度,纵向坡度的平顺,土石方工程数量的平衡,以及路基的强度与稳定性等因素,以得出合理的路基填挖高度。

路堤的最小填筑高度,应根据临界高度和路基工作区并结合沿具体水文地质条件和排水及防护措施确定,一般应满足以下要求:

①路堤高度不宜小于中湿状态路基临界高度。
②沿河及受水浸淹的路基,其高度一般应满足公路等级所对应的设计洪水频率(表 3-2)及设计洪水位。

路基设计洪水频率 表 3-2

公路等级	高速公路	一级公路	二级公路	三级公路	四级公路
设计洪水频率	1/100	1/100	1/50	1/25	视具体情况而定

③季节性冻土地区,路堤高度不宜小于当地路基冻胀深度。

路堤高度宜按下式计算:

$$H_{OP} = \max\{(h_{sw} - h_0) + h_w + h_{bw} + \Delta h, h_1 + h_p, h_a + h_p, h_f + h_p\} \tag{3-1}$$

式中:H_{OP}——路堤合理高度(m);

h_{sw}——设计洪水位(m);

h_0——地面高程(m);

h_w——波浪侵袭高度(m);

h_{bw}——壅水高度(m);

Δh——安全高度(m);

h_1——中湿状态路基临界高度(m);

h_p——路面厚度(m);

h_a——路基工作区深度(m);

h_f——季节性冻土地区的路基冻深(m)。

由于深路堑不仅挖方工程量大,施工面狭窄,行车条件差,且边坡稳定性差,而高路堤则占地面积大,工程量集中,且往往同桥涵等人工构造物连成一体,受水的浸蚀和冲刷较严重。因此,从路基稳定性出发,在填、挖高度较大的路段,要认真考虑路基填筑与深挖的可行性,并进行单独设计。

3. 路基边坡坡度

确定路基边坡坡度是路基断面设计的基本任务。公路路基边坡的坡度,用高度 H 与水平宽度 b 之比值表示,并取 $H=1$,通常用 $1:m$ 或 $1:n$ 表示坡比(称为边坡坡率),如图3-13所示的 $1:0.5$ 或 $1:1.5$,m 或 n 越大,路基边坡越缓。

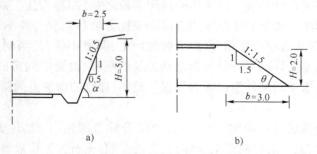

图3-13 路基边坡坡比示意图(尺寸单位:m)

路基的边坡,关系到路基的稳定和工程投资。尤其是陡坡地段的路堤及较深路堑的挖方边坡,不仅工程量大,施工难度高,而且是路基稳定性的关键所在。如果地质、水文条件较差,往往病害严重,持续年限很长,在水作用下导致边坡坍塌破坏,影响道路的正常运营。因此,确定路基边坡坡度,对路基稳定和断面经济性至关重要,在设计时,要全面考虑,力求合理。

(1)路堤边坡

路堤边坡坡度与路堤填料性能和边坡高度有关。根据路堤填料不同,分为土质和石质两种情况。

①土质路堤边坡

路堤边坡的形式和坡率应根据填料的物理力学性质、边坡高度和工程地质条件确定。对于边坡高度不大于 20m 的一般填土路堤边坡,其坡率视土质和边坡高度按表 3-3 取值。

路堤边坡坡率 表 3-3

填料类别	边坡坡率	
	上部高度(H≤8m)	下部高度(H≤12m)
细粒土	1:1.5	1:1.75
粗粒土	1:1.5	1:1.75
巨粒土	1:1.3	1:1.5

当边坡高度超过 20m 时,边坡形式宜采用阶梯形,边坡坡率通过稳定性分析计算确定,进行工点单独设计。

对于浸水路堤,设计水位以下部分视填料情况,边坡坡度采用 1:1.75~1:2,在常水位以下部分可采用 1:2~1:3,并视水流情况采取加固措施。

②填石路堤边坡

用粒径大于 40mm,含量超过 70% 的石料填筑的路堤称为填石路堤。填石路堤可以采用与土质路堤相同的断面形式,对坡面采取防护措施,边坡率不宜陡于表 3-4 的要求;也可以采取边部码砌、中部分层压实的断面结构形式,码砌厚度 1~2m,码砌石块最小尺寸大于 30cm,边坡较高时,可在中部设置 1~3m 宽的平台。风化岩石或软质岩石填筑路堤时,路床应采用硬质岩的碎石或其他符合要求的材料填筑,并对路堤边部采取包边封闭或加筋、底部设置防水垫层、上部设置防渗层等措施,防止填石路堤产生软化变形。

填石路堤边坡坡率 表 3-4

填石料种类	边坡高度(m)			边坡坡率	
	全部高度	上部高度	下部高度	上部高度	下部高度
硬质岩石	20	8	12	1:1.1	1:1.3
中硬岩石	20	8	12	1:1.3	1:1.5
软质岩石	20	8	12	1:1.5	1:1.75

③砌石路基

对于填筑在地面横坡较陡的三、四级公路填方路基,可采用砌石路基形式进行砌筑[图 3-11d]。采用砌石路基时,砌石应采用当地不易风化的开山片石、块石砌筑,内侧填石;砌石顶宽不小于 0.8m,基底以 1:5 的坡率向路基内侧倾斜,砌石高度不大于 15m,砌石内、外坡率依砌石高度,按表 3-5 确定。

砌石边坡坡率 表 3-5

序号	砌石高度(m)	内坡坡率	外坡坡率
1	≤5	1:0.3	1:0.5
2	≤10	1:0.5	1:0.67
3	≤15	1:0.6	1:0.75

(2)路堑边坡

路堑边坡的稳定性与边坡的高度、坡体岩土性质、地质构造特征、岩石的风化和破碎程度、地面水和地下水等因素有关。路堑边坡形式及坡率应根据边坡的工程地质与水文地质条件、边坡高度、排水、防护措施和施工方法,并结合自然稳定边坡、人工边坡的调查及力学分析综合确定。

①土质路堑边坡

土质(包括粗粒土)路堑边坡坡率,应根据边坡高度、土的密实程度、地下水和地面水情况、土的成因及生成时代等因素确定。一般情况下,具有一定黏性土质的挖方边坡坡度,取值为 $1:0.75\sim1:1.5$,个别情况下,可放缓至 $1:1.75$;对于高度小于 20m 的土质挖方边坡可参照表 3-6 的坡率取值。

土质路堑边坡坡率　　表 3-6

土的类别		边坡坡率
黏土、粉质黏土、塑性指数大于 3 的粉土		1:1
中密以上的中砂、粗砂、砾砂		1:1.5
卵石土、碎石土、圆砾土、角砾土	胶结和密度	1:0.75
	中密	1:1

②岩质路堑边坡

岩质路堑边坡坡率,一般根据地质构造与岩石特性,结合工程地质分析和水文地质条件,对照相似工程的成功经验确定。岩石的种类、风化和破碎程度及边坡高度是决定坡率的主要因素,高度 30m 以下、无外倾软弱结构面的挖方边坡结构形式和坡率可根据这些因素参照表 3-7、表 3-8 进行设计。

岩质路堑边坡坡率　　表 3-7

边坡岩体类型	风化程度	边坡坡率	
		$H<15m$	$15m\leq H\leq30m$
Ⅰ类	未风化、微风化	1:0.1~1:0.3	1:0.1~1:0.3
	弱风化	1:0.1~1:0.3	1:0.1~1:0.5
Ⅱ类	未风化、微风化	1:0.1~1:0.3	1:0.1~1:0.5
	弱风化	1:0.3~1:0.5	1:0.5~1:0.75
Ⅲ类	未风化、微风化	1:0.3~1:0.5	—
	弱风化	1:0.5~1:0.75	—
Ⅳ类	弱风化	1:0.5~1:1	—
	弱风化	1:0.75~1:1	—

注:1. 有可靠的资料和经验时,可不受本表限制。
　　2. Ⅳ类强风化包括各类风化程度的极软岩。

岩质边坡的岩体分类　　表 3-8

边坡岩体类型	判定条件			
	岩体完整程度	结构面结合程度	结构面产状	直立边坡自稳能力
Ⅰ	完整	结构面结合良好或一般	外倾结构面或外倾不同结构面的组合线倾角大于 75°或小于 35°	30m 高边坡长期稳定,偶有掉块
Ⅱ	完整	结构面结合良好或一般	外倾结构面或外倾不同结构面的组合线倾角在 35°~75°之间	15m 高的边坡稳定,15~30m 高的边坡欠稳定
	完整	结构面结合差	外倾结构面或外倾不同结构面的组合线倾角大于 75°或小于 35°	

续上表

边坡岩体类型	判定条件			直立边坡自稳能力
	岩体完整程度	结构面结合程度	结构面产状	
Ⅱ	较完整	结构面结合良好或一般或差	外倾结构面或外倾不同结构面的组合线倾角小于35°,有内倾结构面	边坡出现局部塌落
Ⅲ	完整	结构面结合差	外倾结构面或外倾不同结构面的组合线倾角35°~75°	8m高的边坡稳定,15m高的边坡欠稳定
Ⅲ	较完整	结构面结合良好或一般	外倾结构面或外倾不同结构面的组合线倾角在35°~75°	
Ⅲ	较完整	结构面结合差	外倾结构面或外倾不同结构面的组合线倾角大于75°或小于35°	
Ⅲ	较完整(碎裂镶嵌)	结构面结合良好或一般	结构面无明显规律	
Ⅳ	较完整	结构面结合差或很差	外倾结构面以层面为主,倾角多为35°~75°	8m高的边坡不稳定
Ⅳ	不完整(散体、碎裂)	碎块间结合很差	—	

注:1. 边坡岩体分类中未含由外倾软弱结构面控制的边坡和倾倒崩塌型破坏的边坡。
2. Ⅰ类岩体为软岩、较软岩时,应降为Ⅱ类岩体。
3. 当地下水发育时,Ⅱ、Ⅲ类岩体可视具体情况降低一档。
4. 强风化岩和极软岩可划为Ⅳ类岩体。
5. 表中外倾结构面系指倾向与坡向的夹角小于30°的结构面。
6. 岩体完整程度按表3-9确定。

岩体完整程度划分　　　　　　　　　　　　表3-9

岩体完整程度	结构面发育程度	结构类型	完整性系数 K_v
完整	结构面1~2组,以构造节理或层面为主,密闭型	巨块状整体结构	>0.75
较完整	结构面2~3组,以构造节理或层面为主,裂隙多呈密闭型,部分为微张型,少有充填物	块状结构、层状结构、镶嵌碎裂结构	0.35~0.75
不完整	结构面大于3组,在断层附近受构造作用影响较大,裂隙以张开型为主,多有充填物,厚度较大	碎裂状结构、散体结构	<0.35

注:镶嵌碎裂结构为碎裂结构中碎块较大且相互咬合、稳定性相对较好的一种结构。

由于地表岩层和自然条件,以及路基的构造要求与形式变化极大,岩石路堑边坡率难以定型,表列数值为一般条件下的经验值,运用时应结合当地的工程地质条件和水文条件,参考各地现有自然稳定边坡和人工成型稳定的边坡,加以对比选用。

当土质挖方边坡高度超过20m,岩质挖方边坡高度超过30m时,应通过地质勘查和稳定性验算确定边坡形式和坡率,同时采取必要的排水、护坡与加固等技术措施。

三、路基附属设施

除路基结构及排水、防护与加固等主体工程外,与一般路基工程有关的附属设施有:取土坑、弃土堆(场)、碎落台、堆料坪及错车道等。这些设施是路基设计的组成部分,为保证路基的强度、稳定性和行车安全,正确合理地对其设计是十分重要的。

1. 取土坑与弃土堆

路基土石方的挖填平衡,是公路路线设计的基本原则,但实际工程中往往难以做到完全平衡。土石方数量经过合理调配后,仍然会有部分借方或弃方(又称废方),为了使借方、弃方土石不破坏周围环境和影响路基稳定,路基土石方的借、弃要合理选择地点,即确定取土坑或弃土堆的位置。选点时要兼顾土质、数量、用地及运输条件等因素,弃之无害。借方、弃方所形成的坑或堆,要求尽量结合当地地形,充分加以利用,并注意外形规整,弃堆稳固。对高等级公路或位于城郊附近的干线公路,尤应注意。

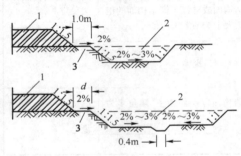

图 3-14 路旁取土坑示意图
1-路堤;2-取土坑;3-护坡平台

地形平坦地区,如果用土量较少,可以沿路两侧设置取土坑,并与路基排水和农田灌溉相结合。路旁取土坑,大致如图 3-14 所示,深度约 1.0m 或稍大一些,宽度依用土数量和用地允许而定。为防止坑内积水危害路基,当路堤顶与坑底高差不足 2.0m 时,在路基坡脚与坑之间需设宽度 ≥1.0m 的护坡平台,坑底设纵横排水坡及相应设施。

河水淹没地段的桥头引道近旁,一般不设取土坑,如设取土坑要距河流中水位边界 10m 以外,并与导治结构物位置相适应。此类取土坑要求水流畅通,不得长期积水危及路基或构造物的稳定。

路基开挖的废方,应尽量加以利用。如用以加宽路基或加固路堤,填补坑洞或路旁洼地,亦可兼顾农田水利或基建等所需,做到变废为用,弃而不乱。

废方一般选择路边低洼地,就近堆弃。原地面倾斜坡度小于 1:5 时,路旁两侧均可设弃土堆,地面较陡时,宜设在路基下方。沿河路基爆破后的废石方,往往难以远运,条件许可时可以部分占用河道,但要注意河道压缩后,不致壅水危及上游路基及附近农田,或产生泥沙淤积,影响河道畅通。

图 3-15 所示为路旁弃土堆示意图,要求堆弃整齐,顶面具有适当横坡,并设平台、三角土块及排水沟,宽度 d 与地面土质有关,最小为 3.0m,最大可按路堑深度加 5.0m,即 $d \geq H + 0.5m$。积砂或积雪地段的弃土堆,宜有利于防沙、防雪,可设在迎面一侧,并具有足够距离。

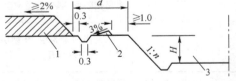

图 3-15 路旁弃土堆示意图
1-弃土堆;2-平台与三角土块;3-路堑

2. 碎落台与护坡道

碎落台是设于土质或石质挖方边坡坡脚处的平台,主要供零星土石碎块下落时临时堆积,避免碎落石屑阻塞边沟。对于易于风化的岩质挖方边坡,应设置碎落台。碎落台宽度一般为

1.0~1.5m，一般设置在坡脚，以便于碎落堆积物的清理。

护坡道是设在高度较大的填方或挖方路基边坡中部的平台，宽度一般≥2m，其主要作用是增加边坡水平距离，放缓边坡，降低边坡平均坡率，设计时可根据边坡高度设置一道或多道护坡道。

3. 堆料坪与错车道

对于低等级公路，路面养护用的矿质材料，可就近选择路旁适当地点堆置备用。亦可在路肩外缘设堆料坪，其面积可结合地形与材料数量而定，例如每隔50~100m设一个长5~8m、宽2m的堆料坪。高级路面或采用机械化养护的路段，可以不设，或另设集中备用料场，以维护公路外形的视觉平顺和景观优美。

单车道公路，由于双向行车会车和相互避让的需要，通常应每隔200~500m设置错车道一处。按规定，错车道的长度不得短于30m，两端各有长度为10m的出入过渡段，中间10m供停车用。单车道的路基宽度为4.5m，而错车道地段的路基宽度为6.5m。错车道是单车道路基的一个组成部分，应与路基同时设计与施工。

四、旧路基拓宽改造

当早期修筑的路基宽度不能满足交通量增长要求时，应对旧路基进行拓宽改造，以适应交通量发展的要求。旧路基的拓宽改造有多种形式，包括在原路基高度不作大的调整基础上的加宽改造和对旧路基高程进行调整的拓宽改造。拓宽的方案有单侧拓宽、两侧拓宽两种，根据旧路基形式，又可分为路堤拓宽和路堑拓宽。由于新、旧路基填料物理力学性能和密实状态的差异及地表水下渗作用，在新旧路基结合部位常产生不均匀沉降并引起路面开裂破坏，因此旧路基拓宽改造设计和施工时，必须针对原路基及拓宽部分所处地形、地质水文条件，采取措施减小新旧路基结合部位的不均匀沉降差。如果路堤拓宽部分原地面是软基，应对软基进行加固处理，方法包括换填、固结排水、强夯、复合地基等；若拓宽部分位于陡坡上，应对加宽部分路基进行支挡，在旧路堤坡面开挖台阶，并视拓宽的宽度条件，设置土工格栅，加强新旧路基的结合，减小新旧路基的不均匀沉降；挖方路基拓宽时，拓宽后的挖方边坡比可与原挖方边坡相同。一般加宽宽度比较窄，当不能满足压路机工作面时，加宽部分应选择合适的压实方法，严格控制填料粒径和填筑厚度，确保加宽部分满足压实要求。路基拓宽改造断面形式如图3-16所示。

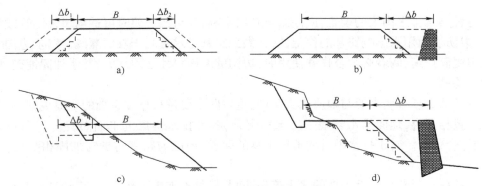

图3-16 几种加宽改造路基断面形式
a)路堤两侧加宽；b)路堤单侧加宽；c)内侧挖方加宽；d)外侧填方加宽

第三节 路基排水设计

路基的强度和稳定性与水的关系十分密切。路基的病害有多种,形成病害的原因亦很多,但水的作用是主要因素之一,因此,路基设计、施工和养护中,必须重视路基排水工程。

根据水源的不同,影响路基的水流可分为地面水和地下水两类,与此相适应的路基排水设施可分为地面排水设施和地下排水设施两大类。

地面水包括大气降水(雨和雪)以及海、河、湖、水渠、水库水等。地面水对路基产生冲刷渗透,冲刷可能导致路基整体稳定性受损害,造成水毁。渗入路基土体的水分,使土体过湿而降低土基强度。

地下水包括上层滞水、潜水、层间水等。它们对路基的危害程度,因条件不同而异。轻者使路基湿软,降低路基强度;重者会引起冻胀、翻浆或边坡坍滑,甚至整个路基沿倾斜基底滑动。

路基排水设计的任务,就是针对不同的水源,设置相应的排水设施,把影响路基强度和稳定性的水排到路基范围以外适当的地点,将路基湿度降低到一定范围内,保持路基常年处于干燥状态,确保路基、路面具有足够的强度和稳定性。

路基设计时,必须将影响路基稳定性的地面水排除或拦截在路基用地范围以外,并防止地面水漫流、滞积或下渗。对影响路基稳定性的地下水,则应予以隔断、疏干、降低,并引到路范围以外适当的地点。

路基施工中,首先应校核全线排水系统的设计是否完备和妥善,必要时予以补充或修改,应重视排水工程的质量和使用效果。此外,应根据实际情况,设置施工现场的临时性排水措施,保证路基土石方及附属结构在正确条件下进行施工作业,消除路基基底和土体内与水有关的隐患,保证路基工程质量。

路基养护中,对排水设施应进行定期检查与维修,确保排水设施的正常使用,水流畅通。

路基排水设计应遵循以下原则:

①要因地制宜、全面规划、因势利导、综合整治,充分利用有利地形和自然水系。一般情况下,地面和地下设置的排水沟渠宜短不宜长,以使水流不过于汇集,做到及时疏散,就近分流。

②各种路基排水沟渠的设置,应注意与农田水利相配合,必要时可适当增设涵管或加大涵管孔径,以防农业用水影响路基的稳定性,并做到路基排水有利于农田灌溉。路基边沟一般不用作农田灌溉渠道,两者必须合作并使用时,边沟的断面尺寸必须加大,并予加固铺砌,以防止水流危害路基。

③设计前必须查明水源与地质水文条件,重点路段要进行排水系统的全面规划,路基排水与桥涵布置相配合,地面排水与地下排水相配合,各种排水沟渠的平面布置与竖向布置相配合,做到综合整治。对于排水困难和地质不良的路段,还应与路基防护与加固相配合,并进行特殊设计。

④路基排水要防止附近山坡的水土流失冲刷,尽量不破坏天然水系,不轻易合并自然沟溪和改变水流性质,尽量选择有利地质条件布设人工沟渠,减少排水沟渠的防护与加固工程。对

于重点路段的重要排水设施,以及土质松软和纵坡较陡地段的排水沟渠,应进行必要的防护与加固。

⑤路基排水要结合当地水文条件和道路等级等具体情况,注意就地取材,以防为主,既要稳固适用,又必须讲究经济效益。

一、地面排水设施的构造与布置

常用的路基地面排水设施有:边沟、截水沟、排水沟、跌水、急流槽、渡水槽和倒虹吸等。这些排水设施的功能作用各不相同,应结合水源、地形、路线走向和天然水系进行布置设计。地面排水设施的构造和设计方法如下。

1. 边沟

边沟(Side Ditch)是设置在挖方路基的路肩外侧或矮路堤坡脚外侧,走向与路中线平行,用以汇集和排除路面和挖方边坡地表径流的排水设施。

边沟的排水量不大,一般不需要进行水文、水力计算,依沿线具体条件,选用标准的边沟断面形式。边沟紧靠路基,一般不宜与其他人工沟渠合并使用,若与其他沟渠合并使用,必须进行流量计算,合理确定边沟尺寸和采取加固措施。

边沟不宜过长,尽量使沟内水流就近排到路旁自然水沟或低洼地带,必要时增设涵洞,将边沟水引入路基另一侧排出。

边沟的纵坡(出水口附近除外)一般与路线纵坡一致,平坡路段,边沟仍应保持0.3%~0.5%的最小纵坡。边沟出水口附近以及排水困难路段(如回头曲线和路基超高较大的平曲线等处),应进行特殊设计。

边沟的横断面形式有:梯形、矩形、三角形及流线型等,在一些特殊需要路段(如景区道路、街道、路基宽度受限地段)可以采用盖板边沟,如图3-17所示。

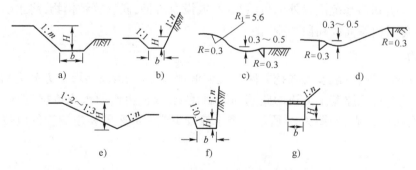

图3-17 边沟的横断面形式示意图(尺寸单位:m)
a)、b)梯形;c)、d)流线型;e)三角形;f)矩形;g)盖板边沟

土质或软弱岩质地段的边沟,一般采用梯形,其底宽与深度为0.4~0.6m;干旱地区或水流少的路段,取低限但不得小于0.3m;降水量集中或地势低洼路段取高限或更大。梯形边沟内侧边坡一般为1:1~1:1.5,石质或铺砌加固边沟可取直坡,外侧边坡通常与挖方边坡一致。

石质或铺砌式边沟,常采用矩形或近似梯形,以减小沟顶宽度。少雨浅挖地段土质边沟可采用三角形断面,其内侧边坡宜采用1:2~1:3,外侧边坡坡度与挖方边坡坡度相同。三角形边沟的水流条件较差、流量较大时,沟深宜适当加大。流线型边沟,是将路堤横断面的边角修整圆滑,可以防止路基旁侧积沙或堆雪,适用于沙漠或积雪地区的路基。

边沟的出水口附近,水流冲刷比较严重,必须慎重布置和采取相应措施。

图 3-18 是路堑与高路堤衔接处的边沟排水布置图,由于边沟水流流向路基坡脚,两者高差大,必须因地制宜,根据地形、地质等具体条件,将出水口延伸至坡脚以外,以免边沟水冲刷填方坡脚。

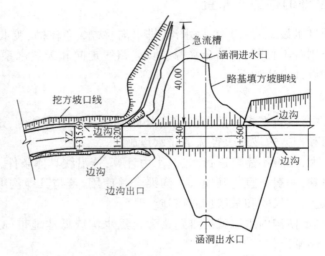

图 3-18　路堑边沟与高路堤结合部的排水沟渠布置图(尺寸单位:m)

边沟水流向桥涵进水口时,为避免边沟流水产生冲刷,应做适当处治,图 3-18 中在涵洞进口设置窨井。此外,还应根据地形等条件,在桥涵进口前或其他水流落差较大处,设置跌水或急流槽等结构物,将水流引入桥涵或其他指定地点。

当边沟水流流至回头曲线处,一般边沟水较满,流速较大,此时宜顺着边沟方向沿山坡设置引水沟,将水引到路基范围以外的自然沟中,或设急流槽、涵洞等结构物,将水引下山坡或路基另一侧,以免对回头曲线路段冲刷(图 3-42)。

2. 截水沟

截水沟又称天沟,一般设置在挖方路基边坡坡顶以外,或山坡路堤上方的适当地点的排水设施,用以拦截并排除路基上方流向路基的地面径流,减轻边沟的水流负担,保证挖方边坡或填方坡脚不受水流冲刷,如图 3-19 所示。降水量较少或坡面坚硬和边坡较低以致冲刷影响不

图 3-19　路堑边坡上方的截水沟

大的地段，可以不设截水沟；反之，降水量较多，山坡汇水面积大，且暴雨频率较高，山坡覆盖层较松软，水土流失比较严重的地段，必要时可设置两道或多道截水沟。

图 3-20 是挖方路段截水沟示意图。图中距离 d 一般为 5.0m，土质不良地段可取 10.0m 或更大，对征地困难的地段可适当减小。截水沟下方一侧，可堆置挖沟的土方，要求做成顶部向沟倾斜 2% 的土台。路堑上方设置弃土堆时，截水沟位置及尺寸如图 3-21 所示。

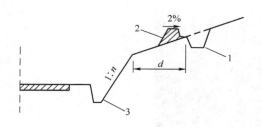

图 3-20 挖方路段截水沟示意图
1-截水沟；2-土台；3-边沟

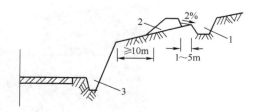

图 3-21 挖方路段弃土堆与截水沟关系图
1-截水沟；2-弃土堆；3-边沟

山坡填方路段可能遭到上方水流的破坏作用，此时必须设置截水沟，拦截山坡水流，保护路堤。如图 3-22 所示，截水沟与坡脚之间，应有不小于 2.0m 的间距，并做成 2% 向沟倾斜的横坡，确保路堤不受水害。

截水沟的横断面形式一般为梯形，沟的边坡坡度因土质条件而定，如图 3-23 所示。沟的底宽 b 不小于 0.5m，沟深 h 按设计流量确定，但不应小于 0.5m。

截水沟的位置，应尽量与绝大多数地面水流方向垂直，以提高截水效能和缩短沟的长度。截水沟应保证水流畅通，就近引入自然沟内排出，必要时配以急流槽或涵洞等结构物，将水流引入指定地点。

截水沟的沟底应具有不小于 0.3% 以上的纵坡，沟底和沟壁要求平整密实，不渗水、不滞水，必要时予以加固和铺砌。截水沟长度一般以 200～500m 为宜。

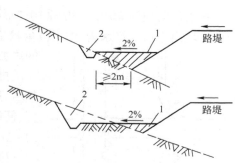

图 3-22 填方路段截水沟示意图
1-土台；2-截水沟

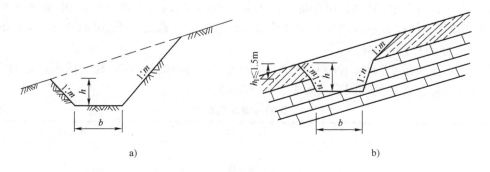

图 3-23 截水沟的横断面图
a）土沟；b）石沟

3. 排水沟

排水沟(Drainage Channel)是将路基范围内各种水源的水流(如边沟、截水沟、取土坑、边坡和路基附近积水)引至桥涵或路基范围以外的指定地点的排水设施(图3-24)。当路线受到多段沟渠或水道影响时,为保护路基不受水害,可设置排水沟,或改移渠道,调节水流,整治水道。

图3-24 把边沟水引入路堤坡脚涵洞的排水沟

排水沟的横断面形式一般采用梯形,尺寸大小应经水力水文计算确定。用于边沟、截水沟及取土坑出水口的排水沟,由于流量较小,不需特殊计算,但底宽和深度不宜小于0.5m,土沟的边坡坡度为1:1~1:1.5。

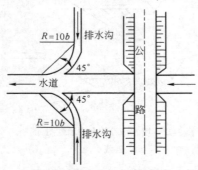

图3-25 排水沟与水道的衔接

排水沟的位置,可根据需要并结合地形条件而定,离路基尽可能远些,距离路基坡脚不宜小于2.0m,平面上力求顺直、便捷;需转弯时亦尽量圆顺,做成弧形,其半径不小于10~20m,连续长度宜短,一般不超过500m。

排水沟水流进入其他沟渠或水道时,应使原水道不冲刷或淤积,一般应使排水沟与原水道两者呈锐角相交,交角不大于45°,有条件时可用半径$R=10b$(b为沟顶宽)的圆曲线向下游与其他水道相接,如图3-25所示。

排水沟应具有合适的纵坡,以保证水流畅通,不致因流速太大而产生冲刷,亦不可因流速太小而产生淤积,因此宜通过水文水力计算而择优确定。一般情况下,可取0.5%~1.0%,不小于0.3%,亦不宜大于3%。

为防止水流对排水沟渠的冲刷与渗漏,对边沟、截水沟和排水沟等地面排水设施的沟底和沟壁应进行加固。常用的加固形式如表3-10和图3-26所示。

常用的沟渠加固类型　　　　表3-10

形　式	名　称	铺筑厚(cm)
草皮式	平铺草皮 叠铺草皮	

续上表

形式	名称	铺筑厚(cm)
筑捣式	沟底、沟边夯实 水泥砂浆抹平层 石灰、炉渣、黏土加固层 黏土、碎(卵)石加固层 石灰、炉渣、黏土、河砂加固层	— 2~3 10~25 10~15 10~15
干砌式	干砌片石加固层 干砌片石水泥砂浆勾缝 干砌片石水泥砂浆抹面	15~25 15~25 20~25
浆砌式	浆砌片石加固层 混凝土预制板加固层 砖砌水槽	20~25 6~8 沟底砌两层砖

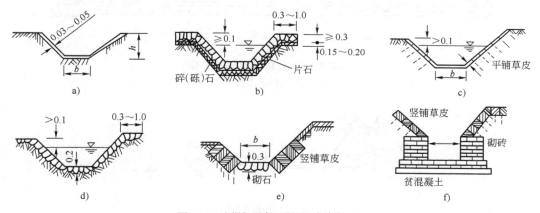

图 3-26 沟渠加固断面图(尺寸单位:m)

a)石灰三合土抹平层;b)干砌片石(碎石垫平);c)平铺草皮;d)浆砌片石(碎石垫平);e)竖铺草皮,砌石底;f)砖砌水槽

4.跌水与急流槽

跌水(Water Drop)与急流槽(Chute)是路基地面排水沟渠的特殊形式,用于陡坡地段排水,沟底纵坡可达45°。由于纵坡陡,水流流速快,冲刷力强,要求跌水与急流槽的结构必须稳固耐久,一般宜采用浆砌块石或混凝土预制块砌筑,并具有相应的防护与加固措施。

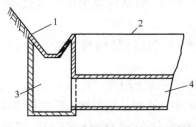

图 3-27 边沟与涵洞单级跌水连接示意图
1-边沟;2-路基;3-跌水井;4-涵洞

跌水的构造有单级和多级之分,沟底亦有等宽和变宽两种。单级跌水适用于排水沟渠连接处,由于水位落差较大,需要消能或改变水流方向,如路基边沟水通过涵洞排泄时,在涵洞的进口设置单级跌水(图3-27)。较长陡坡地段的沟渠,为减小水流速度和消能,可采用多级跌水,如图3-28所示。多级跌水底宽和每级长度可根据实地需要,采用各自相等的对称形,亦可做成变宽或不等长度与高度。

根据水力计算特点,跌水由进水口、跌水槽和出水口三部分组成,各组成部分的尺寸由水力计算而定。其中跌水槽部分由跌水墙、平台和消能设备组成(图3-29)。一般情况下,若地质条件好,水位较低,设计流量小于 $1.0 \sim 2.0 \mathrm{m}^3/\mathrm{s}$,跌水台阶(跌水墙)高度 P 最大不超过 $2.0\mathrm{m}$。常用的简易多级跌水,台高 $0.4 \sim 0.5\mathrm{m}$,跌水墙用石砌或混凝土结构,墙基埋深为水深 a 的 $1.0 \sim 1.2$ 倍,并不小于 $1.0\mathrm{m}$,冰冻地区应深入冻结线以下,石砌墙厚 $0.25 \sim 0.30\mathrm{m}$。消力池起消能作用,要求坚固稳定,底部有 $1\% \sim 2\%$ 的纵坡,底厚 $0.35 \sim 0.40\mathrm{m}$,壁高至少应比计算水深大 $0.2\mathrm{m}$,壁厚与跌水墙厚度相仿。消力池末端设有消力槛,槛高 c 依计算而定,要求低于池内水深,为跌水墙高度的 $\frac{1}{5} \sim \frac{1}{4}$,即 $c = (0.2 \sim 0.25)P$,一般取 $c = 15 \sim 20\mathrm{cm}$。消力槛顶部厚度为 $0.3 \sim 0.4\mathrm{m}$,底部预留孔径为 $5 \sim 10\mathrm{cm}$ 的泄水孔,以利于水流中断时排泄池内的积水。

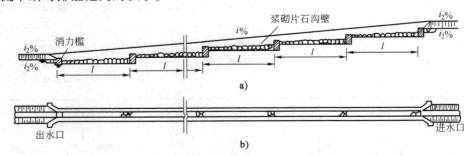

图3-28 固定底宽多级跌水结构图
a)纵断面图;b)跌水槽平面图

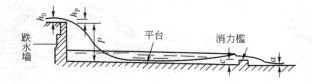

图3-29 跌水水跃示意图
P-跌水台阶(跌水墙)最大高度;a-基础埋深;c-消力槛高

跌水两端的土质沟渠,应注意加固,保持水流畅通,不致产生水流冲刷和淤积,以充分发挥跌水的排水效能。

急流槽的纵坡比跌水的平均纵坡更陡,结构的坚固稳定性要求更高,是山区公路回头曲线沟通上、下线路基排水及沟渠出水口的一种常见排水设施。急流槽主体部分的纵坡依地形而定,一般可达67%(1:1.5);如果地质条件良好,需要时还可以更陡,但结构要求更严,造价亦相应提高,设计时应通过比较确定。

急流槽的构造如图3-30所示。按水力计算特点,亦由进水口、急流槽(槽身)和出水口三部分组成。

急流槽的进、出水口与槽身连接处,若沟槽横断面不同,为了能平顺衔接,可设过渡段,出水口部分设消力池。各部分的尺寸,根据水力计算确定。急流槽的基础必须稳固,端部及槽身每隔 $2 \sim 5\mathrm{m}$ 在槽底设耳墙埋入地面以下,以防止滑动。在槽身较长时,宜分段砌筑,每段长 $5 \sim 10\mathrm{m}$,预留伸缩缝,并用防水材料填塞。

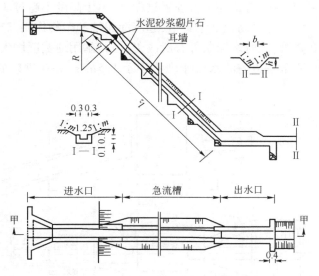

图 3-30 急流槽构造图(尺寸单位:m)

急流槽多用浆砌片石、块石或混凝土砌筑。若水流通过岩石山坡,亦可利用岩石坡面挖槽。如果工程临时急需,可就近取材,采用木槽。

5. 倒虹吸与渡水槽

当水流需要横跨路基,同时受到设计高程限制的情况下,可以采用管道或沟槽,从路基底部或上部架空跨越,前者为倒虹吸(Inverted Siphon),后者为渡水槽(Bridged Gutter),分别相当于涵洞和渡水桥,两者属于路基地面排水的特殊结构物,并且多半是配合农田水利所需而采用。

当路线跨沟渠,而沟渠水位与路基高程相差不多,既不便设明涵,又不能修建架空渡槽时,采用倒虹吸是一种可行的方案。图 3-31 为一倒虹吸布置方案。

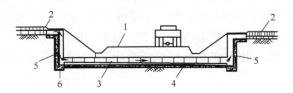

图 3-31 竖井式倒虹吸布置图
1-路基;2-原沟渠;3-洞身;4-垫层;5-竖井;6-沉淀池

倒虹吸借助上、下游沟渠水位差,采用势能迫使水流降落,经路基下部管道流向路基另一侧,再上升流入下游沟渠。由于所设管道为有压管道,竖井式倒虹吸的水流多次垂直改变方向,水流条件差,结构要求高,容易漏水和淤塞,清理和修复困难,因此应尽量不用或少用,若用则需合理设计,进行水力计算,选择最佳设计方案,保证施工质量,使用过程中需经常检查维修。

倒虹吸管道有箱形和圆形两种。以混凝土和钢筋混凝土结构为主,临时性简易管道可用砖石结构,永久性或急需时亦可改用钢铁管道。管道孔径 0.5~1.5m,管道附近的路基填土厚度一般不小于 1.0m,以免行车荷载压力过于集中,严寒地区亦可赖以防冻。由于倒虹吸泄水能力有限,为便于施工和养护,管道亦不宜埋置过深,以填土高度不超过3.0m为宜。

倒虹吸管两端设竖井,井底高程低于管道,起沉淀泥沙和杂物作用。亦可改用斜管式或缓坡式,以代替竖井式升降管,此时水流条件有所改善,但路基用地宽度增大,管道长度增加。为减少堵塞现象,设计时要求管道内的水流速度不小于1.5m/s,并在进口处设置沉淀池和拦泥栅,如图3-32所示。

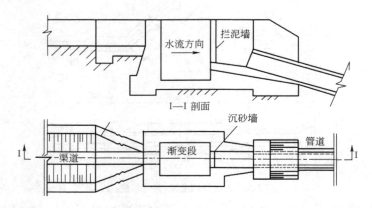

图3-32 倒虹吸管上游进口构造图

倒虹吸管进口处所设的沉沙池位于原沟渠与管道之间的过渡段,池底和池壁采用砌石抹面或混凝土,厚度0.3~0.4m(砌石)或0.25~0.30m(混凝土),池的容量以不溢水为度。水流经过沉沙池后,水中仍含有细粒泥沙或轻质漂浮物,可设网状拦泥栅予以清除,倒虹吸的出口亦应设过渡段与下游沟渠平顺衔接,对原土质沟渠应进行适当加固。

渡水槽相当于渡水桥,如图3-33所示。其作用是在路基上空将两侧沟渠连接起来,以保证水流畅通。当原水道与路基设计高程相差较大,且路基两侧地形有利,或当地确有必要时,可采用架设渡水槽或管道方案,沟通路基两侧的水流。

渡水槽的受力特点与桥梁相似,故其设计方法亦与桥梁相近。但由于其主要作用是输水,所以除在结构上应具有足够强度外,还必须考虑输水能力,进、出口水流的衔接,以及防止冲刷和渗漏等。此外,渡水槽的架设应满足道路对净空和美化的要求。

渡水槽由进出水口、槽身和下部支承三部分组成,其中进(出)口段的构造如图3-34所示。

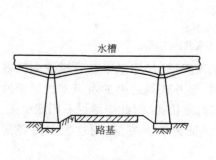

图3-33 渡水槽示意图

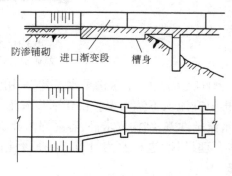

图3-34 渡水槽进、出口布置图

为节省工程造价,槽身横断面一般均较两端沟渠的横断面小,槽中水流速度相应有所提高,因此,进、出口段应注意防止冲刷和渗漏。进、出水口处设置过渡段,并根据土质情况,分别将槽身伸入路基两侧地面2~5m,且出水口过渡宜长一些,以防淤积。如果主槽较短,可不设过渡段,取槽身与沟渠断面相同,沟槽直接衔接。水流断面不同时,过渡段的平面收缩角为10°~15°,据此确定过渡段的有关尺寸。与槽身连接的土质沟渠,应予防护加固,其长度至少是沟渠水深的4倍。

二、地下排水设施的构造与布置

路基边坡土体中的上层滞水,或埋藏很浅的潜水称为地下水。拦截、汇集和排除地下水,或降低地下水位,使路基免遭破坏的结构物,称为地下排水结构物。公路上常用的地下排水结构物有渗沟、暗沟和渗井等。

地下排水设施埋置于地面以下,维修困难,投资大,因此要求地下排水设施牢固有效。

1. 渗沟

采用渗透方式将地下水汇集于沟内,并通过沟底通道将水排至指定地点,这种地下排水设施称为渗沟。它的作用是降低地下水位或拦截地下水。在地下水出露的挖方路基、斜坡路堤、填挖交界接合部及地下水位埋深小于0.5m的低路堤等路段,应设置渗沟,以排出影响路基的地下水或降低地下水位。

图3-35为埋置于一侧边沟下的渗沟,用以拦截流向路基的层间水,防止路基边坡滑坍和毛细水上升影响路基的强度与稳定性。截水渗沟的沟底埋入隔水层内的深度不宜小于0.5m。

图3-36为路基两侧边沟下面设置渗沟,用以降低地下水位,防止毛细水上升至路基工作区范围内,形成水分积聚而造成冻胀和翻浆,或土基过湿而降低强度。如果地下水丰富,为满足排水要求,可以在路基下增设一道或多道渗沟。

图3-37是设在路基挖方与填方交界处的横向渗沟,用以拦截和排除路堑下面层间水或小股泉水,使路堤填土不受水害。

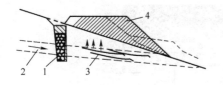

图3-35 一侧边沟下设渗沟
1-渗沟;2-层间水;3-毛细水;4-可能滑坡线

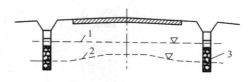

图3-36 设在路基两侧边沟下的渗沟
1-原地下水位;2-降低后地下水位;3-渗沟

根据构造和排水量不同,渗沟可以分为填石式渗沟、洞式渗沟、管式渗沟三种,各类渗沟的构造和适用条件如下。

(1)填石式渗沟

填石式渗沟又叫盲沟,横断面为矩形,亦可做成上宽下窄的梯形,沟壁倾斜度约为1:0.2,底宽b与深度h大致为1:3,$h=1.0~1.5m$,$b=0.3~0.5m$,见图3-38。沟槽内全部填满碎石或砂砾材料,底部和中间填以粒径较大(3~5cm)的碎石(或砂砾),孔隙较大,以保证水在孔隙中的流动。粗粒碎石两侧和上部按一定比例分层(层厚约10cm)填以较细粒径的粒料,逐层粒径大致按6倍递减,形成反滤层,避免泥沙进入中间碎石空隙,影响渗沟排水效果。渗沟顶部和底面,一般设有厚30cm以上的不透水层,或顶部设有双层反铺草皮。

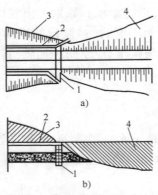
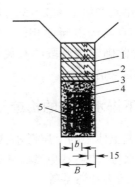

图3-37 挖填交界处横向渗沟
a)平面；b)纵剖面
1-渗沟；2-边沟；3-路堑；4-路堤

图3-38 填石式渗沟结构示意图(尺寸单位：cm)
1-黏土夯实；2-双层反铺草皮；3-粗砂；4-石屑；
5-碎石

填石式渗沟的排水能力较小，适用于地下水流量不大、排水距离较短的路段，沟底具有 1%～2%的纵坡，出水底面高程应高出沟外最高水位20cm，以防水流倒渗。寒冷地区的渗沟，应做防冻保温处理或将其设在冻结线以下。

(2)洞式渗沟

在地下水流量大、埋藏深的路段，为满足流量要求，可以在沟底埋设简易孔洞，做成洞式渗沟，结构相当于顶部可以渗水的涵洞，如图3-39所示，其洞宽 b 约为20cm，高20～30cm；盖板用条石或混凝土预制板，板长约为 $2b$，板厚不小于15cm，并预留渗水孔，以便渗入沟内的水汇集于洞内排除。洞身要求埋入不透水层内，如果地基软弱还应铺设砂石基础；洞身埋置在透水层中时，必要时在两侧和底部加设隔水层，以达到排水的目的。洞底设置不小于0.5%的纵坡，使集水通畅排除。

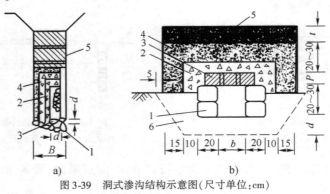

图3-39 洞式渗沟结构示意图(尺寸单位：cm)
a)简易洞式渗沟断面；b)渗水洞大样
1-干砌或浆砌块石；2-碎砾石；3-盖板；4-砂；5-双层反铺草皮或土工布；6-基础

(3)管式渗沟

在地下水流量较大，地下水位埋藏较浅、排水距离较长的地段，可采用管式渗沟。渗沟底部埋设的管道，一般为陶土或混凝土预制管，管壁上半部留有渗水孔，渗水孔交错排列。图3-40为设于边沟下的管式渗沟。管的内径 D 由水力计算确定，一般为0.4～0.6m，管底设基座。在冰冻地区，为防止冻结阻塞，除管道埋在冰冻线以下外，必要时需采取保温措施，适当增大管径。

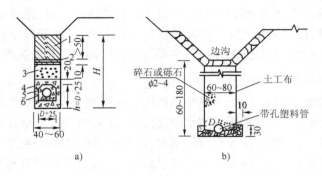

图 3-40 管式渗沟(尺寸单位:cm)
1-黏土夯实;2-双层反铺草皮或土工布;3-粗砂;4-石屑;5-碎砾石;6-预制混凝土管

渗沟的设置位置、埋深与作用视地下排水的需要而定。孔洞或管的尺寸应通过水力计算确定。公路路基中,浅埋的渗沟在2~3m以内,深埋时可达6m以上。

渗沟填料应采用洁净的砂砾、粗砂、碎石、片石,反滤层可以用砂砾按从外到里粒径逐渐增大分层制作,也可以在沟壁上布设透水土工布作反滤层。

2. 渗井

渗井(Percolation Pit)的作用是汇集离地面不深处含水层中的地下水,使其渗入更深的含水层中,以降低上层的地下水位或全部予以排除,疏干路基。因此,采用渗井排水措施前必须探明路基下层是否存在透水层,能否排走汇集的地下水流。图3-41为圆形渗井的结构与布置示意图。

渗井的平面布置及孔径与渗水量按水力计算确定,一般为直径1.0~1.5m的圆柱形。亦可是边长为1.0~1.5m的方形。井深视地层构造情况而定,井内由中心向四周按层次分别填入由粗至细的砂石材料,粗料渗水,细料反滤。填充料要筛分冲洗,施工时需用铁皮套筒分隔填入不同粒径的材料,要求层次分明,不得粗细材料混杂,以保证渗井达到预期的排水效果。

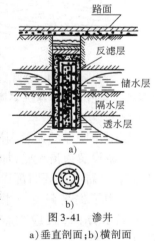

图 3-41 渗井
a)垂直剖面;b)横剖面

渗井施工难度较大,单位渗水面积的造价高于渗沟,一般尽量少用。当路基含水量过大,路面翻浆,其他地下排水设施不易布置,或其他技术措施造价较高情况下,渗井可作为方案之一,设计时应进行分析比较,有条件地选用。

三、综合排水设计系统设计

1. 综合排水设计的意义

实践经验证明,排水系统综合设计的好坏,对路基稳定性的影响很大,特别是在多雨的山区、黄土高原地区、寒冷潮湿地带、水网密布、地基软弱的平原区,以及水文地质条件不良等情况下,修建高等级道路时,更应重视路基排水的综合设计。

前述各类排水设施,均针对某一水源,为满足某一方面的要求而设置。在实际工程中,由于自然条件、路线布置及其他人为因素的不同,情况往往比较复杂,对于某些重点路段需要进行路基排水的综合设计,以提高排水效率,发挥各类排水设施的优点,降低工程费用。

综合排水设计的含义，应包括地面与地下排水设施的协调配合，路基排水设施与桥涵等泄水结构物的合理布置，排水工程与防护加固工程的相互配合，以及路基排水与沿线农田水利规划及有关的其他基本建设项目之间的联系，主要目的在于确保路基的强度与稳定性。

2. 综合排水设计的基本要求

①流向路基的地面水和地下水，需在路基范围以外的地点，设置截水沟与排水沟或渗沟进行拦截，并引至指定地点。路基范围内的水源，分别采用边沟、渗沟、渗井与排水沟予以排除。路基排水一般向低洼一侧排除，必须横跨路基时，尽量利用拟设的桥涵，必要时设置涵洞、倒虹吸或渡水槽。水流落差较大时，应设置跌水或急流槽。总之，因地制宜和综合治理，是路基排水综合设计的基本要求之一。

图3-42 和图3-43 是两个路基综合排水设计示例。

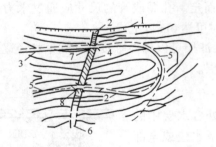

图3-42 回头曲线路段综合排水示例
1-截水沟；2-跌水；3-路线；4-急流槽；5-边沟；6-排水沟；
7-上线涵洞；8-下线涵洞

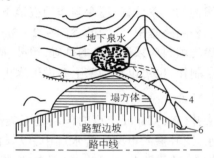

图3-43 边坡塌方路段综合排水示例
1-渗沟；2-排水沟；3-截水沟；4-自然沟；5-边沟；6-涵洞

②对于明显的天然沟槽，一般宜依沟设涵，不勉强改沟与合并。对于沟槽不明显的漫流，应在上游设置束流设施，加以调节，汇集成沟，导流排除。对于较大水流，注意因势利导，不可轻易改变流向，必要时配以防护加固工程，进行分流或束流。

③为了提高截流效果，减少工程量，地面沟渠宜大体沿等高线布置，尽可能使沟渠垂直于流水方向，且应力求短捷，水流通畅。沟渠转弯处要求以圆曲线相接，以减小水流的阻力。

④各种排水设施，必须地基稳固，不得渗漏或滞留，并具有适当纵坡，以控制与保持适当的流速。沟槽的基底与沟底及沟壁，必要时应予加固，不得溢水、渗水，防止损害路基，引起水土流失。

⑤路基排水综合设计，必须事先做好调查研究工作，查明水源和有关现状，测绘现场图纸，进行必要的水力水文计算，做出总体规划，提出总体布置方案，逐段、逐项进行细部设计计算，并进行效益分析与经济核算。

3. 排水系统总规划图

排水系统总规划一般是利用路线平面图和纵断面图表示。只有对特殊地质不良、路基病害和排水特别复杂的路段，才需要单独绘制精确的或较大范围的带有等高线的平面图。这里着重介绍一般路段的沿线总体规划图。

平面图上一般须标明下列主要内容：①桥涵位置、中心里程、水流方向、进出口沟底高程及其附属工程等；②需要时绘出路堤坡脚线和路堑坡顶线；③取土坑、弃土堆的位置；④其他有关工程的平面布置,如交叉道口、灌溉渠道等;⑤各种路基排水建筑物的平面布置,以及沟渠长度、排水方向、排水纵坡、出水口与分界点的位置等。

纵断面图上一般须标明下列主要内容:①桥涵位置、中心里程、孔径或跨度、沟槽断面与设计洪水位等;②沿线洪水位;③地面线、设计纵坡与路基填挖情况;④其他有关工程的位置、中心里程、控制高程等;⑤边沟排水纵坡、分界点与出水口的位置、截水沟、排水沟的位置与长度等。排水系统总体规划平面示例见图3-44。

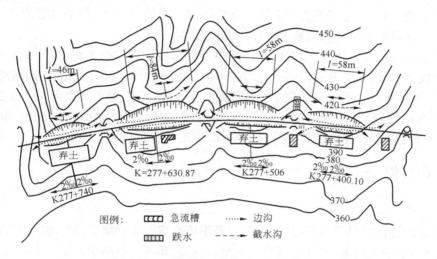

图3-44 路基排水综合设计平面布置图例

第四节 路基边坡防护与加固设计

一、路基防护与加固工程的要求和分类

1. 路基防护和加固的目的与要求

路基在水、风、气温等自然因素的长期作用下,将发生变形和破坏,若不及时加以防治,就会引起严重的病害。为保证路基的稳定性,除做好路基排水外,必须做好路基防护与加固设计。一般,防护与加固的重点是路基边坡,特别是不良地质与水文地段及沿河路基的边坡。有时,对附近可能危害路基的河流和山坡也应进行必要的防护,以保证防护加固工程能正常地工作。

防护与加固工程是路基工程的一个组成部分,除专门用来支挡路基的结构物外,一般防护工程承受外力的能力很小,有的则完全不能承受外力的作用。因此,要求路基边坡本身基本稳定,否则不但路基得不到防护,而且连防护工程也会遭到破坏。

随着公路等级的提高,为维护正常的汽车运输,确保行车安全,以及保持公路与自然环境协调,做好路基的防护与加固,具有重要意义。

2. 防护与加固工程的分类

路基边坡的防护与加固工程,按其作用不同,可以分为坡面防护、冲刷防护与支挡工程三大类。

①坡面防护:用于防止土质或岩质边坡受自然因素影响而坍滑破坏的工程措施。常用的类型有种草、铺草皮、植树、抹面、勾缝、灌浆和石砌护坡、护面墙等。

②冲刷防护:用于防止水流对路基产生冲刷的工程措施。按其防止水流冲刷方法的不同,又可分为直接防护与间接防护两种。直接防护类型有铺草皮、植树、抛石、砌石、石笼等,间接防护类型有丁坝、顺坝等导流及调治构造物。

③支挡工程:用于防止路基边坡土体在重力作用下滑坍,以保证路基稳定的支挡结构物。常用的类型有各种挡土墙及其他有承重作用的构造物。

一般把防止冲刷和风化,主要起隔离作用的工程措施称为防护工程,是非受力结构,不需要进行力学验算;把防止路基或山体因重力作用而滑坍,主要起支撑作用的支挡结构物称为支挡加固工程,其结构尺寸需要进行力学验算确定。事实上,它们除了具有各自的主要作用外,往往还兼有其他作用。如石砌护坡,主要是防止水流冲刷路基边坡,但也具有一定的加固作用;挡土墙主要是支挡路基或山体,但同样亦可以防止水流冲刷。

二、坡面防护

1. 植物防护

植物防护的方法有种草、铺草皮和植树。采用植物覆盖层对坡面进行防护,可以减缓地面水流速度,调节边坡土的温湿状况,以及美化路容、协调环境。植物根系深入土中后,在一定程度上对表土起到了稳固作用,对坡高不大、边坡比较平缓的土质坡面是一种简易有效的防护措施。

(1) 种草

种草适宜于边坡坡度不陡于 1:0.6 的土质边坡。草的品种选用应适应当地的土质和气候条件,最好是根系发达,叶茎低矮,多年生长,几种草籽混种。不宜种草的坡面,可以铺 5~10cm 厚的种植土层,土层应与原坡面结合稳固。

(2) 铺草皮

铺草皮可用于较高、较陡的边坡。当坡面冲刷比较严重,边坡较陡,径流速度大于 0.6m/s,最大速度 1.8m/s 时,应根据具体条件(坡度与流速等),分别采用平铺(平行于坡面)、水平叠置、垂直坡面或坡面成一半坡角的倾斜叠植草皮,还可采用片石砌成方格或拱式边框,方格或框内再铺草皮,如图 3-45 所示。

铺草皮需预先备料,草皮可就近培育,切成整齐块状,然后移铺到坡面上。铺时应自下而上,并用竹木小桩将草皮钉在坡面上,使之稳固。

(3) 三维网植草防护

三维网植草防护是用固定物(钢钉)把三维土工网垫及拌和有草种的种植土固定在坡面上,草种在人工养护下发芽,在坡面上形成由三维土工网和织物组成的草垫层的坡面防护方法。通过植物根系和三维网对坡面土体的加固,减小暴雨径流对边坡的侵蚀,增加边坡抗冲刷能力和稳定性。这种植物防护方法主要适用于土质边坡的防护,对于岩质边坡应综合考虑边坡比、土层厚度、植物的生长条件、施工等因素确定是否采用。三维网植被护坡结构断面示意图如图 3-46 所示。

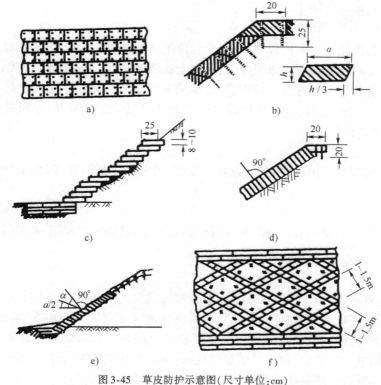

图3-45 草皮防护示意图(尺寸单位:cm)
a)平铺平面;b)平铺剖面;c)水平叠铺;d)垂直叠铺;e)斜交叠铺;f)网格式

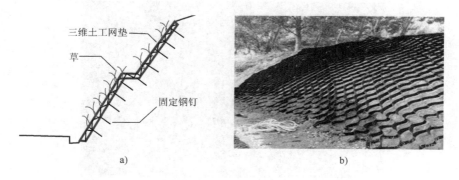

图3-46 三维网植被护坡结构断面示意图

(4)种植灌木

种植灌木主要用于土质挖方边坡、路堤的坡面防护;对于沿河路堤,种植灌木可以降低流速,促使泥沙淤积,防止水流直接冲刷路堤;若多排林带与水流方向斜交,还可起挑水作用,改变水流方向。沙漠与雪害地区,防护林带可起阻沙防雪作用。

坡面植物宜采用草、灌木、乔木混合种植,并应尽量选择当地植物,以形成良好的坡面防护植被生态,提高植物防护效果,美化坡面。

2. 矿料防护

对于不能采用植物防护的岩石边坡,可视边坡岩性、风化破碎程度,采用砂石、水泥、石灰等材料进行坡面防护。

(1)抹面

抹面适用于易风化而表面比较完整,尚未剥落的岩石边坡,如页岩、泥砂岩及千枚岩的新坡面。常用的抹面材料有石灰炉渣混合浆、三合土或四合土等,其中石灰为胶结料,要求精选,炉渣颗粒宜细。抹面用料的配合比与用量,可参见有关手册。抹面厚度视材料及坡面状况而定,一般为 2.0~10.0cm。操作前,应清理坡面风化层、浮土与松动碎块,填坑补洞,洒水润湿。抹面后应拍浆、抹平和养护。

(2)勾缝

勾缝适用于比较坚硬,裂缝多而细的岩石边坡,用水泥砂浆勾缝,防止水分浸入岩层内造成病害。

(3)灌浆

灌浆防护适用于坚硬但裂缝较深和较宽的岩石边坡,借砂浆的胶结力,使坡面表层成为防水的整体。

3. 喷浆防护

喷浆防护是将水泥、砂、石子、水和外加剂配制成的水泥混凝土或水泥砂浆装入喷射机,利用高压空气将其送到喷头与速凝剂混合后,以很高的速度喷向岩石边坡表面而形成的一种坡面防护,如图 3-47 所示。喷浆防护适用于坚硬易风化的岩石边坡和地下水不发育的岩质边坡,以防止岩石的进一步风化,剥落及零星掉块;对成岩作用差的黏土岩边坡和土质边坡不宜采用。与抹面防护相比,喷浆防护适用于更大规模的岩质边坡防护。

图 3-47 边坡喷浆防护施工

喷浆防护应采用硅酸盐水泥或普通硅酸盐水泥,必要时可采用特种水泥。所用集料宜采用连续级配,粗集料最大粒径不宜大于 16mm,细集料细度模数应大于 2.5,砂中粒径小于 0.075mm 的颗粒应不大于 20%。速凝剂应与水泥有良好的相容性,掺量不宜大于水泥用量的 5%,其他外加剂的掺量应通过试验确定。

喷射浆体的配合比应根据原材料性能、喷射工艺和设计要求通过试验确定,一般条件下的参考配比为:胶骨比 1:5~1:4,水胶比 0.40~0.50,砂率 45%~60%,水泥用量不宜小于 400kg/m³。

喷浆防护厚度不宜小于 50mm,喷射混凝土厚度不宜小于 80mm。

对于边坡岩体风化破碎严重,边坡比较陡的坡面,采用喷浆防护时,应在坡面上挂钢筋网,以确保喷浆防护层的强度和稳定性。

喷浆防护具有材料配合比易于控制,对坡面的适应性强,工作效率高的特点,对于需要大面积防护的高、陡岩质边坡,采用喷浆防护更为经济,因此在各等级山区公路边坡防护中得到广泛应用。

4. 砌石防护

(1) 石砌护坡

石砌护坡用于土质或风化岩质路堑边坡或路堤边坡的坡面防护,亦可用于浸水路堤及排水沟渠的冲刷防护。

石砌护坡有干砌和浆砌两种。干砌片石的主要作用是防止边坡冲刷、风化,要求被防护的边坡自身基本稳定,用于边坡比不陡于 1∶1.25 的土质或岩质边坡。干砌片石可做成单层,亦可做成双层,片石下面应设置垫层,起平整作用。干砌片石要用砂浆勾缝,以防水分浸入,并提高整体强度,如图 3-48 所示。

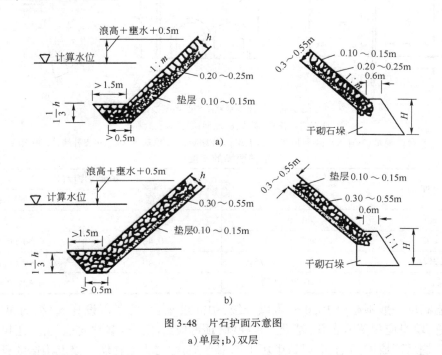

图 3-48 片石护面示意图
a) 单层;b) 双层

浆砌片石护坡,适用于边坡比不陡于 1∶1 的土质或岩质边坡防护,可与护面墙等综合使用,以防护不同岩层和不同位置的边坡;也可用于水流流速较大(4~5m/s)的沿河路堤边坡防护,其厚度不应小于 0.35m,基础要求稳固,应深入水流冲刷线以下,同时对基础应加设防护措施。

(2) 护面墙

护面墙是一种浆砌片石覆盖层,适用于边坡比不陡于 1∶0.5 的土质和易风化剥落的岩石边坡防护。护面墙除自重外,不承受其他荷重,亦不承受墙背土压力。其构造与布置,如图 3-49 所示。墙高与厚度及路堑边坡的关系,参见表 3-11。

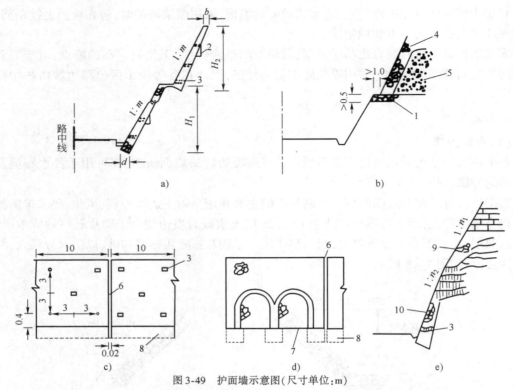

图3-49 护面墙示意图(尺寸单位:m)
a)双层式;b)单层式;c)墙面;d)拱式;e)混合式
1-平台;2-耳墙;3-泄水孔;4-封顶;5-松散夹层;6-伸缩缝;7-软地基;8-基础;9-支补墙;10-护面墙

护面墙的厚度   表3-11

护面墙高度 H(m)	路堑边坡	护面墙厚度(m)	
		顶宽 b	底宽 d
≤2	1:0.5	0.40	0.40
≤6	陡于1:0.5	0.40	$0.40+0.10H$
$6<H≤10$	1:0.5~1:0.75	0.40	$0.40+0.05H$
$10<H<15$	1:0.75~1:1	0.60	$0.60+0.05H$

护面墙高度一般不超过10.0m,可以分级,中间设平台,墙背可设耳墙,纵向每隔10m设一条伸缩缝,墙身应预留泄水孔,基础要求稳固,顶部应封闭。墙基软弱地段,可用拱形结构跨过。坡面开挖后形成的凹陷,应以石砌圬工填塞平整,称之为支补墙。以上构造的具体要求与尺寸,可参考《公路路基设计手册》。

5. 格构植物防护

格构植物防护是在坡比不陡于1:0.75的土质或风化破碎的岩质边坡上用混凝土或浆砌片(块)石砌筑成框格,再在框格中间植被的坡面防护措施。对于坡体岩石风化破碎而整体稳定的挖方边坡和坡面较大的填方边坡,为防止坡面在雨水冲刷下可能会产生局部滑坍失稳,可以采用格构植物防护。这种防护技术具有格构形式多样、布置灵活、截面调整方便、与坡面紧贴、可随坡就势等优点,并可根据坡面岩土体条件在格构内植草、喷射混凝土或浆砌块石等对坡面进行防护,其护坡既美观又安全,因此在山区公路挖方边坡、填方边坡的防护加固中得到广泛应用,如图 3-50 所示。

图 3-50　格构植物防护

格构植物防护可分为浆砌片(块)石、现浇钢筋混凝土和预制混凝土格构三类。常用的有浆砌片(块)石和现浇钢筋混凝土格构两种,形式有方形、菱形、人字形和弧形等。

①浆砌片(块)石格构:采用片石或块石浆砌,砂浆强度不低于 M7.5,格构梁水平间距不大于 3.0m,格构断面尺寸高×宽一般不小于 300mm×200mm,格构嵌入坡面深度宜大于截面高度的 2/3。

②现浇钢筋混凝土格构:现浇钢筋混凝土格构梁的水平间距应小于 5.0m,一般断面高×宽不小于 300mm×250mm。

采用格构植物进行挖方边坡防护时,可根据坡面岩土体的风化破碎情况和深度,在格构节点处设置锚杆或锚索,以增加格构的整体稳定。锚杆或锚索的长度根据欠稳定表层岩土体厚度确定。

6. SNS 柔性防护网

SNS 柔性防护网(Safety Netting System)是一种以钢丝绳网为主要构件,采取主动覆盖或被动拦截方式防止岩体裸露、节理发育、易于风化岩质坡面发生崩塌、落石的柔性遮挡防护系统,如图 3-51 所示。主要适用于边坡整体稳定而坡面岩体风化破碎易产生崩塌落石的岩质边坡。

a)

b)

图 3-51　SNS 柔性防护系统
a)主动防护系统;b)被动防护系统

根据对崩塌落石的控制方式,SNS柔性防护网分为主动防护系统和被动防护系统两大类。

主动防护系统由锚杆、支撑绳和钢丝绳网三部分组成,通过锚杆和支撑绳将钢丝绳网固定在斜坡面或危石上,限制坡面崩塌、危石的运动或将其控制在一定范围内运动,如图3-52所示。主动防护系统的布置可根据危石的分布情况,采取分片集中布置或连续布置。对于危石分片集中分布的坡面,可分片布置。对危石随机分布的坡面宜采用连续布置,若局部有特大危石或危石堆,应在连续布置的基础上,采用铺设双层钢丝绳网,并对局部相应地加强锚固。

被动防护系统(也称拦石网)是将以钢丝绳网为主的栅栏式柔性系统设置于斜坡上的一定位置处,用于拦截斜坡上落石的防护措施。系统主要由钢丝绳网、固定系统、减压环和钢柱四部分组成,系统的柔性主要来自于钢柱,如图3-53所示。SNS被动防护系统在坡面上的布置位置要根据落石的运动参数和施工条件综合确定,同时应考虑便于材料搬运和施工安装等因素。

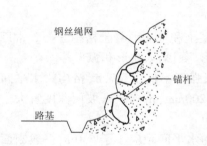

图3-52 SNS主动防护系统结构示意图

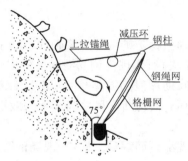

图3-53 被动防护系统结构示意图

三、冲刷防护

为了防止水流直接危害沿河、滨海路堤的边坡和坡脚,必须采取一定的防止冲刷措施。防止冲刷的措施有两类:一类是加固岸坡的直接防护;另一类是改变水流性质的间接防护。根据河流情况、水流性质及岸坡具体受冲刷情况,可单独使用一种,亦可两种同时使用,综合治理。

1. 直接防护

直接防护是直接增强坡面抗冲刷能力的措施,包括植物防护、砌石防护、抛石与石笼防护,以及必要时设置的支挡(驳岸等)。其中,植物防护和砌石防护与前述坡面防护基本相同,但对于堤岸受水流冲刷,水位变迁不定,水流速度较大的边坡,相应的要求更高。

(1)抛石防护

抛石防护主要用于防护直接受水流冲刷的路堤边坡和坡脚,对于季节性浸水和长期浸水的情况均适用。盛产石料的地区,当水流速度大于3.0m/s或更高时,植树与砌石防护无效果,可采用抛石防护。

抛石防护类似于在坡脚处设置护脚,亦称抛石垛,如图3-54所示。抛石垛的边坡坡度不应大于浸水后的天然休止角,边坡率m_1一般为1.5~2.0,m_2为1.25~2.0;石料粒径视水深与流速而定,一般为15~50cm。

(2)石笼防护

当水流速度为4~5.0m/s时,可改用石笼防护。石笼用铁丝编织成框架,内填石料,设在坡脚处,以防急流和大风浪破坏堤岸边坡,亦可用来加固河床,防止淘刷。铁丝框架可以做成圆柱形或箱形,如图3-55所示。笼内填石的粒径最小不小于4.0cm,一般为5~20cm,外层用大且棱角突出的石料,内层可用较小石块填充。石笼用于防止冲刷淘底时,在坡脚处的排列应平铺并与坡线垂直,且堤岸一端固定,另一端可不固定,淘刷后可以向下沉落贴于底面;用于防止堤岸边坡冲刷时,则垒码平铺成梯形,如图3-56a)和b)所示。单个石笼的大小,以不被相应速度的水流冲动为宜,铺设时须用碎(砾)石垫层铺平底层,各角可用铁棒固定于基底。箱形石笼用于沿河路基防护时,可以码成挡墙形式,起防护和支挡作用,并可进行绿化。

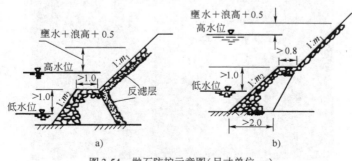

图3-54 抛石防护示意图(尺寸单位:m)
a)新堤石垛;b)旧堤石垛

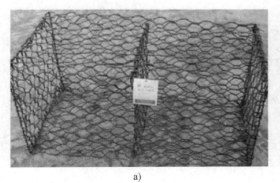

图3-55 箱形石笼

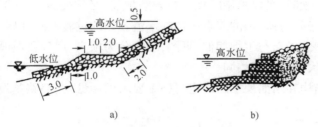

图3-56 石笼防护示意图(尺寸单位:m)
a)防止淘底;b)防护岸坡

2. 间接防护

间接防护是设置导治构造物改变水流方向,消除和减缓水流对堤岸边坡剧烈冲刷的防护措施。可以使堤岸边坡近旁缓慢淤积,彻底消除水流对局部堤岸的损害。设导治构造物的间接防护措施主要是设坝,按其与河道的相对位置,一般可分为丁坝、顺坝或格坝几种。

(1) 丁坝

丁坝的作用是导流和挑流,把水流挑离河岸,改善水流状况,间接保护路基,如图3-57所示。丁坝由坝头、坝身和坝根三部分组成,其断面为梯形。丁坝所受的外力较小,其断面尺寸主要依据构造要求、施工条件和使用要求等因素确定。丁坝的轴线与水流方向的关系不同,分为垂直式、下挑式和上挑式三种,如图3-58所示。

图 3-57 丁坝防护

图 3-58 不同布置形式的丁坝及冲淤情况示意图
a) 垂直式；b) 下挑式；c) 上挑式

丁坝的布置,要慎重考虑对岸的情况,如对岸为农田、住房、土堤时,宜多导少挑;若对岸为岩石,要注意被挑过去的水流,在对岸折回后对下游的冲刷。

(2) 顺坝及格坝

顺坝的作用是导流,基本上不改变原有水流的流态。当河床断面窄小,不允许过多侵占或地质条件不宜修筑丁坝时,可以采用顺坝。布置顺坝前,必须先有一个合理的导治线,顺坝与上、下游河岸的衔接必须协调,坝的起点应选在水流匀顺的过渡地段,以免强烈冲刷,终点可与河岸连在一块。顺坝的构造与丁坝相似,见图3-59,分为坝头、坝身和坝根三部分,坝身断面形状为梯形,结构要求大体与丁坝相同。

丁坝和顺坝的结构和断面尺寸的确定与施工要求可参见《公路路基设计手册》。

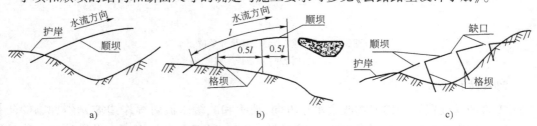

图 3-59 顺坝及格坝布置示意图

思考题

1. 简述一般路基常见的变形破坏形式及原因。路基设计中可采取哪些措施避免产生这些变形破坏?
2. 简述路基设计时确定路基宽度、高度和边坡比的方法和考虑的因素。
3. 简述影响路基边坡强度和稳定性的因素及设计施工中提高路基边坡强度和稳定性的措施。
4. 简述路基排水设计的重要性及常用路基排水设施的构造、作用及设计要点。
5. 简述防护工程与加固工程、直接防护与间接防护的差别与联系。
6. 简述路基边坡防护的基本措施及应用条件。

第四章
路基边坡稳定性验算

第一节 概　　述

一般情况下,路基边坡比按规范要求确定,无须进行稳定性验算。而对于边坡高度大于20m的高路堤、深挖方、陡坡路堤、浸水路堤,以及滑坡与软土等不良地质、水文条件下的路基边坡,需要通过稳定性分析验算,做出合理的路基边坡结构设计。路基边坡稳定性设计的任务,就是对路基边坡的稳定性进行分析与验算,判定边坡的稳定性,以寻求安全可靠、经济合理的路基边坡结构形式和边坡值,或据以确定边坡的加固措施。

一、影响路基边坡稳定性的因素

路基边坡滑坍是公路上常见的一种破坏现象,它影响到车辆的正常运营和安全,严重者甚至造成事故,中断交通。根据土力学原理,路基边坡滑坍是由于边坡土体中的剪应力超过其抗剪强度所产生的剪切破坏。因此,凡是使土体剪应力增加或抗剪强度降低的因素,都可能引起边坡滑坍。影响边坡稳定的因素可归纳为以下几点:

1. 边坡土质

土体的抗剪强度首先取决于土的性质,土质不同则抗剪强度亦不同。对路堑边坡而言,除与土或岩石的性质有关外,还与岩石的风化破碎程度和结构面有关。

2. 水的活动

水是影响边坡稳定性的主要因素,边坡的破坏总是或多或少与水的活动有关。土体的含水率增加,既降低了土体的抗剪强度,又增加了土内的剪应力。在浸水情况下,还有浮力和动水压力作用,使边坡处于最不利状态。

3. 边坡的几何形状

边坡的高度、坡度等直接关系到土坡的稳定。高大、陡直的边坡,因重心高,稳定条件差,易发生滑坍或其他形式的破坏。

4. 活荷载增加

坡脚因水流冲刷或其他不适当的开挖而使边坡失去支撑等,均可能加大边坡土体的剪应力。

5. 地震及其他振动荷载

二、边坡稳定性分析方法

路基边坡稳定性分析与验算的方法很多,归纳起来有力学验算法和工程地质分析法两大类。力学验算法又叫极限平衡法,假定边坡沿某一形状滑动面破坏,按力学平衡原理进行计算。因此,根据滑动面形状的不同,又分为直线法、圆弧法和不平衡推力传递法三种。力学验算法的基本假定是:

①破裂面以上的不稳定土体沿破裂面做整体滑动,不考虑其内部的应力分布不均和局部移动。

②土的极限平衡状态只在破裂面上达到。

为简化计算,用力学验算法进行边坡稳定性分析时,通常都按平面问题来处理。

工程地质分析法主要用于挖方边坡,根据边坡的岩土体性质、风化破碎情况、结构面特点,定性分析与定量计算相结合,评价边坡稳定性,确定合适的边坡比。

一般情况下,土质边坡的设计是先按力学验算法进行验算,再以工程地质比拟法予以校核。岩石或碎石土类边坡则主要采用工程地质分析法,有条件时也结合力学验算法进行校核。

三、路基边坡稳定性验算的数据

1. 土体的抗剪强度参数

黏聚力 c 和内摩擦角 φ 是决定土体抗剪强度的两个参数,亦即土的抗剪强度指标。在验算边坡稳定性时,c、φ 值及土体的重度 γ 应事先通过试验测定。

(1)路堤边坡稳定性分析的强度参数 c、φ 值

路堤边坡的强度参数 c、φ 值应根据填料来源、现场情况及分析工况,选择有代表性的土样进行直剪快剪或三轴不排水剪试验获得。

如边坡由多层土体组成,所采用的数值 c、φ、γ 可采用加权平均法求得,计算式为:

$$\left.\begin{array}{l}c = \dfrac{\sum\limits_{i=1}^{n} c_i h_i}{\sum\limits_{i=1}^{n} h_i} \\[2ex] \tan\varphi = \dfrac{\sum\limits_{i=1}^{n} h_i \cdot \tan\varphi_i}{\sum\limits_{i=1}^{n} h_i} \\[2ex] \gamma = \dfrac{\sum\limits_{i=1}^{n} \gamma_i \cdot h_i}{\sum\limits_{i=1}^{n} h_i}\end{array}\right\} \qquad (4\text{-}1)$$

式中：c_i、φ_i、γ_i——各土层的黏聚力、内摩擦角和重度；

　　　h_i——各土层厚度。

式(4-1)仅是近似的计算，计算中亦可以根据滑动面形状，采用精确方法验算多层土体组成的边坡的稳定性。

(2)路堑边坡稳定性分析的强度参数

土质路堑边坡的抗剪强度参数为土体的 c、φ 值。

岩质路堑边坡的岩体和结构面抗剪强度参数宜根据现场原位试验确定，当无条件进行试验时，可采用《工程岩体分级标准》(GB 50218—2014)及表 4-1 综合确定。

结构面抗剪强度指标标准值　　　　　　　　　　　表 4-1

结构面类型		结构面结合程度	内摩擦角 $\varphi(°)$	黏聚力 c(MPa)
硬性结构面	1	结合好	>35	>0.13
	2	结合一般	35~27	0.13~0.09
	3	结合差	27~18	0.09~0.05
软弱结构面	4	结合很差	18~12	0.05~0.02
	5	结合极差(泥化层)	根据地区经验确定	

岩体内摩擦角可由岩块内摩擦角标准值按岩体裂隙发育程度与表 4-2 所列的折减系数确定。

边坡岩体内摩擦角折减系数　　　　　　　　　　　表 4-2

边坡岩体特性	内摩擦角折减系数	边坡岩体特性	内摩擦角折减系数
裂隙不发育	0.9~0.95	裂隙发育	0.80~0.85
裂隙较发育	0.85~0.9	碎裂结构	0.75~0.80

选用参数应力求与路基使用过程中的最不利的实际情况一致。因此，土质路堑边坡应取原状土作土样，测定其重度 γ 及抗剪强度参数 c、φ 值；路堤边坡应采用与将来实际压实后情况相符的土样重度 γ 及抗剪强度参数 c、φ 值。

2. 边坡稳定性分析工况及安全系数

路基边坡稳定性分析时应考虑不同的工况，且满足相应的安全系数要求。

不同工况条件下路堤与路堑边坡的稳定安全系数要求见表 4-3 和表 4-4。

路堤边坡稳定性验算安全系数要求　　　　　　　　表4-3

分析内容	土体强度指标	分析工况	稳定安全系数 K	
			二级及二级以上公路	三、四级公路
路堤自身的稳定性和路堤与地基的整体稳定性	采用直剪的固结快剪或三轴固结不排水剪指标	正常工况	1.45	1.35
		非正常工况 I	1.35	1.25
	采用快剪指标	正常工况	1.35	1.30
		非正常工况 I	1.25	1.15
路堤沿斜坡地基或软弱层滑动的稳定性		正常工况	1.30	1.25
		非正常工况 I	1.20	1.15
备注	正常工况:路基投入运营后经常发生或持续时间长的工况; 非正常工况 I:路基处于暴雨或连续降雨状态下的工况			

路堑边坡稳定性验算安全系数要求　　　　　　　　表4-4

分析工况	稳定安全系数 K	
	高速公路、一级公路	二级及二级以下公路
正常工况	1.20 ~ 1.30	1.15 ~ 1.25
非正常工况 I	1.10 ~ 1.20	1.05 ~ 1.15

四、荷载当量高度计算

路堤边坡除受自重作用外,同时承受行车荷载作用。在边坡稳定性验算时需要按车辆最不利情况排列(图4-1),把车辆荷载换算成当量土柱高,即以相等压力的土层厚度来代替荷载,称为当量高度,用 h_0 表示。

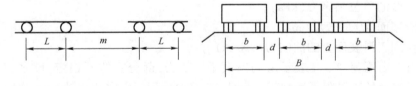

图4-1　汽车荷载布置示意图

当量高度 h_0 的计算公式为:

$$h_0 = \frac{NQ}{LB\gamma} \tag{4-2}$$

式中:h_0——荷载换算当量高度(m);
　　　N——横向分布的车辆数,单车道 $N=1$,双车道 $N=2$;
　　　Q——每一辆车的重力(kN);
　　　L——车辆前、后轮胎的最大轴距或拖拉机履带的着地长度(m);
　　　γ——土的重度(kN/m³);
　　　B——横向分布车辆轮胎(或履带)外缘之间的距离(m)。

$$B = Nb + (N-1)d \tag{4-3}$$

式中:b——每一辆车的轮胎(或履带)外缘之间的距离(m),取1.8m;

d——相邻两辆车轮胎(或履带)之间的安全净距(m)。

关于荷载分布宽度,可分布在行车道(路面)范围内;亦可以认为路肩有可能停车(最不利的情况),则荷载分布于整个路基宽度(包括路肩、路面的宽度)。两者虽有差异,但计算结果相差不大。

第二节 直 线 法

直线法适用于由砂土或砂性土组成,抗力以摩阻力为主,滑动面为平面的路堤或路堑边坡,以及原地面为单一倾斜的陡坡路堤的稳定性验算。

一、均质砂、砾类土路堤边坡

如图4-2a)所示,假设土楔体 ABCD 沿破裂面 AD 下滑时,受到重力 Q、滑面反力 N、滑面的摩阻力 f 和黏聚力 cL(不纯净砂土)的作用,其中摩阻力与黏聚力阻止滑体 ABCD 下滑,称为抗滑力,重力沿滑面的分力使土楔下滑,称为下滑力。因此,边坡土楔体 ABD 沿滑裂面 AD 滑动的下滑力(或切向力)T 为:

$$T = Q \cdot \sin\omega \tag{4-4}$$

式中:Q——土楔 ABCD 的重力,包括换算成土柱高的车辆荷载(kN/m);
ω——破裂面对于水平面的倾角。

阻止土楔下滑的抗滑力 R 为:

$$R = N \cdot \tan\varphi + cL = Q \cdot \cos\omega \cdot \tan\varphi + cL \tag{4-5}$$

式中:φ——土体的内摩擦角;
c——土体的单位黏聚力(kPa);
L——滑裂面 AD 的长度(m);
N——作用于滑裂面上的法向力(kN/m)。

根据静力平衡原理,$T > R$ 表示滑动力大于抗滑力,部分土体不稳定;反之,$T < R$ 表示稳定;两者相等,表示处于极限平衡状态。因此,工程中采用两力之比 K 来表示边坡的稳定性,K 称为稳定系数(或安全系数),即:

$$K = \frac{抗滑力}{下滑力} = \frac{R}{T} = \frac{Q \cdot \cos\omega \cdot \tan\varphi + cL}{Q \cdot \sin\omega} \tag{4-6}$$

若 $K > 1$,则滑裂面上的土楔体稳定。
若 $K = 1$,则滑裂面上土楔体处于极限平衡状态。
若 $K < 1$,则滑裂面上土楔体不稳定,将向下滑动。

由于边坡稳定性分析方法均有一些假定,土工试验所得出的强度参数也有一定的局限性,施工中也不可能做到每一点都符合要求,每一点都考虑气候环境条件的影响,不同性质工程安全等级也不同,公路路基安全系数 K 按表4-3、表4-4取值。

直线法验算边坡的稳定性时,为找出边坡的最小稳定系数,可过坡脚 A 点假定3~4个可能的滑裂面,如图4-2b)所示,按式(4-6)求出每个滑裂面相应的安全系数 K_1、K_2、K_3、K_4 等值,并绘出 $K = f(\omega)$ 曲线及曲线最低点的水平切线[图4-2c)],切点即为边坡的最小安全系数 $K_{\min}$

值,其所对应的滑裂角为最危险滑裂面倾角 ω_0 值。若 $K_{\min} > [K]$([K]按表4-3、表4-4取值),则边坡稳定。

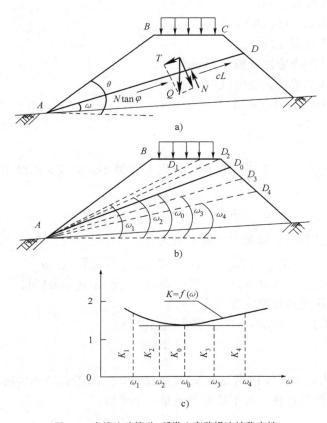

图 4-2 直线法验算砂、砾类土高路堤边坡稳定性

二、均质砂砾类土路堑边坡

从式(4-6)可知,$K = f(\omega)$,即 K 是滑裂面倾角 ω 的函数。因此,对于简单的路堑边坡,可以直接导出 $K_{\min}$ 及 ω_0 的关系式,一次计算即可得出结论。

如图 4-3 所示,假定土楔 ABD 沿滑裂面 AD 滑动,其稳定系数 K 按下式计算:

$$\begin{aligned}
K &= \frac{R}{T} = \frac{fQ \cdot \cos\omega + cL}{Q\sin\omega} \\
&= f\cot\omega + \frac{cL}{Q\sin\omega} \\
&= f\cot\omega + \frac{cL}{\dfrac{1}{2}\gamma hL \dfrac{\sin(\theta-\omega)\sin\omega}{\sin\theta}} \\
&= f\cot\omega + a_0[\cot\omega + \cot(\theta-\omega)] \\
&= (f + a_0)\cot\omega + a_0\cot(\theta-\omega)
\end{aligned} \qquad (4\text{-}7)$$

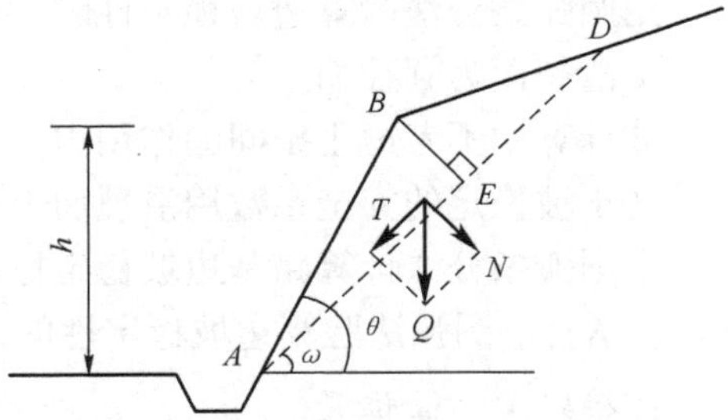

图 4-3 直线法验算砂砾类土路堑边坡稳定性

式中:Q——土楔 ABD 的重力(kN),按 $1\mathrm{m}$ 长度计;
ω——滑裂面的倾角(°);
θ——边坡的坡度角(°);
γ——边坡土体的重度(kN/m³);
h——边坡的垂直高度(m);
f——边坡土体的内摩擦系数,$f=\tan\varphi$;
c——边坡土体的单位黏聚力(kPa);
L——破裂面 AD 的长度(m);
a_0——参数,$a_0=\dfrac{2c}{\gamma h}$。

为求得最小稳定系数,可令 $\dfrac{\mathrm{d}K}{\mathrm{d}\omega}=0$,即可求得 K 为最小时的破裂面倾角 ω_0 值,由此得:

$$\cot\omega_0 = \cot\theta + \sqrt{\dfrac{a_0}{f+a_0}} \cdot \csc\theta \tag{4-8}$$

将式(4-8)代入式(4-7),得最小稳定系数为:

$$K_{\min} = (2a_0+f)\cot\theta + 2\sqrt{a_0(f+a_0)} \cdot \csc\theta \tag{4-9}$$

式(4-9)中的 γ、c、φ、h 及 θ 在计算前可以确定,因此,用式(4-9)可以一次求得边坡的最小安全系数,从而大大简化边坡稳定性验算工作。

对于松散的砂砾类土,可取 $c=0$,根据式(4-6)可得:

$$K = \dfrac{\tan\varphi}{\tan\omega} \tag{4-10}$$

处于极限平衡状态时,$K=1$,则 $\tan\omega=\tan\varphi$,或 $\omega=\varphi$,即砂砾类土的极限坡角等于内摩擦角,这个角亦称为天然休止角。对于砂砾类土是一个常数。

第三节　圆　弧　法

一、圆弧条分法

圆弧条分法又叫瑞典法,它是由瑞典工程师费仑纽斯(Fellenius)首先提出的边坡稳定性验算方法,因此也叫费仑纽斯法。适用于一般黏性土路堤或路堑边坡的稳定性验算。

用圆弧条分法验算边坡稳定性时,有以下假定:
①滑裂面为圆柱面。
②计算中不考虑土条间的作用力。
③土坡稳定的安全系数用滑裂面上全部抗滑力矩与滑动力矩之比来定义。

用圆弧条分法计算路基边坡稳定性,需要解决几个问题:滑动面的位置、稳定系数 K 及其最小值 $K_{\min}$。圆弧法验算边坡稳定性的程序和方法如下:

1. 确定滑动面位置

在地基比较坚实的条件下,边坡的滑动圆弧线可认为能过坡脚点,而且圆心大致沿着某条线做有规则的变动,此直线即为滑动面圆心辅助线。求得圆心位置移动的辅助线后,在辅助线上选定某圆心,并通过坡脚作圆弧,即可确定滑动圆弧面。

确定圆心辅助线有两种方法,即 $4.5H$ 法和 $36°$ 法。

图 4-4 为 $4.5H$ 法作圆心辅助线的方法,表 4-5 为作辅助线时的辅助角度数值表。具体做法是:连接坡脚 E 与坡顶 S,得边线 ES,其坡比为 $1:m$,根据坡比 $1:m$ 查表 4-5 得 β_1、β_2,过 SE 和坡顶水平线分别作 β_1、β_2,两角线的交点为 I;过坡角 E 作垂线 $EF = H$(包括换算土柱高度 h_0),过 F 点作水平线 $FM = 4.5H$,M 点即为圆心辅助线的另一点;连接 IM 即得圆心辅助线。

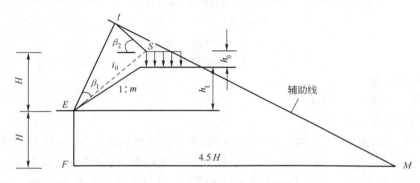

图 4-4　$4.5H$ 法绘制圆心辅助线

滑裂圆弧中心位置的有关角值($\varphi = 0$ 黏土边坡)　　　　　　　表 4-5

边 坡 坡 比	边坡倾角 θ	β_1	β_2
1:0.5	63°26′	29°30′	40°
1:0.75	53°18′	29°	39°
1:1	45°00′	28°	37°
1:1.25	38°40′	27°	35°30′
1:1.5	33°41′	26°	35°
1:1.75	29°45′	26°	35°
1:2	26°34′	25°	35°
1:2.25	23°58′	25°	35°
1:2.5	21°48′	25°	35°
1:3	18°26′	25°	35°
1:4	14°03′	25°	36°
1:5	11°19′	25°	37°

图 4-5 为利用 $36°$ 法作圆心辅助线的方法。自坡顶点 S 点作水平线,自 S 点的水平线作 $36°$ 角即得圆心辅助线 SF。

此两种方法,$36°$ 法较简便,但不如 $4.5H$ 法精确。对 $1:1.75 \sim 1:1$ 的边坡及滑动面通过坡脚者均适用。

2. 计算稳定系数

根据前述假设,圆弧条分法验算边坡稳定性的安全系数(或稳定系数)计算公式为:

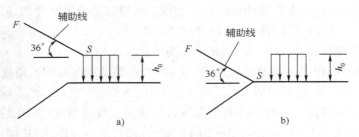

图 4-5 36°法绘制圆心辅助线
a) 考虑荷载时; b) 不计荷载时

$$K = \frac{抗滑力矩}{滑动力矩} = \frac{M_R}{M_S} \tag{4-11}$$

式中: K——稳定系数;

M_R——抗滑力矩(kN·m);

M_S——滑动力矩(kN·m)。

为求得某个滑动面的稳定系数,先在圆心辅助线上取任意点圆心 O,以 $\overline{OE}$ 为半径 R 过坡脚 E 作圆弧,得滑裂面 EF,如图 4-6 所示。过圆心建立 Oxy 坐标系,然后将滑动体分条,分条数根据路基宽度确定,每条宽度 1~2m,分条宽度可以相等,也可以不等。滑体被 y 轴分成左、右两部分,量出各土条圆弧中心对 y 轴的横距 x_i,按 $\alpha_i = \arcsin\dfrac{x_i}{R}$ 关系,即可得各土条对 y 轴的夹角 α_i。

各土条受到的力分别为重力 Q_i、滑面反力 N_i、摩阻力 f_i 和黏聚力 cl_i,不计土条间的相互作用力,如图 4-6 所示。这些力中,摩阻力 f_i 和黏聚力 cl_i 是阻止坡体滑动的力,它们对圆心的矩称为抗滑力矩,重力 Q_i 沿滑面的分力 T_i 对圆心的矩称为滑动力矩。

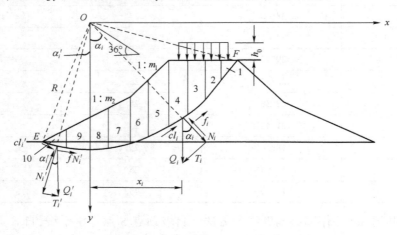

图 4-6 圆弧条分法验算边坡稳定性示意图

(1) 滑动力矩 M_S

各土条对圆心的滑动力矩 M_{Si} 等于重力 Q_i 沿切向的分力 $Q_i\sin\alpha_i$ 乘以半径 R。整个滑动体的总滑动力矩 M_S 等于各土条分力矩的代数和(y 轴左边土条的滑动力矩为负),即:

$$M_S = \sum M_{Si} = \sum Q_i\sin\alpha_i R = R\sum Q_i\sin\alpha_i \tag{4-12}$$

式中：Q_i——土条的重力(kN)；
　　　α_i——土条对 y 轴的夹角(°)。

(2) 抗滑力矩 M_R

各土条的抗滑力矩，为滑动面上的摩阻力和黏聚力对圆心的力矩 f_iR 与 cl_i 之和，滑动体的总抗滑力矩 M_R 为：

$$M_R = \sum M_{Ri} = \sum (f_iR + cl_iR) = \sum (N_i\tan\varphi \cdot R + cl_iR)$$
$$= R(\sum Q_i\cos\alpha_i\tan\varphi + \sum cl_i) \tag{4-13}$$

因此，该滑动面的稳定系数为：

$$K = \frac{M_R}{M_S} = \frac{\sum M_{Ri}}{\sum M_{Si}} = \frac{R(\sum Q_i\cos\alpha_i \cdot \tan\varphi + cl_i)}{R\sum Q_i \cdot \sin\alpha_i} = \frac{\sum Q_i\cos\alpha_i \cdot \tan\varphi + cl}{\sum Q_i \cdot \sin\alpha_i} \tag{4-14}$$

式中：f_i——土体摩擦系数，$f_i = \tan\varphi$；
　　　l_i——各土条滑弧长；
　　　α_i——各土条滑弧中心与圆心连线对 y 轴的夹角，y 轴右边 α_i 为正，左边 α_i 为负；
　　　Q_i——土条的重力，$Q_i = A_i\gamma$，A_i 为土条面积；
　　　N_i——土条重力在滑动面法线方向的反力，$N_i = Q_i \cdot \cos\alpha_i$；
　　　T_i——土条重力在滑动面上的切向分力，$T_i = Q_i \cdot \sin\alpha_i$；
　　　L——滑动面圆弧总长。

为求得边坡的最小稳定系数 $K_{\min}$ 和最危险滑裂面位置，应绘多个滑动圆弧，用式(4-14)计算出每一滑动体的稳定系数 K，绘出 K 值曲线，如图4-7所示。然后作平行于圆心辅助线且切于曲线的直线，即得切点，由切点向辅助线作垂直线，垂线与辅助线的交点 O 即为临界圆心，过此圆心作过坡脚的滑动面即是该边坡的最危险滑动面，其稳定系数就是边坡的最小稳定系数 $K_{\min}$。

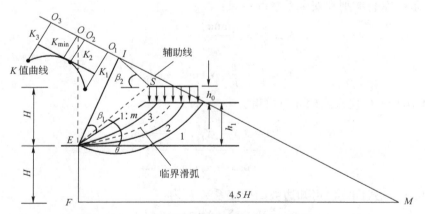

图4-7　条分法验算边坡稳定性综合示意图

3. 判断边坡的稳定性

若 $K_{\min} \geq [K]$（按表4-3、表4-4取值），则边坡稳定；反之则须采取措施，增加边坡的稳定性。

二、改进的圆弧条分法——毕肖普(A. W. Bishop)法

由于圆弧条分法略去了条间力的作用，因此严格地说，对每一土条力的平衡条件是不满足的，对土条本身的力矩平衡也不满足，只满足整个土体的力矩平衡条件。由此产生的误差，一般

使求得的安全系数偏低 10%~20%，这种误差随着滑裂面圆心角和孔隙压力的增大而增大。

为克服前述圆弧条分法存在的不足，毕肖普考虑了条间力的作用，提出了新的系数计算公式。如图 4-8 所示土坡，土条 i 受到重力 Q_i、滑面剪力 T_i、滑面正压力 N_i、相邻土条间的作用 X_i、X_{i+1} 和 E_i、E_{i+1} 的作用。土条 i 上的作用力中有 5 个未知，故属二次超静定问题。毕肖普在求解时补充了两个假设条件：忽略土条间竖向剪力 X_i 及 X_{i+1} 的作用；利用摩尔—库仑准则与安全系数的关系得出了滑动面上切向力 T_i 及基于圆弧条分法的新的土坡稳定系数计算方法。

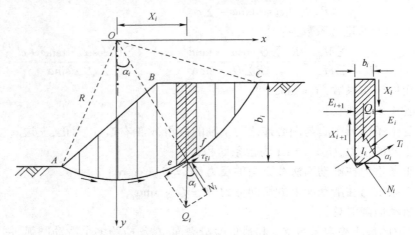

图 4-8 简化的毕肖普法

如图 4-8 所示，对土条进行受力分析，根据土条 i 的竖向平衡条件可得：
$$Q_i + X_i - X_{i+1} - T_i \sin\alpha_i - N_i \cos\alpha_i = 0$$

或
$$N_i \cos\alpha_i = Q_i + X_i - X_{i+1} - T_i \sin\alpha_i \tag{4-15}$$

根据摩尔—库仑准则和安全系数的定义：
$$\left.\begin{array}{c} K = \dfrac{\tau}{T} = \dfrac{N_i \tan\varphi_i + c_i l_i}{T_i} \\ T_i = \dfrac{\tau}{K} = \dfrac{1}{K}(N_i \tan\varphi_i + c_i l_i) \end{array}\right\} \tag{4-16}$$

将式 (4-16) 中 T_i 代入式 (4-15) 可得：
$$N_i = \dfrac{Q_i + (X_i - X_{i+1}) - \dfrac{c_i l_i}{K}\sin\alpha_i}{\cos\alpha_i + \dfrac{1}{K}\tan\varphi_i \sin\alpha_i} \tag{4-17}$$

由式 (4-11)~式 (4-14) 可知边坡的稳定系数 K 为：
$$K = \dfrac{M_R}{M_S} = \dfrac{\sum(N_i \tan\varphi_i + c_i l_i)}{\sum Q_i \sin\alpha_i} \tag{4-18}$$

将式 (4-17) 的 N_i 代入式 (4-18) 得：
$$K = \dfrac{\displaystyle\sum_{i=1}^{n} \dfrac{[Q_i + (X_i - X_{i+1})]\tan\varphi_i + c_i l_i \cos\alpha_i}{\cos\alpha_i + \dfrac{1}{K}\tan\varphi_i \sin\alpha_i}}{\displaystyle\sum_{i=1}^{n} Q_i \sin\alpha_i} \tag{4-19}$$

由于式(4-19)中 X_i 及 X_{i+1} 是未知的,故求解尚有困难。毕肖普假定土条间的竖向剪切力均略去不计,即 $(X_i - X_{i+1}) = 0$,则式(4-19)可简化为:

$$K = \frac{\sum_{i=1}^{n} \frac{1}{m_{\alpha_i}}(Q_i \tan\varphi_i + c_i l_i \cos\alpha_i)}{\sum_{i=1}^{n} Q_i \sin\alpha_i} \tag{4-20}$$

其中:

$$m_{\alpha_i} = \cos\alpha_i + \frac{1}{K}\tan\varphi_i \sin\alpha_i \tag{4-21}$$

式(4-20)就是简化毕肖普法计算边坡稳定系数的公式。由于式中 m_{α_i} 也包含 K 值,因此式(4-20)须用迭代法求解。计算时,先假定一个 K 值,按式(4-21)求得 m_{α_i} 值,代入式(4-20)求出 K 值,若此 K 值与假定 K 不符,则用此 K 值重新计算 m_{α_i} 求得新的 K 值,如此反复迭代,直到假定的 K 值与求得的 K 值接近为止。根据经验,通常只要迭代 3~4 次就可满足精度要求,而且迭代总是收敛的。为了计算方便,可将式(4-21)的 m_{α_i} 值制成曲线(图 4-9),可按 α_i 及 $\frac{\tan\varphi_i}{K}$ 值直接查得 m_{α_i} 值。

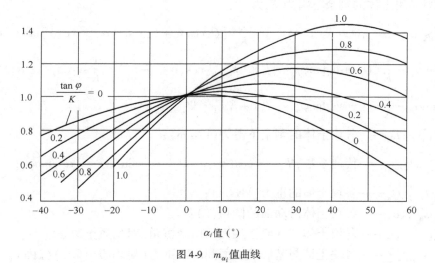

图 4-9 m_{α_i} 值曲线

用毕肖普法验算边坡稳定性时,最危险滑动面圆心位置仍可按前述方法确定。

第四节 不平衡推力传递法

不平衡推力传递法(又称传递系数法)适用于滑动面为折线或其他形状的边坡稳定性验算。修筑在原地面为折线形的陡坡上的路堤、某些特殊条件下的路基边坡(如黄土及层状构造的岩土层)及滑坡等,沿固定滑动面滑动,且滑动面形状为折面,均可用不平衡推力传递法进行稳定性验算。

这种方法的验算原理仍是利用力的极限平衡条件,但稳定性的表达式不同。稳定性指标为剩余下滑力。所谓剩余下滑力 E 是指土坡滑动力 T 与抗滑力 R 的差值,并计入稳定系数

(安全系数)K,即:

$$E = T - \frac{R}{K} \tag{4-22}$$

根据 E 的正负判断土坡的稳定性。其验算方法如下。

①按滑面变坡点将土体垂直分成若干土块,如图4-10a)所示。
②自上而下分别计算各土块的剩余下滑力。

第一块土体的剩余下滑力 E_1 为:

$$E_1 = T_1 - \frac{R_1}{K} = Q_1\sin\alpha_1 - \frac{1}{K}(Q_1\cos\alpha_1\tan\varphi_1 + c_1l_1) \tag{4-23}$$

第二块土体如图4-10b)所示,自第二块土体开始,均需计入上一块土体剩余下滑力对本块土体的作用,把其当作一作用于本土块的外力,方向平行于上一块土体的滑动面。由此得第二块土体剩余下滑力 E_2 为:

$$E_2 = T_2 - \frac{R_2}{K} = [Q_2\sin\alpha_2 + E_1\cos(\alpha_1 - \alpha_2)] - \frac{1}{K}\{[Q_2\cos\alpha_2 + E_1\sin(\alpha_1 - \alpha_2)]\tan\varphi_2 + c_2l_2\} \tag{4-24}$$

同理,第 n 块土体的剩余下滑力 E_n 为:

$$\begin{aligned}
E_n &= [Q_n\sin\alpha_n + E_{n-1}\cos(\alpha_{n-1} - \alpha_n)] - \frac{1}{K}\{[Q_n\cos\alpha_n + E_{n-1}\sin(\alpha_{n-1} - \alpha_n)]\tan\varphi_n + c_nl_n\} \\
&= Q_n\sin\alpha_n - \frac{1}{K}(Q_n\cos\alpha_n\tan\varphi_n + c_nl_n) + E_{n-1}[\cos(\alpha_{n-1} - \alpha_n) - \frac{1}{K}\sin(\alpha_{n-1} - \alpha_n)\tan\varphi_n] \\
&= Q_n\sin\alpha_n - \frac{1}{K}(Q_n\cos\alpha_n\tan\varphi_n + c_nl_n) + E_{n-1} \cdot \Psi_{n-1}
\end{aligned} \tag{4-25}$$

式中:E_1、E_2、…、E_n——各块土体的剩余下滑力(kN/m);

Ψ_{n-1}——传递系数,$\Psi_{n-1} = \cos(\alpha_{n-1} - \alpha_n) - \frac{1}{K}\sin(\alpha_{n-1} - \alpha_n)\tan\varphi_n$;

Q_1、Q_2、…、Q_{n-1}、Q_n——各块土体的重力(kN/m);

α_1、α_2、…、α_{n-1}、α_n——各块土体滑动面的倾角(°);

φ_1、φ_2、…、φ_{n-1}、φ_n——各块土体与基底接触面的内摩擦角(对均质土取 φ)(°);

c_1、c_2、…、c_{n-1}、c_n——各块土体与基底接触面间的黏聚力(对均质土取 c)(kPa);

l_1、l_2、…、l_{n-1}、l_n——各块土体滑动面的长度(m);

K——安全系数,意义同前,按表4-3、表4-4 取值。

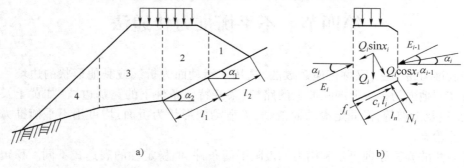

图4-10 不平衡推力传递法验算边坡稳定性示意图

计算中,当某一块土体剩余下滑力为负时,表明无剩余下滑力向下传递,该土块及其上土块稳定,计算从下一块开始,用式(4-25)计算时,式中 E_{n-1} 为 0,n 取 1。

③判定稳定性。用最后一块土体的剩余下滑力判定,第 n 块土体的剩余下滑力 $E_n \leq 0$,则整个土坡稳定;若 $E_n > 0$,则不稳,应采取稳定或加固措施。

第五节　浸水路堤边坡稳定性验算

一、浸水路堤的特点

修筑在桥头引道、河滩及河流沿岸,受到季节性或长期浸水作用的路堤,称为浸水路堤。这种路堤具有以下特点。

1. 稳定性受水位降落的影响

浸水路堤除承受普通路堤所承受的外力和自重外,还要承受水的浮力和渗透动水压力的作用。当河中水位上升时,水从边坡的一侧或两侧渗入路堤内,如图 4-11 中 A 所示;当水位降落时,水又从堤身向外渗出,如图 4-11 中 B 所示。由于土体内的渗水速度和水位升降速度比堤外水位的涨落慢,因此在堤外水位升高时,堤内水位比降曲线(浸润曲线)呈凹形;而当堤外水位下降时,堤内水位比降曲线则呈凸形,渗透速度依土的性质而定。

因此,当水位上涨时,土体内的渗透浸润曲线比边坡外面水位低。土体除承受向上的浮力外,土粒还受到指向土体内部的动水压力作用,增加了路堤的稳定性。

当水位下降时,土体内部水向外流出需要较长的时间。由于水位的差异,其动水压力方向指向土体外面,破坏边坡的稳定性,并可能产生边坡凸起和滑坡现象。堤外水位下降速度越快,边坡的稳定性越差。另外,渗透水流能带走堤内细小土粒,从而引起路堤变形。

对于河滩路堤和桥头引道,路堤上游与下游的水位有时并不一致,可能产生横穿路堤的渗透,因此,即使上、下游水位相差不大,也需予以考虑水位差对路堤稳定性的影响(图 4-12)。

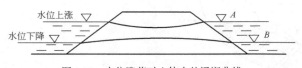

图 4-11　水位涨落时土体内的浸润曲线
A-水位上涨时;B-水位降落时

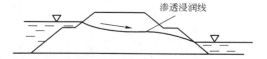

图 4-12　两侧水位出现高差时堤身内的渗透浸润曲线

2. 稳定性与路堤填料透水性有关

以黏性土填筑的路堤达到最佳密实度后,透水性很弱;以砂砾石土填筑的路堤,由于空隙大,透水性强。因此水位涨落对这两种土的边坡稳定性影响一般不大。属于中等透水性的土如亚砂土、亚黏土等作路堤填料,在水位降落时,对边坡稳定性影响较大,需考虑动水压力作用。因此,浸水路堤填料最好选用渗水性强的材料,如石质坚硬不易风化的块石、片石、碎石及砂砾等。若附近无此类材料或从远处运来不经济时,可采用黏土,但必须夯实,严格掌握压实标准。对浸水易崩解、风化的岩石,如页岩、千枚岩等应禁止使用。

二、浸水路堤的高度与断面形式

一般浸水路堤的最低设计高程,可取设计洪水位加安全高度 0.5m。

大河两岸或水库路堤,因水面较宽,可能有壅水现象和波浪侵袭,路堤的最低设计高程应为:

$$H = 设计洪水位 + 可能的壅水高 + 波浪侵袭高 + 安全高度(0.5m)$$

浸水路堤的一般断面形式如图 4-13 所示。对于深谷半填半挖的浸水路堤,以及河滩高路堤,为了路基边坡的稳定,并便于施工和修复,可在边坡适当高度处加设台阶或护坡道,宽度 1~2m,如图 4-12 所示。浸水部分边坡应较平缓,宜用片、块石防护,并对整个路堤边坡的稳定性进行验算。

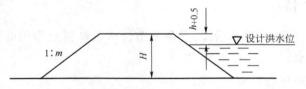

图 4-13 浸水路堤设计高程(h = 壅水高 + 浪高)

三、动水压力计算

凡用黏性土填筑的浸水路堤(不包括透水性极小的纯黏土),必须进行渗透动水压力计算,如图 4-14 所示。渗透动水压力 D 作用于浸润线以下土体的重心,平行于水力坡降 I,其大小按下式计算:

$$D = I\Omega_B \Delta_0 \tag{4-26}$$

式中:I——渗流水力坡降;

Ω_B——浸润线与滑动面之间的面积(m^2);

Δ_0——水的重度(kN/m^3),$\Delta_0 = 9.8 kN/m^3$。

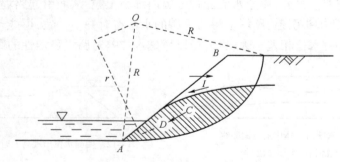

图 4-14 渗透动水压力计算图

四、浸水路堤边坡稳定性验算

河滩路堤的稳定性,应假定路堤处于最不利的情况下进行验算。其破坏一般发生在洪水位骤然降落的时候。验算方法与普通路堤边坡稳定性验算无大差异,唯需考虑浮力和动水压力作用。

1. 验算方法

浸水路堤稳定性验算通常采用圆弧条分法,其稳定系数计算公式为:

$$K = \frac{M_R}{M_S} = \frac{(f\sum N + cl)R}{R\sum T + Dr}$$

$$= \frac{(f_C \sum N_C + f_B \sum N_B + c_C l_C + c_B l_B)R}{(\sum T_C + \sum T_B)R + \sum D_n r_n}$$

$$= \frac{f_C \sum N_C + f_B \sum N_B + c_C l_C + c_B l_B}{\sum T_C + \sum T_B + \dfrac{\sum D_n r_n}{R}}$$

$$= \frac{\tan\varphi_C \sum Q_i \cos\alpha_C + \tan\varphi_B \sum Q_B \cos\alpha_B + c_C l_C + c_B l_B}{\sum Q_C \sin\alpha_C + \sum Q_B \cdot \sin\alpha_B + \dfrac{\sum D_n \cdot r_n}{R}} \quad (4\text{-}27)$$

由于渗透动水压力一般很小,为了简化计算,分母第三项可用 D 代替,即:

$$K = \frac{f_C \sum N_C + f_B \sum N_B + c_C l_C + c_B l_B}{\sum T_C + \sum T_B + D} \quad (4\text{-}28)$$

以上式中:K——稳定系数(或安全系数),按表 4-3 取值;

M_R——抗滑力矩;

M_S——滑动力矩;

$f_C \sum N_C$——未浸水部分滑动面的摩擦力,$f_C = \tan\varphi_C$;

$f_B \sum N_B$——浸水部分滑动面的摩擦力,$f_B = \tan\varphi_B$;

Q_C——滑面未浸水土条的重量;

Q_B——滑面浸水土条的重量,为浸水部分土体和未浸水部分土体重量之和;

$c_C、l_C$——滑面未浸水土体的单位黏聚力和弧长;

$c_B、l_B$——滑面浸水部分土体单位黏聚力和浸水部分弧长;

$\alpha_C、\alpha_B$——滑面未浸水土条和滑面浸水土条与 y 轴的夹角;

$\sum T_C$——滑面未浸水土条的下滑力;

$\sum T_B$——滑面浸水土条的下滑力;

$D、r$——渗透动水压力及其作用点到圆心的垂直距离;

D_n——分条渗透动水压力;

r_n——分条渗透动水压力作用线距圆心的垂直距离。

用圆弧条分法计算时,滑动土体分条后,有些条块全部在浸润线以上,有些全部在浸润线以下,有些条块部分在浸润线以上,部分在浸润线以下(图 4-15)。对于这种部分浸水的条块,其土体重力应为:

$$Q_i = A_C \gamma_C + A_B \gamma_B \quad (4\text{-}29)$$

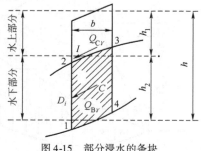

图 4-15 部分浸水的条块

式中:$A_C、A_B$——某一条块土体浸润线以上和以下部分土体的面积;

γ_C——某一条块浸润线以上土体的重度;

γ_B——某一条块浸润线以下考虑浮力后土体的浸水重度,用下式计算:

$$\gamma_B = \frac{\Delta - 1}{1 + \varepsilon} = (\Delta - 1)(1 - n) \quad (4\text{-}30)$$

式中:Δ——土的重度;

ε——土的孔隙比；

n——土的孔隙率。

2. 不同条件下的浸水路堤稳定性验算

(1) 浸水黏性土路堤边坡的稳定性验算

用黏土填筑的路堤，几乎是不透水的，堤外水位涨落对路堤内部影响较小，可以认为不发生渗流动水压力，其验算与一般路堤边坡稳定性验算相同。

(2) 路堤左、右两侧水位不同时边坡的稳定性验算

河滩路堤常由于桥前积水或河水猛涨，使路堤左、右侧产生水位差，若路堤用透水性较强的土填筑，则会发生横穿路堤的渗透，这个作用力一般较小，可以不计。如果路堤采用不透水材料填筑，则不会发生横穿渗透现象，故也不计算。当路堤用普通土(如亚砂土或亚黏土)填筑，浸水后土体内产生动水压力，则需绘出土体内浸润曲线，然后用前述方法进行验算。

(3) 混合断面的边坡稳定性验算

混合断面的边坡稳定性验算仍同前。如下面填的是透水材料，在验算时依滑动面穿过的不同土层，分别采用各层土的不同物理力学数据(即各层不同的 c、φ、γ 值)进行验算。

第六节 边坡稳定性验算示例

一、圆弧条分法验算边坡稳定性示例

例 4-1 现有一高路堤，顶宽 8.5m，高 25m，初步拟定横断面如图 4-16 所示。填料重度 $\gamma = 19.2 \text{kN/m}^3$，单位黏聚力 $c = 42.5 \text{kPa}$，内摩擦角 $\varphi = 15°$，设计荷载为汽—20 级。试验算其稳定性。

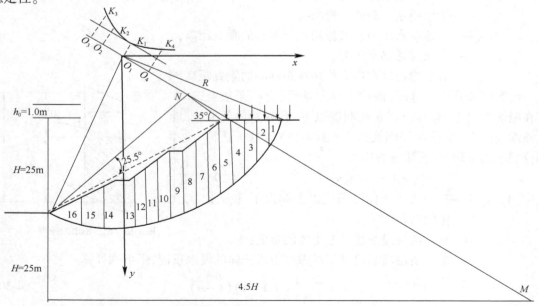

图 4-16 圆弧条分法验算边坡稳定性图示

解 ①用坐标纸以1∶50比例尺绘制出路堤横断面。

②将汽—20级设计荷载换算成当量土柱高。路基宽度内两辆重车能并排行驶,根据式(4-2),则行车荷载(汽—20级的重车为300kN)换算土柱高为:

$$h_0 = \frac{\sum G}{\gamma BL} = \frac{2 \times 300}{19.2 \times 5.5 \times 5.6} = 1.00(\mathrm{m})$$

③用$4.5H$法确定圆心辅助线。将坡顶和坡脚连成一直线(如图4-16中虚线所示)。根据该连线的坡比,从表4-5查得辅助角$\beta_1 = 25.5°$,$\beta_2 = 35°$,分别自坡脚作β_1和坡顶点作β_2,两直线相交于O点;在坡脚A点作垂线$AD = H = 25\mathrm{m}$,过D作水平线$DE = 4.5H = 112.5\mathrm{m}$,连接$OE$,滑动面圆心即在$EO$的延长线上。

④绘出不同位置的过坡脚的滑动曲线。本计算以第1条滑动面为例。

⑤将圆弧土体分条。本例第一条滑动面分为16条。

⑥计算出滑动面第一分条中点与通过圆心线坐标y之间的夹角α_i。

$$\sin\alpha_i = \frac{X_i}{R} \tag{4-31}$$

式中:X_i——分段中心点的横坐标值;

R——滑动曲线半径。

计算结果见表4-6。

圆弧条分法验算边坡稳定性计算表　　　　表4-6

土条号	土条宽 b_i (m)	土条高 h_i (m)	土条重 Q_i (mg)	x_i(m)	$\sin\alpha_i$	$Q_i\sin\alpha_i$ (mg)	$Q_i\cos\alpha_i$ (mg)	$Q_i\cos\alpha_i\tan\varphi$ (mg)	l_i(m)	c_il_i(mg)
1	2.16	2.6	10.8	40.0	0.834	9.1	5.8	1.6		
2	2.0	6.4	24.6	38.3	0.803	19.8	14.5	3.9		
3	2.75	9.5+1.0	55.5	35.9	0.757	42.0	36.2	9.7		
4	2.75	12.4+1.0	70.7	33.2	0.690	49.6	50.4	13.5		
5	1.0	14.1	27.1	31.3	0.659	17.9	20.4	5.5		
6	4.0	14.8	113.7	28.8	0.606	68.9	90.3	24.2		
7	4.0	14.8	113.7	24.8	0.522	59.3	96.8	25.9	$\sum l_i =$ 0.01745× 74.4× 47.5 = 61.7	$\sum c_il_i =$ 4.25× 61.7 = 262.0
8	4.0	14.4	110.6	20.8	0.433	48.4	99.3	26.6		
9	4.0	13.6	104.5	16.8	0.354	37.0	97.6	26.2		
10	4.0	12.6	97.1	12.8	0.269	26.2	93.5	25.1		
11	4.0	11.4	87.9	8.8	0.185	16.3	86.3	23.1		
12	4.0	9.8	75.5	4.8	0.101	7.6	74.9	20.1		
13	2.8	8.1	43.7	1.4	0.030	1.3	43.6	11.7		
14	3.2	6.4	39.3	−1.6	−0.034	−1.3	39.2	10.5		
15	4.0	4.3	32.9	−5.2	−0.110	−3.6	32.6	8.7		
16	3.6	1.5	10.5	−8.4	−0.177	−1.9	10.3	2.8		
						$\sum = 396.4$	$\sum = 239.1$	$\sum = 262.0$		

⑦计算每一分段面积。将曲线形底部近似取直线,各分条图形简化成梯形或三角形,求出其面积,其中包括换算土柱部分的面积。

⑧计算各分条的重力 Q_i。以路堤 1m 长计算，$Q_i = \gamma \cdot A_i$。
⑨将每一分条的重力分解为两个分力。
沿滑动曲面的法向分力：
$$N_i = Q_i \cos\alpha_i$$
沿滑动曲面的切向分力：
$$T_i = Q_i \sin\alpha_i$$
分别求出两者的总和 $\sum N$ 和 $\sum T$，见表 4-6。
⑩用比例尺量出滑动曲线总长 L。
⑪计算稳定系数：
$$K_1 = \frac{f\sum N + cL}{\sum T} = \frac{\sum(Q_i \cos\alpha_i \tan\varphi + c_i l_i)}{\sum Q_i \sin\alpha_i} = \frac{239.1 + 262.0}{396.4} = 1.26$$

用同样方法可以求得另外 3 条滑动曲线的稳定系数：$K_2 = 1.318$，$K_3 = 1.283$，$K_4 = 1.335$。比较 4 个圆心位置可知，O_1 点的 K 最小，$K_{\min} = 1.26 > 1.25$，因此所拟边坡稳定。

二、用简化的毕肖普法验算边坡稳定性示例

例 4-2 用简化的毕肖普法验算例 4-1 的土坡稳定性。

土坡的滑动面圆心辅助线和土条划分与例 4-1 相同。按式(4-20)计算 O_1 滑动面各土条的有关各项及抗滑稳定系数的方法列于表 4-7 中。其他各滑动面的抗滑稳定系数亦可用同样方法求得。

简化毕肖普(Bishop)方法验算边坡稳定性计算表　　　　表 4-7

土条号	$Q_i \sin\alpha_i$ (mg)	$\cos\alpha_i$ (mg)	cl_i (mg)	$Q_i \tan\varphi$	M_i		$(Q_i \tan\varphi + cb_i)/m_i$	
					$K=1.30$	$K=1.32$	$K=1.30$	$K=1.32$
1	9.1	0.539	9.18	2.9	0.71	0.71	16.9	17.0
2	19.8	0.592	8.5	6.6	0.76	0.76	19.9	20.0
3	42.0	0.653	11.7	14.9	0.81	0.81	32.8	33.0
4	49.4	0.716	11.7	18.9	0.86	0.86	35.6	35.7
5	17.9	0.752	4.3	7.3	0.89	0.89	13.0	13.0
6	68.2	0.795	17.0	30.5	0.92	0.92	51.6	51.7
7	59.3	0.853	17.0	30.5	0.96	0.96	49.4	49.4
8	48.4	0.899	17.0	29.6	0.99	0.99	47.2	47.3
9	37.0	0.935	17.0	28.0	1.01	1.01	44.6	44.8
10	26.2	0.963	17.0	26.0	1.02	1.02	42.3	42.3
11	16.3	0.983	17.0	23.5	1.02	1.02	39.7	39.7
12	7.6	0.995	17.0	20.2	1.02	1.02	36.6	36.7
13	1.3	0.996	11.9	11.7	1.01	1.01	23.5	23.5
14	−1.3	0.994	13.6	10.5	0.99	0.99	24.3	24.3
15	−3.6	0.994	17.0	8.8	0.97	0.97	26.6	26.6
16	−1.9	0.984	15.3	2.8	0.59	0.95	19.1	19.1
$\sum$ = 396.4							$\sum$ = 523.1	$\sum$ = 524.1

$$K = \frac{523.1}{396.4} = 1.32 \ ; K = \frac{524.1}{396.4} = 1.322$$

计算中,设 $K=1.3$,验算得 $K=1.320$;再设 $K=1.32$,验算得 $K=1.322\approx1.32$,两者相符。故 O_1 滑动面的稳定系数为 $K_1=1.32$。从圆弧条分法计算可知,O_1 为边坡的最危险滑动面,由于 $K_1=1.32>1.25$,所以边坡稳定。与圆弧条分法验算结果($K_1=1.262$)相比,简化毕肖普法的计算结果偏大,约大 4.8%。

三、不平衡推力传递法验算边坡稳定性示例

例 4-3 一陡坡路堤,其横断面如图 4-17 所示。已知填料重度 $\gamma=18.7\text{kN/m}^3$,内摩擦角 $\varphi=20°52'$,不计黏聚力 c,车辆荷载换算高度 $h_0=0.93$。若要求安全系数 $K=1.25$,试验算该路堤是否稳定。

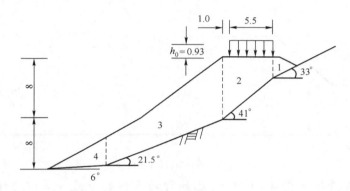

图 4-17 不平衡推力传递法验算边坡稳定性(尺寸单位:m)

根据路堤边坡和堤底原地面形状,将路堤划分为 4 块。按式(4-25)进行各块土体的剩余下滑力计算,计算过程如表 4-8 所示。

按不平衡推力传递法验算边坡稳定性计算表   表 4-8

土块号	面积 A_i (m²)	$Q_i=\gamma A_i$ (mg)	α_i	$\alpha_{i-1}-\alpha_i$	$Q_i\sin\alpha_i$ (mg)	$\dfrac{Q_i\cos\alpha_i\tan\varphi}{K}$ (mg)	$E_{i-1}(\alpha_{i-1}-\alpha_i)$ (mg)	$\dfrac{E_{i-1}\sin(\alpha_{i-1}-\alpha_i)}{\tan\varphi}$ (mg)	E_i (mg)
1	3.18	5.94	33°	—	3.23	1.52	—	—	1.71
2	31.9+5.09	69.22	41°	−8°	45.4	15.9	1.69	−0.07	31.26
3	105.58	197.7	21.5°	19.5°	72.2	55.9	29.45	3.18	42.57
4	14.82	27.7	6°	15.5°	2.89	8.33	41	3.46	32.05

由计算结果可知,最后一块土体的剩余下滑力 $E_4=32.05\text{kN}>0$,路堤不稳定,需采取措施加以处理。

思考题

1. 简述路基边坡稳定性分析需要的基本参数及取值方法。路堤边坡稳定性分析中如何考虑车辆荷载?

2. 简述直线法、圆弧法和不平衡推力传递法验算边坡稳定性的原理及适用条件。
3. 简述圆弧法验算边坡稳定性的步骤。
4. 推导毕肖普法验算边坡稳定性的安全系数计算公式。
5. 浸水路堤与非浸水路堤稳定性验算有何不同？哪些条件下需要考虑动水压力？
6. 已知某山区公路高路堤断面如图 4-18 所示，其填料重度为 $19.8 \mathrm{kN/m^3}$，抗剪强度参数 $c = 20 \mathrm{kPa}, \varphi = 25°$，护坡道宽度 1.5m，试分别用圆弧条分法和改进的圆弧条分法(毕肖普法)验算该路堤边坡的稳定性(K_s 取 1.25)。并对两种方法的验算结果进行评述。

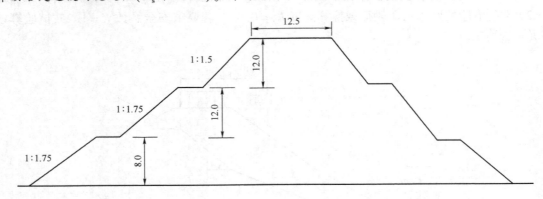

图 4-18　题 6 图(尺寸单位:m)

7. 某路堑边坡滑体如图 4-19 所示，已知滑动土体的重度 $\gamma = 18.54 \mathrm{kN/m^3}$，滑床 $c = 2.5 \mathrm{kPa}, \varphi = 10.5°$，滑体各分块重量、滑面分段长度如下：$Q_1 = 132.5 \mathrm{kN}, l_1 = 5.3 \mathrm{m}, \alpha_1 = 44.5°$；$Q_2 = 463.8 \mathrm{kN}, l_2 = 8.5 \mathrm{m}, \alpha_2 = 30°$；$Q_3 = 692 \mathrm{kN}, l_3 = 9.8 \mathrm{m}, \alpha_3 = 12°$；$Q_4 = 685.6 \mathrm{kN}, l_4 = 8.9 \mathrm{m}, \alpha_4 = 8.5°$。试求该路堑边坡的剩余下滑力。

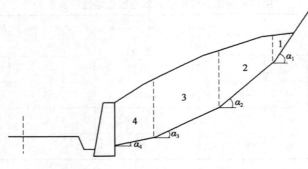

图 4-19　题 7 图

第五章
挡土墙设计

第一节 挡土墙的类型及使用条件

一、挡土墙的使用条件

挡土墙(Retaining Wall)是一种能够抵挡侧向土压力,用来支撑天然边坡或人工边坡,保持土体稳定的建筑物。它是公路、铁路、水利及其他土建工程常用的支挡结构。

挡土墙各部分名称如图5-1a)所示。靠回填土(或山体)一侧为墙背,外露临空一侧为墙面(也称墙胸),墙底与墙面交线为墙趾,墙底与墙背的交线为墙踵,墙背与垂线的交角(α)为墙背倾角。

在公路工程中,下列条件下可设置挡土墙:

①路堑地段,若开挖后的路堑边坡不能自行稳定,可在坡脚处设置挡土墙,以支撑边坡,降低挖方边坡高度,减少挖方数量,避免山体失稳滑坍[图5-1a)]。

②在地面横坡较陡,填筑路基难以稳定,或征地、拆迁费用高的填方路段,可在路肩或填方边坡的适当位置设置挡土墙,以收缩路堤坡脚,减少填方数量[图5-1b)]或减少拆迁和占地面积[图5-1c)],保证路堤稳定性。

③对于沿河路基,为避免沿河路基挤缩河床,防止水流冲刷路基,可在沿河一侧路基设置

挡土墙[图 5-1d)]。

④在某些挖方路段,原地面有较厚的覆盖层或滑坡,可在路堑边坡上方设置抗滑挡土墙,防止山坡覆盖层下滑[图 5-1e)]和抵抗滑坡[图 5-1f)]。

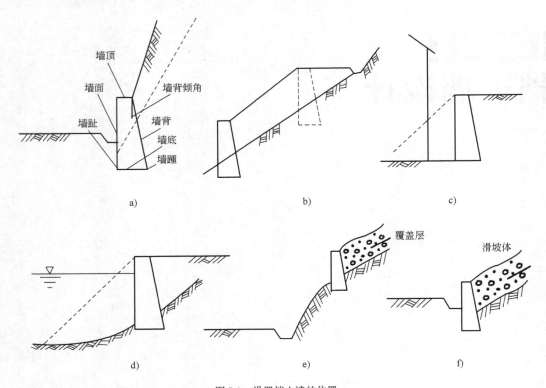

图 5-1 设置挡土墙的位置
a)路堑墙;b)路堤墙(虚线为路肩墙);c)路肩墙;d)驳岸(路肩墙);e)山坡挡土墙;f)抗滑挡土墙
注:图中虚线表示不设挡土墙时的路基边坡。

其他还有设置于隧道洞口的洞口挡墙和设置于桥头的桥头挡墙等。

在路基设计中,是否需要设置挡土墙,应通过与其他可能的方案进行技术、经济比较来确定。

二、挡土墙的类型

挡土墙按照位置、材料、结构形式可划分为以下几种类型:

①按照墙在路基中所处的位置,挡土墙可分为路堑墙[图 5-1a)]、路堤墙[图 5-1b)]、路肩墙[图 5-1c)]和山坡墙[图 5-1e)]等类型。

②按照墙体材料,挡土墙又可分为石砌挡土墙、砖砌挡土墙、混凝土挡土墙、钢筋混凝土挡土墙和加筋土挡墙等类型。

③按照墙体的结构形式,挡土墙可分为重力式(Gravity Retaining Wall)、衡重式(Gravity Wall with Balancing Platform)、半重力式、悬臂式、扶壁式、锚杆式、柱板式、垛式等类型,如表 5-1 所示。其中,重力式、衡重式多用石砌;半重力式用混凝土浇筑,视需要也可在受拉区加少量钢筋,以节省圬工。其他类型多用钢筋混凝土就地制作或预制拼装。

各类型挡土墙主要特点与适用范围表

表 5-1

类型	特 点	结构示意图	适 用 范 围
石砌重力式	1. 依靠墙身自重抵抗土压力的作用； 2. 形式简单，取材容易，施工简便		1. 产砂石地区； 2. 墙高在6.0m以下，地基良好，非地震区和沿河受水冲刷时，可采用干砌；其他情况，宜用浆砌
石砌衡重式	1. 利用衡重台上部填土的下压作用和全墙重心的后移，增加墙身稳定，节约断面尺寸； 2. 墙面陡直，下墙墙背仰斜，可降低墙高，减少基础开挖		1. 产砂石地区； 2. 山区、地面横坡陡峻的路肩墙； 3. 可用于路堑墙，兼有拦挡坠石作用； 4. 亦可用于路堤墙
混凝土半重力式	1. 在墙背加入少量钢筋，以减薄墙面，节省圬工； 2. 墙趾较宽，以保证基底宽度，必要时可在墙趾处设少量钢筋		1. 缺乏石料地区； 2. 一般适用于低墙
锚杆式	1. 由立柱、挡板和锚杆三部分组成，靠锚杆锚固在山体内拉住立柱； 2. 断面尺寸小； 3. 立柱、挡板可预制或现浇		1. 高挡墙； 2. 备有钻岩机、压浆机等设备； 3. 较适用于路堑墙，亦可用于路肩墙
柱板式	1. 由立柱、底梁、拉杆、挡板、底板和基座组成，借底板上的土重平衡全墙； 2. 基础开挖较悬臂式和扶壁式少； 3. 断面尺寸小； 4. 可预制拼装，快速施工		1. 高挡墙； 2. 较适用于路堑墙，特别适用于支挡土质路堑高边坡或处治边坡滑坍
钢筋混凝土悬臂式	1. 由立壁、墙趾板和墙踵板3个悬臂梁组成，断面尺寸较小； 2. 墙高时，立壁下部的弯矩大，消耗钢筋多，不经济		1. 缺乏石料地区； 2. 普通高度的路肩墙； 3. 地基情况可以差些

续上表

类型	特　点	结构示意图	适　用　范　围
钢筋混凝土扶壁式	沿悬壁式墙的墙长,隔一定距离加一道扶壁,使立壁与墙踵板连接起来,更好受力		与悬臂式挡墙相同,但在高挡墙时较悬臂式经济
加筋土挡土墙	1. 由加筋、墙面板和填土三部分组成,借筋带与填料之间的摩擦力保持墙身稳定; 2. 施工简便,造型美观; 3. 对地基的适应性强,占地少		1. 缺乏石料地区; 2. 适用于石质土、砂性土、黄土地区修建较高的路肩墙或路堤墙
桩板式挡土墙	由桩和挡土板两部分构成,依靠土条埋桩前被动土压力平衡板向侧向压力		用于土压力较大的路堤墙、路肩或路堑墙

三、各种挡土墙的特点与适用条件

重力式和衡重式挡土墙的特点是构造简单,断面尺寸较大,墙身较重,墙背侧向土压力主要由墙身自重来平衡。由于墙身重,故对地基承载力要求亦较高。半重力式与重力式相似,但因其整体强度较高,故墙身断面和自重相对较小。

其他结构类型的挡土墙如表 5-1 所示,由于构造上的特点,侧向土压力主要不是由墙身自重来平衡,墙身材料强度高,断面较小,自重轻,可统称为轻型挡墙。它们的受力特点因构造而异。悬臂式挡土墙由立壁、墙踵板和墙趾板构成倒"T"形刚构,侧向土压力作用于立壁所产生的弯矩,由墙踵板上的填料重力作用于墙踵板所产生的反弯矩来平衡。扶壁式挡土墙与悬臂式相似,扶壁(肋板)的作用是把墙面板和墙踵板直接联结起来,起到加劲的作用。带卸荷板的柱板式挡土墙,有一个主柱、底梁和拉杆构成的三角形框架,它使由挡板传递给立柱的侧向土压力与卸荷板上填料的重量形成平衡力系,从而起到卸荷作用。锚杆式挡土墙是通过锚杆把墙体与墙后的稳定地层联结起来,形成静力平衡体系以维持墙的平衡。桩板式挡土墙由钢筋混凝土桩和挡板构成,主要利用其深埋的桩柱前地层产生的被动土压力来平衡全墙侧向土压力。如采用锚杆将桩柱锚固在墙后的稳定地层中,则其结构与锚杆式相似,如用锚碇板锚固,则类似于锚碇板式。加筋土挡墙由填土、加筋材料和墙面板三部分组成,在垂直于墙面方向,按一定间隔和高度水平地布置加筋材料,然后填土压实,通过填土与拉筋间的摩擦和黏附作用,把土的侧压力传给加筋,从而使土体稳定。

第二节　重力式挡土墙的构造

常用的重力式挡土墙,一般由墙身、基础、排水设施、沉降缝与伸缩缝几部分构成。

一、墙身构造

1. 墙身断面形式及其特点

根据墙背的倾斜方向,墙身断面形式可分为仰斜、垂直、俯斜、凸形折线和衡重式几种,如图 5-2 所示。

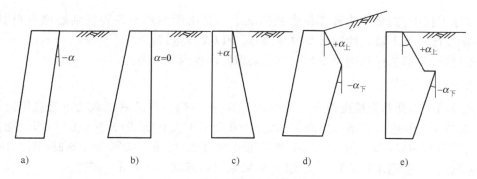

图 5-2　重力式挡土墙的断面形式
a) 仰斜;b) 垂直;c) 俯斜;d) 凸形折线式;e) 衡重式

在其他条件相同时,仰斜墙背所承受的土压力比俯斜墙背大,故其墙身断面亦较俯斜墙背经济。同时,由于仰斜墙背的倾斜方向与开挖面边坡方向一致,故开挖量和回填量均比俯斜墙背小。然而,由于仰斜式挡土墙的基础外移,当墙趾处地面横坡较陡时,会使墙身增高,断面增大。因此,仰斜式挡墙适用于作路堑墙及墙趾处地面平坦的路堤墙或路肩墙。

俯斜墙背所承受的土压力较大。在地面横坡陡峻时,俯斜式挡土墙可用陡直的墙面,以减小墙高,俯斜墙背亦可做成台阶形,以增加墙背与填料间的摩阻力。

垂直墙背的特点介于仰斜和俯斜墙背之间。

将仰斜式挡土墙的上部墙背改为俯斜,即构成凸形折线式。与仰斜式比较,其上部尺寸有所减小,故断面亦较节省。多用于路堑墙,也可用于路肩墙。

在凸形折线式的上、下墙之间增设一平台,并采用陡直墙面,即为衡重式断面。在其他条件相同时,衡重式的断面积比俯斜式小而比仰斜式大,但其基底应力较大,故对地基承载力要求相对较高。

2. 墙身断面尺寸

①墙背坡度。俯斜式墙背坡度一般为 $1:0.4 \sim 1:0.15$(即 $\alpha = +8°32' \sim +21°48'$)。仰斜式坡度不宜缓于 $1:0.3$(即 $\alpha \leq -16°42'$),以免施工困难。衡重式的上墙背坡度为 $1:0.45 \sim 1:0.25$(即 $\alpha_上 = +14°02' \sim +24°14'$),下墙背坡度在 $1:0.25$(即 $\alpha_下 = 14°02'$)左右,上、下墙高比一般采用 2:3。

②墙面。墙面一般为平面,其坡度除应与墙背坡度相协调外,还应密切结合墙趾处的地面

横坡合理选择。地面横坡较陡时,为减小墙高,宜采用垂直墙面或仰斜1:0.20~1:0.05,地面横坡较缓时,可放得更缓些,但不宜缓于1:0.4,以免过分增加墙高。

③墙顶。墙顶最小宽度,浆砌挡土墙不宜小于0.5m,干砌不宜小于0.6m。浆砌路肩墙墙顶一般宜采用粗料石或低强度等级的混凝土做成顶帽,顶帽厚约0.4m。如不做顶帽或为路堑墙或路堤墙,墙顶应以较大块石砌筑,并用砂浆勾缝,或用M5砂浆抹平顶面,砂浆厚约2cm。干砌挡土墙墙顶0.5m高度内用M2.5砂浆砌筑,以增加墙身稳定性。

④护栏。为保证交通安全,在地形险峻地段,或过高过长的路肩墙,需在墙顶设置护栏。为保持路肩宽度,护栏一般设置在路肩外侧,护栏内侧边缘距路面边缘的距离,二、三级路不小于0.75m,四级路不小于0.5m。

二、基础

在实际工程中,挡土墙的破坏在多数情况下都是由于地基不良和基础处理不当引起的。因此,基础设计是挡土墙设计的重要内容,必须予以充分重视。

基础设计,包括选择基础类型和确定基础埋置深度两项主要内容。

1. 基础形式

大多数挡土墙都是直接砌筑在天然地基上的(图5-3)。当地基承载力不足且墙趾处地形平坦时,为减小基底应力和增加抗倾覆稳定性,常采用扩大基础[图5-3a)、b)];当地面陡峻而地基为完整坚实的岩石时,为节省圬工和基础开挖数量,可采用切割台阶基础[图5-3c)];如局部地基软弱,挖基困难或需跨越沟涧时,可采用拱形基础[图5-3d)]跨过。

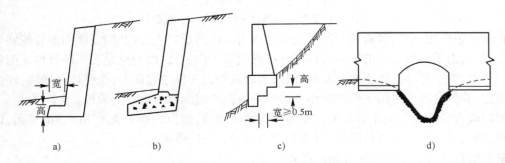

图5-3 挡土墙的基础形式
a)加宽墙趾;b)钢筋混凝土底板;c)台阶基础;d)拱形基础

扩大基础是将墙趾或墙踵部分加宽成台阶,也可同时将两侧加宽,以增大承压面积,减小基底应力。台阶的宽度视基底应力需要减小的程度和加宽后的合力偏心距大小而定,一般不宜小于0.2m。台阶高度按加宽部分的抗剪、抗弯和基础材料的扩散角(刚性角)要求确定。高宽比可采用3:2或2:1。

当基底应力超出地基容许承载力过多时,基底需加宽的数值较大,台阶高度亦随之增加。为减小台阶高度,基础可改为钢筋混凝土底板。底板高度根据剪应力和主拉应力的要求确定。

切割台阶基础,每一台阶的宽度需要根据地形和地质条件而定,高度比不宜大于2:1。最下一个台阶的底宽应满足偏心距的有关规定,一般不宜小于1.5~2.0m。其余台阶的宽度不宜小于0.5m,高度一般约为1.0m。

2.基础埋置深度

为保证挡土墙的稳定性,必须根据下列要求,将基础埋入地面以下适当深度。

①应保证基底土层的容许承载力大于基底可能出现的最大应力。不同深度的土层具有不同的承载力。基底应力分布因基础埋置深度不同而有所差异,埋入土中的基础,其基底应力分布比置于地面的均匀。所以,将基础置于具有足够承载力的土层上,以避免地基产生剪切破坏,保证基础稳定。

②应保证基础不受冲刷。在墙前地基受水冲刷地段,如未采取专门的防冲刷措施,应将基础埋到冲刷线以下,以免基底和墙趾前的土层被水淘蚀。

③在季节性冰冻地区,应将基础埋置到冰冻线以下,以防止地基因冻融而破坏。

对于上述要求,公路上的一般规定是:

①设置在土质地基上的挡墙,基底埋置深度一般应在天然地面以下至少1.0m;受水冲刷时,应在冲刷线以下至少1.0m;受冻胀影响时,应在冻结线以下不少于0.25m,并满足最小埋深不小于1.0m的要求,当冻深超过1.0m时,仍采用1.25m,但基底应夯填一定厚度的砂砾或碎石垫层,垫层底面亦应位于冻结线以下不少于0.25m。

②设置在石质地基上的挡墙,应清除表面风化层,当风化层厚难以全部清除时,可根据地基风化程度及其容许承载力,将基底埋入风化层中。基础嵌入岩层的深度,可参照表5-2确定。墙趾前地面横坡较陡时,基底埋深必须满足墙趾前的安全襟边宽度L,以防止地基剪切破坏。

挡墙基础嵌入岩石地基深度表 表5-2

岩层种类	基础埋深h(m)	襟边宽度L(m)	嵌入示意图
较完整的坚硬岩石	0.25	0.25~0.5	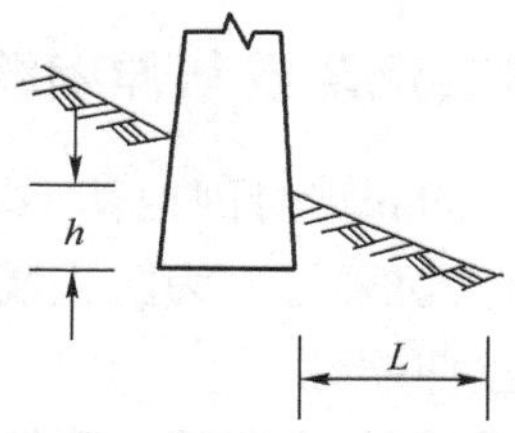
一般岩石(如砂页岩互层等)	0.6	0.6~1.5	
松散岩石(如千枚岩等)	1.0	1.0~2.0	
砂夹砾石	1.0	1.5~2.5	

③路堑墙基础顶面应低于边沟底面至少0.5m。

当挡土墙位于地质不良地段,地基内可能出现滑动面时,应进行地基抗滑稳定性验算,将基底埋置在滑动面以下,或采取其他措施,防止挡土墙滑动。

三、排水设施

挡土墙设计一般都以天然地基容许承载力和自然状态下的墙背土体的土压力为依据。如排水不良,地基和墙背土体将由于水分增加而改变原来的状态,导致地基承载力降低和土压力增加。同时,土体内水分过多时,将产生静水压力;在冰冻地区,还将产生冻胀压力;对黏性土,水分增加时将产生膨胀压力。显然,当附加的压力过大以致超出设计计算土压力,或地基承载力过分降低以致低于设计基底应力时,挡土墙的稳定性和强度难以保证。因此,设置有效的排水设施对保证挡土墙稳定性和强度具有重要的意义。

挡土墙的排水设施可分为地面排水和墙身排水两部分。

地面排水主要是防止地表水渗入墙背土体或地基。主要措施包括：在墙后地面设置排水沟、夯实地表松土，必要时采取封闭处理；对路堑挡土墙墙趾前的边沟予以铺砌加固等。

墙身排水主要是为了迅速排除土内积水。其方法是在浆砌挡土墙墙身的适当高度处设一排或数排泄水孔（图5-4），泄水孔尺寸一般为$15cm \times 10cm$、$10cm \times 10cm$、$15cm \times 20cm$的矩形孔，或直径为$5 \sim 10cm$的圆形孔。泄水孔间距一般为$2 \sim 3m$，干旱地区可适当增大，渗水量大时可适当加密。上、下排泄水孔交错布置。为保证顺利泄水和避免墙外水流倒灌，泄水孔应向外侧倾斜，最下一排泄水孔出口应高出地面或边沟、排水沟及积水地区的常水位$0.3m$。为防止水分渗入地基，最下一排的底部需铺设$30cm$厚的黏土隔水层。泄水孔的进水口附近应设置粗粒料反滤层，以免孔道阻塞。当墙背透水性差或可能发生冻胀时，应在最低一排泄水孔至墙顶以下$0.5m$高度范围内铺设砂卵石排水层[图5-4c)]。

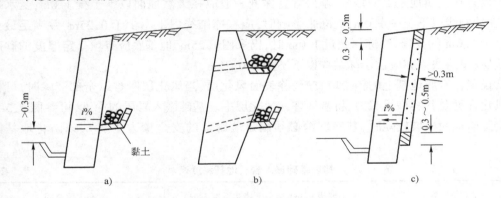

图5-4 挡墙排水孔及反滤层的构造

四、沉降缝与伸缩缝

为防止墙身因地基不均匀沉降而引起断裂，需根据地基地质条件和墙身、墙身断面变化情况，设置沉降缝。为防止墙身因圬工砌体硬化收缩，或温度变化所产生的温度应力引起开裂，需设置伸缩缝。

设计时，一般将沉降缝和伸缩缝合并设置，统称为伸缩缝。沿路线方向每隔$10 \sim 15m$设一道伸缩缝，缝宽$2 \sim 3cm$，缝内可用胶泥填塞，但在渗水量大、填料容易流失或冻害严重地区，宜用沥青麻筋或涂以沥青的木板等具有弹性的材料，沿内、外、顶三方填塞，填深不宜小于$15cm$。当墙背为填石且冻害不严重时可不填缝。

干砌挡土墙，伸缩缝的两侧应选用平整石料砌筑，使其成垂直通缝。

第三节 挡土墙的土压力计算

一、作用在挡土墙上的力系

作用在挡土墙上的力系，按其作用性质分为主要力系、附加力系和特殊力。

主要力系是经常作用于挡土墙的各种力,如图 5-5 所示,它包括:
①挡土墙自重 G 及位于墙上的恒载。
②墙后土体的主动土压力 E_a(包括作用在墙后填料破裂棱体上的荷载,简称超载)。
③基底的法向力 N 和摩擦力 T。
④墙前土体的被动土压力 E_p。

对于浸水挡墙,主要力系中还应包括常水位时的静水压力和浮力。

附加力系是指季节性地作用于挡土墙的各种力。例如洪水时的静水压力和浮力、动水压力、波浪冲击力以及冻胀压力等。

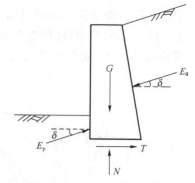

图 5-5　作用在挡土墙上的主要力系

特殊力是偶然出现的力,例如地震力、施工荷载、水流漂浮物的撞击力等。

在一般地区,挡土墙设计仅考虑主要力系,在浸水地区还应考虑附加力,而在地震区则应考虑地震对挡土墙的影响。各种力的取舍,应根据挡土墙所处的具体工作条件,按最不利组合作为设计的依据。

二、一般条件下的库仑(Coulomb)主动土压力计算

土压力是挡土墙设计的主要荷载。挡土墙的位移情况不同,可以形成不同性质的土压力,如图 5-6 所示。当挡土墙向外移动(位移或倾覆)时,土压力随之减小,直到墙后土体沿破裂面下滑而处于极限平衡状态,此时作用于墙背的土压力称为主动土压力;当墙向土体挤压移动,土压力随之增大,土体被推移向上滑动处于极限平衡状态,此时土体对墙的抗力称为被动土压力;墙处于原来位置不动时,土压力介于两者之间,称为静止土压力,采用哪种性质的土压力作为挡土墙设计荷载,要根据挡土墙的具体条件而定。

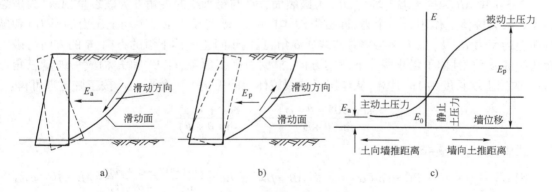

图 5-6　三种不同性质的土压力

路基挡土墙一般都可能有向外的位移或倾覆,因此,在设计中按墙背土体达到主动极限平衡状态,且设计时取一定的安全系数,以保证墙背土体的稳定。对于墙趾前的被动土压力 E_p,在挡土墙基础一般埋深的情况下,考虑到各种自然力和人类活动的作用,一般均不计,以便于安全。

主动土压力计算的理论和方法,在土力学中已有专门论述,这里仅结合路基挡土墙的设计,介绍库仑土压力的计算方法和具体应用。

1. 库仑土压力理论的基本假设

库仑土压力理论的基本假设如下:

①当挡土墙向前滑移(图 5-7)时,墙后土体将形成一个沿墙背 AB 和破裂平面 BC 向下滑动的破裂棱体 ABC(或称土楔),此时土楔处于主动应力状态。

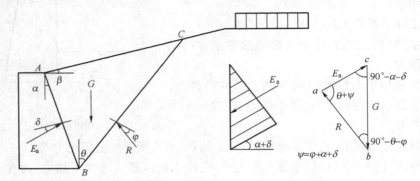

图 5-7 库仑主动土压力计算

②墙后土体为均质松散颗粒,粒间仅有摩阻力而无黏结力存在。挡土墙和土楔都是无压缩或拉伸变形的刚体。

③土楔刚形成时,土楔在自重 G 与墙背反力 E_a 及破裂面反力 R 作用下保持静力平衡,故土体处于极限平衡状态。由于土楔与墙背和破裂面间有摩阻力,故 E_a 和 R 分别与各自的作用面的法线成 δ 角(墙背与土体间的摩擦角,简称外摩擦角)和 φ 角(土的内摩擦角)。

2. 各种边界条件下的库仑主动土压力计算

根据上述假定,即可推得不同边界条件下的挡土墙土压力计算基本公式。

现以破裂面交于路基内边坡的边界条件为例,介绍库仑理论计算土压力的原理。

图 5-7 中 AB 为挡土墙的墙背,BC 为破裂面,BC 与铅垂线的夹角 θ 为破裂角,ABC 为破裂棱体。破裂棱体上作用着 3 个力,即破裂棱体自重 G、墙背反力 E_a(主动土压力的反力)和破裂面上的反力 R。E_a 的方向与墙背法线成 δ 角,且偏于阻止棱体下滑的方向;R 的方向与破裂面法线成 φ 角,且偏于阻止棱体下滑的方向,根据力平衡原理,G、E_a 和 R 构成一矢量三角形 abc。取挡土墙长度为 1m 计算,从作用于破裂棱体上的平衡力三角形 abc,按正弦定理可得:

$$E_a = \frac{\sin(90° - \theta - \varphi)}{\sin(\theta + \psi)} \cdot G = \frac{\cos(\theta + \varphi)}{\sin(\theta + \psi)} \cdot G \tag{5-1}$$

式中,$\psi = \varphi + \alpha + \delta$。

因 $G = \frac{1}{2}\gamma \cdot \overline{AB} \cdot BC \cdot \sin(\alpha + \theta)$,而 $AB = H\sec\alpha$,$BC = \frac{\sin(90° - \alpha + \beta)}{\sin(90° - \theta - \beta)} \cdot AB = H \cdot \sec\alpha \cdot \frac{\cos(\alpha - \beta)}{\sin(\theta + \beta)}$。

故

$$G = \frac{1}{2}\gamma H^2 \cdot \sec^2\alpha \cdot \frac{\cos(\alpha - \beta)\sin(\alpha + \theta)}{\cos(\theta + \beta)} \tag{5-2}$$

将式(5-2)代入式(5-1),得:

$$E_a = \frac{1}{2}\gamma H^2 \sec^2\alpha \frac{\cos(\alpha - \beta)\sin(\alpha + \theta)}{\cos(\theta + \beta)} \cdot \frac{\cos(\theta + \varphi)}{\sin(\theta + \psi)} \tag{5-3}$$

令
$$A = \frac{1}{2}H^2\sec^2\alpha\cos(\alpha-\beta)$$

则
$$E_a = \gamma A \frac{\sin(\theta+\alpha)\cos(\theta+\varphi)}{\cos(\theta+\beta)\sin(\theta+\psi)} \tag{5-4}$$

当参数 γ、δ、φ、α、β 固定时,E_a 随破裂面的位置而变化,即 E_a 是破裂角 θ 的函数。为求最大土压力 E_a,首先要求得对应于最大土压力的破裂角 θ。令 $dE_a/d\theta = 0$,得:

$$\gamma A \left[\frac{\cos(\theta+\varphi)}{\sin(\theta+\psi)} \cdot \frac{\cos(\theta+\beta)\cos(\theta+\alpha) + \sin(\theta+\beta)\sin(\theta+\alpha)}{\cos^2(\theta+\beta)} - \frac{\sin(\theta+\alpha)}{\cos(\theta+\beta)} \cdot \frac{\sin(\theta+\psi)\sin(\theta+\varphi) + \cos(\theta+\psi)\cos(\theta+\varphi)}{\sin^2(\theta+\psi)} \right] = 0$$

整理化简后,得:
$$P\tan^2\theta + Q\tan\theta + R = 0$$
$$\tan\theta = \frac{-Q \pm \sqrt{Q^2 - 4PR}}{2P} \tag{5-5}$$

式中:$P = \cos\alpha\sin\beta\cos(\psi-\varphi) - \sin\varphi\cos\psi\cos(\alpha-\beta)$;

$Q = \cos(\alpha-\beta)\cos(\psi+\varphi) - \cos(\psi-\varphi)\cos(\alpha+\delta)$;

$R = \cos\varphi\sin\psi\cos(\alpha-\beta) - \sin\alpha\cos(\psi-\varphi)\cos\beta$。

将式(5-5)求得的 θ 值代入式(5-4),即可求得到大主动土压力 E_a 值,即:

$$\begin{aligned} E_a &= \frac{1}{2}\gamma H^2 K_a \\ &= \frac{1}{2}\gamma H^2 \frac{\cos^2(\varphi-\alpha)}{\cos^2\alpha\cos(\alpha+\delta)\left[1+\sqrt{\frac{\sin(\varphi+\delta)\sin(\varphi-\beta)}{\cos(\alpha+\delta)\cos(\alpha-\beta)}}\right]^2} \end{aligned} \tag{5-6}$$

式中:γ——墙后填土的重度(kN/m^3);

φ——填土的内摩擦角;

δ——墙背与填土间的摩擦角;

β——墙后填土表面的倾角;

α——墙背倾斜角,俯斜墙背 α 为正,仰斜墙背 α 为负;

H——挡土墙高度(m);

K_a——主动土压力系数。

将 E_a 分解在水平和垂直方向上,则土压力的水平和垂直分力分别为:
$$\left.\begin{aligned} E_x &= E_a\cos(\alpha+\delta) \\ E_y &= E_a\sin(\alpha+\delta) \end{aligned}\right\} \tag{5-7}$$

因挡土墙在路基中的位置和荷载分布的不同,土压力有多种计算图式,一种计算图式即为一种边界条件。按照荷载横向分布与破裂棱体相对位置的不同,有三种情况:局部荷载位于破裂棱体上,全部荷载位于破裂棱体上,破裂棱体上无荷载。如果以填方挡土墙的路堤墙为准,路肩墙又是路堤墙的变换。这些不同边界条件下的挡土墙的主动土压力,可用上述类似的方法求得。《铁路设计手册·挡土墙》和《公路设计手册·路基》中列有各种边界条件下挡土墙的库仑主动土压力计算公式,可以直接选用。表5-3 选列出了四种边界条件下的挡墙土压力计算公式,供学习时参考。

一般土压力计算公式表   表 5-3

编号	类型	边界条件	计算简图	计 算 公 式
1	路堑墙或路堤墙	墙后土体表面为倾斜平面，无超载		$\theta = 90° - \varphi - \varepsilon$ $\tan\varepsilon = \dfrac{-\tan(\varphi-\beta) + \sqrt{\tan(\varphi-\beta)[\tan(\varphi-\beta)+\cot(\varphi-\alpha)][1+\tan(\alpha+\delta)\cot(\varphi-\alpha)]}}{1+\tan(\alpha+\delta)[\tan(\varphi-\beta)+\cot(\varphi-\alpha)]}$ $K_a = \dfrac{\cos^2(\varphi-\alpha)}{\cos^2\alpha\cos(\alpha+\delta)\left[1+\sqrt{\dfrac{\sin(\varphi+\delta)\sin(\varphi-\beta)}{\cos(\alpha+\delta)\cos(\alpha-\beta)}}\right]^2}$ $E_a = \dfrac{1}{2}\gamma H^2 K_a$ $E_x = E_a\cos(\alpha+\delta) \quad E_y = E_a\sin(\alpha+\delta)$ $Z_x = \dfrac{1}{3}H \quad Z_y = B - Z_x\tan\alpha$
2	路堑墙	墙后土体表面水平，条形均布荷载，破裂面交于荷载内		$\tan\theta = -\tan\omega \pm \sqrt{(\cot\varphi+\tan\omega)(\tan\omega-\tan\alpha)}$ $\omega = \varphi + \alpha + \delta$ $K_a = \dfrac{\cos(\theta+\varphi)}{\sin(\theta+\omega)}(\tan\theta+\tan\alpha) \quad K_1 = 1 + \dfrac{2h_0}{H}$ $E_a = \dfrac{1}{2}\gamma H^2 K_a K_1$ $E_x = E_a\cos(\alpha+\delta) \quad E_y = E_a\sin(\alpha+\delta)$ $Z_x = \dfrac{H}{3} + \dfrac{h_0}{3K_1} \quad Z_y = B - Z_x\tan\alpha$
3	路堤墙	墙后土体为折面，条形均布荷载，破裂面交于荷载内		$\tan\theta = -\tan\omega \pm \sqrt{(\cot\varphi+\tan\omega)(\tan\omega+A)}$ $\omega = \phi + \alpha + \delta$ $A = \dfrac{ab + 2h_0(b+d) - H(H+2a+2h_0)\tan\alpha}{(H+a)(H+a+2h_0)}$ $E_a = \dfrac{1}{2}\gamma H^2 K_a K_1 \quad E_a = \dfrac{\cos(\theta+\varphi)}{\sin(\theta+\omega)}(\tan\theta+\tan\alpha) \quad K_1 = 1 + \dfrac{2a}{H}\left(1-\dfrac{h_3}{2H}\right) + \dfrac{2h_0 h_1}{H^2}$ $E_x = E_a\cos(\alpha+\delta) \quad E_y = E_a\sin(\alpha+\delta) \quad h_2 = \dfrac{d}{\tan\theta+\tan\alpha} \quad h_3 = \dfrac{b - a\tan\theta}{\tan\theta+\tan\alpha} \quad h_1 = H - h_2 - h_3$ $Z_x = \dfrac{H}{3} + \dfrac{a(H-h_3)^2 + h_0 h_1(3h_1 - 2H)}{3H^2 K_1} \quad Z_y = B - Z_x\tan\alpha$

续上表

编号	类型	边界条件	计算简图	计算公式
4	路堤墙	同上,破裂面交于另一侧边坡	(图)	$\tan\theta = \dfrac{-Q \pm \sqrt{Q^2 - PR}}{P}$ $w = \varphi + \alpha + \delta$ $Q = A_0\cos\varphi\cos\omega + B_0\cot\beta\cos(\omega-\varphi)$ $P = -A_0\sin\varphi\cos\omega + B_0\cos(\omega-\varphi)$ $R = A_0[\cot\beta\cos(\omega-\varphi) + \sin\varphi\cos\varphi] + B_0\cot^2\beta\cos(\omega-\varphi)$ $A_0 = -[L + (H+2a)\cot\beta - H\tan\alpha]^2$ $B_0 = \{(H+a)[2L+(H+3a)\cot\beta] - ab - H^2\tan\alpha\} + 2L_0h_0$ $E_a = \dfrac{\gamma\cos(\theta+\varphi)}{2\sin(\theta+\omega)}\left[\dfrac{A_0\sin\beta\cos\theta}{\cos(\theta-\beta)} + B_0\right]$ $E_x = E_a\cos(\alpha+\delta)$ $E_y = E_a\sin(\alpha+\delta)$ $Z_x = \dfrac{6A}{6C}$ $6A = 3(H-h_1+a)h_1^2 + (h_1-a+h_6)h_1^2 + 3(H-h_1-h_2+a)h_2(2h_1+h_2) + h_2^2(3h_1+h_2) +$ $\quad 3(h_4+h_5+a+h_6)h_3(2h_1+2h_2+h_3) + h_3^2(3h_1+3h_2+h_3) + 3(h_5+a)h_4(2h_1+2h_2+$ $\quad 2h_3+h_4) + h_4^2(3h_1+3h_2+3h_3+h_4) + (h_5+a)h_3(3H-2h_5)$ $6c = 3\,[2(H-h_1+a)h_1 + (h_1-a+h_6)h_1 + 2(H-h_1-h_2+a)h_2 + h_2^2 + 2(h_4+h_5+a+h_0)h_3 +$ $\quad h_3^2 + 2(h_5+a)h_4 + h_4^2 + (h_5+a)h_5]$ $h_6 = \dfrac{L+2b - H(\tan\theta+\tan\alpha)}{\tan\theta+\cos\beta}$ $h_5 = \dfrac{b-a\tan\theta}{\tan\theta+\tan\alpha}$ $h_4 = \dfrac{d}{\tan\theta+\tan\alpha}$ $h_1 = H - \dfrac{b+L-a\tan\theta}{\tan\theta+\tan\alpha}$ $h_3 = \dfrac{l_0}{\tan\theta+\tan\alpha}$ $h_2 = h_4$

在计算某一边界条件下的挡土墙土压力 E_a 时,先要求出破裂角 θ,即首先确定产生最大土压力的破裂面。由于这一破裂面将按哪一种边界条件出现事先并不知道,因此必须试算。计算时可先假定破裂面交于路基的某一位置(一般是先假定交于荷载中部),按此边界条件图式选择相应的计算公式(如表 5-3 中的某一边界条件公式)算出 θ 角,根据计算的 θ 角求出实际的破裂面位置,并与原假定的破裂面位置(边界条件)相比较,看是否与假设的破裂面相交的边界条件相符。如与假定破裂面位置边界条件不符,则根据计算的 θ 角重新假定破裂面位置,按相应的公式重复上述计算,直至相符为止。最后根据此边界条件的土压力计算公式及破裂角计算最大主动土压力。在个别情况下,可能出现验证与假定不符,改变图式后仍然不符的情况,此时可假定破裂面交于两种边界条件的分界点(例如交于荷载边缘)来计算破裂角。

三、大俯角墙背的主动土压力计算

在挡土墙设计中,往往会遇到俯斜墙背很缓,即墙背倾角 α 很大的情况,如折线形挡土墙的上墙墙背,衡重式挡土墙的上墙假想墙背[图 5-8a)]。当墙后土体达到主动极限平衡状态时,破裂棱体并不沿墙背或假想墙背 CA 滑动,而是沿着土体的另一裂面 CD 滑动,CD 即称为第二破裂面,α_i 和 θ_i 为相应的破裂角,而远离墙的破裂面 CF 称为第一破裂面。这时,挡土墙承受的土压力 E_a 作用于第二破裂面上,E_a 是 α_i 和 θ_i 的函数。而 E_x 是 E_a 的水平分力,因此可以列出以下函数关系:

$$E_x = f(\alpha_i, \theta_i) \tag{5-8}$$

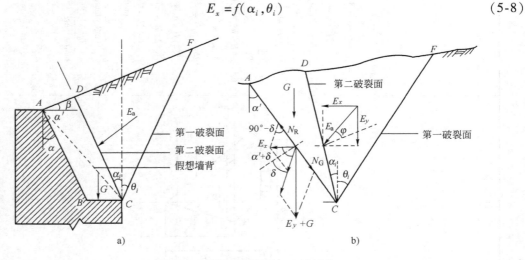

图 5-8 出现第二破裂面的土压力计算

为了确定第二破裂面的破裂角 α_i 和 θ_i 及相应的主动土压力值,可以求解下列偏微分方程组:

$$\left. \begin{array}{l} \dfrac{\partial E_x}{\partial \alpha_i} = 0 \\[2mm] \dfrac{\partial E_x}{\partial \theta_i} = 0 \end{array} \right\} \tag{5-9}$$

并满足下列条件:

$$\left.\begin{array}{l}\dfrac{\partial^2 E_x}{\partial \alpha_i^2}<0\\[2mm]\dfrac{\partial^2 E_x}{\partial \theta_i^2}<0\\[2mm]\dfrac{\partial^2 E_x}{\partial \alpha_i^2}\cdot\dfrac{\partial^2 E_x}{\partial \theta_i^2}-\left(\dfrac{\partial^2 E_x}{\partial \alpha_i\cdot\partial \theta_i}\right)^2>0\end{array}\right\} \quad (5\text{-}10)$$

出现第二破裂面的条件是:

①墙背或假想墙背的倾角 α 或 α' 大于第二破裂面倾角 α_i。

②墙背或假想墙背上的抗滑力 N_R 大于其下滑力 N_G,使破裂棱体不会沿墙背或假想墙背下滑。

第二个条件的又一表达方式为:作用于墙背或假想墙背上的土压力对墙背法线的倾角 δ' 小于或等于墙背摩擦角 δ。

一般,为避免土压力过大,俯斜式挡土墙很少采用平缓背坡,故不易出现第二破裂面。衡重式的上墙或悬臂式挡土墙,因系假想墙背,$\delta=\varphi$,只要满足第一个条件,即出现第二破裂面,设计时应首先加以判别,然后再用相应的公式计算土压力。其做法是先拟定两组破裂面,按相应边界条件公式算出 θ_i,以确定第一破裂面的位置;如与假定相符,再按与此边界条件相对应的公式计算 α_i;如 $\alpha_i>\alpha'$,表明不会出现第二破裂面,应按一般库仑公式计算土压力;如 $\alpha_i<\alpha'$,表明有第二破裂面出现,应按出现第二破裂面的库仑公式计算土压力。表 5-4 列出了两种边界条件下出现第二破裂面的土压力计算公式,其他边界条件下的第二破裂面土压力计算公式可参考《公路设计手册·路基》。

第二破裂面土压力计算公式表　　表 5-4

类型	路堤墙、路堑墙	路肩墙
编号	1	2
边界条件	第一破裂面交于边坡	第一破裂面交于荷载内
计算简图		
破裂角计算式	$\theta_1=\dfrac{1}{2}(90°-\varphi)+\dfrac{1}{2}(\varepsilon-\beta)$ $\alpha_i=\dfrac{1}{2}(90°-\varphi)-\dfrac{1}{2}(\varepsilon-\beta)$ $\varepsilon=\sin^{-1}\dfrac{\sin\beta}{\sin\varphi}$	$\alpha_i=\theta_1=45°-\dfrac{\varphi}{2}$

续上表

类型	路堤墙、路堑墙	路肩墙
土压力及土压系数计算式	$E_1 = \frac{1}{2}\gamma H'^2_1 K$ $E_{1x} = E_1\cos(\alpha_i + \varphi)$ $E_{1y} = E_1\sin(\alpha_i + \varphi)$ $K = \dfrac{\cos^2(\varphi - \alpha_i)}{\cos^2\alpha_i \cos(\alpha_i + \varphi)\left[1 + \sqrt{\dfrac{\sin 2\varphi \sin(\varphi - \beta)}{\cos(\alpha_i + \varphi)\cos(\alpha_i - \beta)}}\right]^2}$ $H'_1 = H_1\dfrac{1 + \tan\alpha'_i \tan\beta}{1 + \tan\alpha'_i \tan\beta}$ $Z_{1x} = \dfrac{1}{3}H'_1$	$E_1 = \frac{1}{2}\gamma H_1^2 K K_1$ $E_{1x} = E_1\cos(\alpha_i + \varphi)$ $E_{1y} = E_1\sin(\alpha_i + \varphi)$ $K = \dfrac{\tan^2\left(45° - \dfrac{\varphi}{2}\right)}{\cos\left(45° + \dfrac{\varphi}{2}\right)}$ $K_1 = 1 + \dfrac{2h}{H_1}$ $Z_{1x} = \dfrac{H_1}{3} + \dfrac{h_0}{3K_1}$

四、黏性土土压力计算

库仑理论只考虑不具有黏聚力的砂性土的土压力问题。若墙背填料为黏性土,则土粒间不仅有摩阻力存在,而且还有黏聚力。显然,这与库仑理论假定是不相符合的,然而迄今为止尚无一种切合实际的有效方法进行黏性土的土压力计算。因此仍只能采用以库仑理论为基础计算黏性土主动土压力的近似方法——等效内摩擦角法和力多边形法,计算黏性土的土压力。

1. 等效内摩擦角法

这种方法在设计黏性土填料的挡土墙时,将内摩擦角 φ 与单位黏聚力 c,换算成较实际 φ 值大的"等效内摩擦角" φ_D 来代替,然后按砂性土的库仑土压力公式计算土压力。

φ_D 值可以按换算前后土的抗剪强度相等或土压力相等的原则来计算,一般是把黏性土的内摩擦角增大 $5° \sim 10°$,或取等效内摩擦角 $\varphi_D = 30° \sim 35°$。

由于影响土压力数值的因素是多方面的,包括墙高、墙型、墙后填料的表面以及荷载的情况等,不可能用上述方法为之确定一个固定的换算关系或固定的换算值。用上述方法换算的内摩擦角,只与某一特定的墙高相适应,一般对于矮墙偏于安全,对于高墙则偏于危险。因此在设计高墙时,应按墙高酌情降低 φ_D 值。最好按实测的 c、φ 值,用力多边形法计算黏性土的主动土压力。

2. 力多边形法

如图 5-9 所示,当挡土墙向外有足够位移时,黏性土层顶部将出现拉应力,使土层产生竖向裂缝,裂缝从表面向下延伸到拉应力趋于零处。裂缝深处 h_c,可按下式计算:

$$h_c = \frac{2c}{\gamma}\tan\left(45° + \frac{\varphi}{2}\right) \tag{5-11}$$

式中:c——填料的单位黏聚力(kPa)。

在垂直裂缝区 h_c 范围内,竖直面上的侧压力等于零,因此在此范围内不计土压力。

根据库仑理论,假设破裂面为一平面,沿破裂面上土的抗剪强度由土的内摩阻力 $\sigma \cdot \tan\varphi$ 和黏聚力 c 组成。墙背和土之间的黏聚力 c',由于影响因素很多,为简化计算,可忽略不计,偏于安全。

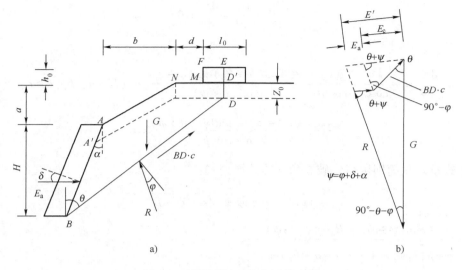

图 5-9 路堤墙黏性土主动土压力计算

现以路堤墙后破裂面交于荷载内的情况为例,介绍力多边形法计算黏性土压力公式的推导。

图 5-9 为路堤式挡土墙,填土表面有局部荷载,裂缝深度假定从荷载作用面以下产生。BD 为破裂面,破裂棱体为 $ABDEFMN$。在主动极限平衡状态下,棱体在自重 G、墙背反力 E_a、破裂面反力 R 和破裂面黏聚力 $\overline{BD} \cdot c$ 四个力的作用下保持静力平衡,这 4 个力构成力矢量多边形[图 5-9b)]。从力多边形可知,作用于墙背的主动土压力为:

$$E_a = E' - E_c \tag{5-12}$$

式中:E'——当 $c = 0$ 时的土压力,计算式见式(5-1)。

$$E' = \frac{\cos(\theta + \varphi)}{\sin(\theta + \psi)} \cdot G \tag{5-13}$$

其中,G 为棱体 $ABDEFMN$ 的自重,在图 5-9a)所示边界条件下,$G = \gamma \cdot (A_0 \tan\theta - B_0)$。

$$A_0 = \frac{1}{2}(H+a)^2 - \frac{1}{2}h_c^2 + h_0(H+a-h_c)$$

$$B_0 = \frac{1}{2}ab + (b+d)h_0 + \frac{H}{2}(H+2a+2h_0)\tan\alpha$$

将 G 代入式(5-13)得:

$$\begin{aligned}E' &= \gamma(A_0\tan\theta - B_0)\frac{\cos(\theta+\varphi)}{\sin(\theta+\psi)}\\&= \gamma A_0(\tan\theta + \tan\psi)\frac{\cos(\theta+\varphi)}{\sin(\theta+\psi)} - \gamma A_0\tan\psi\frac{\cos(\theta+\varphi)}{\sin(\theta+\psi)} - \gamma B_0\frac{\cos(\theta+\varphi)}{\sin(\theta+\psi)}\\&= \frac{\gamma A_0}{\cos\psi} \cdot \frac{\cos(\theta+\varphi)}{\cos\theta} - \gamma(A_0\tan\psi + B_0)\frac{\cos(\theta+\varphi)}{\sin(\theta+\psi)}\end{aligned} \tag{5-14}$$

式(5-12)中的 E_c 是由于黏聚力 $\overline{BD} \cdot c$ 的作用而减小的土压力,从图 5-9b)可得:

$$E_c = \frac{\overline{BD} \cdot c \cdot \cos\varphi}{\sin(\theta+\psi)} = \frac{c(H+a-h_c)\cos\varphi}{\cos\theta\sin(\theta+\psi)} \tag{5-15}$$

令：
$$\frac{dE_a}{d\theta} = \frac{dE'}{d\theta} - \frac{dE_c}{d\theta} = 0$$

得：
$$\frac{dE_a}{d\theta} = -\frac{\gamma A_0}{\cos\psi} \cdot \frac{\sin\varphi}{\cos^2\theta} + \frac{\gamma(A_0\tan\psi + B_0)\cos(\varphi-\psi)}{\sin^2(\theta+\psi)} + c(H+a-h_c)\cos\varphi$$

$$\frac{\cos\theta\cos(\theta+\varphi) - \sin\theta\sin(\theta+\psi)}{\cos^2\theta\sin^2(\theta+\psi)} = 0$$

将上式整理化简即可得到破裂角 θ 的计算公式：

$$\tan\theta = -\tan\psi \pm \sqrt{\sec^2\psi - D} \tag{5-16}$$

式中：$D = \dfrac{A_0\sin(\varphi-\psi) - B_0\cos(\varphi-\psi)}{\cos\psi\left[A_0\sin\varphi + \dfrac{c}{\gamma}(H+a-h_c)\cos\varphi\right]}$。

将 θ 代入 E_a 的表达式，即可求得主动土压力 E_a。

表 5-5 列出了两种边界条件的黏性土压力计算公式，其他边界条件下的黏性土压力计算公式可参见《公路设计手册 路基》。

五、折线形墙背的土压力计算

凸形墙背的挡土墙和衡重式挡土墙，其墙背不是一个平面而是折面，称为折线形墙背。对于这类墙背，以墙背转折点或衡重台为界，分成上墙与下墙，分别按库仑理论方法计算上、下墙的主动土压力，然后取两者的矢量和作为全墙的土压力。

1. 上墙土压力计算

计算上墙土压力时，不考虑下墙的影响，凸形墙背上墙按俯斜墙背计算其土压力。衡重式挡墙的上墙，由于衡重台的存在，通常将墙顶内缘与衡重台外缘的连线作为假想墙背，假想墙背与实际墙背间的土楔假设与实际墙背一起移动。计算土压力时，先根据墙背倾角 α 或假想 α' 是否大于第二破裂面倾角 α_i，判断是否会出现第二破裂面，若判断出现第二破裂面，则采用出现第二破裂面的土压力公式计算土压力；若不出现第二破裂面，用一般俯斜墙背（实际墙背或假想墙背）的土压力公式计算土压力。

2. 下墙土压力计算

下墙土压力计算较复杂，目前有多种简化的计算方法，下面介绍常用的两种计算方法。

（1）延长墙背法

如图 5-10 所示，在上墙土压力算出后，延长下墙墙背交于填土表面 C，以 $B'C$ 为假想墙背，根据延长墙背的边界条件，用相应的库仑公式计算土压力，并绘出墙背土压力分布图，从中截取下墙 BB' 部分的应力图作为下墙的土压力。将上、下墙两部分的应力图叠加，即为全墙土压力。

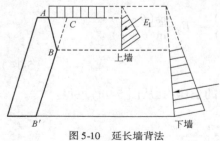

图 5-10 延长墙背法

黏性土土压力计算公式表

表 5-5

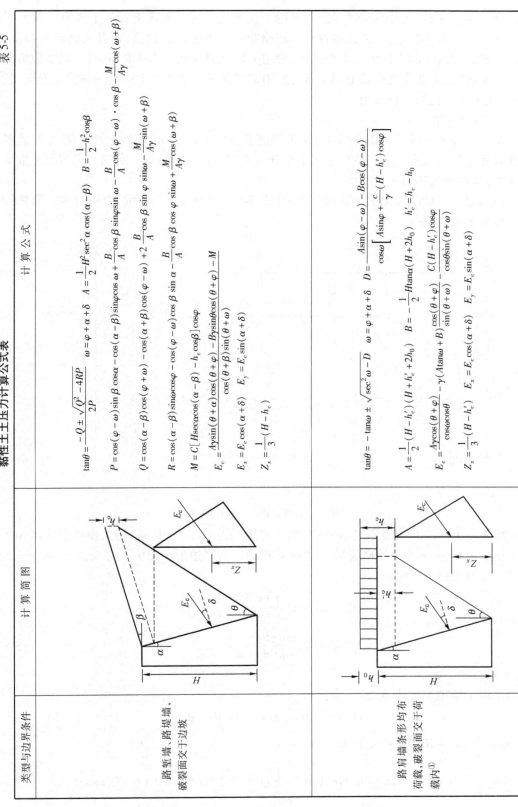

类型与边界条件	计算简图	计算公式
路堑墙，路堤墙，破裂面交于边坡		$\tan\theta = \dfrac{-Q \pm \sqrt{Q^2 - 4RP}}{2P}$ $\omega = \varphi + \alpha + \delta$ $A = \dfrac{1}{2}H^2 \sec^2\alpha \cos(\alpha - \beta)$ $B = \dfrac{1}{2}h_c^2 \cos\beta$ $P = \cos(\varphi - \omega)\sin\beta \cos\alpha - \cos(\alpha - \beta)\sin\varphi\cos\omega + \dfrac{B}{A}\cos\beta \sin\varphi\sin\omega - \dfrac{B}{A}\cos\beta \sin\omega \cdot \cos\beta - \dfrac{M}{A\gamma}\cos(\omega + \beta)$ $Q = \cos(\alpha - \beta)\cos(\varphi + \omega) - \cos(\alpha + \beta)\cos(\varphi - \omega) + 2\dfrac{B}{A}\cos\beta \sin\varphi \sin\omega - \dfrac{M}{A\gamma}\sin(\omega + \beta)$ $R = \cos(\alpha - \beta)\sin\omega\cos\varphi - \cos(\alpha - \beta)\cos\varphi \sin\alpha - \dfrac{B}{A}\cos\beta \cos\varphi \sin\omega + \dfrac{M}{A\gamma}\cos(\omega + \beta)$ $M = C\left[H\sec\alpha\cos(\theta + \alpha)\cos(\theta + \varphi) - B\gamma\sin\theta\cos(\theta + \varphi) - h_c\cos\beta \right]\cos\varphi$ $E_c = \dfrac{M}{\cos(\theta + \beta)\sin(\theta + \omega)}$ $E_x = E_c \cos(\alpha + \delta)$ $E_y = E_c \sin(\alpha + \delta)$ $Z_x = \dfrac{1}{3}(H - h_c)$
路肩墙条形均布荷载，破裂面交于荷载内[①]		$\tan\theta = -\tan\omega \pm \sqrt{\sec^2\omega - D}$ $\omega = \varphi + \alpha + \delta$ $D = \dfrac{A\sin(\varphi - \omega) - B\cos(\varphi - \omega)}{\cos\omega\left[A\sin\omega + \dfrac{c}{\gamma}(H - h_c')\cos\varphi \right]}$ $A = \dfrac{1}{2}(H - h_c')(H + h_c' + 2h_0)$ $B = -\dfrac{1}{2}H\tan\alpha(H + 2h_0)$ $h_c' = h_c - h_0$ $E_c = \dfrac{A\gamma\cos(\varphi + \varphi)}{\cos\omega\cos\beta} - \gamma(A\tan\omega + B)\dfrac{\cos(\theta + \varphi)}{\sin(\theta + \omega)} - \dfrac{C(H - h_c')\cos\varphi}{\cos\theta\sin(\theta + \omega)}$ $Z_x = \dfrac{1}{3}(H - h_c')$ $E_x = E_c \cos(\alpha + \delta)$ $E_y = E_c \sin(\alpha + \delta)$

注：① 当 $h_c < h_0$ 时，以 h_c' 为负值，$h_c' = 0$ 代入式中，此时 $Z_x = \dfrac{H^2 + 3(h_0 - h_c)H}{3H + 6(h_0 - h_c)}$。

这种方法存在着一定的误差。第一,考虑了在延长墙背与实际墙背上土压力方向不同而引起的垂直分力差,但忽略了延长墙背与实际墙背间的土楔及荷载重,两者虽能相互补偿,但未能相抵消;第二,绘制土压力应力图形时,假定上墙破裂面与下墙破裂面平行,但多数情况下两者是不平行的,由此存在计算下墙土压力所引起的误差。由于以上误差一般偏于安全,且计算简便,此法至今仍被广泛采用。

(2)力多边形法

在墙背土体处于极限平衡条件下,作用于破裂棱体上的力系,应构成闭合的力矢量多边形。在算得上墙土压力 E_1 后,就可绘出下墙任一破裂体的力多边形。利用力多边形来推求下墙土压力,这种方法叫力多边形法。

现以路堤墙下墙破裂面交于荷载范围内(图5-11)的边界条件为例,介绍力多边形法计算下墙土压力的公式推导。

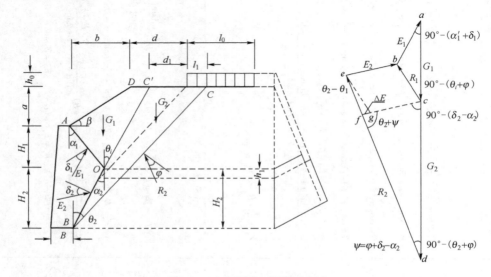

图 5-11 力多边形法求下墙土压力

在极限平衡条件下,破裂棱体 $AOBCD$ 的力多边形为 $abed$,其中 abc 为上墙破裂棱体 $AOC'D$ 的力平衡三角形,$bedc$ 为下墙破裂棱体 $C'OBC$ 的力平衡多边形。图中 $eg // bc$,$cf // be$,$gf = \Delta E$。在 $\triangle cfd$ 中,由正弦定理可得:

$$E_2 + \Delta E = G_2 \frac{\sin(90° - \theta_2 - \varphi)}{\sin(\theta_2 + \psi)}$$

$$E_2 = G_2 \frac{\cos(\theta_2 + \varphi)}{\sin(\theta_2 + \psi)} - \Delta E \tag{5-17}$$

式中:$\psi = \varphi + \delta_2 - \alpha_2$。

挡土墙下部破裂棱体重力 G_2 为:

$$G_2 = \gamma \cdot S_{C'OBC} = \gamma(A_0 \tan\theta_2 - B_0)$$

式中:$A_0 = \frac{1}{2}(H_2 + H_1 + a + 2h_0)(H_2 + H_1 + a)$;

$B_0 = \frac{1}{2}(H_2 + 2H_1 + 2a + 2h_0)H_2\tan\alpha_2 + \frac{1}{2}(a + H_1)^2\tan\theta_1 + (d + b - H_1\tan\alpha_1)h_0$。

在 $\triangle efg$ 中有:

$$\Delta E = R_1 \frac{\sin(\theta_2 - \theta_i)}{\sin[180° - (\theta_2 + \psi)]} = R_1 \frac{\sin(\theta_2 - \theta_i)}{\sin(\theta_2 + \psi)} \tag{5-18}$$

在 $\triangle abc$ 中,上墙土压力已求出,则:

$$R_1 = E_1 \frac{\sin[90° - (\alpha_1 + \delta_1)]}{\sin[90° - (\theta_i + \varphi)]} = E_1 \frac{\cos(\alpha_1 + \delta_1)}{\cos(\theta_i + \varphi)} \tag{5-19}$$

将 G2 及 ΔE 代入式(5-17),得:

$$E_2 = \gamma(A_0 \tan\theta_2 - B_0) \frac{\cos(\theta_2 + \varphi)}{\sin(\theta_2 + \psi)} - R_1 \frac{\sin(\theta_2 - \theta_i)}{\sin(\theta_2 + \psi)} \tag{5-20}$$

由式(5-20)可知,下墙土压力 E_2 是破裂角 θ_2 的函数。因此,为求得 E_2 最大值,可令 $\frac{dE_2}{d\theta_2} = 0$,得:

$$\tan\theta_2 = -\tan\psi \pm \sqrt{(\tan\psi + \cot\varphi)\left(\tan\psi + \frac{B_0}{A_0}\right) - \frac{R_1 \sin(\psi + \theta_i)}{A_0 \gamma \sin\varphi \cos\psi}} \tag{5-21}$$

把求得的破裂角 θ_2 代入式(5-20),即可求得下墙土压力 E_2。

在作用下墙的土压力图形(图 5-11)中,可近似假定 $\theta_i \approx \theta_2$,即:

$$\frac{h_1}{H_2} = \frac{d_1}{l_1 + d_1}$$

则:

$$h_1 = \frac{d_1}{l_1 + d_1} H_2$$

$$= \frac{d + b - H_1 \tan\alpha_1 - (H_1 + a)\tan\theta_i}{(H_2 + H_1 + a)\tan\theta_2 - H_2 \tan\alpha_2 - (H_1 + a)\tan\theta_i} H_2$$

土压力作用点为:

$$\left.\begin{array}{l} Z_{2x} = \dfrac{H_2^3 + 3H_2^2(H_1 + a + h_0) - 3h_0 h_1(2H_1 - h_1)}{3[H_2^2 + 2H_2(H_1 + a) + 2h_0(H_2 - h_1)]} \\ Z_{2y} = B + Z_{2x} \tan\alpha_2 \end{array}\right\} \tag{5-22}$$

其他边界条件下折线形墙背下墙土压力的力多边形计算公式,详见《公路设计手册 路基》。

六、车辆荷载的换算

作用于墙后破裂棱体上的车辆荷载,在土体中产生附加的竖向应力,从而产生附加的侧向压力。考虑到这种影响,可将车辆荷载近似地按均布荷载考虑,换算成重度与墙后填料相同的均布土层,换算方法如下。

1. 按墙高确定的附加荷载强度进行换算

挡土墙设计中,换算均布土层厚度 h_0(m) 可直接由挡土墙高度确定的附加荷载强度计算,即:

$$h_0 = \frac{q}{\gamma} \tag{5-23}$$

式中：γ——墙后填土的重度（kN/m^3）；

q——附加荷载强度（kPa），按表 5-6 取值。

附加荷载强度 q　　　　　　　表 5-6

墙高 H(m)	q(kPa)	墙高 H(m)	q(kPa)
≤2.0	20.0	≥10.0	10.0

注：$H=2.0 \sim 10.0 m$，q 由线性内插法确定。

2. 根据破裂棱体范围内布置的车辆荷载换算

根据墙后破裂棱体上布置的车辆荷载换算为重度与墙后填土相同的均布土层（图 5-12），其换算厚度 h_0 为：

$$h_0 = \frac{\sum Q}{\gamma B_0 L} \tag{5-24}$$

$$B_0 = (H+\alpha)\tan\theta - H\tan\alpha - b$$

式中：γ——墙后填土的重度（kN/m^3）；

B_0——不计车辆荷载作用时破裂棱体的宽度（m），对于路堤墙，为破裂棱体范围内的路基宽度，即不计边坡部分的宽度 b，如图 5-12b)所示；

L——挡土墙的计算长度（m）；

$\sum Q$——布置在 $B_0 \cdot L$ 范围内的车轮总重（kN）。

挡土墙的计算长度 L（图 5-12），按下式计算：

$$L = L_0 + (H+2a)\tan 30° \tag{5-25}$$

式中：L_0——标准汽车前后轴轴距加轮胎着地长度（m）。

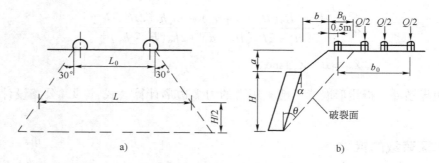

图 5-12　车辆荷载换算图式

车辆荷载总重 $\sum Q$ 按下述规定计算：

纵向：当取用挡土墙分段长度时，为分段长度内可能布置的车辆重力；当取一辆标准汽车的扩散长度时，为一辆标准汽车重力。

横向：破裂棱体宽度 B_0 范围内可能布置的车轮重力，车辆外侧车轮中心距路面（或硬路肩）、安全带边缘的距离为 0.5m。

第四节 挡土墙稳定性验算

挡土墙的设计方法有容许应力法和极限状态法两种。容许应力法是把结构材料视为理想的弹性体,在荷载作用下产生的应力和变形不超过规定的容许值。极限状态法是根据结构在荷载作用下的工作特征,在容许应力法基础上发展形成的一种设计方法。这种方法不再采用均质弹性体的假定,而是承认结构在临近破坏时处于弹塑性工作阶段,以结构物在各种荷载组合情况下均不得达到其极限状态为前提,同时具有足够的安全储备。从理论上讲,极限状态法更加科学合理,是发展的趋势,但由于目前极限状态法在公路挡土墙设计和工程实践中的应用尚不充分,《公路设计手册·路基》和有关设计单位的挡土墙设计标准图仍然采用的是容许应力法设计。因此,本教材对两种方法同时进行介绍,以便于教学和应用参考。

一、挡土墙的破坏形式及稳定性要求

重力式挡土墙的破坏形式及原因如下:
①由于基础滑动而造成的破坏。
②由于绕墙趾转动所引起的倾覆。
③因基础产生过大或不均匀沉陷而引起的墙身倾斜。
④因墙身材料强度不足而产生的墙身剪切破坏。
⑤沿通过墙踵的某一滑动圆弧的浅层剪切破坏和沿基底下某一深度(如通过软土下卧层底面)的滑动圆弧的深层剪切破坏。

为避免挡土墙发生上述破坏,保证其具有足够的整体稳定性和强度,设计挡土墙时,一般均应验算沿基底的滑动稳定性、绕墙趾转动的倾覆稳定性、基底应力和偏心距以及墙身断面的强度,如地基有软弱下卧层存在,还需验算沿基底下某一可能的滑动面滑动的稳定性。

二、容许应力法验算挡土墙的稳定性

挡土墙的验算,系按平面问题取单位长度来进行。验算项目和指标要求如表5-7所示。

挡土墙验算项目及控制指标　　　　　　　表5-7

要求	项目	指标
1. 不产生墙身沿基底的滑动破坏	滑动稳定性	(1)荷载组合Ⅰ、Ⅱ、Ⅲ、Ⅳ时:$K_c \geq 1.3$; (2)荷载组合Ⅴ时:$K_c \geq 1.2$
2. 不产生墙身绕墙趾倾覆	倾覆稳定性	(1)荷载组合Ⅰ时:$K_0 \geq 1.5$; (2)荷载组合Ⅱ、Ⅲ、Ⅳ时:$K_0 \geq 1.3$; (3)荷载组合Ⅴ时:$K_0 \geq 1.2$
3. 地基不出现过大的沉陷	基底应力	基底最大压应力小于地基容许承载力:$\sigma_{max} \leq [\sigma_0]$
4. 不出现因基底不均匀沉陷而引起墙身倾斜	偏心距	作用于基底合力的偏心距 e: (1)荷载组合Ⅰ时非岩石地基:$e \leq 0.75 \times B/6$; (2)荷载组合Ⅱ、Ⅲ、Ⅳ时: 非岩石地基　$e_0 \leq B/6$; 岩石地基　$e_0 \leq (1.2 \sim 1.5)B/6$

续上表

要　求	项　目	指　标
5.墙身不产生开裂破坏	墙身断面强度	墙身断面压应力和剪应力： 最大压应力≤$[\sigma_\mathrm{a}]$； 最大剪应力≤$[\tau]$

注：1.荷载组合见《公路桥涵设计通用规范》(JTG D60—2004)第2.1.2条。
　　2.地基容许承载力见《公路桥涵地基与基础设计规范》(JTG D63—2007)第2.1.2条和2.1.3条，偏心距限制值见第3.2.4条。

1.抗滑稳定性验算

为保证挡土墙的抗滑稳定性，应验算在土压力及其他外力作用下，基底摩阻力抵抗挡土墙滑移的能力，用抗滑稳定系数 K_c 表示，即抗滑力与滑动力之比。如图5-13所示，抗滑稳定系数为：

$$K_c = \frac{(G + E_y) \cdot f}{E_x} \geq [K_c] \tag{5-26}$$

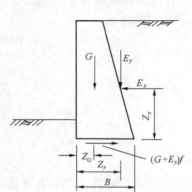

图 5-13　挡土墙的滑动与倾覆稳定

式中：G——挡土墙自重；
　　E_x、E_y——墙背主动土压力的水平与垂直分力；
　　f——基底摩阻系数，可通过现场试验确定，无试验资料时，可参考表5-8的经验数据；
　　$[K_c]$——容许抗滑稳定系数，见表5-7。

2.抗倾覆稳定性验算

为保证挡土墙的抗倾覆稳定性，必须验算它抵抗墙身绕墙趾向外转动倾覆的能力，用抗倾覆稳定系数 K_0 表示，即对于墙趾的总稳定力矩 $\sum M_y$ 与总倾覆力矩 $\sum M_0$ 之比，如图5-13所示。

$$K_0 = \frac{\sum M_y}{\sum M_0} = \frac{G \cdot Z_G + E_y \cdot Z_y}{E_x \cdot Z_x} \geq [K_0] \tag{5-27}$$

式中：$[K_0]$——容许抗倾覆稳定系数，见表5-7。

基底摩阻系数 f 表　　　　　　　　　表5-8

地基土名称		摩阻系数 f
黏性土	软塑状态	0.25
	硬塑状态	0.30
	半坚硬状态	0.30～0.40
轻亚黏土		0.30～0.40
砂土		0.40
石质土		0.50
软质岩石		0.40～0.60
硬质岩石		0.60～0.70

在验算挡土墙稳定性时，一般均未计墙趾前的被动土压力。若验算结果 $K_c < [K_c]$ 或 $K_0 < [K_0]$，则表明挡墙抗滑稳定性或抗倾覆稳定性不够，应采取措施增加挡土墙的抗滑稳定性或抗倾覆稳定性。

3.基底应力及合力偏心距验算

为了保证挡土墙基底应力不超过地基容许承载力，应进行基底应力验算；同时，为了避免挡墙不均匀沉陷,应控制作用于挡土墙基底合力的偏心距。

如图 5-14 所示,作用于基底合力的偏心距 e 为:

$$e = \frac{B}{2} - Z_N \leq [e] \quad (5-28)$$

$$Z_N = \frac{\sum M_y - \sum M_0}{\sum N} = \frac{G \cdot Z_G + E_y \cdot Z_y - E_x \cdot Z_x}{G + E_y} \quad (5-29)$$

在偏心荷载作用下,基底最大和最小法向应力为:

$$\left. \begin{array}{l} \sigma_1 = \dfrac{\sum N}{A} \pm \dfrac{\sum M}{W} \\ \sigma_2 = \dfrac{G + E_y}{B}\left(1 \pm \dfrac{6e}{B}\right) \leq [\sigma_0] \end{array} \right\} \quad (5-30)$$

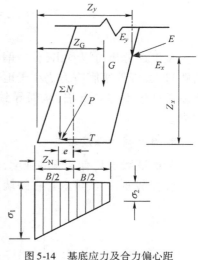

图 5-14 基底应力及合力偏心距

上述式中:$\sum N$——作用于基底合力的法向分力;

Z_N——$\sum N$ 对墙趾的力臂;

B——基底宽度;

A——基底面积,对 1m 长的墙而言,$A = B$;

$\sum M$——各力对基底中性轴的力矩和;

W——基底截面模量,$W = B^2/6$;

e——合力偏心距,其限制见表 5-9。

偏心距的限制   表 5-9

荷载情况	地基条件	合力偏心矩
荷载 I	非岩石地基	$e_0 \leq 0.75\rho$
组合荷载 II、III、IV	非岩石地基	$e_0 \leq \rho$
	石质差的岩石地基	$e_0 \leq 1.2\rho$
	坚密岩石地基	$e_0 \leq 1.5\rho$

注:表中 ρ 为基底截面核心,$\rho = W/A$,其中 A 为基底面积,W 为基底截面模量,ρ 为基底截面核心且 $\rho = W/A$。

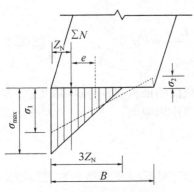

图 5-15 基底应力重分布

由式(5-30)可知,当 $e > \dfrac{B}{6}$ 时,σ_2 为负,即在基底一侧出现了拉应力(图 5-15)。但是,在一般情况下地基与基础的接触面上是不容许出现拉应力的,故需按无拉应力的平衡条件重新分配压应力,即按应力重分布计算基底最大压应力,设应力分布图为三角形(图 5-15),总压应力必须等于 $\sum N$,而且 $\sum N$ 的作用线必定通过应力图形的重心,则:

$$\sum N = \frac{1}{2}\sigma_{max} \cdot 3Z_N$$

最大压应力为:

$$\sigma_{\max} = \frac{2}{3} \frac{\sum N}{Z_N} = \frac{2}{3} \frac{(G+E_y)}{\left(\frac{B}{2}-e\right)} \leqslant [\sigma_0] \tag{5-31}$$

从上述分析可以看出,合力偏心距 e 直接影响到基底应力的大小和性质(拉或压)。如偏心距过大,即使基底应力仍小于地基容许承载力,但由于基底应力分布的显著差异,亦可能引起基础产生不均匀沉陷,从而导致墙身过分倾斜。为此,应控制偏心距,使其满足表 5-7 的要求。

4. 墙身截面强度验算

为保证墙身具有足够的强度,应根据经验选择 1~2 个控制性截面进行验算。

验算截面,一般可选择在距墙身底部二分之一墙高和截面急剧变化处(图 5-16)。

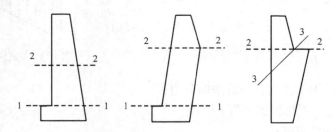

图 5-16 验算截面的选择

(1) 法向应力验算

如图 5-17 所示,选择 1-1 截面为验算截面。若作用在此截面以上墙背的主动土压力为 E_1,墙身自重为 G_1,二者的合力为 R_1,则可将 R_1 分解为 N_1 和 T_1。验算截面的法向应力,视偏心距大小,分别按下式计算。

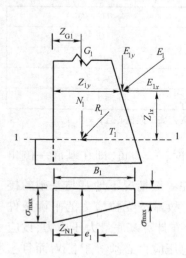

图 5-17 墙身法向应力

当 $e_1 = \frac{B_1}{2} - \frac{G_1 \cdot Z_{G1} + E_{1y} \cdot Z_{1y} - E_{1x} \cdot Z_{1x}}{G_1 + E_{1y}} \leqslant \frac{B_1}{6}$ 时:

$$\left.\begin{array}{l}\sigma_{\max}\\ \sigma_{\min}\end{array}\right\} = \frac{G_1 + E_{1y}}{B_1}\left(1 \pm \frac{6e_1}{B_1}\right) \leqslant [\sigma_a] \tag{5-32}$$

式中:B_1——截面宽度。

当 $e_1 > \frac{B_1}{6}$ 时,法向应力重分布:

$$\sigma_{\max} = \frac{2(G_1 + E_{1y})}{3\left(\frac{B_1}{2}-e_1\right)} \leqslant [\sigma_a] \tag{5-33}$$

式中:$\sigma_{\max}$、$\sigma_{\min}$——分别为验算截面的最大、最小法向应力;

$[\sigma_a]$——圬工砌体的容许压应力;

其余符号意义如图 5-17 所示。

(2) 剪应力验算

对于重力式挡土墙,一般只进行墙身水平截面的剪应力验算;对折线式和衡重式,除验算水平截面外还应验算倾斜截面,如图 5-16 中的 3-3 截面。

水平截面的剪应力为：

$$\tau = \frac{T_1}{A_1} = \frac{E_{1x}}{B_1} \leq [\tau] \tag{5-34}$$

式中：A_1——受剪面积，$A_1 = B_1 \times 1$；

$[\tau]$——圬工砌体容许剪应力；

其余符号意义同前。

当墙身截面出现拉应力时，应考虑裂缝对受剪面积的折减。

三、增加挡土墙稳定性的方法

1. 增加抗滑稳定性的方法

（1）用倾斜基底（图 5-18）

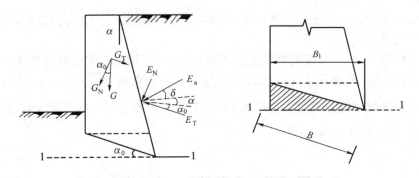

图 5-18 采用倾斜基底增加挡土墙抗滑稳定性

采用向内倾斜的基底，可以增加抗滑力和减小滑动力，从而增加抗滑稳定性，这是增加挡土墙抗滑稳定性的常用方法。根据前述原理，沿倾斜基底的抗滑稳定系数 K_c 为：

$$K_c = \frac{(G_N + E_N)f}{E_T - G_T} = \frac{[G\cos\alpha_0 + E_a\sin(\alpha + \delta + \alpha_0)]f}{E_a\cos(\alpha + \delta + \alpha_0) - G\sin\alpha_0} \tag{5-35}$$

式中：α_0——基底倾角；

E_T、E_N——主动土压力平行于基底和垂直于基底的分力；

G_T、G_N——墙体重力平行于基底和垂直于基底的分力；

其余符号意义同前。

采用倾斜基底时，基底倾角 α_0 越大对抗滑稳定性越有利，但应考虑挡土墙连同地基土体一起滑动的可能性，因此对地基倾斜度应加以控制。通常，对土质地基，不陡于 $1:5$（$\alpha_0 \leq 11°19'$）；对岩石地基，不陡于 $1:3$（$\alpha_0 \leq 16°42'$）。

此外，在验算沿基底抗滑稳定性的同时，还应验算通过墙踵的地基水平面（图 5-18 中 1-1 水平面）的滑动稳定性。抗滑稳定系数为：

$$K_c = \frac{(G + E_y + \Delta G)f_0}{E_x} \tag{5-36}$$

式中：f_0——地基土的内摩阻系数，无实测资料时，可参照表 5-10 选用；若系黏性土，则按换算内摩擦角计算；

ΔG——平面 1-1 与基底间的土楔重,按下式计算:

$$\Delta G = \frac{1}{2}\gamma_{\pm} B_1^2 \tan\alpha_0$$

其中:$\gamma_{\pm}$——地基土的重度。

地基内摩阻系数 f_0 表　　　　　　　　　　　表 5-10

地基土名称	内摩阻系数 f_0	地基土名称	内摩阻系数 f_0
松散干砂土	0.58~0.70	干砾石(卵石)	0.70~0.84
湿润砂土	0.62~0.84	湿砾石(卵石)	0.58
饱和砂土	0.36~0.47	干密淤泥	0.84~1.20
干黏土	0.84~1.00	湿润淤泥	0.36~0.47
湿黏土	0.36~0.58		

(2)采用凸榫基础(图 5-19)

在挡土墙底部设置混凝土凸榫基础的作用在于利用榫前被动土压力,增加其抗滑力,从而增加挡土墙的抗滑稳定性。

为了增加榫前被动阻力,应使榫前土楔不超过墙趾。同时,为防止因设凸榫而增加墙背的主动土压力,应使凸榫底部后缘与墙踵的连线与水平线的夹角不超过土体内摩擦角 φ。因此应将整个凸榫置于通过墙趾并与水平线成 $45° - \dfrac{\varphi}{2}$ 角线和通过墙踵并与水平线成 φ 角所形成的三角形范围内,如图 5-19 所示。

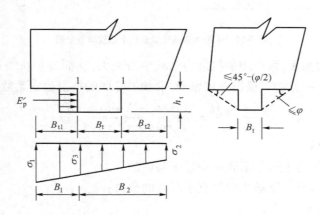

图 5-19　凸榫基础

设凸榫后的抗滑稳定系数为:

$$K_c = \frac{T_{B2} + E'_P}{E_x} = \frac{\frac{1}{2}(\sigma_2 + \sigma_3)B_2 f + h_t e_P}{E_x} \tag{5-37}$$

式中:T_{B2}——凸榫及榫后基底的摩阻力,$T_{B2} = \dfrac{1}{2}(\sigma_2 + \sigma_3)B_2 f$;

E'_P——凸榫前的总抗滑力,当 $\beta = 0$(填土表面水平),$\alpha = 0$(墙背垂直),$\delta = 0$(墙背光滑)时,$E'_P = h_t e_P$;

e_P——凸榫前的被动土压力，按朗金（Rankine）理论计算，$e_P = \gamma h_t \tan^2\left(45° + \dfrac{\varphi}{2}\right) \approx \dfrac{1}{2}(\sigma_1 + \sigma_3)\tan^2\left(45° + \dfrac{\varphi}{2}\right)$，实际生产中，考虑到结构安全的需要，$e_P$可取上式的 1/3；

E_x——滑动力，即主动土压力的水平分力；

其余符号如图 5-19 所示。

此处，因考虑了凸榫前的被动土压力，故未计入榫前 B_1 宽度内的基底摩阻力。

为求得凸榫高度 h_t，可按照抗滑稳定性要求，令 $K_c = [K_c]$，代入式(5-37)即可得出计算凸榫高度 h_t 的公式：

$$h_t = \dfrac{[K_C]E_x - \dfrac{1}{2}(\sigma_2 + \sigma_3)B_2 f}{e_P} \tag{5-38}$$

凸榫宽度 B_t 根据下述两方面的要求进行计算，取其大者。

① 根据截面 1-1（图中虚线）上的弯矩 M_t：

$$B_t = \sqrt{\dfrac{6M_t}{[\sigma_{wl}]}} = \sqrt{\dfrac{6 \times \dfrac{1}{2}e_P \cdot h_t \cdot h_t}{[\sigma_{wl}]}} = \sqrt{\dfrac{3h_t^2 \cdot e_P}{[\sigma_{wl}]}} \tag{5-39}$$

② 根据 1-1 截面上的剪应力：

$$B_t = \dfrac{h_t \cdot e_P}{[\tau_c]} \tag{5-40}$$

上述式中：$[\sigma_{wl}]$、$[\tau_c]$——分别为混凝土的容许弯拉应力和容许剪应力。

③ 采用人工基础

采用换土的办法，增加墙底与地基之间的摩阻系数，从而加大抗滑力，增加挡土墙的抗滑稳定性。

2. 增加抗倾覆稳定性的方法

根据抗倾覆稳定系数的计算原理，应采取加大稳定力矩和减小覆力矩的方法增加抗倾覆稳定性。

（1）展宽墙趾

展宽墙趾的作用是增大抗倾覆力矩的力臂，从而增加其抗倾覆稳定性，是增加挡土墙抗倾覆稳定性的常用方法。但是，当墙趾前地面较陡时，墙趾加宽过多，将导致墙高和圬工体积显著增加，在地面横坡陡峻的条件下应考虑其经济性，并与其他方案进行对比。

（2）改变墙面及墙背坡度

改陡墙背坡度可减小土压力[图 5-20b)]，改缓墙面可加大抗倾覆力矩的力臂[图 5-20a)]。但是，若墙趾前地面较陡，改缓面坡将引起基础外移，使墙高增加。

（3）改变墙身断面形式

由第二节可知，不同的墙身断面形式具有不同的稳定性，就抗倾覆而言，衡重式优于仰斜式，仰斜式又优于俯斜式。设计时可根据地基和地面横坡情况选择适当的墙身断面形式，以增加挡土墙的抗倾覆稳定性。

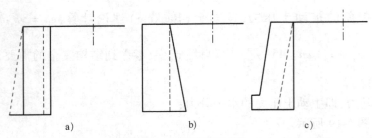

图 5-20　改变胸坡及背坡
a)改变胸坡；b)改陡俯斜墙背；c)改为仰斜墙背

3. 提高地基承载力或减小基底应力的方法

（1）采用人工基础

通过换土或人工加固地基的办法来提高地基承载力。

（2）采用扩大基础

扩大基础的目的是加大承压面积，以减小基底应力。

由图 5-21 可以看出，加宽前基底最大应力为 σ'_1，而加宽后 σ'_1 减小为 σ_1；加宽前的合力偏心距为 e，加宽后减小为 e_1。墙趾加宽值 Δb 可根据地基容许承载力及对偏心距的具体要求，分别按以下方法计算。

①要求加宽后的偏心距 $e_1 \leq \dfrac{B}{6}$

由图 5-21 可知，$B = b + \Delta b$，$e_1 = e - \dfrac{\Delta b}{2}$。将 B、e_1 代入式(5-30)，并令 $\sigma_1 = [\sigma_0]$，可得：

$$\Delta b = \dfrac{-N + \sqrt{N^2 + 3[\sigma_0]N(2e+b)}}{[\sigma_0]} - b \tag{5-41}$$

式中：$N = G + E_y$。

式(5-41)适用于 $0 \leq e_1 \leq \dfrac{b}{6}$ 或 $2e \geq \Delta b \geq \left(1.5e - \dfrac{b}{4}\right)$。

②容许加宽后的偏心距 $e_1 > \dfrac{B}{6}$

由图 5-21 可知，$Z_N = \Delta b + \dfrac{b}{2} - e$。将 Z_N 代入式(5-31)，并令 $\sigma_{\max} = [\sigma_0]$，可得：

$$\Delta b = \dfrac{2N}{3[\sigma_0]} - \dfrac{b}{2} + e = \dfrac{2(G+E_y)}{3[\sigma]} - \dfrac{b}{2} + e \tag{5-42}$$

式(5-42)适用于 $e_1 > \dfrac{B}{6}$ 或 $\Delta b < \left(1.5e - \dfrac{b}{4}\right)$。

加宽部分的台阶高度 Δh，可分别按图 5-21 中 1-1 截面上承受的剪力 Q、弯矩 M 和圬工刚性角的要求进行计算，取三者中的最大值。

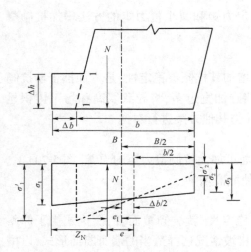

图 5-21　加宽墙趾前、后的基底应力分布

按剪力要求: $$\Delta h = \frac{Q}{[\tau_c]} = \frac{(\sigma_1 + \sigma_3)\Delta b}{2[\tau_c]} \tag{5-43}$$

按弯矩要求: $$\Delta h = \Delta b \sqrt{\frac{\sigma_3 + 2\sigma_1}{[\sigma_{wl}]}} \tag{5-44}$$

按刚性角要求: $$\Delta h = \frac{\Delta b}{\tan\alpha - n} \tag{5-45}$$

式中:$[\tau_c]$——圬工容许剪应力;

$[\sigma_{wl}]$——圬工容许弯拉应力;

α——圬工刚性角,浆砌片石,$\alpha = 35°$,混凝土,$\alpha = 45°$;

n——墙身面坡。

四、极限状态法验算挡土墙的稳定性

1.极限状态法的设计原则

当结构的整体或一部分超过某一特定状态时,结构就不能满足所规定的功能要求,此特定状态称为极限状态。挡土墙的极限状态可分为承载能力极限状态和正常使用极限状态。

挡土墙出现以下任何一种状态,即认为超过了承载能力极限状态:

①整个挡土墙或挡土墙的一部分作为刚体而失去平衡。

②挡土墙构件或联结部件因超过材料强度而破坏,或因过度塑性变形而不适于继续承载。

③挡土墙结构变为机动体系或局部丧失稳定。

当挡土墙出现下列状态之一时,即认为超过了正常使用极限状态:

①影响正常使用或影响外观的过大变形状态。

②影响正常使用或耐久性的局部破坏(包括裂缝)。

③影响正常使用的其他特定状态。

(1)设计原则

极限状态的设计原则是荷载效应的不利组合的设计值小于或等于结构抗力效应的设计值,不同荷载组合采用相应的不同荷载系数和抗力安全系数,其一般表达式为:

$$\gamma_0 S \leqslant R(\cdot) \tag{5-46}$$

$$R(\cdot) = R\left(\frac{R_k}{\gamma_f}, \alpha_d\right) \tag{5-47}$$

式中:γ_0——结构重要性系数,按表 5-11 的规定选用;

S——作用(或荷载)效应的组合设计值;

$R(\cdot)$——挡土墙结构抗力函数;

R_k——抗力材料的强度标准值;

γ_f——结构材料、岩土性能的分项系数;

α_d——结构或结构构件几何参数的设计值,当无可靠数据时,可采用几何参数标准值。

结构重要性系数 γ_0　　　　　表 5-11

墙　高	公 路 等 级	
	高速公路、一级公路	二级及以下公路
≤5.0m	1.0	0.95
>5.0m	1.05	1.0

(2) 设计荷载分类及荷载组合

极限状态法的设计荷载分类如表 5-12 所示。

挡土墙设计荷载分类　　　　　表 5-12

荷载（或作用）分类		荷载（或作用）名称
永久荷载（或作用）		挡土墙结构重力
		填土（包括基础襟边以上的土）重力
		填土侧压力
		墙顶上的有效永久荷载
		墙顶与第二破裂面之间的有效荷载
		计算水位的浮力及静水压力
		预加力
		混凝土收缩及徐变
		基础变位影响力
可变荷载（或作用）	基本或变荷载（或作用）	车辆荷载引起的土侧压力
		人群荷载、人群荷载引起的土侧压力
	其他可变荷载（或作用）	水位退落时的动水压力
		流水压力
		波浪压力
		冻胀压力和冰压力
		温度影响力
	施工荷载	与各类挡土墙施工有关的临时荷载
偶然作用（或荷载）		地震作用力
		滑坡、泥石流作用力
		作用于墙顶护栏上的车辆碰撞力

荷载效应组合如表 5-13 所示。计算时，作用在一般地区挡土墙上的力，可只计算永久荷载（或作用）和基本可变荷载（或作用），浸水地区、地震动峰值加速度值为 $0.2g$ 及以上的地区、产生冻胀力的地区，还应计算其他可变荷载（或作用）和偶然荷载（或作用）。

常用荷载（或作用）组合　　　　　表 5-13

组　　合	荷载（或作用）名称
Ⅰ	挡土墙结构重力、墙顶上的有效永久荷载、填土重力、填土侧压力及其他永久荷载组合
Ⅱ	组合Ⅰ与基本可变荷载相组合
Ⅲ	组合Ⅱ与其他可变荷载、偶然荷载相组合

注：1. 洪水与地震力不同时考虑。
　　2. 冻胀力、冰压力与流水压力或波浪压力不同时考虑。
　　3. 车辆荷载与地震力不同时考虑。

但是，浸水挡土墙墙背为岩块和粗粒土（粉砂除外）时，可不计墙身两侧静水压力和墙背动水压力、墙身所受浮力，应根据地基地层的浸水情况按下列原则确定：砂类土、碎石类土和节理很发育的岩石地基，按计算水位的 100% 计算；岩石地基，按计算水位的 50% 计算。作用在墙背上的主动土压力,可按库仑土压力理论计算,并应进行墙后填料的土质试验,确定填料的物理力学指标,当缺乏可靠试验数据时,填料内摩擦角 φ 可参照表5-14选用;挡土墙前的被动土压力可不计算,当基础埋置较深且地层稳定、不受水流冲刷和扰动破坏时,可计入被动土压力,但应计入相应的荷载(或作用)分项系数。

填料内摩擦角或综合内摩擦角 表5-14

填料种类		综合内摩擦角 φ_0(°)	内摩擦角 φ(°)	重度(kN/m³)
黏性土	墙高 $H \leq 6m$	35~40	—	17~18
	墙高 $H > 6m$	30~35		
碎石、不易风化的块石		—	45~50	18~19
大卵石、碎石类土、不易风化的岩石碎块		—	40~45	18~19
小卵石、砾石、粗砂、石屑		—	35~40	18~19
中砂、细砂、砂质土		—	30~35	17~18

注:填料重度可根据实测资料作适当修正,计算水位以下的填料重度采用浮重度。

(3)设计状态与荷载系数

挡土墙按承载能力极限状态设计时,各项荷载效应分项系数按表5-15取值。

承载能力极限状态荷载(或作用)分项系数 表5-15

情况	荷载增大对挡土墙结构起有利作用时		荷载增大对挡土墙结构起不利作用时	
组合	Ⅰ、Ⅱ	Ⅲ	Ⅰ、Ⅱ	Ⅲ
垂直恒载 γ_G	0.9		1.2	
恒载或车辆荷、人群荷载的主动土压力 γ_{Q1}	1.00	0.95	1.40	1.30
被动土压力 γ_{Q2}	0.30		0.50	
水浮力 γ_{Q3}	0.95		1.10	
静水压力 γ_{Q4}	0.95		1.05	
动水压力 γ_{Q5}	0.95		1.20	

(4)车辆荷载作用在挡土墙墙背填土上所引起的附加土体侧压力

可按式(5-23)或式(5-24)的方法换算成等代均布土层厚度计算。

2. 挡土墙的稳定性验算

(1)抗滑稳定性验算

如图5-13所示,挡土墙的抗滑稳定性应满足下式(滑动稳定方程)要求:

$$[1.1G + \gamma_{Q1}(E_y + E_x\tan\alpha_0) - \gamma_{Q2}E_P\tan\alpha_0]\mu + (1.1G + \gamma_{Q1}E_y)\tan\alpha_0 - \gamma_{Q1}E_x + \gamma_{Q2}E_P > 0$$

(5-48)

式中:G——作用于基底以上的重力(kN),浸水挡土墙的浸水部分应计入浮力;

E_y——墙后主动土压力的竖向分量(kN);

E_x——墙后主动土压力的水平分量(kN);

E_P——墙前被动土压力的水平分量(kN),当为浸水挡土墙时,$E_P = 0$;

α_0——基底倾斜角(°),基底为水平时,$\alpha = 0$;

γ_{Q1}、γ_{Q2}——主动土压力分项系数、墙前被动土压力分项系数,可按表5-15选用;

μ——基底与地基间的摩擦系数,当缺乏可靠试验资料时,可按表5-16的规定选用。

基底与基底土间的摩擦系数μ   表5-16

地基土的分类	摩擦系数μ	地基土的分类	摩擦系数μ
软塑黏土	0.25	碎石类土	0.50
硬塑黏土	0.30	软质岩石	0.40~0.60
砂类土、黏砂土、半干硬的黏土	0.30~0.40	硬质岩石	0.60~0.70
砂类土	0.40		

抗滑动稳定系数K_c按下式计算:

$$K_c = \frac{[N+(E_x-E'_P)\tan\alpha_0]\mu + E'_P}{E_x - N\tan\alpha_0} \tag{5-49}$$

式中:N——作用于基底上合力的竖向分力(kN),浸水挡土墙应计浸水部分的浮力;

E'_P——墙前被动土压力水平分量的0.3倍(kN);

K_c——抗滑动稳定系数,其取值不小于表5-17的规定值;

其余符号意义同前。

(2)抗倾覆稳定性验算

挡土墙的倾覆稳定性应满足下式(倾覆稳定方程)要求:

$$0.8GZ_G + \gamma_{Q1}(E_y Z_y - E_x Z_x) + \gamma_{Q2}E_P Z_P > 0 \tag{5-50}$$

式中:Z_G——墙身重力、基础重力、基础上填土的重力及作用于墙顶的其他荷载的竖向力合力重心到墙趾的距离(m);

Z_y——墙后主动土压力的竖向分量到墙趾的距离(m);

Z_x——墙后主动土压力的水平分量到墙趾的距离(m);

Z_P——墙前被动土压力的水平分量到墙趾的距离(m);

其余符号意义同前。

抗倾覆稳定系数K_0按下式计算:

$$K_0 = \frac{GZ_G + E_y Z_y + E'_P Z_P}{E_x Z_x} \tag{5-51}$$

式(5-51)中符号意义同前。

抗倾覆稳定系数K_0应不小于表5-17的规定值。设置于不良土质地基、表土下为倾斜基岩地基及斜坡上的挡土墙,应进行挡土墙地基及填土的整体稳定性验算,其稳定系数不应小于1.25。

抗滑动和抗倾覆的稳定系数   表5-17

荷载情况	验算项目	稳定系数	
荷载组合Ⅰ、Ⅱ	抗滑动	K_c	1.3
	抗倾覆	K_0	1.5
荷载组合Ⅲ	抗滑动	K_c	1.3
	抗倾覆	K_0	1.3
施工阶段验算	抗滑动	K_c	1.2
	抗倾覆	K_0	1.2

(3)基底应力及合力偏心距验算

①基底合力偏心距验算

基底合力的偏心距 e_0 可按下式计算:

$$e_0 = \frac{M_d}{N_d} \tag{5-52}$$

式中:N_d——作用于基底上的垂直力组合设计值(kN/m);

M_d——作用于基底形心的弯矩组合设计值(MPa)。

基底合力的偏心距 e_0,对于土质地基不应大于 $B/6$,对于岩石地基不应大于 $B/4$。

②基底应力验算

基底应力 σ 按下列公式计算:

当 $|e| \leq \dfrac{B}{6}$ 时, $\quad\sigma_{1,2} = \dfrac{N_d}{A}\left(1 \pm \dfrac{6e}{B}\right)$ (5-53)

位于岩石地基上的挡土墙:

当 $e > \dfrac{B}{6}$ 时, $\quad \sigma_1 = \dfrac{2N_d}{3a_1} \quad \sigma_2 = 0$ (5-54)

$$a_1 = \frac{B}{2} - e_0 \tag{5-55}$$

以上各式中:σ_1——墙趾处的压应力(kPa);

σ_2——墙踵处的压应力(kPa);

B——基底宽度(m),倾斜基底为其斜宽;

A——基础底面每延米的面积(m^2),矩形基础为基础宽度 $B \times 1$;

其余符号意义同前。

基底压应力不应大于基底的容许承载力$[\sigma_0]$;基底容许承载力值可按《公路桥涵地基与基础设计规范》(JTG D63—2007)的规定采用,当为荷载(或作用)组合Ⅲ及施工荷载,且$[\sigma_0] > 150$ kPa 时,可提高 25%。

上述挡土墙地基计算时,各类荷载(或作用)组合下,作用效应组合设计值计算式中的作用分项系数,除被动土压力分项系数 $\gamma_{Q2} = 0.3$ 外,其余作用(或荷载)的分项系数规定均为1。

(4)墙身截面强度和稳定性验算

根据《公路圬工桥涵设计规范》(JTG D61—2005)的规定,当构件采用分项安全系数的极限状态设计时,荷载效应不利组合的设计值应小于或等于结构抗力效应的设计值。重力式挡土墙按承载能力极限状态设计时,在某一类荷载(或作用)效应组合下,荷载(或作用)效应的组合设计值按下式计算:

$$S = \Psi_{ZL}\left(\gamma_G \sum S_{Gik} + \sum \gamma_{Qi} S_{Qik}\right) \tag{5-56}$$

式中:S——荷载(或作用)效应的组合设计值;

γ_G、γ_{Qi}——荷载(或作用)的分项系数,按表5-18采用;

S_{Gik}——第 i 个垂直恒载的标准值效应;

S_{Qik}——侧向土压力、水浮力、静水压力和其他可变荷载(或作用)的标准值效应;

Ψ_{ZL}——荷载效应组合系数,按表5-19采用。

圬工构件或材料的抗力分项系数 γ_f　　　表 5-18

圬工种类	受力情况	
	受压	受弯、剪、拉
石料	1.85	2.31
片石砌体、片石混凝土砌体	2.31	2.31
块石、粗料石、混凝土预制块、砖砌体	1.92	2.31
混凝土	1.54	2.31

荷载效应组合系数 Ψ_{ZL}　　　表 5-19

荷载组合	Ψ_{ZL}	荷载组合	Ψ_{ZL}	荷载组合	Ψ_{ZL}
Ⅰ,Ⅱ	1.0	施工荷载	0.7	Ⅲ	0.8

①强度验算

挡土墙构件轴心或偏心受压时,正截面强度按下式计算:

$$\gamma_0 N_d \leqslant \frac{a_k A R_a}{\gamma_f} \tag{5-57}$$

式中:N_d——验算截面上的轴向力组合设计值(kN);
γ_0——重要性系数;
γ_f——圬工构件或材料的抗力分项系数,按表 5-18 取用;
R_a——材料抗压极限强度(kN);
A——挡土墙构件的计算截面面积(m^2);
a_k——轴向力偏心影响系数,按式(5-58)计算。

$$a_k = \frac{1 - 256\left(\dfrac{e_0}{B}\right)^8}{1 + 12\left(\dfrac{e_0}{B}\right)^2} \tag{5-58}$$

式(5-58)中,e_0 为轴向力的偏心距(m),用公式 $e_0 = \left|\dfrac{M_e}{N_0}\right|$ 计算确定,且应满足表 5-20 圬工结构容许偏心距要求,其中,N_0 和 M_0 分别为某一类荷载(或作用)组合下作用于计算截面上的轴向力的合力(kN)和荷载(或作用)对计算截面形心的总力矩。

重力式挡土墙容许偏心距 e_0　　　表 5-20

荷载组合	容许偏心距	荷载组合	容许偏心距
Ⅰ,Ⅱ	0.25B	施工荷载	0.33B
Ⅲ	0.3B		

注:B 为沿力矩转动方向的矩形计算截面宽度。

②稳定性验算

重力式挡土墙的墙身截面尺寸较大,一般情况下不受稳定性控制,但对于细高(高宽比 $H/B \geqslant 10$)的挡墙截面,则应按下端固定、上端自由的计算图式进行正截面验算,即用下式进行计算:

$$\gamma_0 N_d \leqslant \frac{\Psi_k a_k A R_a}{\gamma_f} \tag{5-59}$$

式中：Ψ_k——偏心受压构件在弯曲平面内的纵向弯曲系数，按式(5-60)计算确定；轴心受压构件的纵向变曲系数，可按表 5-21 的规定取值。

$$\Psi_k = \frac{1}{1 + \alpha_s \beta_s (\beta_s - 3)\left[1 + 16\left(\dfrac{e_0}{B}\right)^2\right]} \tag{5-60}$$

$$\beta_s = \frac{2H}{B}$$

式中：α_s——与材料有关的系数，按表 5-22 采用；

其余符号意义同前。

偏心受压构件除验算弯曲平面内的纵向稳定外，还应按轴心受压构件验算非弯曲平面内的稳定。

轴心受压构件纵向弯曲系数 Ψ_k　　　　表 5-21

$2H/B$	混凝土构件	砌体砂浆强度等级	
		M10, M7.5, M5	M2.5
≤3	1.00	1.00	1.00
4	0.99	0.99	0.99
6	0.96	0.96	0.96
8	0.93	0.93	0.91
10	0.88	0.88	0.85
12	0.82	0.82	0.79
14	0.76	0.76	0.72
16	0.71	0.71	0.66
18	0.65	0.65	0.60
20	0.60	0.60	0.54
22	0.54	0.54	0.49
24	0.50	0.50	0.44
26	0.46	0.46	0.40
28	0.42	0.42	0.36
30	0.38	0.38	0.33

α_s 取值　　　　表 5-22

圬工名称	浆砌砌体采用的砂浆强度等级			混 凝 土
	M10, M7.5, M5	M2.5	M1	
α_s	0.002	0.0025	0.004	0.002

五、算例

某一级公路设置一仰斜重力式路肩挡土墙，墙身断面尺寸如图 5-22 所示。其中，墙高 6.30m，墙面和墙背坡度为 1:0.25（$\alpha = 14.04°$），基底倾斜坡度为 1:5（$\alpha_0 = 11.31°$），墙身和基础为 M5 浆砌片石 MU50，墙背填料为砂类土，地基持力层为密实砂类土，基础顶面距天然地面

0.80m。墙身砌体、地基和墙背填料的物理力学参数如表 5-23 所示。

墙身砌体、地基和墙背填料的物理力学参数　　　　表 5-23

填料	重度 γ(kN/m³)	19	M5 浆砌片石 MU50	重度 γ(kN/m³)	23
	内摩擦角 φ(°)	35		抗压强度 f_{cd}(kPa)	710
	墙背摩擦角 δ(°)	$\varphi/2$		轴心抗拉强度 f_{td}(kPa)	48
地基	重度 γ(kN/m³)	21		弯曲抗拉强度 f_{tmd}(kPa)	72
	容许承载力 $[\sigma]$	400		直接抗剪强度 f_{vd}(kPa)	120
地基摩擦因数 μ		0.4	地基土内摩擦因数 μ_0		0.8

1. 土压力计算

按表 5-6 规定,墙身高度为 6.3m 的附加荷载强度为 $q = 14.63 \text{kN/m}^3$,则等代均布土层厚度为:

$$h_0 = \frac{q}{\gamma} = \frac{14.63}{19} = 0.77 (\text{m})$$

采用库仑土压力理论计算墙后填土和车辆荷载引起的主动土压力,计算图式如图 5-23 所示。

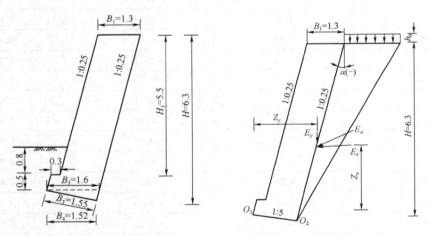

图 5-22　墙身断面尺寸(尺寸单位:m)　　　图 5-23　挡土墙墙身土压力计算图示

查表 5-3 破裂面交会于荷载中部边界条件的路肩墙土压力计算公式可得:
破裂面倾角为:

$$\tan\theta = -\tan\omega + \sqrt{(\cot\varphi + \tan\omega)(\tan\omega - \tan\alpha)}$$

$$= -\tan 38.46° + \sqrt{(\cot 35° + \tan 38.46°)[\tan 38.46° - \tan(-14.04)]}$$

$$= 0.7291$$

$$\theta = 36.10°$$

式中:$\omega = \varphi + \alpha + \delta = 35° - 14.04 + 17.5° = 38.46°$。

主动土压力系数为:

$$K_a = \frac{\cos(\theta+\varphi)}{\sin(\theta+\omega)}(\tan\theta+\tan\alpha)$$

$$= \frac{\cos(36.10°+35°)}{\sin(36.10°+38.46°)}[\tan 36.10°+\tan(-14.04)]$$

$$=0.161$$

$$K_1 = 1+\frac{2h_0}{H} = 1+\frac{2\times 0.77}{6.3} = 1.244$$

作用于墙背上的主动土压力为：

$$E_a = \frac{1}{2}\gamma H^2 K_1 K_a = \frac{1}{2}\times 19\times 6.3^2\times 1.244\times 0.161 = 75.55(\text{kN})$$

主动土压力的水平分力和竖向分力分别为：

$$E_x = E_a\cos(\alpha+\delta) = 75.55\times\cos(-14.04°+17.5°) = 75.41(\text{kN})$$

$$E_y = E_a\sin(\alpha+\delta) = 75.55\times\sin(-14.04°+17.5°) = 4.56(\text{kN})$$

水平土压力作用点至墙趾的力臂：

$$Z_x = \frac{H}{3}+\frac{h_0}{3K_1} = \frac{6.3}{3}+\frac{0.77}{3\times 1.244} = 2.31(\text{m})$$

竖向土压力作用点至墙趾的力臂：

$$Z_y = B_4 - Z_x\tan\alpha = 1.52-2.31\times(-0.25) = 2.10(\text{m})$$

2. 挡土墙自重及力臂计算

将挡土墙截面划分为三部分，如图 5-24 虚线所示，截面各部分对应的墙体重力及对墙趾 (O_1) 的力臂：

$$G_1 = \gamma_k B_1 H_1 = 23\times 1.3\times 5.5 = 164.45(\text{kN})$$

$$Z_1 = 0.3+0.5\times 0.25+5.5\times 0.25+1.3/2 = 1.76(\text{m})$$

$$G_2 = 23\times 1.6\times 0.5 = 18.4(\text{kN})$$

$$Z_2 = 0.5\times 0.25/2+1.6/2 = 0.86(\text{m})$$

$$G_3 = 23\times 1.6\times 0.30\times 1/2 = 5.52(\text{kN})$$

$$Z_3 = \frac{2}{3}\times(1.6+1.52) = 2.08(\text{m})$$

墙体总重及对墙趾 (O_1) 的力臂：

$$G = G_1+G_2+G_3 = 164.45+18.40+5.52 = 188.37(\text{kN})$$

$$Z_G = (G_1 Z_1+G_2 Z_2+G_3 Z_3)/G$$

$$=(164.45\times 1.76+18.4\times 0.86+5.52\times 2.08)/188.37$$

$$=1.68(\text{m})$$

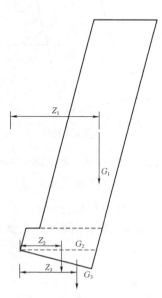

图 5-24 挡土墙自重及重心计算示意图

3.抗滑稳定验算

(1)沿基底平面滑动的稳定性验算

①抗滑稳定方程

滑动稳定应满足下式要求:

$$[1.1G + \gamma_{Q1}(E_y + E_x\tan\alpha_0)]\mu + (1.1G + \gamma_{Q1}E_y)\tan\alpha_0 - \gamma_{Q1}E_x > 0$$

由于土压力的作用效应增大对挡土墙结构起不利作用,故 $\gamma_{Q1} = 1.4$,则有:

$$[1.1 \times 188.37 + 1.4 \times (4.56 + 75.41 \times 0.2)] \times 0.4 + (1.1 \times 188.37 + 1.4 \times 4.56) \times$$
$$0.2 - 1.4 \times 75.41 = 32.30(kN) > 0$$

②抗滑稳定系数

$$\sum N = G + E_y = 188.37 + 4.56 = 192.93(kN)$$

$$K_c = \frac{(\sum N + E_x\tan\alpha_0)\mu}{E_x - \sum N\tan\alpha_0}$$

$$= \frac{(192.93 + 75.41 \times 0.2) \times 0.4}{75.41 - 192.93 \times 0.2}$$

$$= 2.26 > 1.3$$

抗滑稳定性满足要求。

(2)沿过墙踵水平滑动的稳定性验算(图5-25)

计入倾斜基底与水平滑动面的稳定性间的土楔的重力 ΔG:

$$\Delta G = \frac{1}{2} \times 1.52 \times 0.30 \times 21 = 4.79(kN)$$

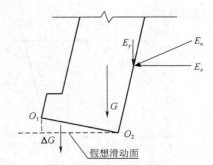

图5-25 沿墙踵水平滑动的稳定性验算图示

①滑动稳定方程

$$(1.1G + \gamma_{Q1}E_y)\mu_n - \gamma_{Q1}E_x = [1.1 \times (188.37 + 4.79) +$$
$$1.4 \times 4.56] \times 0.8 -$$
$$1.4 \times 75.41$$
$$= 69.51(kN) > 0$$

②抗滑稳定系数

$$K_c = \frac{(\sum N + \Delta G)\mu_n}{E_x} = \frac{(192.93 + 4.79) \times 0.8}{75.41} = 2.10 > 1.3$$

沿过墙踵水平面的抗滑稳定性满足要求。

4.抗倾覆稳定性验算

(1)倾覆稳定方程

倾覆稳定应满足下式要求:

$$0.8GZ_G + \gamma_{Q1}(E_yZ_y - E_xZ_x) > 0$$

即

$$0.8 \times 188.37 \times 1.68 + 1.4 \times (4.56 \times 2.10 - 75.41 \times 2.31) = 22.70(kN \cdot m) > 0$$

(2) 抗倾覆稳定系数

$$K_0 = \frac{GZ_G + E_y Z_y}{E_x Z_x} = \frac{188.37 \times 1.68 + 4.56 \times 2.10}{75.41 \times 2.31} = 1.87 > 1.5$$

抗倾覆稳定性满足要求。

5. 偏心距及地基承载力验算

(1) 荷载效应标准组合

按表 5-19,取荷载综合效应组合系数 $\psi_{ZL} = 1.0$。

作用于基底中心处的力矩组合:

$$\begin{aligned} M_d &= G \times \left(Z_G - \frac{B_4}{2}\right) + E_y\left(Z_y - \frac{B_4}{2}\right) - E_x\left(Z_x - \frac{0.30}{2}\right) \\ &= 188.37 \times (1.68 - 0.76) + 4.56 \times (2.10 - 0.76) - 75.41 \times (2.31 + 0.15) \\ &= -6.10 (\text{kN} \cdot \text{m}) \end{aligned}$$

作用于倾斜基底的轴向力组合:

$$\begin{aligned} N_d &= (G + E_y)\cos\alpha_0 + E_x \sin\alpha_0 \\ &= (188.37 + 4.56) \times \cos11.31° + 75.41 \times \sin11.31° = 203.97 (\text{kN}) \end{aligned}$$

(2) 合力偏心距验算

对于倾斜基底,其合力偏心距为:

$$e_0 = \left|\frac{M_d}{N_d}\right| = \left|\frac{-6.10}{203.97}\right| = 0.03 (\text{m}) < \frac{B_5}{6} = \frac{1.55}{6} = 0.26 (\text{m})$$

合力偏心距满足要求。

(3) 基底应力验算

基础埋深(算至墙趾点)为:

$$h_D = 0.8 + 0.5 = 1.30 (\text{m}) > 1.0 (\text{m})$$

因 $h_D < 3.0\text{m}$、基础宽度 $B_5 < 2.0\text{m}$,所以不对地基承载力特征值进行修正,即 $f_a' = f_a$。对于荷载组合 II,地基承载力特征值提高系数 $K = 1.0$,因此,$f_a' = f_a = 400\text{kPa}$。基底应力计算图式如图 5-26 所示。

基底应力由式(5-53)求得:

$$\begin{aligned} \sigma_{\max} &= \frac{N_d}{B_5}\left(1 + \frac{6e_0}{B_5}\right) = \frac{203.97}{1.55} \times \left(1 + \frac{6 \times 0.03}{1.55}\right) \\ &= 146.88 (\text{kPa}) < f_a' = 400 (\text{kPa}) \end{aligned}$$

$$\sigma_{\min} = \frac{N_d}{B_5}\left(1 - \frac{6e_0}{B_5}\right) = \frac{203.97}{1.55} \times \left(1 - \frac{6 \times 0.03}{1.55}\right) = 116.31 (\text{kPa}) > 0$$

基底应力满足要求。

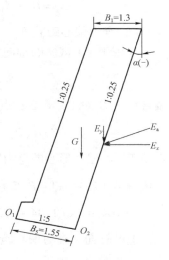

图 5-26 基底应力验算图示
(尺寸单位:cm)

6. 墙身截面验算

取基顶截面(即 1-1 截面)为验算截面,如图 5-27 所示。

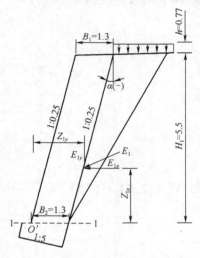

图 5-27 基顶截面(1-1)土压力计算图示
(尺寸单位:cm)

(1)土压力计算

由前面的主动土压力计算结果可知:$K = 0.161$,$h_0 = 0.77(m)$。

1-1 截面宽度 $B_s = B_2 = 1.30(m)$,1-1 截面处的计算墙高 $H_1 = 5.5(m)$。

土压力为:

$$E_1 = \frac{1}{2}\gamma H_1^2 K_a K_1$$

$$= \frac{1}{2} \times 19 \times 5.5^2 \times 0.161 \times \left(1 + \frac{2 \times 0.77}{5.5}\right)$$

$$= 59.22(kN)$$

土压力的水平分力和竖向分力分别为:

$$E_{1x} = E_1 \cos(\alpha + \delta) = 59.22 \times \cos(-14.04° + 17.5°)$$

$$= 59.11(kN)$$

$$E_{1y} = E_1 \sin(\alpha + \delta) = 59.22 \times \sin(-14.04° + 17.5°) = 3.57(kN)$$

水平土压力的作用点至 1-1 截面趾点(O')的力臂:

$$Z_{1x} = \frac{H_1}{3} + \frac{h_0}{3K_1} = \frac{5.5}{3} + \frac{0.77}{3 \times 1.28} = 2.03(m)$$

竖向土压力的作用点至 1-1 截面趾点(O')的力臂:

$$Z_{1y} = B_s - Z_{1x} \times \tan\alpha = 1.30 - 2.03 \times \tan(-14.04°) = 1.81(m)$$

(2)合力偏心距验算

作用于 1-1 截面的轴向力的合力:

$$N_k = G_1 + E_{1y} = 164.45 + 3.57 = 168.02(kN)$$

墙身自重 G_1 对 1-1 截面趾点(O')的力臂:

$$Z_s = (B_s - H_1\tan\alpha)/2 = (1.30 + 5.5 \times 0.25)/2 = 1.34(m)$$

作用于 1-1 截面形心的总力矩:

$$M_k = G_1(Z_s - 0.3 - B_s/2) + E_{1y}(Z_{1y} - B_s/2) - E_{1x}Z_{1x}$$

$$= 164.45 \times (1.34 - 1.3/2) + 3.57 \times (1.81 - 1.3/2) - 59.11 \times 2.03 = -2.38(kN \cdot m)$$

截面上的轴向力合力偏心距:

$$e_0' = \left|\frac{M_k}{N_k}\right| = \left|\frac{-2.38}{168.02}\right| = 0.014(m)$$

由表 5-20,可得圬工结构合力偏心距容许限值为:
$$[e_0'] = 0.25 B_s = 0.25 \times 1.3 = 0.33 (\text{m})$$

因 $e_0' < [e_0']$,故合力偏心距满足要求。

(3) 截面强度验算

挡土墙墙身受压时,截面强度应满足下式要求:
$$\gamma_0 N_d \leq \frac{a_k A R_a}{\gamma_f}$$

查表 5-11 和表 5-18 可得,结构重要性系数 $\gamma_0 = 1.05$,材料抗力分项系数 $\gamma_f = 2.31$。

$$\alpha_k = \frac{1 - 256 \left(\dfrac{e_0'}{B_s}\right)^8}{1 + 12 \left(\dfrac{e_0'}{B_s}\right)^2} = \frac{1 - 256 \times \left(\dfrac{0.014}{1.3}\right)^8}{1 + 12 \times \left(\dfrac{0.014}{1.3}\right)^2} = 1.0$$

$$A = 1 \times B_s = 1.3 (\text{m}^2)$$

则
$$\frac{a_k A R_a}{\gamma_f} = \frac{1.0 \times 1.3 \times 710}{2.31} = 399.56 (\text{kN})$$

作用于 1-1 截面上的轴向力组合设计值为:
$$N_d = \psi_{ZL}(\gamma_G G_1 + \gamma_{Q1} E_y) = 1.0 \times (1.2 \times 164.45 + 1.4 \times 3.57) = 202.34 (\text{kN})$$

其中,根据表 5-19,取综合效应组合系数 $\psi_{ZL} = 1.0$,并按表 5-15,取载荷分项系数 $\gamma_G = 1.2, \gamma_{Q1} = 1.4$。

因 $\gamma_0 N_d = 1.05 \times 202.34 = 212.46 (\text{kN}) < 399.56 (\text{kN})$,故截面强度满足要求。

(4) 截面稳定性验算

挡土墙墙身偏心受压时,稳定性应满足下式要求:
$$\gamma_0 N_d \leq \frac{\psi_k a_k A R_a}{\gamma_f}$$

$$\beta_s = \frac{2 H_1}{B_s} = 2 \times \frac{5.5}{1.3} = 8.46$$

$$\psi_k = \frac{1}{1 + a_s \beta_s (\beta_s - 3) \left[1 + 16 \times \left(\dfrac{e_0'}{B_s}\right)^2\right]} = \frac{1}{1 + 0.002 \times 8.46 \times (8.46 - 3) \times \left[1 + 16 \times \left(\dfrac{0.014}{1.3}\right)^2\right]}$$

$$= 0.92$$

其中,由表 5-22 查得 $a_s = 0.002$。

则
$$\frac{\psi_k a_k A R_a}{\gamma_f} = \frac{0.92 \times 1.0 \times 1.3 \times 710}{2.31} = 367.60 (\text{kN})$$

因 $\gamma_0 N_d = 1.05 \times 202.34 = 212.46 (\text{kN}) < 367.60 (\text{kN})$,故截面稳定性满足要求。

第五节　浸水挡土墙设计

设置于河滩路堤、沿河路基等处的挡土墙,由于受到经常性或季节性浸水的影响,故称为浸水挡土墙。它与一般挡土墙的差别在于：
①土压力因填料受浮力影响而降低。
②除作用于一般挡土墙的力系外,还有动水压力及静水压力。
③由于上述两因素的影响,挡土墙的抗滑动与抗倾覆稳定性降低。

一、浸水挡土墙的土压力计算

由于墙后填料浸水部分的土压力因浮力的作用面减小,因此,作用于整个墙背的总土压力 E_b 亦将相应降低。其大小视填料性质分别按下述方法计算。

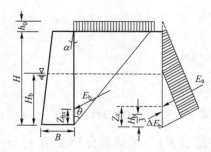

图 5-28　砂性土的浸水土压力计算图

1. 填料为砂性土

计算前提：
①浸水前后内摩擦角不变。
②破裂面为一平面,浸水后破裂面位置的变动对计算土压力的影响不大,因而不考虑浸水的影响。
③浸水部分填料重度采用浮重度。

根据上述假设,浸水挡土墙墙背土压力 E_b 可采用不浸水时的土压力 E_a 扣除计算水位以下因浮力影响而减小的土压力 ΔE_b(图 5-28)计算而得,即：

$$E_b = E_a - \Delta E_b \tag{5-61}$$

$$\Delta E_b = \frac{1}{2}(\gamma - \gamma_f) H_b^2 K_a \tag{5-62}$$

$$\gamma_f = \frac{\gamma_0 - \gamma_w}{1 + \varepsilon_0} \tag{5-63}$$

式中：E_a——未浸水的主动土压力(kPa)；

ΔE_b——浸水部分因浮力影响而减小的土压力(kPa)；

$\gamma、\gamma_f$——填料的干重度及浮重度(kN/m³)；

H_b——浸水部分墙高(m)；

K_a——土压力系数；

$\gamma_w、\gamma_0$——水及填料的重度(kN/m³),一般 $\gamma_w = 9.8$ kN/m³；

ε_0——填料的孔隙比。

土压力 E_b 的水平分力 E_{bx} 和垂直分力 E_{by} 分别为：

$$\left. \begin{array}{l} E_{bx} = E_b \cos(\alpha + \delta) \\ E_{by} = E_b \sin(\alpha + \delta) \end{array} \right\}$$

其相应的作用点位置为：

$$Z_{bx} = \frac{E_a Z_x - \Delta E_b \left(\dfrac{H_b}{3}\right)}{E_a - \Delta E_b} \\ Z_{by} = B - Z_{bx}\tan\alpha \Biggr\} \quad (5\text{-}64)$$

式(5-64)中符号意义同前。

2. 填料为黏性土

由于黏性土浸水后，其内摩擦角 φ 值显著降低，浸水部分和非浸水部分土体的抗剪强度明显不同，因此将浸水和非浸水填土视为两层不同性质的土层，分别计算其土压力，如图5-29所示。其方法如下：先求出计算水位以上填土的土压力 E_1，然后将上层填土重力作为荷载，计算浸水部分的土压力 E_2。E_1 和 E_2 的矢量和即为全墙土压力。

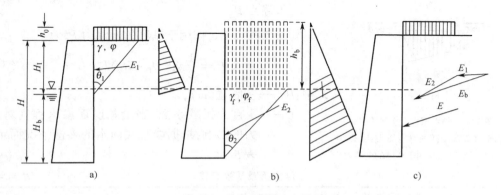

图 5-29 黏性土的浸水土压力
a)未浸水部分土压力；b)浸水部分土压力；c)全墙背总土压力计算

在计算浸水部分的土压力 E_2 时，先按浮重度 γ_f 将上部土层及超载换算的均布土层换算为超载。土层换算厚 h_b 为：

$$h_b = \frac{\gamma(h_0 + H_1)}{\gamma_f} = \frac{\gamma}{\gamma_f}(h_0 + H - H_b) \quad (5\text{-}65)$$

式(5-65)中符号如图5-29所示或同前。

二、静水压力、动水压力和上浮力的计算

1. 静水压力 P_1

如图5-30所示，作用于墙面静水压力 P_1' 为：

$$P_1' = \frac{1}{2}\gamma_w H_b'^2 \frac{1}{\cos\alpha'} \quad (5\text{-}66)$$

其水平分力与垂直分力分别为：

$$P_{1x}' = \frac{1}{2}\gamma_w H_b'^2 \\ P_{1y}' = \frac{1}{2}\gamma_w H_b'^2 \tan\alpha' \Biggr\}$$

墙背静水压力 P_1 为：

$$P_1 = \frac{1}{2}\gamma_w H_b^2 \frac{1}{\cos\alpha} \tag{5-67}$$

其水平分力与垂直分力分别为：

$$\left.\begin{array}{l} P_{1x} = \dfrac{1}{2}\gamma_w H_b^2 \\ P_{1y} = \dfrac{1}{2}\gamma_w H_b^2 \tan\alpha \end{array}\right\}$$

当计算动水压力时，$H_b H_b'$ 段的静水压力已为动水压力所代替，则墙背静水压力 P_{1x} 为：

$$P_{1x} = \frac{1}{2}\gamma_w(2H_b H_b' - H_b'^2)$$

2. 上浮力 P_2

如图 5-30 所示，作用于基底的上浮力 P_2' 为：

$$P_2' = \frac{1}{2}\gamma_w(H_b + H_b')B \cdot C \tag{5-68}$$

式中：B——基底宽(m)；

C——上浮力折减系数，表示基底面渗水程度对上浮力的影响，根据墙基底面水的渗透情况而定，见表 5-24。

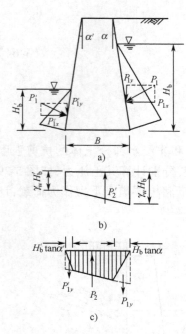

图 5-30 静水压力及上浮力
a)作用于墙背及墙面的静水压力；b)作用于基底的上浮力；c)作用于全墙的上浮力

上浮力折减系数 C 值　　　　表 5-24

墙基底面水的渗透情况	C
透水的地基	1.0
不能肯定是否透水的地基	1.0
岩石地基，在基底与岩石间浇注混凝土，认为相对不透水时	0.5

墙身受到的上浮力 P_2 是基底上浮力 P_2' 与作用于墙面和墙背上的垂直静水压力之差。即：

$$\begin{aligned}P_2 &= P_2' - P_{1y} - P_{1y}' \\ &= \frac{1}{2}\gamma_w[(H_b + H_b')B \cdot C - (H_b'^2\tan\alpha' + H_b^2\tan\alpha)]\end{aligned} \tag{5-69}$$

对于常年浸水的挡土墙，上述静水压力和上浮力在计算时应视作主要荷载组合中的作用力；而对于季节性浸水的挡土墙，则当作附加组合中的作用力。

3. 动水压力 P_3

当墙后为弱透水性填料时，由于墙外水位急剧下降，在填料内部将产生渗流，由此而引起动水压力 P_3，其大小按下式计算：

$$P_3 = I_j \Omega \gamma_w \tag{5-70}$$

式中：I_j——降水曲线的平均坡度(图 5-31)；

Ω——产生动水压力的浸水面积，图中阴影部分，可近似地取梯形 $abcd$ 的面积。

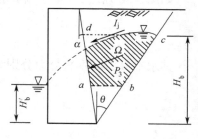

图 5-31 动水压力

$$\Omega = \frac{1}{2}(H_b^2 - H_b'^2)(\tan\theta + \tan\alpha) \tag{5-71}$$

动水压力 P_3 的水平分力与垂直分力分别为：

$$P_{3x} = P_3\cos\alpha, P_{3y} = P_3\sin\alpha$$

动水压力 P_3 的作用点为 Ω 面积的重心，其方向平行于 I_j。

透水性材料，动水压力一般很小，可忽略不计。

三、浸水挡土墙的稳定性验算

作用于浸水挡土墙的力系如图 5-32 所示。

浸水挡土墙的稳定性验算与一般地区挡土墙的稳定性验算相同，只是验算时注意考虑浸水挡土墙的受力特点。其容许应力法的稳定性验算公式如下。

1. 抗滑稳定性验算

$$K_c = \frac{Nf}{T} = \frac{(G + E_{by} + P'_{1y} + P_{1y} + P_{3y} - P'_2)f}{E_{bx} - P'_{1x} + P_{1x} + P_{3x}} \tag{5-72}$$

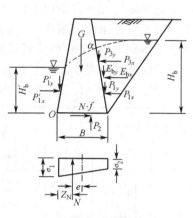

图 5-32　作用在浸水挡土墙上的力系

或

$$K_c = \frac{(G + E_{by} - P_2 + P_{3y})f}{E_{bx} - P'_{1x} + P_{1x} + P_{3x}} \tag{5-73}$$

当填料为透水性材料时，$H_b = H_b'$，其静水压力和动水压力可略去不计，则：

$$K_c = \frac{(G + E_{by} - P_2)f}{E_{bx}} \tag{5-74}$$

式中符号意义同前。

2. 抗倾覆稳定性验算

$$K_0 = \frac{GZ_G + E_{by}Z_{by} + P'_{1y}Z'_{P1x} + P_{1y}Z_{P1y} + P_{3y}Z_{P3y} - P'_2Z'_{P2}}{E_{bx}Z_{bx} - P'_{1x}Z'_{P1x} + P_{1x}Z_{P1x} + P_{3x}Z_{P3x}} \tag{5-75}$$

式中：Z_G、Z_{by}——分别为各力对 O 点的力臂 (m)。

当填料为透水性材料，$H_b = H_b'$，其静水压力和动水压力可略去不计，则：

$$K_0 = \frac{GZ_G + E_{by}Z_{by} - P_2Z_{P2}}{E_{by}Z_{bx}} \tag{5-76}$$

3. 基底应力与合力偏心距验算

当 $e \leq \dfrac{B}{6}$ 时：

$$\begin{matrix}\sigma_1\\\sigma_2\end{matrix} = \frac{G + E_{by} + P_{3y} - P_2}{B}\left(1 \pm \frac{6e}{B}\right) \tag{5-77}$$

当 $e > \dfrac{B}{6}$ 时：

$$\sigma_{max} = \frac{2(G + E_{by} + P_{3y} - P_2)}{3Z_N} \tag{5-78}$$

作用于基底的合力偏心距 e 为：

$$e = \frac{B}{2} - Z_N \tag{5-79}$$

式中：Z_N——基底合力对 O 点的力臂。

4. 截面应力验算

验算截面位于浸水位以上时，验算方法与一般地区的挡土墙相同。当验算截面位于浸水位以下时，应把水在该截面的作用力算出，然后计入上述各项算式。

5. 最不利水位的求算

由于浸水对墙身及填料产生不同的影响，挡土墙的稳定性直接与水位的高低有关。最高水位也并不是在所有情况下都是最不利水位。浸水挡土墙设计应以最不利水位为依据，所谓最不利水位是指稳定系数 K_c 和 K_0 同时出现最小值，或其中一个出现最小值时的水位。为了寻求最不利水位，必须做反复试算。为减少工作量，可采用优选法（0.618 法）试算。

用优选法求最小稳定系数和最不利水位的步骤如下所述。

如图 5-33 所示，设浸水挡墙的高为 H，试算水位均从挡土墙基底算起。

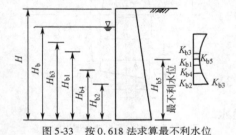

图 5-33 按 0.618 法求算最不利水位

① 求算 H_{b1} 处的稳定系数 K_{b1}，$K_{b1} = 0.618H_b$。

② 求算与 H_{b1} 对称的 H_{b2} 处的 K_{b2}，$K_{b2} = 0.382H_b$。

③ 比较 K_{b1} 和 K_{b2}，若 $K_{b2} > K_{b1}$，则求算剩余段中与 H_{b1} 对称的 H_{b3} 处的 K_{b3}，$H_{b3} = H_{b2} + H_b - H_{b1} = 0.764H_b$。

④ 比较 K_{b1} 和 K_{b3}，若 $K_{b3} > K_{b1}$，再求算新剩余段中与 H_{b1} 对称的 H_{b4} 处的 K_{b4}，$H_{b4} = H_{b2} + H_3 - H_{b1} = 0.528H_b$。

⑤ 再比较 K_{b1} 和 K_{b4}，若 $K_{b4} > K_{b1}$，再求 H_{b5} 之 K_{b5}。

如此试算三五次，并将各试算水位的稳定系数 K_{b1}，K_{b2}…绘成 K-H_b 曲线（图 5-33）。从曲线上找到 K_{min}（此例为 K_{b5}），则其相应的水位（H_{b5}）即为最不利水位。

至于基底应力，它随水位的降低而增大，而在枯水位时接近或达到最大，故在浸水挡墙基底应力验算时，通常以枯水位作为验算水位。

第六节 地震地区挡土墙设计

在下列情况下，挡土墙应进行抗震强度和稳定性验算：设计烈度 8 度或 8 度以上地区；设计烈度 7 度但地基为软弱黏土或可液化土层，或地震时可能发生大规模滑坡、崩塌地段。验算时，考虑破裂棱体和挡土墙分别承受地震力的作用，将地震荷载与恒载组合；在浸水地区，还需考虑常年水位的浮力，不考虑季节性浸水的影响；其他外力，包括车辆荷载的作用均不考虑。

验算方法一般仍采用以静力理论为基础的库仑法，与一般挡土墙的区别在于计算土压力时需考虑重力加速度的影响和水平地震力的作用。

一、水平地震力的计算

在挡土墙设计中，一般只考虑水平地震力，竖向地震力因影响很小，可略去不计。作用于破裂棱体与挡土墙重心上的水平地震力 P_s 可用下式计算：

$$P_s = G_Z K_H G \tag{5-80}$$

式中：G_z——综合影响系数，表示实际建筑物的地震反应与理论计算间的差异，一般采用 0.25；

K_H——水平地震系数，为地震时地面最大水平加速度的统计平均值与重力加速度的比值，如表 5-25 所示；

G——破裂棱体与挡土墙的重力。

水平地震系数　　　　　　　　　　　表 5-25

设计烈度（度）	7	8	9
水平地震系数 K_H	0.1	0.2	0.4

图 5-34 表示挡土墙重力 G 与水平地震力 P_s 的合力 G_1，其与竖直线的夹角 θ_s 称为地震角。

$$\theta_s = \arctan C_z K_H \tag{5-81}$$

二、地震作用下的土压力计算

已知地震力与重力合力大小与方向，假定在地震作用下土的内摩擦角 φ 及其与墙背的摩擦角 δ 不变，则墙后破裂棱体的平衡力系如图 5-35a) 所示，图 5-35b) 为力多边形 abb_1c 或力三角形 abc。从图中可以看出，当用 $\gamma_s = \dfrac{\gamma}{\cos\theta_s}$，$\delta_s = \delta + \theta_s$ 和 $\varphi_s = \varphi - \theta_s$ 取代 γ、δ 和 φ 值时，地震作用下的力三角形 abc 与一般情况下的力三角形 abc 完全相似，因此可以直接采用一般库仑土压力公式来计算地震土压力。

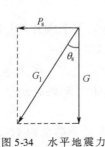

图 5-34　水平地震力与地震角

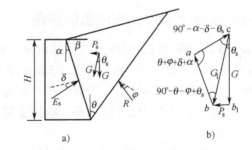

图 5-35　地震作用下的主动土压力

例如，当填土表面与水平面成 β 角时，由图 5-7 及式 (5-6) 可知，地震土压力应为：

$$E_s = \frac{1}{2}\frac{\gamma}{\cos\theta_s}H^2 K_s$$

$$= \frac{1}{2}\frac{\gamma}{\cos\theta_s}H^2 \frac{\cos^2(\varphi - \theta_s - \alpha)}{\cos^2\alpha \cos(\alpha + \delta + \theta_s)\left[1 + \sqrt{\dfrac{\sin(\varphi + \delta)\sin(\varphi - \theta_s - \beta)}{\cos(\alpha + \delta + \theta_s)\cos(\alpha + \beta)}}\right]^2} \tag{5-82}$$

各种边界条件下的地震土压力均可用 γ_s、δ_s、φ_s 取代 γ、δ、φ，而按一般求解公式求算。但必须指出，这种方法仅是利用原有公式来求解的计算过程，而地震土压力 E_s 的作用方向仍应按实际墙背摩擦角 δ 决定，在计算 E_x 和 E_y 时，采用 δ 而不用 δ_s。

对于地震荷载作用下的路肩挡土墙,也可用下面的简化公式计算:

$$E'_a = (1 + 3C_z K_H \tan\varphi) E_a \tag{5-83}$$

式中:E_a——一般非地震地区的挡土墙主动土压力。

三、地震条件下挡土墙的稳定性验算

对地震地区挡土墙,应先按一般条件进行设计,然后再考虑地震荷载作用进行抗震验算。验算按图 5-36 进行,验算项目及方法与一般地区挡土墙相同。

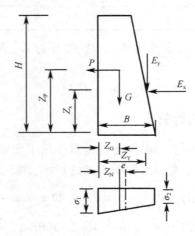

图 5-36　作用于地震地区挡土墙上的力系

四、地震地区挡土墙设计应注意的问题

①挡土墙宜采用浆砌片石、混凝土或钢筋混凝土修筑。当采用干砌片(块)石时,墙高需加以限制:设计烈度为 8 度时,一般不应超过 5m;9 度时,一般不超过 3m。

②浆砌片石挡土墙所有砂浆强度等级应按非地震地区的要求提高一级采用。

③建于软弱黏土层和可液化土层地基上的挡土墙,可视具体情况采取换土、扩大基础、桩基等地基处理措施。

④墙体应以垂直通缝分段,每段长不宜超过 15m,地基变化或地面高程突变处,也应设置通缝。

⑤尽可能采用重心低的墙身断面形式。

⑥墙后填料应尽量用片、碎石或砂性土分层填筑并夯实,并做好排水设施。

第七节　加筋土挡土墙设计

加筋土挡土墙(reinforced earth retaining wall)系由填土、填土中布置的筋带(或筋网)和墙面板三部分组成,如图 5-37 所示。它利用加筋与土体的摩擦作用,改善土体的变形条件,提高土体的工程性能,从而达到稳定土体的目的。它是法国工程师亨利·维达尔(Henri·Vidal)在 1963 年发明的一种挡土墙结构。

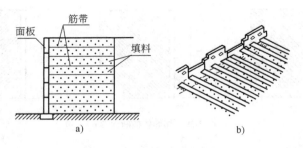

图 5-37 加筋土挡墙基本构造

加筋土挡土墙具有以下特点：
①挡土墙的面板和筋带可以预先制作，施工简便、快速，节省劳动力。
②加筋土挡土墙是柔性结构物，能够适应地基的轻微变形和具有较强的抗震能力。
③占地少，造型美观。
④造价比较低，与石砌重力式挡土墙相比，加筋土挡土墙的造价节约20%以上。

一、加筋土的基本原理

在加筋土挡土墙结构中，由填土自重和外力产生的侧压力作用于面板，通过面板上的筋带连接件将侧压力传给筋带，企图将筋带从土中拉出。而筋带材料被土压住，筋带与土之间产生的摩阻力阻止筋带被拔出。加筋和土之间的摩阻力传递如图 5-38 所示。

设土的水平推力在加筋带中引起的拉力沿筋带长度呈非均匀分布，则分析长为 dl、宽度为 b 的微分段加筋带的局部平衡，可以得到加筋与土体之间的摩阻力传递为：

$$dT = T_2 - T_1 = 2bN \cdot f^* dl \quad (5\text{-}84)$$

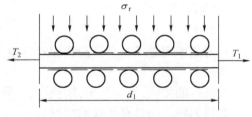

图 5-38 加筋与土粒间的摩擦作用

式中：N——垂直作用于加筋带的法向力，包括土重和法向力；

f^*——筋带与土之间的摩擦系数。

从式(5-84)可知，若 $dT < 2bNf^* dl$，加筋与土之间就不会产生相互滑动。这时加筋与土之间好像直接相连似的发挥着作用。因此，在只产生摩擦力而不产生滑移的条件下，加筋改良后提高了土的力学特性，通过加筋和土之间的摩擦阻力传递作用，使加筋土挡土墙成为能够支承外力和自重的结构体。

二、加筋土挡土墙的构造

1. 加筋体横断面

加筋体(加筋与土形成的复合土体)的横断面形式如图 5-39 所示。一般情况下宜用矩形[图 5-39a)]，斜坡地段由于地形条件限制可采用倒梯形断面[图 5-39b)]，在宽坦的填方地段亦可用正梯形断面[图 5-39c)]。

2. 填料

填料是加筋体的主体材料，由它与筋带产生摩擦力。对填料的基本要求是：

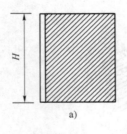 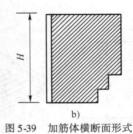 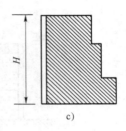

图 5-39 加筋体横断面形式

①易于填筑与压实。
②能与加筋产生足够摩擦力。
③水稳性好。
④满足化学和电化学标准,无腐蚀性。

加筋土挡土墙填料的压实标准如表 5-26 所示。

加筋土挡土墙填料压实度要求　　　　表 5-26

填土范围	路槽底面以下深度(cm)	压实度(%)	
		高速公路、一级公路	二、三、四级公路
距面板 1.0m 以外	0~80	≥95	≥93
	80 以下	>90	>90
距面板 1.0m 以内	全部墙高	≥90	≥90

注:表列压实度的确定系按《公路土工试验规程》(JTG E40—2007)重型击实试验标准;对于三、四级公路,允许采用轻型击实标准。

3. 筋带

筋带的作用是承受垂直荷载和水平拉力,并与填料产生摩擦力。因此,筋带材料必须具有以下特性:

①抗拉能力强,延伸率小,蠕变小,不易产生脆性破坏。
②与填料之间具有足够的摩擦力。
③耐腐蚀和耐久性好。
④具有一定的柔性,加工容易,接长及与墙面板的连接简单。
⑤使用寿命长,施工简便。

国内以采用聚丙烯土工带、钢塑复合带和钢筋混凝土带为主,国外广泛使用镀锌钢带。对于高速公路和一级公路应用钢带或钢筋混凝土带。

4. 墙面板

墙面板的作用是防止填土侧向挤出和传递土压力,以及便于拉筋固定布设和保证填料、拉筋与墙面构成具有一定形状的整体。墙面板不仅要有一定的强度,而且要有足够的刚度,以抵抗预期的冲击和震动。墙面板的设计应满足坚固、美观及运输与安装方便的要求。

国内常用混凝土或钢筋混凝土面板。类型有十字形、槽形、六角形、L形、矩形等,具体尺寸可参考《公路设计手册·路基》。

5. 基础

加筋土挡土墙的基础一般情况下只在墙面板下设置宽 0.3~0.5m,厚度为 0.25~0.4m 的条形基础(图 5-40),视地基条件可适当加大尺寸,宜用现浇混凝土或片(块)石砌筑。当地基为土质时,应铺设一层0.1~0.15m厚的砂砾垫层,如果地基土质较差,承载力不能满足要求,应进行地基处理,如采取换填、土质改良以及补强等措施。

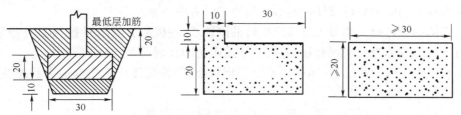

图5-40　混凝土基础形式(尺寸单位:cm)

加筋土挡土墙的基础埋置深度可参考《公路路基施工技术规范》(JTG F10—2006)。

三、加筋土挡土墙的结构计算

1. 加筋土挡土墙的破坏形式和稳定性要求

加筋土挡土墙的破坏形式主要有以下几种:

①由于筋带造成的断裂,其原因是筋带强度不足。
②由于土与筋带之间结合力不足造成的加筋体断裂。
③外部不稳定造成的破坏。

为了避免发生上述破坏,保证加筋土挡土墙在使用过程中发挥应有的作用,设计时一般要进行内部稳定计算和外部稳定计算。内部稳定计算包括筋带的强度验算和抗拔验算,外部稳定计算包括挡土墙沿基底滑动验算、基底承载力验算、地基与墙后土体的整体滑动验算等。各项验算具体要求见表5-27。

加筋土挡土墙验算项目及控制指标　　　　表5-27

	验算项目	荷载组合			控制指标
内部稳定性	筋带的强度	Ⅰ Ⅱ Ⅲ	容许拉应力$[\sigma_t]$	$\sigma_t \leq [\sigma_t]$	$\eta = 1$ $\eta = 1.25 \sim 1.3$ $\eta = 1.50 \sim 2.00$
	筋带的抗拔	Ⅰ Ⅱ Ⅲ	抗拔安全系数$[K_f]$	$K_f \geq [K_f]$	$[K_f] = 2.0$ $[K_f] = 1.7$ $[K_f] = 1.2$
外部稳定性	基底滑移	Ⅰ、Ⅱ、Ⅲ	抗滑稳定系数$[K_c]$	$K_c \geq [K_c]$	$[K_c] = 1.3$ $[K_c] = 1.1$
	倾覆	Ⅰ、Ⅱ、Ⅲ	倾覆稳定系数$[K_0]$	$K_0 \geq [K_0]$	$[K_0] = 1.5$ $[K_0] = 1.2$
	基底应力	Ⅰ、Ⅱ、Ⅲ	容许承载力(σ)	$\sigma_{max} \leq [\sigma]$①	$K = 1$
	整体滑动	Ⅰ、Ⅱ、Ⅲ	容许稳定系数$[K_s]$	$K_s \geq [K_s]$	$[K_s] = 1.25$ $[K_s] = 1.10$

注:①地基容许承载力,按《公路桥涵地基与基础设计规范》(JTG D63—2007)规定采用。

2. 加筋土挡土墙的内部稳定性分析

加筋土挡土墙的内部稳定性分析方法很多,包括应力分析法、楔体平衡法、滑裂面法、能量法、剪胀区法等。以下介绍目前设计中用得较多的应力分析法。

(1)基本假定

应力分析法以朗金理论为基础,视加筋土为复合材料。其基本原理是根据作用在填土中最大拉应力点上的应力来计算筋带的最大拉力。并有以下基本假定:

①加筋体的破坏模式类似于绕墙顶旋转的刚性墙,在极限荷载作用下,加筋体被筋带上的最大拉力点的连线分为活动区和稳定区,并采用简化的破裂面形式(图 5-41)。

②加筋体中的应力状态,在结构顶部为静止状态,随深度逐步向主动应力状态变动,深度达 6m 以下便是主动应力状态。

③只有稳定区内的筋带与填土的相互作用产生抗拔阻力。

(2)筋带拉力计算

一个加筋体单元所分担的土压力范围如图 5-42 所示。

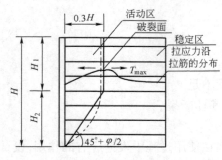

图 5-41 简化破裂面

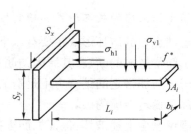

图 5-42 加筋体计算单元

①加筋体自重对第 i 层筋带产生的拉力(T_{hi})

$$T_{hi} = \gamma_1 h_i K_i S_x S_y \tag{5-85}$$

式中:γ_1——加筋体内填料重度(kN/m^3);

h_i——从加筋体顶面至第 i 结点的距离(m);

S_x、S_y——筋带水平与垂直方向的间距(m);

K_i——第 i 层筋带处的土压力系数,K_i 可按下式计算:

$$K_i = K_0\left(1 - \frac{h_i}{6}\right) + K_a \frac{h_i}{6} \quad (h_i < 6.0\text{m})$$

$$K_i = K_a \quad (h_i \geqslant 6.0\text{m})$$

式中:K_0——静止土压力系数,$K_0 = 1 - \sin\varphi$;

K_a——主动土压力系数,$K_a = \tan^2(45° - \varphi/2)$。

②加筋体上路堤填土对第 i 层筋带产生的拉力(T_{Fi})

$$T_{Fi} = \gamma_2 h_F K_i S_x S_y \tag{5-86}$$

式中:γ_2——路堤填土重度(kN/m^3);

h_F——加筋体上路堤换算成作用于加筋体顶面的连续均布土层的厚度(图 5-43)。

h_F 可按下式计算:

$$h_F = \frac{1}{m}\left(\frac{a}{2} - b_b\right) \tag{5-87}$$

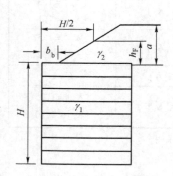

图 5-43 路堤式挡土墙填土等代土层厚度计算

式中:a——加筋体上路堤填土高度(m);

m——加筋体上路堤填土坡率;

其余符号意义同前。

③车辆荷载对第i层筋带产生的拉力(T_{ci})

a. 车辆荷载换算为等代均布土层厚度

车辆荷载对筋带产生的拉力可近似地以均布土层进行计算,等代均布土层的厚度h_0按下式计算:

$$h_0 = \frac{\sum G}{B_0 L_0 \gamma} \tag{5-88}$$

式(5-88)中,B_0为车辆荷载布置宽度,按以下规定取值:

在内部稳定性分析中,当活动区进入路基宽度时,分别取路基全宽和活动区宽度计算等代土层厚度h_0,取h_0较大者对应的B_0;当活动区未进入路基宽度时,取路基全宽。

在路基稳定性验算中采用路基宽度。

b. 等代均布土层布置范围

等代土层布置在路基宽度范围内,具体规定为:

内部稳定性分析时为路基全宽。

外部稳定性验算时,路堤式挡土墙为路基全宽;路肩式挡土墙按验算项目分别确定。验算抗滑和抗倾覆稳定性时,为加筋体后破裂楔体顶部;验算整体滑动稳定性时,为加筋体后至圆弧滑动面之间土体顶部。计算地基应力时,为加筋体顶部至其后破裂楔体顶部。

c. T_{ci}的计算

车辆荷载换算成等代均布土层后,考虑到这种荷载影响将会随深度的增加而减小,因此路堤式挡土墙采用1:0.5向下扩散来传递荷载。在深度h_i处,筋带承受的拉力T_{ci}按下述方法计算。

l_{oi}为第i层筋带活动区长度(m),l_{ci}为第i层筋带面板背面至均布土层扩散线外侧的距离(m),当$l_{oi} > l_{ci}$[图5-44a)]时:

$$T_{ci} = \sigma_{ci} S_x S_y = h_c \gamma_1 \frac{B}{B_i} K_i S_x S_y \tag{5-89}$$

式中:h_c——均布土层厚度(m);

B——路基宽度(m);

B_i——均布土层扩散至第i层筋带处的分布宽度(m)。

当$l_{oi} \leq l_{ci}$[图5-44b)]时,不考虑车辆荷载引起的附加拉力T_{ci}。

$$B_i = B + a + h_i \quad (h_i + a \geq 2b)$$

$$B_i = B + a + \frac{a + h_i}{2} \quad (h_i + a < 2b)$$

对路肩式加筋土挡土墙,T_{ci}按下式计算:

$$T_{ci} = \sigma_{ci} S_x S_y = \gamma_1 h_c K_i S_x S_y \tag{5-90}$$

④第i层筋带所受拉力(T_i)的计算

路堤式挡土墙:
$$T_i = T_{hi} + T_{Fi} + T_{ci}$$
$$= \left(\gamma_1 h_i + \gamma_2 h_F + h_c \gamma_1 \frac{B}{B_i}\right) K_i S_x S_y \tag{5-91}$$

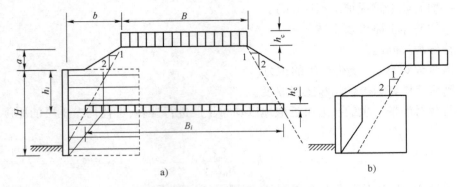

图 5-44 荷载传递及影响范围

路肩式挡土墙： $T_i = T_{hi} + T_{Fi} = \gamma_1(h_i + h_F)K_i S_x S_y$ (5-92)

(3) 筋带设计断面计算

第 i 层筋带断面面积根据筋带拉力和筋带强度确定，即：

$$A_i = \frac{T_i \times 10^3}{\mu \cdot [\sigma_t]} \tag{5-93}$$

式中：A_i——第 i 层筋带的断面面积（mm^2）；

μ——筋带容许应力提高系数，见表 5-28；

$[\sigma_t]$——筋带容许拉应力（MPa）。

容许拉应力提高系数　　　　　　　　　表 5-28

荷载组合	拉筋类别	
	钢带、钢筋混凝土带	聚丙烯土工带
组合Ⅰ	1.00	1.00
组合Ⅱ	1.25	1.30
组合Ⅲ	1.50	2.00

(4) 筋带抗拔稳定性验算

每个单元结点的抗拔能力用该结点所具有的抗拔力（不计车辆荷载）S_i 与它所受到的拔出力 T_i 的比值来反映。这个比值称为抗拔安全系数 K_f，要求 $K_f \geq [K_f]$，即：

$$K_t = \frac{S_i}{T_i} \geq [K_f] \tag{5-94}$$

各层筋带的抗拔力 S_i 按下式计算：

$$S_i = 2b_i(\gamma_1 h_i + \gamma_2 h_F)f^* \cdot l_{ei} \tag{5-95}$$

式中：f^*——筋带与土的视摩擦系数；

l_{ei}——第 i 深度结点处稳定区筋带长度。

$$l_{ei} = l_i - (H - h_i)\tan\left(45° - \frac{\varphi}{2}\right) \quad (H_1 < h_i \leq H)$$

其中：$H_1 = \left[1 - 0.3\tan\left(45° + \frac{\varphi}{2}\right)\right]H$。

若 $K_f < [K_f]$，表明抗拔稳定性不够。此时应根据地形、地质、材料来源等情况，采取增加筋带长度，或增加筋带数量，或改用内摩擦阻角较大的材料等措施来提高安全系数，使其达到

$K_f \geq [K_f]$ 的要求。

如果已知容许抗拔安全系数 $[K_f]$，则可计算出第 i 节点处稳定区筋带长度 l_{ei}：

$$l_{ei} = \frac{[K_f] T_i}{2 b_i (\gamma_1 h_i + \gamma_2 h_F) f^*} \quad (5\text{-}96)$$

则深度 h_i 处的筋带总长度为：

$$l_i = l_{oi} + l_{ei} \quad (5\text{-}97)$$

式中：l_{oi}——第 i 结点处活动区筋带长度。

$$l_{oi} = 0.3H \quad (0 < h_i \leq H_1)$$

或

$$l_{oi} = (H - h_i) \tan\left(45° - \frac{\varphi}{2}\right) \quad (H_1 < h_i \leq H)$$

3. 加筋土挡土墙的外部稳定性验算

加筋土挡土墙的外部稳定性验算中视加筋体为刚体。验算项目一般包括基底滑移与倾覆稳定性验算、基础底面地基承载力验算，必要时还应对整体滑动和地基沉降进行验算。

（1）土压力计算

根据加筋土挡土墙后填土的不同边界条件，采用库仑理论计算作用于加筋体的主动土压力，具体计算方法详见 5.3 节。但是，应注意此时墙背为 AB（图 5-45），墙高则为 H'，墙背摩擦角 δ 取筋体填土的内摩擦角与墙后填土内摩擦角两者中的较小值。

（2）抗滑稳定性验算（图 5-46）

加筋体在总水平力作用下，与地基间产生摩阻力抵抗其滑移的能力，用抗滑稳定系数 K_c 表示：

$$K_c = \frac{f \sum N}{\sum T} \geq [K_c] \quad (5\text{-}98)$$

式中：$\sum N$——竖向力总和(kN)，包括加筋体自重 G_1、加筋体上路堤填土重力 G_2 和作用于加筋体上的土压力的竖向分力 E_y；

$\sum T$——水平力总和(kN)；

f——加筋体底面与地基土之间的摩阻系数，当缺乏资料时，可参考表 5-29。

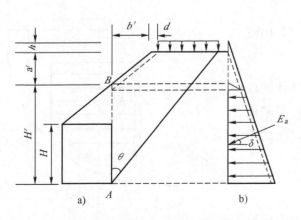

图 5-45 加筋体上压力计算图式（破裂面交于路基顶面荷载中部）

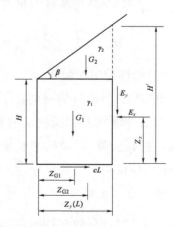

图 5-46 抗滑、抗倾覆稳定性验算图式

基底摩擦系数　　　　　　　　　　表 5-29

地基土分类	f	地基土分类	f
软塑黏土	0.25	砂性土、软质岩石	0.4 ~ 0.6
硬塑黏土	0.30	碎(砾)石土	0.5
亚砂土、亚黏土、半干硬的黏土	0.30 ~ 0.40	硬质岩石	0.5 ~ 0.6

注：填料的强度弱于地基土时 f = 0.30 ~ 0.40。

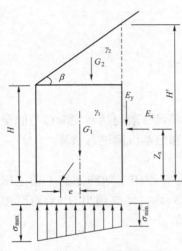

图 5-47　地基承载力验算图式

(3) 抗倾覆稳定性验算(图 5-46)

为保证加筋土挡土墙抗倾覆稳定性，需验算它抵抗墙身绕墙趾向外转动倾覆的能力，用抗倾覆稳定系数 K_0 表示：

$$K_0 = \frac{\sum M_y}{\sum M_0} \geq [K_0] \quad (5-99)$$

式中：$\sum M_y$——稳定力系对加筋体墙趾的力矩(kN·m)；
$\sum M_0$——倾覆力系对加筋体墙趾的力矩(kN·m)。

(4) 地基承载力验算

地基承载力验算就是要验证加筋体在总竖向力作用下，基底应力是否小于地基承载力。由于加筋体承受偏心荷载，因此，基底压应力呈梯形分布(图 5-47)。基底应力为：

$$\begin{matrix}\sigma_{max}\\\sigma_{min}\end{matrix} = \frac{\sum N}{L}\left(1 \pm \frac{6e}{L}\right) \leq [\sigma] \quad (5-100)$$

式中：σ_{max}——基底最大压应力(kPa)；
σ_{min}——基底最小压应力(kPa)；
e——$\sum N$ 的偏心距(m)；
$\sum N$——作用于基底的总垂直合力(kN/m)；
$[\sigma]$——地基容许承载力(kPa)；
L——加筋土挡土墙底面的计算宽度(m)。

$L > \dfrac{e}{6}$ 时，应按基底应力重分布计算基底最大压应力：

$$\sigma_{max} = \frac{2}{3}\frac{\sum N}{(L/2 - e)} \leq [\sigma] \quad (5-101)$$

(5) 整体稳定性验算

整体稳定性验算的目的在于确定加筋体随地基一起沿着潜在破裂面滑动的安全系数，可采用圆弧法进行验算，并设筋带长度不超过可能的滑动面(图 5-48)。

验算公式如下：

$$K_s \frac{\sum(c_i l_i + G_i \cos\alpha_i \tan\varphi_i)}{\sum G_i \sin\alpha_i} \geq [K_s] \quad (5-102)$$

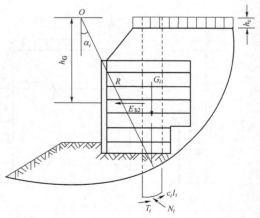

图 5-48　整体抗滑稳定性计算示意图

式中:c_i、l_i——分别为第 i 条土块滑动面上的黏聚力(kPa),弧长(m);

G_i——第 i 条土块重力(包括荷载重)(kN);

φ_i——第 i 条土块滑动面上土的内摩擦角;

α_i——第 i 条土块滑动弧上的法线与竖直线的夹角;

$[K_s]$——容许稳定系数。

第八节 轻型挡土墙设计

重力式挡土墙具有构造简单、施工方便和就地取材的优点,但其稳定性主要靠墙身自重来保证,因而墙身断面较大,占地较多,不能充分发挥建筑材料的强度性能,也不易实行施工的机械化与工厂化。轻型挡土墙则常用钢筋混凝土构件组成,墙身断面较小,墙的稳定性不是或不完全依靠本身重力来维持,因而结构较轻巧,圬工量省,占地较少,有利于机械化施工。轻型挡土墙的类型很多,本节仅介绍锚杆挡土墙、悬臂式挡土墙和锚碇板挡土墙的构造和设计。

一、锚杆挡土墙

1. 锚杆挡土墙的构造与布设

锚杆挡土墙(Anchored Retaining Wall)是由钢筋混凝土墙面和钢锚杆组成的一种轻型支挡建筑物,靠锚固在稳定地层内的锚杆对墙面的水平拉力保持墙身的稳定。墙面一般由预制的立柱和挡板组成,称为板柱式墙,也可以就地现浇成整体的板壁式墙。使用的锚杆主要有楔缝式锚杆和灌浆锚杆两种:

①楔缝式锚杆,俗称小锚杆,对锚杆施加一定压力后,使杆端楔缝的楔子张开,从而将锚杆卡紧在岩石中。锚孔直径一般为 38~50mm,深度为 3~5m。孔内压注水泥砂浆,以防锈和提高锚杆抗拔能力。

②灌浆锚杆,又称大锚杆,用钻机钻孔,锚孔直径一般为 100~150mm,锚杆插入锚孔后再灌注水泥砂浆。当用于土层时,由于土层与锚杆间的锚固能力较差,尚需采用加压灌浆或内部扩孔方法来提高其抗拔力。楔缝式锚杆多用于岩石边坡的防护与加固工程,灌浆锚杆一般用于路堑挡土墙。

当锚杆挡土墙较高时,应布置成两级或两级以上,两级之间设 1~2m 宽的平台。每级挡土墙不宜过高,一般为 5~6m。为便于立柱及挡土板的安装,以竖直墙背为多。

确定立柱间距应考虑工地的起吊能力和锚杆的抗拔能力,一般可选用 2.5~3.5m。每根立柱视其高度可布置 2~3 根或更多的锚杆,锚杆位置应尽可能使立柱的弯矩均匀分布,方便钢筋布置。

挡土板一般设计成矩形或槽形,长度比立柱间距短 10cm 左右,以便留出锚杆位置。墙后应回填砂卵石等透水材料,由下部泄水孔将水排入边沟内。

2. 锚杆挡土墙设计

(1) 主动土压力计算

把挡板作为一般挡土墙的墙背,按相应边界条件的库仑主动土压力计算公式,求出土压力

E_x,并绘制应力分布图。当采用多级挡土墙时,下墙土压力按延长墙背法计算。

(2)挡土板的内力计算

挡土板是以立柱为支座的简支梁,其计算跨度 l 为二立柱间挡土板支承中心间的距离。其荷载 q 取挡土板所在位置上、下两边缘土压力的平均值,即:

$$q = \frac{1}{2}(\sigma' + \sigma'')h \quad (5-103)$$

式中:σ'、σ''——分别为挡土板高 h 上、下两边缘的单位土压力(垂直于挡土板方向)。

如图 5-49 所示,跨中最大弯矩 $M_{max} = \frac{1}{8}ql^2$,支座处的剪力 $Q = \frac{1}{2}ql$。

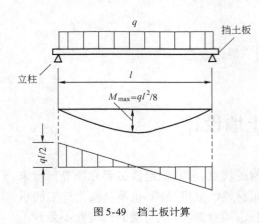

图 5-49 挡土板计算

(3)立柱的内力计算

假定立柱与锚杆连接处为一铰支座,把立柱视为承受土压力的简支梁或连续梁,上端自由,下端视埋置深度、基础强度、嵌固情况,分别视为自由端、铰端或固定端。

挡土板所承受的侧压力是按跨传至立柱,因此,每根立柱在不同高度上所受的土压应力 p_i 应为该高度的单位土压力 σ_i 乘以立柱间距 l,即 $p_i = \sigma_i l$。

①当上墙立柱仅有两根锚杆,且底端为自由时,可假定成两端为悬臂的简支梁[图 5-50a)]。
②当下墙立柱仅有两根锚杆,且底端视为铰端时,按连续梁计算[图 5-50b)]。
③当立柱有两根以上的锚杆且底端为固定时,按一端固定的连续梁计算[图 5-50c)]。

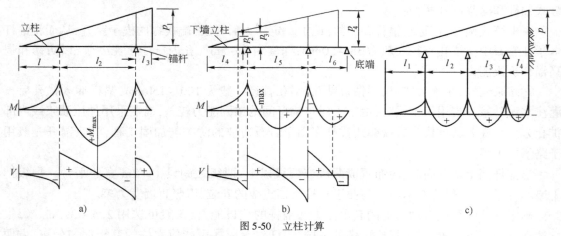

图 5-50 立柱计算
a)悬臂梁;b)连续梁;c)一端固定的连续梁

在求连续梁的支点弯矩时,若计算跨数不超过三跨,可利用三弯矩方程求解;若超过三跨,则用弯矩分配法解较为方便。

立柱与挡板的配筋设计,可采用极限状态法,按《混凝土结构设计规范》(GB 50010—2010)进行计算。

(4)锚杆设计

锚杆为轴心受拉构件,按容许应力法设计断面。用单锚理论来设计锚杆长度,即不考虑锚杆与锚固岩体的整体稳定性问题。

①锚杆截面设计(图 5-51)

取立柱上某一支点 n,由立柱的计算中求得其反力 R_n,则锚杆的轴向应力 N_n 为:

$$N_n = \frac{R_n}{\cos(\beta - \alpha)} \tag{5-104}$$

式中:α——立柱对竖直方向的倾角;

β——锚杆对水平方向的倾角。

锚杆所需钢筋面积 $A_g(\text{cm}^2)$ 为:

$$A_g = \frac{KN_n}{R_g} \tag{5-105}$$

式中:K——考虑超载和工作条件的系数,一般取 1.7;

R_g——钢筋抗拉设计强度;

N_n——钢筋轴向力。

锚杆周围用 M30 水泥砂浆填孔,锚杆受力后砂浆发生的裂缝,应不得超过允许值 0.2mm,以防钢筋锈蚀。

②锚杆长度设计(图 5-52)

锚杆长度包括两部分:非锚固段长度,又叫结构长度,按墙面与稳定地层之间的实际距离而定;锚固段长度,即锚杆在稳定地层中的长度 L_e,根据地层情况和锚杆的抗拔力确定。

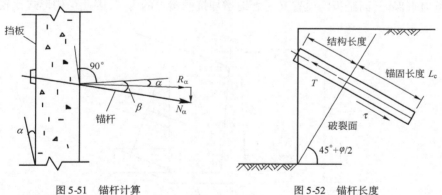

图 5-51 锚杆计算　　　　　　图 5-52 锚杆长度

对于岩质边坡,岩层与砂浆间的黏结强度大,锚固长度取决于砂浆对钢筋的锚固力。为了提高锚固力,水泥砂浆强度等级不得低于 M30。要求锚固力大于钢筋的抗拉强度,即:

$$\left. \begin{array}{l} K\sigma_g\left(\dfrac{\pi d^2}{4}\right) \leqslant \pi d L_e \cdot \mu \\ L_e \geqslant \dfrac{K\sigma_g d}{4\mu} \end{array} \right\} \tag{5-106}$$

式中:L_e——最小锚固长度;

σ_g——钢筋极限抗拉强度;

μ——钢筋与砂浆间的黏结力;

K——安全系数,取 2~3;

d——钢筋直径。

如为半岩质或土质边坡,锚固长度取决于砂浆与围岩接触面上的抗剪强度,即:

$$L_e = \frac{KN_n}{\pi D \tau_k} \tag{5-107}$$

式中:K——安全系数,取 2~3;

N_n——锚杆承受的拉力;

D——锚孔直径;

τ_k——锚固段砂浆与围岩接触面间的抗剪强度,或孔壁地层内的抗剪强度,取其中较小值,τ_k 一般通过抗拔试验确定。

为了保证安全,锚杆的有效锚固长度,除应满足上述要求外,在岩层中一般不应小于 4m,在半岩质或土质地层中,一般不应小于 5m。

(5)锚杆与立柱的连接

主要有 3 种形式:焊短钢筋锚固,螺母锚固,弯钩锚固。弯钩锚固适用于就地浇筑,其余两种适用于预制构件。

二、悬臂式挡土墙

1. 悬臂式挡土墙的构造及适用条件

钢筋混凝土悬臂式挡土墙(Cantilever Retaining Wall)由立壁和底板组成,具有 3 个悬臂,即立壁、趾板和踵板,同时固定在中间夹块上,如图 5-53 所示。墙的稳定性依靠墙身自重和墙踵板上的填土重力来保证,而趾板的设置又显著地增加抗倾覆力的力臂,因此结构形式比较经济。

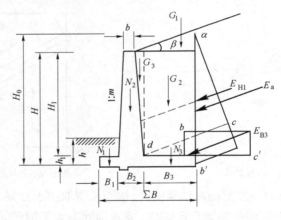

图 5-53 悬臂式挡土墙的受力状态

悬臂式挡土墙构造简单,施工方便,能适应较松软的地基,墙高一般为 6~9m。当墙高较大时,立壁下部的弯矩大,钢筋与混凝土的用量剧增,影响这种结构形式的经济效果,此时可采用扶壁式挡土墙。

2. 悬臂式挡土墙设计

(1)土压力计算

对于悬臂式挡土墙,通常采用朗金理论计算通过墙踵的竖直面上的土压力 E_a,然后结合位于该竖直面与墙背间的土重,得到作用于墙上的总压力。

悬臂式挡土墙的土压力分布,如图 5-53 所示。其总土压力为:

$$\left.\begin{array}{l} E = \dfrac{1}{2}\gamma H^2 K \\ K = \cos\beta \dfrac{\cos\beta - \sqrt{\cos^2\beta - \cos^2\varphi}}{\cos\beta + \sqrt{\cos^2\beta - \cos^2\varphi}} \end{array}\right\} \quad (5\text{-}108)$$

式中：K——朗金土压力系数，可由有关手册查得。

当地面为水平，$\beta = 0$ 时：

$$K = \dfrac{1 - \sin\varphi}{1 + \sin\varphi} = \tan^2\left(45° - \dfrac{\varphi}{2}\right) \quad (5\text{-}109)$$

土压力方向平行于地面。

悬臂式挡土墙的土压力，也可以采用库仑方法计算，计算时应首先验算是否出现第二破裂面。若出现第二破裂面，计算时假定墙踵板上所受的垂直力为第二破裂面以下墙踵板以上的土重与主动土压力的竖直分力之和，立壁则承受主动土压力的全部水平分力，土压力作用于第二破裂面上。

(2) 底板宽度计算

墙底板宽度 B 可分为三部分：墙趾板宽度 B_1、立壁宽度 B_2 和墙踵板宽度 B_3，即 $B = B_1 + B_2 + B_3$，如图 5-53 所示。

① 墙踵板宽度 B_3

墙踵板宽度 B_3 根据抗滑稳定性要求确定。即：

$$K_c = \dfrac{f \cdot \sum N}{E_x} \leqslant [K_c] \quad (5\text{-}110)$$

式中：$[K_c]$——容许抗滑稳定系数，对加设凸榫的挡土墙，在未设凸榫前，要求 $[K_c] \geqslant 1.0$；

$\sum N$——底板上承受的垂直荷载，$\sum N = \sum G + E_y$；

$\sum G$——底板上填土及圬工重力，在墙身尺寸未确定前，暂行估算，根据以下几种情况分别确定。

a. 路肩墙：当胸坡垂直，顶面有均布荷载 h_0（图 5-54），并按路基全宽分布时，$\sum G$ 按下式估算。

$$\sum G = (B_2 + B_3)(H + h_0)\gamma\mu \quad (5\text{-}111)$$

式中：γ——填料重度（kN/m^3）；

μ——重度修正系数，由于计算 $\sum G$ 中未计入趾板及其上部土重，故需近似地将其重度加以修正，μ 值见表 5-30。

重度修正系数 μ 值　　　　　　　　　表 5-30

重度 (kN/m³)	摩擦系数 f								
	0.30	0.35	0.40	0.45	0.50	0.60	0.70	0.84	1.00
16	1.07	1.08	1.09	1.10	1.12	1.13	1.15	1.17	1.20
18	1.05	1.06	1.07	1.08	1.09	1.11	1.12	1.14	1.16
20	1.03	1.04	1.04	1.05	1.06	1.07	1.08	1.10	1.12

$$\left.\begin{array}{l} [K_c] E_x = f\sum N = f(B_1 + B_2)(H + h_0) \cdot \gamma\mu \\ B_3 = \dfrac{[K_c] \cdot E_x}{f(H + h_0)\gamma\mu} - B_2 \end{array}\right\} \quad (5\text{-}112)$$

b. 路堑墙或路堤墙:墙顶地面坡角为 β,胸坡垂直时(图 5-53)。

$$\left.\begin{aligned}[K_c]E_x &= f\sum N = f(B_2 + B_3)\left(H + \frac{1}{2}B_3\tan\beta\right)\gamma\mu + fE_y \\ B_3 &= \frac{[K_c]E_x - fE_y}{f\mu\gamma\left(H + \frac{1}{2}B_3\tan\beta\right)} - B_2\end{aligned}\right\} \quad (5\text{-}113)$$

c. 当墙胸具有 $1:m$ 的倾斜度时,上面两式应加上胸坡修正宽度 ΔB_3:

$$\Delta B_3 = \frac{1}{2}mH_1 \quad (5\text{-}114)$$

② 墙趾板宽度 B_1

墙趾板宽度 B_1 除高墙受抗倾覆稳定系数 K_0 控制外,一般都由地基应力或偏心距 e 来决定,要求墙踵不出现拉应力,如图 5-54 所示。令偏心距 $e \le B/6$,则:

$$\left.\begin{aligned}e &= \frac{\sum B}{2} - Z_N = \frac{\sum B}{6} \\ Z_N &= \frac{\sum B}{3} = \frac{M_y - M_0}{\sum N}\end{aligned}\right\} \quad (5\text{-}115)$$

将 $M_y = \sum N\left(\dfrac{B_2 + B_3}{2} + B_1\right)$ 代入式(5-115)后得:

$$\sum B = \frac{3(M_y - M_0)}{\sum N} = \frac{3(B_2 + B_3 + 2B_1)}{2} - \frac{3M_0}{\sum N}$$

$$= B_1 + B_2 + B_3 \quad (5\text{-}116)$$

已知:$\sum N = [K_c]E_x/f$,代入式(5-116)得:

$$B_1 = \frac{1.5M_0 f}{[K_c]E_x} - 0.25(B_2 + B_3) \quad (5\text{-}117)$$

对于路肩墙(图 5-54):

$$\left.\begin{aligned}M_0 &= \frac{H^2}{6}(3\sigma_0 + \sigma_H) \\ B_1 &= \frac{1}{4}\left[\frac{H^2(3\sigma_0 + \sigma_H)f}{[K_c]E_x} - (B_2 + B_3)\right]\end{aligned}\right\} \quad (5\text{-}118)$$

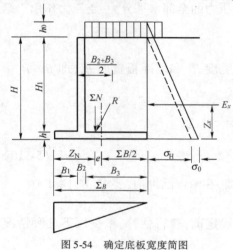

图 5-54 确定底板宽度简图

式中:$\sigma_0 = \gamma h_0 K$;

$\sigma_H = \gamma H K$;

$E_x = \dfrac{H}{2}(2\sigma_0 + \sigma_H)$。

对于路堤墙或路堑墙(图 5-53):

$$\left.\begin{aligned}M_0 &= E_x \cdot Z_x = \frac{1}{3}(H + B_3\tan\beta)E_x \\ B_1 &= \frac{\frac{1}{3} \times 1.5(H + B_3\tan\beta) \cdot f \cdot E_x}{[K_c] \cdot E_x} - 0.25(B_2 + B_3) \\ &= \frac{0.5(H + B_3\tan\beta)f}{[K_c]} - 0.25(B_2 + B_3)\end{aligned}\right\} \quad (5\text{-}119)$$

③夹块宽度 B_2

与立壁底部厚度 B_2 相同,计算方法见后面立壁厚度计算。

④底板宽度

$$\sum B = B_1 + B_2 + B_3 + \Delta B_3 \quad (5\text{-}120)$$

若按 $\sum B$ 计算的地基应力 $\sigma > [\sigma]$ 或 $e > \sum B/6$ 时,应根据加宽基础的方法加宽 B_1,以满足上述要求。

(3)底板厚度计算

底板厚度取决于结构要求和截面强度要求。结构要求:趾板与踵板同厚(指与中间夹块连接处),趾板端部不宜小于30cm,踵板顶面要求水平。

强度要求:主要根据配筋率及构件裂缝宽度控制板的厚度。

①墙趾板的弯矩和剪力(图5-55)

趾前埋深 h,取计算截面 A-B:

剪力:

$$\begin{aligned} Q_1 &= N_1 - G_1 - G_2 \\ &= \left[\sigma_1 B_1 - \frac{1}{2}(\sigma_1 - \sigma_2)\frac{B_1^2}{\sum B}\right] - B_1 h_{pj}\gamma_h - B_1(h - h_{pj})\gamma \\ &= B_1\left[\sigma_1 - \gamma_h h_{pj} - \gamma(h - h_{pj}) - \frac{1}{2}(\sigma_1 - \sigma_2)\frac{B_1}{\sum B}\right] \end{aligned} \quad (5\text{-}121)$$

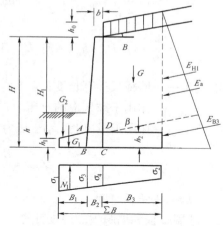

图 5-55 悬臂式挡土墙内力计算图式

弯矩:

$$\begin{aligned} M_1 &= \sigma_1 \frac{B_1^2}{2} - \frac{B_1^2}{6}(\sigma_1 - \sigma_2)\frac{B_1}{\sum B} - \left[\gamma_h h_1 \frac{B_1^2}{2} + \gamma_h(h_2 - h_1)\frac{B_1^2}{6} + \gamma(h - h_1)\frac{B_1^2}{2} - \gamma(h_2 - h_1)\frac{B_1^2}{6}\right] \\ &= \frac{B_1^2}{6}\left[3(\sigma_1 - \gamma_h) - (\gamma_h - \gamma)(h + 2h_{pj}) - (\sigma_1 - \sigma_2)\frac{B_1}{\sum B}\right] \end{aligned} \quad (5\text{-}122)$$

式中:σ_1、σ_2——墙趾和墙踵处的地基应力;

h_{pj}——趾板平均厚度,$h_{pj} = \frac{1}{2}(h_1 + h_2)$;

γ_h——钢筋混凝土重度;

γ——填土重度。

②踵板的弯矩和剪力(图5-55)

$$\begin{aligned} Q_3 &= \gamma H_1 B_3 + \frac{1}{2}\gamma B_3^2 \tan\beta + \gamma h_0 B_3 + \gamma_h h_3 B_3 + E_{B3}\sin\beta - \sigma_2 B_3 - \frac{1}{2}(\sigma_1 - \sigma_2)\frac{B_3^2}{\sum B} \\ &= B_3\left[\gamma(H_1 + h_0) + \gamma_h h_3 - \sigma_2 - 0.5 B_3\left(\frac{\sigma_1 - \sigma_2}{\sum B} - \gamma\tan\beta\right)\right] + E_{B3}\sin\beta \end{aligned} \quad (5\text{-}123)$$

弯矩：

$$M_3 = \gamma H_1 \frac{B_3^2}{2} + \gamma h_0 \frac{B_3^2}{2} + \frac{1}{3}\gamma B_3^2 \tan\beta + \gamma_h h_3 \frac{B_3^2}{2} + E_{B3}\sin\beta Z_{EB3} - \sigma_2 \frac{B_3^2}{2} - \frac{1}{6}(\sigma_1 - \sigma_2)\frac{B_3^3}{\sum B}$$

$$= \frac{B_3^3}{6}\left[3\gamma(H_1 + h_0) + 3\gamma_h h_3 - 3\sigma_2 - B_3\left(\frac{\sigma_1 - \sigma_2}{\sum B} - 2\gamma\tan\beta\right)\right] + E_{B3}\sin\beta Z_{EB3} \quad (5\text{-}124)$$

式中：B_3——墙踵板计算长度；

E_{B3}——作用于踵板上的土压力；

Z_{EB3}——作用于踵板上主动土压力垂直分力对计算截面的力臂：

$$Z_{EB3} = \frac{B_3}{3}\left[1 + \frac{(h_0 + H_1) + B_3\tan\beta}{2(h_0 + H_1) + B_3\tan\beta}\right]$$

h_3——踵板厚度。

③墙趾板和墙踵板的厚度计算

用下述两式计算，取其大者。

a. 根据配筋率确定截面厚度。

一般常用的配筋率为 0.3% ~ 0.8%，截面厚度由下式确定。

$$h_3 \geq \sqrt{\frac{KM}{A_0 b R_w}} \quad (5\text{-}125)$$

式中：K——钢筋混凝土受弯强度设计安全系数；

A_0——计算系数，由选定的配筋率 μ 计算出计算系数 ξ，$A_0 = \xi(1 - 0.5\xi)$；

b——计算截面宽度，取 100cm；

R_w——混凝土弯曲抗压设计强度。

b. 为防止裂缝开展过大和端部斜压破坏，截面厚度可由下式确定。

$$h_3 \geq \frac{KQ}{0.3 R_a b} \quad (5\text{-}126)$$

式中：K——钢筋混凝土斜截面受剪强度设计安全系数；

R_a——混凝土轴心受压设计强度。

由于踵板显著长于趾板，底板厚度由踵板厚度的 h_3 控制。

(4) 立臂厚度计算

立臂厚度（即中央夹块的宽度）取决于结构要求和强度要求。

①结构要求

立壁顶部最小厚度采用 15 ~ 25cm，路肩墙不宜小于 20cm。胸墙一般不做垂直坡面，以免因挡墙变形、地基不均匀沉陷及设施误差等因素的影响，造成立壁前倾。通常采用的坡率是 1:0.05 ~ 1:0.02。

②立壁弯矩及剪力计算（图 5-55）

土压力：
$$E_{Hi} = \gamma H_i(0.5 H_i + h_0) K \quad (5\text{-}127)$$

$$E_{xHi} = E_{Hi}\cos\beta = \gamma H_i \cos\beta(0.5 H_i + h_0) K \quad (5\text{-}128)$$

剪力：
$$Q_{Hi} = E_{xH_i} \quad (5\text{-}129)$$

弯矩：
$$M_{Hi} = \frac{1}{6}\gamma H_i^2 \cos\beta(H_i + 3h_0)K \tag{5-130}$$

上述式中：E_{Hi}、E_{xHi}——墙高为 H_i 时的主动土压力及其水平分力；

Q_{Hi}——主动土压力对计算截面的剪力；

M_{Hi}——主动土压力计算截面中心的弯矩。

③立壁厚度计算

厚度计算与底板厚度计算相同，按下列两式计算，取其大者。

a. 根据配筋率确定截面厚度[式(5-125)]。

$$h \geqslant \sqrt{\frac{KM}{A_0 b R_w}} \tag{5-131}$$

b. 以斜裂缝开展控制[式(5-126)]。

$$h \geqslant \frac{KQ}{0.3R_a b} \tag{5-132}$$

(5)墙身稳定性及基底应力验算

验算方法与重力式挡土墙相同，应满足：$K_c \geqslant [K_c]$，$K_0 \geqslant [K_0]$，$e_0 \leqslant [e_0]$，$\sigma_{max} \leqslant [\sigma_0]$。

(6)墙身配筋及裂缝开展宽度计算

按《混凝土结构设计规范》(GB 50010—2010)计算。

第九节 挡土墙的布置设计示例

挡土墙的布置设计，通常在路基横断面图(图 5-56)和墙趾纵断面图(图 5-57)上进行。布置前，应现场核对路基横断面图地面线，不足时应补测。测绘墙趾处的纵断面图，收集墙趾处的地质和水文资料。一般做法如下。

①根据地形、地质条件，初步拟定一两个可能的挡土墙类型方案。

路肩挡土墙可充分收缩坡脚，大量减少占地和填方，但其侧向上土压力较大，需用圬工较多。当路肩墙与路堤墙的墙高或截面圬工数量相近、基础情况相似时，应优先选用路肩墙，按路基宽布置挡土墙位置。若路堤墙的高度或圬工数量比路肩墙显著降低，而且基础可靠时，宜选用路堤墙，并作经济比较后确定墙的位置。

路堑挡土墙大多设在边沟旁。山坡挡土墙应考虑设在基础可靠处，墙的高度应保证设墙后墙顶以上边坡的稳定。

沿河路基设挡土墙时，应结合河流情况来布置，注意设墙后仍保持水流顺畅，不致挤压河道而引起局部冲刷。

经上述对比论证，初步确定布置挡土墙的位置、墙的断面形式、基础类型及埋深。

②在路基横断面图上布置挡墙。在墙高最大处，墙身断面或基础形式变化处，以及其他必要桩号处的路基横断面图上，按拟订方案及其相应位置布置挡土墙，初步确定其断面形式、位置、基础类型及埋深，如图 5-56 所示。

确定断面形式时，路堑墙宜用仰斜式或折线式。对路肩墙和路堤墙，当地形陡峻时宜选用俯斜式或衡重式，地形平坦时选用仰斜式。

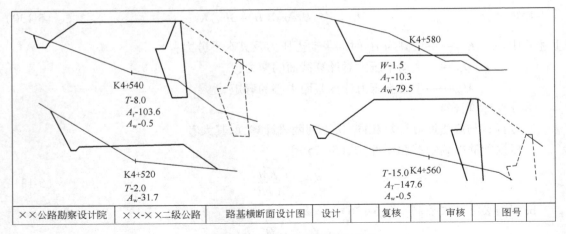

图 5-56 挡土墙在路基横断面上的布置

③在墙趾纵断面图上布置挡墙。按横向布置初步确定挡墙位置、基础埋深，绘制或补测墙趾纵断面图，并在墙趾纵断面图上纵向布置挡土墙，确定挡土墙的起讫点、墙长、分段、沿纵向的墙高变化、两端与路基或其他结构物的衔接方案和泄水孔位置等，见图5-57。

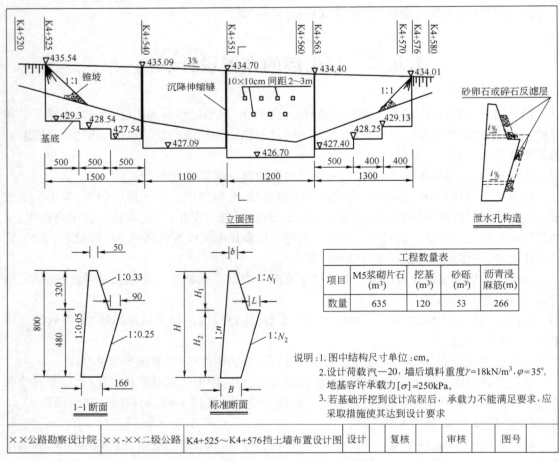

图 5-57 挡土墙布置设计图

挡土墙分段按设置沉降伸缩缝的要求进行，一般为 10～15m。

挡土墙基础布置应根据地形和地质情况变化而定。墙趾地面有纵坡时，挡土墙的基底可做成不大于 5% 的纵坡。当地基为岩石时，为减少开挖，可沿纵向做成台阶。台阶尺寸视纵坡大小而定，但其高度比不宜大于 1：2。

挡土墙与路基或其他结构物的衔接方式，关系到前、后工程的衔接是否协调顺适和挡土墙的长度与稳定性。一般，路肩墙与路堤衔接，应采用锥坡；与桥台连接需在台尾与挡土墙之间设置隔墙（与挡土墙横断面垂直）和接头墙（与隔墙垂直）。

④根据初步确定的墙型、墙高、地基及填料的物理力学指标等设计资料进行验算，以确定墙身断面尺寸。

⑤根据验算结果，选择其中最合理经济的断面作为设计断面。

⑥根据上述反复计算和调整后得出的断面尺寸方案，绘制挡土墙的横断面图、纵断面图，必要时还需绘制平面图。

在墙趾纵断面图上，需标明挡土墙的起讫点、墙长、两端连接方式、沉降伸缩缝位置、基底线、泄水孔位置及各特征断面（布置有挡土墙的路基横断面）的桩号，以及墙顶、基础顶面、基底、各特征水位线、冲刷线和冰冻线等的高程。

个别复杂的挡土墙，如高、长的沿河曲线挡土墙，应作平面布置，绘制平面图，标明挡土墙与路线的平面位置及附近的地貌与地物情况。沿河挡土墙还应绘出河道及水流方向、防护与加固工程等。

⑦编制设计说明。

简要说明可直接写在设计图上。如有必要则另编专门的说明书，应说明的内容包括：选用挡土墙方案的理由，挡土墙结构类型和设计参数的选择依据，对材料及施工的要求和注意事项，主要工程数量等。如采用标准图，应注明标准图的名称和编号。

思考题

1. 简述重力式挡墙的特点及需要设置挡墙的条件。
2. 重力式挡土墙由哪几部分组成？各有什么要求？
3. 大俯角墙背的土压力计算与一般墙背的土压力计算有何不同？如何计算？
4. 砂性土和黏性土的土压力计算有何不同？黏性土压力计算中如何考虑凝聚力的影响？
5. 墙背填料为砂性土和黏性土的浸水挡墙土压力计算有何不同？如何考虑水对土压力影响？
6. 容许应力法和极限状态法验算挡墙稳定性的特点。
7. 挡土墙抗滑稳定、抗倾覆稳定或地基承载力验算不满足要求时，可分别采用哪些措施？
8. 如图 5-58 所示，挡墙高度为 8.0m，墙后填土重度 $\gamma = 18.5 \text{kN/m}^3$，内摩擦角 $\varphi = 35°$，墙

背摩擦角 $\delta = \varphi/2$，路基宽 8.5m，试用库仑理论计算墙背所受土压力的大小、方向和作用点，并绘出土压力分布图。

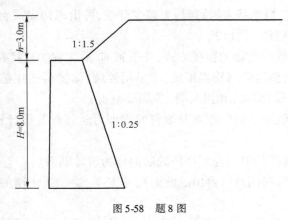

图 5-58　题 8 图

第六章 路基施工

第一节 概 述

一、路基施工的重要性

路基施工(Construction)的重要性主要体现在以下几个方面：

①路基工程涉及范围广，影响因素多，灵活性亦较大，尤其是岩土内部的具体变化，在设计阶段难以尽善，有待施工过程中进一步完善。

②路基土石方工程数量大，分布不均匀，不仅与自身的其他工程设施(如路基排水、防护与加固等)相互制约，而且与公路工程中的其他项目，如桥涵、隧道、路面及附属设施相互交叉。因此，路基的施工往往是整个工程项目施工组织管理的关键。

③路基的强度和稳定性直接影响到路面的强度和稳定性，质量不符合标准将会给路面及路基自身留下隐患，一旦产生病害不仅损害道路使用品质，导致妨碍交通及经济损失，而且往往后患无穷，难以根治。

因此，做好路基施工质量及其组织管理，对于整个公路工程的质量和进度具有十分重要的意义。

二、路基施工的基本方法

路基施工的基本方法,按其技术特点大致可分为:人工及简易机械化、综合机械化、水力机械化和爆破等几种。

人力施工是传统的方法,使用手工工具,劳动强度大、工效低、进度慢,工程质量难以保证,但在短期内还必然存在,并适用于某些辅助性工作,即使实现机械化施工,亦还有必要保留。为了加快施工进度,提高劳动生产率,对于劳动强度大和技术要求高的工序,应尽量配以机械或简易机械。

机械化施工和综合机械化施工,是保证高等级公路施工质量和施工进度的重要条件,对路基土石方工程来说更重要。实践证明,单机作业效率比人力及简易机械施工要高得多,但需要大量的人力与之配合,由于机械和人力的效率差距过大,难以协调配合,单机的效率受到限制,势必造成停机待料,机械的生产效率降低,只有对主机配以辅机,相互协调,共同形成主要工序的综合机械化作业,工效才能大大提高。因此,实现综合机械化施工,科学严密地组织和管理,是路基施工现代化的重要途径。

水力机械化施工,亦是机械化施工的方法之一,它是运用水泵、水枪等水力机械,喷射强力水流,冲散土层并流运至指定地点沉积,例如采集砂料或地基加固等。水力机械化施工适用于电源和水源充足,挖掘比较松散的土质及地下钻孔等。对砂砾填筑路堤或基坑回填,还可起到密实作用(称为水夯法)。

爆破施工是石质路基开挖的基本方法,采用钻岩机钻孔与机械清钻,亦是岩石路基机械化施工的必备条件。除岩石路堑开挖外,爆破施工还可用于冻土、泥沼等特殊路基施工,以及清除地面、开石取料等。

上述施工方法的选择,应根据工程性质、施工期限、现有条件等因素而定,而且应因地制宜,各种方法综合使用。高速公路、一级公路以及在特殊地区或采用新技术、新工艺、新材料进行路基施工时,应采用不同的施工方案做试验路段,从中选出路基施工的最佳方案指导施工。

三、路基施工的一般程序与内容

路基施工可分为施工前的准备工作和基本工作两大部分,按一般程序介绍如下。

(1)施工前的准备工作

做好施工前的准备工作,是保证正常施工顺利进行的重要前提,它是组织施工的第一步,必须给予足够的重视,并认真做好。

施工的准备工作,内容较多,大致可归纳为组织准备、技术准备和物质准备三个方面。

①组织准备工作。主要是建立和健全施工队伍和管理机构,明确施工任务,制定必要的规章制度,确立施工所应达到的目标等。组织准备是做好一切准备工作的前提。

②技术准备工作。路基开工前,施工单位应在全面熟悉设计文件和设计交底的基础上进行施工现场勘察,核对设计文件,发现问题应及时根据有关程序提出修改意见并报请变更设计,编制施工组织计划,恢复路线,施工放样与清理场地,做好临时工程的各项工作等。

现场勘察与核对设计文件,目的是熟悉和掌握施工对象特点、要求和内容,它是整个施工的重要步骤。

施工组织计划,包括选择施工方案、确定施工方法、布置施工现场、编制施工进度计划、拟定关键工程的技术措施等,它是整个工程施工的指导性文件,亦是其他各项工作的依据。

临时工程,包括施工现场的供电、给水、修建便道、便桥,架设临时通信设施,设置施工用房(生活和生产所必需)等,作为展开基本工作的必要条件。

路基恢复定线,清除路基用地范围内一切障碍物,是施工前的技术准备工作的一个组成部分。

路基开工前应做好施工测量工作,内容包括:导线、中线、水准点复测,横断面检查与补测,增设水准点等。施工人员还应对路基工程范围内的地质、水文情况做详细调查,通过取样试验确定其性质和范围。

③物质准备工作。包括各种材料与机具设备的购置、采集、加工、调运与储存,以及生活后勤供应等。为使供应工作适应基本工作的需要,物质准备工作必须制订具体计划,其中有的计划内容,如劳力调配、机具配置及主要材料供应计划,必须服从于保证施工组织计划顺利实施,亦常被列为施工组织计划的一个组成部分。

(2)施工的基本工作

①路堑挖掘,沿路线纵向或横向运土,填筑路堤,压实土基,整平路基表面,修整路基边坡,修筑路基排水构造物及边坡防护设施等。

②修筑小型人工构造物包括小桥、涵洞、挡土墙等。

③按照设计、施工要求,对各项工程进行检查验收,绘制路基施工竣工图。

土质路基施工仅是整个道路工程中的一个项目,以上的准备工作和基本工作具体内容与要求在不同的工程中虽有差别,但基本项目不可缺少。

具体施工时应结合各施工项目的特点合理安排施工作业顺序,如,有桥涵路段,应先修筑涵洞,然后再进行路堤填筑;在有挡墙地段,挡墙的砌筑应与填方进度相协调;对高填方边坡或深挖方路堑边坡的修整、防护施工宜与填筑高度或开挖深度同步,避免增加高边坡修整和防护时材料运输与施工操作的难度。

第二节 土质路基施工

一、路堤填筑

路堤是利用当地土石作填料,按一定方案在原地面上填筑起来的。为了保证路堤稳定性和填筑质量,填筑前必须根据原地面情况进行基底处理,选择合适的填料,采用合理的填筑方案和工艺进行填筑。

1. 路堤填筑前的地基处理

路堤基底指路堤填料(土石)与原地面的接触部分。为使两者结合紧密,避免路堤沿基底滑动,需视基底土质、水文、坡度和植被情况及填土高度采取相应处理措施。

(1)密实稳定的土质基底

当地面横坡缓于1:10~1:5时,需铲除地面草皮、杂物,除去积水和淤泥后再填筑;当地面横坡为1:5~1:1.25时,在清除草皮、杂物后,还应将坡面挖成宽度不小于1.0m的台阶,台阶顶面做成内倾2%~4%的斜坡;当地面横坡陡于1:2.5时,应根据土质情况,进行个别设计,作特殊处理。

(2)覆盖层不厚的倾斜岩石基底

当地面横坡为 1:5~1:1.25 时,需挖除覆盖层,并将基岩挖成台阶;当横坡陡于 1:2.5 时,应进行个别设计,作特殊处理。

(3)耕地或松土基底

填筑前需先对松软基底进行压实,再填筑路堤。

(4)软土地基

当地基为孔隙比大、天然含水率高、压缩性高、强度低的淤泥、淤泥质黏性土或淤泥质粉土、杂填土等软土地层时,填筑的路堤容易产生不均匀沉降变形,引起路面结构破坏,填筑前必须进行软土性状的工程地质调查和水文调查,根据软土的成因、工程性质、厚度、水文条件采取相应措施进行加固处治后再进行路堤填筑。软基处理方法很多,不同加固处理方法的应用条件也不同,公路软基加固处理方法有以下几种:

①换填:换填法是全部或部分挖除软土,用砂、砾、卵石、片石等渗水性材料或强度较高的黏性土换填的软基处理方法,适用于厚度小于 3m 的浅层非饱和软黏土的加固处理。

对于常年积水、排水困难的洼地、塘堰,呈流动状态的软土,可以用机械把片(块)石压入软土中,将淤泥挤出基底范围的抛石挤淤方法进行换填,以提高地基强度。抛石挤淤适用于片石能沉达底部的泥沼或厚度为 3~4m 的软土地基加固处理。

②排水固结法:对软基进行加载,软基在附加荷载作用下,逐渐排出空隙水,使空隙比减小,产生固结变形,提高地基强度,加快地基沉降完成的处理方法。常用的方法有堆载预压法、反压护道法、砂井(或塑料排水板)排水固结法、真空预压法等。这些方法的共同特点是采取工程措施在软土中形成排水系统,对软基进行加载,加速孔隙水的排除,使软土固结,从而提高软基的强度。对于厚度大、透水性较好的软土地基,常用砂井排水固结法加固。砂井排水固结地基设计应根据软基的性能和路堤高度,通过计算,合理确定砂井的直径、间距、布置形式和固结速率之间的关系。砂井的常用直径一般为 20~30cm,井距为砂井直径的 8~10 倍,一般为 2~4m,按三角形或正方形布置。在路堤底部应铺设砂垫层,或采用砂沟式垫层,把砂井中的水排到路堤坡脚外,如图 6-1 所示。

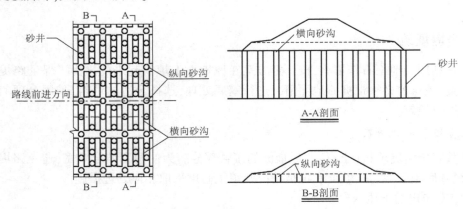

图 6-1 砂井排水固结加固软基示意图

③置换法:利用振冲机械,把砂、砂砾、碎石等置换材料打入软土地基,与未加固部分软土形成复合地基,提高地基承载力,减小沉降的软基加固方法。常用的方法有振冲置换法(碎石桩)、石灰桩、强夯置换、水泥粉煤灰碎石桩等。置换法加固软基的原理如图 6-2 所示。

④强夯法：把一重锤从一定的高度落下，对地基土施加强大的冲击能，通过其在地基土中产生的冲击波和动应力，提高地基土物理性质和力学强度、降低土的压缩性的地基加固方法。特点是施工工艺简单、加固效果好、经济。适用于砂土、碎石土、低饱和度的粉土与黏性土、湿陷性黄土、杂填土和素填土等地基的处理。对饱和度较高的黏性土，效果不显著，一般不宜采用；对淤泥土地基可采用在夯坑内回填块石、碎石或其他粗颗粒材料，强行夯入并排开软土的强夯置换或强夯挤淤方法处理。

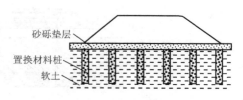

图6-2 置换法加固软基示意图

2. 填料选择

就地取材，充分利用路堑、隧道、结构物基坑开挖弃方是选择路堤填料的基本原则，但由于沿路土石的来源和性状不同，用其填筑的路基稳定性亦有很大差异。为保证路堤的强度与稳定性，应尽可能选择当地稳定性良好的土石作填料。

碎石土、卵石土、砾石土、中砂和粗砂等，具有透水性好、摩阻系数大、强度受水的影响小等优点，是填筑路堤的良好填料。

亚砂土、亚黏土、轻黏土等，经压实后能获得足够的强度和稳定性，是比较理想的路堤填料。但需注意，土中的有机质和易溶盐含量不应超出规定的数量。

粉性土、重黏土等，水稳定性较差，一般均不宜用作路堤填料。在季节性冰冻地区尤其如此。

山区公路路堑开挖、隧道和结构物基础开挖的弃方，粒径大，土石比差异较大，石块强度差别也较大，均匀性差，用作路堤填料时应采取措施尽量使其均匀，选择合适的压实机械与压实厚度以及合理的施工填筑方案。

3. 路堤填筑基本方案

路堤填筑的基本方法是分层填筑，按照路堤设计横断面，自下而上逐层填筑的施工方法。它可以将不同性质的土，有规则地分层填筑和压实，获得必要的压实度和稳定性。每层填土的厚度，视土质、压实机具的有效压实深度和要求的压实度而定。

正确的分层填筑方案[图6-3a)]应遵循以下原则：不同土质分层填筑；透水性差的土填筑在下层时，其表面应做成一定的横坡，以保证来自上层透水性填土的水分及时排除；为保证水分蒸发和排除，路堤不宜被透水性差的土层封闭；根据强度与稳定性要求，合理地安排不同土质的层位；为防止相邻两段用不同土质填筑的路堤在交接处发生不均匀变形，交接处应做成斜面，并将透水性差的土填在斜面下部（图6-4）。

不正确的填筑方案[图6-3b)]指：未水平分层，有反坡积水，夹有土块和粗大石块，以及有陡坡斜面等，其基本特点是强度不均和排水不利。

二、路堑开挖

1. 路堑开挖应注意的问题

实践表明，路堑地段的病害主要是排水不畅，边坡过陡或缺乏适当支挡结构物，因此，无论在整个施工过程中或竣工后都必须充分重视路堑地段的排水，设置必要而有效的排水设施。路堑边坡应按设计坡度，由上而下逐层开挖，并适时进行边坡修整和砌筑必要的防护设施。此外，必须做好施工组织计划，选择合适的施工方法，有效地扩大作业面，以提高生产效率，保证施工安全。

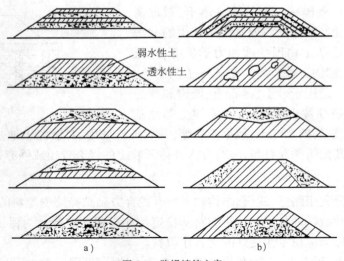

图 6-3 路堤填筑方案
a) 正确方案; b) 不正确方案

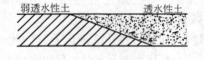

图 6-4 不同土质路堤交接部位的填筑

2. 路堑开挖基本方案

按照不同的掘进方向，路堑开挖方案主要有横向全宽挖掘法、纵向挖掘法和混合法几种。

（1）横向全宽挖掘法

横向全宽挖掘就是对路堑的整个宽度和深度，从路堑的一端或两端进行[图6-5a)]，一次挖掘的深度，视施工操作的方便和安全而定，一般为2m左右。若路堑很深，为了增加工作面，可分成几个台阶，同时在几个不同高程的台阶上进行开挖[图6-5b)]。每一台阶均应有单独的运土路线和临时排水沟渠，以免相互干扰，影响工效、造成事故。

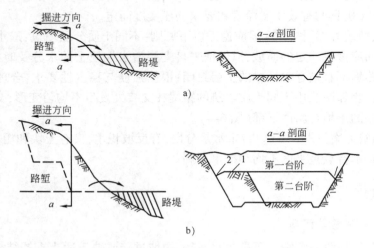

图 6-5 横向全宽挖掘法
a) 一层横向全宽挖掘法; b) 多层横向全宽挖掘法
1-第一台阶运土通道; 2-临时排水沟

(2)纵向挖掘法

纵向挖掘法又分为分层纵挖法、通道纵挖法和分段纵挖法3种。

分层纵挖法是沿路堑全宽,以深度不大的纵向分层进行挖掘[图6-6a)]。挖掘的地表应保持倾斜,以利于排水。此方案适于铲运机和推土机施工。

通道纵挖法是先沿路堑纵向挖出一条通道,然后再把通道向两侧拓宽[图6-6b)],以扩大工作面,并利用该通道作为运土路线及场内排水的出路。

分段纵挖法是在路堑纵方向选择一个或几个适宜的位置,先从一侧挖成一个或几个出口,把路堑分为两段或几段[图6-6c)],再分别于各段沿纵向开挖。

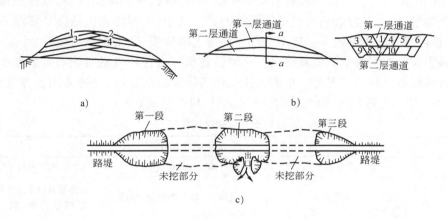

图6-6 纵向挖掘法

a)分层纵挖法(图中数字为挖掘顺序);b)通道纵挖法(图中数字为拓宽顺序);c)分段纵挖法

(3)混合法

当挖方量很大时,为扩大工作面,可将横向全宽挖掘法与通道纵挖法混合使用。先沿路堑纵向挖出一条通道,然后沿横向坡面挖掘,以增加开挖坡面[图6-7a)],或再沿横向挖出横向通道[图6-7b)]。每一开挖坡面的大小,应能容纳一个施工组或一个机械正常工作。

选择挖掘方案,除考虑当地的地形条件、采用的机具等因素外,还需考虑土层的分布及利用。如利用挖方填筑路堤,则应按不同的土层分层挖掘,以满足路堤填筑的要求。

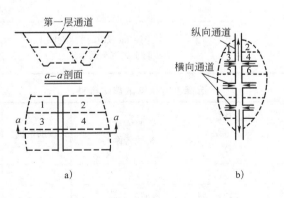

图6-7 混合挖掘法

注:箭头表示运土与排水方向,数字表示工作面号数。

三、机械化施工

1. 常用土方施工机械及选择

常用的路基土方机械有松土机、平土机、推土机、铲运机和挖掘机（配以汽车运土），此外还有各种压实机具及水力机械等。这些机械，按其性能可完成路基土方施工的部分或全部工作。在综合机械化施工中，为发挥各种机械的特性，使之能有效地进行工作，各种机械应配合使用。例如，以挖掘机为主导机械时，须配以松土机或推土机，运土用的汽车，平土用的平土机以及压实用的压路机等。不同机械各有主要用途，为发挥机械的使用效率，选择机械时，要全面考虑工程要求、施工条件和机具设备状况等因素。其中，工程要求包括路基横断面形式、填挖高度、工程数量及施工期限等。施工条件主要指土壤性质、运土距离与线路状况、施工地区的水电燃料供应及施工季节的气象情况。机械设备状况指各种机械所能适应的作业项目，可能提供的机械设备及技术状况等。根据以往工程实践经验的总结，几种常用土方机械的适用范围，如表6-1所示。按施工条件选择土方机械时，可参考表6-2。

常用土方机械适用范围 表6-1

机械名称	适用的作业项目		
	施工准备工作	基本土方作业	施工辅助工作
推土机	1.修筑临时道路； 2.推倒树木,拔除树根； 3.铲草皮,除积雪及建筑碎屑； 4.推缓陡坡地形,整平机； 5.翻挖回填井、坑、陷穴、坟	1.高度3m以内的路堤和路堑土方； 2.运距100m以内土方的挖、填与压实； 3.傍山坡挖填结合路基土方	1.路基缺口土方的回填； 2.路基粗平,取、弃土方的整平； 3.填土压实,斜坡上挖台阶； 4.配合挖掘机与铲运机松土、运土
铲运机	1.铲除草皮； 2.移运孤石	运距60~700m以内的挖土、运土、铺平与压实（高度不限）	1.路基粗平； 2.借土坑与弃土堆整平
自动平地机	除草、除雪、松土	修筑0.75m以内路堤与0.6m以内路堑,以及挖填结合路基的挖运、填土	开挖排水沟,平整路基,整修边坡
松土机	翻松旧路面、清除树根与废土层,翻松硬土		1.Ⅲ~Ⅳ类土的翻松； 2.破碎0.5m以内的冻土层
挖掘机		1.半径7m以内的挖土与卸土； 2.装土供汽车远运	1.挖沟槽与基坑； 2.水下捞土（反向铲土等）

选择土方机械的施工条件 表6-2

路基形式及施工方法	填挖高度（m）	土方移运水平直距（m）	主要施工机械名称	辅助机械	机械施工运距（m）	最小工作地段长度（m）
（一）路堤						
路侧取土	<0.75	<15	自动平土机			300~500
路侧取土	<3.00	<40	80马力推土机		10~40	—

续上表

路基形式及施工方法	填挖高度（m）	土方移运水平直距（m）	主要施工机械名称	辅助机械	机械施工运距（m）	最小工作地段长度（m）
路侧取土	<3.00	<60	100~140马力推土机		10~60	—
路侧取土	<6.00	20~100	6m³拖式铲运机		80~250	50~80
路侧取土	>6.00	50~200	6m³拖式铲运机		250~500	80~100
远运取土	不限	<500	6m³拖式铲运机		<700	>50~80
远运取土	不限	500~700	9~12m³拖式铲运机		<1000	>50~80
远运取土	不限	>500	9m³以上自动铲运机		>500	>50~80
远运取土	不限	>500	自卸汽车运土		>500	(5000m³)
（二）路堑						
路侧弃土	<0.60	<15	自动平土机			300~500
路侧弃土	<3.00	<40	80马力推土机		10~40	
路侧下坡弃土	<4.00	<70	100~140马力推土机		10~70	
路侧弃土	<6.00	30~100	6m³拖式铲运机		100~300	50~80
路侧弃土	>15.0	50~200	6m³拖式铲运机		300~600	>100
路侧弃土	>15.0	>100	9~12m³拖式铲运机		<1000	>200
纵向利用	不限	20~70	80马力推土机		20~70	—
纵向利用	不限	<100	100~140马力推土机		<100	
纵向利用	不限	40~600	6m³拖式铲运机		80~700	>100
纵向利用	不限	<800	9~12m³拖式铲运机		<1000	>100
纵向利用	不限	>500	9m³拖式铲运机		>500	>100
纵向利用	不限	>500	自卸汽车运土		>500	(5000m³)
（三）半挖半填横向利用	不限	<60	80~140马力斜角推土机	1	10~60	—

注：表中均指Ⅰ~Ⅱ类土，如土质坚硬时应先用松土机将疏松。1马力＝735.498W。

2. 机械化施工应注意的问题

工程实践证明，再多、再好的机械设备，如果组织不好、管理不善、配合不协调，机械化施工就显示不出其优越性，甚至适得其反，造成浪费。因此，机械化施工中必须特别重视并切实加强施工组织计划与管理，使各种机械都能得到合理利用，最大限度地提高主要机械的生产率和利用率。

根据生产实践经验，机械化施工组织应注意以下几点：

①建立和健全施工管理体制与相应的组织机构。机械化施工的主要特点是效率高、进度快、各工序环节联系紧密，因此必须有一个健全的管理机构，对施工和机械等实行统一计划、统一管理、统一调度。

②制订完善的施工技术与机械技术管理制度，实行科学管理。

③深入调查研究，认真编制施工组织计划和工艺设计，保证指挥准确、及时，各环节配合得

当,各工序协调一致。

④正确选择施工机械及其技术操作方案。

⑤在机具设备有限的条件下,贯彻抓住重点、兼顾一般的原则,把主要力量集中在重点工程上。切勿平均使用力量,齐头并进,以免延误工期,造成浪费。

⑥加强技术教育,实行技术考核,不断提高管理水平与技术水平。

第三节 路基压实标准

一、路基压实(Compaction)的意义

路基施工破坏了土体的天然状态,致使其结构松散,颗粒重新组合。试验研究表明,土基压实后,土体的密实度提高,透水性降低,毛细水上升高度减小,防止了水分积聚和侵蚀而导致的土基软化,或因冻胀而引起的不均匀变形,从而提高了路基的强度和水温稳定性。因此,路基的压实工作,是路基施工过程中的一个重要工序,是提高路基强度与稳定性的根本技术措施之一。

二、路基压实机理

路基土是由土粒、水分和空气组成的三相体系。三者具有各自的特性,并相互制约共存于一个统一体中,构成土的各种物理特性——渗透性、黏滞性、弹性、塑性和力学强度等。若三者的组成情况发生改变,则土的物理性质亦随之不同。因此,要改变土的特性,需改变其组成以达到提高土的强度和稳定性的目的。

路基土受压时,土中的空气大部分被排除土外,土粒则不断靠拢,重新排列成密实的新结构。土粒在外力作用下不断地靠拢,使土的内摩阻力和黏结力也不断地增加,从而提高了土的强度。土的强度与密度的这种关系可由试验来加以验证,如图6-8所示。同时,由于土粒不断靠拢,使水分进入土体的通道减少,阻力增加,于是降低了土的渗透性。这一规律可以从表6-3清楚看到。

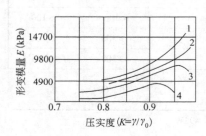

图6-8 强度与压实度的关系
注:曲线1,2,3,4 的含水率分别为:
$0.98\omega_0$,$1.0\omega_0$,$1.02\omega_0$,$1.12\omega_0$。

各种土压实前后的毛细高度　　　　　　　　　　表6-3

土　类	毛细上升高度(m)	
	未经压实的土	接近最大的密实度的土
砂土	0.2~0.6	0.1
亚砂土	0.3~0.6	0.2
粉土	0.8~1.5	0.5
亚黏土	1.5~2.0	0.4
黏土	1.5~2.0	0.4

三、影响路基压实的因素

土的压实过程和结果受到多种因素的影响,包括内因——含水率和土的性质,外因——压实功能与压实工具和方法等。弄清这些影响,对于深入了解土的压实机理和指导压实工作,具有重要的意义。

1. 含水率对压实的影响

为了简明、直观地了解含水率对压实的影响,以及为什么要选用干重度作为表征土基密实程度的指标,可参见图6-9含水率与密实度、强度的关系曲线。

从曲线1可知,当土的含水率小于ω_0(称为最佳含水率,Optimum Moisture Content)时,密实度(以土的干重度γ表示)随含水率增加而增加;当含水率达到ω_0时,密实度达到最大值γ_0(称为最佳密实度,Optimum Density);当含水率超过ω_0时,密实度随含水率增加而减小。这表明,在最佳含水率范围内增加土的含水率对土基压实有良好作用。超过此范围,含水率增加反而对土基压实不利。产生这一现象的原因是,在ω_0范围内,含水率增加,包裹于土粒表面的水膜加厚,相应地降低了土粒之间的吸引力,减小了土的内摩阻力,使土粒在外力作用下易产生相对位移,重新排列成紧密的新结构,因此压实效果最好;当含水率超过ω_0并继续增加时,土粒间的空隙绝大部分被水分充满,此时,外力不能直接作用于土粒,而传给了土粒周围的水分或被封闭的空气,因此,尽管施加很大的压实功,亦难以改变土粒的本来位置,故压实效果很差。

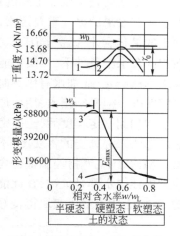

图6-9 压实土的含水率与密实度、强度的关系曲线

曲线3表明,含水率与强度的关系和含水率与密实度的关系相似。但若对比曲线1和3则可发现,在相同条件下,土体压实后获得的最佳密实度γ_0和最大强度E_{max}所对应的含水率ω_0和ω_k不相同,$\omega_0 > \omega_k$。其原因在于:含水率较小时,土粒间的吸引力较大,需要很大外力才能克服此引力而使土粒移动,因而其塑性变形比最佳含水率时小,其强度亦较最佳含水率时高。

曲线2、4分别是饱水后密度和强度的变化曲线。与曲线1、3对比,饱水后土体的密实度和强度均有所降低。但从曲线本身看,两者的降低值$\gamma_0 - \gamma_s$和$E_k - E_0$在最佳含水率处均最小。这是因为,最佳含水率时压实的土体、土粒排列最紧密,相对位置最稳定,而且由于土粒紧接在一起,相邻土粒表面的水膜相互交叠,阻碍着毛细水的活动,使水分不易进入。因此,饱水后土的密度降低不多,土的黏结力和内摩阻力也减小不多。换句话说,控制在最佳含水率ω_0压实的土基,其强度和水稳定性最好,如果以ω_k为准,尽管相应的E_k值最高,但饱水后的E却大大降低,水稳性极差。这就是施工中选用γ_0及相应ω_0作为控制土压实指标,而不采用模量来控制土基压实程度的机理所在。

根据上述分析,含水率对土基压实的影响主要表现在以下几方面:
①含水率是影响压实效果的决定性因素。
②在最佳含水率时,即土处于硬塑状态时,容易获得最佳的压实效果。
③压实到最佳密实度的土体,水稳定性最好。

2. 土质对压实的影响

土质对压实效果的影响亦很大。一般规律是：不同的土质，有不同的 ω_0 与 γ_0；分散性（液限、黏性）较高的土，其 ω_0 值较高，γ_0 值较低；砂性土的压实效果优于黏性土，如图 6-10 所示。其机理在于：土粒越细，比面积越大，加之黏土中含有亲水性较高的胶体物质需要较多的水分包裹土粒以形成水膜。砂土的颗粒粗，呈松散状态，水分极易散失，最佳含水率的概念对它没有多大的实际意义。亚砂土和亚黏土的压实性能较好，而黏性土的压实性能较差。

3. 压实功能的影响

压实功能是指压实工具的重力、碾压次数或锤落高度、作用时间等。它是除含水率以外，影响压实效果的另一重要因素。图 6-11 是压实功能与压实效果的关系曲线，曲线表明，同一种土的最佳含水率 ω_0 随压实功能的增大而减小，最大干重度 γ_0 随压实功能的增加而增大。在相同含水率条件下，压实功能越大，则土的密实度（即 γ）越大。据此规律，施工中，如果土的含水率低于 ω_0 而加水有困难时，可采用增加压实功能（重碾或增加碾压次数）的办法来提高其密实度。但必须指出，用增加压实功能的办法提高土基压实的效果是有一定限度的，当压实功能增加到一定程度后，土的密实度增加就不明显了，如果超过某一限度，再采用增加压实功能的办法来提高土的密实度，不但经济上不合理，甚至功能过大会破坏土基结构，效果适得其反。相比之下，严格控制最佳含水率，要比增加压实功能收效大得多。因此，土基压实施工中，控制最佳含水率是关键，在此前提下，采取分层填土，控制有效土层厚度，必要时适当增大压实功能，才能使土基压实取得良好效果。

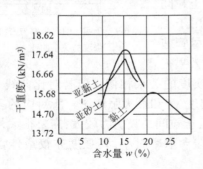

图 6-10　不同土类的 γ-ω 关系曲线

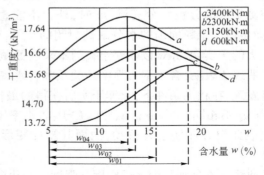

图 6-11　在不同压实功能下土的 γ-ω 关系曲线

4. 压实机具和方法对压实的影响

压实机具（Compaction Machines）和方法对压实的影响反映在以下几方面：

①压实机具不同，压力传布的有效深度也不同。夯击式机具的压力传布最深，振动式次之，碾压式最浅。但是，一种机具的作用深度在碾压过程中并不是固定不变的，随着碾压次数的增加，上部土层逐渐密实，土的强度相应提高，其作用深度亦逐渐减小。

②压实机具质量较小时，荷载作用时间越长，土的密实度越高，密实度的增长随作用时间的增长而减小；压实机具较重时，土的密实度随施加荷载时间的增加而迅速增大，但超过某一时间限度后，土的变形急剧增加而产生破坏；机具过重以致超过土的强度极限时，将立即引起土体破坏。

③碾压速度越高，压实效果越差。为了提高压实效果，必须正确确定碾压机具的行驶

速度。

综上所述,在土基压实施工中,必须控制土的含水率在最佳含水率范围内,根据土质和压实机具的性能,通过试验,确定合适的分层碾压摊铺厚度、碾压次数以及碾压机具的行驶速度等,以获得最佳的压实效果。

四、土基压实标准

1. 压实度

从前面分析可知,最大干重度 γ_0 是土基压实的一项重要指标,它与土的强度和稳定性有十分密切的关系,反映了土基使用品质。因此,一般都用它来衡量压实的质量。但是,土基野外施工,受种种条件限制,不能达到室内标准击实试验所得的最大干重度 γ_0。因此,应根据工程实际需要与可能,适当降低要求,拟定压实标准,使其满足工程的要求,又不至于浪费。我国以压实度作为控制土基压实的标准。压实度(Compactness),是指工地上压实达到的干重度 γ 与用室内标准击实试验所得的该路基的最大干重度 γ_0 之比,用 K 表示,即:

$$K = \frac{\gamma}{\gamma_0} \times 100\% \tag{6-1}$$

显然,压实度是一个以 γ_0 为标准的相对值,意为压实的程度。

2. 压实度的确定

压实度的确定,要考虑土基的受力状态,路基、路面设计要求,施工条件,公路所在地区的气候等因素。同时,必须兼顾需要与可能,讲求实效与经济。对冰冻、潮湿地区和受水影响大的路基要求应高,对干旱地区及水文条件良好地区要求可低些。路面等级高要求应高,等级低要求可低些。路基上部,活荷载影响大,水温变化剧烈,要求应高;中部,活载作用和水温变化逐渐减小,要求可相应降低;下部,活载影响已极微小,要求只需在静荷载(土基自重)作用下不致产生不均匀变形即可。

各级公路以重型击实试验为标准的路基压实度要求如表 6-4 所示。

路 基 压 实 度　　　　　　表 6-4

填挖类别	路床顶面以下深度(cm)	路基压实度(%)	
		高速公路、一级公路	二、三、四级公路
零填及挖方	0~80	95	≥93
填方	0~80	≥95	≥93
	80~150	≥93	≥90
	>150	≥90	≥90

注:1. 表列数值以重型击实试验法为准。
　　2. 特殊干旱或特殊潮湿地区的路基压实度,表列数值可适当降低。

3. 压实度检测

土质路基的压实度试验方法可采用灌砂法、环刀法、灌水法(水袋法)或核子密度湿度仪法。各种试验方法的原理和操作方法详见《公路土工试验规程》(JTG E40—2007)。

第四节　路堤压实方法与质量控制

公路所处地区的地形、地质条件不同，其路堤填料来源及性质也有较大差别，如对于山区公路，路堤填料一般来自附近路堑、隧道或其他结构物地基开挖的土、石弃方；而在平原地区或丘陵地区，路堤填料主要来自附近取土坑或路堑开挖的土。

分层碾压是路堤填筑的基本方法，但由于填筑场地地形条件的限制、填料性能不同、填筑厚度不同，压实方法、质量控制指标也不相同。为保证路堤的填筑质量，用不同粒径、成分和物理力学性质差别较大的填料填筑路堤时，应采取不同的压实方法和质量控制指标。

一、土质路堤压实施工与质量控制

若路堤附近挖方是砾类土、砂类土、风化破碎严重、粒径较小土石时，挖方土可直接用作路堤填料。当土质为细粒土时，其填料最小强度应满足表6-5要求。路床填料的最小承载比要求如表6-6所示。

土质路堤填料最小承载比要求　　　　　　　　表6-5

路基部位		路面底面以下深度（m）	填料最小承载比（CBR）（%）		
			高速公路、一级公路	二级公路	三、四级公路
上路堤	轻、中等及重交通	0.8~1.5	4	3	3
	特重及极重交通	1.2~1.9	4	3	
下路堤	轻、中等及重交通	1.5以下	3	2	2
	特重及极重交通	1.9以下			

路床填料的最小承载比要求　　　　　　　　表6-6

路基部位		路面底面以下深度（m）	填料最小承载比（CBR）（%）		
			高速公路、一级公路	二级公路	三、四级公路
上路床		0~0.3	8	6	5
下路床	轻、中等及重交通	0.3~0.8	5	4	3
	特重及极重交通	0.3~1.2	5	4	

泥炭、淤泥、冻土、强膨胀土、有机质土等不得用作路堤填料，液限大于50%、塑性指数大于26的细粒土也不得直接用作路堤填料。当填料承载比不能满足表中的最小承载比要求时，应采取掺加石灰、水泥等稳定材料，提高填料的承载比。

土质路堤填筑的基本方案是用压路机分层填筑，分层填筑厚度根据土的粒径、压路机功率，通过现场铺筑试验段确定。

土质路基的压实质量用压实度控制，要求如表6-4所示。压实度用灌砂法或环刀法试验确定。

二、土石混填（高）路堤施工与质量控制

在多数情况下，山区公路的路堤填料来自路堑、隧道等开挖工程的挖方弃渣，这些弃渣一

一般由表层风化土、易于风化的软岩及各种粒径岩石块体组成,易风化破碎的软岩在施工运输、摊铺过程中,受机械和风化作用形成风化土,这种由风化岩土与各种粒径的岩石块体混合作填料填筑的路堤叫土石混填路堤。土石混填路堤的特点是填料中土石比例和岩石粒径大小具有随机性,其施工的摊铺厚度和压实控制有一定难度,对于高度较大的土石混填高路堤,若压实方法不合理,压实不足,容易产生工后沉降,引起路面破坏。但是若土、石比例得当,石料的粒径不大,经过推土机反复破碎碾压及推平混合后也可获得良好的压实效果。

土石混填路堤一般可根据填料的石块粒径、土石比、分层填筑厚度采取以下方法填筑压实。

(1)分层压实填筑

土石混填路堤的分层填筑方法与土质路堤相同,但由于填料中的石块及粒径差异较大,分层填筑厚度比土质路堤分层填筑厚度大。实际施工时,应根据现场土石比、石块粒径、压路机功率等因素,通过摊铺试验段测试结果确定摊铺厚度。一般采用振动压路机压实,当铺筑厚度较大时,应采用冲击压路机压实(图6-12)。

分层填筑土石混填路基施工质量控制应注意以下几点:

①应尽量用推土机把土、石混合均匀,避免石块过分集中或重叠。

②石块粒径应小于压实厚度的2/3,分层最大厚度不宜大于60cm。粒径过大的石块应进行破碎(图6-13)或不用。

图6-12　冲击压路机压实

图6-13　土石混填路基填料中的大粒径石块破碎

③严格控制摊铺厚度,含水率过大的土不得用于填筑,须废弃。

分层压实土石混填路堤的施工质量可采用压实度控制,要求如表6-4所示,可以根据填料粒径情况采用灌砂法或水袋法测试。

工程实践表明,对于土石混填路堤的施工,只要严格分层摊铺和控制压实厚度,控制填料最大粒径,采用较大功率的压路机压实,这样填筑的土石混填路堤可以达到最佳压实效果,大大降低工后沉降。

(2)强夯压实填筑

当受地形限制或填料粒径较大,土石混填路堤的分层填筑厚度较大,压路机难以达到压实要求条件下,可以采用强夯压实。

强夯压实是法国Menard技术公司于1969年首创的一种地基加固方法。强夯压实是通过一重锤从一定的高度自由落下,对土体施加强大的冲击荷载,使土体中的孔隙减小,密度提高,从而提高土体强度和密实度的加固方法。这种地基加固方法具有施工工艺简单、加固

图 6-14 强夯压实施工

效果好、经济等优点,适用于填筑厚度较大的土质路基、土石混填路基的压实(图 6-14)和低饱和度的粉土、黏性土、湿陷性黄土等软土地基的加固。

土石混填路基和软土地基强夯压实加固施工参数及确定方法如下:

①有效加固深度:有效加固深度是指经强夯加固后,土层强度和变形等指标能满足设计要求的土层深度范围。有效加固深度是选择强夯压实方法的重要依据,应根据现场试夯确定,也可用 Menard 公式计算:

$$H \approx \alpha \sqrt{Mh} \qquad (6\text{-}2)$$

式中:H——有效加固深度(m);

M——夯锤重(t);

α——系数,与土质条件、夯击能大小、地下水位等因素有关,取值范围为 0.34~0.8;

h——落距(m)。

②夯锤重和落距:一般夯锤重量为 10~25t,平面形状有圆形和方形两种,多数采用以钢板为外壳内灌混凝土的锤。计算时,可先确定夯锤重量,再根据要求的单点夯击能量(夯锤自重 M 与落距 h 的乘积),计算确定夯锤的落距。国内通常采用的落距是 8~25m。

③夯击点布置及间距:夯击点的布置可根据夯击场地情况按等边三角形或正方形布置。夯击点间距一般根据地基土的性质和要求处理的深度而定,间距通常为 5~15m,为了使深层土得以加固,第一遍夯击点的间距要大,以使夯击能量传递到深处。下一遍夯击点布置在上一遍夯击点的中间。最后一遍是以较低的夯击能进行夯击,彼此重叠搭接,以确保地表土的强度均匀性和较高的密实度,俗称"搭夯"(或称满夯)。

④夯击击数与遍数:夯点的夯击击数是指使夯点下沉小于控制要求时的夯击次数。根据现场试夯得到的夯击击数与夯沉量之间的关系曲线确定。一般以最后两击的平均夯沉量确定夯击击数,当单击夯能 $E < 2000 \text{kN·m}$ 时,最后两击的平均夯沉量不大于 50mm;当 $2000 < E < 4000 \text{kN·m}$ 时,不大于 100mm;当 $E > 4000 \text{kN·m}$ 时,小于等于 200mm 的夯击次数作为夯击击数。

整个强夯场地中一次布置的各夯击点夯完后算作一遍。夯击遍数应根据地基土的性质和平均夯击能确定,一般情况下 2~3 遍。

⑤间歇时间:对于饱和土地基,为使每遍强夯时地基中的孔隙水逐渐排除而达到较好的加固效果,两遍夯击间应有一定的时间间隔,间歇的时间取决于加固土层中孔隙水压力消散所需要的时间。对渗透性较大的砂性土,两遍夯击的间歇时间很短,可连续夯击。对黏性土,由于孔隙水压力消散较慢,其间歇时间取决于孔隙水压力的消散情况,一般为 2~4 周。土石混填路基没有孔隙水消散问题,两遍夯击之间不需要间歇,可以连续强夯。

强夯施工结束后对地基加固质量进行检验。检测方法有:十字板试验、动力触探试验(包括标准贯入试验)、静力触控试验、旁压仪试验、载荷试验、波速试验等。这些检测方法各有特点和应用条件,可以根据加固地基条件选择合适的检测方法。检测点位置可分别布置在夯坑内、夯坑外和夯击区边缘。检测深度应不小于设计处理的深度。为使检测结果符合实际,对于软基加固质量的检测应在加固完成后一定时间进行检测。对碎石土和砂土地基,其间隔时间可取 1~2 周;对低饱和度的粉土和黏性土地基可取 3~4 周。

三、填石路堤施工与质量控制

当公路沿线有大量天然石料或开挖路堑的废石方时,可以用来填筑路堤。当路堤的一层或几层全用石料填筑时,其填实要求和施工质量按填石路堤控制。以石料的饱和抗压强度为指标,将路堤填石料分为硬质岩石、中硬岩石和软质岩石三大类,用于路堤填料的最小强度指标要求如表 6-7 所示。

岩石分类表　　　　　　　表 6-7

岩石类型	单轴饱和抗压强度 (MPa)	代表性岩石
硬质岩石	≥60	1. 花岗石、闪长岩、玄武岩等岩浆岩; 2. 砾岩及砂岩、石灰岩等沉积岩类; 3. 片麻岩、石英岩、大理石、板岩等变质岩类
中硬岩石	30~60	
软质岩石	5~30	1. 凝灰岩等喷出岩类; 2. 泥砾岩、泥质砂岩、泥质页岩、泥岩等沉积岩类; 3. 云母片岩或千枚岩等变质岩类

填石路堤质量控制:在施工中不同强度的石料应采用不同的分层摊铺厚度和压实控制标准,当路堤全部或其中几层由开挖的岩石填筑时,填层压实质量标准宜用孔隙率作为控制指标。表 6-8~表 6-10 是不同强度岩石填料的压实质量控制指标和要求。

硬质石料压实质量控制标准　　　　　　　表 6-8

分区	路面底面以下深度(m)	摊铺层厚(mm)	最大粒径(mm)	压实干重度(kN/m^3)	孔隙率(%)
上路堤	0.80~1.50 (1.20~1.90)	≤400	小于层厚 2/3	由试验确定	≤23
下路堤	>1.50 (>1.90)	≤600	小于层厚 2/3	由试验确定	≤25

中硬石料压实质量控制标准　　　　　　　表 6-9

分区	路面底面以下深度(m)	摊铺层厚(mm)	最大粒径(mm)	压实干重度(kN/m^3)	孔隙率(%)
上路堤	0.80~1.50 (1.20~1.90)	≤400	小于层厚 2/3	由试验确定	≤22
下路堤	>1.50 (>1.90)	≤500	小于层厚 2/3	由试验确定	≤24

软质石料压实质量控制标准　　　　　　　表 6-10

分区	路面底面以下深度(m)	摊铺层厚(mm)	最大粒径(mm)	压实干重度(kN/m^3)	孔隙率(%)
上路堤	0.80~1.50 (1.20~1.90)	≤300	小于层厚	由试验确定	≤20
下路堤	>1.50 (>1.90)	≤400	小于层厚	由试验确定	≤22

由于路堤石料的粒径和性质极不均匀,因此,施工中在进行填石层的压实质量控制时,除了表中的孔隙率指标外,可以结合压路机功率、碾压遍数、摊铺压实厚度等施工参数用轮迹、沉降、孔隙率联合控制。

思考题

1. 哪些条件下路堤填筑前需要对原地面进行处理?有哪些处理方法?
2. 简述合理的路堤填筑方案和分层填筑的重要性。如何确定不同性能填料的分层填筑厚度?
3. 影响路基压实的因素有哪些?为达到最佳压实效果,施工中如何控制含水率、压实功率和分层填筑厚度间的关系?
4. 什么叫压实度?测试路基干密度的方法有哪些?土石混填路基和填石路基的压实度如何控制?

第七章
交通荷载与环境因素

第一节 交通荷载

一、汽车轴型与接地压力

汽车是路面的服务对象,同时又是路面结构产生损坏的主要原因。要保证汽车能够以一定的速度,在道路上安全而舒适地行驶,就要研究行车荷载的特性及其对路面的作用。

1. 汽车轴型

作用在路面上的车辆,即使其质量相同,而轴型不一样,对路面产生的损坏效果也不一样。因此,路面工程中的行车荷载是以"轴载"为单位的。当汽车总质量增加时,轴数与轮数也相应增加,以利于扩大荷载的分布面积。《公路沥青路面设计规范》(JTG D50—2017)按照轮组和轴组类型将车辆轴型分为7类(表7-1),根据轴型组合将车辆类型分为11类(表7-2)。

车辆轴型分类　　　　　　　　　　表7-1

轴型编号	轴型说明	轴型编号	轴型说明
1	单轴(每侧单轮胎)	3	双联轴(每侧单轮胎)
2	单轴(每侧双轮胎)	4	双联轴(每侧各一单轮胎、双轮胎)

续上表

轴型编号	轴型说明	轴型编号	轴型说明
5	双联轴（每侧双轮胎）	7	三联轴（每侧双轮胎）
6	三联轴（每侧单轮胎）		

车 辆 类 型　　　　　　　　　　　　　表 7-2

车型编号	说　　明	主要车型及图示	其他车型
1 类	2 轴 4 轮车辆	11 型车	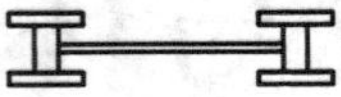
2 类	2 轴 6 轮及以上客车	12 型客车	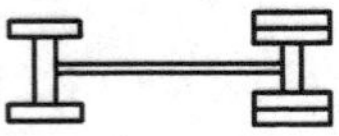 15 型客车
3 类	2 轴 6 轮整体式货车	12 型货车	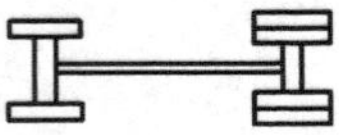
4 类	3 轴整体式货车（非双前轴）	15 型	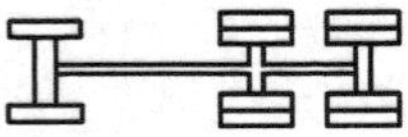
5 类	4 轴及以上整体式货车（非双前轴）	17 型	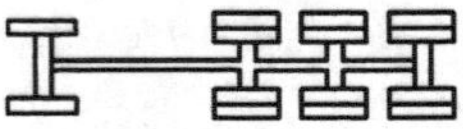
6 类	双前轴整体式货车	112 型 115 型	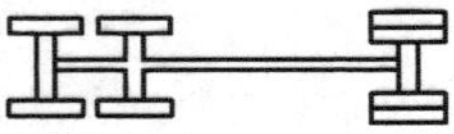 117 型
7 类	4 轴及以下半挂货车（非双前轴）	125 型	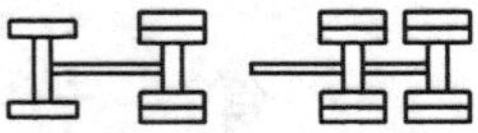 122 型
8 类	5 轴半挂货车（非双前轴）	127 型 155 型	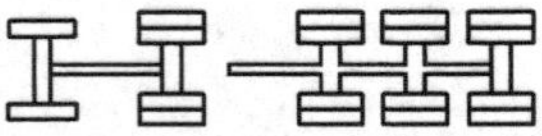
9 类	6 轴及以上半挂货车（非双前轴）	157 型	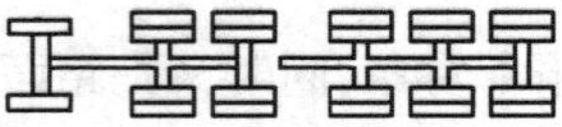
10 类	双前轴半挂式货车	1127 型	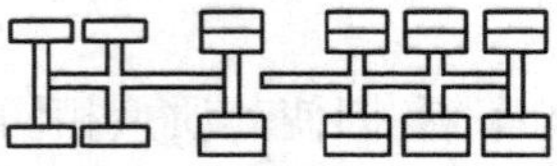 1122 型 1125 型 1155 型 1157 型
11 类	全挂货车	1522 型 1222 型	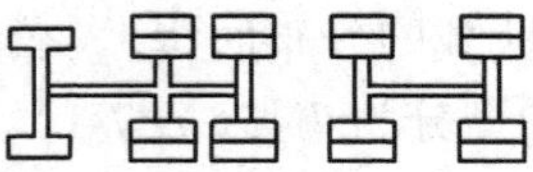

2. 轮胎接地压力

轴载经由轮胎传给路面。轮胎与路面接触面上的平均竖向压力 p 受下述因素的影响：

① 充气轮胎的内压力 p_i。
② 轮胎的类型(斜线或子午线)和性质(新或旧)。
③ 轮载的大小(同轮胎的标准负载相比)。

一般情况下,轮胎与路面接触面上的压力 p 小于内压力 p_i,为 $(0.8 \sim 0.9)p_i$。只是在轮胎软而旧,或者实际内压力比标准内压力低得多,或者轮载超过规定的标准负荷情况下,接触压力 p 才会大于 p_i,为 $(1.1 \sim 1.3)p_i$。车轮在行驶过程中,内压力会因轮胎内气温的升高而增加。因此,对于滚动的车轮,接地压力由 $(0.8 \sim 0.9)p_i$ 增大到 $(0.9 \sim 1.1)p_i$。路面设计时,通常忽略上述因素变化的影响而直接采用内压力 p_i 作为接地压力。

3. 接触面积

实际上,只有轮胎面突出的花纹同路面相接触,但通常都把投影面积当作接触面积。此接触面的形状一般为长短轴比较接近的椭圆形。在路面设计中,大都近似采用圆形接触面积来表示。将车轮荷载简化成当量的圆形均布荷载,并采用轮胎内压力作为轮胎接触压力 P。当量圆半径 δ 可按以下公式确定:

$$\delta = \sqrt{\frac{P}{\pi p}} \tag{7-1}$$

式中:P——作用在车轮上的荷载(kN);
p——轮胎接触压力(kPa);
δ——接触面当量圆半径(m)。

对于双轮组车轴,若每一侧的双轮用一个圆表示,称为单圆荷载;若用两个圆表示,则称为双圆荷载(图 7-1)。双圆荷载的当量圆直径 d 和单圆荷载的当量圆直径 D,分别按式(7-2)、式(7-3)计算:

$$d = \sqrt{\frac{4P}{\pi p}} \tag{7-2}$$

$$D = \sqrt{\frac{8P}{\pi p}} = \sqrt{2}\,d \tag{7-3}$$

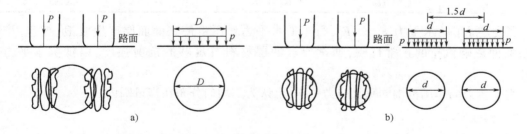

图 7-1 车轮荷载计算图式
a) 单圆图式;b) 双圆图式

我国现行路面设计规范中规定的标准轴载 BZZ-100 的 $P = 100/4$ kN,$p = 700$ kPa,用式(7-2)、式(7-3)计算,可分别得到相应的当量直径为:$d = 0.213$ m,$D = 0.302$ m。

二、运动车辆对路面的作用

1. 水平力

行车对路面体系除了作用有竖直力外,还有水平力。

当车辆正常行驶时,由于轮胎的变形会引起滚动阻力,轮胎对于路面产生向前的水平力 F_0:

$$F_0 = \mu P \tag{7-4}$$

式中:P——轮载(kN);

μ——滚动阻力系数,同轮胎类型、路面类型和状况、车速有关。

一般情况下,水泥混凝土和沥青混凝土路面的 μ 值为 $0.01 \sim 0.02$;碎砾石路面的 μ 值为 $0.025 \sim 0.050$。可见,$F_0 \leq 0.05P$。

当汽车在弯道上行驶,对路面产生向弯道外侧的水平力,水平力大小受车速、车重及弯道半径的影响,最高可达竖向力的 10%。

但是,在车辆制动或驱动过程中,作用于路面上的水平力要大得多。其值由下式确定:

$$F_b = f_b P \tag{7-5}$$

式中:f_b——车轮与路面间的附着率,其值同制动或驱动的情况有关,但最大值不会超过路面的附着系数 φ,最小值不会低于车轮完全在路面上滑移时的滑动摩阻系数 f_g(表 7-3)。

纵向滑动摩阻系数 f_g　　　　表 7-3

路表状况	路面类型	车速(km/h)		
		16	32	64
干燥	碎石	—	0.60	—
	沥青混凝土	0.70~1.00	—	0.50~0.65
	水泥混凝土	0.70~0.85	—	0.60~0.80
潮湿	碎石	—	0.40	—
	沥青混凝土	0.43~0.65	—	0.10~0.50
	水泥混凝土	0.60~0.70	—	0.35~0.55

可见,行车的水平力 $F_b \gg F_0$,行车的水平力作用将使路面面层产生波浪、拥包、推移等损坏而影响汽车的正常行驶,通常要求面层材料有足够的抗剪强度,以抵抗水平力的破坏。

水平应力的作用范围同垂直应力一样,也认为是均匀分布在当量圆内。

2. 动载特性

以一定车速行驶在路面上的车辆,由于自身的振动和路面的不平整,其车轮实际上是以一定的频率和振幅在路面上跳动,作用在路面上的轮载便时而大于静轮载,时而小于静轮载。图 7-2 即为轴载变化的一个实测例子。

轮载的这种动态变动,可近似地看作呈正态分布,其变异系数(标准偏差同静轮载的比值)主要随三方面因素变化:

①行车速度。车速越高,变异系数越大。

②路面的平整度。平整度越差,变异系数越大。

③车辆振动的特性。轮胎越软,减振装置的效果越好,变异系数越小。

正常情况下,变异系数一般均小于 0.3。

动轮载和静轮载的比值,称作冲击系数。较平整路面上,车速低于 50km/h 时的冲击系数约在 1.30 以内。在车速高、平整度差的路上,冲击系数还要增大。在设计路面时,有时以静轮载乘以冲击系数作为设计荷载。

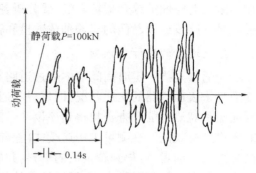

图 7-2 轴载的动态变化

注:车速为 60km/h;轮胎着地长度 23cm(着地时间 0.014s),路面中等平整度。

3. 瞬时性

车辆以一定的速率行经路面时,路面任一点所经受到的轮载作用时间实际上很短,只有 0.1~0.01s。路面下不同深度处应力作用时间的持续时间略大些,但仍很短,见图 7-3。这样短暂的荷载(或应力)作用时间,使路面结构的变形来不及像静载作用时那样充分。美国 AASHTO 曾对不同车速下沥青路面和水泥混凝土路面的变形量进行过实测,图 7-4 分别给出了其试验结果。

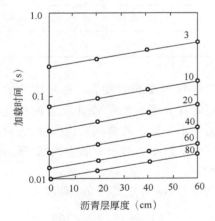

图 7-3 竖向应力脉冲时间随车速和深度的变化
(曲线上数字为车速,单位 km/h)

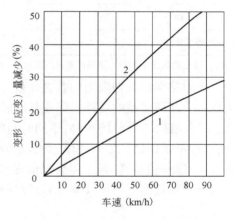

图 7-4 车速同路面变形的关系

1-水泥混凝土路面,角隅弯沉量或边缘应变量随车速变化;
2-沥青路面,表面总弯沉量随车速的变化

可以看出,在该试验条件下(单轴轴载 80kN),沥青路面的总弯沉量在车速由 3.2km/h 增大到 56km/h 时减少了 36%,而水泥混凝土路面的板角挠度和板边应变量在车速由 3.2km/h 增大至 96.7km/h 时降低了 29% 左右。动荷载下路面变形量的减少意味着路面结构强度的相对提高,或者说路面体系的强度相对增大。

三、交通分析

路面设计所采用交通量与交通工程中交通量有较大区别。在交通工程中主要关心某一路段或横断面的车辆数量及其通行速度,而路面设计时要考虑各种轴型和不同轴载的车辆在使用年限内对路面的综合损坏影响,要分析各种轴型和各级轴载的重复作用累计次数,因此主要关心某一路段或横断面的车辆轴载数量和轴重。

1. 交通量的统计与预测

交通量是指一定时间间隔内通过道路某一断面的车辆总数。设计路面时,通常以平均日交通量来表征道路的交通状况,即每昼夜通过道路某一横断面的车辆总数。可以通过已有的交通流量观测站的调查资料得到该设计道路的年平均日交通量;在未设观测站的路上,也可临时布设进行观测。观测可采用连续式(全年全天24h观测)或间隙式(每月选择若干天观测)两种形式。前者,可得到较全面的资料,并能了解到交通量日、周、月、年变化的情况,但较费时费力。后者虽较省时省力,但所得结果的代表性较差。

由于2轴4轮及以下的车辆轴载一般在20kN以下,对路面损坏作用很小,我国现行路面设计规范中,一般将调查获得的双向初始年平均日交通量,剔除2轴4轮及以下的客、货运车辆交通量,得到包括大型客车在内的双向初期年平均日交通量(AADTT)。

双向初期年平均日交通量(AADTT)乘以方向系数(DDF)和车道系数(LDF),即为设计车道的年平均日货车交通量 N_1。方向系数宜根据不同方向上实测交通量数据确定,无实测数据时可在0.5~0.6范围内选取。表7-4为推荐车道系数。

车 道 系 数　　　　　　　　　　　　　　　　　　表7-4

单向车道数	1	2	3	≥4
高速公路	—	0.70~0.85	0.45~0.60	0.40~0.50
其他等级公路	1.00	0.50~0.75	0.50~0.75	—

注:交通受非机动车和行人影响严重时取低限,反之取高值。

要确定路面设计期限内的总交通量,还需要预估这些年内交通的发展。逐步增长的交通量大致符合几何级数的规律。即在某段时间内,以固定的百分率γ逐年增加,γ值的变化幅度很大,不同地区,不同经济条件,不同时间的增长率γ值都不一样。通常在发达国家、大城市附近,由于经济基础已具相当规模,交通量的基数较大,因此γ较小。对于发展中国家、新开发的经济区,一般γ值较高,若干年后γ值逐步下降,趋于稳定。

确定交通量年平均增长率γ后,设计年限内累计交通量 Ne 可按式(7-6)预测。

$$Ne = \frac{[(1+\gamma)^t - 1] \times 365}{\gamma} N_1 \quad (7-6)$$

式中:Ne——设计年限 T 年内设计车道的累计交通量;

N_1——设计初始年平均日交通量;

γ——设计年限内交通量的平均年增长率%;

t——设计年限。

2. 轮迹横向分布

车辆在道路横断面上的分布,通常是在中心线附近一定范围内摆动。图7-5所示为分车道单

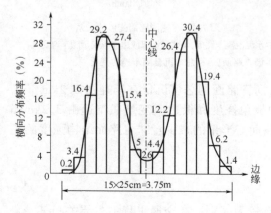

图7-5 分车道单向行驶时轮迹横向分布频率曲线

向行驶时宽 3.75m 的车道上实测到的轮迹横向分布频率曲线(轮迹宽度以 25cm 计)。可以看到,距路面外侧边缘 0.9m 和 3m 附近的轮迹分布频率分别达到峰值,为此车道总轴载作用次数的 30% 左右;而车道边缘路面受到的轴载作用次数很少。

轮迹横向分布的图形和峰值取决于交通的渠化程度,它随许多因素变化,诸如:交通组织类型(不分车道混合交通,划标线分道行驶或设分隔带分道行驶)、车道宽、交通密度、交通组成、车速以及驾驶员的驾驶习惯和经验等。

轮迹横向分布系数为路面横断面上某一宽度范围内实际受到的轴载作用次数占通过该车道断面的总轴数的比例。沥青路面设计时以车道系数(LDF)来表征轮迹横向分布。沥青路面的车道系数可按三个水平确定:水平一,根据现场交通量观测资料统计设计方向不同车道上车辆数量,确定车道系数;水平二,采用当地经验值;水平三,采用表 7-4 的推荐值。

水泥混凝土路面设计时,首先采用表 7-4 推荐车道系数计算设计车道的年平均日货车交通量(ADTT),在计算设计基准期内水泥混凝土路面设计车道临界荷位处所承受的设计轴载累计作用次数时,还需考虑临界荷位处的车辆轮迹横向分布系数(表 7-5)。

水泥混凝土路面轮迹横向分布系数　　　　表 7-5

公　路　等　级		纵缝边缘处
高速公路、一级公路、收费站		0.17 ~ 0.22
二级及二级以下公路	行车道宽 > 7m	0.34 ~ 0.39
	行车道宽 ≤ 7m	0.54 ~ 0.62

注:车道较宽或者交通量较大时,取高值,反之,取低值。

3. 车辆类型与轴载组成

道路上通行的车辆具有不同的轴型和轴重,为了准确考虑和计算车辆荷载对路面的综合累计损伤作用,必须通过调查获取设计公路通过的车辆类型、轴型和轴重数据。可以用自动记录仪器记录通行车辆的轴数与轴载大小,然后按轴载大小进行分类统计,各级轴载在整个车辆组成中所占的比例,称为轴载谱(Axle Load Spectrum),这种方法又称为轴载谱调查。如图 7-6 所示即为根据实测某道路通行轴载次数和相应轴重整理获得的各级轴载的典型轴载谱。由交通调查得到不同车型的组成分布,进而获取每种车型每日通行的轴载数,乘以相应的轴载谱百分率,即可计算出所有车辆各级轴载的通行次数。

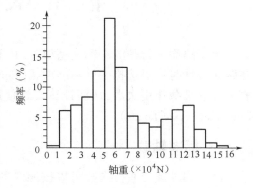

图 7-6　轴载谱

对于沥青路面,车辆类型分布系数可按三个水平确定:水平一,根据交通观测资料分析表 7-2 中 2 类~11 类车型所占的百分比,得到车辆类型分布系数,路面改建设计应采用该水平;水平二,根据交通历史数据或经验数据按表 7-6 确定公路 TTC 分类,采用该 TTC 分类车辆类型分布系数当地经验值;水平三,根据交通历史数据或经验数据按表 7-6 确定公路 TTC 分类,采用表 7-7 规定的车辆类型分布系数。

公路 TTC 分类标准(%) 表 7-6

TTC 分类	整体式货车比例	半挂式货车比例
TTC1	<40	>50
TTC2	<40	<50
TTC3	40~70	>20
TTC4	40~70	<20
TTC5	>70	—

注:表中整体式货车为表 7-2 中 3~6 类车,半挂式货车为表 7-2 中 7~10 类车。

不同 TTC 分类车辆类型分布系数 表 7-7

车辆类型	2 类	3 类	4 类	5 类	6 类	7 类	8 类	9 类	10 类	11 类
TTC1	6.4	15.3	1.4	0.0	11.9	3.1	16.3	20.4	25.2	0.0
TTC2	22.0	23.3	2.7	0.0	8.3	7.5	17.1	8.5	10.6	0.0
TTC3	17.8	33.1	3.4	0.0	12.5	4.4	9.1	10.6	8.5	0.7
TTC4	28.9	43.9	5.5	0.0	9.4	2.0	4.6	3.4	2.3	0.1
TTC5	9.9	42.3	14.8	0.0	22.7	2.0	2.3	3.2	2.5	0.2

对于水泥路面,可采用以轴型为基础和以车辆类型为基础两种方法获得单轴轴载谱。以轴型进行称重和统计时,随机统计 3000 辆 2 轴 6 轮及以上车辆中单轴、双联轴和三联轴等不同轴型出现的单轴次数,并分别称取其单轴轴重,可按单轴轴重级位统计整理后得到轴载谱。以车辆类型为基础进行各种轴型的轴载称重和统计时,可将 2 轴 6 轮及以上车辆分为整车、半挂和多挂 3 大类,调查获取车辆类型组成比例,每类车再按轴数细分,分别按车型称重后得到单轴轴载谱。另外,水泥路面还需要获得最重轴载和货车中占主要份额的特重车型轴载。

第二节 设计轴载与轴载换算

由于路面上行驶的车辆类型很多,其不同轴载对路面结构的累积损伤作用也不相同,因此在路面设计时一般选择一种标准轴载(Equivalent Single Axle Load),并将各级轴载作用次数换算为标准轴载作用次数,从而计算设计使用年限内作用于路面的累计当量轴次(Cumulative Equivalent Axle Loads)。

一、标准轴载

汽车的轴载与通行次数可以按照等效原则换算成标准轴载的作用次数。标准轴载的规定,大部分国家为 100kN,少数国家为 130kN,英美等国则选用 80kN。考虑到我国公路汽车运输车辆的现状及发展趋势,我国沥青路面和水泥混凝土路面设计规范均以双轮组单轴 100kN 作为标准轴载,以 BZZ-100 表示,其计算参数如表 7-8 所示。

BZZ-100 标准轴载计算参数 表 7-8

标准轴载 P(kN)	100	单轮传压面当量圆直径 d(cm)	21.30
轮胎接地压力 p(MPa)	0.70	两轮中心距(cm)	$1.5d$

二、轴载换算

各种轴载换算为标准轴载,应遵循两项原则:①以达到相同的临界状态为标准,即同一种路面结构,甲轴作用了 N_1 次后达到预定的临界状态,乙轴作用了 N_2 次后,路面也达到同样的临界状态,此时甲乙两种轴载作用是等效的,按此等效原则建立两种轴载作用次数间的换算关系。②对于同一种交通组成,不论以其中哪一种轴载为标准进行等效换算后,由此所计算的路面厚度结果应当是相同的。

1. 沥青路面的轴载换算方法

我国现行沥青路面设计方法中采用沥青混合料层疲劳寿命、无机结合料稳定层疲劳寿命、沥青混合料层永久变形和路基永久变形为主要设计标准,因此轴载换算时需分别考虑沥青混合料层层底拉应变、无机结合料稳定层层底拉应力、沥青混合料层永久变形量和路基顶面竖向压应变为指标的轴载换算方法。

各类车辆当量轴载换算系数可按三个水平确定,高速公路和一级公路的改建设计应采用水平一,其他情况可采用水平二或水平三。

(1)水平一

采用称重设备连续采集设计车道上车辆类型、轴型组成和轴重数据,按下列步骤分析各类车辆当量换算系数:

①分别统计2类~11类车辆单轴单胎、单轴双胎、双联轴和三联轴的数量,除以各类车辆总量,按式(7-7)计算各类车辆中不同轴型平均轴数。

$$\text{NAPT}_{mi} = \frac{\text{NA}_{mi}}{\text{NT}_m} \tag{7-7}$$

式中:NAPT_{mi}——m 类车辆中 i 种轴型的平均轴数;

NA_{mi}——m 类车辆中 i 种轴型总数;

NT_m——m 类车辆总数;

i——分别为单轴单胎、单轴双胎、双联轴和三联轴;

m——表7-2所列2类~11类车。

②按式(7-8)计算2类~11类车辆不同轴型在不同轴重区间所占的百分比,得到不同轴型的轴重分布系数,即轴载谱。确定轴载谱时,单轴单胎、单轴双胎、双联轴和三联轴分别间隔2.5kN、4.5kN、9.0kN 和13.5kN 划分轴重区间。

$$\text{ALDF}_{mij} = \frac{\text{ND}_{mij}}{\text{NA}_{mi}} \tag{7-8}$$

式中:ALDF_{mij}——m 类车辆中 i 种轴型在 j 级轴重区间的轴重分布系数;

ND_{mij}——m 类车辆中 i 种轴型在 j 级轴重区间的数量;

NA_{mi}——m 类车辆中 i 种轴型的数量。

③按式(7-9)计算2类~11类车辆各种轴型在不同轴重区间的当量设计轴载换算系数,计算时取各轴重区间的中点值作为该轴重区间的代表轴重。按式(7-10)计算各类车辆当量设计轴载换算系数。

$$\mathrm{EALF}_{mij} = c_1 c_2 \left(\frac{P_{mij}}{P_s}\right)^b \tag{7-9}$$

式中:P_s——设计轴载(kN);

P_{mij}——m 类车辆中 i 种轴型在 j 级轴重区间的单轴轴载(kN),对于双联轴和三联轴,为平均分配到每根单轴的轴载;

b——换算系数,以沥青混合料层层底拉应变为设计指标分析沥青混合料层疲劳和以沥青混合料层永久变形量为设计指标分析沥青混合料层永久变形时,$b=4$;以路基顶面竖向压应变为设计指标分析分析路基永久变形时,$b=5$;以无机结合料稳定层层底拉应力为设计指标分析无机结合料稳定层疲劳时,$b=13$;

c_1——轴组系数,前后轴间距大于 3m 时,分别按单个轴计算,$c_1=1$,轴间距小于 3m 时,按表 7-9 取值;

c_2——轮组系数,双轮组为 1.0,单轮时取 4.5。

轴型系数取值 表 7-9

设计指标	轮—轴型	c_1 取值
沥青混合料层层底拉应变、沥青混合料层永久变形量	双联轴	2.1
	三联轴	3.2
路基顶面竖向压应变	双联轴	4.2
	三联轴	8.7
无机结合料稳定层层底拉应力	双联轴	2.6
	三联轴	3.8

$$\mathrm{EALF}_m = \sum_i \left[\mathrm{NAPT}_{mi} \sum_j (\mathrm{EALF}_{mij} \times \mathrm{ALDF}_{mij}) \right] \tag{7-10}$$

式中:EALF_m——m 类车辆的当量设计轴载换算系数;

NAPT_{mi}——m 类车辆中 i 种轴型的平均轴数;

ALDF_{mij}——m 类车辆中 i 种轴型在 j 级轴重区间的轴重分布系数;

EALF_{mij}——m 类车辆中 i 种轴型在 j 级轴重区间当量设计轴载换算系数,根据式(7-9)计算确定。

(2)水平二和水平三

按式(7-11)确定各类车辆的当量设计轴载换算系数,式(7-11)中非满载车和满载车的比例和当量设计轴载换算系数,水平二时取当地经验值,水平三时取表 7-10 和表 7-11 所列全国经验值。

$$\mathrm{EALF}_m = \mathrm{EALF}_{ml} \times \mathrm{PER}_{ml} + \mathrm{EALF}_{mh} \times \mathrm{PER}_{mh} \tag{7-11}$$

式中:EALF_{ml}——m 类车辆中轻车的当量轴载换算系数;

EALF_{mh}——m 类车辆中重车的当量轴载换算系数;

PER_{ml}——m 类车辆中轻车所占的百分比;

PER_{mh}——m 类车辆中重车所占的百分比。

2～11 类车辆非满载车与满载车比例　　　　表 7-10

车 型	非满载车比例	满载车比例
2 类	0.80～0.90	0.10～0.20
3 类	0.85～0.95	0.05～0.15
4 类	0.60～0.70	0.30～0.40
5 类	0.70～0.80	0.20～0.30
6 类	0.50～0.60	0.40～0.50
7 类	0.65～0.75	0.25～0.35
8 类	0.40～0.50	0.50～0.60
9 类	0.55～0.65	0.35～0.45
10 类	0.50～0.60	0.40～0.50
11 类	0.60～0.70	0.30～0.40

2～11 类车辆当量设计轴载换算系数　　　　表 7-11

车型	沥青混合料层层底拉应变、沥青混合料层永久变形量		无机结合料稳定层层底拉应力		路基顶面竖向压应变	
	非满载车	满载车	非满载车	满载车	非满载车	满载车
2 类	0.8	2.8	0.5	35.5	0.6	2.9
3 类	0.4	4.1	1.3	314.2	0.4	5.6
4 类	0.7	4.2	0.3	137.6	0.9	8.8
5 类	0.6	6.3	0.6	72.9	0.7	12.4
6 类	1.3	7.9	10.2	1505.7	1.6	17.1
7 类	1.4	6.0	7.8	553.0	1.9	11.7
8 类	1.4	6.7	16.4	713.5	1.8	12.5
9 类	1.5	5.1	0.7	204.3	2.8	12.5
10 类	2.4	7.0	37.8	426.8	3.7	13.3
11 类	1.5	12.1	2.5	985.4	1.6	20.8

(3) 当量设计轴载累计作用次数

按照公式(7-12)确定初始年设计车道日平均当量轴次 N_1。

$$N_1 = \text{AADTT} \times \text{DDF} \times \text{LDF} \times \sum_{m=2}^{11} (\text{VCDF}_m \times \text{EALF}_m) \tag{7-12}$$

式中：AADTT——2 轴 6 轮及以上车辆的双向年平均日交通量(辆/日)；

DDF——方向系数；

LDF——车道系数；

m——车辆类型编号；

VCDF_m——m 类车辆类型分布系数；

EALF_m——m 类车辆的当量轴载换算系数。

按照式(7-13)计算设计期内设计车道上的累计当量轴载作用次数 N_e。

$$N_e = \frac{[(1+\gamma)^t - 1] \times 365}{\gamma} N_1 \tag{7-13}$$

式中：N_e——设计期内设计车道上的累计当量轴载作用次数(次)；
t——设计期；
γ——设计期内交通量的年平均增长率；
N_1——初始年设计车道日平均当量轴次(次/d)。

2.水泥混凝土路面的轴载换算方法

水泥混凝土路面设计时以水泥混凝土面板底面的弯拉应力为指标进行轴载换算，以 100kN 单轴—双轮组荷载作为设计轴载，对极重交通荷载等级的水泥混凝土路面，宜选用货车中占主要份额的特重车型轴载作为设计轴载。

(1)以轴型为基础的轴载换算方法

各类车辆按轴型称重和统计时，可采用以轴型为基础的轴载当量换算系数法计算分析设计车道使用初期的设计轴载日作用次数。随机统计 3000 辆 2 轴 6 轮及以上车辆中单轴、双联轴和三联轴等不同轴型出现的单轴次数，并分别称取其单轴轴重。可按单轴轴重级位统计整理后得到轴载谱，并按式(7-14)计算确定不同轴重级位的设计轴载当量换算系数。

$$k_{p,i} = \left(\frac{p_i}{p_s}\right)^{16} \tag{7-14}$$

式中：$k_{p,i}$——不同单轴轴重级位 i 的设计轴载当量换算系数；
p_i——单轴级位 i 的轴重(kN)；
p_s——设计轴载的轴重(kN)。

依据单轴轴载谱和相应的设计轴载当量换算系数，可按式(7-15)计算得到设计车道使用初期的设计轴载日作用次数。

$$N_s = \text{ADTT} \frac{n}{3000} \sum_i k_{p,i} \cdot p_i \tag{7-15}$$

式中：N_s——设计车道的设计轴载日作用次数[轴次/(车道·日)]；
ADTT——设计车道的年平均日货车交通量[辆/(车道·日)]；
n——随机调查 3000 辆 2 轴 6 轮及以上车辆中出现的单轴总轴数；
p_i——单轴轴重级位 i 的频率(以分数计)。

(2)以车辆类型为基础的轴载换算方法

以车辆类型为基础进行各种轴型的轴载称重和统计时，可采用车辆当量轴载系数法计算分析设计车道使用初期的设计轴载日作用次数。可将 2 轴 6 轮及以上车辆分为整车、半挂和多挂 3 大类，每类车再按轴数细分，分别按车型称重后得到单轴轴载谱。可由式(7-14)和式(7-16)计算得到各类车辆的设计轴载当量换算系数。

$$k_{p,k} = \sum_i k_{p,i} \cdot p_i \tag{7-16}$$

式中：$k_{p,k}$——k 类车辆的设计轴载当量换算系数；
p_i——k 类车辆单轴轴重级位 i 的频率(以分数计)。

依据调查所得的车辆类型组成数据，可按式(7-17)计算确定设计车道使用初期的设计轴载日作用次数。

$$N_s = \text{ADTT} \frac{n}{3000} \sum_k k_{p,k} \cdot p_k \tag{7-17}$$

式中：p_k——k 类车辆的组成比例(以分数计)。

(3) 当量设计轴载累计作用次数

设计基准期内水泥混凝土路面设计车道临界荷位处所承受的设计轴载累计作用次数,应按式(7-18)计算确定。

$$Ne = \frac{Ns \times [(1+g_t)^t - 1] \times 365}{g_t} \times \eta \tag{7-18}$$

式中:Ne——设计基准期内设车道所承受的设计轴载累计次数(轴次/车道);
t——设计基准期(a);
g_t——基准期内货车交通量的年平均增长率(以分数计);
η——临界荷位处的车辆轮迹横向分布系数,按表7-5选用。

三、交通荷载分级

为了判别道路承受交通荷载的轻重,《公路沥青路面设计规范》(JTG D50—2017)和《公路水泥混凝土路面设计规范》(JTG D40—2011)分别对不同交通荷载等级的划分做出了规定。

沥青路面以设计使用年限内累计大型客车和货车交通量之和划分交通荷载等级,如表7-12所示。

沥青路面交通荷载分级　　　　表7-12

设计交通荷载等级	极重	特重	重	中等	轻
设计使用年限内设计车道累计大型客车和货车交通量($\times 10^6$,辆)	≥50.0	50.0~19.0	19.0~8.0	8.0~4.0	<4.0

注:大型客车和货车为表7-2中所列2类~11类车。

水泥混凝土路面按设计基准期内设计车道临界荷位处所承受的标准轴载累计作用次数将交通荷载等级分为5级(表7-13)。

水泥混凝土路面交通荷载分级　　　　表7-13

交通荷载等级	极重	特重	重	中等	轻
设计基准期内设计车道的标准轴载累计作用次数 $Ne(\times 10^4)$	$>1\times 10^6$	$2000 \sim 1\times 10^6$	$100 \sim 2000$	$3 \sim 100$	<3

第三节　湿度状况对路面的影响

一、路基湿度对路面的影响

路基湿度状况的变化是影响路面结构强度、刚度与稳定性的重要因素之一。

路基受到各种外界因素的作用而使其湿度发生变化,而这些外界因素对路基湿度状况的影响程度,又同道路的结构特性(如路基的相对高度、路面和路基的透水性等)有关,这些因素主要有(图7-7):

①大气降水和蒸发。降水浸湿透水的路肩和边坡,并通过毛细管润湿作用向路基中部扩展;降水还浸湿透水的路面,并下渗而润湿路面下的路基部分,或者沿着不透水路面的接缝和

裂隙渗入路基;而蒸发则循着相同的途径使水分从路基内逸出。

②地面水的渗透。当路基所处的路段地势低洼,排水不良时,积滞在边沟中的水分与道路附近河塘中的水分均可通过渗透或毛细润湿作用进入路基。

③地下水的影响。对于地下水位较高的路段,地下水是路基湿度变化的主要因素。当地下水位受到附近地面水的影响,或者受到较高处土层内地下水的影响而产生变动时,即直接改变路基的湿度。而地下水的毛细上升作用与水汽移动也能在一定程度上影响路基的湿度。

④温差引起的湿度变化。沿路基深度出现较大的温度梯度时,水分在温差的影响下以液态或气态由热处向冷处移动并积聚(或凝结)在该处。

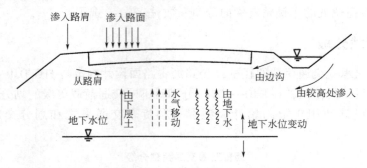

图 7-7　路基的湿度来源

由于路基所处环境的不同,上述因素对其湿度的影响情况和程度是因时因地而异的。例如因温差出现的湿度积聚现象主要在季节性冰冻地区(即路基内出现负温度梯度较为严重),而在非冰冻地区,由于路基内的温度梯度一般并不很大,水分积聚(以气态为主)不会成为影响路基湿度的主要因素。又如地面水和地下水的影响,在采取了正常的排水设施和及时的养护措施后,通常是可以消除的。

面层采用不透水结构,将减少降水和蒸发对路基的影响。而面层为透水性结构时,上层路基的湿度状况将受到降水和蒸发(通过面层)的影响,其湿度值和波动范围均比采用不透水面层时大。

路肩为透水的情况下,不透水面层边缘下路基的湿度,由于透水路肩处水分的渗透和蒸发作用而经历较大的季节性变化。通常,路基的湿度及其波动的幅度从离边缘 1m 左右处开始增大,到边缘处或路肩下,达到最大。路肩如果经过处治而为不透水时,则面层边缘下路基的湿度同路面中心区下的湿度相似。

二、水泥混凝土面层湿度状况及其影响

水泥混凝土面层裸露在大气中,不仅受到太阳辐射和大气温度的影响,发生温度状况的日变化和年变化,还受到降水、风、大气温度和湿度的影响而发生湿度状况的变化。面层湿度状况的变化也会引起混凝土出现体积变化,如膨胀、收缩或翘曲变形。而在变形受到约束时,便会相应地产生湿度应力,特别是收缩受到约束而产生的拉应力可能使混凝土面层出现开裂。湿度变化引起的体积变形可发生在新浇筑的混凝土或者硬化的混凝土中。前者产生的收缩变形称作塑性收缩,后者称为干燥收缩。

(1)塑性收缩

夏季浇筑混凝土面层时,受大气高温度、低湿度或者高风速的影响,新浇混凝土中的孔隙

水会向面层表面移动并蒸发掉。表面脱水的速率大时,可使混凝土浆体内出现负的毛细管压力,并产生浆体体积的塑性收缩。这种收缩在混凝土块体内是不均匀的,可产生拉应力,促使混凝土块体出现裂缝,从而破坏面层表面的完整性,并降低其耐久性。可采取设置防风装置以降低风速,降低混凝土温度,采用潮湿覆盖物、不透水薄膜保持混凝土表面湿润等措施以预防混凝土出现塑性收缩裂纹。

（2）干燥收缩

雨天时,混凝土面层受到降水的润湿,可接近或达到水饱和状态。而晴天时,在空气温度和低相对湿度以及风的影响下,混凝土毛细管内的水分逐渐蒸发消失,面层逐步变干燥。面层的底面与基层相接触,未暴露在大气中,因而较少受到大气的干湿影响,其湿度变化不如面层顶部那么大。有研究表明：在雨季,混凝土面层内的湿度分布通常较为均匀,接近于水饱和；而在干季,面层断面的湿度分布存在由小到大的湿度梯度。

混凝土出现湿度变化,其体积也相应地发生膨胀或收缩变形。混凝土试件浸水后,润湿膨胀,达到饱和状态后移入相对湿度为50%的室内晾干,随水分的逐渐蒸发,试件慢慢收缩而趋近于原先的状态。干湿变化所引起的混凝土最大体积变形可达0.3mm/m(一般为0.05~0.3mm/m)。对于线膨胀系数为$1 \times 10^{-5}/℃$的混凝土来说,这一收缩应变量相当于温度差为30℃时产生的温度收缩应变。因此,湿度变化的影响与温度变化的影响处于相同的数量级,具有同等的重要性。混凝土收缩量除了大气条件外,还随水泥含量或水灰比的增加而增大,并随集料含量的增加而减小。水泥品种对收缩的影响很小。

在干季,混凝土面层顶部的干燥收缩,使面层断面出现湿度坡差,从而产生板边缘和角隅的上翘变形。这一上翘变形,在受到板自重、地基反力和邻板的约束作用时,便会在板顶面产生拉应力。白天,当板顶温度大于板底温度(正温差)时,湿度翘曲应力可抵消一部分温度翘曲应力。而夜间,当板处于负温差时,则湿度翘曲应力与温度翘曲应力相叠加。这时,对于作用于板边和板角的车辆荷载来说,板处于最不利状态。然而,负温差时的最大温度梯度值远低于最大正温度梯度。因而,负温差时湿度和温度翘曲应力的叠加值,通常仍低于正温差时的温度翘曲应力值,其综合应力尚不能对板起主要危害作用。但Janssen根据湿度沿深度分布而进行的应力分析,认为表层2cm内由于干燥收缩而引起的拉应力有可能超过混凝土的抗拉强度,从而导致混凝土表层出现裂纹。

三、冰冻与融冻对路面的影响

（1）冰冻

水是一种很罕见的"冷胀"物质,当温度降到0℃以下,水变成冰且伴有体积的增大。在我国的7个公路自然规划中,仅南方(Ⅳ区、Ⅴ区)基本不冻,多年冻土区(Ⅰ区)冰冻常年不化或是干燥少水区(Ⅵ区),较少受到冻冰的危害,其他区则为季节性冰冻地区。这些地区的路基在冬季冻结的过程中会在负温差的影响下出现湿度积聚现象。在负温区内,自由水、毛细水和弱结合水随温度降低而相继冻结,使土粒周围的水膜减薄,许多自由表面能多余,增加了土的吸湿能力,使水分由高温处向低温处补充,造成上层路基湿度的大量积聚。

积聚的水冻结后体积增大,使路基隆起而造成开裂,即出现冻胀现象。季节性冰冻地区出现冻胀现象,一般要具备以下几个条件：

①土质条件。各类土的毛细特性和渗透性不同,在温度和湿度坡差下水分积聚的程度就

不一样。砂性土具有较高的渗透性,但缺乏吸收水分的能力;黏性土虽有高度的毛细吸升能力,但渗透性差。粉性土具有较高的毛细能力提升水分,又有较强的通过孔隙输送水分的能力,最易形成冻胀,称为冻敏土。

②水文条件。在地面排水困难或地下水位较高的路段上,路基潮湿,为水分积聚提供充足的水源;反之,路基干燥,水分积聚量因水源不足较少,不易出现冻胀。

③气候条件。多雨的秋天,使冻前路基湿度较大,寒暖反复交替的冬天,路基冻结缓慢,冻结线长时间徘徊在路基某深度处,使水分有充足的时间向该处积聚,并形成冰晶体。

(2)融冻

春季来临,冰冻的路基开始融化,会使路基失去承载力,导致路面损坏,这种现象称为春融翻浆。这主要是由于融冻的过程是自上而下进行的,当路基顶面开始融化时,下层的冰夹层阻碍了已融化水分的下渗,使土基内的湿度大大超出正常情况,达到饱和状态,在行车荷载的作用下,导致路面结构损坏。如果遇上骤热的晚春或春融期降雨,或是通行过多过重的车辆,再加上不及时的养护,使表层积水,都会加剧湿度积聚和翻浆现象。

第四节 温度状况对路面的影响

一、路面温度变化预测

影响路面结构内温度状况的因素,可分为外部和内部两类。外部因素主要为气候条件。诸如气温、太阳辐射、云量、风速、降水量等。其中,气温和太阳辐射是决定路面温度状况的两项最重要因素。到达路表面的太阳辐射,一部分被路面反射掉,余下的部分则为路面所吸收而提高其温度;路表面发出长波辐射又吸收大气长波辐射,形成路面的有效辐射,而使路面释放出部分热量(图 7-8)。大气和路面温度的差异,引起对流交换热量。风的出现,加强了对流,降水和蒸发也会降低由日照所提高的路面温度。内部因素则为路面结构层的热特性,如材料的导热系数、比热容以及路表面对太阳辐射的吸收率等。路表面的辐射吸收率同路表层的类型及表面粗糙度有关。导热系数同材料的结构、孔隙率和湿度有关。面层材料的导热系数或比热容越大,则出现的温度梯度越小。

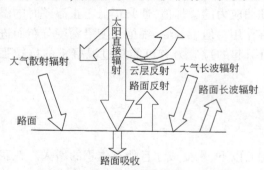

图 7-8 路面吸收与反射的辐射示意图

路面结构内的温度状况,可通过同当地的气象资料及路面结构的热特性参数之间建立联系的方法来预估,预估方法分为统计法和理论法。

统计法就是在路面结构层的不同深度处埋设测温元件,连续观测一年内不同时刻的温度变化,同时收集当地的气象资料,包括对应的气温和辐射热等,对记录的路面温度和气象因素进行回归分析,分别建立不同深度处各种路面温度指标的回归方程式:

$$T_{\max} = a + bT_{a,\max} + cQ \tag{7-19}$$

式中：T_{max}——路面某一深度处的最高温度(℃)；

$T_{a,max}$——相应的日最高气温(℃)；

Q——相应的太阳日辐射热(J/m^2)；

$a、b、c$——回归常数。

由于统计方法不可能包含所有的复杂因素,因此计算的精度有地区局限性,只可以在条件相似的地区参考使用。理论法是应用热传导理论方程式推演出各项气象资料和路面材料热物理特性参数组成的温度预估方程式。通常,由于参数确定的难度大、理论假设的理想化,预估的结果与实测结果有一定的差距。

二、温度对路面的影响

大气的温度在一年和一日内发生着周期性的变化。同大气直接接触的路面温度也相应地在一年和一日内发生着周期性变化。路面温度的周期性起伏,同气温的变化几乎完全同步,不同深度处的温度同样随气温而呈现周期性变化,但波动的幅度随深度的增加而减小,其峰值也随深度增加而越来越滞后出现。但由于吸收部分太阳辐射,路面温度往往略高于大气温度。在夏天烈日照射下,沥青路面表面的最高温度可高出气温23℃左右,水泥混凝土路面可高出气温14℃左右。图7-9和图7-10分别为沥青面层不同深度日温度与年温度的周期性变化实测资料及与气温的关系。

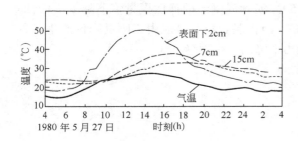
图7-9 沥青面层温度日变化曲线

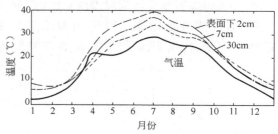
图7-10 沥青面层月平均温度的年变化曲线

温度沿深度一般呈曲线分布。顶板和底面之间的温度坡差(梯度),在一天内经历了由负(顶温低于底温)到正(顶温高于底温)再到负的循环变化,具有同气温变化近乎同步的周期性特点。图7-11和图7-12分别为水泥混凝土路面温度梯度日变化情况及一天内不同时刻水泥混凝土路面不同深度的温度变化情况。

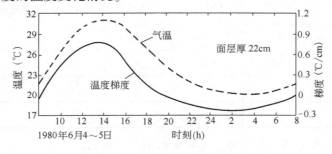

图7-11 水泥混凝土面层温度梯度与气温的日变化曲线

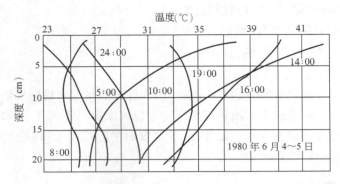

图 7-12 一天内不同时刻水泥混凝土路面不同深度的温度变化情况

路面直接暴露在大气中,经受着温度变化的影响,特别是面层材料所受影响最大。水泥混凝土路面受温差的影响,将产生体积的变化,它的线温度胀缩率为 0.00001cm/℃,由于温差所引起的体积变化如果受到约束,将会产生很大的温度应力。通常将水泥混凝土路面划分为一定尺寸的板块,设置接缝来减小温度应力。同时,每昼夜内温度梯度的变化,会使面板白天隆起,夜晚下凹,称为温度翘曲,翘曲变形受阻也会导致路面板产生附加应力,这些在路面设计中都必须加以考虑。

在所有的路面建筑材料中,沥青类材料是受温度影响最大的一种,这是由于沥青本身的特性决定的。沥青混凝土及其他沥青混合料的强度、刚度和变形能力随气温的变化而产生明显变化,如美国沥青学会认为温度由 0℃ 上升到 45℃,沥青混凝土的弹性模量值下降 1.7 倍,而疲劳寿命却能增加 10 倍。因此,在夏季高温季节,沥青混合料有可能由于刚度降低产生各种变形,如车辙、波浪等,而严冬季节,由于变形能力下降而产生裂缝。

思考题

1. 什么是单圆荷载?什么是双圆荷载?
2. 计算表 7-14 中汽车轮载、接触面积、单圆与双圆的当量圆半径。

汽 车 后 轴 数 据 表 7-14

后轴数	轮组数	后轴总重（kN）	轮压（MPa）	轮载（kN）	接触面积（cm²）	当量圆半径(cm)	
						单圆图式	双圆图式
1	1	23	0.5				
1	2	60	0.5				
1	2	100	0.7				
1	2	220	0.7				

3. 运动车辆对路面有哪些作用力?对路面结构设计有何影响?
4. 为何进行轴载换算?轴载换算应遵循哪些原则?

5. 何为车道系数？何为轮迹横向分布系数？
6. 沥青路面设计和水泥混凝土路面设计时对交通荷载的考虑有何不同？
7. 引起路基潮湿的原因有哪些？
8. 湿度是如何影响混凝土路面性能的？
9. 环境温度对路面有哪些影响？

第八章
路面基层

第一节 概 述

路面基层(Base)是路面结构的重要组成部分,位于路基和路面面层之间,在路基路面结构中起着承上启下的作用。

路面基层是直接位于沥青面层或水泥混凝土面板之下,用高质量材料铺筑的主要承重层或下承层。基层可以是一层或多层,可以是一种或多种材料。基层由多层构成时,除最上一层外的其他层被称为"底基层"(Subbase),在此情况下,最上一层相应地被称为"基层"。应注意鉴别基层概念在不同情况下的内涵。

处于沥青路面或水泥路面中的基层在结构受力方面的作用有所不同。沥青路面基层在承载中起主要作用,而水泥混凝土路面基层的承载相对次要,主要起到提供稳定、耐久的下部支撑的作用。从能量角度来看,沥青面层的刚度相对较小,荷载作用下,基层的应变能(变形能)占总应变能的比例较高,而水泥面板的刚度很大,其应变能占绝大部分,基层内应力应变水平相对较低,对其刚度方面的要求也相对较低。

刚度是指材料抵抗变形的能力,其表征指标为弹性模量。沥青路面基层刚度不足时,面层会产生疲劳开裂(纵向裂缝或纵向带状网裂);水泥路面面层开裂则往往与面板脱空有直接关系。水泥路面基层在荷载、水和温度的共同作用下,细料被泵吸带走,顶面产生局部凹陷,而面板本身刚度较高,不会随之变形,脱空由此产生,在板角和接缝处更易如此。脱空后的面板,荷载引起的应力骤增,加速路面疲劳破坏,最终导致面板断裂,因此,水泥路面基层的耐久性要求较高。

路面基层材料,根据材料特性及刚度差异将其分为三类:柔性基层(Flexible Base)、半刚性基层(Semi-rigid Base)和刚性基层(Rigid Base)。柔性基层包括碎石类材料和沥青稳定碎石,半刚性基层指的是以石灰、粉煤灰或水泥等无机结合料、工业废渣等稳定或综合稳定材料,刚性基层则是指碾压混凝土(Rolled Concrete)、贫混凝土(Lean Concrete)和水泥混凝土(Cement Concrete)材料。这三类基层材料的刚度依次递增。

路面基层材料又可以根据其组成特征来区分。根据基层材料的结合料类型,又可以划分为:无结合料的碎石类材料,如级配碎石(Graded Crushed Stone);无机结合料的半刚性材料[如水泥稳定碎石(Cement Stabilized Stone)、综合稳定材料(Compositestabilized Material)、石灰稳定材料(Lime Stabilized Material)等]和有机结合料的柔性材料[如沥青稳定碎石(Asphalt Stabilized Stone)等]。

根据路面受力特点,路面结构可采用单层基层、两层基层和多层基层。在选用基层材料类型时,应分析不同基层材料的物理力学性能是否与其在结构中的受力状况相适应,通过技术经济比较选择,避免造成浪费。

第二节　碎(砾)石基层

一、碎(砾)石的类型

碎石是指在矿场通过开采、破碎和筛分后生产的具有棱角和不同粒径规格的石料。砾石是指岩石自然风化后经水流冲刷、搬运形成的无棱角或棱角性差的石料。碎石因加工后的棱角性较好,风化程度低,相同矿物组成时纯度更高、坚固性更好、抗压碎能力强,用作筑路材料时,可以提供较大的内摩擦角,使得材料性能更优。

级配碎(砾)石可直接作为路面基层使用,通过使用无机结合料和沥青稳定,可形成水泥稳定碎(砾)石、沥青稳定碎石等基层材料。碎石也是沥青混凝土和水泥混凝土的主要原材料之一。低等级公路或等外级公路还可以用黏性土(或加石灰)与碎(砾)石掺配在一起,形成泥(灰)结碎(砾)石,通过人工摊铺压实,直接作面层使用,是碎(砾)石路面的一种。

岩石破碎筛分后的碎石根据粒径大小分为 G1~G11 共 11 种不同规格,碎石的粒径一般为 4.75~37.5mm,G1 碎石以 19.0~37.5mm 规格为主,G2 碎石以 19.0~31.5mm 规格为主,G3 碎石以 19.0~26.5mm 规格为主,G11 碎石以 4.75~9.5mm 规格为主,石屑是采石场加工碎石时通过最小筛孔(通常为 2.36mm 或 4.75mm)的筛下部分,也称筛屑。由碎石及卵石经制砂机反复破碎加工至粒径小于 2.36mm 的颗粒称为机制砂。

用单一尺寸的粗碎石做主集料,形成嵌锁结构,起承受和传递车轮荷载的作用,用石屑做填隙料,填满碎石间的孔隙,增加密实度和稳定性,这种材料称作填隙碎石。将石料场生产的不同规格集料按一定比例混合，形成粗、中、小碎石集料和石屑各占一定比例的混合料，当其颗粒组成符合规定的级配要求且塑性指数和承载比均符合规定要求时，称作级配碎石。粗、中、小砾石和砂各占一定比例的混合料，当其颗粒组成符合规定的级配要求且塑性指数和承载比均符合规定要求时，称为级配砾石。

二、碎(砾)石基层的力学特性

1. 碎、砾石基层的强度构成

碎(砾)石基层通常是指水结碎石、泥结碎石以及密级配的碎(砾)石等，这类基层通常只能用于中低等交通量的公路，但优质级配碎(砾)石基层作为柔性基层的一种也被用于高等级公路路面结构。

对于碎(砾)石路面结构，矿料颗粒之间的联结强度一般都要比矿料颗粒本身的强度小，在外力作用下，材料首先在颗粒之间产生滑动和位移，使其失去承载能力而导致破坏。因此，对于这种松散材料组成的路面结构强度，其中矿料颗粒本身强度固然重要，但是起决定作用的则是颗粒之间的联结强度。凡在强度特性上具有上述特点的材料，均属于松散介质的范畴。对于松散介质范畴的材料，其抗剪强度可用库仑公式表示。因此，由材料的黏结力和内摩阻角所表征的内摩擦力所决定的颗粒之间的联结强度，即构成了路面材料的结构强度。

(1) 纯碎石材料

① 嵌锁型原则

嵌锁型原则的理论基础是填充理论，即大颗粒填料间空隙如何填充才能使空隙率最小，同时大小颗粒间又不会产生干涉(挤开)现象。因此，它的抗剪强度主要取决于剪切面上的法向应力和材料内摩阻角。它由三项因素构成：粒料表面的相互滑动摩擦；剪切时体积膨胀而需克服的阻力；粒料重新排列受到的阻力。

研究表明：单一粒料在另一粗糙但平整的粒料上滑动，其摩阻角大都小于30°；许多粒料相互紧密接触，沿某一剪切面相互变位时因体积膨胀和粒料重新排列而多耗的功可使摩阻角增至45°~50°。

嵌锁型结构强度主要取决于石料的强度、形状、尺寸、均匀性、表面粗糙度以及施工时的压实程度。当石料强度高，形状接近正立方体、有棱角、尺寸均匀、表面粗糙、压实度高时，内摩阻力就大。

② 级配原则

最佳级配组成的理论基础是 C. A. G 魏矛斯(Weymooth)提出的干涉理论，认为颗粒间的空隙应由次一级颗粒填充，但填隙的颗粒不得大于其间隙的距离，否则大小颗粒间势必发生干涉现象。为避免干涉起见，大小粒子间应按一定数量分配，常见的粒料级配有连续级配、间断级配两类。

(2) 土—碎(砾)石混合料

土—碎(砾)石混合料的强度和稳定性取决于内摩阻力和黏结力的大小。当混合料中含土较少时，按嵌挤原则形成强度；反之，则按级配密实原则形成强度。其中，以集料大小分配，特别是主骨料与细料(0.074mm以下颗粒)的比例最为重要，图8-1表示土—碎(砾)石混合料的3种物理状态。

第一种[图8-1a)],不含或很少含细料(指粒径0.075mm以下颗粒)的混合料,它的强度和稳定性依靠颗粒之间摩阻力获得。其密度较低,但透水性好,不易冰冻。由于这种材料没有黏结性,施工时压实困难。

第二种[图8-1b)],含有足够的细料来填充颗粒间空隙的混合料,仍能够从颗粒接触而获得强度,其抗剪强度、密实度有所提高,透水性低,施工时易压实。

第三种[(图8-1c)],含有大量细料,粗颗粒间没有直接接触,集料是"浮"在细料之中。这种混合料施工时易压实,但其密实度较低,易冰冻,难透水,强度和稳定性受含水率影响很大。

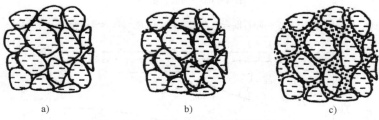

图8-1 土—碎(砾)石混合料三种物理状态

图8-2表示不同细料含量时土—砾石混合料的密实度和CBR的试验结果,其中CBR值为试件浸湿后的测定结果。由图8-2可知,随压实功能增加,密实度和CBR值均增加,而最大密实度和CBR值都对应一个最佳细料含量。最大密实度时的最佳细料含量为8%~10%,而最大CBR值时的最佳细料含量为6%~8%。前者的细料含量状况可代表图8-1b)所示状态,而最大值左右两侧的曲线部分则分别代表图8-1a)和c)两种状态。

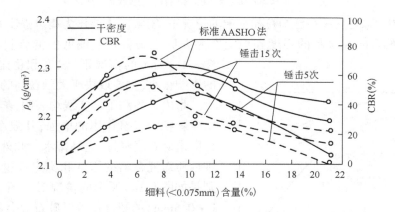

图8-2 土—砾石混合料密实度和CBR随细料含量而变化的试验结果

图8-3表示土—碎石混合料的试验结果。可见,细料成分对碎石集料CBR的影响一般比对砾石的影响小。密实度曲线与砾石区别不大;对同一粒径分配,土—碎石混合料的CBR值通常比土—砾石混合料稍大一些。

图8-4是几种粒状材料用AASHO标准压实法的CBR值和干密度的试验结果。密实度和CBR值都随集料尺寸增大而增大,但最佳细料含量降低。当细料含量稍小于最大密实度时的含量时,其CBR最大,强度和稳定性也最大。

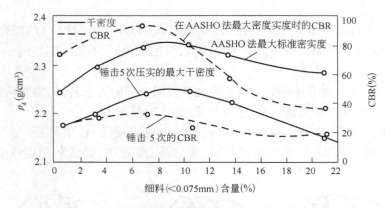

图 8-3　土—碎石混合料密实度和 CBR 随细料含量而变化

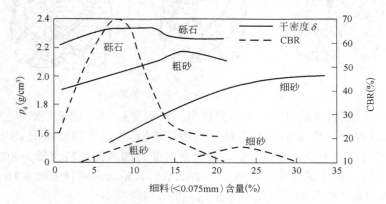

图 8-4　混合料密实度和 CBR 随细料和最大粒径而变化

由以上分析可知,只有在已知粒径分配的情况下,密实度才能作为衡量强度和稳定性的依据。细料含量偏多的混合料的强度和稳定性大大低于细料含量偏低的混合料的原因是,如图 8-1c)所示的情况下,强度和稳定性受结合料的影响很小,主要取决于大颗粒间的接触。

室内试验和工地实践均表明,集料为碎石时,由于颗粒间嵌挤作用的增强,其强度和稳定性都比圆滑砾石集料好,更易排水。此外,细粒土的物理性质对混合料的强度和稳定性也会有影响,特别是如图 8-1c)所示的情况时。图 8-5 表示细料(<0.5mm)的塑性指数对砾石混合料三轴强度的影响。可见,当细粒土含量很低时,其塑性指数对强度的影响很小;随着细粒土的含量增加,塑性指数的影响越来越大。因此,对于细料含量多的混合料,必须限制细料的塑性指数。

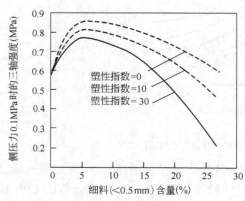

图 8-5　塑性指数对砾石(最大粒径 26.5mm)

2. 碎(砾)石材料的应力—应变特性

碎(砾)石材料的显著特点之一是应力—应变的非线性性质,回弹模量在很大程度上受竖向和侧向应力大小的影响。试验研究表明,在同一侧向应力作用下,回弹模量随偏应力增大而逐渐减小,无论轴向应变多大,当侧向应力增大时,回弹模量值也增大。

颗粒材料的模量决定于材料的级配、形状、表面构造、密实度和含水率等。一般密实度越高,模量值越大;棱角多,表面粗糙者模量高;当细料含量不多时,含水率影响小。碎石基层材料只能受压不能受拉,在路面设计中,与其他结构层(如沥青层)的层间结合按滑动看待。

三、碎(砾)石基层

碎(砾)石基层是用尺寸均匀的碎(砾)石作为基本材料,以石屑、黏土或石灰稳定材料作为填充结合料,经压实而成的结构层。碎石层的结构强度,主要靠碎石颗粒间的嵌挤作用以及填充结合料的黏结作用。嵌挤作用的大小,主要取决于石料的尺寸、强度、形状以及压实度;黏结作用则取决于填充结合料本身的内聚力及其与矿料之间黏附力的大小。颗粒最大尺寸,按层厚和石料强度选定,一般不宜超过压实层厚的0.8倍,石料较软时,可采用较大尺寸。

(1)填隙碎石

用单一尺寸的粗碎石作主骨料,形成嵌锁作用,并用石屑填满碎石间的孔隙,增加密实度和稳定性,称为填隙碎石。填隙碎石可适用于各等级公路的底基层和二级以下公路的基层。填隙碎石的一层压实厚度为10~20cm,若设计层厚超过该值,应分层压实。

填隙碎石用作基层时,碎石最大粒径不应超过53mm,压碎值不大于26%;用作底基层时,碎石的最大粒径不应超过63mm,压碎值不大于30%。骨料中针片状颗粒含量不大于15%。填隙碎石、粗碎石的颗粒组成应符合表8-1的规定,轧制碎石得到的石屑是最好的填隙料,填隙料的颗粒组成见表8-2。

填隙碎石、粗碎石的颗粒组成 表8-1

编号	标称尺寸(mm)	通过下列筛孔尺寸(mm)的质量百分率(%)							
		63	53	37.5	31.5	26.5	19	16	9.5
1	30~60	100	25~60	—	0~15	—	0~5	—	—
2	25~50	—	100	25~50	0~15	—	—	0~5	—
3	20~40	—	—	100	35~70	—	0~15	—	0~5

填隙料的颗粒组成 表8-2

筛孔尺寸(mm)	9.5	4.75	2.36	0.6	0.075	塑性指数
通过质量百分率(%)	100	85~100	50~70	30~50	0~10	<6

填隙碎石施工,一般按下列工序进行:

①准备下承层。
②运输和摊铺粗集料。
③初压。
④撒布石屑。
⑤振动压实。
⑥第二次撒布石屑。
⑦振动压实。
⑧局部补撒石屑及扫匀。

⑨填满孔隙,振动压实。

⑩洒水饱和并碾压滚浆(湿法施工),或洒少量水后终压成型(干法施工)。

湿法施工即以前所称"水结碎石",干法施工即"干压碎石"。干法施工填隙碎石几乎不用水,在缺水地区有其独特的优越性。

填隙碎石的施工成型阶段主要在于撒铺填隙料和碾压。初压用 8t 两轮压路机碾压 3~4 遍,使粗碎石稳定就位。在直线段上,碾压从两侧路肩开始,逐渐错轮向路中心进行。在有超高路段上,碾压从内侧路肩开始,逐渐错轮向外侧路肩进行。错轮时,每次重叠 1/3 轮宽。初压结束时,表面应平整,并具有要求的路拱和纵坡。撒铺填隙料及碾压:用石屑撒布机或类似的设备按松铺厚度 25~30mm 将干填隙料均匀地撒铺在已压稳的粗碎石上,用人工或机械扫匀,用振动压路机慢速辗压,将全部填料振入粗碎石间的空隙中。如没有振动压路机,用重型振动板代替。反复该过程 2~3 次,直到全部空隙被填满为止。同时,应将局部多余的填隙料铲除或扫除,填隙料不应在粗碎石表面局部地自成一层,表面必须能见到粗碎石。若设计厚度超过一层压实厚度,需分层施工时,应将已压成的填隙碎石层表面的填隙料扫除一些,使表面粗碎石外露 5~10mm,然后再摊铺第二层粗碎石。若为干法施工,终压时只需用 12~15t 的三轮压路机再碾压 1~2 遍即可。在碾压过程中,不应有任何蠕动现象。在碾压之前,宜在表面先洒少量水,洒水量在 3kg/m² 以上。若为湿法施工,终压前要用洒水车洒水,直到饱和,同时用 12~15t 的三轮压路机跟在洒水车后进行碾压,碾压过程中,将湿填隙料继续扫入所出现的空隙中,必要时添加新的填隙料。洒水和碾压应一直进行到细集料和水形成粉砂浆为止。碾压完成的路段要留待一段时间,让水分蒸发,结构层变干后,表面多余的细料,以及任何自成一层的细料覆盖层,都应扫除干净。

(2)泥结碎石基层

泥结碎石层是以碎石作为骨料,黏土作为填充料和黏结料,经压实修筑成的一种结构。泥结碎石层虽用同一尺寸石料修筑,但在使用过程中由于行车荷载的反复作用,石料会被压碎而向密实级配转化。它的力学强度和稳定性不仅取决于碎石的相互嵌挤作用,同时也受土的黏结作用影响。

泥结碎石水稳性较差,当被用作沥青面层基层时,只适用于干燥路段。泥结碎石基层的主层矿料粒径不宜小于 37.5mm,并不大于层厚的 0.7 倍,石料等级不低于Ⅳ级,长条、扁平状颗粒含量不宜超过 20%。泥结碎石层所用黏土,应具有较高的黏性,塑性指数以 12~15 为宜。黏土内不得含腐殖质或其他杂物。黏土用量一般不超过混合料总重的 15%~18%。

泥结碎石除用作基层外,还能用于低等级道路的路面。泥结碎石路面厚度一般为 8~20cm;当总厚度等于或超过 15cm 时,一般分两层铺筑,上层厚度为 6~10cm,下层厚度为 9~14cm。

泥结碎石层施工方法有灌浆法、拌和法和层铺法 3 种。实践证明,灌浆法具有较高的强度和稳定性,目前采用较多。

泥结碎石基层的灌浆法施工,一般按下列工序进行:

①准备工作。包括放样、布置料堆、整理路槽、拌制泥浆等。泥浆一般按水与土的体积比为 0.8:1~1:1 进行拌和与配制。如过稠,灌不下去,泥浆要积在碎石层表面;如过稀,则易流淌于碎石层底部,干后体积缩小,黏结力降低,均会影响基层的强度和稳定性。

②摊铺碎石。按压实厚度的 1.2~1.3 倍(松铺厚度)在筑好的路槽上摊铺碎石,要求大小颗粒均匀分布,纵横断面符合要求,厚度一致。主层矿料底层粒径一般采用 G1 号或 G2 号

碎石,面层一般采用 G3～G4 号。

③初压。碎石铺好后,用轻型压路机碾压。碾速宜慢,每分钟 25～30m,轮迹重叠 25～30cm。一般碾压 6～8 遍,至石料无松动为止。不要过多、过重碾压,防止堵塞碎石缝隙,妨碍灌浆。

④灌浆。在预压的碎石层上,灌注泥浆,浆要浇得均匀、浇得透,以灌满孔隙、表面与碎石齐平为度,但碎石棱角仍应露出泥浆之上。

⑤撒嵌缝料。灌浆 1～2h 后,待泥浆下注,空隙中空气溢出而表面未干前撒铺 5～15mm 的嵌缝料($1～1.5m^3/100m^2$)。

⑥碾压。撒过嵌缝料后,即用中型压路机进行碾压,并随时注意用扫帚将石屑扫匀。最终碾压阶段,需使碎石缝隙内泥浆能翻到路面上与所撒石屑黏成一个坚实的整体,若太湿则须待晾后再压。因此,碾压过程要注意表面的湿度情况,太干须略微洒水后再碾压。

(3)泥灰结碎石基层

泥灰结碎石层是以碎石为骨料,用一定数量的石灰和土作黏结填缝料的结构层。由于掺入了石灰,泥灰结碎石的水稳性优于泥结碎石。泥灰结碎石的黏土质量规格要求与泥结碎石相同;石灰质量不低于Ⅲ级。石灰与土的用量不应大于混合料总重的 20%,其中石灰剂量为土重的 8%～12%。施工工序与质量要求与泥结碎石相同,但泥浆改为灰土浆。采用拌和法时,应先将石灰与黏土拌和均匀,再与石料拌和,摊铺均匀,边压边洒水,使石灰与土在碾压中成浆并充满空隙。

四、级配碎(砾)石基层

(1)级配碎石基层

粗、细碎石集料和石屑各占一定比例的混合料,当其颗粒组成符合级配要求时,称为级配碎石。级配碎石基层强度主要来源是碎石本身强度及碎石颗粒间的嵌挤力,它可适用于各等级公路的基层和底基层。一般来说,表征级配碎石刚度的重要指标——回弹模量明显低于半刚性基层材料。然而,与半刚性材料不同的是,级配碎石材料具有较显著的非线性,这种非线性使其在刚度较大的下卧层上表现出较大的回弹模量,从而具有足够的抵抗应力和变形的能力。因此,级配碎石还可用作较薄沥青面层与半刚性基层之间的中间层,不仅具有减缓半刚性沥青路面反射裂缝的作用,同时也具有较好的抗疲劳能力。

级配碎石可以由预先筛分成几个大小不同粒级的碎石组配而成,如 37.5～19mm、19～9.5mm、9.5～4.75mm 等。级配碎石也可用未筛分碎石和石屑组配而成。未筛分碎石指控制最大粒径后,由碎石机轧制的未经筛分的碎石料,未筛分碎石可直接用作底基层。石屑是碎石场的细筛余料。缺乏石屑时,也可以添加细砂砾或粗砂,但其强度和稳定性不如添加石屑的级配碎石。

级配碎石或级配碎砾石基层的颗粒组成宜符合表 8-3(G-A-1～G-A-5)的规定,级配曲线应接近圆滑。而未筛分碎石用作二级及二级以下底基层时,其颗粒组成宜符合表 8-3 中(G-B-1 和 G-B-2)的规定。碎石中的扁平、长条颗粒的总含量应不超过 20%,碎石中也不应有黏土块、植物等有害物质。为保证级配碎石的强度和刚度,必须在最佳含水率时进行碾压,每层的压实厚度一般为 16～20cm,若用重型振动压路机和轮胎压路机碾压时,压实厚度可根据试验段确定。碾压必须达到重型击实试验法确定的要求压实度:基层 99%,底基层 97%。

级配碎石或级配碎砾石和未筛分碎(砾)石的推荐级配范围 表 8-3

筛孔尺寸(mm)	G-A-1	G-A-2	G-A-3	G-A-4	G-A-5	G-B-1	G-B-2
53	—	—	—	—	—	100	—
37.5	100	—	—	—	—	85~100	100
31.5	90~100	100	100	—	—	69~88	83~100
26.5	80~93	90~100	90~95	100	100	—	—
19.0	64~81	70~86	72~84	79~88	95~100	40~65	54~84
16.0	57~75	62~79	65~79	70~82	82~89	—	—
13.2	50~69	54~72	57~72	61~76	70~79	—	—
9.5	40~60	42~62	47~62	49~64	53~63	19~43	29~59
4.75	25~45	25~45	30~40	30~40	30~40	10~30	17~45
2.36	16~31	16~31	19~28	19~28	19~28	8~25	11~35
1.18	11~22	11~22	12~20	12~20	12~20	—	—
0.6	7~15	7~15	8~14	8~14	8~14	6~18	6~21
0.3	—	—	5~10	5~10	5~10	—	—
0.15	—	—	3~7	3~7	3~7	—	—
0.075	2~5	2~5	2~5	2~5	2~5	0~10	0~10

级配碎石弹性模量具有随应力状态而变的非线性,当它被用于半刚性路面的中间层和处于土基上的底基层时,所处的应力状态不同,弹性模量取值也不同。表8-4是级配碎石分别用于上基层及底基层时,根据弹性层状理论分析所得到的常规路面结构碎石层所处的应力状态及模量取值的建议范围。

不同层次级配碎石受力状态及模量取值建议范围 表 8-4

结构层位	最小主压应力 σ_3 (MPa)	最大主压应力 σ_1 (MPa)	应力不变量 $\theta(\sigma_1+2\sigma_3)$ (MPa)	回弹模量 E (MPa)
级配碎石上基层①	20~120	120~600	250~800	350~550
级配碎石底基层②	受拉	30~120	30~120	150~250

注:①路面结构为5~20cm沥青面层+10~15cm碎石上基层+40~50cm半刚性基层+土基。
②路面结构为5~20cm沥青面层+20~40cm半刚性基层+20cm碎石底基层+土基。

从表8-4中可以看出,对于常规高等级沥青路面结构,当级配碎石作为上基层防止半刚性基层反射裂缝时,受力远高于传统结构中作底基层时的应力水平。按此应力水平,级配碎石作上基层时,模量建议取350~550MPa,此范围对应的沥青面层厚度为5~20cm。由于目前高等级公路沥青路面面层厚度多为15~20cm,对应于此结构的碎石基层模量取400~450MPa是合适的。而当级配碎石作为底基层时,则模量可取150~250MPa,此建议值与在工地上用承载板的实测模量基本一致。

级配碎石可采用路拌法施工,当用于半刚性路面的中间层时,应采用厂拌法,并宜用摊铺机摊铺混合料。

路拌法施工工序如下:
①准备下承层。使下承层的平整度和压实度符合要求。

②施工放样。在下承层上恢复中线并进行水平测量。

③准备集料和运输。根据计算确定未筛分碎石或不同粒级的单一尺寸碎石与石屑的配合比,将碎石和石屑洒水,使混合料的含水率超过最佳含水率约1%,以减少运输过程中的离析现象。计算每车料的堆放距离,由远到近将料卸置于下承层上。

④摊铺。按照事先通过试验确定集料的松铺系数(或压实系数,混合料的松铺干密度与压实干密度的比值,人工摊铺时为1.40~1.50,平地机摊铺时为1.25~1.35),用平地机或其他合适机具将料均匀地摊铺在预定的宽度上,表面要力求平整,并具有规定的路拱。

⑤拌和及整型。应采用稳定土拌和机拌和2遍以上,拌和深度应直到级配碎石层底。没有稳定土拌和机时,可用平地机将铺好石屑的碎石料翻拌,使石屑均匀分布到碎石料中。平地机拌和的作业长度为300~500m。平地机一般需拌和5~6遍。拌和过程中,用洒水车洒足所需的水分,使集料不会出现粗细颗粒离析现象。然后用平地机将拌和均匀的混合料按规定的路拱进行整平和整型。

⑥碾压。整型后,用12t以上三轮压路机、振动压路机或轮胎压路机进行碾压。直线段,由路肩向中心碾压;超高路段,由内侧路肩向外侧路肩碾压。一般需碾压6~8遍,使表面无明显轮迹。压路机后轮应重叠1/2轮宽,头两遍速度采用1.5~1.7km/h,以后采用2.0~2.5km/h,且压路机不得在已完成或正在碾压的路段上"调头"和急刹车。

凡含土的级配碎石层,都应进行滚浆碾压,一直压到碎石层中无多余细土泛到表面为止。滚到表面的浆(或事后变干的薄层土)应予清除干净。

⑦接缝处理应避免纵向接缝,如必须分幅铺筑时,纵缝应搭接拌和。两作业段衔接的横缝处,应搭接拌和。第一段拌和后,留5~8m不碾压,第二段施工时,前段留下未压部分与第二段一起拌和整平后进行碾压。

集中厂拌法施工时,宜采用不同粒级的单一尺寸碎石和石屑,按预定配合比在拌和机内拌制级配碎石混合料。碾压、整型同路拌法施工。

(2)级配砾石基层

粗细砾石集料和砂各占一定比例的混合料,当其颗粒组成符合级配要求时,称为级配砾石。由于砾石的内摩阻角小于碎石,因此级配砾石的强度和稳定性均低于级配碎石,在天然砂砾中掺加部分未筛分碎石组成的混合料称为级配碎砾石,其强度和稳定性也介于级配碎石与级配砾石之间。

级配砾石可适用于二级和二级以下公路的基层以及各级公路的底基层。级配砾石施工工序与级配碎石施工工序基本相同。

第三节　无机结合料稳定材料基层

在各种粉碎或原状松散的土、碎(砾)石、煤渣及钢渣等工业废渣中,掺入适当数量的无机结合料(如水泥、石灰或粉煤灰等)和水,经拌和得到的混合料在压实与养护后,其抗压强度符合规定要求的材料称为无机结合料稳定类混合料,以此修筑的路面基层称为无机结合料稳定材料基层,也称为半刚性基层。

无机结合料稳定材料具有稳定性好、抗冻性能强、结构本身自成板体等特点,但其耐磨性差,因此广泛用于修筑路面结构的基层和底基层。

粉碎的或原状松散的土按照土中单个颗粒(指碎石、砾石、砂和土颗粒)粒径的大小和组成,将土分成细粒土、中粒土和粗粒土。不同的土与无机结合料拌和得到不同的稳定材料,例如石灰土、水泥土、水泥砂砾、石灰粉煤灰碎石等。

无机结合料稳定材料种类较多,其物理、力学性质各有特点,使用时应根据结构要求、结合料和原材料的供应情况及施工条件进行综合技术经济比较后选定。

一、无机结合料稳定类材料的力学性质

1. 强度特征

无机结合料稳定类材料是一种半刚性材料,半刚性材料具有一定的抗拉强度。测定半刚性材料的抗拉强度有3种方法:第一种方法是利用梁式试件,采用三分点加载,进行弯拉试验,测得的抗拉强度为抗弯拉强度;第二种方法是用圆柱体试件直接拉伸测得直接抗拉强度;第三种方法是用圆柱体试件沿其直径方向用线压力进行试验,直到被破坏,该强度称为间接抗拉强度或劈裂强度。同一种材料,用不同的方法测得的抗拉强度是不同的。近年来,部分国家建议采用抗拉强度来检验无机结合料稳定类材料层本身的强度,但广泛使用的无机结合料稳定类材料强度指标通常是7d无侧限抗压强度。

试验证明,对于一定的混合料,各种强度参数间是有一定联系的,且与集料类型有关。根据美国的比较试验结果,强度低的混合料的弯拉强度约为抗压强度的1/3,强度高的混合料的弯拉强度约为抗压强度的1/5,并可用下列关系式表示:

$$S = 0.51R^{0.88} \tag{8-1}$$

式中:S——无机结合料稳定类混合料的抗弯拉强度(MPa);

R——无机结合料稳定类混合料的无侧限抗压强度(MPa)。

无侧限抗压强度是比较容易确定的参数,它是研究无机结合料稳定类材料性质以及施工质量控制时最常采用的指标。我国规范也采用无侧限抗压强度指标。而3个抗拉强度指标中,间接抗拉强度使用的仪器简单,可用作抗压强度试验的仪器和试模,操作方便,试验精度也较高,因此,有些国家采用间接抗拉强度作为无机结合料稳定类材料的抗拉强度指标,并用到路面设计的应力验算中。

2. 应力—应变特性

无机结合料稳定类材料的强度和刚度随龄期而增长,早期强度低,后期强度高。一般规定水泥稳定类材料设计龄期为3个月,石灰或石灰粉煤灰稳定材料设计龄期为6个月。测定其应力—应变特性关系时,应采用最符合路面结构实际工作状态的试验方法——三轴压缩试验。通过实验发现,这一类材料的应力—应变关系曲线呈现出非线性性状。同土一样,其弹性模量是三向主应力的函数。然而,在应力水平较低时(低于极限应力50%),应力—应变曲线可近似视为线性的,按回弹应变量确定的回弹模量值可以近似视为常数。

在不具备三轴压缩试验条件时,可采用室内承载板法测定无机结合料稳定类材料早期抗压回弹模量。承载板试验的试件为直径×高=150mm×150mm,承载板直径为37.4mm,面积为11cm²。试验时取承载板的单位压力为200~700kPa,逐级加载,同时记录承载板的沉降量,回弹模量值按下式计算:

$$E_r = \frac{\pi pD}{4l}(1-\mu^2) \qquad (8-2)$$

式中：p——承载板单位压力(kPa)；

D——承载板直径(m)；

l——相应于单位压力 p 的回弹变形(m)；

μ——泊松比，可取 0.25。

无机结合料稳定类材料的回弹模量值主要同土类、结合料剂量、龄期、侧限应力有关，在较大范围内变动。级配碎(砾)石的平均回弹模量值为 400～500MPa，而采用不同结合料稳定后的半刚性材料的回弹模量值则高达 1500～6600MPa，刚性材料水泥混凝土弹性模量为 30000MPa，无机结合料稳定材料的刚性介于柔性及刚性材料之间，这就是它被称为半刚性基层的原因。

3. 疲劳特征

疲劳破坏是在小于材料极限强度的应力反复作用下所产生的累积破坏。所谓疲劳性能是指某种材料对不同水平应力反复作用的反应，它以构成破坏所需荷载作用次数(疲劳寿命)来表示，通常用不同应力水平达到破坏时的荷载反复作用次数所绘成的散点图来说明。试验证明，$\sigma_f/\sigma_s - N_f$ 在对数坐标的散点图上，通常可以用一条直线来拟合，这条最优拟合直线的斜率就是材料疲劳性能的一种量度，直线的斜率表明材料对荷载作用次数增加的敏感程度。无机结合料稳定类材料常用的疲劳试验有弯拉疲劳试验和劈裂疲劳试验，其疲劳寿命主要取决于重复应力与极限应力之比 σ_f/σ_s，原则上当 σ_f/σ_s 小于 50% 时，无机结合料稳定类材料可经受无限次重复加载次数而不会产生破坏，但实际上由于材质的不均匀性，实际试验时的疲劳寿命要小得多。

试验表明，半刚性材料的力学特性接近于线弹性材料，在疲劳试验过程中，残余应变随荷载作用次数的增加而增大，但与回弹应变的比值很小。半刚性材料的回弹应变随荷载作用次数增加而增大，试件临近破坏时，回弹应变会有一个迅速增大的短暂过程。

在一定的应力或应变条件下，材料的疲劳寿命取决于材料的强度和刚度。强度越大，刚度越小，其疲劳寿命越长。但由于材料的不均匀性，无机结合料稳定类材料的疲劳方程还与材料试验的变异性有关。不同的存活率(达到疲劳寿命时出现破坏的概率)将得出不同的疲劳方程(图 8-6、图 8-7)。

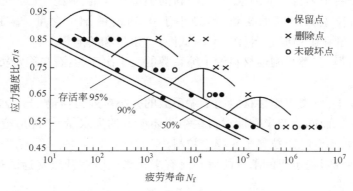

图 8-6　二灰砂砾(小梁)应力强度比疲劳寿命曲线

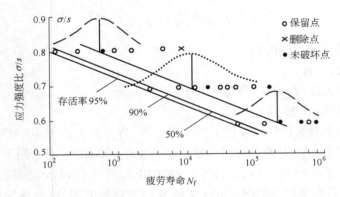

图 8-7　水泥砂砾(小梁)应力强度比疲劳寿命曲线

4. 干缩特性

无机结合料稳定类材料经拌和压实后,由于水分挥发和混合料内部的水化作用,混合料的水分会不断减少。由此发生的毛细管作用、吸附作用、分子间力的作用、材料矿物晶体或凝胶体间层间水的作用和碳化收缩作用等会引起无机结合料稳定类材料体积收缩。描述材料干缩特性的指标主要有干缩应变、干缩系数、平均干缩系数、失水量、失水率和干缩量。

① 干缩应变(ε_d)是水分损失引起的试件单位长度的收缩量($\times 10^{-6}$)。
② 干缩系数是某失水量时,试件单位失水率的干缩应变($\times 10^{-6}$)。
③ 平均干缩系数 a_d 是某失水量时,试件的干缩应变与试件的失水率之比($\times 10^{-6}$)。
④ 失水量是试件失去水分的质量,单位为 g。
⑤ 失水率是试件单位质量的失水量,单位为%。
⑥ 干缩量是水分损失时试件的收缩量,单位为 10^3 mm。

$$\varepsilon_d = \frac{\Delta L}{l}$$

$$\alpha_d = \frac{\varepsilon_d}{\Delta_\omega} \tag{8-3}$$

式中:Δl——含水量损失 Δ_ω 时,试件的整体收缩量(mm);
　　　l——试件长度(mm)。

影响半刚性材料干缩特性的因素有:结合料的类型和剂量、被稳定(或处治)土的类别(细粒土,中粒土或粗粒土)、粒料的含量、粒径小于 0.5mm 的细土含量、塑性指数、粒径小于 0.002mm 的黏粒含量和矿物成分、制作(室内试件)含水量和龄期等。

对于稳定粒料类,三类半刚性材料的干缩系数的大小次序为:石灰稳定类 > 水泥稳定类 > 石灰粉煤灰稳定类。

对于稳定细粒土,三类半刚性材料的干缩系数的大小排列为:石灰土 > 水泥土和水泥石灰土 > 石灰粉煤灰土。而同一类半刚性材料在相同环境下的失水量、干缩应变和干缩系数的大小排列为:稳定细粒土 > 稳定粒料土 > 稳定粒料。

细小的干缩裂缝对稳定土的承载能力并没有多大影响。在开放交通的过程中,细小的干缩裂缝还有可能愈合。

减少干缩性的措施包括:

①控制细料含量和塑性指数。通过 0.075mm 筛孔的细料含量控制在 5%~7%。细粒土塑性指数不宜大于 4。
②结合料剂量尽量小一些。
③掺加粉煤灰。
④掺入一定量的粒料。

对于石灰、水泥、石灰粉煤灰几种不同结合料的无机结合料稳定类材料,还有一些针对各种结合料的措施,如水泥稳定粒料中使用减水剂等。

5. 温度收缩特性

组成半刚性材料的三个相,即不同矿物颗粒组成的固相、液相(水)和气相在降温过程中相互作用的结果,使半刚性材料产生体积收缩,即温度收缩。就组成固相的矿物颗粒而言,原材料中砂粒以上颗粒的温度收缩系数较小;粉粒以下颗粒,特别是黏土矿物的温度收缩性比较大。黏土及其他胶体颗粒的温度收缩性的大小与其扩散层厚度成正比。半刚性材料中胶结物有较大的温度收缩性。存在于半刚性材料内部的较大孔隙、毛细孔和凝胶孔中的水通过"扩张作用""表面张力作用"和"冰冻作用"三个作用过程,对半刚性材料的温度收缩性质产生极大的影响,使半刚性材料在干燥和饱水状态下有较小的温度收缩值。

影响半刚性材料温度收缩性质的主要因素是含水量、集料或土的含量、土的矿物成分、环境温度、龄期等。

试验表明,各种稳定土温度收缩特性的次序为:石灰稳定砂砾(16.7×10^{-6}) > 悬浮式石灰粉煤灰粒料(15.3×10^{-6}) > 密实式石灰粉煤灰粒料(12.4×10^{-6})和水泥砂砾(5%~7% 水泥剂量为 $10 \times 10^{-6} \sim 15 \times 10^{-6}$)。

半刚性基层成型初期内部含水量大,且尚未被沥青面层封闭,基层内部的水分必然要蒸发,从而发生由表及里的干燥收缩。同时,环境温度也存在昼夜温度差,因此,修建初期的半刚性基层同时受到干缩和温缩的综合作用,必须注意养护。经过一定龄期的养护,半刚性基层上铺筑沥青面层后,基层内相对湿度略有增大,使材料的含水量趋于平衡,这时半刚性基层的变形以温度收缩为主。

二、水泥稳定类基层

在粉碎的土或原状松散的土(包括各种粗、中、细粒土)中,掺入适量的水泥和水,按照技术要求,经拌和摊铺,在最佳含水率下压实及养护成型,其抗压强度符合规定要求,以此修建的路面基层称为水泥稳定类基层。当用水泥稳定细粒土(砂性土、粉性土或黏性土)时,简称水泥土。用水泥稳定砂得到的混合料,简称水泥砂;用水泥稳定粗粒土和中粒土得到的混合料,视所用原材料可简称水泥碎石(级配碎石和未筛分碎石)、水泥砂砾等。

水泥是水硬性结合料,绝大多数的土类(高塑性黏土和有机质较多的土除外)都可以用水泥来稳定,改善其物理力学性质,适应各种不同的气候条件与水文地质条件。水泥稳定类基层具有良好的整体性、足够的力学性能、水稳定性和抗冻性。其初期强度较高,且强度随龄期增长而增长。水泥稳定土可用于路面结构的基层和底基层,但水泥稳定土只能作为高速公路或一级公路路面的底基层,不能作为水泥混凝土路面板下的基层。

1. 强度形成原理

在利用水泥来稳定土的过程中,水泥、土和水之间发生了多种复杂的作用,使土的性能发生了明显的变化。但由于水的用量很少,水泥的水化完全是在土中进行的,故作用速度比在水泥混凝土中进行得缓慢。水泥在稳定土中的作用,从工程观点来看,一是改变了土的塑性,二是增加了土的强度和稳定性。作用的形式归纳起来有如下几种:

(1) 水泥的水化作用

水泥的水化作用反应简式如下:

硅酸三钙
$$2C_3S + 6H_2O \rightarrow C_3S_2H_3 + 3CH$$

硅酸二钙
$$2C_2S + 4H_2O \rightarrow C_3S_2H_3 + CH$$

铝酸三钙
$$C_3A + 6H_2O \rightarrow C_3AH_6$$

铁铝酸四钙
$$C_4AF + 7H_2O \rightarrow C_4AFH_7$$

水化反应产生出具有胶结能力的水化产物,是水泥稳定材料强度的主要来源。水化产物在土的孔隙中相互交织搭接,将土颗粒包覆连接起来,使土逐渐丧失了原有的塑性。但此水化反应与水泥混凝土中的水化反应有所不同:①土具有非常高的比表面积和亲水性;②水泥含量少;③土对水化产物有强烈的吸附性;④土中存在酸性介质环境。特别是由于黏土矿物对水化产物中的 $Ca(OH)_2$ 极强的吸附和吸收作用,使溶液中的碱度降低,影响了水化产物的稳定性;水化硅酸钙中的 C/S 会逐渐降低析出 $Ca(OH)_2$,使水化产物的结构和性能发生变化,从而影响到混合料的性能。因此,在选用水泥时,应优先选用硅酸盐类水泥,必要时还应对水泥稳定材料进行"补钙",以提高混合料中的碱度。

(2) 离子交换作用

黏土颗粒表面通常带有一定量的负电荷,进而吸引周围溶液中正离子,如 K^+、Na^+ 等,而在颗粒表面形成了一个双电层结构,这些与电位离子电荷相反的离子就称为反离子。黏土颗粒表面带上负电荷,即电位离子形成的电位称为热力学电位(φ),滑动面上的电位称为电动电位(ζ)。由于反离子的存在,离开颗粒表面越远电位越低,经过一定的距离电位将降为零,此距离称为双电层厚度。由于各个黏土颗粒表面都具有相同的双电层结构,因此黏土颗粒之间往往间隔着一定的距离。

硅酸盐类水泥中,硅酸三钙和硅酸二钙占主要部分,其水化产物中 $Ca(OH)^2$ 占 25%。大量的氢氧化钙溶于水后,在土中形成一个富含 Ca^{2+} 的碱性溶液环境,Ca^{2+} 取代了 K^+、Na^+,成为反离子。同时,Ca^{2+} 双电层电位的降低速度加快,双电层厚度降低,黏土颗粒间距离减小,相互靠拢,导致土的凝聚,从而改变土的塑性,使土具有一定的强度和稳定性。

(3) 化学激发作用

随着水泥水化反应的深入,Ca^{2+} 数量超过上述离子交换的需要量后,使混合料呈现出一种碱性环境,从而激发出黏土矿物中的部分 SiO_2 和 Al_2O_3 的活性,与溶液中的 Ca^{2+} 进行反应,生成新的矿物。这些矿物主要是硅酸钙和铝酸钙系列,如 $4CaO \cdot 5SiO_2 \cdot 5H_2O$、$4CaO \cdot Al_2O_3 \cdot 19H_2O$、$3CaO \cdot Al_2O_3 \cdot 16H_2O$、$CaO \cdot Al_2O_3 \cdot 10H_2O$ 等。这些生成物同样也具有胶凝能力,并包裹在黏土颗粒表面,与水泥的水化产物一起,将黏土颗粒凝结成一个整体。因此,氢氧化钙对黏土矿物的激发作用,进一步提高了水泥稳定材料的强度和水稳定性。

(4)碳酸化作用

水泥水化生成的 $Ca(OH)_2$,除了可与黏土矿物发生化学反应外,还可以进一步与空气中的 CO_2 反应生成碳酸钙晶体:

$$Ca(OH)_2 + CO_2 + nH_2O \rightarrow CaCO_3 + (n+1)H_2O$$

碳酸钙生成过程中产生体积膨胀,可以对土体起到填充和加固作用,提高土的强度,但这种作用相对来讲比较弱,并且反应过程缓慢。

2. 影响强度的因素

(1)土质

土的类别和性质是影响水泥稳定材料强度的重要因素。凡是能被经济地粉碎的土,都可用水泥稳定,但稳定效果不同。实践证明,用水泥稳定级配良好的碎(砾)石和砂砾,效果最好,不但强度高,而且水泥用量少;其次是砂性土;再次之是粉性土和黏性土。一般土的塑性指数不应超过 17,宜选用塑性指数小于 12 的土。重黏土由于难以粉碎和拌和,不宜单独用水泥稳定,有机质含量超过 2% 或硫酸盐含量超过 0.25% 的土,不应用水泥稳定。

(2)水泥品种及剂量

普通硅酸盐水泥、矿渣硅酸盐水泥和火山灰质硅酸盐水泥都可用于稳定土。通常情况下,硅酸盐类水泥的稳定效果较好。终凝时间较长(6h 以上)的低强度水泥应优先选用。

水泥稳定材料的强度随水泥剂量的增加而增长,不存在最佳剂量。但过多的水泥用量,虽获得强度的增加,经济上却不一定合理,且容易开裂。试验和研究证明,水泥剂量为 4% ~ 6% 较为合理。

(3)施工及养护

首先要保证稳定土一定的含水率,既要达到最佳密实度的含水率,又能满足水泥完全水化和水解作用的需要。其次是混合料需拌和均匀并充分压实。水泥土从开始加水拌和到完成压实的延迟时间要尽可能的短,一般要在 6h 以内。若时间过长,水泥开始凝结,碾压时不但达不到压实度要求,而且会破坏已结硬水泥的胶凝作用,反而使水泥稳定材料强度下降。

一定的水分是水泥稳定材料形成强度的必要条件,湿法养护可满足水泥水化形成强度的需要。而养护温度越高,强度增长得越快。

3. 混合料组成设计

无机结合料稳定材料组成设计包括原材料性能试验、混合料的目标配合比设计、混合料的生产配合比设计和施工参数确定四部分。

水泥稳定材料中水泥剂量以水泥质量占全部粗细土颗粒(即碎石、砾石、砂粒、粉粒和黏粒)的干质量的百分率表示。当水泥稳定材料用作底基层时,集料的最大粒径不应超出 37.5mm;用作基层时,不应超过 31.5mm,并且都应有较好的级配。集料压碎值应满足技术规范要求。

(1)水泥稳定材料的强度标准

水泥稳定材料 7d 无侧限抗压强度和压实度应根据公路等级和所在路面结构中的层位确定,如表 8-5 所示。

水泥稳定材料的强度和压实度标准　　　　表 8-5

结构层	交通等级	高速公路和一级公路 强度(MPa)	高速公路和一级公路 压实度(%)	二级和二级以下公路 强度(MPa)	二级和二级以下公路 压实度(%)
基层	极重、特重交通	5.0~7.0	98	4.0~6.0	中、粗粒材料97，细粒材料95
基层	重交通	4.0~6.0	98	3.0~5.0	中、粗粒材料97，细粒材料95
基层	中、轻交通	3.0~5.0	98	2.0~4.0	中、粗粒材料97，细粒材料95
底基层	极重、特重交通	3.0~5.0	中、粗粒材料97，细粒材料95	2.5~4.5	中、粗粒材料95，细粒材料93
底基层	重交通	2.5~4.5	中、粗粒材料97，细粒材料95	2.0~4.0	中、粗粒材料95，细粒材料93
底基层	中、轻交通	2.0~4.0	中、粗粒材料97，细粒材料95	1.0~3.0	中、粗粒材料95，细粒材料93

（2）强度试验及计算

强度试验试件的径高比应为 1:1，无机结合料稳定细粒材料的试件直径应为 100mm，无机结合料稳定中、粗粒材料的试件直径应为 150mm。按现场压实度标准采用静压法成型试件。

根据试验结果，按式(8-4)计算抗压强度代表值 R_d^o。

$$R_\mathrm{d}^\mathrm{o} = \overline{R} \cdot (1 - Z_\mathrm{a} C_\mathrm{V}) \tag{8-4}$$

式中：Z_a——标准正态分布表中随保证率而变的系数，高速公路和一级公路应取保证率 95%，此时 $Z_\mathrm{a} = 1.645$；其他等级公路应取保证率 90%，即 $Z_\mathrm{a} = 1.282$；

$\overline{R}$——一组试验的强度平均值；

C_V——一组试验的强度变异系数。

强度代表值 R_d^o 应不小于强度标准值 R_d，见式(8-5)。若不满足要求，应重新进行配合比试验。

$$R_\mathrm{d}^\mathrm{o} \geqslant R_\mathrm{d} \tag{8-5}$$

（3）无机结合料的计算和比例

水泥稳定材料的水泥剂量以水泥质量占全部干燥被稳定材料质量的百分率表示。

（4）混合料级配

水泥稳定材料的级配如表 8-6 所示，采用水泥稳定粒径较均匀的砂时，宜在砂中添加适量塑性指数小于 10 的黏性土、石灰稳定材料或粉煤灰，加入比例应通过击实试验确定。添加粉煤灰的比例宜为 20%~40%。水泥稳定级配碎石或砾石的级配如表 8-7 所示。根据公路等级和结构层位选择合理的级配，宜采用 4~6 档不同规格的集料合成级配，以保证级配的稳定。

用于高速公路和一级公路时，级配宜符合表 8-7 中 C-B-1、C-B-2 的规定，混合料密实时也可采用 C-B-3 级配。C-B-1 级配宜用于基层和底基层，C-B-2 级配宜用于基层。用于二级和二级以下公路时，级配宜符合表 8-7 中 C-C-1、C-C-2、C-C-3 的规定。C-C-1 级配宜用于基层的底基层，C-C-2 和 C-C-3 级配宜用于基层，C-B-3 级配宜用于极重、特重交通荷载等级下的基层。

水泥稳定材料的推荐级配范围(%)　　　　表 8-6

筛孔尺寸(mm)	高速公路和一级公路的底基层或二级公路的基层	高速公路和一级公路的底基层	二级以下公路的基层	二级及二级以下公路的底基层
	C-A-1	C-A-2	C-A-3	C-A-4
53	—	—	100	100
37.5	100	100	90~100	—

续上表

筛孔尺寸（mm）	高速公路和一级公路的底基层或二级公路的基层	高速公路和一级公路的底基层	二级以下公路的基层	二级及二级以下公路的底基层
	C-A-1	C-A-2	C-A-3	C-A-4
31.5	90~100	—	—	—
26.5	—	—	66~100	—
19	67~90	—	54~100	—
9.5	45~68	—	39~100	—
4.75	29~50	50~100	28~84	50~100
2.36	18~38	—	20~70	—
1.18	—	—	14~57	—
0.6	8~22	17~100	8~47	17~100
0.075	0~7	0~30	0~30	0~50

水泥稳定级配碎石或砾石的推荐级配范围(%) 表8-7

筛孔尺寸（mm）	高速公路和一级公路			二级及二级以下公路		
	C-B-1	C-B-2	C-B-3	C-C-1	C-C-2	C-C-3
37.5	—	—	100	—	—	—
31.5	—	—	100	90~100	100	—
26.5	100	—	—	81~94	90~100	100
19	82~86	100	68~86	67~83	73~87	90~100
16	73~79	88~93	—	61~78	65~82	79~92
13.2	65~72	76~86	—	54~73	58~75	67~83
9.5	53~62	59~72	38~58	45~64	47~66	52~71
4.75	35~45	35~45	22~32	30~50	30~50	30~50
2.36	22~31	22~31	16~28	19~36	19~36	19~36
1.18	13~22	13~22	—	12~26	12~26	12~26
0.6	8~15	8~15	8~15	8~19	8~19	8~19
0.3	5~10	5~10	—	5~14	5~14	5~14
0.15	3~7	3~7	—	3~10	3~10	3~10
0.075	2~5	2~5	0~3	2~7	2~7	2~7

(5)目标配合比设计

①根据当地材料的特点,通过原材料性能的试验评定,选择适宜的结合料类型,确定混合料配合比设计的技术标准。

②在目标配合比设计中,应选择不少于5个结合料剂量,分别确定各剂量条件下混合料的最佳含水率和最大干密度。

③根据试验确定的最佳含水率、最大干密度及压实度要求成型标准试件,验证不同结合料剂量条件下混合料的技术性能,确定满足设计要求的最佳剂量。

④水泥稳定材料推荐剂量如下:
a. 做基层用时。
中粒土和粗粒土:3%、4%、5%、6%、7%(R_d<5MPa),5%、6%、7%、8%、9%(R_d≥5MPa)。
塑性指数小于12的土:5%、7%、9%、11%、13%。
其他细粒土:8%、10%、12%、14%、16%。
b. 做底基层用时。
中粒土和粗粒土:3%、4%、5%、6%、7%。
塑性指数小于12的土:4%、5%、6%、7%、8%。
其他细粒土:6%、8%、10%、12%、14%。

⑤根据当地材料特点和技术要求,优化设计混合料级配,确定目标级配曲线和合理的变化范围。

⑥在目标级配曲线优化选择过程中,应选择不少于4条级配曲线,试验级配曲线可按推荐的级配范围和以往工程经验或数学模型设计确定。

⑦在配合比设计试验中,将各档石料筛分成单一粒径的规格逐档配料,并按相关的试验规程操作,保证每组试验的样本量。

⑧选定目标级配曲线后,对各档材料进行筛分,确定其平均筛分曲线及相应的变异系数,并按2倍标准差计算出各档材料筛分级配的波动范围。

⑨合成目标级配曲线并进行性能验证。

按确定的目标级配,根据各档材料的平均筛分曲线,确定其使用比例,得到混合料的合成级配。再根据合成级配进行混合料重型击实试验和7d龄期无侧限抗压强度试验,验证混合料性能。

⑩根据已确定的各档材料使用比例和各档材料级配的波动范围,计算实际生产中混合料的级配波动范围;并针对波动范围的上、下限验证性能。

(6)生产配合比设计

①根据目标配合比确定的各档材料比例,对拌和设备进行调试和标定,确定合理的生产参数。

②拌和设备的调试和标定包括料斗称量精度的标定、结合料剂量的标定和拌和设备加水量的控制等内容。

绘制不少于5个点的水泥剂量标定曲线。按各档材料的比例关系,设定相应的称量装置,调节拌和设备各个料仓的进料速度。按设定好的施工参数进行第一阶段试生产,验证生产级配。不满足要求时,应进一步调整施工参数。

③进行不同成型时间条件下的混合料强度试验,绘制相应的延迟时间曲线,并根据设计要求确定容许延迟时间。

④在第一阶段试生产试验的基础上,进行第二阶段试验。分别按不同结合料剂量和含水率进行混合料试拌,并取样、试验。

通过混合料中实际含水率的测定,确定施工过程中水流量计的设定范围。通过混合料中实际结合料剂量的测定,确定施工过程中结合料掺加的相关技术参数。通过击实试验,确定结合料剂量变化、含水率变化对混合料最大干密度的影响。通过抗压强度试验,确定材料的实际强度水平和拌和工艺的变异水平。

⑤需确定的混合料生产参数包括结合料剂量、含水率和最大干密度等指标。工地实际采

用的结合料剂量宜比室内试验确定度剂量多0.5%~1.0%,集中厂拌法施工时,可只增加0.5%;路拌法施工时,宜增加1%。含水率可增加1%~2%,最大干密度以最终合成级配击实试验的结果为标准。

4. 水泥稳定材料施工

水泥稳定材料基层和底基层宜采用集中厂拌的拌和工艺,用摊铺机摊铺混合料的摊铺工艺施工。水泥稳定材料宜在气温较高的季节组织施工,施工期的最低气温应在5℃以上,冰冻地区应在第一次重冰冻(-3~-5℃)到来之前半个月到一个月完成。

降雨时应停止施工,但已经摊铺的混合料宜在2h之内碾压密实。还要考虑排除下承层表面水的措施,勿使运到路上的集料过分潮湿。混合料每一作业段的合理长度,要综合考虑以下因素确定:

①水泥的终凝时间。
②延迟时间对混合料密实度和抗压强度的影响。
③施工机械和运输车辆的效率和数量。
④施工人员数量及操作熟练程度。
⑤尽量减少施工接缝。
⑥施工季节和气候条件。

施工工序及要求如下:

①下承层准备。下承层表面应平整、坚实,具有规定的路拱,没有任何松散和软弱地点。凡不合格的路段应进行整修,使其达到规范要求。

②拌和和摊铺。混合料在中心拌和厂拌和,可采用连续式或间歇式拌和设备。混合料的拌和能力与混合料摊铺能力相匹配。所有拌和设备均应按比例(质量比或体积比)加料,配料要准确,其加料方法应便于工程人员对每盘料的配合比进行核实。混合料拌和要均匀,含水率要略大于最佳值,使混合料运到现场碾压时的含水率不小于最佳值。运送混合料的车厢应加以覆盖,以防水分损失过多。用摊铺机按松铺厚度摊铺混合料,摊铺要均匀,如有粗细料离析现象,应以人工或机械补充拌匀。

③整型和碾压。摊铺后宜检查摊铺平整情况。局部低洼处,耙松后用新拌的混合料进行找补整平,然后进行碾压。碾压过程中,混合料要保持潮湿。水泥稳定材料采用钢轮压路机初压时,宜采用双钢轮压路机稳压2~3遍,再用激振力大于35t的重型振动压路机、18~21t三轮压路机或25t以上的轮胎压路机继续碾压密实,采用轮胎压路机初压时,应采用25t以上的重胶轮压路机稳压1~2遍,错轮不超过1/3的轮迹带宽度,再采用重型振动压路机碾压密实,最后用双钢轮压路机碾压,消除轮迹。

碾压过程中,水泥稳定碎石表面应始终保持潮湿,若有软弹现象,应及时将该路段混合料挖出,重新换填新料碾压。严禁压路机在已完成的或正在碾压的路段上掉头或紧急制动。

④接缝处理。当天两工作段的衔接处,应搭接拌和。即前工作段尾部留5~8m不进行碾压,待第二段施工时,对前段留下未压部分加部分水泥重新拌和,并与第二段一起碾压。

每天工作段的末端工作缝应成直线,且上下垂直。经过摊铺整型的混合料当天应全部压实。第二天铺筑时为使已压成型的稳定材料边缘不致遭到破坏,应用厚度与其压实厚度相同的方木保护,碾压前将方木提出,用混合料回填并整平。

摊铺时宜避免纵向接缝,分两幅摊铺时,纵向接缝处应加强碾压。存在纵向接缝时,纵缝应垂直相接,严禁斜接。

⑤养护及交通管制。每一工作段压实完成并经压实度检查合格后应立即开始养护,不应延误。水泥稳定材料宜用不透水薄膜或湿砂养护,也可采用沥青乳液进行养护。无上述条件时,也可用洒水车洒水养护。整个养护期不宜少于7d,并且要保持稳定材料层表面潮湿,不能时干时湿。如为分层施工时,下层碾压完后,过1d就可铺筑上层,不需经7d养护期。

养护期间应封闭交通,除洒水车和小型通勤车辆外严禁其他车辆通行。洒水车和小型通车辆的行驶速度应小于40km/h。无机结合料稳定材料养护7d后,施工需要通行重型货车时,应有专人指挥,按规定的车道行驶,且车速应不大于30km/h。

三、石灰稳定类基层

在粉碎的土和原状松散的土(包括各种粗、中、细粒土)中掺入适量消解后的石灰和水,按照一定技术要求,经拌和后,在最佳含水率时摊铺、压实及养护,其抗压强度符合规定要求的路面基层称为石灰稳定类基层。用石灰稳定细粒土时,简称石灰土;用石灰稳定天然砂砾土或用石灰稳定级配砂砾时,简称石灰砂砾土;用石灰稳定天然碎石或用石灰稳定级配碎石时,简称为石灰碎石土。

石灰剂量是石灰质量占全部土颗粒干质量的百分率,即石灰剂量 = 石灰质量/干土质量×100%。

1. 石灰稳定材料强度形成原理

在土中掺入适当的石灰,并在最佳含水率下压实后,既发生了一系列的物理力学作用,也发生了一系列的化学与物理化学作用,从而使土的性质发生根本改变。初期,主要表现在土的结团、塑性降低、最佳含水率的减小和最大密实度的增大等。后期变化主要表现在结晶结构的形成,从而提高其板体性、强度和稳定性。

综合国内外对石灰稳定材料强度和稳定性的研究成果,可以认为石灰加入土中后,主要发生了以下4个作用。

(1)离子交换作用

熟石灰溶于水后易离解成 Ca^{2+} 和 OH^- 离子,使其溶液呈现出碱性。随着 Ca^{2+} 浓度增大,二价 Ca^{2+} 就能当量替换土粒表面所吸附的一价金属离子 Na^+、H^+、K^+,土颗粒表面所吸附的离子由一价变成了二价,减少了土颗粒表面吸附水膜的厚度,使土粒相互之间更为接近,分子引力随着增加。许多单个土粒聚成小团粒,结果导致土的分散性、湿坍性、黏附性和膨胀性降低。这个反应过程是随着 Ca^{2+} 在土中的扩散逐渐地进行的,但初期进展迅速,是引起土发生初期变化的主要原因。

(2)结晶作用

在石灰稳定材料中只有一部分熟石灰 $Ca(OH)_2$ 进行离子交换作用,绝大部分饱和的 $Ca(OH)_2$ 自行结晶。熟石灰与水作用生成熟石灰结晶网格,其化学反应式为:

$$Ca(OH)_2 + nH_2O \rightarrow Ca(OH)_2 \cdot nH_2O$$

这种晶体能够相互结合,并与土粒结合起来形成共晶体,把土粒胶结成整体,并且晶体 $Ca(OH)_2$ 与非晶体 $Ca(OH)_2$ 相比,溶解度几乎小一半,因而石灰稳定材料的水稳性得到提高。

(3)火山灰作用

熟石灰的游离 Ca^{2+} 与土中活性 SiO_2 和 Al_2O_3 作用生成含水的硅酸钙和铝酸钙的化学反

应就是火山灰作用,其反应式为:

$$xCa(OH)_2 + SiO_2 + nH_2O \rightarrow xCaO \cdot SiO_2 \cdot (n+1)H_2O$$
$$xCa(OH)_2 + Al_2O_3 + nH_2O \rightarrow xCaO \cdot Al_2O_3 \cdot (n+1)H_2O$$

火山灰反应是在不断吸收水分的情况下逐渐发生的,具有水硬性质。火山灰作用是构成石灰稳定材料早期强度的主要原因。火山灰作用生成的胶凝物质($xCaO \cdot SiO_2 \cdot nH_2O$、$xCaO \cdot Al_2O_3 \cdot nH_2O$)和氢氧化钙晶体在土的团粒外围形成一层稳定的保护膜,填充颗粒空隙,减少了颗粒间的空隙与透水性,提高了密实度,是石灰稳定材料获得强度和水稳性的基本原因。但这种作用较为缓慢。

(4)碳酸化作用

土中的 $Ca(OH)_2$ 与空气中的二氧化碳作用,其化学反应式为:

$$Ca(OH)_2 + CO_2 \rightarrow CaCO_3 + H_2O$$

$CaCO_3$ 是坚硬的结晶体,具有较高的强度和水稳性,它对土的胶结作用使土得到了加固。当石灰稳定材料的表层碳酸化后则形成一层硬壳,阻碍 CO_2 进一步渗入,因而碳酸化作用是个相当长的反应过程,也是形成石灰稳定材料后期强度的主要原因之一。

2. 影响石灰稳定材料强度的因素

(1)土质

除有机质含量大的土和无塑性并缺少细料的粒料和砂性土外,只要土中的最大颗粒的粒径不超过规定的路面基层材料的最大粒径(31.5mm)或不超过规定的底基层材料的最大粒径(37.5mm),其他各种类型的土都可以用石灰稳定。但生产实践说明,黏性土较好,其稳定的效果显著,强度也高。当采用高液限黏土时施工不易粉碎;采用粉性土的石灰稳定材料早期强度较低,但后期强度也可满足行车要求;采用低液限土质时易拌和,但难以碾压成型,稳定的效果不显著。采用的土质,既要考虑其强度,还要考虑到施工时易于粉碎便于碾压成型,采用塑性指数为 15~20 的黏性土为好。塑性指数偏大的黏性土,要加强粉碎,粉碎后,土中粒径为 15~25mm 的土块不宜超过 5%。经验证明,塑性指数小于 12 的土不宜用石灰稳定。对于硫酸盐类含量超过 0.8% 或腐殖质含量超过 10% 的土,对强度有显著影响,不宜直接采用。用石灰稳定不含黏性土或无塑性的砂砾、级配碎石和未筛分碎石时,应添加 15% 左右的黏性土,并且该砂砾或碎石应具有较好的级配。

(2)灰质

石灰应为消石灰粉或生石灰粉,对于高速公路和一级公路,宜采用磨细生石灰粉。石灰质量应符合表8-8 中Ⅲ级及以上的技术标准。在同等石灰剂量下,质量好的石灰,稳定效果好。使用等外石灰、贝壳石灰、珊瑚石灰等,应通过试验。只要石灰稳定材料混合料的强度符合表8-9的标准,就可以使用。

石灰的技术标准 表 8-8

类别与指标 项目	钙质生石灰			镁质生石灰			钙质消石灰			镁质消石灰		
	Ⅰ	Ⅱ	Ⅲ	Ⅰ	Ⅱ	Ⅲ	Ⅰ	Ⅱ	Ⅲ	Ⅰ	Ⅱ	Ⅲ
有效钙加氧化镁(%)≥	85	80	70	80	75	65	65	60	55	60	55	50
未消解残渣(%)≤	7	11	17	10	14	20						
含水量(%)≤							4	4	4	4	4	4

续上表

项目	类别与指标	钙质生石灰			镁质生石灰			钙质消石灰			镁质消石灰		
		Ⅰ	Ⅱ	Ⅲ	Ⅰ	Ⅱ	Ⅲ	Ⅰ	Ⅱ	Ⅲ	Ⅰ	Ⅱ	Ⅲ
细度	0.60mm 累计筛余≤							0	1	1	0	1	1
	0.15mm 累计筛余≤							13	20		13	20	
钙镁石灰的分类,MgO(%)		≤5			>5			≤4			>4		

石灰稳定材料的强度和压实度标准 表 8-9

使用层次	高速公路和一级公路		二级及二级以下公路	
	强度(MPa)	压实度(%)	强度(MPa)	压实度(%)
基层	—	—	≥0.8①	中、粗粒材料97,细粒材料95
底基层	≥0.8	中、粗粒材料97,细粒材料95	0.5~0.7②	中、粗粒材料95,细粒材料93

注:①在低塑性土(塑性指数<7)地区,石灰稳定砂砾土和碎石土的7d浸水抗压强度应大于0.5MPa。
②低限用于塑性指数小于7的黏性土,且低限值宜仅用于二级以下公路。高限用于塑性指数大于7的黏性土。

为了保证石灰的质量,要尽量缩短石灰的存放时间,石灰在野外堆放时间较长时,应妥善保管,不能遭日晒雨淋。

(3)石灰剂量

石灰剂量对石灰稳定材料强度影响显著。石灰剂量较低(<3%~4%)时,石灰主要起稳定作用,土的塑性、膨胀、吸水量减小,使土的密实度、强度得到改善。随着剂量的增加,强度和稳定性提高,但当剂量超过一定范围时,强度反而降低,因而存在最佳石灰剂量。生产中常用的最佳剂量范围,对于黏性土及粉性土为8%~14%;对砂性土则为9%~16%。剂量应根据结构层技术要求进行混合料组成设计确定。

(4)含水率

水是石灰稳定材料的重要组成部分。它促使石灰稳定材料发生物理化学变化,形成强度;便于土的粉碎、拌和与压实,并且有利于养护。不同土质的石灰稳定材料有不同的最佳含水率,需通过标准击实试验确定,并用以控制施工中的实际加水量。

(5)拌和及压实

土的粉碎程度和拌和的均匀性对石灰稳定材料的强度有很大影响。应尽可能采用粉碎与拌和效率高的机械,提高粉碎程度与拌和的均匀性。

压实对石灰稳定材料强度的影响也很大,交通运输部公路科研所统计分析121组用无机结合料稳定细粒土的室内试验资料表明:压实度每增加2%,抗压强度增加的最大值为29.7%,最小值为2.5%,平均增加14.1%。

(6)养护条件与龄期

温度和湿度对石灰稳定材料强度的形成有重要影响。温度高可使反应过程加快,一定的湿度为 $Ca(OH)_2$ 结晶和火山灰反应提供了必要的水。因此,要求石灰稳定材料层施工期的最低温度应在5℃以上,并在第一次重冰冻(-3~-5℃)到来之前一个月至一个半月完成。

石灰稳定材料强度随龄期而缓慢增长,到28d龄期时,只能达到30%左右的强度。强度增长期很长,可达8~10年以上。石灰稳定材料强度与龄期关系可表示为:

$$R_t = R_i t^\beta \tag{8-6}$$

式中：R_i——一个月龄期抗压强度；

R_t——t 个月龄期抗压强度；

β——系数，为 0.1～0.5。

3. 石灰稳定材料基层缩裂防治

石灰稳定材料基层防治缩裂的措施如下：

①控制压实含水率。石灰稳定材料因含水率过大产生的干缩裂缝显著，因而压实时含水率一定不要大于最佳含水率，其含水率应略小于最佳含水率。

②严格控制压实标准。实践证明，压实度小时产生的干缩要比压实度大时严重，因此，应尽可能达到最大压实度。

③温缩的最不利季节是材料处于最佳含水率附近，而且温度为 0～-10℃时。因此施工要在当地气温进入 0℃前一个月结束，以防止在不利季节产生严重温缩。

④干缩的最不利情况是石灰稳定材料成型初期，因此，要重视初期养护，保证石灰稳定材料表面处于潮湿状况，禁防干晒。

⑤石灰稳定材料施工结束后要及早铺筑面层，使石灰稳定材料基层含水量不发生大变化，可减轻干缩裂隙。

⑥在石灰稳定材料中掺加集料（砂砾、碎石等），使其集料含量为 60%～70%，从而使混合料满足最佳组成要求，不但可以提高其强度和稳定性，而且具有较好的抗裂性。

⑦基层的缩裂会反射到面层，为了防止基层裂缝的反射，国内外常采取以下措施：

a. 设置联结层。设置沥青碎石或沥青贯入式联结层，是防止反射裂缝的有效措施。

b. 铺筑碎石隔离过渡层。在石灰稳定材料与沥青面层间铺筑厚 10～20cm 的碎石层或玻璃纤维网格，可减轻反射裂缝出现。

4. 石灰稳定材料混合料目标配合比设计

石灰稳定材料是由土、石灰和水组成的。混合料的组成设计包括：根据强度标准，通过试验选取合适的土，确定必需的或最佳的石灰剂量（石灰剂量 = 石灰质量/干土质量）和混合料的最佳含水率。

(1) 石灰稳定材料的强度标准

石灰稳定材料的强度标准根据相应的公路等级和在路面结构中的层位而定。在规定温度保湿养生 6d、浸水 1d 后无侧限抗压强度标准见表 8-9。

(2) 混合料的设计步骤

①制备同一种土样、不同石灰剂量的石灰稳定材料混合料，根据不同的层位，可参照下列石灰剂量进行配制：

a. 做基层用时。

砂砾土和碎石土：5%、6%、7%、8%、9%。

塑性指数小于 12 的黏性土：10%、12%、13%、14%、16%。

塑性指数大于 12 的黏性土：5%、7%、9%、11%、13%。

b. 做底基层用时。

塑性指数小于 12 的黏性土：8%、10%、11%、12%、14%。

塑性指数大于12的黏性土:5%、7%、8%、9%、11%。

②分别确定各剂量条件下混合料的最佳含水率和最大干密度。

③按最佳含水率与工地预期达到的压实密度制备试件,进行强度试验,验证不同结合料剂量条件下混合料的技术性能,试件数量应满足规范要求。

④试件在规定温度下保湿养护6d,浸水1d,进行无侧限抗压强度试验,根据表8-9的强度标准,选定合适的石灰剂量,室内试验的抗压强度代表值 R_d^o 应符合式(8-7)的要求:

$$R_d^o = \overline{R} \cdot (1 - Z_a C_V) \geqslant R_d \tag{8-7}$$

式中:R_d——设计抗压强度;
$\overline{R}$——一组试验的强度平均值;
C_V——一组试验的强度变异系数;
Z_a——标准正态分布表中随保证率而变的系数,高速公路和一级公路应取保证率95%,此时 $Z_a = 1.645$;其他等级公路应取保证率90%,即 $Z_a = 1.282$。

⑤目标级配曲线优化和性能验证方法与水泥稳定材料相同。

5. 石灰稳定材料混合料生产配合比设计

①根据目标配合比确定的各档材料比例,应对拌和设备进行调试和标定,确定合理的生产参数。

②拌和设备的调试和标定包括料斗称量精度的标定、结合料剂量的标定和拌和设备加水量的控制等内容,应符合以下规定:

a. 绘制不少于5个点的石灰剂量标定曲线。

b. 按各档材料的比例关系,设定相应的称量装置,调节拌和设备各个料仓的进料速度。

c. 按设备好的施工参数进行第一阶段试生产,验证生产级配。不满足要求时,应进一步调整施工参数。

③在第一阶段试生产试验的基础上,进行第二阶段试验。分别按不同结合料剂量和含水率进行混合料试拌,并取样、试验。

a. 通过混合料中实际含水率的测定,确定施工过程中水流量计的设定范围。

b. 通过混合料中实际结合料剂量的测定,确定施工过程中结合料掺加的相关技术参数。

c. 通过击实试验,确定结合料剂量变化、含水率变化对混合料最大干密度的影响。

d. 通过抗压强度试验,确定材料的实际强度水平和拌和工艺的变异水平。

④混合料生产参数的确定包括结合料剂量、含水率和最大干密度等指标。工地实际采用的结合料剂量宜比室内试验确定度剂量多0.5%~1.0%,含水率可增加1%~2%,最大干密度以最终合成级配击实试验的结果为标准。

6. 石灰稳定材料施工

石灰稳定材料用于二级以下公路的基层和底基层时,宜采用集中厂拌,也可采用人工路拌法施工。

(1)路拌法施工工序

①准备下承层。底基层和老路面上的低洼和坑洞,应仔细填补和压实;土基须用12~15t三轮压路机或等效的碾压机械进行碾压检验,达到要求的压实度。下承层高程误差应符合规

范的规定。

②施工放样。在下承层上恢复中线,每 15~20m 设一桩,平曲线段应每 10~15m 设一桩,并测出石灰稳定材料层边缘的设计高程,明显标记于两侧指示桩上。

③摊铺。摊铺土料前,应先在土基上洒水湿润,但不应过分潮湿而造成泥泞;用平地机或其他合适的机具按规定的路拱将土料平整地摊铺在预定的宽度上,并检验松铺土料层的厚度,松铺土料层的厚度 = 压实厚度 × 松铺系数;将充分消解的石灰摊铺均匀,并校核石灰用量。

④拌和与洒水。用喷管式洒水车洒水,使混合料含水率比最佳含水率大 1% 左右,用拌和机拌和,至混合料颜色一致,没有灰条、灰团和花白为止。如为石灰稳定加黏性土的碎石或砂砾,则应先将石灰和黏性土拌和均匀,然后均匀地摊铺在碎石或砂砾层上,再一起进行拌和。

⑤整型和碾压。混合料拌匀后,应先用平地机整型。快速碾压 1~2 遍,用齿耙将表层 5cm 以上耙松,并用新拌的石灰混合料找补平整,再用平地机整型。

碾压应在混合料处于最佳含水率($\pm 1\%$)范围内进行。在人工摊铺和整型的情况下,先用两轮压路机或轮胎压路机碾压 1~2 遍,然后再用重型轮胎压路机、振动压路机或 18t 以上的三轮压路机进行碾压。土层不能有"弹簧"、松散、起皮等现象。碾压结束之前,用平地机再终平一次,使其纵向顺适,高程、路拱和超高符合设计要求。

⑥养护。石灰稳定材料在养护期间应采取保湿措施,不让其变干。养护期一般为 7d 左右。养护期间未采取覆盖措施时,应封闭交通(洒水车除外)。不能封闭交通的路段,应采取覆盖措施(覆盖砂养护或喷洒沥青膜养护),并限制车速不得超过 30km/h。

(2)厂拌法施工

石灰稳定材料可以在中心站采用专用稳定材料拌和设备集中拌制混合料,也可用路拌机械或人工在场地上进行分批集中拌和。集中拌和时,应注意掌握以下各个要求:

①土块要粉碎,土块的最大尺寸不超过 15mm。

②配料要准确。

③含水率要略大于最佳含水率(+ 1% 左右),使混合料运到现场摊铺后碾压时的含水率能接近最佳值。

④拌和要均匀。

将拌和后的混合料运送到现场,用摊铺机、平地机按松铺厚度摊铺均匀。如有粗细颗粒离析现象,应该用机械或人工补充拌和。

整型(需要时)和碾压均与前述路拌法相同。

四、工业废渣稳定类基层

一定数量的石灰和粉煤灰,或石灰和煤渣与其他集料(土)相配合,加入适量的水(通常为最佳含水率),经拌和、压实及养护后得到的路面结构层,当其抗压强度符合规定要求时,称为石灰工业废渣稳定(简称石灰工业废渣)基层。

随着工业的发展,工业废渣逐渐增多,甚至到了污染环境的程度。利用工业废渣铺筑道路,不但提高了道路的使用品质,降低了工程造价,且变废为宝,具有很大的意义。常用的工业废渣包括:粉煤灰、煤渣、高炉矿渣、崩解过的达到稳定的钢渣,及其他冶金矿渣、煤矸石等。粉煤灰中含有较多的二氧化硅、氧化钙或氧化铝等活性物质,应用最为广泛。因此,石灰工业废渣往往分为石灰粉煤灰类及石灰其他废渣类。用石灰稳定工业废渣时,石灰在水的作用下形成饱和的 $Ca(OH)_2$ 溶液,废渣的活性氧化硅和氧化铝在 $Ca(OH)_2$ 溶液中产生火山灰反应,生成水化硅酸钙和铝酸钙凝胶,使颗粒胶凝在一起。随着水化物不断产生而结晶硬化,在温度较高时,混合料强度不断增长。因此,石灰工业废渣基层具有水硬性、缓凝性、强度高、稳定性好、板体性好,且强度随龄期不断增加,抗水、抗冻、抗裂且收缩性小等特点,能适应各种气候环境和水文地质条件,适用于各级公路的基层和底基层。但二灰土(石灰粉煤灰稳定土)不应用作高级沥青路面的基层,而只能用作底基层。在高速公路和一级公路上的水泥混凝土面板下,二灰土也不应作基层。

1. 材料要求

(1)石灰

工业废渣基层所用的结合料是石灰或石灰下脚料。石灰的质量应符合Ⅲ级以上的技术指标,并且要尽量缩短石灰的存放时间。有效钙含量在20%以上的等外石灰、贝壳石灰、珊瑚石灰、电石渣等,应通过试验,当混合料的强度符合要求时,方可应用。

(2)废渣

主要以粉煤灰和煤渣为主,其他废渣的材料要求可参照执行。

粉煤灰中 SiO_2、Al_2O_3 和 Fe_2O_3 的总含量应大于70%,烧失量不超过20%,比表面积宜大于 $2500cm^2/g$。干、湿粉煤灰都可使用。干粉煤灰如堆在地上,应加水防止灰尘飞扬污染环境。湿粉煤灰含水量不宜超过35%,使用时,湿凝成团的粉煤灰应打碎或过筛,同时清除有害物质。

煤渣的主要成分是二氧化硅和三氧化二铝,松干密度在 $700 \sim 1100 kg/m^3$ 之间,最大粒径不应大于30mm,颗粒组成宜有一定级配,且不含有害物质。

(3)粒料

用作二灰混合料的粒料应少含或不含有塑性的土。集料的压碎值、针片状颗粒含量、粒径0.075mm以下粉尘含量、软石含量等应满足规范要求。

用于高速公路和一级公路的石灰粉煤灰稳定级配碎石或砾石,用作底基层时,其最大粒径不超过31.5mm;用作基层时,混合料中集料的重量应占80%~85%,最大粒径不超过26.5mm,并应符合表8-10中LF-A-2L和LF-A-2S的级配。对于二级及二级以下公路,二灰集料混合料用作底基层时,最大粒径不应超过37.5mm;用作基层时,集料重量应占80%以上,并符合表8-10中LF-B-2L和LF-B-2S的级配要求。

石灰粉煤灰稳定级配碎石或砾石的推荐级配范围(%) 表8-10

筛孔尺寸 (mm)	高速公路和一级公路				二级及二级以下公路			
	稳定碎石		稳定砾石		稳定碎石		稳定砾石	
	LF-A-1S	LF-A-2S	LF-A-1L	LF-A-2L	LF-B-1S	LF-B-2S	LF-B-1L	LF-B-2L
37.5	—	—	—	—	100	—	100	—
31.5	100	—	100	—	90~100	100	90~100	100
26.5	91~95	100	93~96	100	81~94	90~100	84~95	90~100
19	76~85	82~89	84~88	86~91	67~83	73~87	72~87	77~91
16	69~80	73~84	75~84	79~87	61~78	65~82	67~83	71~86

续上表

筛孔尺寸(mm)	高速公路和一级公路				二级及二级以下公路			
	稳定碎石		稳定砾石		稳定碎石		稳定砾石	
	LF-A-1S	LF-A-2S	LF-A-1L	LF-A-2L	LF-B-1S	LF-B-2S	LF-B-1L	LF-B-2L
13.2	62~75	65~78	69~79	72~82	54~73	58~75	62~79	65~81
9.5	51~65	53~67	60~71	62~73	45~64	47~66	54~72	55~74
4.75	35~45	35~45	45~55	45~55	30~50	30~50	40~60	40~60
2.36	22~31	22~31	27~39	27~39	19~36	19~36	24~44	24~44
1.18	13~22	13~22	16~28	16~28	12~26	12~26	15~33	15~33
0.6	8~15	8~15	10~20	10~20	8~19	8~19	9~25	9~25
0.3	5~10	5~10	6~14	6~14	—	—	—	—
0.15	3~7	3~7	3~10	3~10	—	—	—	—
0.075	2~5	2~5	2~7	2~7	2~7	2~7	2~10	2~10

水泥粉煤灰稳定级配碎石或砾石的级配应符合表 8-11 的规定。

水泥粉煤灰稳定级配碎石或砾石的推荐级配范围(%) 表 8-11

筛孔尺寸(mm)	高速公路和一级公路				二级及二级以下公路			
	稳定碎石		稳定砾石		稳定碎石		稳定砾石	
	CF-A-1S	CF-A-2S	CF-A-1L	CF-A-2L	CF-B-1S	CF-B-2S	CF-B-1L	CF-B-2L
37.5	—	—	—	—	100	—	100	—
31.5	100	—	100	—	90~100	—	90~100	100
26.5	90~95	100	91~95	100	80~93	90~100	81~94	90~100
19	72~84	79~88	76~85	82~89	64~81	70~86	67~83	73~87
16	65~79	70~82	69~80	73~84	57~75	62~79	61~78	65~82
13.2	57~72	61~76	62~75	65~78	50~69	54~72	54~73	58~75
9.5	47~62	49~64	51~65	53~67	40~60	42~62	45~64	47~66
4.75	30~40	30~40	35~45	35~45	25~45	25~45	30~50	30~50
2.36	19~28	19~28	22~33	22~33	16~31	16~31	19~36	19~36
1.18	12~20	12~20	13~24	13~24	11~22	11~22	12~26	12~26
0.6	8~14	8~14	8~18	8~18	7~15	7~15	8~19	8~19
0.3	5~10	5~10	5~13	5~13	—	—	—	—
0.15	3~7	3~7	3~10	3~10	—	—	—	—
0.075	2~5	2~5	2~7	2~7	2~5	2~5	2~7	2~7

2. 混合料组成设计

石灰粉煤灰稳定材料和水泥粉煤灰稳定材料的混合料组成设计与水泥稳定材料相似,即根据表 8-12 或表 8-13 强度标准,通过试验选取最适宜于稳定的材料,确定石灰与粉煤灰或水泥与粉煤灰的比例,确定石灰粉煤灰或水泥粉煤灰与土(包括各种集料)的比例(质量比),确定混合料的最佳含水率。

石灰粉煤灰稳定材料的强度和压实度标准 表 8-12

结构层	交通等级	高速公路和一级公路		二级和二级以下公路	
		强度(MPa)	压实度(%)	强度(MPa)	压实度(%)
基层	极重、特重交通	≥1.1	98	≥0.9	中、粗粒材料97,细粒材料95
	重交通	≥1.0		≥0.8	
	中、轻交通	≥0.9		≥0.7	
底基层	极重、特重交通	≥0.8	中、粗粒材料97,细粒材料95	≥0.7	中、粗粒材料95,细粒材料93
	重交通	≥0.7		≥0.6	
	中、轻交通	≥0.6		≥0.5	

水泥粉煤灰稳定材料的强度和压实度标准 表 8-13

结构层	交通等级	高速公路和一级公路		二级和二级以下公路	
		强度(MPa)	压实度(%)	强度(MPa)	压实度(%)
基层	极重、特重交通	4.0~5.0	98	3.5~4.5	中、粗粒材料97,细粒材料95
	重交通	3.5~4.5		2.0~3.0	
	中、轻交通	3.0~4.0		1.5~2.5	
底基层	极重、特重交通	2.5~3.5	中、粗粒材料97,细粒材料95	2.0~3.0	中、粗粒材料97,细粒材料95
	重交通	2.0~3.0		1.5~2.5	
	中、轻交通	1.5~2.5		1.0~2.0	

二灰稳定材料的混合料组成设计方法与水泥稳定材料相似,在目标配合比设计阶段,需按规范推荐比例或经验比例进行试验,必要时可采用正交设计或均匀设计方法确定石灰粉煤灰或水泥粉煤灰的合理比例。

采用石灰粉煤灰混合料做基层时,石灰与粉煤灰的比例常用为1:4~1:2,稳定细粒材料时,石灰粉煤灰与细粒材料的比例为10:90~30:70,与集料的比应是15:85~20:80。采用石灰煤渣混合料作基层或底基层时,石灰与煤渣的比可以是1:4~1:1,石灰煤渣与细粒材料的比可以是1:4~1:1;石灰煤渣集料做基层或底基层时,石灰:煤渣:粒料的比可以是(7~9):(26~33):(58~67)。采用水泥粉煤灰混合料做基层时,石灰与粉煤灰的比例常用为1:3~1:5,稳定细粒材料时,水泥粉煤灰与细粒材料的比例为10:90~30:70,与集料的比应是15:85~20:80。

3. 工业废渣稳定类基层施工

对于高速公路和一级公路的基层和底基层宜用专用的稳定土拌和机进行集中厂拌法拌制混合料并用摊铺机摊铺,对于二级以下的公路,用石灰工业废渣作基层和底基层时,可用路拌法施工。但对于二级公路基层,宜采用专用的稳定土拌和机拌和;对于二级以下公路及不适宜采用机械施工的小工程,可以用人工沿路拌和法施工。施工过程中对各工序的要求基本与水泥稳定材料或石灰稳定材料相似。

路拌法施工工序为:准备下承层→施工放样→备料→运输和摊铺集料→运输和摊铺粉煤灰、石灰→拌和及洒水→整型→碾压→养护。

第四节 沥青稳定碎石基层

一、沥青稳定碎石的类型

沥青稳定碎石混合料指的是由沥青、粗细集料和矿粉组成,按一定配合比设计方法进行材料组成设计的混合料。将其拌和、摊铺、碾压成型,在路面结构中作基层使用的称为沥青稳定碎石基层。

按照其设计空隙率和用途不同,沥青稳定碎石混合料可分为:
①密级配沥青稳定碎石(Asphalt Treated Base,ATB),设计空隙率为3%~6%,用作基层。
②半开式沥青稳定碎石(Asphalt Macadam,AM),设计空隙率为6%~12%,可作基层或三四级公路面层。
③开级配沥青稳定碎石(Asphalt Treated Permeable Base,ATPB),用作排水基层。

开级配沥青稳定碎石 ATPB 因其设计空隙率大,物理力学性质和耐久性相对较差,在我国的工程应用尚不多,ATB 是沥青稳定碎石基层的主要形式。

二、沥青稳定碎石的力学特性

ATB 的配合比设计与施工工艺与沥青混凝土基本相同,在材料物理力学性质上非常相似,但因用做基层,其公称最大粒径比一般的沥青混凝土更大一些,常用的 ATB 类型有:ATB-25、ATB-30 和 ATB-40,分属粗粒式和特粗式沥青混合料。公称最大粒径较大时,施工难度加大,因此应用中以 ATB-25 和 ATB-30 最为常见。

与沥青混凝土相比,其主要功能上的区别有:
①因公称最大粒径较大,具有更好的抗剪和抗变形能力,特别适用于高温重载有抗车辙性能要求的路面。
②一般使用非改性沥青,且沥青用量稍低,抗拉强度和抗拉疲劳性能较差。
③铺筑在半刚性基层材料层上时,对可能出现的反射裂缝的适应和调整能力更好。

密级配沥青碎石属于柔性基层的一种,其物理力学性能要优于级配碎石。其与级配碎石的主要区别有:
①材料组成不同,增加了沥青,与沥青面层联结整体性好。
②强度构成不同,除嵌挤形成的内摩擦角外还有沥青提供的黏结力,模量较高。
③力学性能不同,除具有更好的抗压抗剪能力外,还具有一定抗拉能力。
④排水性能不同,因空隙率小,排水效率低于级配碎石。

三、材料组成设计

密级配沥青稳定碎石的级配范围要求如表 8-14 所示。

ATB 矿料级配范围要求　　　　　　　　　表 8-14

级配类型		通过下列筛孔(mm)的质量百分率(%)												
		53	37.5	31.5	26.5	19	16	13.2	9.5	4.75	2.36	1.18	0.6	0.3	0.15	0.075
特粗式	ATB-40	100	90~100	75~92	65~85	49~71	43~63	37~57	30~50	20~40	15~32	10~25	8~18	5~14	3~10	2~6
	ATB-30			90~100	70~90	53~72	44~66	39~60	31~51	20~40	15~32	10~25	8~18	5~14	3~10	2~6
粒式	ATB-25				100	90~100	60~80	48~68	42~62	32~52	20~40	15~32	10~25	8~18	5~14	3~10	2~6

ATB 混合料组成设计采用马歇尔设计方法。因其公称最大粒径更大,为消除试件的尺寸效应,对 ATB-30 和 ATB-40 需采用大型马歇尔试验。沥青稳定碎石马歇尔试验技术标准如表 8-15 所示,国外资料显示大型马歇尔的稳定度为标准马歇尔的 1.5~2.25 倍,流值提高 1.5 倍,其他体积指标基本不变。

沥青稳定碎石马歇尔试验技术标准　　　　　　表 8-15

试验指标		单位	密级配沥青稳定碎石混合料类型		
			ATB-25	ATB-30	ATB-40
公称最大粒径		mm	26.5	31.5	37.5
马歇尔试件尺寸		mm	$\varphi 101.6 \times 63.5$	$\varphi 152.4 \times 95.3$	
击实次数(双面)		次	75	112	
空隙率 VV		%	3~6		
稳定度,不小于		kN	7.5	15	15
流值		mm	1.5~4	实测	
沥青饱和度 VFA		%	55~70		
密级配基层 ATB 的矿料间隙率 VMA, 不小于	设计空隙率(%)				
	4		12	11.5	11
	5		13	12.5	12
	6		14	13.5	13

注:干旱地区,ATB 空隙率可适当放宽至 8%。

按《公路沥青路面设计规范》(JTG D50—2017)规定,ATB 混合料配合比设计后,可不进行动稳定度、低温弯曲、破坏应变、残留稳定度(浸水或冻融)及渗水系数试验。

密级配沥青稳定碎石的施工工艺及质量控制与沥青混凝土类似,这里不再详细介绍。

*第五节　其他类型基层

一、贫混凝土基层

1. 贫混凝土的材料与力学特性

贫混凝土是由粗、细级配集料与一定的水泥和水拌和而成的一种混凝土。这种混凝土的水泥用量较普通混凝土低,有时也称经济混凝土。与水泥稳定碎石、二灰碎石等常用半刚性材料相比,具有较高的强度、刚度和整体性,抗冲刷、抗冻性以及抗疲劳性能良好,属于刚性基层材料,性质上与水泥混凝土路面接近,材料组成设计与施工中主要参照水泥混凝土。

贫混凝土组成设计中常采用粉煤灰超量取代法以减少水泥用量并提高混合料的工作性,该方法是指通过超量取代水泥使粉煤灰混凝土与基准混凝土在相同龄期时获得同等强度的掺配方法。粉煤灰超量取代系数是粉煤灰掺入量与其所取代水泥量的比值。

贫混凝土可以采用多种方法施工,包括滑模摊铺机摊铺、三辊轴摊铺和小型设备摊铺,在配合比恰当时也可以采用碾压方式,做基层时称为碾压贫混凝土基层。其7d无侧限抗压强度在 5.0~10.0MPa 之间,28d 弯拉强度为 1.5~3.0MPa,根据需要调整配合比可用于不同交通等级的公路路面基层。从无侧限抗压强度看,其强度刚好衔接水泥稳定(二灰)碎石等半刚性基层材料,应用上可承担比以上半刚性基层更繁重的交通荷载。

因为贫混凝土采用的结合料是水泥,其材料组成类型与水泥稳定(二灰)碎石相比,没有质的变化,只是水泥用量有所增加,从水稳碎石的 3%~6% 增加到 8%~12%。可以看作是处于水泥稳定(二灰)碎石和水泥混凝土(水泥剂量为 12%~15%)之间的一种材料,其性质也处于这两者之间。其力学特性中最重要的就是其收缩特性,且因为其水泥用量介于水稳碎石和水泥混凝土之间,其开裂趋势也处于两者之间。

在沥青路面上应用贫混凝土基层时,其交通等级宜为重交通、特重交通,或者是运输煤、矿石、建筑材料的公路路面,其厚度一般为 200~280mm,最小厚度为 150mm。基层应设置纵缝、横缝,并灌入填缝料,必要时在缝顶一定宽度范围内粘贴土工织物、玻纤格栅等材料局部加强,其上设置热沥青或改性沥青、改性乳化沥青黏结层。

在自然胀缩情况下,设置的裂缝宽度随气温反复变化,对其上沥青面层的考验严峻,应从材料方面入手,提高沥青面层材料的抗剪和抗疲劳性能,必要时可考虑将贫混凝土刚性基层下置为底基层,在其上设置大粒径沥青碎石基层,替代一定厚度的沥青混凝土层,以适应和吸收胀缩变形,且与沥青混凝土面层衔接良好。采用这种结构组合时,因贫混凝土刚度远大于沥青层刚度,贫混凝土层上的沥青层(沥青面层和沥青碎石基层)主要起功能性作用,结构能力大部分由贫混凝土层提供。在贫混凝土层与沥青层的交界面上,因材料刚度的突变,在水平向荷载作用力下,在此界面将产生较大的剪应力(如 0.3~0.5MPa),易在此界面上产生剥离,因此,界面黏结层材料的选择至关重要。

2. 贫混凝土配合比设计

基层贫混凝土配合比设计应符合下列三项技术要求:

(1)强度

基层贫混凝土设计强度应符合表 8-16 的规定。

贫混凝土基层的设计强度标准值(单位:MPa) 表 8-16

交 通 等 级	特 重	重	中 等
7d 施工质检抗压强度	10.0	7.0	5.0
28d 设计抗压强度标准值	15.0	10.0	7.0
28d 设计弯拉强度标准值	3.0	2.0	1.5

(2)工作性

贫混凝土的坍落度应满足要求。基层贫混凝土中应掺粉煤灰,粉煤灰的超量取代系数 k 的取值:Ⅰ级灰 1.4~1.8;Ⅱ级灰 1.6~2.0,Ⅲ级灰 1.8~2.2。

(3)耐久性

①满足耐久性要求的贫混凝土最大水灰(胶)比宜符合表 8-17 的规定。

满足耐久性要求的贫混凝土最大水灰(胶)比　　　　表 8-17

交通等级	特重	重	中等
最大水灰(胶)比	0.65	0.68	0.70
有抗冻要求的最大水灰(胶)比	0.6	0.63	0.65

②在基层受冻地区,贫混凝土中应掺引气剂,并控制贫混凝土含气量为 4%±1%。当水灰(胶)比不能满足抗冻耐久性要求时,宜使用引气减水剂。当高温摊铺坍落度损失较大时,可使用引气缓凝减水剂。

贫混凝土配合比可按下述步骤进行计算:

①配制 28d 抗压强度 $f_{cu,o}$ 可按式(8-8)计算。

$$f_{cu,o} = f_{cu,k} + ts \tag{8-8}$$

式中:$f_{cu,o}$——贫混凝土配制 28d 抗压强度(MPa);

$f_{cu,k}$——混凝土 28d 设计抗压强度标准值(MPa),按表 8-17 取值;

t——抗压强度保证率系数,高速公路应取 1.645,一级公路应取 1.28,二级公路应取 1.04;

s——抗压强度标准差(MPa),宜按不小于 6 组统计资料取值,无统计资料或试件组数小于 6 组时,可取 1.5。

②水灰(胶)比应按式(8-9)计算,并取计算值与表 8-18 规定值两者中的较小值。

$$\frac{W}{B} = \frac{\alpha_a f_{ce}}{f_{cu,o} + \alpha_a \alpha_b f_{ce}} \tag{8-9}$$

式中:f_{ce}——水泥 28d 胶砂抗压强度(MPa),无实测值时,也可按式(8-10)计算;

$\alpha_a、\alpha_b$——回归系数,碎石及碎卵石:$\alpha_a = 0.53, \alpha_b = 0.20$;卵石:$\alpha_a = 0.49, \alpha_b = 0.13$。

$$f_{ce} = \gamma f_{ce,k} \tag{8-10}$$

式中:$f_{ce,k}$——水泥抗压强度等级(MPa);

γ——水泥抗压强度等级富余系数,应按统计资料取值;无统计资料时可在 1.08~1.13 范围内取值;如水泥已存放一定时间,则取 1.0;如存放时间超过 3 个月,或水泥已有结块现象,K_c 可能小于 1.0,必须通过试验实测。

③贫混凝土单位水泥用量可按式(8-11)计算。

$$C_p = 0.5\xi C_o \tag{8-11}$$

式中:C_p——贫混凝土的单位水泥用量(kg/m^3);

ξ——工作性及平整度放大系数,可取 1.1~1.3;

C_o——路面混凝土单位水泥用量(kg/m^3)。

④掺用粉煤灰时,单位胶材总量可按式(8-12)计算。

$$J_Z = 0.5C_o(1 + F_p k) \tag{8-12}$$

式中：J_z——单位胶材总量（kg/m³）；

　　　F_p——代替水泥的粉煤灰掺量，可取 0.15~0.30；

　　　k——粉煤灰超量取代系数。

⑤不掺粉煤灰贫混凝土的单位水泥用量宜控制在 160~230kg/m³ 之间；在基层受冻地区最小单位水泥用量不宜低于 180kg/m³。掺粉煤灰时，单位水泥用量宜在 130~175kg/m³ 之间；单位胶材总量宜在 220~270kg/m³ 之间；基层受冻地区最小单位水泥用量不宜低于 150kg/m³。

⑥根据水灰（胶）比和单位水泥（胶材）用量，计算单位用水量。

⑦砂率可按表 8-18 初选。

基层贫混凝土的砂率　　　　　　表 8-18

砂细度模数		2.2~2.5	2.5~2.8	2.8~3.1	3.1~3.4	3.4~3.7
砂率(%)	碎石混凝土	24~28	26~30	28~32	30~34	32~36
	卵石混凝土	22~26	24~28	26~30	28~32	30~34

⑧砂、石料用量可用密度法或体积法计算。在采用体积法计算时，应计入含气量。

由上述各经验公式推算得出的碾压混凝土和贫混凝土配合比，应在试验室内按下述步骤和《公路工程水泥及水泥混凝土试验规程》（JTG E30—2005）规定方法进行试配检验和调整。

①首先检验各种混凝土拌和物是否满足不同摊铺方式的最佳工作性要求。检验项目包括含气量、坍落度及其损失、振动黏度系数、改进 VC 值、外加剂品种及其最佳掺量。在工作性能和含气量不满足相应摊铺方式要求时，可在保持水灰（胶）比不变的前提下调整单位用水量、外加剂掺量或砂率，不得减小满足计算弯拉强度及耐久性要求的单位水泥用量。

②对于采用密度法计算的配合比，应实测拌和物表观密度，并应按表观密度调整配合比，调整时水灰（胶）比不得增大，单位水泥用量不得减小，调整后的拌和物表观密度允许偏差为 ±2.0%。实测拌和物含气量 $a(\%)$ 及其偏差应满足规定，不满足要求时，应调整引气剂掺量直至达到规定含气量。

③以初选水灰（胶）比为中心，按 0.02 增减幅度选定 2~4 个水灰（胶）比制作试件，检验各种混凝土 7d 和 28d 配制弯拉强度、抗压强度、耐久性等指标（有抗冻性要求的地区，抗冻性为必测项目，耐磨性及干缩为选测项目）。也可保持计算水灰（胶）比不变，以初选单位水泥用量为中心，按 15~20kg/m³ 增减幅度选定 2~4 个单位水泥用量。

④施工单位通过上述各项指标检验提出的配合比，在经监理或建设方中心试验室验证合格后，方可确定为试验室基准配合比。

试验室的基准配合比应通过搅拌楼实际拌和检验和长度不小于 200m 试验路段的验证，并应根据料场砂石料含水率、拌和物实测表观密度、含气量、坍落度及其损失，调整单位用水量、砂率或外加剂掺量。调整时，水灰（胶）比、单位水泥用量不得减小。考虑施工中原材料含泥量、泥块含量、含水率变化和施工变异性等因素，单位水泥用量应适当增加 5~10kg。满足试拌试铺的工作性、28d（至少 7d）配制弯拉强度、抗压强度和耐久性等要求的配合比，经监理或建设方批准后方可确定为施工配合比。

施工期间配合比的微调与控制应符合下列要求：

①根据施工季节、气温和运距等的变化，可微调缓凝（高效）减水剂、引气剂或保塑剂的掺

量,保持摊铺现场的坍落度始终适宜于铺筑,且波动最小。

②降雨后,应根据每天不同时间的气温及砂石料实际含水率变化,微调加水量,同时微调砂石料称量,其他配合比参数不得变更,维持施工配合比基本不变。雨天或砂石料变化时应加强控制,保持现场拌和物工作性始终适宜摊铺和稳定。

3. 贫混凝土施工

贫混凝土上基层可采用与水泥混凝土路面板相同的机械铺筑,可采用普通混凝土面层四种施工方式中的任一种。贫混凝土基层的铺筑除应满足普通水泥混凝土的技术要求外,在作为水泥路面基层时,尚应符合下列规定:

①贫混凝土基层应锯切与面板接缝位置和尺寸相对齐的纵、横向接缝,切缝深度不宜小于1/4板厚,最浅不宜小于50mm,并使用沥青灌缝。基层设封层时,混凝土面板的横向缩缝在行车前进方向可前错300~500mm。

②贫混凝土基层纵、横向缩缝中可不设拉杆和传力杆,胀缝中应设传力杆和胀缝板,胀缝位置应与面层胀缝对齐,板顶宜与贫混凝土基层表面齐平,传力杆、胀缝板设置位置应满足相关规定。

③若一块贫混凝土板上纵、横向断板缝仅为一条,可不挖除重铺,采用灌沥青密封防水并粘贴油毡、土工布或土工织物处理;但当一块板上的断板缝多于2条或分叉时,则应挖除重铺。

贫混凝土基层的施工质量应满足相关规范和设计要求。

二、碾压混凝土基层

1. 碾压混凝土的材料与力学特性

碾压混凝土是以较低的水泥用量和很小的水胶比配制而成的超干硬性混凝土拌和物,使用沥青摊铺机摊铺、筑路机械碾压密实成型的混凝土材料。其压实度是指干硬性混凝土拌和物现场压实后的湿密度与配合比设计时标准压实(空隙率为4%)下湿密度之比。碾压混凝土的原材料与普通混凝土基本相同,通常掺入大量的粉煤灰。配合比设计主要通过击实试验,以最大表观密度或强度为技术指标,来选择合理的集料级配、砂率、水泥用量和最佳含水率,采用体积法计算砂石用量,并通过试拌调整和强度验证,最终确定配合比。

碾压混凝土严格意义上表述的不是其材料组成特征而是其施工成型工艺特征。其材料组成设计的核心除强度因素外,还必须保证其属于干硬性混凝土,适合碾压成型。碾压成型方式迅速而有效,从加快施工进度、节省施工成本方面来看效益显著。

从材料性能上看,作为基层的碾压混凝土水泥用量与贫混凝土基本一致,所以可以看作是一种特殊的贫混凝土。其物理力学性能与贫混凝土基层类似。

因其干硬性和碾压施工方式,碾压混凝土混合料中水的用量较少,这对于减少混凝土成型期的干缩效果影响显著,同时采用振动压实工艺,其集料能相互接触并形成矿料骨架,抗压能力佳,其抗收缩性要好于一般的贫混凝土基层,但在其上切缝、填缝仍是必需的。与贫混凝土基层类似,填缝后可以考虑在裂缝处粘贴土工织物、玻纤格栅等材料,或考虑大粒径沥青碎石过渡层,以减缓其胀缩对沥青面层材料的影响。

碾压混凝土可直接用作路面面层,这时其水泥用量等指标应适当增加。

2. 碾压混凝土配合比设计

碾压混凝土配合比设计在兼顾经济性的同时应满足弯拉强度、工作性、耐久性的要求。

(1) 弯拉强度

碾压混凝土配制 28d 弯拉强度均值 f_{cc} 按式(8-13)计算。碾压混凝土压实安全弯拉强度 f_{cy} 有实测统计数据时,可按时式(8-14)计算;无实测数据时,f_{cy} 可在 0.20~0.35MPa 间选用。

$$f_{cc} = \frac{f_f + f_{cy}}{1 - 1.04c_v} + ts \tag{8-13}$$

$$f_{cy} = \frac{\alpha}{2}(y_{c1} - y_{c2}) \tag{8-14}$$

式中:f_{cc}——碾压混凝土配制 28d 弯拉强度均值(MPa);
　　　f_f——设计抗弯拉强度标准值(MPa);
　　　t——保证率系数,按表 8-19 确定;
　　　s——弯拉强度试样试验样本标准差(MPa),无试验数据时可按公路等级及设计弯拉强度,参考表 8-20 规定范围确定;
　　　c_v——弯拉强度变异系数,小于 0.05 时取 0.05;无统计数据时,高速公路和一级公路变异水平为低,在 0.05~0.10 范围内取值,二级公路变异水平为中,在 0.10~0.15 范围内取值;变异水平为高的公路在 0.15~0.20 范围内取值;
　　　y_{c1}——弯拉强度试件标准压实度(95%);
　　　y_{c2}——路面芯样压实度下限值(由芯样压实度统计得出);
　　　α——相应于压实度变化 1% 的弯拉强度波动值(通过试验得出)。

保证率系数 t　　　　　　　　　　　　　　　　　　　　　　　表 8-19

公路等级	判别概率 P	样本数 n(组)			
		6~8	9~14	15~19	≥20
高速公路	0.05	0.79	0.61	0.45	0.39
一级公路	0.10	0.59	0.46	0.35	0.30
二级公路	0.15	0.46	0.37	0.28	0.24
三、四级公路	0.20	0.37	0.29	0.22	0.19

各级公路水泥混凝土路面弯拉强度试验样本的标准差　　　　　　　表 8-20

公路等级	高速公路	一级公路	二级公路	三级公路	四级公路
目标可靠度(%)	95	90	85	80	70
目标可靠指标	1.64	1.28	1.04	0.84	0.52
样本的标准差 s (MPa)	0.25≤s≤0.50		0.45≤s≤0.67	0.40≤s≤0.80	

(2) 工作性

碾压混凝土出搅拌机口的改进 VC 值宜为 5~10s;碾压时的改进 VC 值宜控制在 25s±5s。试验中的试样表面出浆评分应为 4~5 分。

(3) 耐久性

处于严寒和寒冷地区的碾压混凝土面层或基层,应掺引气剂,其含气量宜符合相关规范的规定。

碾压贫混凝土的级配宜采用表 8-7 中推荐的 C-B-1 和 C-B-2 级配。

碾压混凝土中所掺粉煤灰要求为Ⅲ级以上。代替水泥的粉煤灰掺量应按超量取代法进行。粉煤灰掺量应根据水泥中原有的掺和料数量和混凝土弯拉强度、耐磨性等要求由试验确定。Ⅰ型硅酸盐水泥宜不大于30%,Ⅱ型硅酸盐水泥宜不大于25%,道路水泥宜不大于20%,普通水泥宜不大于15%,矿渣水泥不得掺粉煤灰。超量取代系数k:Ⅰ级灰可取1.4~1.8;Ⅱ级灰可取1.6~2.0;碾压混凝土基层用Ⅲ级灰,宜取1.8~2.2。

碾压混凝土中外加剂的使用要求除满足初凝时间不早于3h,终凝时间不迟于10h的规定外,需要加入引气剂、减水剂等外加剂的,应预先通过碾压混凝土性能试验优选品种和掺量,确认满足各项性能要求后方可使用。

重要工程碾压混凝土的配合比确定应使用正交试验法,一般工程可采用简捷法。

不掺粉煤灰的碾压混凝土正交试验可选用水量、水泥用量、粗集料填充体积率3个因素;掺粉煤灰的碾压混凝土可选用水量、基准胶材总量、粉煤灰掺量、粗集料填充体积率4个因素。每个因素选定三个水平,选用$L9(3^4)$正交表安排试验方案。

对正交试验结果进行直观及回归分析,回归分析的考察指标为:VC值及抗离析性、弯拉强度或抗压强度、抗冻性或耐磨性。根据直观分析结果并依据所建立的单位用水量及弯拉强度推定经验公式,综合考虑拌和物工作性,确定满足28d弯拉强度或抗压强度、抗冻性或耐磨性等设计要求的正交初步配合比。

3. 碾压混凝土施工

碾压铺筑工艺流程为:碾压混凝土拌和→运输→卸入沥青摊铺机→沥青摊铺机摊铺→打入拉杆→钢轮压路机初压→振动压路机复压→轮胎压路机终压→抗滑构造处理→养护→切缝→填缝。

(1)机械选型与配套

①宜选用预压密实度高的沥青摊铺机,根据路面摊铺宽度可选用1~2台。

②自重10~15t振动压路机1~2台;15~25t轮胎压路机1台;1~2t小型振动压路机1台。

③其他施工设备可参照普通水泥混凝土层施工设备选配。

(2)基准线设置

基准线设置要求应符合规定。

(3)松铺系数

碾压混凝土路面铺筑松铺系数应根据混凝土配合比、施工机械由试铺确定。采用高密实度摊铺机时,松铺系数宜控制在1.05~1.15之间。采用基层摊铺机摊铺时,松铺系数宜控制在1.15~1.25之间。且应通过试铺确定松铺系数。

(4)摊铺作业

①摊铺前应洒水湿润基层。

②摊铺作业应均匀、连续,摊铺过程中不得随意变换速度或停顿。

③摊铺速度宜控制在0.6~1.0m/min范围内。

④螺旋分料器转速应与摊铺速度相适应,保证两边缘料位充足。

⑤拉杆设置应与摊铺同步进行,并根据设计间距设醒目的定位标记,保证准确打入拉杆。

⑥铺筑弯道路段时,应及时调整左右两侧分料器的转速,保证两侧供料均衡;弯道超高路面摊铺应确保超高部位的供料充足。

⑦摊铺过后,应立即对所摊铺混凝土表面进行检查,局部缺料部位应及时补料。局部粗料集中的部位,应采用湿筛砂浆进行弥补。

(5)碾压

碾压段长度以 30~40m 为宜。直线段碾压时,压路机应从外侧向路中线碾压;平曲线有超高路段,由低侧向高侧、自内向外碾压,压完全宽为 1 遍;碾压作业应均匀、速度稳定;并按初压、复压和终压三个阶段进行。

①初压应采用钢轮压路机或振动压路机静压,静压重叠量宜为 1/4~1/3 钢轮宽度,初压遍数宜为 2 遍。

②复压应采用振动压路机振动碾压,重叠量宜为 1/3~1/2 振动碾压宽度。振动压路机起步、倒车和转向均应缓慢柔顺,严禁振动压路机中途急停、急拐、紧急起步及快速倒车。复压遍数按检测达到规定压实度进行控制,一般宜为 2~6 遍。

③终压应采用轮胎压路机静压。终压遍数应以弥合表面微裂纹和消除轮迹为停压标准,一般宜为 2~3 遍。

④初压、复压和终压作业应密切衔接配合、一气呵成;中间不应停顿、等候和拖延,也不得相互干扰。宜尽量缩短全部碾压作业完成时间。如有局部晒干和风干迹象,应及时喷雾。压实后表面应及时覆盖,并洒水养护。

(6)施工缝

横向施工缝设置形式宜为"台阶式",其施工工序如下:

①在施工终点处设纵向斜坡,作为压路机碾压过渡段;碾压结束后,将平整度合格部位以外斜坡刨除。

②第二天摊铺开始,后退 150~200mm 切割施工缝,切割深度宜为 80~100mm,将切缝外侧混凝土刨除,形成台阶。

③涂刷水泥浆后,纵向连接摊铺新路面。硬化后切施工缝。

(7)胀缝

在邻近构造物、小半径平曲线两端和凹形竖曲线纵坡变换处应至少各设 2 条胀缝。其余路段可不设置胀缝。胀缝形式可为混凝土枕垫式或钢板枕垫式两种。

(8)拉杆

碾压混凝土纵向缩缝中应设拉杆,面板尺寸可与普通混凝土路面相同或略大,但最大不宜超过 6m×8m。纵、横向缩缝应采用硬切缝,硬切缝及填缝要求与普通混凝土路面相同。面层抗滑构造可采用硬刻槽或缓凝裸露集料法制作,三、四级公路和基层可不作抗滑处理。

(9)质量控制

碾压混凝土铺筑质量除应符合普通混凝土的一般规定外,还应符合下列要求:

①应严格控制 VC 值、松铺系数、离析和碾压遍数,保证碾压作业完成后的整个混凝土路面板厚度一致、均匀密实,密实度必须达到配合比设计的规定值。板厚和匀质性可用钻芯检验。

②碾压成型后的面板应达到公路等级所规定的平整度。

③碾压终了后的面板表面不应有可见微裂纹或轮迹。

三、水泥乳化沥青综合稳定碎石基层

在水泥稳定碎石变形释放的过程中,如果材料的刚度越大,则在板体内产生的内部拉应力

越大,材料越容易拉裂,因此减少收缩裂缝的另一个途径就是降低其刚度。在水泥稳定碎石中加入少量的乳化沥青进行综合稳定就是一种降低刚度的技术途径。

乳化沥青的加入,使水泥稳定碎石的性质发生了如下改变:

①慢裂型乳化沥青缓慢破乳,释放的水分供给水泥发生水化反应,延缓了干缩过程,减小了收缩应力。

②材料内部的结合方式发生了变化,从依赖水化产物的胶凝作用,到胶凝与沥青黏结共同作用,沥青一定程度上干扰了水化和胶凝作用的充分发挥,降低了材料刚度。

③水泥结合料用量虽有降低,但仍提供了早期强度,同时沥青结合料具有蠕变、松弛特性,由于水泥、沥青的综合作用,其物理力学性能下降不多。

在半刚性基层材料中掺入沥青类结合料,使其刚度处于半刚性基层和柔性基层之间,同时具有半刚性基层和柔性基层的优点,有研究者将其称为"半柔性基层材料"。

四、就地冷再生基层

1. 冷再生基层类型

路面大修改造时,需对病害严重的旧沥青路面进行处治,其中一种技术手段是就地冷再生。就地冷再生技术是指常温下将旧沥青路面以及部分基层材料经过现场破碎加工后,根据级配需要添加一定量的新集料,同时加入一定剂量的稳定剂和适量的水,在自然的环境温度下连续完成材料的铣刨、破碎、添加、拌和、摊铺及压实成型等作业步骤,重新形成结构层的一种工艺方法。

冷再生工程中最常用的稳定剂主要为水泥、乳化沥青(或泡沫沥青)。这种材料与水泥乳化沥青综合稳定碎石基层在材料组成和物理力学性能上具有一定相似性。

泡沫沥青基层是采用70号或90号普通沥青,热沥青通过泵输送至特殊的喷嘴,并在此发泡后喷射入铣刨和拌和腔,与铣刨旧料及新添加的材料拌和、摊铺和压实后形成的再生基层。

2. 级配设计

(1)乳化沥青冷再生配合比设计

乳化沥青冷再生配合比设计主要步骤如下:

①配合比设计包括原材料分析、配合比设计和设计配合比检验。

②采用随机取样的方法,低温烘干RAP确定含水率。

③抽提回收RAP中的沥青,分析RAP的级配和沥青含量。

④土工击实试验确定再生料的最大干密度和最佳含水率。

⑤乳化沥青设计用量的确定,根据最佳流体含量确定最佳乳化沥青用量。

⑥性能验证试验。进行抗水损(浸水马歇尔、劈裂、冻融劈裂)、高温稳定性、抗压回弹模量、低温抗裂(小梁低温弯曲)、疲劳(小梁疲劳试验)、松散试验等性能试验,评价再生混合料的路用性能。

(2)泡沫沥青再生混合料级配设计

①设计原则。根据泡沫沥青再生混合料的强度形成机理和材料组成特征,再生混合料初期强度较低,压实后空隙率较高,吸水率较大,水稳定性是泡沫沥青再生混合料的薄弱环节。此外,泡沫沥青再生料主要作为道路基层,需要具有一定的强度和承载能力。因此,泡沫沥青

混合料的组成设计主要考虑其水稳定性和强度。

②级配选择。根据国外的研究,使用泡沫沥青稳定的材料应当具备一定的级配。国外相关文献中给出的适宜采用泡沫沥青稳定的级配范围如表 8-21 所示。

国外几种泡沫沥青再生混合料级配要求　　　　　　　表 8-21

筛孔尺寸(mm)		0.075	0.15	0.3	0.6	1.18	2.36	4.75
级配范围 1	上限(%)	20	25	30	39	47	57	67
	下限(%)	5	8	12	19	26	35	45
级配范围 2	上限(%)	20	21	23	28	33	42	55
	下限(%)	5	7	10	13	18	25	34
筛孔尺寸(mm)		9.5	13.2	16	19	26.5	31.5	37.5
级配范围 1	上限(%)	80	86	90	94	100	100	100
	下限(%)	56	62	66	69	76	82	90
级配范围 2	上限(%)	73	85	92	100	100	100	100
	下限(%)	48	56	62	66	75	80	88

多数研究者认为,集料级配如处于表 8-21 给出的范围内则适合使用泡沫沥青进行稳定,且适合重交通道路;而比给定范围更细的集料适合修建泡沫沥青稳定的轻交通道路;如果级配曲线在此范围下方,则应当加入细料和填料调整级配到此范围之内。0.075mm 筛孔通过率对泡沫沥青再生混合料性能有明显影响,一般建议控制在 5% ~ 20% 之间。

③设计指标与要求。水稳定性能的重要指标是试件的干湿劈裂强度比。劈裂强度是一个间接抗拉强度指标,与泡沫沥青再生基层层底受力状态对应;采用干湿劈裂强度比能够反映泡沫沥青再生料的水稳定性;劈裂强度试件可采用马歇尔试件,也可采用路面芯样。干湿劈裂强度被作为泡沫沥青再生混合料材料设计的关键设计指标。国外规范提出的技术要求如表 8-22 所示。

泡沫沥青再生混合料技术要求　　　　　　　表 8-22

性　　能	E0 ~ E2 交通量	E3 ~ E4 交通量
试件空隙率(%)	5 ~ 15	5 ~ 15
25℃湿劈裂强度	干劈裂强度的 60%	干劈裂强度的 70%
25℃最小干劈裂强度(kPa)	100	200
25℃回弹模量(MPa)	900	1500

思考题

1. 什么是柔性基层、半刚性基层、刚性基层?分别采用哪些材料?
2. 石灰稳定材料、水泥稳定材料和二灰稳定材料在强度形成原理上有何差别?
3. 无机结合料稳定材料可以分为几类?各类的路用性能有何特点?
4. 半刚性基层材料的主要物理力学特性是什么?在实际工程中应用应注意哪些问题?

5. 沥青混凝土路面的基层和水泥混凝土路面的基层在功能和性能要求上有何差异？
6. 试分析水泥稳定材料和石灰稳定材料组成设计方法的异同。
7. 试分析水泥稳定类基层和石灰粉煤灰稳定类基层的强度特性与收缩性能，评述它们作为高等级沥青路面基层的优劣。
8. 石灰粉煤灰稳定粒料是工程主要采用的材料之一，请选择石灰、粉煤灰及集料进行试验，并考虑以下问题：

(1) 石灰、粉煤灰的比例。
(2) 集料的含量。
(3) 早期强度与后期强度。
(4) 添加水泥后成为石灰粉煤灰水泥综合稳定粒料其设计标准如何考虑？
(5) 结合试验、参考资料等进行综合分析。

9. 常用的再生类基层有哪几种？并分析其特点及工程应用效果。

第九章
沥青路面基本知识

第一节 沥青路面分类及特点

一、基本特性

沥青路面(Asphlat Pavement)是通过各种方式将沥青材料用作矿料的结合料,经铺筑后形成路面面层并与其他各类基层和垫层共同组成的路面结构的统称。由于使用沥青作结合料,矿料间的黏结力得到很大增强,提高了混合料的强度和稳定性,使路面的使用性能和耐久性都得到提高。与水泥混凝土路面相比,沥青路面具有表面平整、无接缝、行车舒适、耐磨、振动小、噪声低、施工期短、养护维修简便、适宜分期修建等优点,因而获得非常广泛的应用。20世纪50年代以来,沥青路面已成为世界各国公路的主要面层类型。近30年来,我国在公路和城市道路上修筑了相当数量的沥青路面。目前我国高速公路大都采用沥青路面结构。随着国民经济和现代化道路交通发展的需要,沥青路面已得到广泛的应用和发展。

沥青路面属于柔性路面,面层抗拉强度较低,其整体强度和稳定性在很大程度上取决于土基和基层的特性,因而要求土基和基层必须具有足够的强度和良好的稳定性。在路基设计时,对软弱土基或翻浆路段必须有相应的处理措施,防止由于土基强度过低、变形过大而导致路面提早破坏。施工时,路基土必须根据其特性予以充分压实。沥青路面修筑后,由于透水性小,土基和基层内的水分难以排出,使土基和基层湿度增大而造成强度下降,导致路面破坏。因此,设计时应尽量采用水稳定性较好的材料铺筑基层。低温时,沥青路面的抗变形能力会降低,因此在寒冷地区,若土基产生不均匀冻胀会使沥青路面开裂,此时需设置防冻层,同时采用合理的沥青混合料避免出现沥青面层低温开裂。对交通量较大的路段,为使沥青路面具有较强的抗拉和抗疲劳性能,宜设置相对较厚的沥青面层。采用较薄的沥青面层时,特别是在旧路面上加铺沥青混合料补强层时,要采取必要的措施加强面层与下承层之间的黏结,以防止水平力作用而引起沥青面层的推挤、拥包等破坏。

二、沥青路面的分类

根据施工工艺的不同,沥青路面可分为层铺法施工的沥青路面、路拌法施工的沥青路面及厂拌法施工的沥青路面三种。

1. 层铺法施工的沥青路面与封层

层铺法是将沥青分层洒布、矿料分层撒铺,然后碾压形成沥青面层的施工方法。其主要优点是工艺和设备简便,功效较高,施工进度快,造价较低;缺点是结构强度低、使用寿命短,路面成型期较长,需要经过炎热季节并经行车碾压之后路面方能最终成型。根据铺装时采用的具体工艺、结构层厚度、适用条件的不同,又分为沥青表面处治、沥青贯入式和碎石封层等。

沥青表面处治路面是指用沥青和矿料按层铺法铺筑而成的、厚度一般为 1.5～3.0cm 的路面面层结构。沥青表面处治可做成单层或多层,优点是摩擦系数大,表面构造深度深,有利于行车安全。此外,它还具有良好的抗低温开裂性能。沥青表处治适用于三级、四级公路的面层、旧沥青面层上加铺罩面或抗滑层、磨耗层等。

沥青贯入式路面靠矿料颗粒间的锁结作用以及沥青的黏结作用获得所需的强度和稳定性,采用层铺法施工,厚度通常为 4～8cm(用作基层时,厚度可达 10cm),也称为沥青贯入碎石。当沥青贯入式路面的上部加铺拌和的沥青混合料时,称为上拌下贯。此时,拌和层的厚度宜为 3～4cm,其他层厚度为 7～10cm。沥青贯入式路面适用于二级及二级以下公路的沥青面层。若沥青贯入碎石设置在沥青混凝土面层与半刚性基层或粒料基层之间时称为连接层,也可作路面基层使用。

碎石封层同样采用层铺法施工,施工工艺和工序与沥青表面处治相同,但要求结合料有较大的黏结强度和稳定性,一般情况下要求用改性沥青,要求使用粒径规格单一的石料,对石料的洁净度和针片状颗粒含量要求较高,要求用机械洒布沥青和撒铺石料,对施工机械的要求也比较高。这种路面成型后具有较大的构造深度,有利于行车安全。

根据碎石撒铺工艺的不同,碎石封层分为异步碎石封层和同步碎石封层两种。异步碎石封层工艺是先由沥青洒布车洒布沥青,而后由碎石撒铺机撒铺碎石,两个工序在同一点间隔10min 左右,最后用压路机碾压成型。同步碎石封层施工则是洒布沥青和撒铺碎石由一台设备同时完成,两个工序在同一点间隔几秒钟,最后用压路机碾压成型。除了简化工序的优点外,同步碎石封层最大的优点是能够在沥青保持高温时撒布石料,从而有效地保证两者之间的黏结。

2. 路拌法施工的沥青路面

路拌法是指在路上用人工或机械将矿料和沥青材料就地拌和、摊铺、碾压密实后形成沥青结构层的施工方法。路拌法施工时,通过就地拌和,沥青材料在矿料中的分布比层铺法均匀,可以缩短路面的成型期。但因所用矿料为冷料,需使用黏稠度较低的沥青材料,故混合料的强度较低。比较典型的路拌法施工沥青路面为乳化沥青碎石混合料路面。乳化沥青碎石混合料适用于三、四级公路的沥青面层,二级公路养护罩面以及各级公路的调平层。

3. 厂拌法施工的沥青路面

厂拌法施工的沥青路面是用不同粒径的碎石、天然砂(或机制砂)、矿粉和沥青按一定比例在拌和机中热拌所得的拌和物(称为热拌沥青混合料,HMA),在规定温度范围内运到工地并用摊铺机摊铺,碾压密实成型的沥青路面。这种混合料的矿料部分具有严格的级配要求。当这种混合料压实达到规定的强度和孔隙率后,就称作沥青混凝土。沥青混凝土具有很高的强度和密实度,常温下还具有一定的塑性。它的强度和密实度是各种沥青矿料混合料中最高的。沥青混凝土透水性小,水稳性好,有较强的抵抗自然因素影响和行车荷载作用的能力,使用寿命长,耐久性好。

根据热拌沥青混合料强度构成原理、矿料级配组成、路用性能等因素的不同,厂拌法施工的沥青路面可作如下分类:

(1)按混合料强度构成原理分类

按混合料强度构成原理可分为级配密实型和嵌挤锁结型。级配密实型沥青混合料的矿料级配按最大密实原则设计,其强度和稳定性主要取决于混合料中沥青与矿料的黏结力,矿质颗粒之间的摩阻力处于次要地位。设计空隙率较小的密实式沥青混凝土(Asphalt Concrete,以AC表示)混合料和密实式沥青稳定碎石(Asphalt-Treated Base,以ATB表示)混合料就属于这一类型。此类混合料沥青用量通常较大,强度受温度影响明显,但抗渗水性、耐久性较好。

嵌挤锁结型沥青混合料采用颗粒尺寸较大且较为均一的矿料,细集料和填料较少,形成开级配或半开级配沥青混合料。如半开级配沥青碎石混合料(Asphalt Macadam,以AM表示)、大孔隙开级配排水式沥青碎石(OGFC)就属于这一类型。这种沥青混合料路面的强度和稳定性主要依靠集料颗粒之间相互嵌挤、锁结作用所产生的内摩阻力,沥青与矿料的黏聚力相对较小,只起次要作用。嵌挤锁结型沥青混合料路面比级配密实型沥青混合料路面的高温稳定性要好,但因空隙率大,易渗水,因而耐久性相对较差。

(2)按材料组成及结构分类

按材料组成及结构分为连续级配沥青混合料、间断级配沥青混合料。连续级配沥青混合料的矿料级配具有连续、光滑的级配曲线。若矿料级配组成中缺少一个或几个粒径档次(或用量很少),则成为间断级配沥青混合料。

(3)按矿料级配组成和空隙率分类

按矿料级配组成和空隙率分为密级配、半开级配、开级配沥青混合料。矿料具有连续级配、设计空隙率为3%~6%时称为密级配沥青混合料(Den-Graded Asphalt Mixtures)。若矿料由适当比例的粗集料、细集料及少量填料(或不加填料)组成,标准马歇尔击实成型试件的剩余空隙率为6%~12%,即为半开级配沥青混合料(Half-Open-Graded Asphalt Mixtures)。若沥青混合料采用颗粒尺寸较大且较为均一的矿料,细集料和填料较少,设计空隙率达到18%甚至更大,即为开级配沥青混合料,如大孔隙开级配排水式沥青混合料(Open-Graded Friction Courses)。

(4)按集料公称最大粒径分类

按集料公称最大粒径分为特粗式(公称最大粒径>31.5mm)、粗粒式(公称最大粒径≥26.5mm)、中粒式(公称最大粒径16mm或19mm)、细粒式(公称最大粒径9.5mm或13.2mm)、砂粒式(公称最大粒径<9.5mm)。

热拌沥青混合料分类见表9-1。

热拌沥青混合料分类   表9-1

混合料类型	密级配		开级配			半开级配	公称最大粒径(mm)	最大粒径(mm)
	连续级配	间断级配		间断级配				
	沥青混凝土	沥青稳定碎石	沥青玛蹄脂碎石	排水式沥青磨耗层	排水式沥青碎石基层	沥青碎石		
特粗式	—	ATB-40	—	—	ATPB-40	—	37.5	53.0
粗粒式	—	ATB-30	—	—	ATPB-30	—	31.5	37.5
	AC-25	ATB-25	—	—	ATPB-25	—	26.5	31.5
中粒式	AC-20	—	SMA-20	—	—	AM-20	19	26.5
	AC-16	—	SMA-16	OGFC-16	—	AM-16	16	19.0
细粒式	AC-13	—	SMA-13	OGFC-13	—	AM-13	13.2	16.0
	AC-10	—	SMA-10	OGFC-10	—	AM-10	9.5	13.2
砂粒式	AC-5						4.75	9.5
设计空隙率(%)	3~5	3~6	3~4	>18	>18	6~12	—	—

三、沥青路面的选择与应用

各种沥青路面的选择使用:一方面要根据任务要求(如道路的等级、交通量、使用年限、修建费用等)和工程特点(如施工季节、施工期限、结构组合状况等);另一方面还应考虑材料的供应情况、施工机具、劳动力和施工技术条件等因素。

沥青混凝土是适合现代交通的一种优质高级面层材料。铺筑在坚强基层上的优质沥青混凝土面层可使用15~20年,是重交通道路和高速公路的主要面层形式。我国《公路沥青路面施工技术规范》(JTG F40—2004)规定:高速公路及一级公路的表面层、中面层、下面层应采用沥青混凝土;二级公路的表面层宜用沥青混凝土。工程实践中可参照表9-2和以下原则选定。

路面类型的选择   表9-2

公路等级	路面等级	面层类型	设计年限(年)	设计年限内累计标准轴次(万次/车道)
高速公路、一级公路	高级路面	沥青混凝土、沥青玛蹄脂碎石	15	>400

续上表

公路等级	路面等级	面层类型	设计年限（年）	设计年限内累计标准轴次（万次/车道）
二级公路	高级路面	沥青混凝土	12	>200
	次高级路面	热拌沥青碎石、沥青贯入式	10	100~200
三级公路	次高级路面	乳化沥青碎石、沥青表面处治	10	10~100
四级公路	中级路面	填隙碎石、级配碎(砾)石、半整齐石块路面	8	≤10
	低级路面	粒料改善土	8	

密级配沥青混凝土(AC)适用于各级公路沥青面层的任何层次；沥青玛蹄脂碎石混合料(SMA)适用于铺筑新建公路的表面层或旧路面加铺磨耗层；设计空隙率为6%~12%的半开级配沥青碎石混合料(AM)仅适用于三级及三级以下公路、乡村公路，且沥青混合料拌和设备缺乏添加矿粉装置和人工搅拌的情况；设计空隙率为3%~6%的粗粒式及特粗式的密级配沥青稳定碎石混合料(ATB)适用于基层；设计空隙率大于18%的粗粒式及特粗排水式沥青稳定碎石混合料(ATPB)适用于排水基层；设计空隙率大于18%的细粒排水式沥青混合料(OGFC)适用于高速行车、多雨潮湿、不易被尘土污染、非冰冻地区铺筑的排水式沥青路面磨耗层。开级配排水式沥青混合料基层(ATPB)的下卧层应具有排水和抗冲刷能力，工程上必须通过试验，取得成功的经验，并经过论证后使用。

特粗式沥青混合料适用于基层，粗粒式沥青混合料适用于下面层或基层，中粒式沥青混合料适用于中面层和表面层，细粒式沥青混合料适用于表面层和薄层罩面，砂粒式沥青混合料适用于非机动车道或行人道路。对高速公路及一级公路，除沥青稳定碎石基层外，通常宜选用公称最大粒径为13.2~26.5mm的沥青混合料。

对沥青层较厚的高速公路及一级公路，在选择级配类型、确定矿料级配和最佳沥青用量时，应首先保证路面整体结构不致发生早期破坏。并在此基础上优先或侧重考虑各层的服务功能后做出选择，主要包括：

①表面层应具有良好的表面功能、密水、耐久、抗车辙、抗裂。潮湿区和湿润区的路面上面层应符合潮湿条件下的抗滑要求，抗滑性能不符合要求时，宜铺筑抗滑磨耗层。在寒冷地区，表面层应考虑低温抗裂性能的要求。

②三层式面层的中面层或双层式面层的下面层应重点满足混合料的高温抗车辙性能。下面层应在满足高温抗车辙性能的基础上，重点考虑抗疲劳性能及抗裂性能的要求。

③除排水式沥青混合料外，每一层都应该考虑密水性，当上层属渗水性结构层时，层间或下层应采取防渗水或排水措施。高速公路的紧急停车带（硬路肩）沥青面层宜采用与车行道相同的结构，但表面层宜采用密级配沥青混凝土铺筑。

④沥青面层集料的最大粒径宜从上至下逐渐增大，并应与设计厚度相匹配。除行人道路外，沥青层的压实厚度不宜小于集料公称最大粒径的2.5~3倍。对于高速公路和一级公路，密级配沥青混合料的层厚不宜小于公称最大粒径的3倍，SMA等嵌挤型混合料的层厚不宜小于公称最大粒径的2~2.5倍，以减少离析，便于施工和压实。

⑤沥青路面一般不宜铺筑在纵坡大于6%的路段上。在纵坡大于3%的路段,应考虑抗滑的要求,中面层和表面层宜采取优化混合料级配,选用改性沥青或添加外掺剂等措施。

第二节　沥青混合料的力学性质

一、强度特性

1. 抗剪强度

沥青混合料的抗剪强度同样遵从莫尔—库仑(Mohr-Coulomb)强度理论,并通过直剪试验或三轴压缩试验得到。但沥青混合料经受剪切时,既存在矿质颗粒间的相互位移和错位阻力,又有涂敷在颗粒表面上的沥青膜间的阻滞力。因而,沥青混合料的抗剪强度不仅同粒料的级配组成、形状和表面特性有关,也同所采用沥青的黏结力和用量有关。

大量试验结果表明,沥青混合料的黏结力取决于许多因素:

①沥青的黏度。黏度越高,混合料受剪时的黏滞阻力就越大,因而黏结力也越大。

②沥青用量。用量过少时,不足以充分涂敷矿质颗粒;用量过多时,又将使颗粒被挤开。两种情况都会使黏结力降低。因而存在最佳沥青用量,使黏结力最大。

③温度和剪切速率。沥青的黏度受温度和应力作用时间的影响很大。随温度的升高和剪切速率的下降,混合料的黏结力下降。

④细料。细料的含量增多、有棱角的集料增多、矿粉同沥青的吸附性好等因素,都有助于提高黏结力。

混合料中的矿质颗粒因有沥青涂敷,其摩阻角比纯粒料有所降低。沥青含量越高,φ值下降得越多。而集料级配良好,富有棱角时,有助于提高摩阻角。

2. 抗拉强度

沥青混合料的抗拉强度主要由混合料中结合料的黏结力提供,其大小可采用直接拉伸或劈裂试验,由所测得的应力—应变曲线上的最高应力值或破坏应力值确定。直接拉伸试验,是将混合料做成圆柱形试件,其两端用环氧树脂黏于金属盖帽上,通过安置在试件上的变形传感器,测定试件在各级拉应力下的应变值(图9-1),应力—应变曲线中的最大应力值即为极限抗拉强度。劈裂试验测试方法较简单:将沥青混合料用马歇尔标准击实法制成直径为101.6mm、高为63.5mm的圆柱试件,或轮碾机成型的板块试件或从道路现场钻取的直径为100mm或150mm、高为40mm的圆柱形试件(直径为d,长度为t),试验时沿着试件的直径方向,经由试件两侧的垫条按一定速率施加压力(图9-2),直到试件开裂破坏。

施加压力时,试件中的应力分布如图9-3所示。水平于直径平面的应力为:

$$\sigma_x = \frac{2P}{\pi t d}\left(\frac{d^2-4x^2}{d^2+4x^2}\right)^2 \tag{9-1}$$

$$\sigma_y = -\frac{2P}{\pi t d}\left(\frac{4d^2}{d^2+4x^2}-1\right) \tag{9-2}$$

$$\tau_{xy} = 0 \tag{9-3}$$

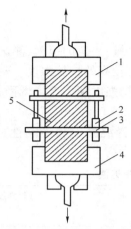
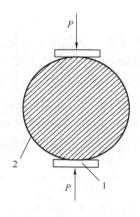

图 9-1 直接拉伸试验示意图 图 9-2 劈裂(间接拉伸)试验示意图
1-上盖帽;2-变形传感器;3-金属箍;4-下盖帽;5-试件 1-压条;2-试件

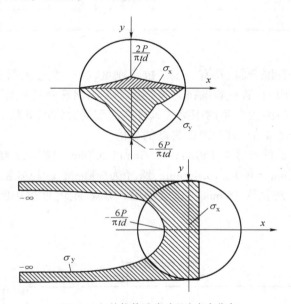

图 9-3 间接拉伸试验时理论应力分布

垂直于直径平面(沿加荷轴)的应力为:

$$\sigma_x = \frac{2P}{\pi td} = 常数 \tag{9-4}$$

$$\sigma_y = -\frac{2p}{\pi t}\left(\frac{2}{d-2y} + \frac{2}{d+2y} - \frac{1}{d}\right) \tag{9-5}$$

$$\tau_{xy} = 0 \tag{9-6}$$

式中:P——总荷载(MN);

t——试件长度(m);

d——试件的直径(m)。

上述计算式中正号表示拉应力,负号为压应力。沥青混合料受条形荷载作用时大都沿垂直于直径的平面劈裂破坏,则混合料的极限抗拉强度为:

$$S_t = \frac{2P_{\max}}{\pi t d} \tag{9-7}$$

沥青混合料在低温下的抗拉强度同沥青的性质、含量、集料的级配、测试时的温度等因素有关。试验表明,沥青黏滞度大、含量高,则混合料具有较高的抗拉强度。密级配混合料的抗拉强度高于开级配混合料。在低温下沥青混合料的抗拉强度随温度降低而提高,形成一个峰值(脆化点),低于脆点后则强度下降。

我国现行沥青路面规范中采用劈裂强度作为沥青混凝土和半刚性材料的抗拉强度。表9-3列出了沥青混凝土劈裂强度常见范围。

沥青混凝土劈裂强度的常见值　　　　　表9-3

材 料 名 称	沥青针入度(0.1mm)	劈裂强度(15℃)(MPa)
细粒式密级配沥青混凝土	≤90	1.2~1.6
中粒式密级配沥青混凝土	≤90	0.8~1.2
中粒式开级配沥青混凝土	≤90	0.6~1.0
细粒式开级配沥青混凝土	≤90	0.6~1.0

3. 抗弯拉强度

常温和低温下的沥青混合料,具有一定的抗弯刚度,在一次过大荷载的作用下,有可能在结构层面产生较大的拉应力,若材料的抗弯拉强度不足则出现断裂破坏。

沥青混合料的抗弯拉强度在室内用梁式试件在简支受力情况下测定。梁式试件的高和宽应不小于矿料最大粒径的4倍,梁的跨径为高的3倍。

粗粒式沥青混合料试件尺寸为150mm×150mm×550mm,跨径为450mm;中、细粒式沥青混合料试件尺寸为100mm×100mm×400mm,跨径为300mm;砂粒式沥青混合料试件尺寸为50mm×50mm×240mm,跨径为150mm。试验采用三分点加荷,使梁中间部分处于纯弯拉状态(图9-4)。

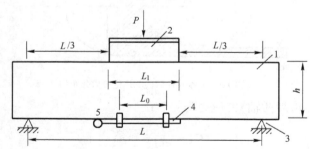

图9-4　抗弯拉强度试验加荷形式示意图
1-试验梁;2-承压板;3-支点;4-顶杆;5-千分表

我国《公路工程沥青及沥青混合料试验规程》(JTG E20—2011)中沥青混合料弯曲试验方法规定的试件是由轮碾成型后切制的,长250mm±2.0mm,宽30mm±2.0mm,高35mm±2.0mm。试验温度采用15℃±0.5℃。当用于评价沥青混合料低温拉伸性能时,宜采用试验温度-10℃±0.5℃。沥青混合料的抗弯拉强度为:

$$R_B = \frac{3LP_B}{2bh^2} \tag{9-8}$$

式中:P_B——试件破坏的最大荷载(N);
b——跨中断面试件宽度(mm);
h——跨中断面试件高度(mm);
L——试件的跨径(mm)。

沥青混合料的抗弯拉强度,取决于所用材料的性质(如沥青的性质、用量、集料级配)及结构破坏过程的加荷状况(如重复次数、应力增长速度等)。此外,试验时的温度状况对抗弯拉强度也有很大的影响。

二、应力—应变特征

对沥青混合料进行三轴试验,在固定的应力作用下,可得到应变和应力作用时间的关系曲线。图9-5a)表示施加应力较小的情况,一部分应变在施荷后立即产生,而卸荷后这部分应变又立即消失,这是混合料的弹性应变,应力与应变成正比关系。另一部分应变随加荷载时间增加而增加,卸荷后则随时间增长而逐渐消失(或基本消失),这是混合料的黏弹性应变。图9-5b)表示应力较大时的情况。这时,除有瞬时弹性应变和滞后弹性应变外,还存在着随时间而发展的近似直线变化的黏性和塑性流动。卸荷后,这部分应变不再恢复而成为塑性应变。试验说明,沥青混合料在受力较小时,特别是受荷时间短促时基本上处于弹性状态并兼有黏弹性的性质;而当混合料受荷达到一定值时,特别是受荷时间较长时,不仅出现弹性应变,而且还有随时间而发展的黏塑性应变,混合料表现出弹—黏—塑性质。

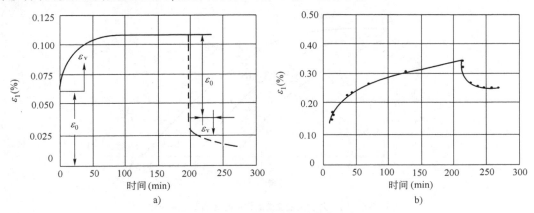

图9-5 沥青混合料三轴压缩蠕变试验
(温度60℃,侧限应力:a)0.03MPa;b)0.48MPa)

为了正确地了解沥青混合料的工作状况,还应考虑沥青混合料在应力—应变状态下呈现出的应力松弛特性。应力松弛是变形物体在恒定应变下应力随时间而自动降低的过程,这是物体内部物质流动的结果。为使物体保持变形的状态,随着时间的推移,所需的力越来越小,使应力下降到初始数值的那段时间,叫作松弛时间t',是表征应力松弛过程的主要参数。

$$t' = \frac{\eta(黏滞度)}{E(弹性模量)} \tag{9-9}$$

可见,沥青混合料的应力松弛时间主要取决于黏滞度,而黏滞度又随温度变化而变化。

沥青混合料在冬季低温时具有很高的黏滞度,则应力松弛时间较长,超出荷载的作用时间,沥青混合料呈现出弹性体,并具有弹性体的变形特征;夏季高温时,混合料的黏滞度迅速降低,应力松弛时间大大缩短,接近或小于荷载作用时间,在临界状态下就会产生塑性变形。因此,沥青混合料的应力—应变特性不仅同荷载大小和作用时间有关,而且与材料的温度有关。

考虑到荷载作用时间和温度对沥青混合料应力—应变特性的影响,C.范德甫(Vander Poel)提出用劲度模量(简称劲度)作为表征弹—黏—塑性材料的性质指标。所谓劲度模量,就是材料在给定的荷载作用时间和温度条件下应力与总应变的比值,即:

$$S_{t,T} = \left(\frac{\sigma}{\varepsilon}\right)_{t,T} \tag{9-10}$$

式中:$S_{t,T}$——劲度模量(MPa);
　　　σ——施加的应力(MPa);
　　　ε——总应变;
　　　t——荷载作用时间(s);
　　　T——材料的温度(℃)。

1. 沥青的劲度

图9-6表示荷载作用时间和温度对沥青劲度的影响。在荷载作用时间极短时,曲线接近水平,表明材料呈弹性,而荷载作用时间很长时,材料呈纯黏性。这时,沥青的劲度模量为:

$$S_{t,T} = \frac{3\eta}{t} \tag{9-11}$$

式中:η——沥青的动黏滞度(Pa·s)。

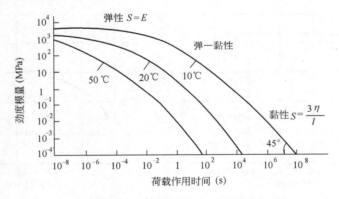

图9-6　沥青劲度模量随荷载作用时间和温度的变化

荷载作用时间介于两者之间时,沥青材料呈弹—黏性质。

从图中可看出温度对沥青劲度模量的影响:劲度模量随温度而变,而且各温度曲线的形状基本相似。这表明在同一荷载作用时间下,温度对材料具有相同的影响。这是沥青材料的一项重要性质。据此,就能在实验室通过有限的变动温度和加荷时间的试验得知很长荷载作用时间下的情况。C.范德甫用47种不同流变类型(不同针入度和软化点或针入度指数组合)的沥青材料,在较大范围的荷载作用时间和温度下进行大量的试验,得出预计不同荷载作用时间和温度下沥青劲度模量的诺谟图(图9-7)。图中参数:温度差即软化点与温度之差(SP − T);荷载作用时间(t)或荷载作用频率($f = 1/t$);针入度指数(PI)。

将3个或3个以上不同温度条件下测试的针入度值取对数,令 $y = \lg P$, $x = T$,按式(9-12)的针入度对数与温度的直线关系,进行 $y = a + bx$ 方程的回归,求取针入度温度指数 $A_{\lg Pen}$:

$$\lg P = K + A_{\lg Pen} \cdot T \tag{9-12}$$

式中：$\lg P$——不同温度条件下测得的针入度的对数；

T——试验温度（℃）；

K——回归方程的常数项；

$A_{\lg Pen}$——回归方程的系数。

按下式求算针入度指数 PI：

$$PI = \frac{20 - 500 A_{\lg Pen}}{1 + 50 A_{\lg Pen}} \tag{9-13}$$

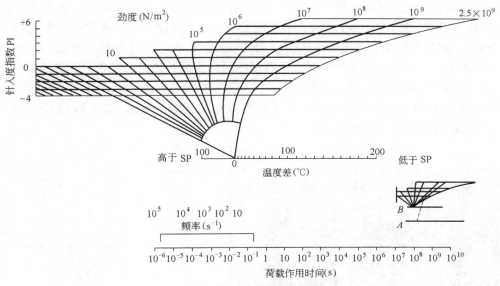

图 9-7 沥青劲度模量诺谟图

2. 沥青混合料的劲度模量

C. 范德甫对一系列密级配沥青混合料进行试验后确认，沥青混合料的劲度模量是沥青的劲度模量和混合料中集料数量的函数。对某一沥青混合料，可以从诺谟图查得规定荷载作用时间与温度的沥青劲量模量之后，再用下式计算沥青混合料的劲度模量：

$$\left. \begin{array}{l} S_m = S_b \left(1 + \dfrac{2.5}{n} \cdot \dfrac{C_v}{1 - C_v} \right)^n \\ n = 0.83 \lg \left(\dfrac{4 \times 10^4}{S_b} \right) \end{array} \right\} \tag{9-14}$$

式中：S_m——沥青混合料的劲度模量（MPa）；

S_b——沥青的劲度模量（MPa）；

C_v——混合料中集料的集中系数，即：

$$C_v = \frac{集料体积}{集料的体积 + 沥青的体积}$$

此式仅适用于沥青混合料的空隙率 V_v 为 3%，$C_v = 0.7 \sim 0.9$ 的情况。否则，C_v 要修正为：

$$C_v' = \frac{C_v}{1 + (0.01 V_v - 0.03)} \tag{9-15}$$

算得的 C_v' 值代替式(9-13)中的 C_v 值,就可求得沥青混合料的劲度模量。

三、疲劳特性

路面材料在低于极限抗拉强度下经受重复拉应力或拉应变而最终导致破坏,称为疲劳破坏。导致路面材料最终破坏(即开始疲劳开裂)的荷载作用次数,称为疲劳寿命。因此,沥青混合料的疲劳特性,不仅与荷载应力(应变)的大小有关,而且同荷载作用次数有很大关系。

影响沥青混合料疲劳特性的因素,主要有沥青混合料的密实度、劲度、沥青含量、集料特性、温度及加载速度等。

沥青混合料的疲劳试验研究可分为三类:一是实际路面在真实汽车荷载作用下的疲劳破坏试验,如美国的 AASHO 试验,历时3年才完成。二是足尺路面结构在模拟行车荷载作用下的试验研究,如澳大利亚的加速加载试验(ALF 试验)。我国一些室外较大环道和室内环道疲劳试验也属此类。三是室内小型沥青混合料试件的疲劳试验研究。使用得最多的是第三类方法,因为它费用少,周期短且易于实现。

室内小型疲劳试验常采用梁式试件,进行四点弯曲疲劳试验,如图 9-8a)所示,也可以用圆柱形试件进行间接拉伸疲劳试验。

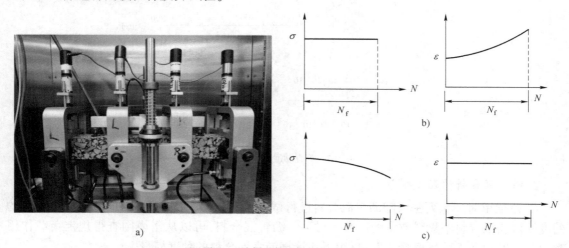

图 9-8 小梁试件四点弯曲疲劳试验
a)试验装置;b)应力控制;c)应变控制

进行弯曲试验时,采用长度为 380mm±5mm、厚度为 50mm±5mm、宽度为 63.5mm±5mm 的小梁试件。标准的试验条件为试验温度 15℃±0.5℃、加载频率 10Hz±0.1Hz、采用恒应变控制的连续偏正弦加载模式,也可根据需要选择其他试验条件。最大拉应力 σ_t(MPa)和最大拉应变 ε_t 用下式计算:

$$\sigma_t = \frac{L \cdot P}{W \cdot h^2} \tag{9-16}$$

$$\varepsilon_t = \frac{12\delta \cdot h}{3L^2 - 4a^2} \tag{9-17}$$

式中:h——梁高度(m);

L——梁跨距(m),即外端两个夹具间距(一般为 0.357m);

P——峰值荷载(N);

a——相邻夹头中心间距(m,为 $L/3$,一般为 0.119m);

δ——梁中心最大应变(m)。

疲劳试验可以用控制应力或控制应变两种方式控制加荷[图9-8b)]。采用控制应力方式时,每次对试件施加的荷载为常量。施加荷载过程中,在应力集中处开始产生裂缝,随着荷载作用次数增多,试件不断受到损伤,劲度随之而降低,故荷载应力尽管不变,实际的弯曲应变则随施加荷载次数的增加而增大。而控制应变方式是在测试过程中始终保持每次荷载下应变值不变,要不断改变荷载使梁产生不变的挠曲,因此,应力随施加荷载次数的增加而不断减小。

在控制应力条件下,沥青混合料达到疲劳破坏的荷载平均作用次数为:

$$N_1 = K_1 \left(\frac{1}{\sigma_{\max}}\right)^{n_1} \tag{9-18}$$

控制应变施加荷载时,达到破坏的平均作用次数为:

$$N_2 = K_2 \left(\frac{1}{\varepsilon_{\max}}\right)^{n_2} \tag{9-19}$$

上述两式中:$\sigma_{\max}$——拉应力的最大值;

$\varepsilon_{\max}$——拉应变的最大值;

K_1、K_2——取决于沥青混合料组成和特性的系数;

n_1、n_2——坡度因素,由应力—疲劳寿命图得出,通常 $n_2 > n_1$,对大多数沥青混合料 $n_2 = 5 \sim 6$。

图9-9 表示一些典型沥青混合料的拉应变与疲劳寿命的相互关系。

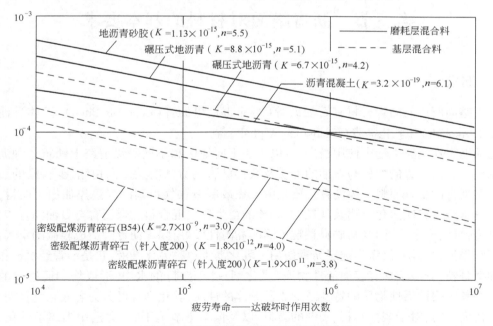

图9-9 沥青混合料拉应变与疲劳寿命的关系

试验表明,同一种沥青混合料因试验时所采用的控制方式不同,试件达到破坏的荷载作用总次数有一定的差别。沥青面层薄(<5cm)时,相对而言,拉应变对沥青混凝土的劲度不敏

感。在此情况下,用应变控制较合适。在沥青面层(>15cm)中,面层对路面强度起主要作用时,沥青混凝土劲度的变化对沥青混凝土的应变有明显的影响,而对应力的影响较小。在此情况下,用应力控制较合适。

但由于应变便于量测,因此,国际上大多数有影响的设计方法采用应变作为设计指标。

在疲劳试验中,为了简化起见,通常都采用单一不变的应力或应变作为重复加载的基本模式。而实际路面受到的是重力不同的车辆荷载。要把室内单一加荷基本模式得到的疲劳方程应用于路面结构分析,还需解决如何综合不同荷载的疲劳作用问题。

为此,往往借用研究金属疲劳的曼纳(Miner)定律来处理以上问题:各级荷载作用下材料所出现的疲劳损坏可线性叠加。假设某一级荷载 P_i 作用 N_i 次后,使材料达到疲劳破坏,则该级荷载作用一次相当于消耗了材料疲劳寿命的 $1/N_i$。现有 $P_1, P_1, \cdots, P_j$ 级荷载,分别作用 $N_1, N_2, \cdots, N_j$ 次后,材料均可达到疲劳破坏,而实际上各级荷载的作用次数分别为 $n_1, n_2 \cdots, n_j$ 次,则相应于各级荷载消耗的材料疲劳寿命分别为 $n_1/N_1, n_2/N_2, \cdots, n_j/N_j$。在各级荷载作用下,材料的综合疲劳损伤为:

$$D = \sum_{i=1}^{j} \frac{n_i}{N_i} \tag{9-20}$$

疲劳破坏是路面结构损伤的主要现象,路面材料的抗疲劳性能直接关系到路面的使用寿命。提高路面的抗疲劳性能应注意从两方面入手:一是合理的材料设计,使混合料达到最佳配合比和最大密度;另一方面是合理的结构设计,使得各结构层的层位与厚度达到理想的程度,在车辆荷载作用之下,确保结构层的最大应力和应力比在控制范围之内。

第三节 沥青路面对材料的基本要求

一、沥青

沥青路面所用的沥青材料有石油沥青(Asphalt)、煤沥青(Coal Tar Pitch)、液体石油沥青(Cutback Asphalt)和乳化沥青(Emulsified Asphalt)等。

石油沥青在道路工程中使用最广,可以用在不同地区和不同等级道路上铺筑各种沥青面层和基层。石油沥青的性质与石油的性质及获得沥青的方法有关。高树脂、少石蜡的石油是炼制道路沥青的最好原料。煤沥青主要是由炼焦或制造煤气得到的高温焦油加工而得,它的主要成分是芳香族碳氢化合物及其氧、氮和硫的衍生物的混合料。煤沥青与石油沥青相比较,温度稳定性低,易老化,但其与矿料颗粒表面的黏附性较好,因煤沥青会造成轻微的空气污染,一般不宜作沥青面层,仅作为透层沥青使用。乳化沥青也称乳化乳液,它是沥青经机械作用分裂为细微颗粒,分散于含有表面活性物质(乳化剂—稳定剂)的水中,形成均匀而稳定的分散系。根据其中表面活性物质的特性及形成乳胶体的性质,乳化沥青可分为乳液和乳膏两大类。选用乳化沥青时,对于酸性石料、潮湿的石料,以及低温季节施工时,宜选用阳离子乳化沥青;对于碱性石料或与掺入水泥、石灰、粉煤灰共同使用时,宜选用阴离子乳化沥青。

沥青路面采用的沥青标号,应按照公路等级、气候条件、交通条件、路面类型及在路面结构中的层位及受力特点、施工方法等,结合当地使用经验,经技术论证后确定。各沥青等级的适用范围应符合表9-4的规定。

道路石油沥青的适用范围　　　　　　　表9-4

沥青等级	适用范围
A级沥青	各等级公路,适用于任何场合和层次
B级沥青	高速公路及一级公路下面层,二级及二级以下公路的各个层次。用作改性沥青、乳化沥青、改性乳化沥青、稀释沥青的基质沥青
C级沥青	三级及三级以下公路的各个层次

高速公路及一级公路、夏季气温高、高温持续时间长、重载交通、山区及丘陵区上坡路段、服务区、停车场等行车速度较慢的路段,特别是汽车荷载剪应力大的层次,宜采用稠度大、60℃黏度大的沥青,也可提高高温气候分区的温度水平来选用沥青等级;对于冬季寒冷地区、交通量较小的公路、旅游区公路宜选用稠度小、低温延度大的沥青;对温度日温差、年温差大的地区宜选用针入度指数大的沥青。当高温要求与低温要求发生矛盾时应优先考虑满足高温性能要求。当缺乏所需标号的沥青时,可使用不同标号沥青进行掺配,但质量应符合表9-5规定的道路石油沥青技术要求。

对热拌热铺的沥青路面,由于沥青材料和矿料须加热拌和,并在热态下铺压,故可采用稠度较高的沥青材料。反之则应采用稠度较低的沥青。当地气温寒冷、施工气温较低、矿料粒径偏细时,宜采用稠度较低的沥青材料。但炎热季节施工时,由于沥青材料的温度散失较慢,则可用稠度较高的沥青材料。路拌法施工的沥青路面,一般仅采用稠度较低的沥青材料。

随着公路交通量的增大和对路面性能要求的提高,在基质沥青性能不能满足要求的情况下,可采用改性沥青(Modified Asphalt)。改性沥青可单独或复合采用高分子聚合物、天然沥青及其他改性材料制作。各类聚合物改性沥青质量应符合表9-6的要求。

二、粗集料

沥青路面可用碎石、破碎砾石、筛选砾石、钢渣、矿渣等作为粗集料(Course Aggregate),但高速公路和一级公路不得使用筛选砾石和矿渣。粗集料在沥青混合料起形成矿质骨架的作用,对混合料的强度等一系列路用性能影响很大。碎石应均匀、清洁、坚硬、无风化,粒径小于0.05mm的颗粒含量应小于2%,吸水率小于3%。颗粒形状应接近立方体并有多棱角,细长或扁平颗粒应小于15%,杂质含量不能超标,压碎值应不大于30%。轧制砾石系由天然砾石轧制并经筛选而得,要求粒径大于5mm的颗粒中40%(按重量计)以上至少有一个破碎面。用于沥青贯入式面层时,主层矿料中要有30%~40%(按重量计)以上的颗粒至少有两个破碎面。

筛选砾石由天然砾石筛选而得。由于天然砾石是各种岩石经自然风化而成的不同尺寸的粒料,强度极不均匀,而且多是圆滑形状。因此,筛选砾石仅适用于交通量较小的路面面层下层、基层的沥青混合料中使用,不宜用于防滑面层。在交通量大的沥青路面面层,若使用砾石拌制沥青混合料,则在砾石中至少应掺有50%(按重量计)的粒径大于5mm的碎石或经轧制的砾石。沥青贯入式路面用砾石时,主层矿料中亦应掺有30%~40%以上的碎石或轧制砾石。

道路石油沥青技术要求

表 9-5

指标	单位	等级	160号	130号	110号	90号	70号	50号	30号	试验方法①
针入度(25℃,5s,100g)⑥	0.1mm	—	140~200	120~140	110~120	80~100	60~80	40~60	20~40	T0604
适用的气候分区⑥	—	—	注④	注④	2-1,2-2,3-2	1-1,1-2,1-3,1-4,2-1,2-2,2-3	1-1,1-2,1-3,1-4,2-2,2-3,2-4	1-4	注④	注⑥
针入度指数 PI②	—	A	colspan: -1.5~+1.0							T0604
		B	colspan: -1.8~+1.0							
软化点(R&B), 不小于	℃	A	38	40	43	45	46	49	55	T0606
		B	36	39	42	43	44	46	53	
		C	35	37	41	42	43	45	50	
60℃动力黏度②,不小于	Pa·s	A	—	60	120	160	180	200	260	T0620
延度(10℃),不小于	cm	A	50	50	40	45	25	15	10	T0605
		B	30	30	30	20	20	15	10	
							15	10	8	
延度(15℃),不小于	cm	A,B	80	80	60	100	40	80	50	T0605
		C	30	30	20	50	30	30	20	
蜡含量(蒸馏法), 不大于	%	A	2.2							T0615
		B	3.0							
		C	4.5							
闪点, 不小于	℃		230	230	230	245	260	260	260	T0611
溶解度,不小于	%		99.5							T0607
密度(15℃)	g/cm³		实测记录							T0603
TFOT(或RTFOT)后⑤ 质量变化, 不大于	%		±0.8							T0610 或 T0609
残留针入度比(10℃), 不小于	%	A	48	54	55	57	61	63	65	T0604
		B	45	50	52	54	58	60	62	
		C	40	45	48	50	54	58	60	
残留延度(℃), 不小于	cm	A	12	12	10	8	6	4	—	
		B	10	10	8	6	4	2	—	
残留延度(15℃),不大于	cm		40	35	30	20	15	10	—	T0605

注:① 试验方法按照《公路工程沥青及沥青混合料试验规程》(JTJ 052—2000) 规定的方法执行。
② 经建设单位同意, 沥青的 PI 值, 60℃动力黏度,10℃延度可作为选择性指标, 也可作为施工质量检验指标。
③ 70号沥青可根据需要要求供应商提供针入度范围为 60~70 或 70~80 的沥青, 50号沥青可要求供应商提供针入度为 40~50 或 50~60 的沥青。
④ 30号沥青仅适用于沥青稳定基层,130号和160号沥青除寒冷地区可直接应用于中低级公路上直接应用外, 通常用作乳化沥青、稀释沥青、改性沥青的基质沥青。
⑤ 老化试验以 TFOT 为准, 也可以 RTFOT 代替。
⑥ 气候分区见图 9-10、图 9-11。

聚合物改性沥青技术要求

表 9-6

指 标	单位	SBS类（I类）				SBR类（II类）				EVA,PE类（III类）				试验方法
		I-A	I-B	I-C	I-D	II-A	II-B	II-C	II-D	III-A	III-B	III-C	III-D	
针入度(25℃,5s,100g)	0.1mm	>100	80~100	60~80	40~60	>100	80~100	60~80	>80	60~80	60~80	40~60	30~40	T 0604
针入度指数 PI,不小于		-1.2	-0.8	-0.4	0	-1.0	-0.8	-0.6	-1.0	-0.8	-0.6	-0.4		T 0604
5℃延度(5cm/min),不小于	cm	50	40	30	20	60	50	40						T 0605
软化点($T_{R\&B}$),不小于	℃	45	50	55	60	45	48	60	48	52	56	60		T 0606
运动黏度①(135℃),不大于	Pa·s					3								T 0620 T 0619
闪点,不小于	℃	230				230				230				T 0611
溶解度,不小于	%	99				99								T 0607
弹性恢复(25℃),不小于	%	55	60	65	75									T 0662
黏韧性,不小于	N·m					5								T 0624
韧性,不小于	N·m					2.5								T 0624
储存稳定性②离析,48h软化点差,不大于	℃	2.5								无改性剂明显析出、凝聚				T 0661
TFOT(或 RTFOT)后残留物														
质量变化,不大于	%	±1.0												T 0610 T 0609
针入度比(25℃),不小于	%	50	55	60	65	50	55	60	50	55	58	60		T 0604
延度(5℃),不小于	cm	30	25	20	15	30	20	10						T 0605

注：①表中 135℃ 运动黏度可采用《公路工程沥青及沥青混合料试验规程》(JTG E20—2011) 中的"沥青布氏旋转黏度试验方法"进行测定。
②储存稳定性指标适用于工厂生产的成品改性沥青。

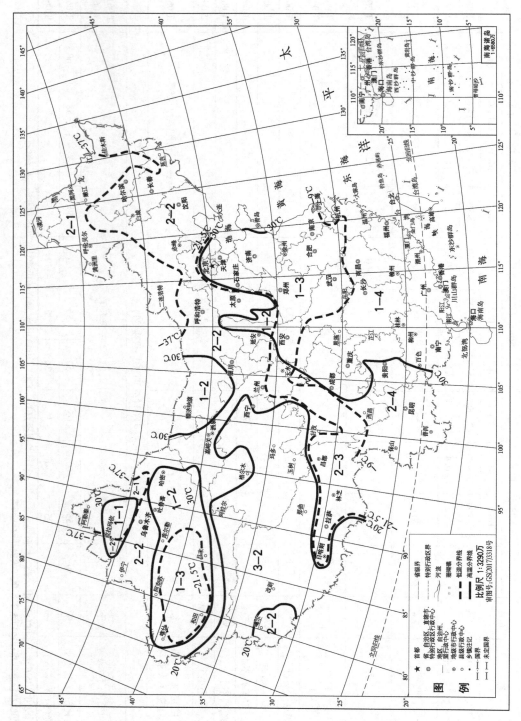

图9-10 中国沥青路面分区图(温度)

第九章 沥青路面基本知识

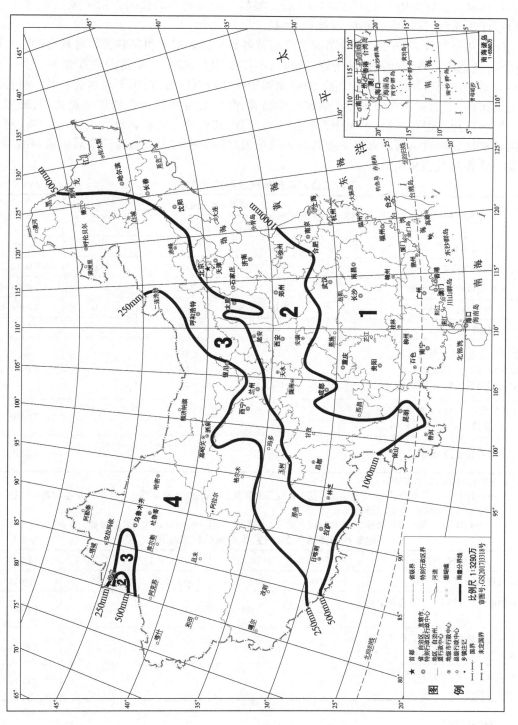

图9-11 中国沥青路面分区图（雨量）

粗集料与沥青材料黏附性大小,对沥青混合料的强度和耐久性有极大影响,应优先选用与石油沥青材料有良好黏附性的碱性碎(砾)石。集料与沥青材料的黏附性用水煮法测定时,一般公路不低于3级,高等级公路应不低于4级。

用于高速公路及一级公路沥青路面表面层及各类抗滑表层的粗集料要符合规定的石料磨光值要求,应选用坚硬、耐磨、抗冲击好的碎石,不得使用筛选砾石、矿渣及软质集料。为了保证石料与沥青之间有较好的黏结性能,经检验属于酸性岩石的石料,用于高速公路及一级公路和城市快速路、主干路时宜使用针入度较小的沥青,必要时可在沥青中掺加抗剥离剂,或用干燥的磨细消石灰或生石灰粉、水泥作为矿粉的一部分,其用量宜为矿料总量的1%~2%;将粗集料用石灰浆处理后也可以有效地提高石料与沥青之间的黏结力。沥青面层对粗集料的质量技术要求见表9-7、表9-8。

沥青混合料用粗集料质量技术要求 表9-7

指　标	单位	高速公路及一级公路		其他等级公路	试验方法
		表面层	其他层		
石料压碎值,不大于	%	26	28	30	T 0316
洛杉矶磨耗损失,不大于	%	28	30	35	T 0317
表观相对密度,不小于	—	2.60	2.50	2.45	T 0304
吸水率,不大于	%	2.0	3.0	3.0	T 0304
坚固性,不大于	%	12	12	—	T 0314
针片状颗粒含量(混合料),不大于	%	15	18	20	T 0312
其中粒径大于9.5mm,不大于	%	12	15	—	
其中粒径小于9.5mm,不小于	%	18	20	—	
水洗法粒径<0.075mm的颗粒含量,不大于	%	1	1	1	T 0310
软石含量,不大于	%	3	5	5	T 0320

注:1. 坚固性试验可根据需要填写。
2. 用于高速公路、一级公路时,多孔玄武岩的视密度可放宽至2.45t/m³,吸水率可放宽至3%,但必须得到建设单位的批准,且不得用于SMA路面。
3. 对S14即3~5规格的粗集料,针片状颗粒含量可不予要求,粒径<0.075mm集料含量可放宽至3%。

粗集料与沥青的黏附性、磨光值的技术要求 表9-8

雨量气候区	1(潮湿区)	2(湿润区)	3(半干区)	4(干旱区)	试验方法
年降雨量(mm)	>1000	1000~500	500~250	<250	图9-11
集料的磨光值PSV,不小于高速公路及一级公路表面层	42	40	38	36	T 0321
粗集料与沥青的黏附性不小于高速公路及一级公路表面层	5	4	4	3	T 0616
高速公路及一级公路的其他层、其他等级公路的各层	4	4	3	3	T 0663

三、细集料

细集料(Fine Aggregate)与粗集料共同形成混合料矿质骨架。沥青面层的细集料可采用天然砂、机制砂及石屑等,质量应符合表9-9规定的技术要求。热拌密级配沥青混合料中,天然砂的用量通常不超过集料总量的20%,SMA及OGFC混合料不宜使用天然砂,表9-10是沥青面层用天然砂的规格要求。机制砂系从轧制岩石中筛选而得,其最大粒径一般小于5mm。细集料均要求坚硬、清洁、干燥、无风化、不含杂质,并且应有适当的级配,细集料的洁净程度,天然砂以粒径小于0.075mm含量的百分数表示,石屑和机制砂以砂当量(适用于粒径为0~4.75mm)或亚甲蓝值(适用于粒径为0~2.36mm或0~0.15mm)表示。热拌沥青混合料宜采用优质的天然砂或机制砂,在缺乏砂资源地区也可以用石屑,机制砂或石屑规格见表9-11要求。但由于一般情况下石屑的含泥量高,强度低,因此,高速公路及一级公路沥青混凝土面层及抗滑表层的石屑用量不宜超过天然砂及机制砂的用量。河砂、海砂的颗粒缺乏棱角,表面光滑,使用时虽能增加和易性,满足了提高密实度的要求,但内摩阻角较小,为了提高混合料的内摩阻角,可掺加部分机制砂。

沥青混合料用细集料质量要求 表9-9

项 目	单位	高速公路及一级公路	其他等级公路	试验方法
表观相对密度,不小于	—	2.50	2.45	T 0328
坚固性(粒径大于0.3mm部分),不大于	%	12	—	T 0340
含泥量(粒径小于0.075mm部分),不大于	%	3	5	T 0333
砂当量,不小于	%	60	50	T 0334
亚甲蓝值,不大于	g/kg	25	—	T 0349
棱角性(流动时间),不小于	s	30	—	T 0345

沥青混合料用天然砂规格 表9-10

孔筛尺寸 (mm)	通过各筛孔的质量		
	粗砂	中砂	细砂
9.5	100	100	100
4.75	90~100	90~100	90~100
2.36	65~95	75~90	85~100
1.18	35~65	50~90	75~100
0.6	15~30	30~60	60~84
0.3	5~20	8~30	15~45
0.15	0~10	0~10	0~10
0.075	0~5	0~5	0~5

沥青混合料用机制砂或石屑规格 表9-11

规格	公称粒径 (mm)	水洗法通过各筛孔的质量百分率(%)							
		9.5	4.75	2.36	1.18	0.8	0.3	0.15	0.075
S15	0~5	100	90~100	60~90	40~75	20~55	7~40	2~20	0~10
S16	0~3	—	100	80~100	50~80	25~60	8~45	0~25	0~15

细集料应与粗集料一样,要求与沥青形成良好的黏结能力。与沥青的黏结性能很差的天然砂以及用花岗岩、石英岩等酸性石料破碎的机制砂或石屑不宜用于高速公路及一级公路的沥青面层,必须使用时,应有抗剥落措施。

四、矿粉与纤维稳定剂

在混合料中,矿粉(Mineral Fines)与沥青形成沥青胶浆填充于矿质骨架空隙中;在密级配沥青混合料中,矿粉表面积占全部矿料表面积的90%以上。矿粉的使用使矿料比表面积大大增加,从而沥青以结构沥青形式存在,减少自由沥青数量,有利于提高沥青黏结力,获得较高的强度。宜采用石灰岩或岩浆岩中的强基性、憎水性岩石经磨细得到的矿粉,原石料中的泥土杂质应除尽。也可采用水泥、石灰、粉煤灰作矿粉,但其用量不宜超过矿料总量的2%。其中粉煤灰用量不得超过填料总量的50%,且烧失量不超过12%,与矿粉混合后的塑性指数应小于4%,高速公路及一级公路的沥青面层不宜采用粉煤灰作填料。

矿粉中所含粒径小于0.075mm的颗粒应不少于30%,但过细颗粒的含量也不宜过多,否则会降低混合料施工和易性和水稳性。要求矿粉干燥、洁净,其质量应符合表9-12的技术要求。

沥青混合料用矿粉质量技术要求　　　　表9-12

指　　标	单　位	高速公路及一级公路	其他等级公路	试 验 方 法
表观密度,不小于	t/m³	2.5	2.45	T 0352
含水率,不大于	%	1	1	T 0103 烘干法
粒度范围 <0.6mm	%	100	100	
<0.15mm	%	90~100	90~100	T 0305
<0.075mm	%	75~100	70~100	
外观	—	无团粒结块	—	
亲水系数	—	<1		T 0353
塑性指数	%	<4		T 0354
加热安定性	—	实测记录		T 0355

在SMA混合料中,纤维稳定剂(Fibre Stabilizer)与矿粉、沥青和细集料共同形成沥青玛碲脂,填充于粒径较为单一的集料空隙中,是沥青玛碲脂碎石混合料的重要组成部分。在沥青混合料中掺加的纤维稳定剂宜选用木质素纤维、矿物纤维等。纤维稳定剂在SMA混合料中的主要作用包括:

①加筋作用。纤维在混合料中以三维状分散相存在,犹如钢纤维混凝土、土工格栅等加筋材料所起的作用。

②分散作用。混合料中加入纤维后,可使沥青与矿粉形成的胶团适当分散,形成均匀的材料体系。如果没有纤维,由于沥青和矿粉用量较大,所形成的胶团不能均匀地分散到集料之间,混合料铺筑在路面上会形成明显的"油斑",形成沥青路面施工的另一种离析现象。

③吸附与吸收沥青的作用。在SMA混合料中加入纤维稳定剂在于充分吸附(表面)及吸收(内部)沥青,从而使沥青用量增加,沥青油膜变厚,有利于提高混合料的耐久性。

④稳定作用。纤维可使沥青膜处于比较稳定的状态,尤其在夏季高温季节,沥青受热膨胀

时,纤维内部的空隙具有缓冲作用,不致使其成为自由沥青,有利于改善混合料高温稳定性。

⑤增黏作用。纤维将增加沥青与矿料的黏附性。

木质素纤维质量技术要求见表9-13。

木质素纤维质量技术要求　　　　　　　　　表9-13

项　目	单位	指　标	试　验　方　法
纤维长度,不大于	mm	6	水溶液用显微镜观测
灰分含量	%	18±5	高温590~600℃燃烧后测定残留物
pH值	—	7.5±1.0	水溶液用pH试纸或pH计测定
吸油率,不小于	—	纤维质量的5倍	用煤油浸泡后放在筛上经振敲后称量
含水率(以质量计),不大于	%	5	105℃烘箱2h后冷却称量

第四节　沥青混合料技术性质与组成设计

一、沥青混合料技术性质

1. 沥青混合料高温稳定性

(1)高温稳定性破坏

沥青混合料是一种黏弹性材料,其物理力学性能与温度和荷载作用时间关系密切。强度和模量随温度的升降变化很大。温度升高时,沥青黏滞度降低,矿料之间的黏结力削弱,导致强度降低。温度降低时恰好相反,沥青的黏滞度增高,因而强度增大。表9-14为沥青混凝土试件强度随温度变化的情况。图9-12为沥青混凝土的蠕变劲度S(荷载作用时间2s)和回弹模量随温度变化的情况。

沥青混凝土强度与温度的关系　　　　　　　　表9-14

温度(℃)	+50	+20	0	-10	-35
抗压强度(MPa)	1~2	2.5~5	8~13	10~17	18~30

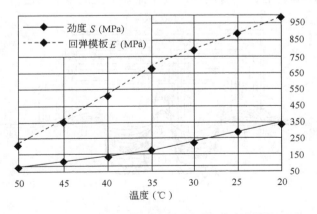

图9-12　沥青混合料强度及劲度随温度变化情况

由此可见,沥青混合料强度和模量(劲度)都随温度变化,幅度可高达几倍至几十倍。正是由于沥青混合料强度的这种变化,导致沥青路面稳定性和工作状况变化,使用性能降低。夏季高温时,在频繁停车地点(平面交叉口、停车场等)和行车变速的路段上,由于行车荷载的加速与减速,路面可能受到很大的水平作用力,在车辆重复荷载作用下会发生变形累积,表现为推挤、拥包等永久变形。当面层很薄,或者面层与基层之间的黏结力很差时,面层将沿着基层顶面滑动,如图9-13所示;当面层很厚,或者面层与基层之间的黏结力很大时,则整个面层内部发生推挤移动,如图9-14所示。

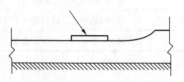
图9-13 沥青路面形成拥包示意图

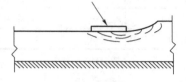
图9-14 沥青路面形成推挤示意图

路面车辙是沥青混合料高温稳定性不足造成的另一种永久变形,是大交通量沥青路面的主要病害形式之一。在结构设计和施工质量正常的情况下,此永久变形是由于沥青混合料在高温时的强度不足以抵抗车轮荷载的反复作用,轮下的部分沥青混合料产生剪切变形逐渐被挤压到两侧,使两侧的沥青面层鼓起,产生所谓的侧向流动,形成辙槽,由此形成的车辙称为流动性车辙或失稳性车辙。

沥青混凝土的高温稳定性主要表现在夏季路面是否在车辆荷载的作用下逐渐形成车辙。我国的高等级道路上,绝大部分都采用半刚性基层。这些材料的强度和刚度都相当高,行车荷载通过半刚性材料层作用在土基顶面的应力很小。因此,高等级道路上沥青路面层所产生的车辙深度可占总车辙深度的90%以上。

所谓高温条件是指路面在使用过程中受交通荷载的反复作用,容易产生车辙、拥包、推挤等永久变形的温度范围,通常为高于25~30℃的气温条件,此时路面温度可达40~50℃甚至更高,已经达到甚至超过道路沥青的软化点。此外,荷载的长时间作用也会导致路面出现永久变形,图9-15反映了车辙变形随加载次数增加的发展过程。车辙等永久变形的出现会严重降低路面使用性能,危及行车安全,缩短路面使用寿命,成为高速公路极具危害的路面破坏类型之一。防治车辙已成为世界各国沥青路面研究中需要解决的重要课题。

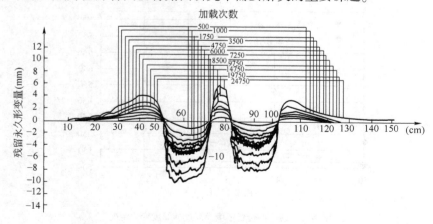
图9-15 沥青路面形成车辙过程示意图

(2)沥青混合料高温稳定性影响因素

由于沥青混合料固有的黏弹性、影响沥青路面高温特性因素的多样性、车辙形成的复杂性,使得计算和消除沥青路面永久变形成为世界性的难题。通常将影响沥青路面高温稳定性的因素分为内在因素和外部条件(外因)两个方面。内部因素反映混合料的组成和原材料质量,外因主要反映气候条件、交通条件及施工质量等。表 9-15 列出了各影响因素及其对沥青混合料高温稳定性影响的大致规律。

沥青混合料高温稳定性影响因素　　　　　　　　　　表 9-15

影响因素		影响规律
内因	沥青用量	矿料相同条件下,混合料沥青用量越大,高温稳定性越差
	沥青质量	使用稠度较大的沥青,混合料高温稳定性提高,否则将降低
	混合料类型	矿料最大粒径较大、颗粒较粗的沥青混合料具有较好的高温稳定性
	矿料级配类型	嵌挤型沥青混合料具有较好的高温稳定性,密实级配型混合料相对较差
	矿料颗粒形状	矿料颗粒越接近立方体,混合料高温稳定性越好
	矿料表面特性	矿料颗粒表面越粗糙,混合料高温稳定性越好
	沥青与矿料的黏附	沥青与矿料黏附性能越好,混合料高温稳定性越佳
	矿粉用量	矿粉用量适当增加有利于增强混合料高温稳定性
外因	温度	路面温度越高,混合料永久变形越明显
	湿度	湿度增加,混合料高温稳定性下降
	行车荷载	行车速度越慢,路面永久变形越明显;轮载越大,路面永久变形越大
	施工质量	施工时混合料碾压密实度越高,通车后路面永久变形相对越小

(3)沥青混合料高温性能试验方法

多年来,国内外一些研究工作者都从抗剪切原理出发,着重从荷载应力和材料强度的对比研究,提出一些分析沥青路面高温条件下永久变形的计算模式,但限于力学计算和试验条件都还不够完善而未被普遍采用。为了更深入了解沥青混合料的高温特性,尽可能减少和消除沥青路面永久变形,目前主要从混合料组成设计和高性能新材料开发等方面加以研究。可用于沥青混合料高温特性研究的试验方法很多,主要有室内圆柱试件的单轴静载、动载、重复试验,三轴静载、动载、重复试验,简单剪切的静载、重复加载和动力试验,此外还有中空圆柱试件的动力、剪切试验,棱柱形梁式试件的弯曲蠕变试验,小型模拟设备的车辙试验,大型环道、直道试验设备的足尺路面高温性能试验和现场试验路面的加速车辙试验等。我国《公路沥青路面施工技术规范》(JTG F40—2004)中规定,采用马歇尔试验方法进行沥青混合料组成设计,用车辙试验的动稳定度作为考察、选择混合料的重要指标。车辙试验是一种模拟车轮在路面上行走而形成车辙的试验方法,基本原理是通过车轮在板式试件或路面结构上反复行走,观察或检验试件或路面结构的响应,用动稳定度或车辙深度来表征试验结果。这种试验结果是一种工程指标而不是力学参数,虽不能用于理论计算,但由于试验结果与实际路面车辙有极好的相关性,因此可用于预测沥青路面车辙深度或用于检验沥青混合料高温抗车辙性能。

研究表明,处于 45℃以上的沥青路面在车辆荷载的重复作用下最易造成车辙。车辙的年增加量与沥青的软化点、60℃的黏度、沥青混合料的动稳定度有很显著的相关性。沥青混合料的动稳定度(Dynamic Stability,以 DS 表示)是一项评价沥青混合料高温稳定性的指标,由车辙试验确定。车辙试验试件用轮碾成型机碾压成型,试件尺寸为长 300mm、宽 300mm、厚 50mm。也可现场切割制作长 300mm、宽 150mm、厚 50mm 的板块状试件。试验时用固定荷载的橡胶轮反复行走后,测定其变形稳定期每增加变形 1mm 的碾压次数,即动稳定度,以次/mm 表示。车辙试验的试验温度与轮压是动稳定度的重要影响因素。我国《公路沥青路面施工技术规范》(JTG F40—2004)规定,一般情况下,试验温度为 60℃,轮压为 0.7MPa。计算动稳定度的时间原则上为试验开始后 45~60min。研究表明,采用动稳定度来表征沥青混合料的高温稳定性是适宜的。不少国家在沥青混合料设计时采用了该项指标。我国《公路沥青路面施工技术规范》(JTG F40—2004)对混合料动稳定度作了明确规定。

(4)提高沥青混合料高温稳定性的措施

为了提高沥青混合料的高温稳定性,可采用下列措施和方法:

①选用黏度高、针入度较小、软化点高和含蜡量低的沥青。

②用外掺剂改性沥青。国外常用合成橡胶、聚合物、树脂改性沥青,其中尤以 SBS 合成橡胶改性沥青混凝土的抗永久形变能力效果最佳。

③在确定中、下面层沥青混合料的沥青用量时,采用略小于马歇尔试验确定的最佳沥青用量值。

④采用粒径较大和碎石含量多的矿料,并控制碎石中的针片状颗粒的含量不超过规定。

⑤保持矿粉与沥青之比为 1~1.2,使矿粉有足够数量,以减少起润滑作用的游离沥青,减薄沥青膜的厚度(粗集料间断级配沥青混凝土除外)。

⑥沥青混合料的马歇尔试验击实试件剩余孔隙率为 4% 左右。

⑦碾压时采用较高的压实度。

2. 沥青混合料低温抗裂性

(1)低温开裂破坏

沥青路面在低温时强度与刚度均增大,但变形能力却降低。气温下降,特别是急骤降温时,路面结构内会产生温度梯度,路面面层因降温而收缩的趋势会受到其下部层次的约束而产生拉应力。开始时由于沥青混合料的劲度相对较低,产生的拉应力较小。但随着温度的进一步降低,沥青混合料的劲度增加,伴随收缩趋势进一步增加,导致拉应力超过沥青混凝土的强度,造成面层开裂。沥青路面的低温缩裂,大致可分为两类:一类是温度下降而造成路面的开裂,它与沥青混合料的体积收缩率有关,这种裂缝是由表面开始开裂而逐渐发展成为裂缝;另一类是属于路基或基层收缩与冰冻共同作用而产生的裂缝,这类裂缝是从基层开始逐渐反射到沥青面层。由于路面收缩的主轴是纵向的,因此,低温产生的裂缝大都是横向的,间距为 6~10m。裂缝的出现往往是沥青路面损坏的开始。随着低温循环的影响,裂缝将会进一步扩展,而雨水又由裂缝渗入路面结构,导致路面工作状况进一步恶化。

影响沥青路面低温开裂的因素主要有:沥青的性质、当地的气温状况、沥青老化程度、路基的种类和路面层次的厚度等。此外,路面面层与基层的黏着状况、基层材料的特征、行车状况对开裂也有一定的影响。使用稠度较低、温度敏感性低的沥青,可以减少或延缓路面的开裂。路面所在地区的气温越低、沥青材料越易老化,路面产生开裂的可能性越大。增加沥青面层的厚度可以减少或者延缓路面的开裂,但是不能根除。

有的国家提出,在沥青路面面层上用沥青—橡胶(黏稠沥青 75% + 磨细硫化橡胶粉

25%)混合料铺设一层厚约 10mm 的薄层,构成应力吸收薄膜,以提高路面的抗拉强度和减少温度对路面开裂的影响。在路面面层与基层之间,用沥青—橡胶混合料铺设一层应力吸收薄膜夹层,也能有效地防止路面的反射开裂。

(2)低温开裂预估

评价沥青混合料的低温抗裂性能的主要方法是预估开裂温度。

①由温度应力预估开裂温度

将沥青混合料假设为一根弹性梁,由于降温而产生的应力可由下式计算:

$$\sigma_{x(t)} = \int_0^t S_{mix}(\Delta t, T)\alpha(T)\mathrm{d}T(t) \tag{9-21}$$

式中:$\sigma_{x(t)}$——路面温度从 t_0 降至 t 时,沥青混合料的累计温度应力(MPa);

α——路面温度在 $t_0 \sim t$ 时,沥青混合料的平均温度线收缩系数(1/℃);

S_{mix}——沥青混合料在 Δt 温度范围内的劲度模量(MPa)。

用上式计算所得累计温度应力与沥青混合料的极限抗拉强度相比较,累计温度应力与极限抗拉强度相等时的温度,即为开裂温度。图 9-16 为预估开裂温度的一个实例:温度应力与沥青混合料的极限抗拉强度都随温度变化而变化,当路面温度为 -30℃时,累计温度应力与沥青混合料的极限抗拉强度相等,则沥青混合料的预估开裂温度为 -30℃。

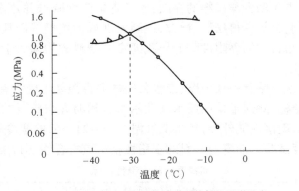

图 9-16 用温度应力和抗拉强度预估低温开裂温度

由于式(9-20)具有一系列理想化的假定(未考虑基层收缩和基层与面层黏结作用对面层收缩的影响;假定沥青混合料完全均匀,各向同性;假定沥青面层内温度上下一致等),用上述方法预估的沥青混合料的开裂温度完全是相对的,只能用它来对不同沥青混合料的低温开裂性能作相对比较。

②由低温抗裂系数 ρ 预估开裂温度

低温抗裂系数 ρ 可用来评价沥青混合料的低温抗裂性能。

$$\rho = \frac{\varepsilon_{max}}{\varepsilon_c} \tag{9-22}$$

式中:ε_{max}——沥青混合料的极限拉应变;

ε_c——沥青混合料的温度收缩应变。

显然,ρ 值越大,沥青混合料的低温抗裂性能越好。当 $\rho = 1$ 时,沥青混合料处于开裂状态,此时的温度也被称为开裂温度。用此法得到的开裂温度,见表 9-16。

沥青混合料的开裂温度 表 9-16

沥青混合料编号	开裂温度（℃）	
	根据应力预估	根据低温抗裂系数预估
1（兰炼-200 沥青混凝土）	-17.5	-14.5
2（兰炼-200 沥青碎石）	-15.5	-11.5
3（新-83 沥青混凝土）	-23.0	-18.0
4（新-80 沥青碎石）	-20.5	-16.0

同样道理，$\rho = 1$ 时，按预估的开裂温度也只能用来相对比较不同沥青混合料的低温抗裂性能。由表 9-16 可以看出：

a. 沥青相同时沥青混凝土的低温抗裂性能优于沥青碎石。

b. 矿料颗粒组成相同时，新-80 沥青碎石混合料的低温抗裂性能优于兰炼-200 沥青混凝土。

c. 新-80 沥青碎石的低温抗裂性能甚至优于兰炼-200 沥青混凝土，说明沥青性质对混合料低温抗裂性能的影响大于矿料组成的变化。

3. 沥青混合料水稳定性

水损害是沥青路面的主要病害形式之一。所谓水损害是指沥青路面在水或冻融循环的作用下，由于行车轮载的动荷作用，进入路面空隙中的水不断产生动水压力或真空负压抽吸的反复循环作用，水分逐渐渗入沥青与矿料的界面，使沥青黏附性降低并逐渐丧失黏结力，沥青膜从矿料表面剥离，沥青混合料变得松散、掉粒，逐渐发展成为坑槽等破坏现象。沥青混合料在浸水条件下，由于沥青与石料的黏附性降低导致沥青混合料的物理力学性能降低的程度称为沥青混合料的水稳定性。

我国规范规定，高速公路及一级公路、二级公路的沥青混凝土应具有良好的水稳定性。沥青混合料的水稳定性指标，除通常采用浸水马歇尔试验和沥青与矿料的黏附性试验检验沥青混合料受水损害时的抗剥落性能外，对年最低气温低于 -21.5℃的寒冷地区，还应增加沥青混合料冻融劈裂残留强度试验。沥青混合料的水稳性指标应符合表 9-17 的规定。

沥青混合料水稳性指标 表 9-17

气候条件与技术指标	相应下列气候分区的技术要求				试验方法
年降雨量(mm)及气候分区	>1000	1000~500	500~250	<250	
	1. 潮湿区	2. 湿润区	3. 半干区	4. 干旱区	
浸水马歇尔试验残留稳定度(%)，不小于					
普通沥青混合料	80		75		T 0709
改性沥青混合料	85		80		
混合料 普通沥青	75				
混合料 改性沥青	80				
冻融劈裂试验的残留强度比(%)，不小于					
普通沥青混合料	75		70		T 0729
改性沥青混合料	80		75		
混合料 普通沥青	75				
混合料 改性沥青	80				

石料性质或不同岩石类型对沥青混合料的水稳性有较大影响。不同品种的沥青对沥青混凝土的水稳性也有明显影响，而且沥青与石料的黏附性越差，沥青品种的影响越大。

沥青混合料的水稳性不好,容易导致沥青面层产生严重辙槽、局部松散和坑洞等水损坏现象。采用不同的添加剂,可降低沥青—矿料界面张力从而提高矿料的黏附性。

二、密级配沥青混合料组成设计

沥青混合料组成设计内容包括确定沥青混合料材料品种及混合料类型、矿料最优级配、最佳沥青用量。在工程实践中,高速公路及一级公路的热拌沥青混合料配合比设计分试验室目标配合比设计、施工阶段的生产配合比设计及生产配合比验证三个阶段进行。我国《公路沥青路面施工技术规范》(JTG F40—2004)规定,热拌沥青混合料配合比设计采用马歇尔试验方法。

1. 试验室目标配合比设计

密级配沥青混凝土及沥青稳定碎石混合料试验室目标配合比设计内容如下:

(1)设计任务

根据公路性质、交通量、路用性能要求、筑路材料、当地气候条件、施工技术水平等选择原材料,确定混合料类型、矿料级配类型和最佳沥青用量。具体设计时,用工程实际使用的材料计算各种材料的用量比例后配合成符合规范所要求的矿料级配,进行马歇尔试验,确定最佳沥青用量。以此矿料级配及沥青用量作为目标配合比,供拌和机确定各冷料仓的供料比例、进料速度及试拌使用。

(2)设计流程

密级配沥青混合料配合比设计可按图9-17所示设计流程进行。

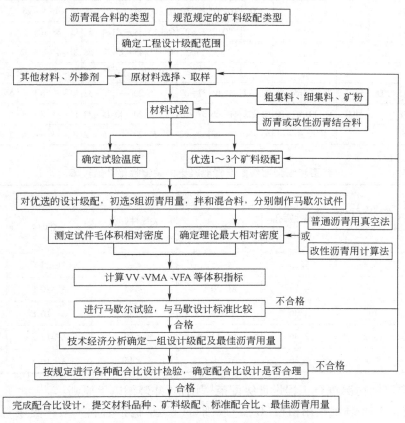

图9-17 密级配沥青混合料目标配合比设计流程图

①确定混合料类型

混合料类型由矿料公称最大粒径确定。矿料最大粒径对沥青混合料路用性能影响很大。当结构层厚度(h)与矿料最大粒径(D)的比值较小时,沥青混合料的高温稳定性提高,车辙等损害减小,但抗疲劳能力降低;当 h/D 增大时,矿料细集料含量多,沥青用量大,沥青混合料的抗疲劳特性提高,但高温稳定性下降。通常取 $h/D \geq 2$,此时沥青混合料施工和易性、可压实性较好,容易达到规定的密实度和平整度。确定矿料最大粒径后,根据混合料所在层位、气候环境、材料来源、施工条件等确定沥青混合料类型。

②原材料选择

根据前述有关内容中关于各种因素对沥青混合料路用性能的影响情况,结合当地材料供应等条件,按技术、经济合理的原则,通过相关试验选择质量符合要求的原材料品种。

③确定工程设计级配范围

根据公路等级、工程性质、气候条件、交通条件、材料供应条件等确定混合料工程设计级配范围,并符合表9-18、表9-19规定的级配要求。

密级配沥青混凝土和沥青稳定碎石混合料级配范围　　　　表9-18

级配类型		通过下列筛孔(mm)的质量百分率(%)												
		53	37.5	31.5	26.5	19	16	13.2	9.5	4.75	2.36	1.18	0.6	0.3	0.15	0.075
粗粒式	AC-25			100	90~100	75~90	65~83	57~76	45~65	24~52	16~42	12~33	8~24	5~17	4~13	3~7
中粒式	AC-20				100	90~100	78~92	62~80	50~72	26~56	16~44	12~33	8~24	5~17	4~13	3~7
	AC-16					100	90~100	76~92	60~80	34~62	20~48	13~36	9~26	7~18	5~14	4~8
细粒式	AC-13						100	90~100	68~85	38~68	15~50	10~28	7~20	5~15	4~8
	AC-10							100	90~100	45~75	30~58	20~44	13~32	9~23	6~16	4~8
砂粒式	AC-5								100	90~100	55~75	35~55	20~40	12~28	7~18	5~10
特粗式	ATB-40	100	90~100	75~92	65~85	49~71	43~63	37~57	30~50	20~40	15~32	10~25	8~18	5~14	3~10	2~6
	ATB-30		100	90~100	70~90	53~72	44~66	39~60	31~51	20~40	15~32	10~25	8~18	5~14	3~10	2~6
粗粒式	ATB-25			100	90~100	60~80	48~68	42~62	32~52	20~40	15~32	10~25	8~18	5~14	3~10	2~6

粗型和细型密级配沥青混凝土的关键性筛孔通过率　　　　表9-19

混合料类型	公称最大粒径(mm)	用以分类的关键性筛孔(mm)	粗型密级配		细型密级配	
			名称	关键性筛孔通过率(%)	名称	关键性筛孔通过率(%)
AC-25	26.5	4.75	AC-25 C	<40	AC-25 F	>40
AC-20	19	4.75	AC-20 C	<45	AC-20 F	>45
AC-16	16	2.36	AC-16 C	<38	AC-16 F	>38
AC-13	13.2	2.36	AC-13 C	<40	AC-13 F	>40
AC-10	9.5	2.36	AC-10 C	<45	AC-10 F	>45

根据材料实际情况进行工程设计级配范围调整,并遵循以下原则:

首先,按表9-18确定采用粗型(C型)或细型(F型)的混合料。对于夏季气温较高、高温持续时间长、重载交通多的路段,宜采用粗型密级配沥青混合料(AC-C型),并取较高的设计空隙率。对于冬季气温较低或重载交通较少的路段,宜选用细型密级配沥青混合料(AC-F型),并取较小的设计空隙率。

为确保高温抗车辙能力,同时兼顾低温抗裂性能的要求。配合比设计时宜适当减少公称最大粒径附近的粗集料用量,减少粒径0.6mm以下部分细粉的用量,使中档粒径集料较多,形成S形级配曲线,并取中等或偏高的设计空隙率。

确定工程设计级配范围应考虑混合料所在路面层位的功能要求,经组合设计的沥青路面应能满足耐久、稳定、密水、抗滑等要求。

根据公路等级和施工设备的控制水平确定的级配范围应比规范级配范围窄,其中粒径为4.75mm和2.36mm的集料通过率的上下限差应小于12%。

沥青混合料的配合比设计应充分考虑施工性能,使沥青混合料容易摊铺和压实,避免造成严重的离析现象。

④矿料配合比设计

在实际工程中,常常需要用两种或两种以上具有不同级配的原材料掺配后才能得到既定级配要求的矿质集料,即对矿料进行配合比设计。混合料类型应符合表9-1的要求。

高速公路及一级公路沥青路面矿料配合比可借助电子表格用试配法进行,其他等级公路沥青路面也可参照进行。矿料级配曲线按《公路工程沥青及沥青混合料试验规程》(JTG E20—2011)T 0725的方法绘制。具体为:以原点与通过集料最大粒径100%的点的连线作为沥青混合料的最大密度线。对高速公路及一级公路,宜在工程设计级配范围内计算1~3组粗细不同的配合比,绘制设计级配曲线,分别位于工程设计级配范围的上方、中值和下方。设计合成级配不得有太多的锯齿状交错,且在0.3~0.6范围内不出现"驼峰"。反复调整不能得到满意结果时,应更换材料设计。图9-18和表9-20、表9-21为某沥青混合料矿料配合比设计示例。

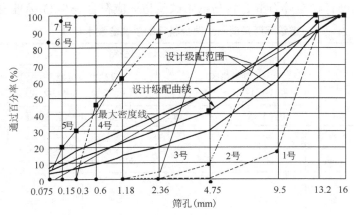

图9-18 矿料配合比设计示例

泰勒曲线的横坐标　　　　表9-20

d_i	0.075	0.15	0.3	0.6	1.18	2.36	4.75	9.5	13.2	16	19	26.5	31.5	37.5	53	63
$x = d_i^{0.45}$	0.312	0.426	0.582	0.795	1.077	1.472	2.016	2.754	3.193	3.482	3.762	4.370	4.723	5.109	5.969	6.452

矿料级配设计计算示例 表9-21

筛孔(mm)	10~20 %	5~10 %	3~5 %	石屑 %	黄砂 %	矿粉 %	消石灰 %	合成级配	工程设计级配范围 中值	下限	上限
16	100	100	100	100	100	100	100	100	100	100	100
13.2	88.6	100	100	100	100	100	100	96.8	95	0	100
9.5	16.6	99.7	100	100	100	100	100	76.6	70	60	80
4.75	0.4	8.7	94.9	100	100	100	100	47.7	41.5	30	53
2.36	0.3	0.7	3.7	97.2	87.9	100	100	30.6	30	20	40
1.18	0.3	0.7	0.5	67.8	62.2	100	100	22.8	22.5	15	30
0.6	0.3	0.7	0.5	40.5	46.4	100	100	17.2	16.5	10	23
0.3	0.3	0.7	0.5	30.2	3.7	99.8	99.2	9.5	12.5	7	18
0.15	0.3	0.7	0.5	20.6	3.1	96.2	97.6	8.1	8.5	5	12
0.075	0.2	0.6	0.3	4.2	1.9	84.7	95.6	5.5	6	4	8
配合比	28	26	14	12	15	3.3	1.7	100	—	—	—
材料编号	1号	2号	3号	4号	5号	6号	7号	—	—	—	—

⑤马歇尔试验

以预估的沥青用量(根据以往工程经验结合工程实际情况确定)为中值,按一定间隔(密级配沥青混合料可为0.5%,沥青碎石混合料可为0.3%)取5个或5个以上不同的沥青用量分别制成马歇尔试件。每组试件的数量按试验规程要求确定,对粒径较大的沥青混合料应增加试件数量。测定马歇尔击实试件的毛体积相对密度、吸水率。计算沥青混合料试件的空隙率、矿料间隙率、有效沥青的饱和度等体积指标,进行体积组成分析。

进行马歇尔试验,测定马歇尔稳定度和流值。密级配沥青混合料马歇尔试验指标应符合表9-22标准要求,沥青稳定碎石混合料马歇尔试验指标应符合表9-23标准要求。

密级配沥青混凝土混合料马歇尔试验技术标准 表9-22

试验指标		单位	高速公路及一级公路				其他等级公路	行人道路
			夏炎热区 (1-1、1-2、1-3、1-4区)		夏热区及夏凉区 (2-1、2-2、2-3、2-4、3-2区)			
			中轻交通	重载交通	中轻交通	重载交通		
击实次数(双面)		次	75				50	50
试件尺寸		mm	φ101.6×63.5					
空隙率	深约90mm以内	%	3~5	4~6	2~4	3~5	3~6	2~4
	深约90mm以下	%	3~6		2~4	3~6	3~6	—
稳定度 MS,不小于		kN	8				5	3
流值 FL		mm	2~4	1.5~4	2~4.5	2~4	2~4.5	2~5

续上表

试验指标	单位	高速公路及一级公路				其他等级公路	行人道路
		夏炎热区 (1-1、1-2、1-3、1-4区)		夏热区及夏凉区 (2-1、2-2、2-3、2-4、3-2区)			
		中轻交通	重载交通	中轻交通	重载交通		
矿料间隙率 VMA(%),不小于	设计空隙率(%)	相应于以下公称最大粒径(mm)的最小VMA及VFA技术要求(%)					
		26.5	19	16	13.2	9.5	4.75
	2	10	11	11.5	12	13	15
	3	11	12	12.5	13	14	16
	4	12	13	13.5	14	15	17
	5	13	14	14.5	15	16	18
	6	14	15	15.5	16	17	19
沥青饱和度VFA(%)		55~70		65~75		70~85	

注:适用于公称最大粒径≤26.5mm的密级配沥青混凝土混合料。

沥青稳定碎石混合料马歇尔试验技术标准 表9-23

试验指标	单位	密级配基层(ATB)		半开级配面层(AM)	排水式开级配磨耗层(OGFC)	排水式开级配基层(ATPB)
公称最大粒径	mm	26.5mm	≥31.5mm	≤26.5mm	≤26.5mm	所有尺寸
马歇尔试件尺寸	mm	φ101.6×63.5	φ152.4×95.3	φ101.6×63.5	φ101.6×63.5	φ152.4×95.3
击实次数(双面)	次	75	112	50	50	75
空隙率	%	3~6		6~10	不小于18	不小于18
稳定度,不小于	kN	7.5	15	3.5	3.5	—
流值	mm	1.5~4	实测	—	—	—
沥青饱和度VFA	%	55~70		40~70		
密级配基层ATB的矿料间隙率,不小于	%	设计空隙率		ATB-40	ATB-30	ATB-25
		4		11	11.5	12
		5		12	12.5	13
		6		13	13.5	14

⑥确定最佳沥青用量(Optimum Asphalt Content)

按图9-19的方法,以沥青用量(油石比)为横坐标,以马歇尔试验的各项指标为纵坐标,将试验结果绘入图中并连成圆滑的曲线。确定同时符合规范规定的沥青混合料技术指标的沥青用量范围 OAC_{min} ~ OAC_{max}。试验时选择的沥青用量范围应涵盖设计空隙率的全部范围,并尽可能涵盖沥青饱和度的要求范围,并使密度和稳定度出现峰值。若达不到上述要求,应扩大沥青用量范围。

根据图9-19试验曲线,按下列方法确定最佳沥青用量。

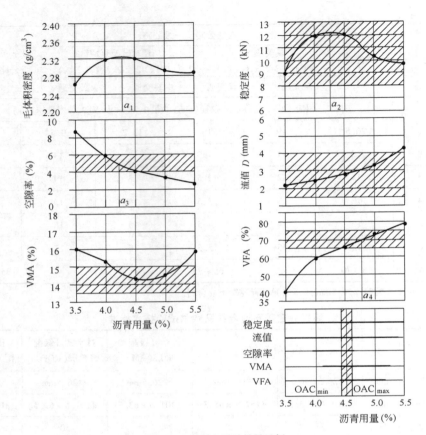

图 9-19　马歇尔试验结果示例

a. 求 OAC_1

$$OAC_1 = \frac{a_1 + a_2 + a_3 + a_4}{4} \tag{9-23}$$

式中：a_1——相应于密度最大的沥青用量(%)；

　　　a_2——相应于稳定度最大的沥青用量(%)；

　　　a_3——相应于目标空隙率(或规范范围中值)的沥青用量(%)；

　　　a_4——相应于饱和度规范范围中值的沥青用量(%)，若所取沥青用量范围未能涵盖饱和度要求的范围，舍去该项，分母为3。

b. 求 OAC_2

$$OAC_2 = \frac{OAC_{min} + OAC_{max}}{2} \tag{9-24}$$

式中：OAC_{min}——各项指标均符合技术标准的沥青用量最小值(%)；

　　　OAC_{max}——各项指标均符合技术标准的沥青用量最大值(%)。

c. 求 OAC

$$OAC = \frac{OAC_1 + OAC_2}{2} \tag{9-25}$$

上式计算得最佳沥青用量 OAC 在图 9-19 中宜位于 VMA 曲线的最低处的贫油一侧。得出的空隙率和 VMA 应满足表 9-22 和表 9-23 的要求,且相应于 OAC 的各项指标均应符合马歇尔试验技术标准。

⑦最佳沥青用量的调整

在上述试验和计算结果的基础上,根据实践经验、公路等级、气候条件、交通情况来调整最佳沥青用量。

调查当地各项条件接近的工程的沥青用量及使用效果,论证适宜的最佳沥青用量。检查计算确定的最佳沥青用量是否接近,若相差甚远应查明原因,必要时重新调整级配,再进行配合比设计。

对炎热地区公路以及高速公路及一级公路的重载交通路段,山区公路的长大坡度路段,预计可能产生较大车辙时,宜在空隙率符合要求的范围内将计算的最佳沥青用量减小 0.1~0.5 个百分点作为设计沥青用量。此时,除孔隙率外的其他指标可能会超出马歇尔配合比设计技术标准,在配合比设计报告或设计文件中必须说明,并要求必须采用重型轮胎压路机和振动压路机组合等方式加强碾压,以使施工后路面的空隙率达到未调整前的最佳沥青用量时的水平,且渗水系数符合要求。若试验路段达不到上述要求,应调整减小沥青用量的幅度。

对寒区公路、旅游区公路、交通量较小的公路,最佳沥青用量可以在前述计算 OAC 的基础上增加 0.1~0.3 个百分点,以适当减小空隙率,但不降低压实标准。

⑧配合比设计检验

用于高速公路及一级公路的密级配沥青混合料,需在上述配合比设计的基础上进行各种使用性能的检验,不符合要求的沥青混合料,必须更换材料或重新进行配合比设计。其他等级公路的沥青混合料也可参照进行。检验项目包括高温稳定性、水稳定性、低温抗裂性能、渗水系数。以上各性能指标的试验测定均应在规定条件进行并满足相关技术要求。

公称最大粒径小于或等于 19mm 的混合料,按规定方法进行车辙试验和低温弯曲试验,车辙试验所得的动稳定度应符合表 9-24 的技术要求,低温弯曲试验测得的破坏应变应符合表 9-25 的技术要求。利用轮碾机成型的车辙试验试件进行渗水检验,所测得的渗水系数应符合表 9-26 的技术要求。

沥青混合料车辙试验动稳定度技术要求 表 9-24

气候条件与技术指标	相应于下列气候分区所要求的动稳定度(次/mm)									试验方法
7 月平均最高气温(℃)及气候分区	>30				20~30				<20	
	1.夏炎热区				2.夏热区				3.夏凉区	
	1-1	1-2	1-3	1-4	2-1	2-2	2-3	2-4	3-2	
普通沥青混合料,不小于	800		1000		600		800		600	
改性沥青混合料,不小于	2400		2800		2000		2400		1800	T 0719
SMA 混合料 非改性,不小于	1500									
SMA 混合料 改性,不小于	3000									
OGFC 混合料	1500(一般交通路段),3000(重载交通路段)									

沥青混合料低温弯曲试验破坏应变技术要求　　　　　表9-25

气候条件与技术指标	相应于下列气候分区所要求的破坏应变($\mu\varepsilon$)								试验方法
年极端最低气温(℃)及气候分区	<-37.0		-37.0~-21.5			-21.5~-9.0		>-9.0	
	1.冬严寒区		2.冬寒区			3.冬冷区		4.冬温区	
	1-1	2-1	1-3	2-2	3-2	1-3	2-3	1-4　2-4	
普通沥青混合料,不小于	2600		2300			2000			T 0715
改性沥青混合料,不小于	3000		2800			2500			

沥青混合料试件渗水系数技术要求　　　　　表9-26

级 配 类 型	渗水系数要求(mL/min)	试 验 方 法
密级配沥青混凝土,不大于	120	
SMA混合料,不大于	80	T 0730
OGFC混合料,不大于	实测	

⑨配合比设计报告

沥青混合料配合比设计报告内容包括工程设计级配范围选择说明、材料品种选择与原材料质量试验结果、矿料级配、最佳沥青用量,以及各项体积指标、配合比设计检验结果等,矿料级配曲线应按照规定的方法绘制。

2. 生产配合比设计阶段

对间歇式拌和机,必须对二次筛分后进入各热料仓的材料取样进行筛分,以确定各热料仓的材料比例,供拌和机控制室使用。同时反复调整冷料仓进料比例以达到供料均衡,并取目标配合比设计的最佳沥青用量、最佳沥青用量±0.3%三个沥青用量进行马歇尔试验,最终确定生产配合比的最佳沥青用量。

3. 生产配合比验证阶段

拌和机采用生产配合比进行试拌,铺筑试验路段,并用所拌和沥青混合料及路上钻取的芯样进行马歇尔试验检验,由此确定生产用的标准配合比,并作为生产上控制的依据和质量检验的标准。标准配合比的矿料级配至少应包括0.075mm、2.36mm、4.75mm三档,三档的筛孔通过率接近要求级配范围的中值。经验证确定的标准配合比在施工过程中不能随意变更。生产过程中,当进场材料发生变化,沥青混合料的矿料级配、马歇尔试验技术指标不符合要求时,应及时调整配合比,使沥青混合料质量符合要求并保持相对稳定,必要时重新进行配合比设计。

三、SMA混合料设计

SMA是一种由沥青、纤维稳定剂、矿粉及少量的细集料组成的沥青玛蹄脂填充于间断级配的粗集料骨架空隙中所形成的沥青混合料。其最基本组成是形成骨架的粗碎石和沥青玛蹄脂结合料。SMA混合料的组成不同于密级配沥青混合料的悬浮密实型结构,也不同于半开级配沥青碎石的骨架空隙结构,而是一种骨架嵌挤密实结构。具有"三多一少"的特点,即:粗集料多、矿粉多、沥青结合料多、细集料少。由于与普通沥青混合料在组成设计上存在较大差异，SMA 的配合比设计不完全依靠马歇尔试验方法，而是以体积指标确定。

SMA 混合料组成设计仍然按目标配合比设计、施工配合比设计、施工配合比验证三个阶段完成。目标配合比设计可按如图 9-20 所示流程进行。

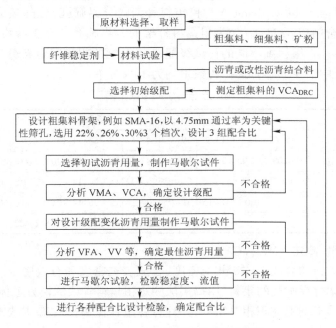

图 9-20　SMA 混合料配合比设计流程图

（1）原材料选择、取样

①沥青结合料

SMA 混合料中沥青结合料的质量必须满足沥青玛蹄脂的需要，要求有较高的黏度，符合一定的技术要求，保证混合料具有足够的高温稳定性和低温韧性。

②矿料

SMA 之所以有较好的高温稳定性，主要得益于含量甚高的粗集料之间的嵌挤作用，而集料嵌挤作用的好坏则取决于集料石质的坚韧性、集料颗粒形状和棱角多少，粗集料是否具有这些方面良好的性质，是 SMA 成败的关键。因此，粗集料必须具有良好抗滑性能、低压碎值、坚韧性好，同时颗粒接近立方体，表面粗糙，棱角丰富，针片状颗粒含量少。由于 SMA 混合料通常选用改性沥青，质地坚硬的花岗岩、石英岩、砂岩均可使用。

SMA 混合料中细集料用量通常少于 10%，可选用坚硬岩石反复破碎后得到的机制砂，由于机制砂具有丰富的棱角和嵌挤性能，有利于提高混合料高温稳定性。

SMA 混合料中矿粉与沥青用量之比可达到 1.8~2.0，大于密级配沥青混合料。通常选用磨细的石灰石粉。

③纤维稳定剂

生产 SMA 混合料必须采用纤维稳定剂。可以使用的纤维包括矿物纤维、木质素纤维、聚合物有机纤维等。纤维稳定剂质量应符合表 9-13 各项标准要求。

SMA 混合料所用结合料、矿料及纤维稳定剂应通过相关试验进行质量检测，各项性能参数应符合前述相关技术标准要求。

(2) 矿料级配确定

① 设计初试级配

SMA 路面的工程设计级配范围应符合表 9-27 的矿料级配范围。公称最大粒径小于或等于 9.5mm 的 SMA 混合料以 2.36mm 作为粗集料骨架的分界筛孔,公称最大粒径小于或等于 13.2mm 的 SMA 混合料以 4.75mm 作为粗集料骨架的分界筛孔。在工程设计级配范围内,调整各种矿料比例,设计 3 组粗细不同的初试级配,3 组级配的粗集料骨架分界筛孔的通过率处于级配范围的中值、中值 ±3% 附近,矿粉数量均为 10% 左右。

SMA 混合料矿料级配范围   表 9-27

级配类型		通过下列筛孔(mm)的质量百分率(%)										
		26.5	19	16	13.2	9.5	4.75	2.36	1.18	0.6	0.3	0.15	0.075
中粒式	SMA-20	100	90~100	72~92	62~82	40~55	18~30	13~22	12~20	10~16	9~14	8~13	8~12
	SMA-16		100	90~100	65~85	45~65	20~32	15~24	14~22	12~18	10~15	9~14	8~12
细粒式	SMA-13			100	90~100	50~75	20~34	15~26	14~24	12~20	10~16	9~15	8~12
	SMA-10				100	90~100	28~60	20~32	14~16	12~22	10~16	9~16	8~13

② 选择沥青用量,测定 VMA、VCA_{mix}

计算初试级配矿料的合成毛体积相对密度、合成表观密度和有效密度。筛出合成级配中颗粒小于粗集料骨架分界筛孔的集料,用捣实法测定粗集料骨架的松方毛体积相对密度,计算粗集料骨架混合料的平均毛体积相对密度,并计算各组初试级配在捣实状态下的粗集料松装间隙率 VCA_{DRC}。

预估 SMA 混合料适宜的沥青用量作为马歇尔试验的初试沥青用量。并以此沥青用量和选定的矿料级配制作马歇尔试件,测定试件的毛体积相对密度,马歇尔标准击实次数为双面 50 次,一组马歇尔试验试件数目不少于 4~6 个。

③ 变化沥青用量,测定空隙率,确定最佳沥青用量

计算在不同沥青用量下 SMA 混合料的最大理论相对密度。

按下式计算马歇尔试件中的粗集料骨架间隙率。试件其他体积指标如空隙率 VV、集料间隙率 VMA、沥青饱和度 VFA 的计算与密级配沥青混合料有关计算相同。

$$VCA_{mix} = \left(1 - \frac{\gamma_f}{\gamma_{ca}} \cdot P_{CA}\right) \times 100 \qquad (9\text{-}26)$$

式中:VCA_{mix}——粗集料骨架间隙率(%);

P_{CA}——沥青混合料中粗集料的比例,即粒径大于 4.75mm 的颗粒含量(%);

γ_f——沥青混合料试件的毛体积相对密度,表干法测定;

γ_{ca}——粗集料骨架部分的平均毛体积相对密度。

按照 $VCA_{mix} < VCA_{DRC}$ 及 VMA > 16.5% 的要求,从 3 组初试级配的试验结果中选择设计配合比,当有 1 组以上的级配符合上述要求时,以粗集料骨架分界集料通过率大且 VMA 较大的级配为设计级配。

(3) 确定设计沥青用量

根据所选择的矿料设计级配和初试沥青用量试验的空隙率结果,以 0.2%~0.4% 为间

隔,调整 3 个不同的沥青用量,制作马歇尔试件,计算空隙率等指标。进行马歇尔稳定度试验,检验稳定度、流值是否符合表 9-28 规定的技术标准。根据期望的设计空隙率确定沥青用量为最佳沥青用量 OAC。

SMA 混合料马歇尔试验配合比设计技术要求　　　　表 9-28

试验项目	单位	技术要求		试验方法
		不使用改性沥青	使用改性沥青	
马歇尔试件尺寸	mm	$\phi 101.6 \times 63.5$		T 0702
马歇尔试件击实次数	次	双面击实 50 次		T 0702
空隙率 VV	%	3~4		T 0705
矿料间隙率 VMA,不小于	%	17.0		T 0705
粗集料骨架间隙率 VCA_{mix},不大于	—	VCA_{DRC}		T 0705
沥青饱和度 VFA	%	75~85		T 0705
稳定度,不小于	kN	5.5	6	T 0709
流值	mm	2~5		T 0709
谢伦堡沥青析漏试验的结合料损失	%	不大于 0.2	不大于 0.1	T 0732
肯塔堡飞散试验的混合料损失或浸水飞散试验	%	不大于 20	不大于 15	T 0733

(4) 目标配合比设计检验

上述设计基础上,根据确定的设计矿料级配、最佳沥青用量,按规定方法进行车辙试验、低温弯曲试验、浸水马歇尔试验、渗水试验,检验 SMA 混合料的高温稳定性、低温抗裂性能、密水性能、水稳定性。此外,为检验 SMA 混合料中有无多余的自由沥青或沥青玛蹄脂,需进行谢伦堡沥青析漏试验。SMA 混合料路面的构造深度大、粗集料外露,空隙中经常有水,在交通荷载反复作用下,由于集料与沥青的黏结力不足而容易引起集料脱落、掉粒、飞散,进而形成坑槽。为了防止出现这种破坏,在 SMA 混合料配合比设计时,需进行肯塔堡飞散试验的混合料损失或浸水飞散试验。以上两个试验应控制 SMA 混合料沥青用量不能过多,也不能过少。试验结果可作为确定最佳沥青用量的依据之一。

思考题

1. 沥青路面按施工工艺主要分为哪几种?它们在材料要求、组成及结构强度方面有何特点?分别适用于何种场合?

2. 什么叫劲度模量?沥青混合料的劲度模量主要与哪些因素有关?

3. 沥青路面用沥青(标号)的选择主要受哪些因素影响?具体选择时怎样考虑这些因素?并举例说明。

4. 沥青混合料矿料配合比及最佳沥青用量是如何选择和确定的？影响沥青混合料高温稳定性的因素有哪些？可以通过哪些技术措施提高其高温稳定性？

5. 为何要控制热拌热铺沥青混合料拌制与铺筑时各阶段的温度？温度过高和过低有何不利影响？

6. 试述 SMA 混合料的主要技术特点。其矿料配合比及最佳沥青用量如何确定？施工工艺与普通沥青混合料有何差异？

第十章
沥青路面设计

第一节 弹性层状体系理论分析

由不同材料的结构层及土基组成的路面结构,在荷载作用下应力—应变关系大多呈非线性,并且应变随应力作用时间而变化,应力卸除后有一部分残余变形不可恢复。但是考虑运动车轮作用于路面的瞬时性,路面结构在瞬时产生的永久变形很小,因此在进行路面结构分析和计算时,仍将其视为线弹性体,并应用弹性层状体系理论分析路面结构应力、应变和位移。

通常将路面结构视为弹性半空间地基上由若干个具有一定厚度材料组成的弹性层状体系(Multi-Layered Elastic System),如图 10-1 所示。并假设:

①各层由均质、连续的、均匀的、各向同性的线弹性材料组成,用弹性模量 E_i 和泊松比 μ_i 表征其弹性参数。

②最下一层为水平方向和竖直向下方向无限延伸的半无限体。其上各层在水平方向为无限大,但竖向具有一定厚度 h_i。

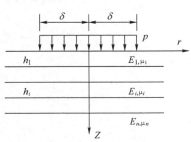

图 10-1 弹性层状路面结构

③各层在水平方向无限远处及最下层无限深处的应力、应变和位移为零。

④各层分界面上的应力和位移完全连续(称连续体系),或者仅竖向应力和位移连续,而层间无摩擦力(称滑动体系)。

⑤不计各层材料自重。

应用弹性力学理论求解弹性层状体系应力、位移时,通常将作用于层状体系表面的荷载,简化为圆形均布的竖向力或水平力,并采用圆柱坐标体系(r,θ,z)进行分析,如图 10-2 所示。在弹性体内取微元六面体,其应力分量为 3 个法向应力 σ_r,σ_θ,σ_z 和 3 对剪应力 $\tau_{rz} = \tau_{zr}$,$\tau_{r\theta} = \tau_{\theta r}$,$\tau_{z\theta} = \tau_{\theta z}$。相应的应变分量为 3 个正应变 ε_r,ε_θ,ε_z 和 3 对剪应变 $\varepsilon_{rz} = \varepsilon_{zr}$,$\varepsilon_{r\theta} = \varepsilon_{\theta r}$,$\varepsilon_{z\theta} = \varepsilon_{\theta z}$。

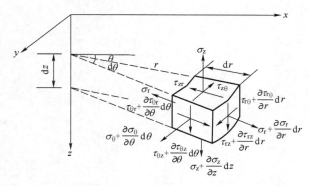

图 10-2 圆柱坐标中微元应力分量

当作用于层状体系表面的荷载是轴对称时,各应力、应变和位移分量也对称于该轴,并仅是 r 和 z 的函数。因此,$\tau_{r\theta} = \tau_{\theta r} = 0$,$\tau_{\theta z} = \tau_{z\theta} = 0$,与此相对应的 $\varepsilon_{r\theta} = \varepsilon_{\theta r} = 0$,$\varepsilon_{\theta z} = \varepsilon_{z\theta} = 0$,3 对剪应力仅剩下 1 对 $\tau_{rz} = \tau_{zr}$。所有的未知应力分量只有 4 个,即 3 个正应力分量 σ_r、σ_θ、σ_z 和 1 个剪应力分量 τ_{rz}。

根据弹性力学理论,对于圆柱坐标轴对称课题,平衡方程为:

$$\left. \begin{array}{l} \dfrac{\partial \sigma_r}{\partial r} + \dfrac{\partial \tau_{zr}}{\partial z} + \dfrac{\sigma_r - \sigma_\theta}{r} = 0 \\[2mm] \dfrac{\partial \sigma_z}{\partial z} + \dfrac{\partial \tau_{rz}}{\partial r} + \dfrac{\tau_{rz}}{r} = 0 \end{array} \right\} \quad (10\text{-}1)$$

表征各点应力、应变的物理方程为:

$$\left. \begin{array}{l} \varepsilon_r = \dfrac{1}{E}[\sigma_r - \mu(\sigma_\theta + \sigma_z)] \\[2mm] \varepsilon_\theta = \dfrac{1}{E}[\sigma_\theta - \mu(\sigma_z + \sigma_r)] \\[2mm] \varepsilon_z = \dfrac{1}{E}[\sigma_z - \mu(\sigma_r + \sigma_\theta)] \\[2mm] \gamma_{zr} = \dfrac{2(1+\mu)}{E} \cdot \tau_{zr} \end{array} \right\} \quad (10\text{-}2)$$

各点应变和位移的几何方程为:

$$\varepsilon_r = \frac{\partial u}{\partial r}; \varepsilon_\theta = \frac{u}{r}; \varepsilon_z = \frac{\partial \omega}{\partial z} \tag{10-3}$$

上式中,消去位移分量,得到用应力分量表示的变形连续方程为:

$$\left.\begin{aligned}
\nabla^2 \sigma_r - \frac{2}{r^2}(\sigma_r - \sigma_\theta) + \frac{1}{1+\mu}\frac{\partial^2 \Theta}{\partial r^2} &= 0 \\
\nabla^2 \sigma_\theta + \frac{2}{r^2}(\sigma_r - \sigma_\theta) + \frac{1}{1+\mu}\frac{1}{r}\frac{\partial \Theta}{\partial r} &= 0 \\
\nabla^2 \sigma_z + \frac{1}{1+\mu}\frac{\partial^2 \Theta}{\partial z^2} &= 0 \\
\nabla^2 \tau_{zr} - \frac{\tau_{zr}}{r^2} + \frac{1}{1+\mu}\frac{\partial^2 \Theta}{\partial r \partial z} &= 0
\end{aligned}\right\} \tag{10-4}$$

式中: $\nabla^2 = \frac{\partial^2}{\partial r^2} + \frac{1}{r}\frac{\partial}{\partial r} + \frac{\partial^2}{\partial z^2}$;

$\Theta = \sigma_r + \sigma_\theta + \sigma_z$。

如果引用应力函数 $\varphi = \varphi(r,z)$,并把应力分量表示成为:

$$\left.\begin{aligned}
\sigma_r &= \frac{\partial}{\partial z}\left(\mu \nabla^2 \varphi - \frac{\partial^2 \varphi}{\partial r^2}\right) \\
\sigma_\theta &= \frac{\partial}{\partial z}\left(\mu \nabla^2 \varphi - \frac{1}{r}\frac{\partial \varphi}{\partial r}\right) \\
\sigma_z &= \frac{\partial}{\partial z}\left[(2-\mu) \nabla^2 \varphi - \frac{\partial^2 \varphi}{\partial z^2}\right] \\
\tau_{zr} &= \tau_{rz} = \frac{\partial}{\partial r}\left[(1-\mu) \nabla^2 \varphi - \frac{\partial^2 \varphi}{\partial z^2}\right]
\end{aligned}\right\} \tag{10-5}$$

则将式(10-5)代入平衡方程式(10-1)及变形连续方程式(10-4)中,式(10-1)的第一个方程自然满足,其余各方程均转化为重调和方程:

$$\nabla^2 \nabla^2 \varphi = 0 \tag{10-6}$$

求解重调和方程式(10-6),得到应力函数 φ,代入式(10-5)中即得各应力分量,如将各应力分量代入式(10-2)中则得应变分量。而位移分量可以由式(10-5)、式(10-2)及式(10-3),通过应力函数表示,即:

$$\left.\begin{aligned}
u &= -\frac{1+\mu}{E}\frac{\partial^2 \varphi}{\partial r \partial z} \\
\omega &= \frac{1+\mu}{E}\left[2(1-\mu) \nabla^2 \varphi - \frac{\partial^2 \varphi}{\partial z^2}\right]
\end{aligned}\right\} \tag{10-7}$$

求解方程式(10-6)中 $\varphi(r,z)$ 的方法有分离变量法和积分变换法,习惯上多采用汉克尔积分变换法。由汉克尔变换求得解为:

$$\varphi(r,z) = \int_0^\infty \left[(A+Bz)\mathrm{e}^{-\xi z} + (C+Dz)\mathrm{e}^{\xi z}\right]\xi J_0(\xi r)\mathrm{d}\xi \tag{10-8}$$

式中: $J_0(\xi r)$ ——第一类零阶贝塞尔函数;

A、B、C、D ——待定系数,由弹性层状体系的层间连续条件和边界条件确定。

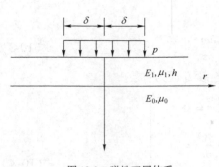

图 10-3 弹性双层体系

将式(10-8)代入式(10-5)和式(10-7)中可得所有应力分量和位移分量表达式。对于某种特定的荷载、体系层数与层间连续条件，式中的待定系数就可以确定。

以弹性双层体系为例，弹性双层体系由一个具有有限层厚的弹性层和弹性半无限地基(路基)组成。弹性参数分别为 E_1,μ_1 和 E_0,μ_0，上层弹性层厚度为 h，如图 10-3 所示。

在双层体系表面作用直径为 D 的垂直均布圆形荷载 p 时，应用弹性双层体系理论，可获得距离圆形荷载中心轴处双层体系路面的竖向垂直位移(弯沉)为：

$$\omega = \frac{2(1-\mu_1^2)p\delta}{E_1}\int_0^\infty \frac{2e^{-\xi h} - 4\xi h - Me^{2\xi h}}{1 + 4\xi^2 h^2 + ML - Me^{2\xi h} - Le^{-2\xi h}} \times \frac{J_1(\xi h)}{\xi h}d\xi \tag{10-9}$$

式中：$L = \dfrac{(3-4\mu_0) - m(3-4\mu_1)}{3-4\mu_0 + m}$；

$M = \dfrac{m(3-4\mu_1) + 1}{1 - m}$；

$m = \dfrac{E_0(1+\mu_1)}{E_1(1+\mu_0)}$；

$E_1,\mu_1、E_0,\mu_0$——分别为上层和半空间体的弹性模量与泊松比。

公式(10-9)为含有贝塞尔函数和指数函数的广义积分。为了使用方便，将式(10-9)改写为：

$$w = \frac{2p\delta}{E_0}\alpha \tag{10-10}$$

式中：E_0——弹性半空间体(路基)弹性模量(MPa)；

α——垂直位移系数(弯沉系数)，其值是 h/D 和 E_0/E_1 的函数，其具体表达式为：

$$\alpha = \frac{(1-\mu_1^2)E_0}{E_1}\int_0^\infty \frac{Le^{-2\xi h} - 4\xi h - Me^{2\xi h}}{1 + 4\xi^2 h^2 + ML - Me^{2\xi h} - Le^{-2\xi h}}\frac{J_1(\xi h)}{\xi}d\xi \tag{10-11}$$

公式(10-11)为含有贝塞尔函数和指数函数的广义积分。其数值解可以通过电子计算机计算获得，图 10-4 为 $r=0,\mu_0=0.35,\mu_1=0.25$ 时，根据垂直位移系数 α 计算结果所绘制的诺谟图。

弹性三层体系由两个弹性层以及弹性半空间体组成。其分量的求解方法与前述双层体系相似，即将应力函数解式(10-8)代入应力分量和位移分量公式(10-5)与式(10-7)，并将层间连续条件和边界条件引入，求得待定系数，从而获得弹性三层体系的各分量表达式。

路面结构通常是三层以上的多层结构，尤其是高速公路沥青路面层次更多。目前对于任意多层路面结构，均可以采用弹性层状体系的计算机程序直接分析路面结构的应力、应变和位移，进行路面厚度设计与计算。

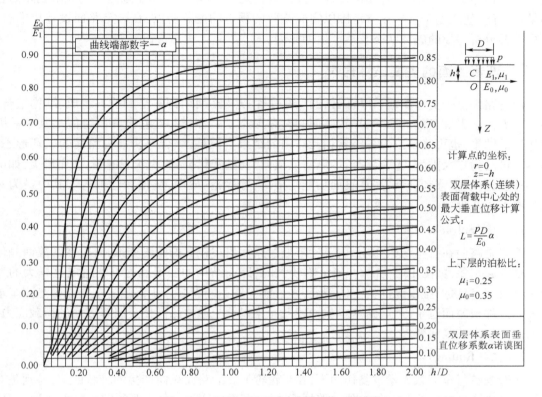

图 10-4 双层体系表面垂直位移系数 ω 诺谟图

当已知弹性层状体系内任一点的应力状态,可按下述一元三次方程求解该点的 3 个主应力:

$$\sigma^3 - \Theta_1\sigma^2 + \Theta_2\sigma - \Theta_3 = 0 \qquad (10\text{-}12)$$

式中:Θ_1——第一应力不变量,$\Theta_1 = \sigma_r + \sigma_\theta + \sigma_z$;

Θ_2——第二应力不变量,$\Theta_2 = \sigma_r \cdot \sigma_\theta + \sigma_\theta \cdot \sigma_z + \sigma_z \cdot \sigma_r - \tau_{r\theta}^2 - \tau_{z\theta}^2 - \tau_{zr}^2$;

Θ_3——第三应力不变量,$\Theta_3 = \sigma_r \cdot \sigma_\theta \cdot \sigma_z + 2\tau_{r\theta} \cdot \tau_{z\theta} \cdot \tau_{zr} - \sigma_r \tau_{z\theta}^2 - \sigma_\theta \tau_{zr}^2 - \sigma_z \tau_{r\theta}^2$。

求解上式,3 个实根 σ_1、σ_2 和 σ_3 即为所求 3 个主应力。其中 $\sigma_1 > \sigma_2 > \sigma_3$,$\sigma_1$ 为最大主应力,σ_3 为最小主应力,此时最大剪应力为:

$$\tau_{\max} = \frac{1}{2}(\sigma_1 - \sigma_3) \qquad (10\text{-}13)$$

利用上式,可验算沥青路面在车辆荷载作用下结构层的抗拉和抗剪强度。

第二节 沥青路面破坏状态与设计标准

沥青路面的路用性能随着行车荷载的反复作用及环境因素的变化而逐渐衰减,直至丧失正常的工作能力。因此,沥青路面设计的具体目标是,在预定的使用年限内控制和限制路面各项结构性能,使之处于某一正常范围以完成路面的预定功能。所以,在确定路面设计标准时,首先需要分析路面的破坏状态及其产生的原因。

一、沥青路面的主要破坏形态

沥青路面由于交通荷载、环境因素的反复作用以及路面结构本身的材料组成、结构组合、施工和养护水平等条件的变异,导致路面的破坏形态复杂多样。这些破坏既可能是某单一因素作用的结果,也可能是以上各因素相互作用的结果。但是,综合分析沥青路面的破坏形态,基本上可分为三大类型:①裂缝类,如纵向或横向裂缝、网状裂缝、块状裂缝等;②变形类,如沉陷、车辙、搓板、推移和拥起等;③表面功能性损坏,如剥落、松散、坑槽和泛油等。其中最为常见的有下述几种:

1. 沉陷(Subsidence)

沉陷是路面在行车荷载作用下,车轮带处的路面出现较大的凹陷变形,有时在凹陷两侧伴随出现隆起现象,如图10-5所示。当沉陷较大时,路面结构的变形能力不能适应这样大的变形量,便在受拉区产生以纵向为主的裂缝,并可能发展为网裂。产生沉陷的主要原因是路基水文地质条件很差而过于湿软,路基承载力较低而难以承受通过路面传至路基表面的荷载应力,从而产生较大的竖向变形。

2. 车辙(Rutting)

车辙是在行车荷载大量重复作用下,在车轮轮带处沿路面纵向产生的带状凹陷,特别是对于渠化交通量较大的高速公路、一级公路沥青路面,车辙已成为一种主要的破坏形式(图10-6)。产生车辙的主要原因是在行车荷载重复作用下,路基和路面结构层(特别是柔性基层和沥青面层)永久变形逐渐累积。与沉陷使路面产生很大的凹陷和隆起变形不同的是,即使每一次行车荷载作用产生的永久变形量很小,但是多次重复作用累积的永久变形总和也将会较大,足以影响车辆正常行驶。尤其是高温季节,沥青面层因蠕变和侧向位移而累积的永久变形更大。

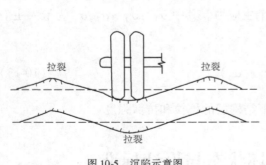

图10-5 沉陷示意图

图10-6 车辙

3. 疲劳开裂(Fatigue Cracking)

疲劳开裂是指路面在正常使用情况下,路表无显著永久变形而出现的裂缝。其特征是初期为沿轮迹带产生较短较细的纵向平行裂缝,随着行车荷载进一步作用逐渐发展为网状裂缝(图10-7),开裂面积、裂缝宽度不断扩大。疲劳裂缝虽然不影响路面正常使用,但是路面一旦开裂,水分将沿裂缝侵入沥青面层、基层直至土基,导致面层进一步破坏和路面整体及土基强度降低。产生疲劳裂缝的原因主要是:沥青面层受行车荷载的反复弯曲作用,当结构层产生的拉应力(或拉应变)超过材料的疲劳强度,底面便开裂,并逐渐向表面发展。此外,由水硬性结合料稳定而形成的整体性基层和底基层,也可能产生疲劳开裂,向上扩展甚至可导致面层破坏。

4. 低温缩裂(Thermal Cracking)和反射裂缝(Reflection Cracking)

沥青面层在低温(通常为负温度)时,由于材料收缩受限制而产生较大的拉应力,当拉应力超过材料相应温度条件下的抗拉强度时,面层就会开裂。由于路面纵向尺度远大于横向,低温收缩时侧向约束不大,故低温缩裂一般为横向间隔性的裂缝。对于水硬性结合料稳定类基层,因温度和湿度变化而产生的干缩或温缩裂缝会反射到沥青面层上,形成反射裂缝。这在我国目前高等级半刚性沥青路面中已是一种常见的开裂现象。反射裂缝通常也是间隔性横向裂缝(图10-8)。低温裂缝和反射裂缝虽然早期不会影响路面的正常使用,但是在水分侵蚀及行车荷载作用下,会使面层裂缝进一步扩大而形成网状裂缝,并削弱路面结构整体强度。

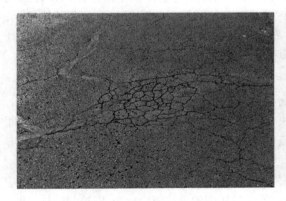

图10-7 疲劳开裂(网裂)

图10-8 反射裂缝(横向裂缝)

5. 推移(Shoving)

推移是指沥青面层表面沿着行车方向,产生剪切或拉裂而出现推挤和拥起(图10-9)。产生这种破坏的原因是:沥青路面受到较大的水平荷载作用时(例如经常启动或制动路段及弯道、坡度变化处),车轮荷载引起的垂直力和水平力的综合作用,使沥青面层内产生的剪应力超过材料的抗剪强度。在气温较高季节,沥青混合料的抗剪强度降低,更容易发生推移(拥包)等剪切破坏。

6. 松散和坑槽(Potholes)

松散是指由于沥青面层材料组成设计不好或施工压实质量差,结合料含量太少或结合料与集料黏结力不足,导致面层在行车荷载作用下集料间失去黏结而相互脱离和散开。坑槽是松散的材料被车轮后真空吸力及风和雨水带离路面而形成凹坑,此外网裂的进一步发展,在行车荷载作用下使松动的碎块脱离面层也会形成坑槽(图10-10)。

图 10-9 推移(拥包)

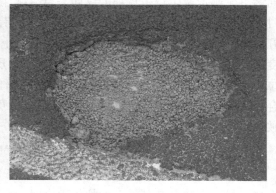
图 10-10 坑槽

二、沥青路面设计标准

综合上述沥青路面的破坏现象,可以看出其破坏原因和表现形态是复杂多样的,有的破坏与交通有关,如疲劳开裂、永久变形;有些更多的受环境因素影响,如低温收缩裂缝;有些损坏则主要是材料组成和施工、养护不当所致,如松散、坑槽。鉴于沥青路面破坏模式的多样性,在做结构设计时,必须选择多种破坏模式作为临界状态,与此相对应选择多个指标作为设计控制指标。由于沥青路面破坏模式和原因较为复杂,因此应选择既能反映沥青路面主要破坏特点,同时又能在路面结构设计中起到控制作用的临界破坏状态和设计标准。目前,国内外的设计方法均以开裂和变形为沥青路面的两大主要破坏模式,在设计中予以考虑。

1. 疲劳开裂

路面结构达到临界疲劳状态时,所承受的荷载重复次数称为疲劳寿命。疲劳寿命的大小,除与路面材料特性和环境因素有关外,主要取决于所受到的重复应力(或应变)的大小。因而可根据设计使用年限内累计荷载作用次数,由疲劳特性曲线(疲劳方程)确定路面结构层所容许的重复应力(或应变)大小。

以疲劳开裂为临界状态设计,选择沥青面层和水硬性结合料稳定基层底面拉应力(或拉应变)为指标,用结构层底面的最大拉应力(或拉应变)不超过相应的容许值为标准,以控制设计。即:

$$\left.\begin{array}{l}\sigma_r \leqslant [\sigma_r] \\ \varepsilon_r \leqslant [\varepsilon_r]\end{array}\right\} \qquad (10\text{-}14)$$

目前,国际上著名的沥青路面设计方法,如壳牌(Shell)法、美国沥青协会(AI)法以及我国现行沥青路面设计方法均采用了此指标。

2. 低温缩裂

低温缩裂是一项与荷载因素无关的设计指标。低温时,沥青面层材料因收缩受约束而产生的温度应力 σ_{rt},应不超过该温度时材料的抗拉强度。即:

$$\sigma_{rt} \leqslant [\sigma_{rt}] \qquad (10\text{-}15)$$

低温缩裂主要应依赖于沥青的选择及混合料组成设计解决,而非结构设计,因此目前国内外主要设计方法大多未采用此指标或未将其作为主要指标。

3. 车辙

车辙是路基和路面各结构层塑性变形累积的总和。它同荷载应力大小、重复作用次数以及路面结构层和土基的性质有关。以车辙为临界状态的设计方法,限定设计使用年限内车辆荷载作用下路基路面结构内产生的累积车辙深度或永久变形的总和 L_{re},不超过行驶质量和行车安全所容许的车辙深度或永久变形量 $[L_{re}]$。即:

$$L_{re} \leq [L_{re}] \tag{10-16}$$

国外的设计方法,如壳牌(Shell)法规定高速公路容许车辙深度为 10mm,一般公路为 30mm。我国现行沥青路面设计方法目前尚未考虑该指标。

4. 推移

推移(拥包)是沥青面层在车轮竖直力和水平力(如制动)共同作用下产生的剪切变形。以推移(拥包)为临界状态的设计方法,应限制在车轮竖直力和水平力共同作用下,面层结构中产生的最大剪应力 τ_{max} 不超过特定环境条件下(高温)面层材料的容许剪应力 $[\tau_R]$。即:

$$\tau_{max} \leq [\tau_R] \tag{10-17}$$

剪切指标通常用于城市道路停车站、交叉口等车辆频繁制动路段及紧急制动路段高温下的沥青路面设计。

5. 路面回弹弯沉

路面回弹弯沉是指路面在垂直荷载作用下,产生的竖向弹性变形。路面回弹弯沉量,不仅反映了路基路面结构的整体刚度和强度,而且还与路面的使用状态存在一定的内在联系。通常回弹弯沉值越大,路面结构的塑性变形也越大(刚度差),同时抗疲劳性能也差,难以承受重交通量。反之,则路面结构抗疲劳性能好,并能承受较重的交通量。此外,回弹弯沉还易于测试,因此我国现行的沥青路面设计方法,采用设计弯沉为路面整体刚度的设计指标。并以标准轴载作用下,路表回弹弯沉值 L_s 不超过满足路面使用状态和设计使用年限要求的路面设计弯沉值 L_d 作为设计标准。即:

$$L_s \leq L_d \tag{10-18}$$

第三节 沥青路面结构组合设计

沥青路面是一种多层结构。如何正确合理地选择路面结构层层次及材料组成,是路面结构设计首先面临的问题,也是决定路面是否能在设计使用期完成其正常使用功能的关键。路面结构组合应结合交通荷载、环境因素、路基状况和当地筑路材料等条件,结合路面材料特性和结构特性,从技术经济角度出发,选择经济合理的路面结构体系,以充分发挥路面各层及结构的整体效能。根据理论分析和实践经验,路面结构组合设计中通常应遵循以下原则。

①路面各结构层的力学性能与路面各层由于车轮荷载与温度、湿度变化产生的力学响应相匹配。

②设计使用期内,路面表面抗滑安全性、平整性、抗车辙性等各项功能指标应满足规范要求。

③考虑不利水温状况的影响。

④充分利用当地材料。

一、沥青路面结构组合

沥青路面结构类型可按照基层材料性质分为无机结合料稳定类基层沥青路面、粒料类基层沥青路面、沥青混合料类基层沥青路面和水泥混凝土基层沥青路面四类。无机结合料稳定类基层沥青路面适用于各种交通荷载等级,粒料类基层沥青路面适用于重及重以下交通荷载等级,沥青结合料类基层沥青路面适用于各种交通荷载等级,水泥混凝土基层沥青路面适用于重及重以上交通荷载等级。路基湿度状态为中湿或潮湿时,宜采用粒料类底基层或设置粒料类路基改善层。

路面结构组合的选择需要充分考虑各种路面结构组合的材料特性和结构特性、主要损坏类型及性能衰变规律。

无机结合料稳定类基层沥青路面承载能力高,主要病害是无机结合料稳定层疲劳开裂和面层反射裂缝。选用抗裂性能好的无机结合料稳定材料、增加沥青混合料层厚度、设置具有吸收应力或加筋作用的功能层可以起到减少或延缓反射裂缝的作用。

粒料类基层沥青路面在交通荷载作用下,沥青面层承受弯拉作用,因而沥青面层疲劳是主要损坏类型。此外,这种柔性基层沥青路面的面层、粒料层和路基都可能产生永久变形,路面车辙问题也需重点关注。

沥青结合料类基层沥青路面的底基层采用粒料类材料时,结构特性类似于粒料类基层沥青路面。当底基层采用无机结合料稳定类材料时,其结构特性类似于无机结合料稳定类基层沥青路面。

水泥混凝土基层沥青路面具有较高承载能力,适用于重及重以上交通荷载等级公路。此类路面要考虑水泥混凝土板常见破坏,还要考虑水泥混凝土板接缝处沥青面层反射裂缝和沥青面层永久变形。

多雨地区的无机结合料稳定类基层和水泥混凝土基层沥青路面,路面出现反射裂缝后易发展为唧泥、脱空等,从而加速路面性能衰变,可以采取在基层下方铺设粒料排水层或设置粒料类路基改善层等减少唧泥、防止脱空的措施。

不同结构组合的沥青损坏类型如表 10-1 所示。

沥青路面主要损坏类型 表 10-1

结构类型	粒料类基层沥青路面、底基层采用粒料的沥青结合料类基层沥青路面			无机结合料稳定类基层沥青路面、底基层采用无机结合料稳定材料的沥青结合料类基层沥青路面	
沥青混合料层厚度(cm)	≥15	15~5	≤5	≥15	<15
主要损坏类型	沥青混合料层永久变形、沥青混合料层疲劳开裂	沥青混合料层疲劳开裂、沥青混合料层永久变形	车辙	车辙、基层疲劳开裂、面层反射裂缝	基层疲劳开裂、面层反射裂缝
季冻地区	面层低温开裂				

选定结构组合类型后,可根据交通荷载等级,结合当地经验,参照表 10-2~表 10-7 初选各结构层厚度。交通荷载等级高、路基承载能力弱时宜取靠近高限的厚度或参照高一个交通荷载等级的路面厚度范围,反之可靠近低限取值或参照低一个交通荷载等级的路面厚度范围。

无机结合料稳定类基层(粒料类底基层)**路面厚度范围**(单位:cm)　　　　表 10-2

交通荷载等级	极重、特重	重	中等	轻
面层	25~15	25~15	20~10	15~2
基层(无机结合料稳定类)	60~35	55~30	50~25	45~15
底基层(粒料类)	20~15			

无机结合料稳定类基层(无机结合料稳定类底基层)**路面厚度范围**(单位:cm)　　表 10-3

交通荷载等级	极重、特重	重	中等	轻
面层	25~12	25~10	20~10	15~2
基层(无机结合料稳定类)	50~25	45~20	40~15	50~20
底基层(无机结合料稳定类)	20~15			

粒料类基层(粒料类底基层)**路面厚度范围**(单位:cm)　　　　　　　　表 10-4

交通荷载等级	重	中等	轻
面层	35~20	30~15	20~10
基层(粒料类)	45~35	40~30	35~25
底基层(粒料类)	20~15		

沥青结合料类基层(粒料底基层)**路面厚度范围**(单位:cm)　　　　　　表 10-5

交通荷载等级	重	中等	轻
面层	15~12	12~10	8~4
基层(沥青结合料类)	25~20	22~18	20~12
底基层(粒料类)	40~30	40~30	35~25

沥青结合料类基层(无机结合料稳定类底基层)**路面厚度范围**(单位:cm)　表 10-6

交通荷载等级	极重、特重	重	中等	轻
面层	12~10	12~10	10~8	8~4
基层(沥青结合料类)	18~12	15~10	15~10	10~8
底基层(无机结合料稳定类)	60~30	60~30	55~25	45~20

沥青结合料类基层(粒料+无机结合料底基层)**路面厚度范围**(单位:cm)　表 10-7

交通荷载等级	极重、特重	重	中等	轻
面层	12~10	12~10	10~8	8~4
基层(沥青结合料类)	24~16	18~12	16~10	10~8
底基层(粒料类)	20~15	20~15	20~15	20~15
底基层(无机结合料类)	40~20	40~20	35~20	25~15

二、沥青面层

沥青面层直接经受车轮荷载反复作用和自然因素影响,并将荷载传递到基层及以下的结构层。因此,沥青面层应具有平整、抗车辙、抗疲劳开裂、抗低温开裂和抗水损坏等性能。表面层还应具有抗滑和耐磨损性能。密级配沥青混合料表面层应具有低透水性能。对抗滑、排水或降噪有特殊要求的表面层可采用开级配沥青混合料,降水透过表面层后沿下层顶面排出,为避免下层沥青混合料水损坏,表面层下应设置防水层,防水层可采用改性乳化沥青或改性沥青等。

面层材料类型可根据交通荷载等级和层位选用,如表 10-8 所示。

面层材料的交通荷载等级和层位　　　　表 10-8

材料类型	适用交通荷载等级和层位
连续级配沥青混合料	各交通荷载等级的表面层、中面层和下面层
沥青玛蹄脂碎石混合料	极重、特重和重交通荷载等级的表面层,对抗滑有特殊要求的表面层
厂拌热再生沥青混合料	各交通荷载等级的表面层、中面层和下面层
上拌下贯沥青碎石	中等、轻交通荷载等级的面层
沥青表面处治	中等、轻交通荷载等级的表面层

高速公路、一级公路一般选用三层沥青面层结构。通常认为 SMA-13、AC-13 等密实型细粒式沥青混合料适用于表面层,其空隙率一般为 3%~5%,抗裂性能、耐疲劳性能和耐水损坏性能均较优越。对于重交通和特重交通等级,普通热拌沥青混合料不能满足使用要求时,可采用改性沥青混合料。沥青中面层和下面层工作环境与沥青上面层基本相同,平整性和抗滑性方面的要求略低,但在密实防水和抗剪切变形等方面的要求较高,通常选用密实型中粒式和粗粒式混合料(如 AC-20、AC-25)。对于特重交通等级或者炎热地区,可采用改性沥青提升其路用性能。

二级、三级以下等级公路一般采用双层式沥青面层,即上面层与下面层。上面层一般采用 AC-13、AC-16 等密实型细粒式或中粒式沥青混合料,下面层选用 AC-25 等密实型粗粒式混合料。交通量较小的三级、四级公路可选用沥青贯入式加表面封层结构,也可采用双层沥青表面处治结构。

沥青层最小压实厚度与它的公称最大粒径相关,为保证混合料压实,减少施工离析,连续级配沥青混合料和沥青玛蹄脂碎石混合料的结构层厚度不宜小于集料公称最大粒径的 2.5 倍,开级配沥青混合料的结构层厚度不宜小于集料公称最大粒径的 2.0 倍,若小于最小厚度,压实效果往往不好。我国沥青路面设计规范对不同粒径沥青混合料的最小层厚规定如表 10-9 所示。表 10-10 所列为技术经济合理的不同类型沥青混合料适宜层厚,可供参考。

不同粒径沥青混合料最小层厚　　　　表 10-9

沥青混合料类型	以下集料公称最大粒径沥青混合料的层厚(mm),不小于					
	4.75	9.5	13.2	16.0	19.0	26.5
连续级配沥青混合料	15	25	35	40	50	75
沥青玛蹄脂碎石	—	30	40	50	60	—
开级配沥青混合料	—	20	25	30	—	—

沥青混合料压实适宜厚度   表 10-10

沥青混合料类型		最大粒径(mm)	公称最大粒径(mm)	符号	适宜厚度(mm)
密集配沥青混合料(AC)	砂粒式	9.5	4.75	AC-5	15~30
	细粒式	13.2	9.5	AC-10	25~40
		16	13.2	AC-13	40~60
	中粒式	19	16	AC-16	50~80
		26.5	19	AC-20	60~100
	粗粒式	31.5	26.5	AC-25	80~120
密级配沥青碎石(ATB)	粗粒式	31.5	26.5	ATB-25	80~120
		37.5	31.5	ATB-30	90~150
	特粗式	53	37.5	ATB-40	120~150
开级配沥青碎石(ATPB)	粗粒式	31.5	26.5	ATPB-25	80~120
		37.5	31.5	ATPB-30	90~150
	特粗式	53	37.5	ATPB-40	120~150
半开级配沥青碎石(AM)	细粒式	16	13.2	AM-13	40~60
	中粒式	19	16	AM-16	50~70
		26.5	19	AM-20	60~80
	粗粒式	31.5	26.5	AM-25	80~120
	特粗式	53	37.5	AM-40	120~150
沥青玛蹄脂碎石混合料(SMA)	细粒式	13.2	9.5	SMA-10	25~50
		16	13.2	SMA-13	35~60
	中粒式	19	16	SMA-16	40~70
		26.5	19	SMA-20	50~80
开级配沥青磨耗层(OGFC)	细粒式	13.2	9.5	OGFC-10	20~30
		16	13.2	OGFC-13	30~40

沥青贯入碎石层的厚度宜为40~80mm,乳化沥青贯入式路面的厚度不宜超过50mm;上拌下贯式路面的拌和层厚度不宜小于25mm;沥青表面处治可分为单层、双层和三层,单层表面处治厚度宜为10~15mm,双层表面处治厚度宜为15~25mm,三层表面处治厚度宜为25~30mm。

三、基层和底基层

沥青路面的基层按材料和力学特性的不同可以分为柔性基层(粒料类或沥青结合料类)、半刚性基层(无机结合料稳定类)和刚性基层(水泥混凝土)三种。沥青路面的基层和底基层承担着沥青面层向下传递的荷载,是承上启下保证路面结构耐久、稳定的承重结构层,应具有足够的承载能力、抗疲劳开裂性能、足够的耐久性和水稳定性。沥青结合料类和粒料类基层还应具有足够的抗永久变形能力。

为了保证沥青路面结构的耐久性和长期使用性能,应根据路面结构所承受的交通等级、地基支承条件、当地水温状况等选择基层类型。我国沥青路面设计规范给出的基层材料类型选用建议如表 10-11 所示。

基层和底基层材料的适用交通荷载等级和层位　　　　表 10-11

类　　型	材　料　类　型	适用交通荷载等级和层位
无机结合料稳定类	水泥稳定级配碎石、水泥粉煤灰稳定级配碎石或砾石、石灰粉煤灰稳定级配碎石或砾石	各交通荷载等级的基层和底基层
	水泥稳定未筛分碎石或砾石、石灰粉煤灰稳定未筛分碎石或砾石、石灰稳定未筛分碎石或砾石	轻交通荷载等级的基层、各交通荷载等级的底基层
	水泥稳定土、石灰稳定土、石灰粉煤灰稳定土	轻交通荷载等级的基层、各交通荷载等级的底基层
粒料类	级配碎石	重及重以下交通荷载等级的基层、各交通荷载等级的底基层
	级配砾石、未筛分碎石、天然砂砾、填隙碎石	中等和轻交通荷载等级的基层、各交通荷载等级的底基层
沥青结合料类	密级配沥青碎石、半开级配沥青碎石、开级配沥青碎石	极重、特重和重交通荷载等级的基层
	沥青贯入碎石	重及重以下交通荷载等级的基层
水泥混凝土	水泥混凝土或贫混凝土	极重、特重交通荷载等级的基层

近年来再生工程实践证明,冷再生沥青混合料可实现既有路面铣刨材料的回收利用(或就地再生利用),性能可满足各交通荷载等级的基层或底基层要求。厂拌热再生沥青混合料具有与新拌沥青混合料基本相当的路用性能,与冷再生混合料相比造价较高,用作基层时,推荐用于重及重以上交通荷载等级公路。

路面基层结构厚度应根据相关设计指标进行结构性能验算,使其满足路面强度与刚度的设计要求。为了保证基层有效压实,减少混合料离析,不同集料公称最大粒径的混合料的最小压实厚度宜符合表 10-12 的规定。同时还应考虑压实机具的压实能力,若基层厚度超过能一次压密的厚度,可分层铺筑。

基层和底基层厚度　　　　表 10-12

材　料　种　类	集料公称最大粒径(mm)	厚度(mm),不小于
密级配沥青碎石 半开级配沥青碎石 开级配沥青碎石	19.0	50
	26.5	80
	31.5	100
	37.5	120
沥青贯入碎石	—	40
贫混凝土	31.5	120
无机结合料稳定类	19.0,26.5,31.5,37.5	150
	53.0	180

续上表

材 料 种 类	集料公称最大粒径(mm)	厚度(mm),不小于
级配碎石	26.5,31.5,37.5	100
级配砾石 未筛分碎石、天然砂砾	53.0	120
填隙碎石	37.5	75
	53.0	100
	63.0	120

四、功能层

沥青路面结构层中除了承受荷载的面层和基层外,为了调节路面水温状况或改善结构层层间结合而设置的功能层对于路面使用寿命具有重要影响。沥青路面功能层主要包括结合层、排水层、防冻层和防污层等。

(1)结合层

①黏层(Tack Coat)

为了保证路面结构层间的紧密结合,沥青层层间应设置黏层。极重、特重和重交通荷载等级路面的黏层宜采用改性乳化沥青、道路石油沥青或改性沥青;中等和轻交通荷载等级路面的黏层可选用乳化沥青。水泥混凝土板与沥青面层间也应设置黏层,宜采用改性沥青。

②封层(Seal Coat)

封层是路面结构中用以阻止水下渗的功能层。无机结合料稳定类或冷再生类材料结构层与沥青结合料类结构层之间宜设置封层,封层可采用单层沥青表面处治或稀浆封层等,单层表面处治封层的结合料可采用改性沥青、道路石油沥青或乳化沥青;当设置改性沥青应力吸收层时,可不再设封层,改性沥青应力吸收层中改性沥青宜采用橡胶沥青。

③透层(Prime Coat)

透层是用于非沥青类材料层上,能透入表面一定深度,增强非沥青类材料层与沥青混合料层整体性的功能层。粒料类基层和无机结合料稳定类基层顶面宜设置透层,透层沥青应具有良好的渗透性,可采用稀释沥青和乳化沥青等。

(2)排水层

地下水位高、排水不良的路段,有裂隙水、泉眼等水文条件不良的岩石挖方路段,基层和底基层为非粒料类材料时,可在基层或底基层与路床间设置粒料排水层。设置排水层一方面可避免潮湿路基或裂隙水、地下毛细水对路面的影响,另一方面可及时排除路面内部水。粒料排水层应与路基边缘或与边沟下渗沟相连接,厚度不宜小于150mm。排水层以下应设置土工织物反滤层,防止路基土通过地下水进入排水层,污染结构,降低排水功能。

(3)防冻层

在季节性冰冻地区,当路面厚度不能满足防冻层验算要求时,应设置防冻层,以保护路面结构不受冻胀和翻浆的危害。防冻层应采用隔温性能良好,导热系数低的材料,如粗砂、砂砾和碎石等。防冻厚度与路基干湿类型、路基土类、道路冻深以及路面结构材料的热物理性能有关。

另外,为提高路基顶面回弹模量或改善路基湿度状态而设置的粒料层或无机结合料稳定层,一般将其归类为路基,称为路基改善层。对于地处软土地带的潮湿路段,为了防止路基土侵入路面污染结构,可设置防污层,以隔离保护路面结构。

第四节 新建沥青路面的结构设计

沥青路面设计目标是在设计期内环境和交通荷载作用下,路面结构的各项指标满足设计指标的极限标准,其中包括:沥青层疲劳开裂、无机结合料层疲劳开裂、路基永久变形、沥青层永久变形、低温开裂、抗滑性能和平整度等。依据我国《公路沥青路面设计规范》(JTG D50—2017),不同等级公路沥青路面结构的目标可靠度和目标可靠度指标不应低于表10-13的规定值,新建沥青路面结构设计使用年限不应低于表10-14的规定值。

目标可靠度和可靠度指标 表10-13

公路等级	高速公路	一级公路	二级公路	三级公路	四级公路
可靠度(%)	95	90	85	80	70
可靠度指标β	1.65	1.28	1.04	0.84	0.52

路面结构设计使用年限(单位:年) 表10-14

公 路 等 级	设计使用年限	公 路 等 级	设计使用年限
高速公路、一级公路	15	三级公路	10
二级公路	12	四级公路	8

一、我国沥青路面设计指标与标准

1. 设计指标

设计指标的选取应当与沥青路面结构层的主要力学响应相对应,并用于控制其主要病害的发生。我国沥青路面结构设计选用沥青混合料层层底拉应变、无机结合料稳定层层底拉应力、沥青混合料层永久变形量以及路基顶面竖向压应变作为结构设计的重要控制指标,以控制沥青混合料层的疲劳开裂、无机结合科稳定层的疲劳开裂以及沥青层的永久变形。对于季节性冻土地区,为了防止路面结构的低温开裂和冻融病害,沥青面层的低温开裂指数以及路面结构的防冻厚度也是重要性能控制指标。

沥青路面结构验算时应根据路面结构组合类型,参照表10-15选择设计指标。基于双圆均布垂直荷载作用下的弹性层状连续体系理论,以单轴双轮100kN作为标准轴载,按照表10-16和图10-11计算规定位置处的力学响应,选取 A、B、C 和 D 四点位置处的最大力学响应量。

不同结构组合路面的设计指标　　　　　　　　　　　　　表 10-15

基层类型	底基层类型	设计指标
无机结合料类	粒料类	无机结合料稳定层层底拉应力、沥青混合料层永久变形量
	无机结合料类稳定类	
沥青结合料类	粒料类	沥青混合料层层底拉应变、沥青混合料层永久变形量、路基顶面竖向压应变
	无机结合料类	沥青混合料层永久变形量、无机结合料稳定层层底拉应力
粒料类	粒料类	沥青混合料层层底拉应变、沥青混合料层永久变形量、路基顶面竖向压应变
	无机结合料类稳定类	沥青混合料层层底拉应变、沥青混合料层永久变形量,无机结合稳定层层底拉应力
水泥混凝土	—	沥青混合料永久变形量

注：1. 季节性冻土地区应增加沥青面层低温开裂验算和防冻层验算。
2. 在沥青混合料层与无机结合料稳定层间设置粒料层时,应验算沥青混合料层疲劳开裂寿命。
3. 水泥混凝土基层应按《公路水泥混凝土路面设计规范》(JTG D40)设计。

各设计指标对应的力学响应及其竖向位置　　　　　　　　表 10-16

设计指标	力学指标	竖向位置
沥青混合料层层底拉应变	沿行车方向的水平拉应变	沥青混合料层层底
无机结合料稳定层层底拉应力	沿行车方向的水平拉应力	无机结合料稳定层层底
沥青混合料层永久变形量	竖向压应力	沥青混合料层各分层顶面
路基永久变形	竖向压应变	路基顶面

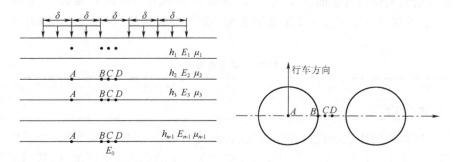

图 10-11　力学响应计算点位置图示

我国早期的规范一直以路表弯沉值作为沥青路面的主要设计指标。在交通荷载小、路面薄且结构单一情况下,路表弯沉能够反映路面整体承载能力,作为设计指标较合适且便于实测验收。随着高等级公路沥青路面结构层厚度增加和结构组合多样化,路表弯沉与沥青路面破坏模式之间缺乏相关性,难以控制不同结构层的不同破坏,作为设计指标的不足逐渐显现。不同类型路面结构,弯沉值大的路面结构并不一定比弯沉值小的使用寿命短或性能差。由于弯沉测试方法已经广为熟知,测试设备较为普及,因此,我国当前的沥青路面结构设计中,弯沉不再作为设计指标,但是仍然作为路基和路面的交工验收指标。

2. 设计标准

我国《公路沥青路面设计规范》（JTG D50—2017）规定沥青路面使用性能设计指标应满足以下标准。

(1) 沥青混合料层的疲劳开裂寿命

基于沥青混合料层层底拉应变计算的沥青混合料层疲劳开裂寿命应大于基于沥青混合料层层底拉应变换算得到的设计年限内当量设计轴载累计作用次数。

(2) 无机结合料层的疲劳开裂寿命

基于无机结合料稳定层层底拉应力计算的无机结合料稳定层疲劳开裂寿命应大于基于无机结合料稳定层层底拉应力换算到的设计年限内当量设计轴载累计作用次数。

(3) 沥青路面结构的永久变形量

基于设计年限内当量设计轴载累计作用次数计算的沥青混合料永久变形量应不大于表10-17所列容许永久变形量。同时，路基顶面竖向压应变不应大于基于设计年限内当量设计轴载累计作用次数计算获得的容许竖向压应变。

沥青混合料层容许永久变形量（单位：mm） 表10-17

基 层 类 型	沥青混合料层容许永久变形量	
	高速公路、一级公路	二级公路、三级公路
无机结合料稳定类基层、水泥混凝土基层和底基层为无机结合料稳定类的沥青混合料基层	15	20
其他基层	10	15

(4) 沥青面层低温开裂

对于季节性冻土地区的沥青路面结构，沥青面层低温开裂指数不宜大于表10-18所列数值。低温开裂指数是指沥青路面竣工验收时100m调查单元内横向裂缝条数，贯穿全幅的裂缝按1条计，未贯穿且长度超过一个车道宽度的裂缝按0.5条计，不超过一个车道宽度的裂缝不计入。

低温开裂指数要求 表10-18

公路等级	高速、一级公路	二级公路	三级、四级公路
低温开裂指数 CI，不大于	3	5	7

除了对上述路面使用性能设计指标的要求，高速公路、一级公路以及山岭重丘区二级和三级公路的路面在交工验收时，其抗滑技术指标应满足表10-19的技术要求，路基顶面和路表的实测代表弯沉值应不超过其各自的验收弯沉值。

抗滑技术要求 表10-19

年平均降雨量(mm)	交 工 标 准	
	横向力系数 SFC_{60}	构造深度 TD(mm)
>1000	≥54	≥0.55
500~1000	≥50	≥0.50
250~500	≥45	≥0.45

注：横向力系数 SFC_{60} 用横向力系数测试车，在60km/h±1km/h车速下测定；构造深度TD用铺砂法测定。

二、沥青路面结构验算方法

1. 温度调整系数和等效温度

温度对于沥青混合料的性能和参数具有重要影响。我国当前沥青路面结构验算时,沥青混合料结构层模量采用的是20℃标准试验温度条件下的固定值。为了考虑温度对沥青路面性能的影响,我国《公路沥青路面设计规范》(JTG D50—2017)根据道路所在地区的气温、路面结构类型和结构层厚度,采用温度调整系数表征不同地区温度条件对路面结构层疲劳开裂和路基顶面竖向压应变的影响,采用等效温度表征对沥青混合料层永久变形的影响。

确定温度调整系数和等效温度时,首先确定基准路面结构温度调整系数和等效温度,然后进行结构层厚度和模量修正,得到不同结构路面的温度调整系数和等效温度。

基准路面结构选用面层、基层与路基组成的三层路面结构,一般分为粒料基层沥青路面和无机结合料稳定类基层沥青路面两种结构形式,结构层的厚度和模量参数如下:沥青面层厚度 $h_a=180mm$,粒料基层或无机结合料稳定类基层厚度 $h_b=400mm$。沥青混合料动态模量 $E_a=8000MPa$,粒料层回弹模量 $E_b=400MPa$,无机结合料稳定层弹性模量 $E_b=7000MPa$,路基回弹模量 $E_0=100MPa$。

将不同气温状况下基准路面结构的损坏,转换成标准温度(20℃)条件下基准路面结构的等效破坏,可得到基准路面结构温度调整系数。部分地区各类路面结构设计指标的基准结构温度调整系数以及沥青混合料层的等效温度,可参照表10-20取用。其他地区的基准结构温度调整系数和沥青混合料层的等效温度,可按气温条件相近地区的系数值取用。

各地气温统计资料及相应的基准路面结构温度调整系数和等效温度 表10-20

地名	省(自治区、直辖市)	最热月平均气温(℃)	最冷月平均气温(℃)	年平均气温(℃)	温度调整系数 沥青混合料层层底拉应变、无机结合料稳定层层底拉应力	温度调整系数 路基顶面竖向压应变	基准等效温度(℃)
北京	北京	26.9	-2.7	13.1	1.23	1.09	20.1
济南	山东	28.0	0.2	15.1	1.32	1.17	21.8
日照	山东	26.0	-2.0	12.7	1.21	1.06	19.4
太原	山西	23.9	-5.2	10.5	1.12	0.98	17.3
大同	山西	22.5	-10.4	7.5	1.01	0.89	15.0
侯马	山西	26.8	-2.3	13.0	1.23	1.08	19.9
西安	陕西	27.5	0.1	14.3	1.28	1.13	20.9
延安	陕西	23.9	-5.3	10.5	1.12	0.98	17.3
安康	陕西	27.3	3.7	15.9	1.35	1.19	21.7
上海	上海	28.0	4.7	16.7	1.38	1.23	22.5
天津	天津	26.9	-3.4	12.8	1.22	1.08	20.0
重庆	重庆	28.3	7.8	18.4	1.46	1.31	23.6
台州	浙江	27.7	6.9	17.5	1.42	1.26	22.8

续上表

地名	省(自治区、直辖市)	最热月平均气温(℃)	最冷月平均气温(℃)	年平均气温(℃)	温度调整系数		基准等效温度(℃)
					沥青混合料层层底拉应变、无机结合料稳定层层底拉应力	路基顶面竖向压应变	
杭州	浙江	28.4	4.5	16.9	1.4	1.25	22.8
合肥	安徽	28.5	2.9	16.3	1.37	1.22	22.6
黄山	安徽	27.5	4.4	16.6	1.38	1.23	22.3
福州	福建	28.9	11.3	20.2	1.55	1.4	24.9
建瓯	福建	28.2	8.9	19.1	1.49	1.35	24.1
敦煌	甘肃	25.1	-8	9.9	1.1	0.97	17.6
兰州	甘肃	22.9	-4.7	10.5	1.12	0.98	17
酒泉	甘肃	22.2	-9.1	7.8	1.02	0.9	15
广州	广东	28.7	14	22.4	1.66	1.52	26.5
汕头	广东	28.6	14.4	22.1	1.64	1.5	26.1
韶关	广东	28.5	10.3	20.4	1.56	1.42	25.2
河源	广东	28.4	13.1	21.9	1.63	1.49	26.1
连州	广东	27.6	11	20.3	1.55	1.4	24.8
南宁	广西	28.4	13.2	22.1	1.64	1.51	26.3
桂林	广西	28	8.1	19.1	1.49	1.35	24.2
贵阳	贵州	23.7	4.7	15.3	1.31	1.15	20.1
郑州	河南	27.4	0.6	14.7	1.3	1.15	21.2
南阳	河南	27.3	1.7	15.2	1.32	1.17	21.4
固始	河南	28.1	2.6	16	1.36	1.21	22.3
黑河	黑龙江	21.5	-22.5	1	0.8	0.77	10.7
漠河	黑龙江	18.6	-28.7	-3.9	0.67	0.73	6.4
齐齐哈尔	黑龙江	23	-19.7	3.5	0.88	0.81	13
沈阳	辽宁	24.9	-11.2	8.6	1.06	0.94	16.9
大连	辽宁	24.8	-3.2	11.6	1.16	1.02	18.2
朝阳	辽宁	25.4	-8.7	9.8	1.1	0.97	17.7
二连浩特	内蒙古	24	-17.7	4.8	0.92	0.84	14.2
东胜	内蒙古	21.7	-10.1	6.9	0.98	0.87	14.2
额济纳旗	内蒙古	27.4	-10.3	9.5	1.1	0.97	18.2
海拉尔	内蒙古	20.5	-24.1	0	0.77	0.76	9.8
科右前旗	内蒙古	20.8	-16.7	3	0.86	0.79	11.4
通辽	内蒙古	24.3	-12.5	7.3	1.01	0.9	15.7
锡林浩特	内蒙古	21.5	-18.5	3.3	0.87	0.8	12.2

续上表

地名	省(自治区、直辖市)	最热月平均气温(℃)	最冷月平均气温(℃)	年平均气温(℃)	温度调整系数		基准等效温度(℃)
					沥青混合料层层底拉应变、无机结合料稳定层层底拉应力	路基顶面竖向压应变	
石家庄	河北	26.9	-2.4	13.3	1.24	1.1	20.3
承德	河北	24.4	-9.1	9.1	1.07	0.95	16.8
邯郸	河北	26.9	-2.3	13.5	1.25	1.1	20.5
武汉	湖北	28.9	4.2	17.2	1.41	1.27	23.3
宜昌	湖北	27.5	5	17.1	1.4	1.25	22.7
长沙	湖南	28.5	5	17.2	1.41	1.26	23.1
常宁	湖南	29.1	6	18.1	1.45	1.31	23.9
湘西	湖南	27.2	5.3	16.9	1.39	1.24	22.4
长春	吉林	23.6	-14.5	6.3	0.97	0.87	14.9
延吉	吉林	22.2	-13.1	5.99	0.95	0.86	13.9
南京	江苏	27.1	2.6	15.9	1.35	1.2	22.1
南通	江苏	26.8	3.6	15.5	1.33	1.17	21.2
南昌	江西	28.8	5.5	18	1.45	1.3	23.8
赣州	江西	29.1	8.3	19.6	1.52	1.38	25
银川	宁夏	23.8	-7.5	9.5	1.08	0.95	16.8
固原	宁夏	19.6	-7.9	6.9	0.97	0.86	13.2
西宁	青海	17.3	-7.8	6.1	0.94	0.84	11.9
海北	青海	11.3	-13.6	0	0.74	0.74	5.5
格尔木	青海	18.2	-8.9	5.7	0.93	0.83	11.9
玉树	青海	12.9	—8	3.5	0.85	0.78	8.2
果洛	青海	9.9	-12.9	-0.3	0.73	0.74	4.7
成都	四川	25.5	5.8	16.5	1.37	1.21	21.5
峨眉山	四川	11.7	-5.8	3.4	0.84	0.77	7.4
甘孜州	四川	13.9	-4.9	5.7	0.92	0.82	10
阿坝州	四川	11	-10	1.7	0.79	0.75	6.4
泸州	四川	27	7.6	17.9	1.43	1.28	22.9
绵阳	四川	26.2	5.5	16.7	1.38	1.22	21.9
攀枝花	四川	26.4	12.8	20.8	1.57	1.42	24.6
拉萨	西藏	16.2	-0.9	8.4	1.01	0.88	12.5
阿克苏	新疆	24.2	-7.7	10.6	1.13	0.99	18
阿勒泰	新疆	22	-15.4	5	0.92	0.84	13.4
哈密	新疆	26.3	-10	10.1	1.12	0.99	18.5

续上表

地名	省(自治区、直辖市)	最热月平均气温(℃)	最冷月平均气温(℃)	年平均气温(℃)	温度调整系数 沥青混合料层层底拉应变、无机结合料稳定层层底拉应力	温度调整系数 路基顶面竖向压应变	基准等效温度(℃)
和田	新疆	25.7	-4.1	12.9	1.22	1.08	20
喀什	新疆	25.4	-5	11.9	1.18	1.04	19.1
若羌	新疆	27.9	-7.2	12	1.19	1.06	20.2
塔城	新疆	23.3	-10	7.7	1.02	0.9	15.3
吐鲁番	新疆	32.3	-6.4	15	1.34	1.21	24.1
乌鲁木齐	新疆	23.9	-12.4	7.4	1.01	0.9	15.7
焉耆	新疆	23.4	-11	8.9	1.06	0.94	16.8
伊宁	新疆	23.4	-8.3	9.4	1.08	0.95	16.8
昆明	云南	20.3	8.9	15.6	1.3	1.13	18.7
腾冲	云南	19.9	8.5	15.4	1.29	1.12	18.5
蒙自	云南	23.2	12.7	18.8	1.46	1.29	21.9
丽江	云南	18.7	6.2	12.8	1.18	1.02	16.1
景洪	云南	26.3	17.2	22.7	1.66	1.51	25.6
海口	海南	28.9	18.4	24.6	1.77	1.65	27.9
三亚	海南	29.1	22	26.2	1.85	1.74	28.8
西沙	海南	29.3	23.6	27	1.89	1.79	29.3

当路面结构沥青面层或基层(含底基层)由两层或两层以上不同材料结构层组成时,可以按式(10-19)和式(10-20)分别换算成当量沥青面层和当量基层,从而简化为由当量沥青面层、当量基层和路基构成的三层路面结构。对采用沥青结合料类基层的路面,简化为由当量沥青面层、当量基层和路基组成的三层路面结构。

$$h_i^* = h_{i1} + h_{i2} \tag{10-19}$$

$$E_i^* = \frac{E_{i1}h_{i1}^3 + E_{i2}h_{i2}^3}{(h_{i1} + h_{i2})^3} + \frac{3}{h_{i1} + h_{i2}}\left(\frac{1}{E_{i1}h_{i1}} + \frac{1}{E_{i2}h_{i2}}\right)^{-1} \tag{10-20}$$

式中:h_i^*、E_i^*——当量层厚度(mm)和模量(MPa),下标 $i=a$ 为沥青面层,$i=b$ 为基层。

路面结构的温度调整系数,应根据式(10-21)~式(10~35)计算。

$$K_{Ti} = A_h A_E k_{Ti}^{1+B_h+B_E} \tag{10-21}$$

式中: K_{Ti}——温度调和系数,下标 $i=1$ 对应沥青混合料层疲劳开裂分析,$i=2$ 对应无机结合料稳定层疲劳开裂,$i=3$ 对应路基顶面竖向压应变分析;

k_{Ti}——基准路面结构温度调整系数,按所在地查表 10-20 取用;

A_h、B_h、A_E、B_E——与面层、基层厚度和模量有关的函数,按式(10-22)~式(10-35)计算。

沥青混合料层疲劳开裂：

$$A_E = 0.76\lambda_E^{0.09} \tag{10-22}$$

$$A_h = 1.14\lambda_h^{0.17} \tag{10-23}$$

$$B_E = 0.14\ln\left(\frac{\lambda_E}{20}\right) \tag{10-24}$$

$$B_h = 0.23\ln\left(\frac{\lambda_h}{0.45}\right) \tag{10-25}$$

无机结合料稳定层疲劳开裂：

$$A_E = 0.10\lambda_E + 0.89 \tag{10-26}$$

$$A_h = 0.73\lambda_h + 0.67 \tag{10-27}$$

$$B_E = 0.15\ln\left(\frac{\lambda_E}{1.14}\right) \tag{10-28}$$

$$B_h = 0.44\ln\left(\frac{\lambda_h}{0.45}\right) \tag{10-29}$$

路基顶面竖向压应变：

$$A_E = 0.006\lambda_E + 0.89 \tag{10-30}$$

$$A_h = 0.67\lambda_h + 0.70 \tag{10-31}$$

$$B_E = 0.12\ln\left(\frac{\lambda_E}{20}\right) \tag{10-32}$$

$$B_h = 0.38\ln\left(\frac{\lambda_h}{0.45}\right) \tag{10-33}$$

λ_E 为面层与基层当量模量之比，按式（10-34）计算：

$$\lambda_E = \frac{E_a^*}{E_b^*} \tag{10-34}$$

λ_h 为面层与基层当量厚度之比，按式（10-35）计算：

$$\lambda_E = \frac{h_a^*}{h_b^*} \tag{10-35}$$

分析沥青混合料层永久变形量时，沥青混合料层的等效温度应按式（10-36）计算。

$$T_{pef} = T_\xi + 0.016h_a \tag{10-36}$$

式中：T_{pef}——沥青混合料等效温度（℃）；

　　　h_a——沥青混合料层厚度（mm）；

　　　T_ξ——基准等效温度，按所在地查表10-20取用。

2.沥青混合料层疲劳开裂验算

沥青混合料疲劳试验一般分为常应变和常应力两种加载模式。研究表明薄沥青层适宜采用常应变加载式疲劳开裂模型，厚沥青层适宜采用常应力加载模式疲劳开裂模型，介于中间厚度的沥青混合料层需要在两者之间建立过渡关系。我国《公路沥青路面设计规范》（JTG

D50—2017)在大量常应力加载模式和常应变加载模式疲劳试验的基础上,综合国内外大量加速加载试验路的疲劳数据,建立了基于沥青混合料层层底拉应变的沥青混合料层疲劳开裂寿命计算模型,见式(10-37)。为了考虑不同加载模式的转换,在该模型中引入了疲劳开裂加载模式系数。

$$N_\Omega = 6.32 \times 10^{15.96-0.29\beta} k_a k_b k_{T1}^{-1} \left(\frac{1}{\varepsilon_a}\right)^{3.97} \left(\frac{1}{E_a}\right)^{1.58} (VFA)^{2.72} \tag{10-37}$$

式中:N_Ω——沥青混合料疲劳层开裂寿命(轴次);
  β——目标可靠指标,根据公路等级按表10-13取值;
  k_a——季节性冻土地区调整系数,按表10-21采用内插法确定;
  k_b——疲劳加载模式系数,按式(10-38)计算:

$$k_b = \left[\frac{1 + 0.3 E_a^{0.43} (VFA)^{-0.85} e^{0.024 h_a - 5.41}}{1 + e^{0.024 h_a - 5.41}}\right]^{3.33} \tag{10-38}$$

  E_a——沥青混合料20℃时的动态压缩模量(MPa);
  VFA——沥青混合料的沥青饱和度(%),根据混合料设计结果或《公路沥青路面施工技术规范》(JTG F40—2004)的有关规定确定;
  h_a——沥青混合料层厚度(mm);
  k_{T1}——温度调整系数;
  ε_a——沥青混合料层层底拉应变(10^{-6}),根据弹性层状理论计算获取。

季节性冻土地区调整系数 k_a 表10-21

冻区	重冻区	中冻区	轻冻区	其他地区
冻结指数 F(℃·d)	≥2000	2000~800	800~50	≤50
k_a	0.60~0.70	0.70~0.80	0.80~1.00	1.00

沥青混合料层的疲劳开裂寿命应不大于基于沥青混合料层层底拉应变的设计使用年限内设计车道的当量设计轴载累计作用次数。否则,应调整路面结构方案,重新验算,直至满足要求。

3. 无机结合料稳定层疲劳开裂验算

我国《公路沥青路面设计规范》(JTG D50—2017)在归纳水泥稳定砂砾、水泥稳定碎石、水泥稳定土和石灰粉煤灰稳定碎石四种常用混合料大量疲劳开裂试验结果的基础上,建立了无机结合料稳定粒料和稳定土的疲劳开裂计算模型,如式(10-39)所示。通过对比不同公路等级、交通荷载参数和路基回弹模量等不同条件下无机结合料稳定类基层沥青路面结构实际损坏状况与室内试验获得的疲劳开裂模型分析结果,引入现场综合修正系数 k_c,以反映室内性能模型与现场疲劳开裂损坏间的差异。

$$N_\Omega = k_a k_{T2}^{-1} 10^{a - b \frac{\sigma_t}{R_*} + k_c - 0.57\beta} \tag{10-39}$$

式中:N_Ω——无机结合料稳定层的疲劳开裂寿命(轴次);
  k_a——季节性冻土地区调整系数,按表10-21确定;
  k_{T2}——温度调整系数;
  R_*——无机结合料稳定类材料的弯拉强度(MPa);
  a、b——疲劳试验回归参数,按表10-22确定;

k_c——现场综合修正系数,按式(10-40)确定:

$$k_c = c_1 e^{c_2(h_a+h_b)} + c_3 \qquad (10\text{-}40)$$

c_1、c_2、c_3——参数,按表10-23取值;

h_a、h_b——分别为沥青混合料层和计算点以上无机结合料稳定层厚度;

β——目标可靠指标,根据公路等级按表10-23取值;

σ_t——无机结合料稳定层的层底拉应力(MPa),根据弹性层状理论计算获取。

无机结合料稳定层疲劳破坏模型参数 表10-22

材料类型	a	b
无机结合料稳定粒料	13.24	12.52
无机结合料稳定土	12.18	12.79

现场修正系数 k_c 相关参数 表10-23

材料类型	新建路面结构层或改建工程既有路面结构层		改建工程加铺层	
	无机结合料稳定粒料	无机结合料稳定土	无机结合料稳定粒料	无机结合料稳定土
c_1	14.0	35.0	18.5	21.0
c_2	-0.0076	-0.0156	-0.01	-0.0125
c_3	-1.47	-0.83	-1.32	-0.82

无机结合料稳定层的疲劳开裂寿命应大于基于无机结合料稳定层层底拉应力为指标进行轴载换算得到的设计使用年限内设计车道的当量设计轴载累计作用次数。否则,应调整路面结构组合或层厚,重新验算,直至满足要求。

4. 沥青混合料层永久变形量验算

我国《公路沥青路面设计规范》(JTG D50—2017)依据多种沥青混合料,在不同温度、压力等条件下的大量有效车辙试验结果,建立了包含荷载作用次数、温度、竖向压应力、层厚和车辙试验永久变形量等参数的沥青混合料层永久变形预估模型,并利用国内10余条公路多年车辙数据和5个试验段车辙数据对该模型进行了修正和验证。

考虑沥青路面不同深度处应力分布和不同沥青混合料层抗车辙性能的差异,规定分层计算永久变形量。首先对路面结构中的各沥青混合料层进行分层:第一层表面层,采用10~20mm作为一分层;第二层沥青混合料层,每一分层厚度应不大于25mm;第三层沥青混合料层,每一分层应不大于100mm;第四层及其以下沥青混合料层,作为一个分层。然后,根据标准条件下的车辙试验,得到各层沥青混合料的车辙试验永久变形量,按式(10-41)计算各分层的永久变形量和沥青混合料层总的永久变形量。

$$R_a = \sum_{i=1}^{n} R_{ai}$$

$$R_{ai} = 2.31 \times 10^{-8} k_{Ri} T_{pef}^{2.93} P_i^{1.80} N_{e3}^{0.48} \left(\frac{h_i}{h_o}\right) R_{oi} \qquad (10\text{-}41)$$

式中:R_a——沥青混合料层永久变形量(mm);

R_{ai}——第i层永久变形量(mm);

n——分层数;

T_{pef}——沥青混合料层永久变形等效温度(℃);

N_{e3}——设计使用年限内或通车至首次针对车辙维修的期限内,基于沥青混合料层永久变形量指标的设计车道上当量设计轴载累计作用次数;

h_i——第 i 分层厚(mm);

h_o——车辙试验试件的厚度(mm);

R_{oi}——第 i 分层沥青混合料在试验温度为60℃,压强为0.7MPa,加载次数为2520次时,车辙试验永久变形量(mm);

k_{Ri}——综合修正系数,按式(10-42)~式(10-44)计算:

$$k_{Ri} = (d_1 + d_2 \cdot z_i) \cdot 0.9731^{z_i} \tag{10-42}$$

$$d_1 = -1.35 \times 10^{-4} h_a^2 + 8.18 \times 10^{-2} h_a - 14.50 \tag{10-43}$$

$$d_2 = 8.78 \times 10^{-7} h_a^2 - 1.50 \times 10^{-3} h_a + 0.90 \tag{10-44}$$

z_i——沥青混合料第 i 分层厚度(mm),第一分层取为15mm,其他分层为路表距分层中点的深度;

h_a——沥青混合料层厚度(mm),h 大于200mm时,取200mm;

P_i——沥青混合料第 i 分层顶面竖向压应力(MPa),根据弹性层状体系理论,计算获取。

对路面设计使用年限内的永久变形量进行预估时,一般应当使用基于沥青混合料层永久变形量指标进行轴载换算获取的设计使用年限内设计车道上当量设计轴载累计作用次数进行永久变形量计算。交通量大、重载比例高的项目,综合考虑路面的养护和维修工作,路面设计使用年限内有时需要针对车辙进行一次或一次以上维修,此时用于计算沥青混合层永久变形量的设计车道上当量设计轴载累计作用次数取用道路通车至首次计划维修的期限内当量设计轴载累计作用次数。

验算得到的沥青混合料层永久变形量应满足表10-17要求。否则,应调整沥青混合料设计,直至满足要求。满足沥青混合料层容许永久变形量要求的沥青混合料,尚应满足施工技术规范要求的标准车辙试验的动稳定度要求,其永久变形量 R_0 的稳定度可用作沥青混合料的质量要求和施工控制指标。标准车辙试验温度为60℃,压强为0.7MPa,试件厚度为50mm,加载次数为2520次时沥青混合料的动稳定度 DS,可根据永久变形量 R_0 按式(10-45)计算。

$$DS = 9365 R_0^{-1.48} \tag{10-45}$$

式中:DS——沥青混合料动稳定度(次/mm)。

5. 路基顶面竖向压应变验算

一般通过控制路基顶面竖向压应变防止路基产生过大的永久变形,并采用试验路或现场观测数据拟合竖向压应变与交通荷载参数的关系。我国《公路沥青路面设计规范》(JTG D50—2017)依据美国 AASHTO 试验路数据,建立了路基顶面容许竖向压应变的计算模型,如式(10-46)所示。

$$[\varepsilon_z] = 1.25 \times 10^{4-0.1\beta} (k_{T3} N_{e4})^{-0.21} \tag{10-46}$$

式中:$[\varepsilon_z]$——路基顶面容许竖向压应变(10^{-6});

β——目标可靠指标,根据公路等级,按表10-13取值;

N_{e4}——基于路基顶面压应变指标的设计使用年限内设计车道上的当量设计轴载累计作用次数;

k_{T3}——温度调整系数。

对于选定的路面结构,根据弹性层状体系理论计算出的路基顶面竖向压应变应小于容许压应变值。否则,调整路面结构方案,重新验算,直至满足要求。

6. 沥青面层低温开裂指数验算

季节性冻土地区沥青路面需验算低温开裂。我国沥青路面设计规范采用经验法分析了东北地区多个路段沥青性质、路面结构、路基土质类型等与路面低温开裂状况的关系,参考加拿大 Haas 模型,建立了路面低温开裂指数预估模型,如式(10-47)所示。

$$CI = 1.95 \times 10^{-3} S_t \lg b - 0.075(T + 0.07h_a) \lg S_t + 0.15 \tag{10-47}$$

式中:CI——沥青面层低温开裂指数;

T——路面开裂设计温度(℃),为连续 10 年年最低气温平均值;

S_t——在路面低温设计温度加 10℃试验温度条件下,表面层沥青弯曲梁流变试验加载 180s 时蠕变劲度(MPa);

h_a——沥青结合料类材料层厚度(mm);

b——路基类型参数,砂 $b = 5$,粉质黏土 $b = 3$,黏土 $b = 2$。

沥青面层低温开裂指数值,应满足表 10-18 的低温开裂指数要求,否则应改变所选用的沥青材料,直至满足要求。

7. 防冻厚度验算

季节性冻土地区路基为中湿或潮湿状态时,应按照式(10-48)计算公路多年最大冻深。根据公路多年最大冻深,按表 10-24 的规定验算路面的防冻厚度,路面结构厚度小于表 10-24 规定的最小防冻厚度时,应增设防冻层,使其满足最小防冻厚度的要求。

$$Z_{\max} = abcZ_d \tag{10-48}$$

式中:$Z_{\max}$——公路多年最大冻深(mm);

Z_d——大地多年最大冻深(mm),根据调查资料确定;

a——大地冻深范围内路基、路面各层材料热物性系数,按表 10-25 确定;

b——路基湿度系数,按表 10-26 确定;

c——路基断面形式系数,根据表 10-27 按内插法确定。

沥青路面结构最小防冻深度(单位:mm)   表 10-24

路基土质	基层、底基层材料类型	对应于以下公路多年最大冻深 $Z_{\max}$(mm)和路基干湿类型的最小防冻厚度							
		中湿				潮湿			
		500~1000	1000~1500	1500~2000	>2000	500~1000	1000~1500	1500~2000	>2000
黏性土、细亚砂土	粒料类	400~450	450~500	500~600	600~700	450~550	550~600	600~700	700~800
	水泥或石灰稳定类、水泥混凝土	350~400	400~450	450~550	550~650	400~500	500~550	550~650	650~750
	水泥粉煤灰或石灰粉煤灰稳定类、沥青结合料类	300~350	350~400	400~500	500~650	350~450	450~500	500~550	550~700

续上表

路基土质	基层、底基层材料类型	对应于以下公路多年最大冻深 Z_{max}(mm)和路基干湿类型的最小防冻厚度							
		中湿				潮湿			
		500~1000	1000~1500	1500~2000	>2000	500~1000	1000~1500	1500~2000	>2000
粉性土	粒料类	450~500	500~600	600~700	700~750	500~600	600~700	700~800	800~1000
	水泥或石灰稳定类、水泥混凝土	400~450	450~500	500~600	600~700	450~550	550~650	650~700	700~900
	水泥粉煤灰或石灰粉煤灰稳定类、沥青结合料类	300~400	400~450	450~500	500~650	400~500	500~600	600~650	650~800

注:1. 在《公路自然区划标准》(JTJ 003—1986)中,对潮湿系数小于0.5的地区,Ⅱ、Ⅲ、Ⅳ等干旱地区的防冻厚度可比表中值减少15%~20%。
2. 对Ⅱ区砂性土路基防冻厚度应相应减少5%~10%。
3. 公路多年最大冻深大时,靠近上线取值,反之靠近下限取值。
4. 基层、底基层采用不同材料类型时,按厚度较大的材料类型确定。

路基、路面材料热物性系数 α 表 10-25

路基材料	黏质土	粉性土	粉土质砂	细粒土质砂、黏土质砂	含细粒土质砾(砂)
热物性系数	1.05	1.10	1.20	1.30	1.35
路面材料	水泥混凝土	沥青结合料类	级配碎石	石灰粉煤灰稳定粒料或水泥稳定粒料	石灰粉煤灰稳定材料土及水泥土
热物性系数	1.40	1.35	1.45	1.40	1.35

路基湿度系数 b 表 10-26

干湿类型	干燥	中湿	潮湿
湿度系数	1.0	0.95	0.9

路基断面形式系数 C 表 10-27

填挖形式和高(深)度	路基填土高度(m)					路基挖方高度(m)			
	零填	<2	2~4	4~6	>6	<2	2~4	4~6	>6
断面形式系数	1.0	1.02	1.05	1.08	1.10	0.98	0.95	0.92	0.90

8. 设计路面结构的验收弯沉值

路基顶面验收弯沉值 l_g,应按式(10-49)计算。一般建议采用落锤式弯沉仪进行路基验收,锤式弯沉仪荷载为 50kN,荷载盘半径为 150mm。路基顶面实测代表弯沉值 l_0 应符合式(10-50)的要求。

$$l_g = \frac{176Pr}{E_0} \qquad (10\text{-}49)$$

式中:l_g——路基顶面验收弯沉值(0.01mm);
  P——落锤式弯沉仪承载板施加荷载(MPa);
  r——落锤式弯沉仪承载板半径(mm);

E_0——平衡湿度状态下路基顶面回弹模量(MPa)。

$$l_0 \leq l_g \tag{10-50}$$

式中：l_g——路基顶面验收弯沉值(0.01mm)；

l_0——路段内实测的路基顶面弯沉代表值(0.01mm)，以 1~3km 为一评定路段，按式(10-51)计算：

$$l_0 = (\bar{l}_0 + \beta \cdot s) K_1 \tag{10-51}$$

$\bar{l}_0$——路段内实测路基顶面弯沉平均值(0.01mm)；

s——路段内实测路基顶面弯沉标准差(0.01mm)；

β——目标可靠指标，根据公路等级按表 10-13 取值；

K_1——路基顶面弯沉湿度影响系数，根据当地经验确定。

路表验收弯沉值 l_a 应根据设计路面结构，采用弹性层状体系理论计算，路面结构层参数与路面结构验算时相同。路基顶面回弹模量应采用平衡湿度状态下路基顶面回弹模量乘以模量调整系数 K_1，用以协调理论弯沉与实测弯沉的差异。无机结合料稳定类基层沥青路面和水泥混凝土基层沥青路面，K_1 取 0.5；粒料类基层沥青路面和沥青结合料类基层沥青路面，当采用无机结合料稳定底基层时，K_1 取 0.5，否则取 1.0。

路表交(竣)工时应对路表弯沉值进行检测，检测时需要考虑对弯沉进行湿度和温度修正。落锤式弯沉仪中心点弯沉代表值应符合式(10-52)要求。

$$l_0 \leq l_a \tag{10-52}$$

式中：l_a——路表验收弯沉值(0.01mm)；

l_0——路段内实测路表弯沉代表值(0.01mm)，以 1~3km 为一个评定路段，按式(10-53)计算：

$$l_0 = (\bar{l}_0 + \beta \cdot s) K_1 K_3 \tag{10-53}$$

式中：l_0——路段内实测路表弯沉平均值(0.01mm)；

s——路段内实测路基顶面弯沉标准差(0.01mm)；

β——目标可靠指标，根据公路等级按表 10-13 取值；

K_1——路基顶面弯沉湿度影响系数，根据实测弯沉值通过反算得到路基模量值，再对路基模量进行修正得到结构模量值，然后得出测试状态下弯沉湿度修正系数 K_1，或者根据当地经验确定；

K_3——路表弯沉温度影响系数，按式(10-54)确定：

$$K_3 = e^{[9 \times 10^{-6}(\ln E_0 - 1)h_a + 4 \times 10^{-3}](20-T)} \tag{10-54}$$

式中：T——弯沉测定时沥青结合料类材料层中点实测或预估温度(℃)；

h_a——沥青结合料类材料层厚度(mm)；

E_0——平衡湿度状态下路基顶面回弹模量(MPa)。

三、沥青路面结构验算步骤

新建沥青路面的结构验算流程如图 10-12 所示，包括下列主要内容：

①调查分析交通参数，轴载换算获得不同控制指标下的 N_e，确定交通荷载等级。

②根据路基土类、地下水位高度确定路基干湿类型和湿度状况,确定路基顶面回弹模量;不符合要求时采取路基改善措施。

③根据设计要求,收集所在地区的常用路面结构组合和材料性质要求,分析影响路面结构设计的其他因素,初拟路面结构组合与厚度方案,选取设计指标。

④各类材料配合比设计和性能验证,依据不同水平,确定各结构层模量等设计参数。

⑤收集工程所在地区气温资料,确定各设计指标对应的温度调整系数或等效温度。

⑥采用多层弹性体系理论程序计算各设计指标的力学响应量。

⑦进行路面结构验算,验算结果不符合要求时,调整路面结构方案,重新验算,直至符合为止。季冻区验算最小防冻厚度,不满足时增设防冻层。

⑧对通过结构验算的路面结构进行技术经济分析,选定路面结构方案。

⑨计算设计路面结构的路基顶面和路表验收弯沉值,用于路面交竣工验收。

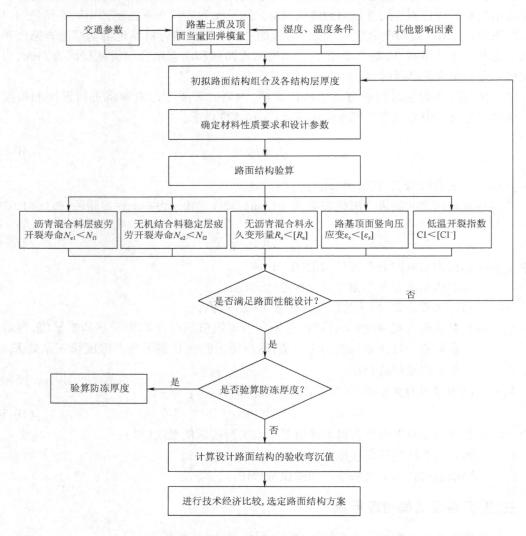

图 10-12 沥青路面结构验算流程图

第五节　改建沥青路面结构设计

沥青路面随着交通量的不断增加和使用时间的延长,使用性能和承载能力不断下降,使用一定时期后路面便不能满足正常交通荷载的要求,需要改建或补强。改建设计应遵循以下原则:当原有路面需提高等级时,对不符合技术标准的路段应先进行线形改善,改线路段路面按新建路面设计;对于加宽路面、提高路基、调整纵坡的路段应视具体情况按新建或改建路面设计;对于在原路面上补强时,按改建路面设计。沥青路面改建(补强)设计工作包括既有路面调查与分析、改建方案的确定以及改建路面结构验算等内容。

一、既有路面调查与分析

对既有路面进行结构状况的调查与评定,主要是为了解路面现有结构状况和强度,据以判断是否需要加强或预估剩余使用寿命,分析路面损坏的原因及提出处理措施,提出针对性改建对策。

既有路面调查与分析应包括下列主要内容:

①收集既有路面及其排水设施的设计、施工及历史养护维修情况等技术资料。
②调查分析交通量、轴载组成和增长率等交通荷载参数。
③调查路面破坏状况,包括路面病害类型、严重程度、范围和数量等。
④采用落锤式动态弯沉仪或其他弯沉仪检测评价既有路面结构承载力。
⑤采用钻芯、探坑取样、路面雷达、切割等方式,调查分析既有路面厚度、层间结合及病害程度情况,并取样进行室内试验,测定试件模量、强度等,分析路面材料组成与退化情况。
⑥对因路基问题导致路面损坏的路段,取样调查路基土质类型、含水率和CBR值等,分析路基稳定性和承载力等。
⑦调查沿线气候条件、地下水及路基路面排水状况。
⑧调查沿线跨线桥、隧道净空要求及其他影响路面改建设计的因素。

既有路面损坏状况的评定应符合《公路技术状况评定标准》(JTG H20—2007)和《公路养护技术规范》(JTG H10—2009)的有关规定,可结合路面损坏特点采用路面横向裂缝间距、纵向裂缝率、网裂面积率和修补面积率等指标进行补充评价。

二、改建方案的确定

基于既有路面调查与分析,经技术经济分析后,结合工程经验确定适应预期交通荷载等级和使用性能要求的改建设计方案。确定改建设计方案时,应充分利用既有路面结构性能,减少废弃材料,并积极、稳妥地再生利用既有路面材料。改建设计应采用动态设计理念,工程实施阶段逐段调查分析现场路况,动态调整改建方案。并应考虑施工期交通组织设计和临时安全设施设计。改建方案设计的一般要求如下:

①应根据不同路段路面状况和损坏程度,对既有路面采取相应的处理方案。
②既有路面处理可采用局部病害处治、整体性处理的方式或局部病害处治与整体性处理相结合的方式,并应符合下列规定:既有路面破损不严重且结构性能较好的路段可参照《公路

沥青路面养护技术规范》(JTJ 073.2—2001)对局部病害处治后加铺;既有路面破损严重或结构性能不足的路段,宜采用整体性处理方式,处理深度和范围应根据路面破损程度、层位和处理工艺确定。

③改建方案应充分利用既有路面结构和材料,可视具体情况选择经局部病害处治后直接加铺一层或多层改建方案、将既有路面铣刨至某一结构层或将既有路面就地再生后再加铺一层或多层的改建方案。

④既有路面存在较多裂缝时,应采取减缓反射裂缝的措施。

⑤既有路面出现因内部排水不良引起的水损坏时,应改善或重置路面防排水系统。加铺层与既有路面间应采取设置黏层或封层等层间结合措施。

⑥加铺层材料组成和技术要求应符合相关要求。再生材料技术要求应符合《公路沥青路面再生技术规范》(JTG F41—2008)的有关规定。

三、改建路面结构验算

改建路面结构验算步骤与流程与新建路面结构类似,主要区别在于,与新建路面结构相比,改建路面结构验算需要依据既有路面破损状况和结构性能来确定既有路面结构设计参数以及是否需要对既有路面结构进行验算。改建路面结构验算包括如下主要内容:

①调查分析设计使用年限内预期的交通荷载参数,并确定交通荷载等级。依据第六章中的交通数据调查以及轴载换算方法,调查分析交通参数,计算获取设计使用年限内设计车道在不同控制指标(沥青混合料层层底拉应变,沥青混合料层永久变形,无机结合料层层底拉应力,路基顶面竖向压应变)下的当量设计轴载累计作用次数,并确定交通荷载等级。

②对既有路面技术状况进行调查和分析。充分调查和分段评估既有路面状况,分析路面损坏原因,提出针对性改建对策。

③分段初拟改建方案。根据路况调查结果,对既有路面进行分段,结合当地工程经验分段初拟适应预期交通荷载等级和使用性能要求的改建方案。

④既有路面破损不严重且结构性能较好,采用直接加铺方案或铣刨至某一结构层再加铺方案时,应同时对既有路面结构层和加铺层进行结构验算。加铺层的设计参数应按新建路面结构确定。既有路面结构层的设计参数应按下列要求确定:

a. 将既有路面简化为由沥青结合料类材料层、无机结合料稳定层或粒料层和路基组成的三层体系,利用弯沉盆反演或芯样实测的方法确定各层的结构模量。

b. 既有路面无机结合料稳定层弯拉强度,宜根据现场取芯实测的无侧限抗压强度按式(10-55)计算,无条件时,可根据既有路面整体强度、基层和面层损坏状况,结合当地经验确定。

$$R_s = 0.21 R_c \tag{10-55}$$

式中:R_s——无机结合料稳定类材料试件的弯拉强度(MPa);

R_c——无机结合料稳定类材料试件的无侧限抗压强度(MPa)。

⑤既有路面破损严重或结构性能不足时,无论采用直接加铺方案还是采用铣刨至某一结构层再加铺方案,均应对加铺层进行结构验算。加铺面层的设计参数应按新建路面结构确定。既有路面或铣刨后留用的路面结构层不再进行结构验算,其顶面当量回弹模量应按式(10-56)计算。

$$E_{\mathrm{d}} = \frac{176pr}{l_0} \qquad (10\text{-}56)$$

式中：E_{d}——既有路面结构顶面当量回弹模量（MPa）；
　　　p——落锤式弯沉仪承载板施加荷载（MPa）；
　　　r——落锤式弯沉仪承载板半径（mm）；
　　　l_0——落锤式弯沉仪承载板中心点弯沉值（0.01mm）。

⑥按照新建路面要求，检验加铺层材料的性能设计参数是否符合要求，如检验加铺层粒料的 CBR 值，无机结合料稳定类材料的无侧限抗压强度，沥青低温性能要求，沥青混合料的低温破坏应变、动稳定度、贯入强度和水稳定性等。

⑦收集工程所在地区气温资料，确定各设计指标相应的温度调整系数或等效温度。

⑧采用多层弹性体系理论程序计算各设计指标的力学响应量。

⑨进行路面结构验算。沥青混合料层疲劳开裂验算、无机结合料稳定层疲劳开裂验算、沥青混合料层永久变形量验算、路基顶面竖向压应变验算、低温开裂指数验算以及最小防冻厚度验算等，均应符合各自的设计标准要求，验算不满足要求时，调整路面改建方案重新验算，直至符合要求为止。

⑩对通过结构验算的路面结构进行技术经济分析，选定路面改建方案。

⑪计算改建路面结构的路表验收弯沉值，用于路面交（竣）工验收。

第六节　沥青混凝土路面排水设计

大量路面工程的实践经验表明，水对路面的强度和稳定性影响非常大，也是路面病害的主要诱因之一。因此，路面排水设计应视为路面设计的重要组成部分，必须引起足够重视。

对于高速公路和一级公路，路面排水设计时一般应考虑 5 年的降雨重现期，二级及二级以下公路一般考虑 3 年的降雨重现期。对于多雨地区的公路或特殊路段，可适当提高排水设计标准。

路面排水系统主要由以下部分组成：路面表面排水；中央分隔带排水；路面结构内排水。其中，路面结构内排水系统又由边缘排水系统和排水基层排水系统组成。

一、路面表面排水

路面表面排水设施主要由路面横坡、拦水带（或矩形边沟）、泄水口和急流槽组成。其主要目的是迅速排除降落在路面和路肩表面的大气降水，以减少表面水下渗，防止路表积水影响行车安全。

挖方路段的表面水，以横向漫流的方式汇集于路堑边沟内排除，而填方路段路表面水可采用分散排水和集中排水两种方式排除。

1. 分散排水

在路线纵坡平缓，汇水量不大，路堤不高（即坡面水流路径较短，流速不高）且坡面有较强的耐冲刷能力（坡面已采取了防护措施）的情况下，应优先采用横向漫流分散排放的排水方式。

不同的坡面防护形式具有不同的耐冲刷能力,工程上常以容许流速来表示坡面的耐冲能力。当采用横向漫流分散排水方式排除路表水时,应计算坡面流速,并根据计算结果采取相应的防护措施。也可根据拟采用防护类型由表 10-28 确定坡面容许流速,然后根据流速确定应采用的排水方式。

坡 面 容 许 流 速　　　　　　　表 10-28

防 护 类 型	容许流速(m/s)	防 护 类 型	容许流速(m/s)
种草	0.4~0.6	双层干砌片石	3.0~4.0
平铺草皮	<1.22	浆砌片石	4.0~5.0
平铺叠置草皮	<1.8	抛石	3.0
植树	<3.0	预制块	4.0~8.0
单层干砌片石	2.0~3.0		

分散排水设计应与路基边坡防护、边沟或排水沟相结合。分散排水路段的土路肩一般应采用种植草皮等生态防护,但需设置横向排水管将滞留在填土绿化层底面的渗水排到路基外。冲刷相对较大等路段,土路肩也可采用不小于 50mm 厚的预制水泥混凝土块铺砌或现浇混凝土。

2. 集中排水方式

当填方路基高度较高,或路堤为易受冲刷的粉性土、砂性土路段以及凹形竖曲线底部等,在表面水有可能冲刷路堤边坡坡面的情况下,应采用将路表水汇集于拦水带内,通过泄水口和急流槽集中排放的方式。

设置拦水带汇集路表水时,高速公路及一级公路的设计积水宽度不得超过右侧车道外边缘;二级及二级以下公路不得超过右侧车道中心线。拦水带可用沥青混凝土现场铺筑或水泥混凝土预制块铺砌而成。拦水带的横断面尺寸可参考图 10-13,拦水带顶面高度应略高于过水断面的设计水深,设计水深可按设计流量公式(10-57)计算确定。

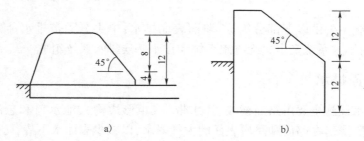

图 10-13　拦水带横断面参考尺寸(尺寸单位:cm)
a)沥青混凝土拦水带;b)水泥混凝土拦水带

$$Q_c = \frac{0.377 \times 1}{i_h n} \times h^{\frac{8}{3}} \times I^{\frac{1}{2}} \tag{10-57}$$

式中:Q_c——过水断面的泄水能力(m^3/s);
　　　i_h——过水断面的横向坡度;
　　　n——沟壁或管壁的粗糙系数,见表 10-29;

h——设计水深(m);
I——水力纵坡,拟采用的沟或管的纵坡。

沟壁或管壁的粗糙系数 n 表 10-29

沟或管类别	n	沟或管类别	n
塑料(聚氯乙烯)	0.010	岩石质明沟	0.035
石棉水泥管	0.012	植草皮明沟(流速0.6m/s)	0.050~0.090
水泥混凝土管	0.013	植草皮明沟(流速1.8m/s)	0.035~0.050
陶土管	0.013	浆砌石明沟	0.025
铸铁管	0.015	干砌石明沟	0.032
波纹管	0.027	水泥混凝土明沟(镘抹面)	0.015
沥青路面(光滑)	0.013	水泥混凝土明沟(预制)	0.012
沥青路面(粗糙)	0.016	土质明沟	0.022
水泥混凝土路面(镘抹面)	0.014	带杂草土质明沟	0.027
水泥混凝土路面(拉毛)	0.016	砂砾质明沟	0.025

拦水带泄水口的间距应根据过水断面水面漫盖宽度的要求和泄水口的泄水能力计算确定,一般为25~50m;高速公路、一级公路车道较多时,宜采用较小的泄水口间距。在凹形竖曲线底部、道路交叉口、匝道口、与桥涵构造物连接、填挖交界等处应设置拦水带泄水口。凹形竖曲线的底部应加密设置泄水口。

设在纵坡路段上的泄水口宜做成不对称的喇叭形,而泄水口为提高其泄水能力,需在硬路肩边缘外侧设置逐渐加宽的低凹区(图10-14)。泄水口的泄水及开口长度,低凹区宽度和下凹深度等尺寸应由泄水口的水力计算确定。设置在凹形竖曲线底部的开口式泄水口,可按泄水口处的水深和尺寸确定其泄水能力。

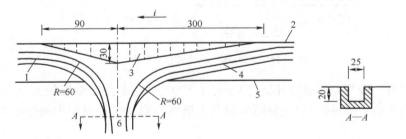

图 10-14 纵坡坡段上拦水带不对称泄水口的平面布置(尺寸单位:cm)
1-水流流向;2-硬路肩边缘;3-低凹区;4-拦水带顶;5-路堤边坡坡顶;6-急流槽

二、中央分隔带排水

中央分隔带排水是高速公路及一级公路地表排水的主要内容。中央分隔带排水设施由排水沟(明沟、暗沟)、渗沟、雨水井、集水井、横沟排水管等组成。设置中央分隔带排水设施时,应根据分隔带宽度、绿化和交通安全设施的形式与分隔带表面处理方式等,选择不同的排水方式。

1.一般路段中央分隔带排水

对一般路段的中央分隔带,其排水系统的主要作用是排除中央分隔带范围内表面渗入水。在中央分隔带有表面铺面(薄层现浇水泥或水泥预制块)的情况下,中央分隔带表面采用与两侧路面相同坡度的双向横坡,使降落在中央分隔带表面的水流向两侧路面进入路面表面排水设施(图10-15)。

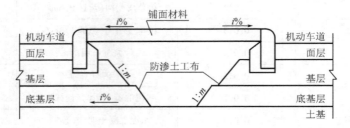

图10-15 有铺面中央分隔带排水系统示意图

当中央分隔带表面未采用铺面封闭时,分隔带表面做成向内微凹的横断面形,降落在分隔带的雨水,一部分通过中央分隔带内回填土的渗透性向下渗透;另一部分沿路线纵坡流动(在流动过程中水仍可向下渗),最后排至桥涵水道中。此外,中央分隔带排水系统主要由渗沟、渗沟内的集水管和横向排水管组成(图10-16)。

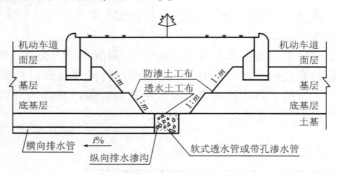

图10-16 无铺面中央分隔带排水系统示意图

渗沟的纵坡一般与路线纵坡相同,但不得小于0.25%,若路线纵坡较大,中央分隔带表面沿纵坡方向流动的水,可能对中央分隔带回填土造成冲刷,此时,应对中央分隔带回填土表面进行适当防护。

在降雨强度较大的地区,中央分隔带范围内的设计径流量可能大于表面水的渗入量,而造成较多的水流沿中央分隔带纵向流动。故在凹形曲线底部的流水汇集处均应设置格栅式泄水口,然后通过横向排水管将这部分水流排出。格栅顶面可与地面齐平,也可稍低于周围地面,并在周围一定宽度范围内设置低凹区,以增加其泄水能力。

2.超高路段中央分隔带排水

高等级公路超高路段上侧半幅路面的表面水,不得横向漫流经过下侧半幅路面。所以在超高路段上的中央分隔带,除应满足一般路段上中央分隔带排水所具有的一切功能和构造要求外,还应设置拦截和排泄上侧半幅路面水流的排水设施。

(1)凸形中央分隔带

在中央分隔带缘石外侧设置纵向格栅式盖板沟,并在中央分隔带内设集水井,最后通过集水井及与集水井相连的横向排水管将水排出路基范围以外(图10-17)。

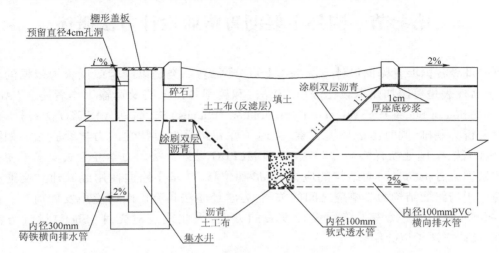

图10-17 超高路段凸形中央分隔带排水

(2)凹形中央分隔带

在中央带内设置纵向格栅盖板沟,上侧半幅路面的路面表面水直接漫流入中央带内的格栅盖板沟内,并沿沟底纵坡排入集水井内,最后通过与集水井连接的横向排水管将水排出路基范围以外(图10-18)。该种形式的中央分隔带不但能顺畅地排除上侧半幅路面的路面表面水,而且还能有效地排除中央分隔带内的积水。其汇水面积较大,设计径流量较大,在设计中应合理地确定横向排水管的管径及设置间距,以确保其排泄能力。

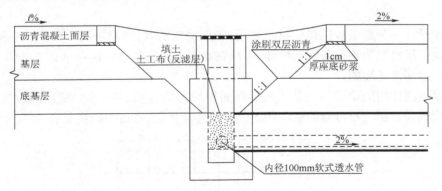

图10-18 凹形中央分隔带排水设计

三、路面内部排水

国外的一些工程调查数据经验表明,设置排水基层后沥青路面的使用寿命要延长30%左右。美国在1996年发布的AASHTO路面结构设计指南中,就把排除渗入路面结构内的水分所需时间和一年内路面结构处于饱水状态的时间比例作为一项设计指标予以考虑。我国《公路沥青路面设计规范》(JTG D50—2017)提出,当路面内部可能出现自由水滞留时,可采用沥青碎石或骨架空隙型水泥稳定碎石或级配碎石做排水基层。沥青路面内部排水设计可参见第十二章水泥混凝土路面设计。

*第七节　国外主要沥青路面设计方法概述

目前世界各国沥青路面设计方法基本上可分两类：一类是以经验或试验为依据的经验法，其著名代表是美国加州承载比法（CBR 法）和美国各州公路及运输工作者协会（American Association of States Highway and Transportation Officials）法，简称 AASHTO 法；另一类是以力学分析为基础，同时考虑环境因素、交通条件和路面材料特性的力学经验法。如英荷壳牌（Sell）法、美国地沥青协会（AI）法、美国 MEPDG 设计方法。力学经验法大多采用弹性层状体系理论分析沥青路面结构的应力、变形和位移，并基于路面使用经验建立交通荷载和环境作用与路面结构力学响应之间的关系，力学经验法具有广阔的应用发展前景。由于理论—经验设计方法代表了路面设计发展的方向，因此重点对壳牌（Shell）设计方法和 MEPDG 设计方法予以介绍。

一、壳牌（Shell）设计方法

壳牌（Shell）石油公司研究所提出的沥青路面设计方法，是当代沥青路面理论分析方法中比较成熟和完善的方法，该设计方法发表于 1963 年，经过 1967 年和 1978 年两次改版补充完善，形成了具有很大实用价值的方法。

1. 路面模型与计算理论

①假设路面在行车动载作用下表现为弹性性质，并以弹性层状体系理论计算各层应力、应变。

②路面看作一种多层线性弹性材料体系，各层材料的弹性特性用弹性模量 E 和泊松比 μ 表征。假设各层材料为均质各向同性体，各层在水平方向及最下一层在垂直方向为无限大，各层之间的接触面是连续的。

③路面表面作用的荷载为一个或几个圆面积均布垂直和（或）水平荷载。该法的路面计算图式和荷载为双圆均布垂直荷载作用下的三层连续体系，如图 10-19 所示。

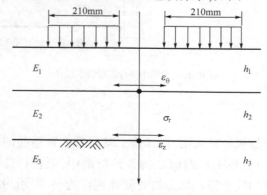

图 10-19　双圆荷载三层体系 ε_r、ε_z

④计算理论为弹性层状体系理论。计算工作由电子计算机完成,计算程序有 1968 年开发的 BISTOR 程序,可计算多层连续体系任一点的应力、应变和位移;1973 年开发的 BISAR 程序可以计算 N 层体系作用垂直和水平荷载,层间完全连续、完全光滑及具有部分摩擦力时的应力和位移。

2. 设计荷载

①设计用标准轴载为 80kN,每个后轮为 20kN。轮胎接触压力为 0.6MPa。轮迹半径为 10.5cm。

②对不同轴载换算为标准轴载,由 AASHO 试验路结果采用如下换算公式:

$$n = \frac{n_1}{n_2} = \left(\frac{P_2}{P_1}\right)^4 \tag{10-58}$$

式中,P_1,P_2 和 n_1,n_2 分别为轴载和轴载作用次数。

3. 路面破坏状态与设计标准

(1)主要设计标准及临界点位置

①路基表面荷载轴线处的垂直压应变 $\varepsilon_z \leq [\varepsilon_z]$,以此控制路基永久变形,防止车辙。其中,$[\varepsilon_z]$ 为路基容许压应变。

②沥青面层层内拉应变 $\varepsilon_r \leq [\varepsilon_r]$,以此控制沥青类面层的疲劳开裂。其中,$[\varepsilon_r]$ 为沥青面层材料容许拉应变。

这两种应变最大值的临界点一般若不在某一个荷载中心的垂直轴上,就在两荷载之间的对称轴上,但是,当基层与沥青面层之间的模量比 E_2/E_1 较大时,沥青面层的最大水平拉应变可能不在层底面而是在沥青面层之内,根据大量计算发现,此时沥青面层出现最大水平拉应变位置决定于系数 A_0:

$$A_0 = h_1 \cdot \frac{E_2}{E_1} \quad (\text{cm}) \tag{10-59}$$

当 $A_0 > 13.3$cm 时,沥青层最大水平拉应变不在层底,此时又分两种情况:当 $h_1 \leq 20$cm 时,位于沥青面层厚度 h_1 的下半部;当 $h_1 > 20$cm 时,位于沥青面层厚度 h_1 的上半部。

(2)次要标准

①其他有机或无机结合料稳定类(底)基层的容许水平拉应变 $\varepsilon_r \leq [\varepsilon_r]$ 或拉应力 $\sigma_r \leq [\sigma_r]$,$[\varepsilon_r]$、$[\sigma_r]$ 为相应基层材料容许拉应变和容许拉应力。

②路面表面总永久变形 $\leq$ RD,以控制路面在行车荷载反复作用下,由于路面各结构层累积变形产生过大的车辙。RD 为路面车辙容许值,高速公路取为 10mm,一般公路取为 30mm。

4. 容许值确定

(1)路基表面容许压应变 $[\varepsilon_z]$

路基表面由于行车重复作用产生的压缩变形应不超过某一容许值。根据 AASHO 试验路结果,在标准荷载作用下,路基的容许压应变 ε_z 与重复荷载次数 N 的关系,当最终耐用性指数降低到 2.5 及 $\mu = 0.35$ 时为:

$$[\varepsilon_z] = 2.8 \times 10^{-2} N^{-0.25} \tag{10-60}$$

(2)沥青面层容许拉应变 $[\varepsilon_r]$

沥青面层在行车荷载反复作用下,其底面的最大弯拉应变应不超过容许值。该容许弯拉应变随应变产生次数 N 及沥青混合料的模量和类型而变化,通常应在试验室内由试件的重复弯曲试验结果经过实际行车状况修正后确定,其关系式为:

$$[\varepsilon_r] = CN^{-0.25} \tag{10-61}$$

式中,系数 C 与沥青混合料的类型和劲度模量 S_m 有关,对于不同沥青混合料,其值由大到小的顺序为:沥青混凝土 > 贫沥青砂 > 密沥青碎石 > 沥青砾石 > 贫沥青碎石。图 10-20 为不同沥青类面层容许拉应变。

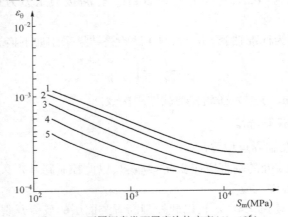

图 10-20 不同沥青类面层容许拉应变($N=10^6$)

1-沥青混凝土;2-贫沥青砂;3-密沥青碎石;4-沥青砾石;5-贫沥青碎石

(3) 整体性基层的拉应力 $[\sigma_r]$

无机结合料稳定基层的弯拉应力应不超过某一容许值,通过试验室内反复疲劳试验,水泥稳定砂砾基层的容许拉应力与荷载作用次数 N 的关系为:

$$[\sigma_r] = \sigma_s(1 - 0.075\lg N) \tag{10-62}$$

式中,σ_s 为一次荷载下的极限抗弯强度。

(4) 路面表层的永久变形

以车辙量 RD 表示,路面表面因行车反复作用产生的永久变形,为了保证路面的正常使用功能,对高速公路其容许值为 10mm,一般道路为 30mm。

5. 材料参数的确定

(1) 路基弹性模量

路基结构层和土基的性质用动弹性模量表征,路基的动弹性模量在现场用动弯沉仪式或波传播法测定,也可通过室内动三轴试验确定。当缺乏上述试验条件又已知路基土的 CBR 值时,可按下式近似求得:

$$E_3 = 10^7 \text{CBR} \quad (\text{N/m}^2) \tag{10-63}$$

(2) 松散材料基层弹性模量

松散材料基层模量受应力的影响很大,由理论分析和试验得知,该种材料的模量 E_2 决定于它的厚度 h_2 和下面路基的模量 E_3,其关系式为:

$$E_2 = K_2 E_3 \tag{10-64}$$

式中:$K_2 = 0.56 h_2^{0.45}$;

h_2——粒料基层厚度(cm);

K_2——系数,一般 $2 < K_2 < 4$。

(3) 整体性材料基层

用现场切割小梁进行动弯曲试验确定其弹性模量。对水泥稳定砂砾动态弹性模量 E_2 一般为 $5 \times 10^9 \sim 5 \times 10^{10} \text{N/m}^2$。

(4) 沥青混合料劲度模量

考虑到沥青混合料具有黏弹性性质,其模量受环境温度与加载速度(作用时间)影响较大,故用反映温度 T 与荷载作用时间 t 的劲度模量 $S_{t,T}$ 表征其力学性质。劲度模量可采取动态或半静态(例如固定加载频率)方法,通过试验实测。如果已知沥青的劲度模量 S_b 和矿质集料的体积含量 C_v,可按下式预估沥青混合料的劲度模量 S_m:

$$S_m = S_b \left[1 + \left(\frac{2.5}{n} \right) \left(\frac{C_v}{1 - C_v} \right) \right]^n \tag{10-65}$$

式中: $n = 0.83 \lg \left(\frac{4 \times 10^4}{S_b} \right)$;

C_v——混合料中集料的集中系数,$C_v = \dfrac{\text{集料体积}}{\text{集料体积} + \text{沥青体积}}$;该式适用于沥青混合料的空隙率 V_v 为 3%,$C_v = 0.7 \sim 0.9$ 的情况,若空隙率大于 3% 时,C_v 需修正为:

$$C_v' = \frac{C_v}{1 + (0.01 V_v - 0.03)} \tag{10-66}$$

为了确定沥青混合料的劲度模量需先求得沥青的劲度模量 S_b,因而要知道荷载作用持续时间,这一时间随行车速度、轮迹的横向分布、路面厚度及该点在结构层内的深度而变。理论上这些因素都应加以考虑,但实际上不大可能,所以通常取行车速度 $50 \sim 60 \text{km/h}$ 的加荷时间 0.02s,作为路面的荷载作用时间。在已知温度和作用时间,以及沥青软化点、沥青针入度指数 PI 后,可通过沥青劲度模量诺模图获得沥青的劲度模量,从而按照上述方法确定沥青混合料的劲度模量。

6. 永久变形的计算

路面的永久变形即车辙深度,由于交通渠化的作用,仅控制土基表面的压应变 ε_z 尚不足以防止路面车辙深度超过容许范围,因此壳牌方法将车辙深度作为控制面层永久变形的指标,以检验根据土基表面压应变为标准设计的路面,其车辙深度是否超过使用期内的容许值。

关于路面车辙深度,Shell 法引用希尔斯(Hills)在 1973 年提出的沥青混合料的物理变形模式,即假定沥青混合料的任何变形都是矿料颗粒间滑移变形的结果,应变速率取决于应力的大小、沥青膜的厚度及沥青的性质,并假定它符合线性黏弹性性质。路面车辙是沥青混合料黏滞度部分的劲度 $S_{m,\eta}$ 的函数,而 $S_{m,\eta}$ 取决于沥青黏滞度部分的劲度 $S_{b,\eta}$,$S_{b,\eta}$ 按加载时间的累积按下式进行计算:

$$S_{b,\eta} = \frac{3\eta}{W \cdot t_0} \tag{10-67}$$

式中: W——一条车辙上车轮通过次数的等效数;

t_0——车轮通过一次的时间,以 0.02s 计;

η——沥青的黏滞度($\text{Pa} \cdot \text{s}$),取决于沥青的性质及其温度。

因此,如果能够根据沥青路面中不同时间和不同深度的温度状况,确定沥青层的黏滞度 η

和一条车辙上通过车轮总数 W 及每一次的作用时间,即可求得沥青黏滞度部分的劲度 $S_{b,\eta}$,以 $S_{b,\eta}$ 代替 S_b 利用相同关系式(10-67)求得沥青混合料黏滞度部分的劲度 $S_{m,\eta}$,并按下式计算沥青混合料层的永久变形:

$$\Delta h = h \frac{\overline{\sigma}}{S_{m,\eta}} \tag{10-68}$$

式中:h——沥青层厚度;

$S_{m,\eta}$——沥青混合料黏滞度部分的劲度;

$\overline{\sigma}$——沥青层的平均正应力,计算时可将该层分成几个亚层,并应用弹性层状体系理论 BISAR 程序进行计算。

对于室内简单的蠕变试验所计算的结果,需要引进一个修正系数 C_m 才能代替复杂的动载试验,而与路上的实际情况接近,因此沥青混合料层的永久变形(车辙)应按下式计算:

$$\Delta h = C_m \cdot h \frac{\overline{\sigma}}{S_{m,\eta}} \tag{10-69}$$

式中:C_m——动态影响修正系数,用以考虑车辆静载与动载之间的差别,其数值与混合料的类型有关,密级配沥青混凝土、密级配沥青碎石、沥青砂砾为 1.2~1.6;沥青砂、开式沥青混凝土为 1.6~2.0。

二、美国 MEPDG 设计方法

20 世纪 50 年代后期至 60 年代初,美国各州公路和运输官员协会(AASHTO)依据在渥太华州、伊利诺伊州进行的 AASHTO 道路试验数据建立起路面结构—轴载—使用性能三者之间的经验关系,据此进行路面结构设计。1961 年出版了路面设计暂行指南,后来经 20 多年工程实践,多次进行修订,先后发布了 1972 版、1986 版和 1993 版设计指南。该方法数十年来在美国各州得到广泛应用。

1996 年,美国 AASHTO 路面联合工作小组联合美国国家合作公路研究项目(NCHRP)及联邦公路管理局(FHWA),提出了到 2002 年推出 AASHTO 力学—经验路面设计指南的目标。美国国家战略公路研究项目(NCHRP)于 1996 年开始资助研究项目来发展力学—经验路面设计指南,并在 2004 年公布了力学—经验路面设计指南(缩写为 MEPDG)。MEPDG 基于力学—经验原理,为柔性路面、刚性路面及复合路面的设计提供了统一的基础,并采用共同的交通、路基、环境及可靠度设计参数,不但能预测多种路面性能,还在路面材料、路面结构设计、施工、气候、交通及路面管理系统之间建立了联系。

MEPDG 设计方法中的柔性路面,包括新建、改建、修复的含有沥青混凝土表层的路面结构,设计过程如图 10-21 所示。

1.路面破坏类型与力学指标

柔性路面响应模型的目的是确定交通荷载和环境影响下的结构响应,包括疲劳开裂(由上向下发展、由下向上发展)、永久变形、HMA 温度开裂以及化学稳定层的疲劳开裂,对应的力学指标为:

①HMA 层底部/顶部的水平拉应变(HMA 疲劳开裂)。

②HMA 层的竖向压应力/应变(HMA 的车辙)。

③基层/底基层的竖向压应力/应变(粒料基层的车辙)。

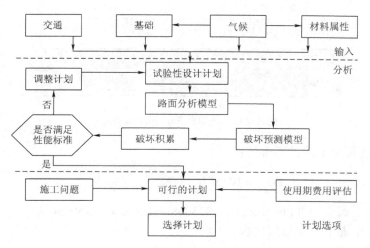

图 10-21 MEPDG 柔性路面设计流程

④土基顶部的竖向压应力/应变(土基车辙)。

每个路面的响应都应在最不利位置进行评估。对于单轮荷载,最不利位置可以观察得到。例如,HMA 层底部的水平拉应变的最不利位置就是轮迹中心线上。对于多轮/多轴结构,最不利位置需要综合考虑轴型和路面结构来确定。

2. 破坏状况预测

(1) 由下而上的疲劳开裂(龟裂)

这种类型的疲劳裂缝最初为沿着轮迹方向短的纵向裂缝,然后迅速发展成网状,最初在 HMA 层底部出现,在重复荷载作用下逐渐向表面传播,其传播机理见图 10-22。

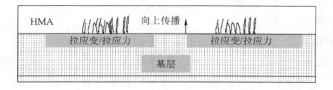

图 10-22 由底部向上发展的疲劳裂缝

由下而上裂缝可由下式计算得到:

$$\text{FC}_{\text{bottom}} = \left(\frac{1}{60}\right)\left\{\frac{C_4}{1+e^{\left[C_1 C_{1*} + C_2 C_{2*} \lg(100\text{DI}_{\text{bottom}})\right]}}\right\} \quad (10\text{-}70)$$

式中: $\text{FC}_{\text{bottom}}$ ——由下而上疲劳裂缝(占总车道面积百分比);

$\text{DI}_{\text{bottom}}$ ——由下而上疲劳损坏指数;

C_1、C_2、C_4、C_{1*}、C_{2*} ——回归系数,$C_1 = 1$,$C_2 = 1.0$,$C_{1*} = -2C_{2*}$,$C_{2*} = -2.40874 - 39.748 * (1 + h_{\text{ac}})^{-2.856}$,$C_4 = 6000$。

(2) 由上而下的疲劳开裂(纵向开裂)

疲劳裂缝有的是在表面产生向下发展的,见图 10-23。

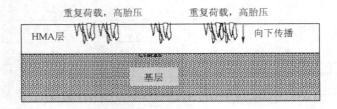

图 10-23 由表面向下发展的疲劳裂缝

由上而下裂缝可由下式计算得到：

$$FC_{top} = 10.56 \left\{ \frac{C_4}{1 + e^{[C_1 - C_2 \lg(DI_{top})]}} \right\} \tag{10-71}$$

式中：FC_{top}——由上而下裂缝（ft/mile，1ft = 0.3048m，1mile = 1.6093km）；

DI_{top}——由上而下疲劳损坏指数；

C_1、C_2、C_4——回归系数 $C_1 = 7.0$，$C_2 = 3.5$，$C_4 = 1000$。

(3) 永久变形或车辙

车辙是由于路面层或土基的塑性变形在轮迹处产生的表面凹陷，为沥青层、粒料基层/底基层及路基车辙的总和，并认为化学固结材料层不产生车辙。

MEPDG 对沥青层车辙的预估模型如下：

$$\Delta_{p(HMA)} = \varepsilon_{p(HMA)} h_{HMA}$$

$$= \beta_{r1} k_z \varepsilon_{r(HMA)} 10^{-3.35412\beta_{r1}} T^{1.5606\beta_{r2}} N^{-0.4791\beta_{r3}} h_{HMA} \tag{10-72}$$

式中：$\Delta_{p(HMA)}$——沥青层/子层累积永久变形（in，1in = 2.54cm）；

$\varepsilon_{p(HMA)}$——沥青层/子层累计的塑性轴向应变；

$\varepsilon_{r(HMA)}$——沥青层/子层中部回弹（或弹性）应变；

h_{HMA}——沥青层/子层厚度（in）；

T——路面温度（°F，1°F = 32 + 1℃ × 1.8）；

k_z——深度围压系数，$k_z = (C_1 + C_2 D) \times 0.328196^D$，$C_1 = -0.1039 \times H_{ac}^2 - 2.4868 \times H_{ac} - 17.342$，$C_2 = 0.0172 \times H_{ac}^2 - 1.7331 \times H_{ac}^2 + 27.428$；

D——计算点深度（in）；

H_{ac}——沥青层总厚度（in）；

N——荷载次数；

β_{r1}、β_{r2}、β_{r3}——地方标定系数。

MEPDG 对粒状基层及路基层的车辙预测模型如下：

$$\Delta_{p(soil)} = \beta_{s1} k_{s1} \varepsilon_v h_{soil} \left(\frac{\varepsilon_0}{\varepsilon_r} \right) e^{-\left(\frac{\rho}{N}\right)^\beta} \tag{10-73}$$

式中：$\Delta_{p(soil)}$——粒状层/子层永久变形（in）；

N——交通荷载数；

ε_v——结构响应模型计算得到粒状层/子层平均竖向回弹（或弹性）应变；

h_{soil}——粒状层/分层的厚度（in）；

ε_0、β、ρ——材料参数；

ε_r——室内试验时回弹应变；

k_{s1}——修正系数（颗粒基层取 1.673，细颗粒材料取 1.35）；

β_{s1}——地方修正系数。

(4) 温度开裂

温度开裂包括低温缩裂和温度疲劳开裂。低温缩裂主要出现在严寒地区，温度疲劳开裂主要出现在昼夜温差大、季节温差大的地区。

MEPDG 对沥青混凝土温度裂缝的预测公式如下：

$$TC = \beta_t N\left[\frac{1}{\sigma_d}\lg\left(\frac{C_d}{h_{HMA}}\right)\right] \quad (10\text{-}74)$$

$$\Delta C = A(\Delta K)^n \quad (10\text{-}75)$$

$$A = 10^{k_t \beta_t}(4.389 - 2.52)\lg(E_{HMA}\sigma_m^n) \quad (10\text{-}76)$$

式中：TC——观测到的温度裂缝(ft/mile)；

β_{t1}——回归系数(400)；

$N(z)$——z 时的标准正态分布；

σ_d——裂缝深度对数的标准差(0.769)(in)；

C_d——裂缝深度(in)；

h_{HMA}——沥青层厚度(in)；

ΔC——一个冷冻周期裂缝深度的变化；

A、n——沥青混合料断裂系数；

k_t——标定系数(NCHRP1-37A：一级输入为 5.0，二级输入为 1.5，三级输入为 3.0；NCHRP1-40D：一级输入为 1.0，二级输入为 0.5，三级输入为 6.0)；

E_{HMA}——混合料间接抗拉模量(psi，1psi = 0.006895MPa)；

σ_m——混合料抗拉强度(psi)；

β_t——地方标定系数。

(5) 半刚性稳定基层的疲劳开裂

半刚性稳定基层的材料由水泥、粉煤灰、石灰—粉煤灰等材料处理过。在重复荷载作用下，微裂缝的出现导致基层的刚度和模量的下降，最终造成开裂，对上面 HMA 层的裂缝传播也有很大影响。

MEDPG 中化学固结层疲劳开裂方程如下：

$$N_{f\text{-}CTB} = 10^{\left[\frac{k_{c1}\beta_{c1} - \left(\frac{\sigma_t}{M_R}\right)}{k_{c2}\beta_{c2}}\right]} \quad (10\text{-}77)$$

式中：$N_{f\text{-}CTB}$——化学固结层允许荷载次数；

σ_t——层底拉应力(psi)；

M_R——28d 断裂模量(psi)；

k_{c1}、k_{c2}——全体标定系数($k_{c1} = 0.942$，$k_{c2} = 0.0825$)；

β_{c1}、β_{c2}——地方标定系数。

化学固结层断裂与损坏指数之间的关系如下：

$$FC_{CTB} = C_1 + \frac{C_2}{1 + e^{[C_3 - C_4(DI_{CTB})]}} \tag{10-78}$$

式中：FC_{CTB}——化学固结层裂缝面积（ft^2）；

C_1、C_2、C_3、C_4——回归系数，C_1、$C_2 = 1$；$C_3 = 0$；$C_4 = 1000$；

DI_{CTB}——化学固结层损坏指数。

(6) 平整度（IRI）预测

设计期的 IRI 取决于路面结构的初始 IRI 和破坏的发展两方面。这些破坏包括车辙、由底部向上发展或由顶部向下发展的疲劳开裂、温度开裂。规范中评价平整度用到了初始 IRI、破坏模型及场地条件，包括土基和气候状况。IRI 在整个设计期内是增加的。

MEPDG 对柔性路面 IRI 的预测公式如下：

$$IRI = IRI_0 + 0.015SF + 0.400FC_{total} + 0.0080TC + 40.0RD \tag{10-79}$$

式中：IRI_0——施工后初始 IRI（in/mile）；

SF——地段因数，$SF = Age[0.02003(PI+1) + 0.007947(Precip+1) + 0.000636(FI+1)]$；

Age——路面年龄（年）；

PI——土的塑性指数；

FI——平均年冻结指数；

Precip——平均年降雨量（in）；

FC_{total}——疲劳裂缝面积（包括龟裂、纵向裂缝及车轮轨迹内反射裂缝）（占车道面积百分比）；

TC——横向裂缝长度（包括已有沥青路面横向反射裂缝，in/mile）；

RD——平均车辙深度（in）。

思考题

1. 沥青路面设计指标有哪些？为何要选择这些设计指标？各设计指标的意义及与路面的破坏状态有何关系？

2. 沥青路面结构组合设计应考虑哪些因素？结合不同地区地质、气候及交通情况，对路面结构举例评述。

3. 分析比较新建沥青路面与改建沥青路面设计有何异同。

4. 弹性层状体系理论包含哪些假定？其意义何在？

5. 某 V_2 区拟计划修建一条四车道的一级公路，拟采用沥青混凝土路面。经勘察，沿线土质为紫色粉质黏性土，地下水位距地表 1.2m，路基填土高平均为 0.7m，沿线有大量碎石集料，并有水泥、石灰和粉煤灰等供应。据预测该路竣工初年的交通组成如表 10-30 所示。使用年限内交通量的年平均增长率为 10%，试进行该路面结构设计。

预测交通量组成 表 10-30

车 型	前轴重 (kN)	后轴重 (kN)	后轴数	后轴轮组数	后轴距 (cm)	交通量 (次／日)
东风 EQ140	23.70	69.20	1	双	—	500
黄河 JN150	49.00	101.60	1	双	—	400
黄河 JN162	59.50	115.00	1	双	—	200
交通 141	25.55	55.10	1	双	—	400
长征 CZ361	47.60	90.70	2	双	132.0	150
延安 SX161	54.64	91.25	2	双	135.0	100

第十一章 水泥混凝土路面基本知识

第一节 概　　述

以水泥混凝土(配筋或不配筋)做面层的路面,称为水泥混凝土路面(Cement Concrete Pavement),亦称刚性路面。水泥混凝土路面属于高级路面,主要包括普通水泥混凝土路面(Jointed Plain Concrete Pavement)、碾压混凝土路面(Roller Compacted Concrete Pavement)、钢纤维混凝土路面(Steel Fiber Reinforced Concrete Pavement)、钢筋混凝土路面(Jointed Reinforced Concrete Pavement)、连续配筋混凝土路面(Continuously Reinforced Concrete Pavement)、复合式混凝土路面(Composite Concrete Pavement)、水泥混凝土预制块路面(Concrete Block Pavement)、聚合物水泥混凝土路面(Polymer Cement Concrete Pave ment)、贫混凝土板(Plain Concrete Slab)、装配式混凝土路面(Precast Concrete Pavement)等。目前使用最广泛的是普通水泥混凝土路面,即除接缝区和局部范围(如角隅和边缘)外,其余部位不配置钢筋的水泥混凝土路面,也叫素混凝土路面。

水泥混凝土路面与其他路面相比,具有以下特点:

1. 优点

①强度高,水泥混凝土路面具有较高的抗压、抗弯拉强度及抗磨耗能力。
②水泥混凝土路面色泽鲜明,能见度好,对夜间行车有利。

③抗滑性能好,水泥混凝土路面粗糙度好,能保证车辆有较高的安全行驶速度,提高车辆行驶的稳定性。

④养护费用少、经济效益高,与沥青混凝土路面相比,水泥混凝土路面的养护工作量和养护费用均较少。虽然一次修筑投资大,但使用年限长,故分摊于每年的工程费用相对较少。因此,从长远角度来看,选用水泥混凝土路面,其经济效益是显著的。

⑤耐久性好,由于水泥混凝土路面强度和稳定性好,所以经久耐用。一般能使用20~40年,而且能通行包括履带式车辆等在内的各种运输工具。

⑥稳定性好,水泥混凝土路面受水、温度等自然因素影响时,强度变化小,不存在沥青路面的那种"老化"现象。

2. 缺点

①开放交通较迟,水泥混凝土路面铺筑后,一般要经过15~20d的养护才能开放交通。如提前开放交通,则需采取特殊措施。

②水泥和水的需要量大,如修筑厚度0.2m、宽度7m的混凝土路面,每1000m要耗费约400~500t的水泥和250t的水,尚不包括养护用的水在内,这给水泥供应不足和缺水地区带来较大困难。

③有接缝,一般水泥混凝土路面要建造许多接缝,这些接缝不但增加了施工和养护的复杂性,而且容易引起行车跳动,影响行车的舒适性。同时接缝又是路面的薄弱点,如处理不当,将导致路面板边和板角处破坏。

④修复困难,水泥混凝土路面破坏后,开挖很困难,修补工作量也大,且影响交通,这对于有地下管线的城市道路,带来较大困难。

另外,由于水泥混凝土路面的刚度较高,扩散荷载的能力较强,从而板底压应力较小,使得对基层的承载力要求相对较低,因此适用于稳定基层上的大交通量和重载交通的道路。由于它的耐水性好,能够较好地应用于降雨量较大的地区和短期浸水的路面,只要路面施工平整度好,基层抗冲刷性能好,其良好平整度的衰变则很慢。但是,水泥混凝土路面的光、热反射能力高于沥青路面,给驾驶员行车容易造成晃眼疲劳。当然,可以通过彩色路面技术来降低其晃眼等不利影响。

第二节 普通水泥混凝土路面的构造

一、路基和基层

1. 路基

路基是路面的基础。没有坚固、密实、均匀、稳定的路基,就没有稳固的路面。路基质量的好坏,直接关系到路面的使用品质。理论分析表明,通过混凝土路面结构传到路床顶面的荷载应力很小,因而,对路基承载能力的要求并不高。但路基出现不均匀变形时,混凝土面层与下卧层之间会出现局部脱空,面层应力会由此增加而导致面层板的断裂。因此,对路基的基本要求是提供均匀的支承,即路基在环境和荷载作用下产生的不均匀变形应小。

路基不均匀变形主要在下述情况下出现:

①膨胀性土(包括高液限细粒土)的不均匀收缩和膨胀变形。
②软弱地基的不均匀沉降。
③填挖交替或新老填土交替。
④季节性冰冻地区的不均匀冻胀。
⑤排水不良的土质路堑。
⑥填料和填筑方式产生的不均质。
⑦填土因压实不足或不均匀而产生的压密变形,受湿度变化影响而产生的膨胀和收缩变形。
⑧路表渗入水积滞在路面结构内,或者地表排水不畅,浸湿路基。

为控制路基的不均匀变形,应在地基、填料、压实和排水等方面采取相应的措施。

因此,对路基的要求首先要保证足够的稳定性和强度,与路面紧密接触,不致因承受荷载、气候及其他因素的影响而改变形状、降低强度等。路床顶面的综合回弹模量值,轻交通荷载等级时不得低于40MPa,中等或重交通荷载等级时不得低于60MPa,特重或极重交通荷载等级时不得低于80MPa。路床顶面综合回弹模量值不满足上述要求时,应选用粗粒土或低剂量无机结合料稳定土作路床或上路床填料。当路基工作区底面接近或低于地下水位时,可采取更换填料、设置排水渗沟等措施。

高液限黏土及含有机质的细粒土不应用作高速公路和一级公路的路床填料或二级公路和二级以下公路的上路床填料。高液限粉土、塑性指数大于16或膨胀率大于3%的低液限黏土不应用作高速公路和一级公路的上路床填料。因条件限制必须采用上述土作填料时,应掺加水泥、粉煤灰或石灰等结合料进行改善。

季节性冰冻地区的中湿类、潮湿类和过湿类路基,当冰冻线深度达到路基的易冻胀土层时,在易冻胀土层上应设置防冻垫层或用不易冻胀土置换冰冻线深度范围内的易冻胀土。水文地质条件不良的土质路堑,应采取地下排水措施。

对路堤下的软弱地基进行加固处治后,其工后沉降量应符合《公路路基设计规范》(JTG D30—2015)的规定,并宜在路床顶部铺筑粒料层。

填挖交界或新老路基结合路段,应采取防止差异沉降的技术措施。

石质挖方或填石路床顶面应铺设整平层。整平层可采用碎石、低剂量水泥稳定粒料等材料,其厚度可根据路床顶面平整程度确定,最小厚度不小于100mm。

2. 基层和底基层

对水泥混凝土面层下基层的首要要求是抗冲刷能力。不耐冲刷的基层表面,在渗入水和荷载的共同作用下,会产生冲刷、唧泥、板底脱空和错台等病害,导致路面不平整,并加速和加剧面层板的断裂。

基层的受冲刷程度与水的渗入、交通荷载作用的繁重程度和基层材料的抗冲刷能力有关。各类基层具有不同的抗冲刷能力,它取决于基层材料中结合料的性质和含量以及细料(粒径小于0.075mm)的含量。对于基层的抗冲刷能力,目前尚未有标准的试验方法和定量评定指标。一些试验研究结果表明,最耐冲刷的是贫混凝土(Lean Concrete)(水泥剂7%或8%)和沥青混凝土(沥青含量6%)基层,其次是水泥稳定碎石(水泥剂量5%)基层,再次是低剂量水泥稳定碎石(水泥剂量3.5%)和沥青稳定碎石(沥青含量3%)基层,较易冲刷的是二灰稳定碎石和级配碎石基层,各种稳定土、未筛分碎砾石、细粒土等均不耐冲刷。按照所承受的交通荷载等级和基层的抗冲刷能力,表11-1提出了各类基层的适用场合。

各交通等级的基层材料类型　　　　　　　　　　　表11-1

交通荷载等级	基层材料类型
极重、特重	贫混凝土、碾压混凝土
	沥青混凝土
重	密集配沥青稳定碎石
	水泥稳定碎石
中等、轻	级配碎石
	水泥稳定碎石、石灰、粉煤灰稳定碎石

为增加路面结构的弯曲刚度，降低面层的荷载应力，承受极重、特重或重交通荷载时，往往选用刚度较大的基层。这时，为了缓解由于基层与路床的刚度比过大而产生的问题，在基层下应设置底基层。而对于承受中等或轻交通荷载的路面，面层和基层通常可提供足够的弯曲刚度，因而可以不设底基层。但基层若为无机结合料稳定材料，而上路床由细粒土组成时，基层与路床之间的刚度差仍可能过大，会引起基层因拉应力过大而开裂，并且会产生水沿裂缝的下渗，引起路床的冲刷和唧泥病害。因此，需在基层与路床间设置粒料类底基层。

基层和底基层可以按组成材料分为无机结合料类（包括贫混凝土、碾压混凝土、水泥稳定碎石、开级配水泥稳定碎石和石灰粉煤灰稳定碎石等）、沥青结合料类（包括沥青混凝土、沥青稳定碎石和开级配沥青稳定碎石等）和粒料类（包括级配碎石、级配砾石、未筛分碎石等）三大类型。

通常情况下，底基层宜采用粒料类材料。基层采用无机结合料类材料时，底基层没有必要再采用刚度较大的无机结合料稳定碎石类底基层，以提高路面结构的弯曲刚度。并且，采用无机结合料稳定碎石类底基层时，有可能因底基层与路床的模量比大而产生过大的拉应力，并且其收缩裂缝提供了水分下渗的通路及产生冲刷和唧泥的条件。表11-2为各交通等级的底基层类型。

各交通等级的底基层材料类型　　　　　　　　　　　表11-2

交通荷载等级	底基层材料类型
极重、特重、重	级配碎石，水泥稳定碎石，石灰、粉煤灰稳定碎石
中等、轻	未筛分碎石、级配碎石或不设

无机结合料类基层会出现收缩裂缝，为水的下渗和下卧层（底基层或路床）遭受冲刷提供条件。底基层选用粒料类材料时，为了避免或减轻因冲刷而产生的脱空和唧泥等病害，应控制粒料中粒径小于 0.075mm 的细料含量不超过 7%。

各类基层和底基层的厚度范围，应依据结构层成型、施工方便（单层摊铺碾压）或排水要求等因素选择，一般适宜施工层厚度参见表11-3。增加基层或底基层的厚度，对于降低面层的应力或者减薄面层的厚度影响不大。因而混凝土面层下的基层或底基层不必很厚。

各类基层和底基层结构适宜施工层厚度　　　　　　　　　　　表11-3

材　料　种　类		适宜施工层厚度(mm)
贫混凝土或碾压混凝土		120~200
无机结合料稳定粒料		150~200
沥青混凝土	集料公称最大粒径9.5mm	25~40
	集料公称最大粒径13.2mm	35~65

续上表

材料种类		适宜施工层厚度(mm)
沥青混凝土	集料公称最大粒径16mm	40~70
	集料公称最大粒径19mm	50~75
沥青稳定碎石	集料公称最大粒径19mm	
	集料公称最大粒径26.5mm	75~100
多孔隙水泥稳定碎石		100~150
级配碎石、未筛分碎石、级配砾石或碎砾石		100~200

基层的宽度应比混凝土面层每侧宽出30cm(小型机具施工)或65cm(滑模式摊铺机施工),以供施工时安装模板,并防止路面边缘渗水至路基而导致路面破坏。若硬路肩采用混凝土面层,基层的结构与厚度应与行车道相同。

在冰冻深度大于0.5m的季节性冰冻地区,为防止路基可能产生的不均匀冻胀对混凝土面层的不利影响,路面结构应有足够的总厚度,以便将路基的冰冻深度约束在有限的范围内。路面结构的最小总厚度,随冰冻线深度、路基的潮湿状况和土质而异,其数值可参照表11-4而定。当路面结构总厚度小于表中规定的最小厚度时,应通过设置垫层补足。

水泥混凝土路面结构层最小防冻厚度(单位:m)   表11-4

路基干湿类型	路基土类别	当地最大冰冻深度(m)			
		0.50~1.00	1.00~1.50	1.50~2.00	>2.00
中湿路段	易冻胀土	0.30~0.50	0.40~0.60	0.50~0.70	0.60~0.95
	很易冻胀土	0.40~0.60	0.50~0.70	0.60~0.85	0.70~1.10
潮湿路段	易冻胀土	0.40~0.60	0.50~0.70	0.60~0.90	0.75~1.20
	很易冻胀土	0.45~0.70	0.55~0.80	0.70~1.00	0.80~1.30

二、混凝土面板

理论分析表明,轮载作用于板中部时板所产生的最大应力约为轮载作用于板边部时的2/3。因此,面层板的横断面应采用中间薄两边厚的形式,以适应荷载应力的变化。一般边部厚度较中部约大25%,从路面最外两侧板的边部,在0.6~1.0m宽度范围内逐渐加厚(图11-1)。但是厚边式路面对土基和基层的施工带来不便,而且使用经验也表明,在厚度变化转折处易引起板的折裂。因此,目前国内外常采用等厚式断面,或在等厚式断面板的两侧板边部配置钢筋予以加固。

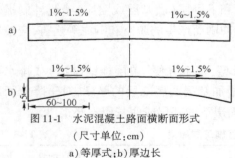

图11-1 水泥混凝土路面横断面形式
(尺寸单位:cm)
a)等厚式;b)厚边长

水泥混凝土路面面板以弯拉强度作为设计控制指标,取28d龄期尺寸为15cm×15cm×55cm的水泥混凝土梁式试件,用三分点加载试验方法确定。当水泥混凝土路面浇筑后90d不开放交通时,可采用90d龄期的弯拉强度。各级交通等级要求的混凝土路面的弯拉强度标准值必须满足表11-5的要求,混凝土弯拉模量参考值见表11-6。同时,为保证路面有较高的耐久性、耐磨性和抗冻性,混凝土的抗压强度不应低于30~35MPa,且表面平整、耐磨、抗滑。其中,平整度以

3m 直尺量测为准,直尺与路面表面之间的最大间隙,高速公路和一级公路不应大于 3mm,其他各级公路不应大于 5mm;混凝土路面的抗滑以构造深度(TD)为指标,其竣工验收值应满足表 11-7。

水泥混凝土弯拉强度标准值 表 11-5

交通荷载等级	极重、特重、重	中 等	轻
水泥混凝土的弯拉强度标准值 f_r (MPa)	≥5.0	4.5	4.0
钢纤维混凝土的弯拉强度标准值 f_r (MPa)	≥6.0	5.5	5.0

水泥混凝土强度和弹性模量经验参考值 表 11-6

弯拉强度(MPa)	1.5	2.0	2.5	3.0	3.5	4.0	4.5	5.0	5.5
抗压强度(MPa)	7	11	15	20	25	30	36	42	49
抗拉强度(MPa)	0.89	1.21	1.53	1.86	2.20	2.54	2.85	3.22	3.55
弹性模量(GPa)	15	18	21	23	25	27	29	31	33

各级公路水泥混凝土面层的表面构造深度(mm)要求 表 11-7

公路等级	高速公路、一级公路	二、三、四级公路
一般路段	0.70~1.10	0.50~1.00
特殊路段	0.80~1.20	0.60~1.00

注:1. 特殊路段——对于高速公路、一级公路系指立交、平交或变速车道等处,对于其他等级公路系指急弯、陡坡、交叉口或集镇附近。

2. 年降雨量 600mm 以下的地区,表列数值可适当降低。

三、接缝的构造与布置

水泥混凝土面层是由一定厚度的混凝土板所组成,它具有热胀冷缩的性质。由于一年四季气温的变化,混凝土板会产生不同程度的膨胀和收缩。而在一昼夜中,白天气温升高,混凝土板顶面温度较底面为高,这种温度坡差会造成板的中部隆起。夜间气温降低,板顶面温度较底面为低,会使板的角隅和四周翘起(图 11-2)。这些变形会受到板与基础之间的摩阻力和黏结力以及板的自重和车轮荷载等的约束,致使板内产生过大的应力,造成板的断裂或拱胀等破坏。

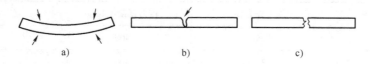

图 11-2 水泥混凝土板变形及开裂

a)由于温度坡差引起的变形;b)由于温度坡差引起的开裂;c)由于均匀温度下降使板的开裂

从图 11-2 可见,由于翘曲而引起的裂缝,在裂缝发生后被分割的两块板体尚不致完全分离,倘若板体温度均匀下降引起收缩,则将使两块板体被拉开[图 11-2c)],从而失去荷载传递作用。

为避免这些缺陷,水泥混凝土路面不得不在纵横两个方向设置许多接缝,把整个路面分割成为许多板块(图 11-3)。

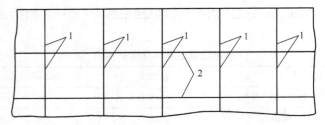

图 11-3 水泥混凝土路面接缝设置
1-横缝;2-纵缝

在任何形式的接缝处板体都不可能是连续的,其传递荷载的能力总不如非接缝处。而且任何形式的接缝都难免漏水。因此,对各种形式的接缝,都必须为其提供相应的传荷与防水的设施。

1. 横缝的构造与布置

横向接缝垂直于行车方向,通常有三种:缩缝、胀缝、施工缝。缩缝保证板因温度和湿度的降低而产生收缩时沿该薄弱断面缩裂,从而避免产生不规则裂缝。胀缝保证板在温度升高时能部分伸张,从而避免产生路面板在热天的拱胀和折断破坏,同时胀缝也能起到缩缝的作用。另外,混凝土施工中每天完工以及因其他原因不能继续施工时,应设置施工缝。施工缝应尽量做到胀缝处,如不可能,也应做到缩缝处。

(1)胀缝

胀缝常采用平缝形式,平缝也叫真缝。胀缝宽宜为20~25mm。胀缝上部30~40mm深度内浇灌填缝料,下部则设置富有弹性的填缝板。

为保证混凝土板之间能有效地传递荷载,防止形成错台,应在胀缝处板厚中央设置滑动传力杆,并设置支架或其他方法予以固定。传力杆采用光面圆钢筋。尺寸及间距见表11-8。其长度的一半再加50mm,应涂以沥青或加塑料套,涂沥青端套上长80~100mm的铁皮或塑料套筒,筒底与杆端之间留出宽约30mm的空隙,并用木屑与弹性材料填充,以利板的自由伸缩(图11-4)。在同一条胀缝上的传力杆,设有套筒的活动端最好在缝的两边交错布置。

传力杆尺寸及间距(单位:mm)   表11-8

面层厚度(mm)	传力杆直径	传力杆最小长度	传力杆最大间距
220	28	400	300
240	30	400	300
260	32	450	300
280	32~34	450	300
≥300	34~36	500	300

混凝土路面与桥涵、通道及隧道等固定构造物相衔接的胀缝无法设置传力杆时,可在毗邻构造物的板端部内配置双层钢筋网;或在长度为6~10倍板厚的范围内逐渐将板厚增加20%,如图11-5所示。

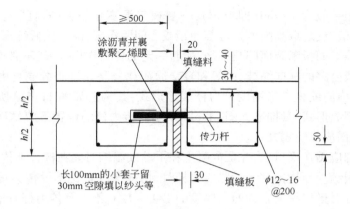

图 11-4 胀缝构造(尺寸单位:mm)

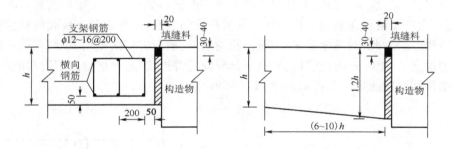

图 11-5 邻近构造物胀缝构造(尺寸单位:mm)

胀缝是混凝土路面的薄弱环节,它不仅给施工带来不便,同时,由于施工时传力杆设置不当(未能正确定位),使胀缝处的混凝土常出现碎裂等病害;当雨水通过胀缝渗入地基后,易使地基软化,引起唧泥、错台等破坏;当砂石进入胀缝后,易造成胀缝处板边挤碎、拱胀等破坏。同时,胀缝容易引起行车跳动,其中的填缝料又要经常补充或更换,增加了养护的麻烦。因此,近年来国内外修筑的水泥混凝土路面均有减少胀缝的趋势。我国《公路水泥混凝土路面设计规范》(JTG D40—2011)规定,胀缝应尽量少设或不设;但在邻近桥梁或其他固定构筑物处、与柔性路面相接处、板厚改变处、隧道口、小半径平曲线和凹形竖曲线纵坡变换处,均应设置胀缝。胀缝条数应根据膨胀量大小设置。

在次要道路弯道加宽段起、终点断面处的横向接缝,应采用胀缝。膨胀量大时,应在直线段连续布置 2~3 条胀缝。

但是,采用长间距胀缝或无胀缝路面结构时,需注意采取一些相应的措施,如增大基层表面的摩阻力,以约束板在高温或潮湿时伸长的趋势;在气温较高时施工,以尽量减小水泥混凝土板的胀缩幅度。

(2)缩缝

缩缝一般采用假缝形式(图 11-6)。即只在板的上部设缝隙,当板收缩时将沿此最薄弱断面有规则的自行断裂。缩缝缝隙宽 3~8mm,深度为板厚的 1/5~1/4,一般为 5~6cm,近年来国外有减小假缝宽度与深度的趋势。假缝缝隙内亦需浇灌填缝料,以防地面水下渗及砂石进入缝内。

横向缩缝间距一般为 4~6m(即板长),在昼夜气温变化较大的地区,或地基水文情况不良路段,应取低限值,反之取高限值。可等间距或变间距布置,应采用假缝形式。

由于缩缝缝隙下面板断裂面凹凸不平,能起一定的传荷作用,一般不必设置传力杆,极重、特重和重交通荷载公路的横向缩缝,中等和轻交通荷载公路邻近胀缝或自由端部的 3 条横向缩缝,收费广场的横向缩缝应采用设传力杆假缝形式,其构造如图 11-6a)所示。其他情况可采用不设传力杆假缝形式,其构造如图 11-6b)所示。传力杆的设置不应妨碍相邻混凝土板的自由伸缩,钢筋表面应作防锈处理。

横向缩缝顶部应锯切槽口,为保证混凝土在干缩或温缩时能在槽口下位置处开裂,防止在传力杆端部产生裂缝。当横向缩缝设置传力杆时,切缝深度宜比不设传力杆的假缝切缝深度稍大。设置传力杆时槽口深度宜为面层厚度的 1/4 ~1/3,不设置传力杆时槽口深度宜为面层厚度的 1/5 ~1/4。槽口宽度应根据施工条件、填缝料性能等因素而定,宽度宜为 3 ~8mm ,槽内应填塞填缝料。二级及二级以下公路的槽口可一次锯切成型。一次锯切的槽口断面呈窄长形,设在槽口内的填缝料在混凝土板膨胀时易被挤出路表面;而在混凝土板收缩时易因拉力较大而与槽壁脱开。为此,对高速公路、一级公路的缩缝,槽口宜二次锯切成型,在第一次锯切缝的上部宜增设宽 7 ~10mm 的浅槽口,槽口下部应设置背衬垫条,上部应用填缝料灌填,以保证接缝填封效果和行驶质量。其构造如图 11-7 所示。

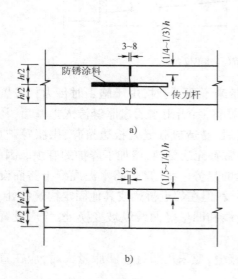

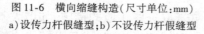

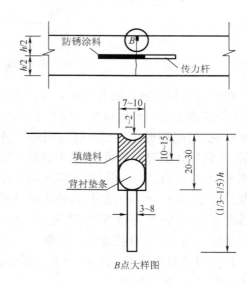

图 11-6　横向缩缝构造(尺寸单位:mm)
a)设传力杆假缝型;b)不设传力杆假缝型

图 11-7　二次锯切槽口构造(尺寸单位:mm)

应当补充指出,当在胀缝或缩缝上设置传力杆时,最外边的传力杆距接缝或自由边的距离,应较传力杆间距小些,一般为 150 ~250mm。

(3)横向施工缝

施工缝也叫工作缝。采用平缝的构造形式。缝宽 3 ~8mm,在深度为 1/5 ~1/4 板厚的范围内浇灌填缝料。为利于板间传递荷载,在板厚的中央也应设置传力杆。设在胀缝处的施工缝,其构造与胀缝相同;设在缩缝处的施工缝,应采用平缝加传力杆型(图 11-8)。

2. 纵缝的构造与布置

纵缝是指与行车方向平行的接缝。纵缝一般分假缝和施工缝。纵缝间距一般按 3～4.5m 设置。当一次铺筑宽度大于 4.5m 时,应增设纵向缩缝,纵向缩缝采用假缝形式,为了防止接缝两侧混凝土板被拉开而丧失缝下部的嵌锁作用,应设置拉杆(图 11-9)。拉杆采用螺纹钢筋,设在板厚中央,并应对拉杆中部 100mm 范围内进行防锈处理。拉杆尺寸及间距见表 11-9。其最外边的拉杆距横向接缝或自由边的距离不小于 100mm。一次铺筑宽度小于路面宽度时,应设置纵向施工缝,施工缝采用平缝形式,并应设置拉杆(图 11-10)。对多车道路面,应每隔 3～4 个车道设一条纵向胀缝,其构造与横向胀缝相同。当路旁有路缘石时,缘石与路面板之间也应设胀缝,但不必设传力杆。

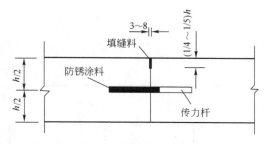

图 11-8 横向施工缝构造(尺寸单位:mm)

拉杆直径、长度及间距（单位:mm）　　　　　　　　　　表 11-9

面层厚度(mm)	到自由边或未设拉杆纵缝的距离(m)					
	3.00	3.50	3.75	4.50	6.00	7.50
200～250	14×700×900	14×700×800	14×700×700	14×700×600	14×700×500	14×700×400
≥260	16×800×800	16×800×700	16×800×600	16×800×500	16×800×400	16×800×300

注:拉杆直径、长度及间距的数字含义为直径×长度×间距。

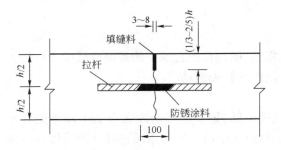

图 11-9 纵向缩缝构造(尺寸单位:mm)

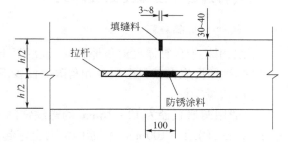

图 11-10 纵向施工缝构造(尺寸单位:mm)

3. 纵横缝的布置

纵缝与横缝一般做成垂直正交,使混凝土板具有 90°的角隅。纵缝两旁的横缝一般成一条直线。实践证明,如横缝在纵缝两旁错开,将导致板产生从横缝延伸出来的裂缝(图 11-11)。

两条道路正交时,各条道路宜保持本身纵缝的连贯,而相交路段内各条道路的横缝位置应按相对道路的纵缝间距作相应变动,保证两条道路的纵横缝垂直相交,互不错位。两条道路斜交时,主要道路宜保持纵缝的连贯,而相交路段内的横缝位置应按次要道路的纵缝间距作相应变动,保证与次要道路的纵缝相连接。相交道路弯道加宽部分的接缝布置,应不出现或少出现错缝和锐角板;当出现错缝、锐角板时,宜加设防裂钢筋和角隅补强钢筋。

在交叉口范围内,为了避免板形成较小的锐角并使板的长边与行车方向一致,大多采用辐射式的接缝布置形式(图 11-12)。

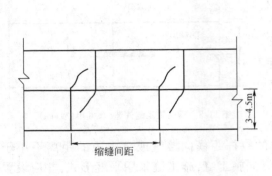

图11-11 横缝错开时引起的裂缝

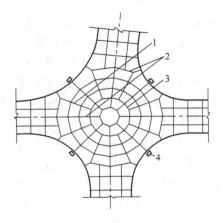

图11-12 交叉口接缝布置
1-纵缝;2-胀缝;3-缩缝;4-进水口

应当补充指出,目前国外流行一种新的混凝土接缝布置形式,即胀缝甚少,缩缝间距不等,按4m、4.5m、5m、5.5m、6m的顺序设置,而且横缝与纵缝交成80°左右的斜角,如设传力杆,则传力杆与路线平行,其目的是使一辆车只有一个后轮横越接缝,减轻由于共振作用所引起的行车跳动的幅度,同时也可缓和板伸张时的顶推作用。

四、特殊部位混凝土路面的处理

1. 板边和角隅补强

当采用板中计算厚度的等厚板时,或混凝土板纵、横向自由边缘下的基础有可能产生较大的塑性变形时,应在其自由边缘和角隅处设置下述两种补强钢筋。

(1)边缘钢筋

一般用两根直径为12~16mm的螺纹钢筋或圆钢筋,置于面层底面之上1/4厚度处并不小于50mm,间距为100mm,钢筋两端向上弯起[图11-13a)]。纵向边缘钢筋一般只做在一块板内,不得穿过缩缝以免妨碍板的翘曲;有时亦可穿过缩缝,但不得穿过胀缝。为了加强锚固能力,钢筋两端应向上弯起。在横向胀缝两侧板边缘以及混凝土路面的起终端处,为加强板的横向边缘,亦可设置横向边缘钢筋。

(2)角隅钢筋

承受极重、特重或重交通的水泥混凝土面层的胀缝、施工缝和自由边的角隅以及承受极重交通的水泥混凝土面层缩缝的角隅,宜配置角隅钢筋。可选用2根直径为12~16mm的螺纹钢筋,置于面层上部,距顶面不小于50mm,距边缘为100mm[图11-13b)]。板角小于90°时,亦可采用双层钢筋网补强,钢筋选用直径6mm,布置在板的上、下部,距板顶和板底以50~100mm为宜[图11-13c)]。钢筋保护层的最小厚度不应小于50mm。

2. 水泥混凝土路面同沥青路面相接

水泥混凝土路面与沥青路面相接处,容易出现沉陷和错台,或沥青路面受顶推而拥起。因此,其间应设置至少3m长的过渡段。过渡段的路面采用两种路面呈阶梯状叠合布置。过渡板上的沥青层较薄,上下层模量比较大,为防止沥青层发生剪切推移,沥青层最小厚度应大于

4cm。其下面铺设的变厚度混凝土过渡板的厚度不得小于200mm,如图11-14所示。过渡板顶面应设横向拉槽,沥青层与过渡板之间应黏结良好。过渡板与混凝土面层相接处的接缝内设置直径25mm、长700mm、间距400mm的拉杆。混凝土面层毗邻该接缝的1~2条横向接缝应采用胀缝形式。

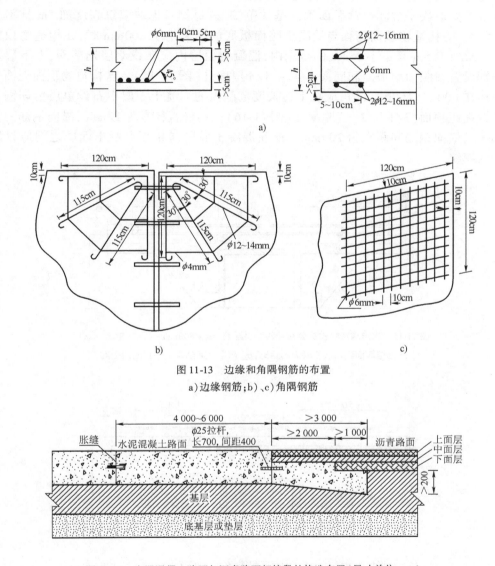

图 11-13 边缘和角隅钢筋的布置
a)边缘钢筋;b)、c)角隅钢筋

图 11-14 水泥混凝土路面与沥青路面相接段的构造布置(尺寸单位:mm)

3. 水泥混凝土路面与桥梁相接

水泥混凝土路面与桥梁相接处,桥头设有搭板时,应在搭板与混凝土面层板之间设置长6~10m的钢筋混凝土面层过渡板。过渡板与搭板间的横缝采用设拉杆平缝形式,过渡板与混凝土面层板间的横缝采用设传力杆胀缝形式。膨胀量大时,应连续设置2~3条设传力杆胀缝。当桥梁为斜交时,钢筋混凝土板的锐角部分应采用钢筋网补强。

当桥头未设搭板时,宜在混凝土面层与桥台之间设置长 10～15m 的钢筋混凝土面层板;或设置由混凝土预制块或沥青面层铺筑的过渡段,其长度不小于 8m。

4. 构造物横穿公路

混凝土面层下有箱状构造物如箱涵、通道等横向穿越,混凝土面板内应布设钢筋网。布筋范围主要取决于桥涵台背后回填路基的范围,故每侧考虑取填筑高度加 1m 且不小于 4m 的宽度。若构造物顶面高程与混凝土路面板底的距离小于 800mm 时,在构造物顶宽及两侧各 $1.5H+1.5$m 且不小于 4m 的范围内,混凝土面层内应布设双层钢筋网,上下层钢筋网应分别设置在距面层顶面和底面 1/4～1/3 厚度处(图 11-15)。若构造物顶面至面层底面的距离在 800～1600mm 时,应在上述长度范围内的混凝土面层中布设单层钢筋网。钢筋网应设在距顶面(1/4～1/3)厚度处(图 11-16)。钢筋直径宜为 12mm,纵向钢筋间距宜为 100mm,横向钢筋间距宜为 200mm。配筋混凝土面层与相邻混凝土面层之间应设置设传力杆的缩缝。

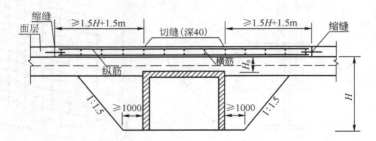

图 11-15　箱形构造物横穿公路处的面层配筋($H_0<800$mm)(尺寸单位:mm)
H-面层底面到构造物底面的距离;H_0-面层底面到构造物顶面的距离

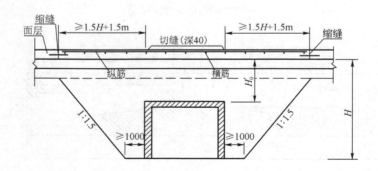

图 11-16　箱形构造物横穿公路处的面层配筋($H_0=800～1600$mm)(尺寸单位:mm)
H-面层底面到构造物底面的距离;H_0-面层底面到构造物顶面的距离

混凝土面层下有圆形管状构造物横向穿越,其顶面至面层底面的距离小于 1200mm 时,在构造物两侧各 $1.5H+1.5$m 且不小于 4m 的范围内,混凝土面层内应布设单层钢筋网,钢筋网应设在距面层顶面 1/4～1/3 厚度处,如图 11-17 所示。钢筋尺寸和间距及传力杆接缝设置与箱形构造物横穿混凝土路面时的处理相同。

另外,当混凝土路面中必须设置窨井、雨水口等其他构造物时,则宜设在板中或接缝处,在

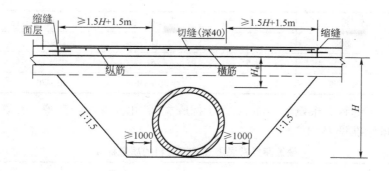

图 11-17　圆形管状构造物横穿公路处的面层配筋（$H_0 < 1200mm$）（尺寸单位：mm）

H-面层底面到构造物底面的距离；H_0-面层底面到构造物顶面的距离

井口边设置胀缝同混凝土面板分开，构造物周围的混凝土面板需用钢筋加固。如构造物不可避免地布置在离板边小于 1m 时，则应在混凝土板薄弱断面处增设加固钢筋。

五、接缝材料及技术要求

接缝材料按使用性能分为胀缝接缝板和填缝料两类。胀缝接缝板要求能适应混凝土面板的膨胀收缩，且施工时不变形、耐久性良好的材料。高速公路和一级公路宜选用塑胶板、泡沫橡胶板或沥青纤维板；其他等级公路也可选用浸油木板。胀缝板的高度、长度和厚度应符合设计要求，并按设计间距预留传力杆孔。孔径宜大于传力杆直径 2mm，高度和厚度尺寸偏差均应小于 1.5mm。胀缝板质量应符合表 11-10 的标准。

胀缝板的质量标准　　　表 11-10

项　目	胀缝板的种类			试 验 方 法
	塑胶板、橡胶（泡沫）板	沥青纤维板	浸油木板	
压缩应力（MPa）	0.2～0.6	2.0～10.0	5.0～20.0	JT/T 203
弹性复原率（%），≥	90	65	55	
挤出量（mm），<	5.0	3.0	5.5	
弯曲荷载（N）	0～50	5～40	100～400	

填缝料按施工温度分为加热施工式和常温施工式两种。加热施工式填缝料主要有沥青橡胶类、聚氯乙烯胶泥类和沥青玛蹄脂类等。加热施工式橡胶沥青填缝料质量标准见表 11-11。

加热施工式橡胶沥青填缝料质量标准　　　表 11-11

项　目	高 温 型	普 通 型	低 温 型	严 寒 型	试 验 方 法
低温拉伸	0℃/R.H25%/3 循环，15mm，一组 3 个试件全部通过	-10℃/R.H50%/3 循环，15mm，一组 3 个试件全部通过	-20℃/R.H75%/3 循环，15mm，一组 3 个试件全部通过	-30℃/R.H100%/3 循环，15mm，一组 3 个试件全部通过	JT/T 740
针入度（0.1mm）	≤70	50～90	70～110	90～150	

续上表

项目	高温型	普通型	低温型	严寒型	试验方法
软化点(℃)	80	80	80	80	JT/T 740
流动值(mm),≤	3	5	5	5	
弹性恢复率(%)	30~70	30~70	30~70	30~70	

常温施工式填缝料有聚氨酯焦油类、氯丁橡胶类、乳化沥青橡胶类等。聚氨酯类常温施工式填缝料的质量标准见表 11-12。

聚氨酯类常温施工式填缝料的质量标准　　　表 11-12

序号	项目		低模量型	高模量型
1	表干时间(h),≤		4	4
2	失黏—固化时间(h),≤		12	10
3	拉伸模量(MPa)	23℃	0.20~0.40	>0.40
		-20℃	0.30~0.60	>0.60
4	弹性(复原率%),≥		75	90
5	定伸黏结性(23℃干态)		定伸100%无破坏	定伸60%无破坏
6	(-10℃)拉伸量(mm),≥		25	15
7	固化后针入度(0.1mm)		40~60	20~40
8	耐水性,水泡4d黏结性		定伸100%无破坏	定伸60%无破坏
9	耐高温性		(60℃±2℃)×168h 倾斜45°表面不流淌、开裂、发黏	(80℃±2℃)×168h 倾斜45°表面不流淌、开裂、发黏
10	负温抗裂性		(-40℃±2℃)×168h 弯曲90°不开裂	(-20℃±2℃)×168h 弯曲90°不开裂
11	耐油性		93号汽油浸泡48h后,在23℃±3℃,湿度50%±5%下静置72h,延伸率下降≤20%	
12	抗光、氧、热加速老化		180h照射后,外观无流淌、变色、脱落、开裂,-10℃拉伸量不小于未老化前的80%,与混凝土的定伸黏结试验无裂缝	

第三节　面层水泥混凝土材料要求

　　修筑水泥混凝土面层所用的混合料,比其他结构物所使用的混合料有更高的要求,因为它要承受动荷载的冲击、摩擦和反复弯曲作用,同时还受到温度和湿度反复变化的影响。面层混凝土必须具有较高的抗弯拉强度和耐磨性,良好的抗冻性以及尽可能低的膨胀系数和弹性模量。因此,路面混凝土含气量应满足相应要求。此外,湿混合料还应有适当的施工和易性,一般规定其坍落度为 0~30mm,工作度为 30s。在施工时,应保证混凝土强度满足设计要求。通常要求面层混凝土的 28d 抗弯拉强度达到 4.0~5.0MPa,28d 抗压强度达到 30~35MPa。

一、水泥

水泥可采用硅酸盐水泥、普通硅酸盐水泥、道路硅酸盐水泥、矿渣硅酸盐水泥。道路硅酸盐水泥是抗折强度较高、耐磨性好、干缩性小、抗冲击性好、抗冻性和抗硫酸性较好的专用水泥。极重、特重交通、重交通荷载等级公路面层应采用旋窑生产的道路硅酸盐水泥、硅酸盐水泥、普通硅酸盐水泥,中、轻交通荷载等级公路面层可采用矿渣硅酸盐水泥。考虑低温蓄热和早强,或有快速通车要求的道路或路段使用早强型;防止路面温度裂缝时使用普通型。面层水泥混凝土所用水泥各龄期的实测抗折强度、抗压强度应符合表11-13的规定。

面层水泥混凝土用水泥各龄期的实测强度　　表11-13

混凝土设计弯拉强度标准值(MPa)	5.5		5.0		4.5		4.0	
龄期(d)	3	28	3	28	3	28	3	28
水泥实测抗折强度(MPa),≥	5.0	8.0	4.5	7.5	4.0	7.0	3.0	6.5
水泥实测抗压强度(MPa),≥	23.0	52.5	17.0	42.5	17.0	42.5	10.0	32.5

通常,水泥的强度等级不得低于42.5MPa,极重、特重交通道路的路面不宜低于52.5MPa。非冰冻地区水泥用量不得小于300kg/m³,但不宜大于400kg/m³;冰冻地区水泥用量不得小于320kg/m³,但不宜大于420kg/m³。

二、粗集料

指粒径大于5mm的碎石、破碎卵石或卵石。应质地坚硬、耐久、洁净,颗粒应接近立方体,表面粗糙,空隙率和比表面积大,符合规定级配,最大粒径不应超过40mm。最大公称粒径:碎石不超过31.5mm,砾石不宜大于19mm,碎砾石不大于26.5mm。钢纤维混凝土集料最大公称粒径不宜大于19mm。粗集料技术指标见表11-14。

碎石、破碎卵石和卵石质量标准　　表11-14

项　目	技术要求		
	Ⅰ级	Ⅱ级	Ⅲ级
碎石压碎值(%),≤	18.0	25.0	30.0
卵石压碎值(%),≤	21.0	23.0	26.0
坚固性(按质量损失计,%),≤	5	8	12
针、片状颗粒含量(按质量计,%),≤	8	15	20
含泥量(按质量计,%),≤	0.5	1.0	2.0
泥块含量(按质量计%),≤	0.2	0.5	0.7
吸水率(按质量计%),≤	1.0	2.0	3.0
硫化物及硫酸盐含量(折算为SO_3),(%)	0.5	1.0	1.0
洛杉矶磨耗损失(%),≤	28.0	32.0	35.0
有机物含量(比色法)	合格	合格	合格
岩石抗压强度(MPa),≥	岩浆岩≥100MPa;变质岩≥80MPa;沉积岩≥60MPa		
表观密度(kg/m³),≥	2500		

续上表

项 目	技 术 要 求		
	Ⅰ级	Ⅱ级	Ⅲ级
松散堆积密度(kg/m³),≥	1350		
空隙率(%),≤	47		
磨光值(%),≥	35.0		
碱活性反应	不得有碱活性反应或疑似碱活性反应		

粗集料宜选用岩浆岩或未风化的沉积岩碎石,最好不用石灰岩碎石,因为它易被磨光,导致路面表面过滑。极重、特重、重交通荷载等级公路面层混凝土用粗集料质量不低于表11-14中Ⅱ级的要求;中、轻交通荷载等级公路面层混凝土可使用Ⅲ级粗集料。

中、轻交通荷载等级公路面层混凝土可使用再生粗集料,其质量应符合《公路水泥混凝土路面施工技术细则》(JTG/T F30—2014)表3.3.2的规定。

粗集料与再生粗集料应根据混凝土配合比的公称最大粒径分为2~4个单粒级的集料,并参配使用。不得使用不分级的统料。粗集料与再生粗集料的合成级配及单粒级级配范围宜符合表11-15的要求。

粗集料与再生粗集料的级配范围　　　　　表11-15

方孔筛尺寸(mm)		2.36	4.75	9.50	16.0	19.0	26.5	31.5	37.5
级配类型		累计筛余(以质量计)(%)							
合成级配	4.75~16	95~100	85~100	40~60	0~10	—	—	—	—
	4.75~19	95~100	85~95	60~75	30~45	0~5	0	—	—
	4.75~26.5	95~100	90~100	70~90	50~70	25~40	0~5	0	—
	4.75~31.5	95~100	90~100	75~90	60~75	40~60	20~35	0~5	0
单粒级级配	4.75~9.5	95~100	80~100	0~15	0	—	—	—	—
	9.5~16.0	—	95~100	80~100	0~15	0	—	—	—
	9.5~19.0	—	95~100	85~100	40~60	0~15	0	—	—
	16.0~26.5	—	—	95~100	55~70	25~40	0~10	0	—
	16.0~31.5	—	—	95~100	85~100	55~70	25~40	0~10	0

三、细集料

混合料中粒径小于5mm的细集料可采用天然砂、人工砂或石屑。天然砂有河砂、海砂、山砂、沉积砂;人工砂有机制破碎砂、工业废渣砂、尾矿砂等。其中,河砂经长期水流冲洗,粒形较圆、较洁净,质量最好,高速公路和一级公路的水泥混凝土路面应优先采用河砂。海砂的氯离子含量、硫酸根离子含量和贝壳类含量等较高,经冲洗处理,满足氯盐、硫酸盐和有机质含量规定,可用于普通混凝土路面。山砂的含泥量和软弱颗粒较多,但只要不超标,仍可使用。细集料颗粒要求坚硬耐磨,具有良好的级配,表面粗糙而有棱角,清洁和有害杂质少,天然砂细度模数宜在2.0~3.7之间,机制砂宜在2.3~3.1之间。天然砂的质量标准和推荐级配范围分别见表11-16和表11-17。

天然砂的质量标准 表11-16

项 目	技术要求		
	Ⅰ级	Ⅱ级	Ⅲ级
坚固性(按质量损失计,%),≤	6.0	8.0	10.0
含泥量(按质量计,%),≤	1.0	2.0	3.0
泥块含量(按质量计,%),≤	0	0.5	1.0
氯离子含量(按质量计,%),≤	0.02	0.03	0.06
云母含量(按质量计,%),≤	1.0	1.0	2.0
硫化物及硫酸盐含量(折算为 SO_3)(%)	0.5	0.5	0.5
海砂中的贝壳类物质含量(按质量计,%),≤	3.0	5.0	8.0
轻物质含量(按质量计,%),≤	1.0		
吸水率(按质量计,%),≤	2.0		
表观密度(kg/m^3),≥	2500.0		
松散堆积密度(kg/m^3),≥	1400.0		
空隙率(%),≤	45.0		
有机物含量(比色法)	合格		
碱活性反应	不得有碱活性反应或疑似碱活性反应		
结晶态二氧化硅含量(%)	25.0		

天然砂的推荐级配范围 表11-17

砂分级	细度模数	方孔筛孔尺寸(mm)							
		9.5	4.75	2.36	1.18	0.60	0.30	0.15	0.075
		通过各筛孔的质量百分率(%)							
粗砂	3.1~3.7	100	90~100	65~95	35~65	15~30	5~20	0~10	0~5
中砂	2.3~3.0	100	90~100	75~100	50~90	30~60	8~30	0~10	0~5
细砂	1.6~2.2	100	90~100	85~100	75~90	60~84	15~45	0~10	0~5

极重、特重、重交通荷载等级公路面层混凝土用天然砂的质量标准不应低于表11-16中规定的Ⅱ级;中、轻交通荷载等级公路面层混凝土可使用Ⅲ级天然砂。

四、水

清洗集料、拌和混凝土及养护所用的水,不应含有影响混凝土质量的油、酸、碱、盐类、有机物等。一般以饮用水为宜;非饮用水,经化验符合下列要求时也可使用:

①pH 值,素混凝土不小于4.5,钢筋混凝土及钢纤维混凝土不小于5.0。

②氯离子含量,素混凝土不超过3500mg/L,钢筋混凝土及钢纤维混凝土,不超过1000mg/L。含盐量不得超过 $5mg/cm^3$。

③硫酸盐含量(按 SO_4^{2-} 计),素混凝土不超过2700mg/L,钢筋混凝土及钢纤维混凝土,不

超过2000mg/L。

④碱含量不得超过1500mg/L。

五、外加剂

随着混凝土新结构、新工艺的发展,对混凝土性能提出了新的要求,如高强、早强、大流动度、高耐久性、缓凝、速凝、降低水化热等,这些要求都可通过外加剂技术解决。通常掺量一般不大于水泥质量的5%。

常用外加剂种类如下:

1. 减水剂

使用减水剂可使混凝土在和易性不变的条件下,减少用水量,提高强度。如果用水量不减少,则可改善所拌混凝土的和易性,提高流动性。目前,常用的减水剂有木质素磺酸钙等,其掺入量约为水泥用量的0.25%,其减水效果为5%以上,一般为5%~12%,这种减水剂同时具有缓凝和引气作用,使混凝土的含气量为3%~4%。

2. 引气剂

引气剂与混凝土组成成分不发生化学反应,不产生气体。掺入混凝土中,由于拌和时的物理作用,使混凝土拌和物中的空气由少数大气泡改变成细小、球形、稳定、均匀分布、互不连通的大量微气泡。这些气泡在混凝土拌和时能起到滚珠一样的减磨滑动作用,硬化后仍保留在混凝土中,阻断毛细管、阻止外界水分渗入混凝土中,因此,能大大地提高混凝土的抗渗性。加之气泡内不是饱水的,当混凝土中的水受冷结冰产生体积膨胀时,这些微气泡就成了消纳压力的空间,防止混凝土冻坏。冰冻地区的混凝土中必须掺加引气剂。

最常用的引气剂是松香聚合物,掺量一般为水泥用量的1‰~2‰,减水率为10%,可提高耐冻性4~5倍。其含气量应当控制在3%~6%。超过此值后,不但强度降低,耐久性也不再提高。

3. 缓凝剂

缓凝剂能使混凝土拌和物在较长的时间内保持良好的和易性,延缓大体积混凝土的放热时间,防止分层灌浇的混凝土之间出现裂缝。常用的缓凝剂有木质素磺酸盐类、糖类、羟基羟酸类及无机盐类。缓凝剂的用量应根据要求的混凝土凝结时间通过试验而定,一般剂量都很小。缓凝剂中很多还兼有塑化、减水、抗渗、抗冻和提高混凝土后期强度的综合作用,如木质素磺酸钙等。

4. 早强剂

早强剂能提高混凝土的早期强度,常用于冬季施工、抢修工程等。常用的有氯盐、硫酸盐和三乙醇胺三类。此外,还有它们的复合物,复合物的早强效果更好。氯化钙价廉、效果好,是最常用的一种早强剂,在钢筋混凝土中掺量不得超过1%,掺量多会引起钢筋锈蚀,在素混凝土中掺量不超过3%。

5. 防水剂

防水剂能提高混凝土的防水性或抗渗性。常用的为密实剂,有氢氧化铁、氢氧化铝或其复合物。引气剂和三乙醇胺等也有防水、抗渗的效果,掺用量应根据要求通过试验确定。

第四节　水泥混凝土路面施工工艺与质量控制

一、施工前的准备工作

施工前的准备工作是水泥混凝土路面施工的重要组成部分,此工作做得充分与否,直接影响工程能否有秩序地按计划顺利地进行。施工前的准备工作主要包括以下内容:

1. 施工组织设计编制

根据设计文件、施工条件和有关规范,确定施工方案,编制施工组织设计。施工组织设计包括施工工艺、材料使用计划、劳动力组织安排、临时设施、现场组织管理计划、安全措施等。材料供应、模板数量、混凝土的搅拌能力和运输能力必须和施工技术方案相适应。施工前应做好技术准备,对人员进行认真培训。

2. 选择混凝土拌和场地

根据施工路线的长短和所采用的运输工具,混凝土可集中在一个场地拌制,也可在沿线选择几个场地,随工程进展情况迁移。拌和场地的选择首先要考虑使运送混合料的运距最短。同时拌和场还要接近水源和电源。此外,拌和场应有足够的面积,以供堆放砂石材料和搭建水泥库房。

3. 基层的检验与整修

混凝土路面板下基层的宽度、路拱与高程、表面平整度和压实度,均应检查其是否符合要求。如有不符之处,应予整修,否则,将使面层的厚度变化太大,而增加其造价或减少其使用寿命。

基层应清扫干净,并洒水湿润。

4. 材料准备及质量检验

根据混凝土路面施工进度计划,施工前应分批备好所需的各种材料。原材料进场后,不同规格的集料要分堆堆放,并保证排水良好,夏季、冬季和雨季应加以覆盖。水泥和外加剂应存放在仓库内,水泥应注意防潮。新出厂的水泥应至少存放一周后方可使用,并宜在一个月内使用,最长不超过 3 个月。现场建立工地试验室,并按照规定的检测频率和试验规程对各种原材料进行检验。

5. 混合料配合比检验与调整

根据设计要求和材料供应情况进行配合比设计及检验,选用水泥用量最省、强度符合要求的最佳配合比,然后根据施工现场的实际情况加以调整,作为施工配合比。路面在浇筑前必须对混凝土拌和物的工作性能进行检验并做必要的调整。

6. 施工放样及机械准备

施工放样是采用机械摊铺混凝土路面的重要准备工作。首先根据设计图纸恢复路中心线和混凝土路面边线,在中心线上每隔20m设一中桩,同时布设曲线主点桩及纵坡变坡点、路面板胀缝等施工控制点,并在路边设置相应的边桩,重要的中心桩要进行拴桩。每隔100m左右应设置一临时水准点,以便复核路面高程。

混凝土路面施工前必须做好各种机械的检修工作,以便施工时能正常运行。选择的主导机械应能满足施工质量和进度要求,在保证主导机械发挥最大效率的前提下,选用的配套机械应尽可能的少。

7. 拆迁及辅助设施准备

妨碍施工的建筑物、灌溉渠道、地下管线等,应在施工前拆迁完毕。施工前要准备好水电供应、交通道路、搅拌和堆料场地、办公生活用房、工棚、仓库和消防设施等。

二、施工方法及工序

水泥混凝土路面目前施工方法主要有小型机具施工、三辊轴机组施工、轨道模板摊铺机施工以及滑模摊铺机施工。三辊轴机组和小型机具施工是目前除滑模摊铺机和轨道模板摊铺机施工外,水泥混凝土路面应用较广的施工方式。表11-18为适用于不同等级的公路水泥混凝土路面施工方法及设备要求。

不同等级的公路水泥混凝土路面施工方法及设备要求　　表 11-18

摊铺工艺 机械装备	高速公路	一级公路	二级公路	三级公路	四级公路
滑模摊铺机	应使用	应使用	应使用	有条件使用	不宜使用
轨道摊铺机	有条件使用	应使用	应使用	应使用	不宜使用
三辊轴摊铺机	不宜使用	有条件使用	应使用	应使用	应使用
小型机具	不得使用	不宜使用	有条件使用	应使用	应使用
计算机自动控制 强制搅拌楼(站)	应使用	应使用	应使用	有条件使用	不宜使用
强制搅拌楼(站)	不得使用	不宜使用	有条件使用	应使用	应使用

1. 小型机具施工

小型机具施工虽然机械化程度很低,施工质量受操作人员的素质影响较大,施工速度慢,但由于我国部分地区经济水平限制和施工的需要,目前仍得到广泛的应用,尤其在二级以下公路中,这种施工方法占很大比例。表11-19为小型机具与三辊轴机组施工机械配置表。

小型机具与三辊轴机组施工机械配置表　　表 11-19

工　序	可选用机械	
	三辊轴机组施工	小型机具施工
搅拌	搅拌站	搅拌机
	装载机	
	发电机	
	供水泵、蓄水池	
运输	自卸汽车、搅拌车	自卸汽车、机动翻斗车、手推车
摊铺	三辊轴机	铁锹等

续上表

工 序	可选用机械	
振捣	振捣机	平板振捣器
	振动梁、振捣棒	
抗滑构造	拉毛器、刻槽机	
切缝、灌缝	锯缝机、灌缝机	
养护	喷洒机、喷雾器、洒水车	

水泥混凝土路面小型机具施工主要包括以下工序:立模→安放钢筋→拌和物搅拌与运输→摊铺振捣→设置接缝→表面修整→抗滑构造制作→养护填缝。

小型机具施工水泥混凝土路面一般多按一个车道宽度进行施工,这有利于控制面板横向坡度和平整度,施工方便,同时也可利用一侧基层或已建成的混凝土车道作为运输混合料的通道。

(1)安装模板

在摊铺混凝土之前,应先根据车道宽度安装纵向模板,模板可用厚4~5mm的钢板冲压制成,或用厚3~4mm的钢板与边宽40~50mm的角钢或槽钢组合构成。模板的安装精度直接影响到混凝土路面的施工质量和摊铺进度。安装前应对模板的有关质量指标进行检查和校正,然后按预先标定的位置准确地安放在基层上,模板底面与基层表面应密贴,以防漏浆;两侧用铁钎打入基层以固定位置,保证在混凝土振实时不松动或变形。模板内侧应均匀涂抹一层废机油、肥皂水或其他润滑剂,以利脱模。

(2)钢筋布设

①传力杆的安设

混凝土连续浇筑时胀缝传力杆的安设,常用钢筋支架法。一般是在嵌缝板上预留圆孔以便传力杆穿过;嵌缝板上面设木制或铁制压缝板条;其旁再放一块胀缝模板,按传力杆位置和间距,在胀缝模板下部挖成倒U形槽,使传力杆由此通过。传力杆的两端固定在钢筋支架上,支架脚插入基层内(图11-18)。

对于混凝土板浇筑结束时设置的胀缝,宜用顶头木模固定传力杆的安装方法。即在端模板外侧增设一块定位模板,板上同样按照传力杆间距及杆径钻成孔眼,将传力杆穿过端模板孔眼并直至外侧定位模板孔眼。两模板之间可用传力杆一半长度的横木固定(图11-19)。继续浇筑邻板时,拆除挡板、横木及定位模板,设置胀缝板、木制压缝板条和传力杆套管。

缩缝及横向施工缝处传力杆的安装,可采用预制定位支架固定传力杆的方法(图11-20)。用两根 $\phi14\sim16mm$,长度短于浇筑的混凝土板宽10cm(两端各离纵向侧模5cm)的钢筋,将接缝左右两端的传力杆按照设计位置,用细铅丝逐根绑轧固定。在钢筋下垫用 $\phi8\sim10mm$ 钢筋弯成的支架(支架反向弯脚各长4cm,每隔50cm左右垫一支),以支撑并固定传力杆的位置。

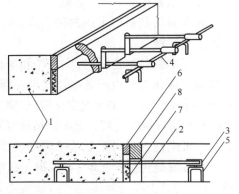

图11-18 胀缝传力杆的架设(钢筋支架法)
1-先浇的混凝土;2-传力杆;3-金属套筒;4-钢筋;
5-支架;6-压缝板条;7-嵌缝板;8-胀缝模板

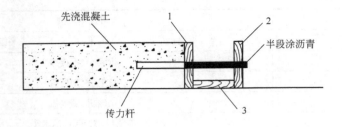

图 11-19 胀缝传力杆的架设(顶头模固定法)
1-端头挡板;2-外侧定位模板;3-固定模板

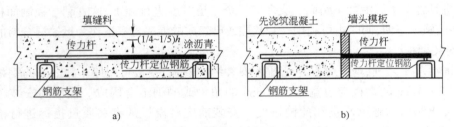

图 11-20 预制定位支架固定传力杆
a)缩缝(假缝);b)施工缝

② 拉杆的布设

对于平缝处的拉杆,根据设计要求的间距,预先在模板上制作拉杆置放孔;假缝处拉杆的安设,可采用钢筋支架预先固定在基层上。

③ 边缘钢筋及角隅钢筋的布设

边缘钢筋通常用预制混凝土垫块垫托。垫块厚度一般以 4cm 为宜。垫块间距不大于 80cm。在浇筑混凝土过程中,钢筋中间应保持平直,不得变形挠曲,并防止移位。

角隅钢筋应在混凝土浇筑振实至与设计厚度差 5cm 左右时安放。距胀缝和板边缘各为 10cm,平铺就位后,即继续浇筑上部混凝土。

(3) 混凝土的拌制与运输

混合料的制备可采用两种方式:在工地由拌和机拌制,或在中心工厂集中制备,而后用汽车运送到工地。

在工地制备混合料时,应在拌和场地上合理布置拌和机和砂石、水泥等材料的堆放地点,力求提高拌和机的生产效率。拌制混凝土时,要准确掌握配合比,特别要严格控制用水量。每天开始拌和前,应根据天气变化情况,测定砂、石材料的含水率,以调整拌和时的实际用水量。每次拌和所用材料应过秤。量配的精确度对水泥为 ±1.5%,砂为 ±2%,碎石为 ±3%,水为 ±1%。每一工班应检查材料量配的精确度至少 2 次,每半天检查混合料的坍落度 2 次。

安装混凝土搅拌机时,要根据运送混凝土车辆的高度将搅拌机垫高,出料口应靠近路线一侧,以便混凝土混合料运送到摊铺地点。在通向砂石堆料场的一方,须用 7.5cm 厚的木板修筑宽 3m、坡度不大于 1:2 的斜坡,以便运料车上下运输之用。为了降低劳动强度,可以在地下挖一个比进料斗略大一些的坑,用 10cm 槽钢两根做料斗滑槽至坑底,故不需另搭进料斜坡,既省力又安全,目前较普遍采用。

混凝土拌和物每盘的搅拌时间,应根据搅拌机的性能和拌和物的和易性确定。一般情况下,小型机具施工单立轴式搅拌机总拌和时间宜为80~120s,原材料全部投入后的纯拌和时间不宜短于35s;立轴式和双卧轴式搅拌机总拌和时间宜为60~90s,纯拌和时间不宜短于30s;连续双卧轴式搅拌机的最短拌和时间不宜短于40s。最长总拌和时间不宜超过高限值的2倍。因为搅拌时间过长,导致集料破碎,其结果使和易性发生变化,而且有时还使加气混凝土的空气量发生变化。为此当混凝土拌和物出料困难时,应暂时停止搅拌。在暂时停止搅拌时间内,最好时常转动搅拌机,以免混凝土混合物倾出困难。

混凝土拌和物的运输,通常采用手推车或自卸汽车运输。当运距较远时,宜采用搅拌车运输。自卸汽车应选用铁皮车厢,车厢后门挡板必须紧密,装载不宜过满,以防漏浆或外溢。混凝土混合料必须在初凝前运到摊铺地点,并有足够的摊铺、振实、整平和抹面的时间。混合料的卸料高度不得大于1.50m,以免发生离析。炎热干燥、大风或阴雨天气运输时,应加覆盖;冬季施工,运输时应有保温措施。每车卸料后必须及时清除车厢内的黏附残料。

(4) 混凝土的摊铺和振实

摊铺混合料时用铁铲,不得扬撒抛掷,以免混凝土发生离析。在模板附近,需用方铲扣铲法撒铺混合料,并插捣几下,使浆水捣出,以免发生空洞蜂窝现象。

混凝土板厚在22cm以下时,可一次摊铺捣实,厚度超过22cm时,应分两次摊铺,下层摊铺厚度约为总厚度的3/5(边摊铺、边整平、边振实),紧接着摊铺上层。

每仓混凝土的摊铺振实工作应连续进行,不得中途间断。若在初凝时间内被迫临时停工,中断施工的一块混凝土板应用湿麻布覆盖,以防假凝。恢复施工时,应将此处的混凝土耙松补浆后继续浇筑。摊铺时应考虑振实后的下沉量。摊铺时可在模板的顶面加一厚约2.5cm的木条,以防振动时混合料外溢。木条可用铁夹子紧夹在模板顶上,随摊铺进度向前移动。

混凝土铺筑到一半厚度后,先采用2.2kW(或3.0kW)的平板式振动器振捣一遍,然后加高铺筑混凝土到顶,等初步整平后换用1.2~1.5kW的平板式振动器再振捣一遍。振捣时,振动器沿纵向一行一行地由路边向路中移动,每次移动平板时前后位置的搭头重叠面为20cm左右(约为1/3平板宽度),不得漏振。振动器在每一位置的振动时间,应以拌和物停止下沉,不再冒气泡并泛出水泥砂浆为准,并不宜过振。一般为15~25s。凡振动不到的地方,如模板边缘、传力杆处、窨井及进水口附近等,均改用高频率插入式振动器振捣,振动时应将振动棒垂直上下缓慢抽动,每次移动间距不得大于作用半径的1.5倍。插入式振动器与模板的间距一般为10cm左右。插入式振动器严禁在传力杆上振捣,以免损坏邻板边缘混凝土。经平板振动器整平后的混凝土表面,应基本平整,无明显的凹凸痕迹。然后用带有振捣器的、底面符合路拱横坡的振捣梁,两端放在侧模上,沿摊铺方向振捣拖平。拖振过程中,多余的混合料将随着振捣梁的拖移而刮去,低陷处则应随时补足。随后,再用直径75~100mm的无缝钢管,两端放在侧模上,沿纵向滚压一遍。

(5) 筑做接缝

①胀缝。先浇筑胀缝一侧混凝土,取去胀缝模板后,再浇筑另一侧混凝土,钢筋支架浇在混凝土内。压缝板条使用前应涂废机油或其他润滑油,在混凝土振捣后,先抽动一下,而后最迟在终凝前将压缝板条抽出。抽出时为确保两侧混凝土不被扰动,可用木板条压住两侧混凝土,然后轻轻抽出压缝板条,再用铁抹板将两侧混凝土抹平整。缝隙上部浇灌填缝料,留在缝

隙下部的嵌缝板是用沥青浸制的软木板制成。

②横向缩缝,即假缝。用下列方法筑做:

a. 切缝法:在混凝土捣实整平后,利用振捣梁将"T"形震动刀准确地按缩缝位置震出一条槽,随后将铁制压缝板放入,并用原浆修平槽边。当混凝土收浆抹面后,再轻轻取去压缝板,并即用专门抹子修整缝缘。这种做法要求谨慎操作,以免混凝土结构受到扰动和接缝边缘出现不平整(错台)。

b. 锯缝法:在结硬的混凝土中用锯缝机(带有金刚石或金刚砂轮锯片)锯割出要求深度的槽口。这种方法可保证缝槽质量和不扰动混凝土结构。但要掌握好锯割时间,过迟因混凝土过硬而使锯片磨损过大且费工,且可能在锯割前混凝土会出现收缩裂缝。过早混凝土因还未结硬,锯割时槽口边缘易产生剥落。合适的时间视气候条件而定,炎热而多风的天气,或者早晚气温有突变时,混凝土板会产生较大的湿度或温度坡差,使内应力过大而出现裂缝,锯缝应早在混凝土表面整修后 4h 即可开始。如天气较冷,一天内气温变化不大时,锯割时间可晚至 12h 以上。

③纵缝。整幅浇筑的混凝土路面,纵缝可采用切缝或锯缝法;分次摊铺形成的平缝型纵缝,在已浇混凝土板的缝壁涂刷沥青,并应避免涂在拉杆上。浇筑邻板时,缝的上部应压成规定深度的缝槽。

(6)表面整修与防滑措施

水泥混凝土终凝前必须用人工或机械抹平其表面,使表面磨耗层(2~4mm 的砂浆层)密实、平整。当用人工抹光时,不仅劳动强度大、功效低,而且还会把水分、水泥和细砂带至混凝土表面,致使它比下部混凝土或砂浆有较高的干缩性和较低的强度。而采用机械抹面时可以克服以上缺点。目前国产的小型电动抹面机有两种装置:装上圆盘即可进行粗光;装上细抹叶片即可进行精光。在一般情况下,面层表面仅需粗光即可。抹面结束后,有时再用拖光带横向轻轻拖拉几次。

为保证行车安全,混凝土应具有粗糙抗滑的表面。最普通的做法是用棕刷顺横向在抹平后的表面上轻轻刷毛;也可用金属丝梳子梳成深 1~2mm 的横槽。近年来,国外已采用一种更有效的方法,即在已结硬的路面上,用锯槽机将路面锯割成深 5~6mm、宽 2~3mm、间距 20mm 的小横槽。也可在未结硬的混凝土表面塑压成槽,或压入坚硬的石屑来防滑。

(7)养护

养护的目的主要是为了防止混凝土的水分蒸发过快而产生收缩裂缝和保证水泥能充分进行水化作用。养护通常有以下两种方法:

①湿治养护

当混凝土表面尚呈湿润但有一定硬度(用手指轻轻揿上去没有痕迹)时,即应用湿草帘、湿麻袋,或者 20~30mm 厚的湿砂覆盖。每天应均匀洒水数次(不得使用水龙头集中在一处冲浇或直接浇在混凝土表面上),使其始终保持潮湿状态,至少延续 14d。

②塑料薄膜养护

当混凝土表面不见浮水,用手指轻按无指痕时,即均匀喷洒塑料溶液,形成不透水的薄膜黏附于表面,从而阻止混凝土中水分的蒸发,保证混凝土的水化作用。喷涂时间应掌握恰当,不宜过早或过迟。过早会使薄膜粘贴不牢,过迟则会影响混凝土的强度,还可能引起混凝土表面产生干缩裂缝。

养护期间须注意保护薄膜的完整性。养护期一般为28d。混凝土强度未达到设计要求前严禁硬质工具、器械等在上面拖拉,并严禁车辆通行。

(8)拆模

当混凝土达到一定强度后,即可拆除模板,拆模时间应能保证混凝土边、角不因拆模而破坏,应根据气温和混凝土强度增长情况而定。混凝土面板允许最早拆模时间见表11-20。

混凝土面板允许最早拆模时间(单位:h) 表11-20

昼夜平均气温(℃)	-5	0	5	10	15	20	25	≥30
硅酸盐水泥、R型水泥	240	120	60	36	34	28	24	18
道路、普通硅酸盐水泥	360	168	72	48	36	30	24	18
矿渣硅酸盐水泥	—	—	120	60	50	45	36	24

(9)填缝

所有接缝的上部均需用填缝料封填。一般在养护期满后即可进行填缝。未填缝前严禁车辆行驶,以免板边和角隅破坏。填缝之前须将进入缝内的砂、石、泥土等杂物用小铁钩子钩出,并用钢丝刷和吹风器或小型空压机将缝内尘土吹净,必要时用水冲洗干净。然后在缝口两边各涂一层宽约10cm的石粉水(水与石粉之比约为2:1)作为填缝料与混凝土表面之间的防黏剂,但不得淌入缝内或沾在缝壁上,以免影响填缝料与缝壁的黏结。

2.三辊轴机组施工

三辊轴机组由三辊轴整平机、振捣机等组成,全称为自行驱动辊轴式水泥混凝土摊铺机,简称三辊轴机。三辊轴机组较滑模及轨道摊铺机成本低,是介于小型机具施工和大型摊铺机施工之间的一种中型设备,适应性强,操作简单,方便灵活,能达到较高的平整度。

三辊轴机为三辊轴摊铺机机组的主导设备,具有振密、摊铺、提浆和整平功能。其主体部分为一根起振密、摊铺、提浆作用的偏心振动轴和两根起驱动整平作用的圆心轴。三辊轴机工作时,机械向前运动,振动轴向后旋转,同时通过偏心振动,使拌和物液化,振动轴在自重和动力作用下切入液化的拌和物,并向前推挤甩出拌和物,从而达到摊铺、振密、提浆的目的。后面的两根轴在模板上平滚,从而实现整平(图11-21)。

图11-21 三辊轴机摊铺水泥混凝土路面

三辊轴机的型号以轴的直径表示。直径大则摊铺能力较强、效率高、平整度好,但提出的表面浆体较薄且容易离析,振实深度也较小。因此,一般配有内部振动式振捣机来达到密实。小直径轴可以实现较好的提浆效果,但轴容易变形,需注意校正。

施工时应根据摊铺厚度和宽度合理选择三辊轴机的型号和规格。厚度较大的混凝土面层采用较小的直径,桥面铺装和厚度较小的面层采用较大的直径;轴长宜比路面宽度大60~100cm。振动轴的转速不宜过大,以保证有效的振实和提浆。振动功率宜大于5.5kW,驱动轴的行驶速度不宜大于13.5m/min,驱动功率不宜小于6.0kW。三辊轴整平机的技术参数应符合表11-21的要求。

两种三辊轴机的技术参数　　　　　　表11-21

轴直径 (mm)	轴速 (r/min)	轴长 (m)	轴质量 (kg/m)	行走速度 (m/min)	整平轴距 (mm)	振动功率 (kW)	驱动功率 (kW)	适宜整平路面厚度(mm)
168	300	5~9	65±0.5	13.5	504	7.5	6	200~260
219	300	5~12	77±0.7	13.5	657	17	9	160~240

三辊轴机组施工的工艺流程为:立模→安装钢筋→拌和物搅拌与运输→布料→振捣→拉杆安装→人工找补→三辊轴整平机整平→精平→抗滑构造制作→接缝施工→养护→填缝。

(1)立模

模板安装前,根据设计图纸放样定出路面中心线和路边线。

三辊轴机组施工时,三辊轴机要在模板上行走,三辊轴机的自重一般3t以上,且施工质量和模板直接有关,所以对模板要求很高。必须采用钢模板,长度3~4m,高度小于路面厚度0~2cm。模板的数量根据施工进度配备,必须保证施工的连续进行,且不少于3d的摊铺用量。

模板安装应保证稳固、顺直、平整、桩间无起伏。模板应用钢钎打入基层。宜提前24h安装模板并按要求检查调整好,与地面接触处如出现缝隙需用砂浆封好。

(2)拌和物搅拌与运输

三辊轴整平机的整平能力虽强,但摊铺和振密能力较弱,适合于摊铺流动度较大的、工作性良好的混凝土拌和物,坍落度宜为20~70mm。搅拌时间根据搅拌机的类型、转速、拌和物的种类和投料顺序决定,从原料全部投入到开始出料为止的搅拌时间不应少于30~40s,最长不宜超过120s。

为了保证混凝土拌和物良好的工作性,拌和物应尽快运输到摊铺现场。混凝土拌和物运输、铺筑时间见表11-22。

混凝土拌和物运输、铺筑时间　　　　　　表11-22

运输、摊铺时间(h)	施工气温(℃)			
	5~9	10~19	20~29	30~35
运输允许最长时间	1.5	1.0	0.75	0.50
铺筑完毕允许最长时间	2.0	1.5	1.25	1.0

注:表中施工气温指施工时间内的平均气温,使用缓凝剂后,表中数值可增大0.25~0.50h。

(3)布料

三辊轴机的摊铺能力不强,要特别注意布料的均匀性,准确控制布料高度。要有专人指挥卸料,分多堆卸料。可人工布料,也可用装载机或挖掘机布料。人工布料宜使用排式振捣机前方的螺旋布料器辅助控制松铺高度。

坍落度为 20~50mm 的拌和物,松铺系数为 1.08~1.22。坍落度大时取低值,坍落度小时取高值。由于路面横坡的影响,在摊铺和振密过程中,拌和物会由高侧向低侧流动,因此,布料时应在较高的一侧适当增大布料高度,较低的一侧适当减小布料高度,以补偿拌和物的流动,保持路面的平整和均匀性。同样,超高路段,较高一侧取高值,较低一侧取低值,但不得低于模板顶面。

(4) 密排振实

混凝土拌和物摊铺后,立即进行振捣密实作业。由于三辊轴机的振动密实作用不强,因此应配套内部振动式振捣机。采用由一排插入式振捣棒通过横梁组成的排式振捣机进行振捣。振捣棒的直径宜为 50~70mm,间距不大于其有效作用半径的 1.5 倍,并不大于 50cm。插入式振捣棒的振动频率宜为 150~200Hz。

布料长度不宜小于 10m。密排振捣棒间歇插入振实时,每次移动距离不宜超过振捣棒有效作用半径的 1.5 倍,并不得大于 60cm,振捣时间宜为 15~30s,以保证有效振实。

排式振捣机应匀速、缓慢、不间断地进行。振捣密实以拌和物中粗集料停止下沉,表面不再冒气泡,并泛出水泥浆为准,注意不能过振。

桥面铺装或面层厚度较小时,可采用梁式振捣机和平板振动器进行振捣。

(5) 拉杆安装

面板振实后,应在拌和物刚液化时,立即安装拉杆。单车道摊铺的混凝土路面,应在边缘模孔中插入拉杆钢筋;一次摊铺双车道路面,中间纵缝部位使用拉杆插入机插入拉杆钢筋。插入拉杆后振捣混凝土拌和物,以使拌和物充分包裹拉杆。

(6) 人工找补

安装拉杆后,要立即检查混凝土的平整情况。因为三辊轴机组施工时,拌和物不能低于模板,否则三辊轴机振动提浆后,表面浆不均匀,水灰比大的稀浆会去填补凹陷处,在混凝土凝固后,这些部位的强度、抗滑性和耐磨性都较差,且容易产生收缩裂纹;但如果振密后混凝土高出模板顶面过多,又会给三辊轴机的施工造成困难,容易偏斜。因此,拌和物应高出模板顶面 5~20mm。对于高出的部分要适当铲除,低处要用同一批拌和物进行填补。

(7) 三辊轴整平机作业

整平机的作业单元长度宜为 20~30m。振实与整平两道工序之间的间隔宜不大于 10min。三辊轴整平机在一个作业长度内,应采用前进振动、后退静碾的方式作业。宜分别进行 2~3 遍,不宜超过 3 遍。振动时,调整好振动轴的高度,与模板顶面留 2mm 的间隙,要求振动轴不能和模板接触,只能通过振动削平拌和物表面。两根整平轴始终接触模板顶面。由于三辊轴机自重较大,其振动作用可能使模板松动,因此应随时注意观察模板的情况,如有松动、变形,应随时校正。

振动滚压完成后,将振动辊轴抬离模板,用整平轴前后静滚整平,其目的不仅是整平,还可以使表面砂浆的厚度和水灰比更加均匀。静滚次数要足够多,一般为 4~8 遍,直到平整度符合要求,表面砂浆厚度和水灰比均匀为止。最后达到的表面砂浆平均厚度宜不大于 4mm,最厚不应超过 6mm。

(8) 精平饰面

三辊轴机整平路面后,表面砂浆沿纵向的厚度和水灰比都已达到均匀,但沿横向可能尚不均匀,应采用 3~5m 刮尺进行饰面。将刮尺纵向摆放,横向推拉,推拉应速度均匀,每次推拉一次完成,中间不停顿。刮平过程中要注意刮尺和混凝土表面全面接触,如果刮尺底面和拌和物之间有空隙,说明混凝土表面有低洼处,应随时补浆。刮尺饰面应在三辊轴机完成整平作业后尽快进行,否则饰面效果差。

待表面泌水蒸发消失,再使用刮板或抹刀进行 1~2 遍收浆饰面或抹光。也可采用旋转抹面机进行 2 遍密实精平饰面。收浆饰面的目的是消除混凝土表面的泌水通道,使混凝土表面更加密实、平整。经过抹光处理后再进行抗滑构造施工,可明显提高表面耐磨性。收浆饰面的时间,应在泌水蒸发已经消失,混凝土表面还能压实但又不会留下明显的浆印时进行。饰面的最迟时间不得迟于表 11-22 中铺筑完毕允许最长时间。

抗滑构造制作、接缝施工、养护填缝等工序和小型机具施工相同,不再赘述。

3. 滑模式摊铺机施工

水泥混凝土路面滑模摊铺施工技术,是当今世界上施工速度最快、工程质量最高、施工规模最大的现代化、机械化和智能化的先进技术,是高速公路水泥混凝土路面施工技术的主要趋势和发展方向。滑模式摊铺机施工时,摊铺机支承在四个液压缸上,它可以通过控制机械上下移动来调整摊铺厚度。在摊铺机两侧设置有随机移动的固定滑模板。滑模式摊铺机一次通过即可完成摊铺、振捣、整平等多道工序,作业过程如图 11-22、图 11-23 所示。

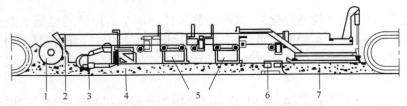

图 11-22 滑模式摊铺机摊铺工艺示意图
1-螺旋摊铺器;2-刮平器;3-振捣器;4-刮平板;5-振动振平板;6-光面带;7-混凝土

图 11-23 滑模式摊铺机摊铺施工

(1)测量放样,悬挂基准线

滑模式施工取消了固定模板,代之以随摊铺机一起运动的滑移式滑动模板。路面的高程、纵横坡度、板宽、平整度等以基准线作为基本参照系,通过滑模摊铺机上设置的传感器进行调整、控制。基准线一般比路面摊铺边缘宽 0.8~1.5m,由于路面有横坡,因此基准线高程并不是路面边缘高程。基准线固定桩间距,在直线段不超过10m,曲线段应加密到5m。准确测量定位后,将基准线固定桩(钢钎)牢固打入基层10~15cm。基准线精确定位后固定在钢钎上。

基准线设置好以后,禁止扰动,特别是正在作业时,严禁碰撞和振动基准线,以确保摊铺质量。

(2)混凝土的搅拌和运输

混凝土混合料的生产供应一般有预拌混凝土和现场搅拌站两种方式,无论哪种方式都是在摊铺前试验室已经做出的混凝土配合比设计和搅拌设备配套容量均满足滑模施工的基础上进行的。由于预拌混凝土是由专门预拌混凝土站生产,专业化程度高,设备齐全,原材料规格齐备,所生产的混凝土质量高,稳定性和均匀性较好,因此,在有条件的情况下应优先选用。对于远离城市的公路工程,需要自建搅拌站生产混凝土。滑模摊铺水泥混凝土路面必须采用强制式混凝土搅拌楼来生产混合料,以确保混合料的搅拌质量和生产效率。

滑模施工中,国内外运输混合料的车型见表11-23。为了适应滑模摊铺水泥混凝土路面的快速施工要求,一般要求采用装载 $8m^3$(20t)以上的大型车辆来运输混凝土。

国内外运输滑模摊铺混凝土的车型 表11-23

车种	翻斗车	改进罐车	侧翻多斗车	半圆螺旋车	半圆皮带车
卸料方式	后翻固定卸料	后面均匀移动卸料	侧翻固定卸料	后面均匀移动卸料	后面均匀移动卸料
方量(m^3/辆)	4~8	6~8	24	10~20	10~20
车型	通用车	混凝土专用车	特大型车	特重车	特重车

混凝土运输允许的最长时间和混凝土从搅拌机出料、运输到摊铺完毕的时间,应根据试验提供的新拌混凝土的初凝时间和施工时的气温来控制。一般情况下,混凝土运输应当在45min~1h 以内完成,否则,即使没有到初凝时间,由于坍落度损失太大也不适宜滑模摊铺。混凝土运输过程中应防止漏浆,夏天、雨天和冬季运送混合料时应采取覆盖措施。运送新拌混凝土的车辆,在装料时,应防止混凝土的离析,卸一斗应挪动一下车位。

(3)混合料的卸料、布料

滑模摊铺普通混凝土路面时,混凝土混合料直接卸在基层上,卸料分布应均匀。滑模摊铺机的前部有螺旋布料器或布料刮板,料堆高度不得高于摊铺机的进料挡板上边缘,以减小摊铺机的摊铺推进负荷。机前缺料时,可用装载机或挖掘机补充送料,并要求供料与摊铺速度协调。

当路面设计有缩缝传力杆、钢筋混凝土路面和要求连续滑模摊铺桥面时,均需用布料机布料,从而加快施工速度,并保证混凝土路面的施工质量。运料车辆在另外的车道侧将混合料卸进布料机的接料斗内,经过布料机输料皮带输送到待摊铺位置,再由布料机上的螺旋输送器水平分布混凝土,松方高度梁控制松铺混凝土的厚度。布料宽度不得宽于滑模摊铺机宽度,布料的松铺厚度要适宜,松铺系数随坍落度大小而变化。布料机与滑模摊铺机的施工距离应控制在 5~10m 之间。

(4)混凝土的摊铺

混凝土混合料布好后,在开始摊铺的5m内,必须对所摊铺出的路面高程、厚度、宽度、中线、横向坡度等技术参数进行准确测量。根据测量结果及时缓慢地在摊铺行进中进行微调。禁止停机调整，以免影响路面的平整度。摊铺机起步—调整—正常摊铺，应在10m内完成。

滑模摊铺机的摊铺推进速度主要取决于混凝土路面板是否振捣密实。由于滑模摊铺施工必须一次摊铺出高密实度的路面，即使不符合要求，也无法补救。所以，摊铺过程中应尽可能使摊铺机缓慢、均匀、连续不断地作业。滑模摊铺速度应控制在1~2m/min之间比较适宜。禁止料多追赶、料少停机等待等间歇摊铺情况的发生。

(5) 接缝施工

①纵缝

当一次摊铺多车道路面时，纵向假缝采用锯缝法制作，假缝处的拉杆用中间拉杆插入装置在摊铺时插入；一次摊铺单车道时，拉杆用侧向拉杆插入装置插入。由于拉杆插入装置插入拉杆的方式不同，插入时的拉杆或为直的或为"L"形的。在后一幅路面摊铺前，应扳直和校正已插入的拉杆，并在缝壁上半部涂饱满沥青。

②横缝

带传力杆的假缝，可在摊铺机上配备传力杆自动插入装置(DBI)在施工时置入，或采用预制钢筋支架法固定传力杆，钢筋支架上部的混凝土应先采用手持振捣棒振捣密实，摊铺机通过时必须提高振捣棒，使其最低点位置在挤压板的后缘高度以上，以便不扰动传力杆。这种方法精度较高，也较稳妥。当混凝土强度达到设计值的25%~30%时，采用支架式硬切缝机切割。

横向施工缝采用钢制端头模板，传力杆用模板上焊接的短钢管进行水平定位(图11-24)。

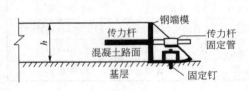

图11-24 施工缝端模

③胀缝

滑模摊铺水泥混凝土路面的胀缝施工，目前国内外均采用"前置式胀缝支架施工法"。即将胀缝板、传力杆、传力杆套筒等构成完整的胀缝支架组件，施工时牢固安装在胀缝位置，令滑模摊铺机连续摊铺通过，振捣棒的最低位置应高于胀缝板的顶面，滑模摊铺机通过后，即刻将胀缝板上部的混凝土剔除，对中夹上高3~4cm、宽2cm的木条，顶面与路面持平，用人工捣实并抹平混凝土路面的胀缝部位，等到胀缝填缝时，再将夹入的木条剔出，填缝。混凝土强度初步形成后，用刻纹机或拉毛机制作表面纹理。其养护、锯缝、灌缝等施工方法与轨模式摊铺机施工相同。

三、特殊气候条件下混凝土路面的施工

1. 冬季施工

混凝土强度的增长主要依靠水泥的水化作用。当水结冰时，水泥的水化作用即停止，而混凝土的强度也就不再增长，而且当水结冰时体积会膨胀，促使混凝土结构松散破坏。因此混凝土路面应尽可能在气温高于+5℃时施工。由于特殊情况必须在低温条件下(昼夜平均气温低于+5℃和最低气温低于-3℃)施工时应采取下述措施：

①采用高强度等级快凝水泥，或掺入早强剂，或增加水泥用量。

②加热水或集料。较常用的方法是仅将水加热，一因加热设备简单，水温容易控制；二因水的热容量比粒料热容量大，1kg水升高1℃所吸收的热量比同样重的粒料升高1℃所吸收的

热量多4倍左右,所以提高水温的方法最为有效。

拌制混凝土时,先用温度超过70℃的水同冷集料相拌和,使混合料在拌和时的温度不超过40℃,摊铺后的温度不低于10(气温为0℃)~20℃(气温为-3℃)。

③混凝土修整完毕后,表面应覆盖蓄热保温材料,必要时还应加盖养护暖棚。在持续寒冷和昼夜平均气温低于-5℃,或混凝土温度在5℃以下时,应停止施工。

2. 夏季施工

夏季气温较高,混凝土拌和物中的水分容易蒸发,使得混凝土失去原有的施工和易性,给混凝土摊铺、捣实等带来困难;同时混凝土表面会出现严重的收缩裂缝。为此,可采取以下措施:

①混凝土拌和物在运输中要加以遮盖,及时运至工地。
②各道工序应衔接紧凑,尽量缩短施工时间。
③在已铺好的路面上,搭设遮光挡风设备,以避免混凝土遭到烈日暴晒并降低吹到混凝土表面的风速,减少水分蒸发。

3. 雨季施工

我国有些地区,特别是江南一带,每年都有一定时间的雨季或梅雨,尤其在路面当天浇筑的中途,突然下雨,将给施工带来极大的不便,且影响路面的质量。因此必须做好以下几点:

①经常与当地气象台联系,了解近期的天气预报,抓紧在不下雨时施工,一般有雨天气不施工。
②预先搭建一定数量的工作雨篷,保护刚铺筑的混凝土路面,也可利用它继续铺筑,一般在下雨时,应铺筑完正在浇筑的一块板,并停工做施工缝。

四、质量控制和检验

水泥混凝土路面施工质量应符合设计和施工规范要求。为此施工前对水泥、水、粗细集料、外加剂、钢材及接缝材料等原材料应进行严格检查,施工中若材料来源或规格发生变化时,应及时进行检查;材料的堆放和储存必须满足要求。对于合格的材料,可进一步设计达到要求强度的配比。施工过程中应对每一道工序进行严格的质量检查和控制。主要项目如下:

①土基完成后应检查其密实度,基层完成后检查其强度、均匀性、平整度和路拱横坡。
②按规定要求验收水泥、砂和碎石;测定砂石的含水率,以调整用水量;测定坍落度,必要时调整配合比。
③检查磅秤的准确性;抽查材料配量的准确性。
④校验模板的位置和高程;检查传力杆的定位。
⑤冬季和夏季施工时,应测定混凝土拌和和摊铺时的温度。
⑥观察混凝土拌和、运送、振捣、修整和接缝等工序的质量。
⑦每铺筑400m^3混凝土,同时制作两组抗折试件,龄期分别为7d和28d,每铺筑1000~2000m^3混凝土增做一组试件,龄期为90d或更长,备作验收或检查后期强度时用,抗压试件可利用抗折试验的断头进行试验,抗压验收数量与抗折数量相对应。试件在现场与路面相同的条件下进行湿治养护。

施工中应及时测定7d龄期的试件强度,检查其是否已达到28d强度的70%(普通水泥混凝土路面),否则应查明原因,立即采取措施,务使继续浇筑的混凝土强度达到设计要求。在以上各项目中,凡属于质量中间检查的,均应做好施工记录并予保存。

混凝土路面竣工验收的主要项目包括:

①外观上不能有蜂窝、麻面、裂缝、脱皮、石子外露和缺边掉角现象。

②路缘石应直顺,曲线应圆滑。

混凝土拉毛施工完毕,应按随机取样的方法选择测点进行检验,检查段应不少于3个,每段长度为1km。高速公路和一级公路水泥混凝土路面的工程质量验收检查内容和允许偏差应符合表11-24的规定。

公路水泥混凝土面层铺筑质量要求　　　　　表11-24

检查项目		允许值	
		高速公路、一级公路	其他公路
抗折强度(MPa)		100%符合规定	
板厚度(mm)		代表值≥-5;极值≥-10;c_v值符合设计规定	
平整度(mm)	σ(mm)	≤1.2	≤2.0
	IRI(m/km)	≤2.0	≤3.2
	3m 直尺最大间隙 Δh(mm)	≤3(合格率应大于90%)	≤5(合格率应大于90%)
相邻板高差(mm)		≤2	≤3
连接摊铺纵缝高差(mm)		平均值≤3;极值≤5	平均值≤5;极值≤7
接缝顺直度(mm)		≤10	
中线平面偏位(mm)		≤20	
路面宽度(mm)		≤±20	
纵断面高程(mm)		±10	±15
抗滑构造深度(mm)	一般路段	0.70~1.10	0.50~0.90
	特殊路段①	0.80~1.20	0.60~1.00

注:①特殊路段指高速公路、一级公路的立交、平交、变速车道等处;其他公路指急弯、陡坡、交叉口或集镇附近。

第五节　其他类型水泥混凝土路面简介

一、钢筋混凝土路面

钢筋混凝土路面,指板内配置有纵横向钢筋(或钢丝)网的混凝土路面。当混凝土板的平面尺寸较大,或者预计路基或路基垫层有可能产生不均匀沉陷,或板下埋有地下设施等情况时,宜采用该种路面。其中,钢筋网设置的目的是控制裂缝缝隙的张开量,把开裂的板拉在一起,使板依靠断裂面上集料的嵌锁作用而保证结构强度,并非是为增加板的抗弯拉强度。因而,钢筋混凝土面层所需的厚度与普通混凝土路面面层的厚度相同。配筋是按混凝土收缩时将板块拉在一起所需的拉力确定。最大的拉力出现在板中央开裂时,它等于由该处到最近的板边缘范围内面层和基层之间的摩阻力。也即每延米混凝土面层宽(或长)所需的钢筋面积(mm^2)为:

$$A = \frac{16 L_s h \mu}{f_{sy}} \qquad (11\text{-}1)$$

式中：h——板厚(mm)；

f_{sy}——钢筋的屈服强度(MPa)，按表11-25选用；

L_s——计算纵向钢筋时，为横缝间距；计算横向钢筋时，为不设拉杆的纵缝或自由边缘间的距离(m)；

μ——面层与基层之间的摩阻系数，基层为水泥、石灰或沥青稳定粒料时，可取1.8；基层为无结合料的粒料时，可取1.5。

钢筋强度和弹性模量经验参考值　　表11-25

钢筋种类	钢筋直径 d(mm)	屈服强度 f_{sy}(MPa)	弹性模量 E_s(MPa)
R235(Q235)	8~20	235	2.1×10^5
HRB335	6~50	335	2.0×10^5
HRB400	6~50	400	2.0×10^5
KL400	8~40	400	2.0×10^5

为使板内应力尽可能分散，宜采用小直径的钢筋。纵横向钢筋宜采用相同直径。钢筋的最小间距宜为集料最大粒径的两倍，有关规定见表11-26。钢筋的搭接长度，根据经验，宜为直径的24倍以上。由于钢筋的主要作用是使裂缝密闭，它在板内的竖向位置不太重要，只要有足够的保护层以防钢筋锈蚀即可。通常在顶面下1/3~1/2板厚范围内。外侧钢筋中心到接缝或自由边的距离为100~150mm，钢筋保护层的最小厚度不应小于50mm。

钢筋最小直径和最大间距　　表11-26

钢筋类型	光圆钢筋	螺纹钢筋
最小直径(mm)	8	12
纵向最大间距(mm)	150	350
横向最大间距(mm)	300	750

二、连续配筋混凝土路面

连续配筋混凝土路面是沿路面纵向配置连续钢筋，除了在与其他路面交接处或临近构造物附近设置胀缝以及视施工需要设置施工缝外，一般不设横缝的混凝土路面。适用于高速公路、一级公路路面和机场道面。

连续配筋混凝土路面会在温度和湿度变化引起的内应力作用下产生许多横向裂缝，裂缝的间距为1.0~3.0m，缝隙的平均宽度为0.2~0.5mm。但是，由于配置了许多纵向连续钢筋，这些横向裂缝不至于张开而使杂物侵入或使混凝土剥落，因而不会影响道路的使用品质。

连续配筋混凝土路面的纵向配筋率按容许的裂缝间距(1.0~2.5m)、缝隙宽度(小于1mm)和钢筋屈服强度确定。主要控制因素是裂缝缝隙的宽度。缝隙过宽易使杂物和水侵入。配筋量多，可使宽度和缝与缝间距都减小。由于裂缝间距同缝隙宽度有直接关联，钢筋用量可按规定的裂缝间距来确定。根据经验，一般认为保持裂缝完整无损所需的配筋量为混凝土板断面积的0.6%~0.8%。在美国一般气候区最小钢筋用量取0.6%，在寒冷气候区取0.7%。横向钢筋的用量，按式(11-1)计算。

我国规定纵横向钢筋均应采用螺纹钢筋,其直径为 12~20mm。纵向钢筋设在面层表面下 1/3~1/2 板厚范围内,横向钢筋位于纵向钢筋之下。纵向钢筋的间距不大于 250mm,不小于 100mm 或集料最大粒径的 2.5 倍,横向钢筋的间距不大于 800mm,纵向钢筋的焊接长度一般不小于 10 倍(单面焊)钢筋直径,焊接位置应错开,各焊接端连线与纵向钢筋的夹角应小于 60°;边缘钢筋至纵缝或自由边的距离一般为 100~150mm。

连续配筋混凝土路面板内的钢筋并非按承受荷载应力设计的。因此,路面板的厚度仍可采用无筋混凝土路面板的计算方法确定。其基层厚度与普通混凝土路面的基层相同。面板厚度对高速公路取普通混凝土路面板的设计厚度,对一级公路取普通混凝土路面板设计厚度的 0.9 倍。

连续配筋混凝土面层在浇筑中断时需设置施工缝。纵缝拉杆可由板内横向钢筋延伸穿过接缝代替。与其他类型路面或构造物相连接的端部,应设置锚固结构。端部锚固结构可采用钢筋混凝土地梁或宽翼缘工字钢梁接缝等形式:钢筋混凝土地梁一般采用 3~5 个,梁宽 400~600mm,梁高 1200~1500mm,间距 5000~6000mm,地梁与连续配筋混凝土面层连成整体;宽翼缘工字钢梁的底部锚入钢筋混凝土枕梁内,枕梁一般长 3000mm、厚 200mm,钢梁腹板与连续配筋混凝土面层端部间填入胀缝材料。地梁及宽翼缘工字钢梁构造可参见《公路水泥混凝土路面设计规范》(JTG D40—2011)。

三、复合式混凝土路面

复合式混凝土路面(Composite Concrete Pavement)是指面层由两层不同材料类型和力学性质的结构层复合而成的混凝土路面。新建道路的面层混凝土板通常按单层式建造,只有当缺乏品质良好的材料时,才考虑采用双层式混凝土路面板,即利用当地品质较差的材料修筑板的下层,而用品质较好的材料铺筑板的上层,以降低造价。在改建旧混凝土路面时,有时在原路面上加铺一层新混凝土面层,这样也形成复合式混凝土路面结构。根据复合式混凝土路面上下层板之间结合程度的不同,有结合式、分离式和部分结合式三种形式。

①结合式。上下层混凝土板牢固结合,成为一整体,新建路面时,上下层混凝土连续施工,即可做成结合式。一般下层厚度取总厚度的 2/3,上层厚度取总厚度的 1/3,并不宜小于 8cm。改建路面时,将下层板表面凿毛、洗净晾干,并喷刷高强度等级水泥浆(水灰比 0.4~0.5)或环氧树脂等黏结剂,随即浇筑新的混凝土面层。对于这种结合形式,下层板的裂缝和接缝可能反射到上层板内,因此要求上下层板的接缝必须对齐,并采用相同的接缝形式和缝隙宽度。对于改建道路,使用该种结合形式要求下层板完整无裂缝或虽有一些裂缝但不再发展。支立模板时,可采用混凝土块顶撑或利用旧路面板的接缝钻孔插入钢钎固定的方法。

②分离式。上下层混凝土板之间铺以厚 1~2cm 以上的沥青砂或双层油毛毡作为隔离材料,以达到分离的目的。这种分离措施,可防止下层板的裂缝和接缝反射到上层板。因此,分离式混凝土路面板不要求上下层板的接缝对齐。对于旧路改建,当下层板严重破碎时,可采用这种形式。新铺混凝土面层的厚度不宜小于 0.12m。施工立模时可采用穿孔插钎固定模板,也可采用预制混凝土块顶撑模板的方法固定模板。

③部分结合式。适用于改建路面,将原有混凝土板表面进行清理后再浇筑上层面板。由于上、下层面板之间存在部分结合,下层板的裂缝和接缝通常仍会反射到上层板内,所以上下层板的接缝位置应相同,但其形式和宽度不要求完全相同。旧面层板的结构损坏不太严重并

已经修复时,可采用这种结合形式。

四、碾压混凝土路面

碾压混凝土路面(RCCP)是利用沥青混凝土路面摊铺、碾压技术施工的一种低水灰比水泥混凝土路面。它与普通水泥混凝土路面所用材料基本相同,均为水、水泥、砂、碎(砾)石及外掺剂,不同之处是碾压混凝土为用水量很少的特干硬性混凝土,比普通水泥混凝土路面节约水泥10%~30%,且施工速度快,养护时间短,具有很好的社会经济效益。

从我国现有的碾压混凝土路面施工技术来看,路面的平整度难以达到规定的要求,因此,没有直接作为高等级道路的面层使用。通常,可将碾压混凝土作为复合式水泥混凝土路面的下面层。

碾压混凝土路面要求集料有良好的级配,集料最大公称粒径不大于20mm。当碾压混凝土分两层摊铺时,其下层集料最大粒径可采用40mm。集料的合成级配范围如表11-27所示。

碾压混凝土面层混凝土集料合成级配范围　　　表11-27

筛孔尺寸(mm)	19.00	9.50	4.75	2.36	1.18	0.60	0.30	0.15
通过百分率(%)	90~100	50~70	35~47	25~38	18~30	10~23	5~15	3~10

碾压混凝土分两层铺筑时,可以加适量的粉煤灰,不仅可以降低造价,而且可以起到降低水化热,改善工作度,提高抗冻、抗渗的作用。粉煤灰的掺量按超量取代法确定,对于面层板超量取代系数K,Ⅰ级粉煤灰,取$K=1.4~1.8$;Ⅱ级粉煤灰,取$K=1.6~2.0$。对于碾压混凝土基层和复合式混凝土路面下面层,可用Ⅲ级粉煤灰,取$K=1.8~2.2$。

碾压混凝土作下面层或基层时,应设置与混凝土上面层相对应的接缝。贫混凝土(Lean Concrete)基层在其弯拉强度超过1.8MPa时,应设置与混凝土面层相对应的横向缩缝,一次摊铺宽度大于7.5m时,应设置纵向缩缝。

碾压混凝土路面板的厚度取值与厚度设计验算方法和普通混凝土路面相同。碾压混凝土路面的纵缝、胀缝、缩缝、施工缝的设置与普通混凝土路面相同,面板的尺寸可以略大一些,但是不得超过$6.0m \times 8.0m$。

五、钢纤维混凝土路面

钢纤维混凝土路面(Steel Fiber Reinforced Concrete Pavement,SFCP)是在水泥混凝土混合料中掺入一些低碳钢、不锈钢或玻璃钢等纤维的一种均匀而多向配筋的混凝土。钢纤维混凝土是一种性能优良的路面材料。试验表明,钢纤维与混凝土的握裹力可高达4MPa。施工时一般在混凝土中掺入0.6%~1.0%(体积率)的钢纤维,如过多则混凝土和易性不好。钢纤维长度宜为25~60mm,直径为0.4~0.7mm,如过长则与混凝土拌和易成团,过短则混凝土强度增加不多,长度与直径的最佳比值为50~70。

钢纤维混凝土的物理力学性质较普通混凝土要好得多,尤其是抗疲劳强度、抗冲击能力和防止裂缝的能力更好。表11-28列出了美国对钢纤维混凝土与普通混凝土物理力学性能实验结果的比较。因此,与普通混凝土路面相比,该种路面的板厚在同等条件下相对较薄,缩缝间距可以增至15~20m,胀缝与纵缝可以不设;且使用寿命长,养护费用少。国外主要用于公交停车站、收费站和行驶重型汽车的路面和路面的加铺层;我国近年来已逐步推广应用,特别适用于地面高程受限制的场合,如城市道路旧混凝土路面的加铺层、桥面铺装等。

钢纤维混凝土与普通混凝土物理力学性质的比较　　　　表 11-28

物理力学性质指标	普通混凝土	钢纤维混凝土
极限抗弯拉强度(MPa)	2~5.5	5~26
极限抗压强度(MPa)	21~35	35~56
抗剪强度(MPa)	2.5	4.2
弹性模量(MPa)	$2\times10^4 \sim 3.5\times10^4$	$1.5\times10^4 \sim 3.5\times10^4$
热膨胀系数(mm/k)	$9.9\times10^{-4} \sim 10.8\times10^{-4}$	$10.4\times10^{-4} \sim 11.1\times10^{-4}$
抗冲击力(N·m)	480	480
抗磨指数	1	2
抗疲劳限度	0.5~0.55	0.80~0.95
抗裂指标比	1	7
耐冻融破坏指数	1	1.9

钢纤维混凝土的特性除了受混凝土影响之外,钢纤维的品质对其有很大影响,钢纤维的用量通常以体积率表示,即 1m³ 钢纤维混凝土中钢纤维的含量体积百分率。路面用钢纤维宜用剪切型纤维或熔抽型纤维,其抗拉强度不低于 550MPa,纤维直径为 0.4~0.7mm,纤维长度取直径的 50~70 倍。混合料中粗集料的最大粒径不超过纤维长度的 1/2,同时不得大于 20mm,其他材料要求同普通混凝土。钢纤维的体积率一般取 0.6%~1.0%,混合料的砂率较普通混凝土增大 50%。

钢纤维混凝土的强度为普通混凝土的 1.5~2.0 倍,弯拉弹性模量较普通混凝土提高 5%。经计算,在所有条件相同的情况下,钢纤维混凝土路面板的厚度一般为普通混凝土面层厚度的 0.55~0.75,但最小厚度不低于 180mm。为了提高其整体刚度,通常在钢纤维混凝土路面下设置半刚性基层。

在搅拌混凝土过程中,为保证钢纤维均匀分布,不致成团,应按砂、碎(砾)石、水泥、钢纤维的顺序加入搅拌机中,干拌 2min 后,再加水湿拌 1min。钢纤维混凝土路面可用一般混凝土路面的施工方法铺筑,不需要特殊的机具设备。在抹面时,需将冒出混凝土表面的钢纤维拔出,否则应另加铺磨耗层。

六、水泥混凝土预制块路面

混凝土预制块路面是指面层由高强的水泥混凝土预制块铺砌而成的路面。形状可采用异形块或矩形块。这类路面结构由面层、砂整平层和基层组成,基层类型同普通混凝土。预制块的长度为 200~250mm,宽度为 100~125mm,长宽比通常为 2∶1。预制块的厚度为 100~120mm。预制块下整平层的厚度为 30~50mm。混凝土预制块抗压强度约为 60MPa,水泥含量为 350~380kg/m³,水灰比为 0.35,最大集料尺寸为 8~16mm。

水泥混凝土预制块路面具有结构简单,价格低廉,能承受较大单位压力,出现较大变形也不会破坏块料,便于修复等优点,因此,该种路面广泛用于铺筑人行道、停车场、堆场(尤其是集装箱码头)、街区道路、次要道路等的路面。

七、装配式混凝土路面

装配式水泥混凝土路面是在工厂中把混凝土预制成板块,运至工地现场装配铺筑而成,这种路面的优点是板块可以全部加工生产,不受气温的影响,质量容易保证,而且施工速度快,铺筑完毕后即可通车,破坏后易于拆换修理。因此,它较适用于城市道路、厂矿道路、行车站场和软弱地基土上,但路面接缝太多,且整体性差,容易引起行车颠簸跳动,因而在公路上一般不用。

为了便于吊装及搬运,装配式混凝土板一般做成 1~2m 的正方形或矩形,也可做成边长 1.2m 的六角形。板厚一般为 0.12~0.18m。近年来有些国家还采用宽 3.5m,长 3~6m 的矩形板,但需有相应的运输和吊装机具来配合。六角形板的强度和稳定性较好。为承受车轮荷载应力和吊装应力,装配式混凝土板可在边缘和角隅配置钢筋,有时亦可设全面网状钢筋。为提高板的质量,可采用预应力、真空作业、机械振捣或蒸汽养护等技术来制造混凝土板。在冬季,为加速板的硬结,可采用电热法或在铸模内安装管线,内通蒸汽或热水。

八、贫混凝土板

贫混凝土板(Plain Concrete Slab)是指水泥用量较低、强度较低的混凝土混合料铺筑的面板。一般不能作为面层使用,主要用作特重交通公路、高速公路、一级公路的基层使用。贫混凝土水稳性好、抗冲刷能力强。贫混凝土由于胶结料含量少,空隙率一般较大,有利于界面水的排放。贫混凝土能缓和土基的不均匀变形,可消除对路面的不利影响。另外,贫混凝土还可以利用地方小泥窑生产的水泥,也可使用低标准的当地集料。

贫混凝土的设计强度和最大水灰比随交通等级的轻重确定,其设计强度标准值与最大水灰比建议值见表 11-29。

贫混凝土的设计强度和最大水灰比建议值 表 11-29

交通等级	特重	重	中等
7d 抗压强度(MPa)	10.0	7.0	5.0
28d 抗压强度(MPa)	15.0	10.0	7.0
28d 弯拉强度(MPa)	3.0	2.0	1.5
最大水灰比(%)	0.65	0.68	0.70
有抗冻要求的最大水灰比(%)	0.60	0.63	0.65

贫混凝土混合料的水泥用量一般取 160~230kg/m^3,在季节性冰冻地区不低于 180kg/m^3;若混合料中掺加粉煤灰,则单位水泥用量可取 130~175kg/m^3,但是单位胶结材料总量宜取 220~270kg/m^3。

贫混凝土基层一般采用与混凝土面板施工相同的机械与工艺铺筑,基层板的接缝应与面层板一一严格对应。但基层板的缩缝可以不设拉杆和传力杆。胀缝应设传力杆,且与面层板的胀缝一一对齐。

九、聚合物混凝土路面

聚合物水泥混凝土(Polymer Cement Concrete,PCC)是以聚合物(或单体)和水泥共同作为胶凝材料拌制的混凝土。其制作工艺与普通混凝土相似,在加水搅拌时掺入一定量的有机物及其辅助剂,经成型、养护后,其中的水泥与聚合物同时固化而成。由于聚合物的引入,改进了普通混凝土的抗拉强度、耐磨、耐蚀、抗渗、抗冲击等性能,并改善混凝土的和易性,可应用于现场灌筑构筑物、路面及桥面修补,混凝土储罐的耐蚀面层,新老混凝土的黏结以及其他特殊用途的预制品。

掺入水泥混凝土中的聚合物不应影响水泥的水化过程或对水泥水化产物有不良作用。且聚合物本身不会被水解或破坏;聚合物应对钢筋无锈蚀作用。聚合物质量指标见表11-30。使用的聚合物一般为合成橡胶乳液,如氯丁胶乳(CR)、丁苯胶乳(SBR)、丁腈胶乳(NBR);或热塑性树脂乳液,如聚丙烯酸酯类乳液(PAE)、聚乙酸乙烯乳液(PVAC)等。此外环氧树脂及不饱和聚酯一类树脂也可应用。聚合物掺加量一般为水泥重量的5%~20%。

聚合物质量指标 表11-30

试验名称	项目	要求
分散试验	外观	应无粗颗粒、异物及凝固物
	总固体成分(%)	>35,误差在±1.0以内
聚合物水泥砂浆试验	抗弯强度(MPa)	>4
	抗压强度(MPa)	>10
	黏结强度(MPa)	>1
	吸水率(%)	<15
	透水量(g)	<30
	长度变化率(%)	0~0.15

为避免聚合物乳液与水泥水化产物中大量多价金属离子作用而致破乳、凝聚,以及在搅拌过程中聚合物乳液产生析出及凝聚,必须加入稳定剂,从而改善聚合物乳液对水泥水化生成物的化学稳定性以及对搅拌剪切力的机械稳定性,使聚合物与水泥有效地混合均匀,并紧密黏附成稳定的聚合物水泥多相体。稳定剂多采用表面活性剂,其种类及掺量对效果有直接影响,所以应根据聚合物品种选择适宜的稳定剂及掺量。

为避免因聚合物乳液中乳化剂、稳定剂的表面活化影响而在拌和时产生的大量气泡,必须加入适量的消泡剂,从而消除气泡,降低拌合物的孔隙率,减小对强度的影响。使聚合物水泥混凝土呈现最佳力学状态的主要因素是聚合物的品种、性能、掺量,及其相应的助剂。聚合物掺量过小,则对混凝土性能的改善也小;聚合物掺量加大,则混凝土各项强度亦随之提高,但当掺量增大超过一定范围时,则混凝土强度、黏结性、干缩等性能反而向劣质转化,所以,聚合物应有其最佳掺量。因此,在选择配合比时,应着重考虑"聚灰比"(聚合物和水泥在整个固体中的质量比),其次再选定混凝土的其他组分。通常聚灰比在5%~20%的范围内选用,其他组分可同于普通混凝土。参考配合比见表11-31。

聚合物水泥混凝土参考配合比 表11-31

聚灰比	水灰比	砂率(%)	聚合物分散体用量(kg/m³)	用水量(kg/m³)	水泥用量(kg/m³)	砂(kg/m³)	石子(kg/m³)	测定值	
								坍落度(mm)	含气量(%)
0	0.5	45	0	160	320	510	812	50	5
5	0.5	45	16	140	320	485	768	170	7
10	0.5	45	32	121	320	742	749	210	7

注:1. 聚合物为聚丙烯酸乙酯。
2. 水灰比为聚合物分散体中的用水量和加水量之和与水泥质量之比。

思考题

1. 水泥混凝土路面有何优缺点?
2. 水泥混凝土路面对基层、土基有何要求?为什么?
3. 普通水泥混凝土路面为什么要设置接缝?如何设置?
4. 水泥混凝土路面结构组合与沥青路面结构组合有何区别?
5. 缩缝、胀缝、施工缝的构造如何?
6. 水泥混凝土混合料对材料有何要求?
7. 水泥混凝土路面的耐磨性与哪些因素有关?如何提高水泥混凝土路面的耐磨性?
8. 简述水泥混凝土路面滑模摊铺机施工过程。如何保证施工质量?
9. 钢筋混凝土路面中设置钢筋的作用是什么?该种路面应使用在哪些场合?
10. 保证水泥混凝土路面的使用寿命和服务质量应从哪些环节出发?

第十二章
水泥混凝土路面设计

第一节 弹性地基板理论

水泥混凝土路面板具有较高的力学强度,在车轮荷载作用下变形很小,混凝土板处于弹性工作阶段。由于混凝土板刚度较大,扩散荷载的能力较强,因此基层和土基所承受的荷载应力及产生的变形也微小,处于弹性工作阶段。所以可把水泥混凝土路面结构看作支撑于弹性地基上的小挠度弹性板,用弹性地基板理论进行分析计算。

将水泥混凝土面层下的各结构层看作均质弹性地基。为了建立接触面处地基顶面挠度同地基反力之间的关系,对地基采用不同的力学模型:

①温克勒(Winkler)地基模型——地基如同由许多竖向紧密排列而互不关联的线性弹簧所组成,地基顶面任一点的挠度仅同作用于该点的压力成正比,而与其他点上的压力无关。此压力同挠度的比例系数 k,称作地基反应模量。这种地基模型有时也称作稠密液体地基模型。

②弹性固体地基模型——地基看作均质的半无限连续介质。地基顶面任一点的挠度不仅同作用于该点的压力有关,也同顶面其他点的压力有关。这种地基模型有时也称作弹性半无限体地基模型或弹性半空间体地基模型,采用弹性模量 E_0 和泊松比 μ_0 来表征其弹性性质。

③巴斯特纳克(Pasternak)地基模型——假设 Winkler 地基的弹簧单元之间存在一定程度

的剪切阻尼作用,类似于弹簧顶部与由不可压缩的梁或板单元组成的剪切层相联结,层内各单元间由于横向剪切而变形。此模型采用地基反应模量 k 和剪切模量 G 两项系数来表征地基的性质。当剪切模量 G 为零时,此模型即为 Winkler 地基模型;当 G 增大时,可通过增加横向联系来调整地基的反应,使之趋近于半空间地基。因而这是一种介于 Winkler 地基和半空间地基之间的过渡模型。

弹性地基板在承受局部荷载作用时的挠度和应力分析,可以采用解析法或数值法(主要是有限元法)。前者可以得到较精确的显示解;而后者则为近似的数值解,但可考虑较复杂荷载状况、边界条件或材料性质。

第二节 水泥混凝土路面荷载应力分析

一、板挠曲面微分方程

在弹性力学里,两个平行面和垂直于这两个平行面所围成的柱面或棱柱面简称板。两个板面之间的距离 h 称厚度,平分厚度 h 的平面称为板的中面。如果板的厚度 h 远小于中面的最小边尺寸 b(例如 $b/8 \sim b/5$),这种板称薄板。当薄板弯曲时,中面所弯成的曲面称为薄板的弹性曲面,而中面内各点在竖向的(即垂直于中面方向)位移称挠度。水泥混凝土板属于小挠度弹性薄板,也就是说虽然板很薄,但仍然具有相当的弯曲刚度,因而其挠度远小于厚度。

研究弹性小挠度薄板在垂直于中面的荷载(板顶为局部范围内的轮载,板底为地基反力)作用下的弯曲时,通常采用下述三项基本假设:

①垂直于中面方向的应变 ε_z 极其微小,可以忽略不计。因此由 $\varepsilon_z = \frac{\partial W}{\partial z} = 0$ 得 $W = W(x,y)$,说明竖向位移 W 仅是平面坐标 (x,y) 的函数,也就是说,薄板全厚度范围内的所有各点都具有相同的位移 W。

②垂直于中面的法线,在弯曲变形前后均保持为直线并垂直于中面,因而无横向剪切应变,即:

$$\varepsilon_{zx} = \varepsilon_{zy} = 0 \tag{12-1}$$

③中面上各点无平行于中面的位移,即 $(U)_{z=0} = (V)_{z=0} = 0$

由第②、③项假设,应用几何方程可得到应变与竖向位移的关系式:

$$\left.\begin{array}{l} \varepsilon_x = -z\dfrac{\partial^2 W}{\partial x^2} \\[2mm] \varepsilon_y = -z\dfrac{\partial^2 W}{\partial y^2} \\[2mm] \gamma_{yx} = -2z\dfrac{\partial^2 W}{\partial x \partial y} \end{array}\right\} \tag{12-2}$$

对于弹性地基薄板,板与地基的联系又采用了如下假设:
①在变形过程中,板与地基的接触面始终吻合,即板面与地基表面的竖向位移是相同的。
②在板与地基的接触面之间没有摩阻力(可以自由滑动),即接触面上的剪应力视为零。

从板上割取长和宽各为 dx 和 dy,高为 h 的单元,作用于单元上的内力和外力如图 12-1 所示。根据单元的平衡条件($\sum Z=0, \sum M_y=0, \sum M_x=0$)可导出当板表面作用竖向荷载 p,地基对板底面作用竖向反力 q 时,板中心挠曲面的微分方程为:

$$D \nabla^2 \nabla^2 W = p - q \tag{12-3}$$

式中:∇^2——拉普拉斯算子,即 $\nabla^2 = \dfrac{\partial^2}{\partial x^2} + \dfrac{\partial^2}{\partial y^2}$;

D——板的弯曲刚度,即 $D = \dfrac{E_c h^3}{12(1-\mu_c^2)}$;

W——板的挠度;

E_c, μ_c——分别为板的弹性模量和泊松比;

h——板厚。

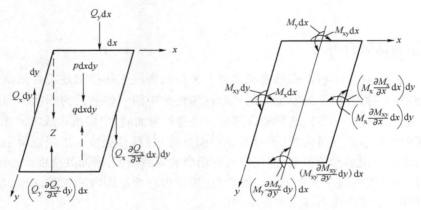

图 12-1 弹性地基板微分单元受力分析

荷载 p 及反力 q 如同竖向位移 W 一样,均为平面坐标 (x,y) 的函数(图 12-2)。

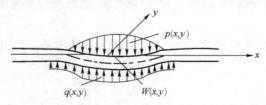

图 12-2 弹性地基板受荷时的弯曲

在求得板的挠度 W 解后,即可由下式计算板的应力:

$$\left.\begin{aligned}
\sigma_x &= -\frac{E_c z}{1-\mu_c^2}\left(\frac{\partial^2 W}{\partial x^2} + \mu_c \frac{\partial^2 W}{\partial y^2}\right) \\
\sigma_y &= -\frac{E_c z}{1-\mu_c^2}\left(\frac{\partial^2 W}{\partial y^2} + \mu_c \frac{\partial^2 W}{\partial x^2}\right) \\
\tau_{xy} &= -\frac{E_c z}{1+\mu_c^2}\frac{\partial^2 W}{\partial x \partial y}
\end{aligned}\right\} \tag{12-4}$$

对上式进行积分,则可得到截面上的弯矩和扭矩:

$$M_x = -D\left(\frac{\partial^2 W}{\partial x^2} + \mu_c \frac{\partial^2 W}{\partial y^2}\right)$$
$$M_y = -D\left(\frac{\partial^2 W}{\partial y^2} + \mu_c \frac{\partial^2 W}{\partial x^2}\right) \quad (12\text{-}5)$$
$$M_{xy} = -D(1+\mu_c)\frac{\partial^2 W}{\partial x \partial y}$$

在微分方程式(12-3)中有两个未知数,即位移 W 和地基反力 q,因此必须建立附加方程将 W 和 q 联系起来,才能求得方程式(12-3)的解 W。对地基的受力变形采取不同的假设,即不同的地基模型,所建立的 W 和 q 的关系方程也就不同。

二、文克勒地基板的荷载应力分析

文克勒地基是以反力模量 K 表征的弹性地基。它假设地基上任一点的反力仅同该点的挠度成正比,而与其他点无关,即地基相当于由互不相联系的弹簧组成[图 12-3a)]。这一假说首先由捷克工程师文克勒(E. Winkler)提出,故称文克勒地基。地基反力 $q(x,y)$ 与该点的挠度 $W(x,y)$ 的关系为:

$$q(x,y) = KW(x,y) \quad (12\text{-}6)$$

式中:K——地基反力模量(MPa/m³)。

威斯特卡德(H. M. S. Westergaard)采用这一地基假说,分析了图 12-4 所示三种车轮荷载位置下板的挠度和弯矩,即:①轮载作用于无限大板中央,分布于半径为 R 的圆面积内;②轮载作用于受一直线边限制的半无限大板的边缘,分布于半圆内;③轮载作用于受两条相互垂直的直线边限制的板的角隅处,压力分布的圆面积的圆心距角隅点为 $\sqrt{2}R$。

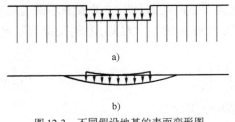
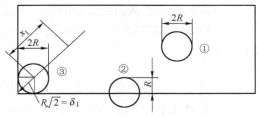

图 12-3　不同假设地基的表面变形图
　　a)文克勒地基;b)弹性半空间地基

图 12-4　三种荷载位置

在解微分方程式(12-3)时,附加 $q=KW$ 并引入边界条件得出挠度 W,再代入式(12-4),最后得如图 12-4 所示三种荷载情形的最大应力计算公式。

(1)荷载作用于板中(荷位①),荷载中心处板底最大弯拉应力

$$\sigma_i = 1.1(1+\mu_c)\left(\lg\frac{l}{R} + 0.2673\right)\frac{P}{h^2} \quad (12\text{-}7a)$$

当荷载作用面积较小时,压强 p 可能很大。这时,如果仍采用假设 $\sigma_z=0$ 的薄板理论计算应力,会得出偏大的结果。威斯特卡德分析了薄板与厚板理论计算结果的差异,提出了一种把小半径实际荷载面积放大成当量计算半径 b 的近似方法。b 和 R 的关系按下式确定:

当 $R < 1.724h$ 时,$b = \sqrt{1.6R^2 + h^2} - 0.675h$

当 $R > 1.724h$ 时,$b = R$

一般说来,当 $R \geq 0.5h$ 时,按 R 和按 b 计算所得的应力值相差并不大,因而在这种情况下,可不必按当量半径计算应力,而当 $R < 0.5h$ 时,则必须把 R 换算成 b 以后,才能应用式(12-7a)计算应力。

因此,式(12-7a)改写为:

$$\sigma_i = 1.1(1 + \mu_c)\left(\lg\frac{l}{b} + 0.2673\right)\frac{P}{h^2} \tag{12-7b}$$

(2) 荷载作用于板边缘中部(荷位②),荷位下板底的最大弯拉应力

$$\sigma_e = 2.116(1 + 0.54\mu_c)\left(\lg\frac{l}{R} + 0.08975\right)\frac{P}{h^2} \tag{12-8a}$$

在试验验证上述公式时发现,当板处于同地基保持完全接触的状态时,计算结果同实测值相符。但在板边缘由于板温度翘曲变形或地基塑性变形而同地基脱空时,实测应力值要比式(12-8a)的计算结果偏高 10% 左右。为此,凯利(E. F. Kelley)根据试验结果,提出了经验修正公式:

$$\sigma'_e = 2.116(1 + 0.54\mu_c)\left(\lg\frac{l}{R} + \frac{1}{4}\lg\frac{R}{2.54}\right)\frac{P}{h^2} \tag{12-8b}$$

计算板边应力 σ_e 时,当 $R < 0.5h$ 时,也应将 R' 改成 b 进行计算。

(3) 荷载作用于板角隅(荷位③),最大拉应力产生在板的表面离荷载圆中心为 x_1 的分角线上(图 12-4)

$$\left. \begin{array}{l} \sigma_c = 3\left[1 - \left(\dfrac{\sqrt{2}R}{l}\right)^{0.6}\right]\dfrac{P}{h^2} \\ x_1 = 2\sqrt{\delta_1}l, \delta_1 = \sqrt{2}R \end{array} \right\} \tag{12-9a}$$

在温度梯度和地基塑性变形的影响下,板角隅也会发生同地基相脱空的现象。试验表明,板角隅上翘时,实测应力值要比按式(12-9a)算的值大 30%~50%。对此,凯利又提出了经验修正公式(12-9b):

$$\sigma_c = 3\left[1 - \left(\frac{R}{l}\right)^{1.2}\right]\frac{P}{h^2} \tag{12-9b}$$

在以上诸式中,P 为车轮荷载,l 为板的相对刚度半径,即:

$$l = \sqrt[4]{\frac{D}{K}} = \sqrt[4]{\frac{E_c h^3}{12(1-\mu_c^2)K}} \tag{12-10}$$

上述三种荷位时的最大应力计算公式(12-7a)、式(12-8a)、式(12-9a)和式(12-9b)可写成下述一般形式:

$$\sigma = C\frac{P}{h^2} \tag{12-11}$$

三、弹性半空间地基板的荷载应力分析

弹性半空间地基是以弹性模量和泊松比表征的弹性地基。它假设地基为一各向同性的弹性半无限体(故又称半无限地基)。地基在荷载作用范围内及影响所及的以外部分均产生变形[图 12-3b],其顶面上任一点的挠度不仅同该点的压力有关,也同其他各点的压力有关,即:

$$q(x,y) = f[W(x,y)] \tag{12-12}$$

1938年,霍格(A. H. A. Hogg)根据弹性半空间体地基假设,轴对称竖向荷载下半无限地基上无限大圆板的位移和应力作了理论分析。翌年该理论分析即被苏联舍赫捷尔(О. Я. Шехтер)应用于刚性路面计算中。当弹性半空间体地基上作用任意竖向轴对称荷载 $q(r)$ 时(图12-5),其表面的挠度为:

$$W(r) = \frac{2(1-\mu_s^2)}{E_s}\int_0^\infty \overline{q}(\xi)J_0(\xi r)\mathrm{d}\xi \tag{12-13}$$

式中:$\overline{q}(\xi)$——荷载 $q(r)$ 的亨格尔(Hankel)函数;

$J_0(\xi r)$——第一类零阶贝塞尔(Bessel)函数;

ξ——任意参变量;

$E_s \backslash \mu_s$——分别为地基的弹性模量和泊松比。

对于外荷载与弹性地基板本身均属于轴对称的情况下,方程式(12-3)变为:

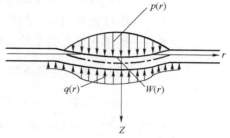

图 12-5 挠度计算式

$$D\nabla^2\nabla^2 W(r) = p(r) - q(r) \tag{12-14}$$

式中:∇^2——拉普拉斯算子,即 $\nabla^2 = \dfrac{d^2}{dr^2} + \dfrac{1}{r}\dfrac{d}{dr}$;

$W(r)\backslash p(r)\backslash q(r)$——分别为随坐标变化的板的挠度、荷载与反力。此时板内径向弯矩 M_r 与切向弯矩 M_t 的表达式为:

$$\left.\begin{aligned}M_r &= -D\left(\frac{d^2}{dr^2} + \frac{\mu_c}{r}\frac{d}{dr}\right)W(r)\\ M_t &= -D\left(\frac{1}{r}\frac{d}{dr} + \mu_c\frac{d^2}{dr^2}\right)W(r)\end{aligned}\right\} \tag{12-15}$$

当荷载作用于板中时(图12-6),应用弹性地基上无限大板轴对称课题的理论解来计算荷载位置的弯矩。即将式(12-11)代入式(12-12)中可解得板挠度方程式(12-4)的贝塞尔函数解 $W(r)$,再将它代入式(12-15)便得圆形均布荷载下板在单位宽度内所产生的最大弯矩为:

$$M_r = M_t = \frac{CP(1+\mu_c)}{2\pi\alpha R} = \overline{M}_0 P \tag{12-16}$$

当轮载距计算点一定距离时,可作为集中荷载,则距集中荷载作用点 r 处板在单位宽度范围内的弯矩(图12-7)为:

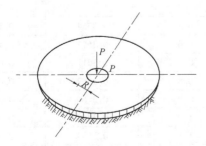

图 12-6 在无限大圆板上的圆形均布荷载

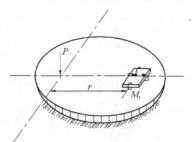

图 12-7 距离集中荷载作用点为 r 处的弯矩

$$M_{\mathrm{t}} = (A + \mu_{\mathrm{c}}B)P = \overline{M_{\mathrm{t}}}P \left.\begin{matrix} \\ \\ \end{matrix}\right\} \qquad (12\text{-}17)$$
$$M_{\mathrm{r}} = (B + \mu_{\mathrm{c}}A)P = \overline{M_{\mathrm{r}}}P$$

上述式中：M_{r}——单位板宽内的轴向弯矩(MN/m)；

M_{t}——单位板宽内的切向弯矩(MN/m)；

P——作用在板上的车轮荷载(MN)；

C——随 αR 值而变的系数，即 $C = \int_0^\infty \dfrac{tJ_1(\alpha rt)}{1+t^3}\mathrm{d}t$，其值可从表 12-1 中查，其中 $J_1(\alpha rt)$ 为第一类一阶贝塞尔函数；

A、B——随 αr 值而变的系数，其中：

$$A = \frac{1}{2\pi\alpha r}\int_0^\infty \frac{tJ_1(\alpha rt)}{1+t^3}\mathrm{d}t$$

$$B = \frac{1}{2\pi}\int_0^\infty \left[J_0(\alpha rt) - \frac{tJ_1(\alpha rt)}{\alpha rt}\right]\frac{t^2}{1+t^3}\mathrm{d}t$$

$J_0(\alpha rt)$——第一类零阶贝塞尔函数；

t——任意参变量；

α——与板的弯曲刚度有关的弹性特征函数，即：

$$\alpha = \sqrt[3]{\frac{E_{\mathrm{s}}}{2D(1-\mu_{\mathrm{s}}^2)}} = \frac{1}{3}\sqrt[3]{\frac{6E_{\mathrm{s}}(1-\mu_{\mathrm{c}}^2)}{E_{\mathrm{c}}(1-\mu_{\mathrm{s}}^2)}}$$

R——车轮荷载当量圆半径(m)；

r——集中荷载作用点至求算弯矩点的距离(m)；

h——板厚(m)；

E_{c}、E_{s}——分别为混凝土和基础的弹性模量(MPa)；

μ_{c}、μ_{s}——分别为混凝土和基础的泊松比；

$\overline{M}_0$——取 μ_{c} 为 0.15 时均布荷载位置下的弯矩系数，其值随 αR 变化，可由表 12-1 中查得；

$\overline{M}_{\mathrm{r}}$、$\overline{M}_{\mathrm{t}}$——分别为距离集中荷载作用 r 处的轴向和切向弯矩系数，其值随 αr 变化，可由表 12-2 查得，μ_{c} 取 0.15。

C 与 $\overline{M}_0$ 系数值　　　　　　　　　　表 12-1

R	C	$\overline{M}_0$	R	C	$\overline{M}_0$
0.02	0.0453	0.4143	0.5	0.3354	0.1228
0.04	0.0767	0.3509	0.6	0.3517	0.1073
0.06	0.1029	0.3139	0.7	0.3615	0.0945
0.08	0.1257	0.2875	0.8	0.3662	0.0838
0.1	0.1460	0.2672	0.9	0.3669	0.0746
0.2	0.2231	0.2042	1.0	0.3644	0.0667
0.3	0.2749	0.1677	1.1	0.3593	0.0598
0.4	0.3107	0.1422	1.2	0.3521	0.0537

续上表

R	C	$\overline{M}_0$	R	C	$\overline{M}_0$
1.3	0.3435	0.0484	2.2	0.2153	0.0164
1.4	0.3336	0.0436	2.3	0.1935	0.0136
1.5	0.3228	0.0394	2.4	0.1732	0.0113
1.6	0.3113	0.0356	2.5	0.1547	0.0094
1.7	0.2994	0.0322	2.6	0.1378	
1.8	0.2872	0.0292	2.7	0.1227	
1.9	0.2750	0.0265	2.8	0.1091	
2.0	0.2627	0.0240	2.9	0.0970	
2.1	0.2385	0.0198	3.0	0.0863	

$A, B, \overline{M}_r, \overline{M}_t$ 系数值 表12-2

ar	A	B	$\overline{M}_r$	$\overline{M}_t$	ar	A	B	$\overline{M}_r$	$\overline{M}_t$
0.02	0.3603	0.2808	0.3349	0.4024	1.4	0.0379	-0.0165	-0.0108	0.0354
0.04	0.3052	0.2257	0.2715	0.3391	1.5	0.0342	-0.0178	-0.0127	0.0315
0.06	0.2729	0.1935	0.2344	0.3019	1.6	0.0310	-0.0186	-0.0139	0.0282
0.08	0.2501	0.1707	0.2082	0.2725	1.7	0.0280	-0.0192	-0.0150	0.0251
0.1	0.2324	0.1530	0.1879	0.2554	1.8	0.0254	-0.0195	-0.0156	0.0225
0.2	0.1775	0.0988	0.1245	0.1923	1.9	0.0230	-0.0196	-0.0161	0.0201
0.3	0.1458	0.0681	0.0900	0.1560	2.0	0.0209	-0.0195	-0.0163	0.0180
0.4	0.1236	0.0473	0.0658	0.1307	2.1	0.0173	-0.0189	-0.0163	0.0144
0.5	0.1068	0.0320	0.0480	0.1116	2.2	0.0143	-0.0179	-0.0157	0.0115
0.6	0.0933	0.0203	0.0343	0.0963	2.3	0.0118	-0.0168	-0.0150	0.0093
0.7	0.0822	0.0112	0.0235	0.0839	2.4	0.0098	-0.0154	-0.0139	0.0075
0.8	0.0729	0.0040	0.0149	0.0735	2.5	0.0082	-0.0141	-0.0129	0.0061
0.9	0.0649	-0.0017	0.0080	0.0646	2.6	0.0069	-0.0127	-0.0117	0.0050
1.0	0.0580	-0.0062	0.0025	0.0571	2.7	0.0057	-0.0114	-0.0105	0.0040
1.1	0.0520	-0.0098	-0.0020	0.0505	2.8	0.0048	-0.0102	-0.0095	0.0033
1.2	0.0467	-0.0127	-0.0057	0.0448	2.9	0.0041	-0.0091	-0.0085	0.0027
1.3	0.0420	-0.0149	-0.0086	0.0398	3.0	0.0034	-0.0080	-0.0075	0.0022

应当指出,在上述理论中所称的无限大圆形薄板,应符合下列条件:

$$S = 3 \times \frac{1-\mu_c^2 E_s R_R^3}{1-\mu_s^2 E_c h^3} \geq 10 \tag{12-18}$$

式中:S——板的刚性系数;

R_R——与板面积相等的圆形板的直径(m);

其余符号意义同前。

一般现场浇筑的混凝土路面均能符合上述条件,故不需验算。同时,只有当荷载中心点与板边距离(m)大于 $1.5/\alpha$ 时,才能用式(12-16)、式(12-17)进行计算。

当单后轴汽车的两侧后轮同时作用在板上时,由于两组车轮相距较远,其中一组后轮对另一组后轮下板所引起的附加弯矩相对来说是很小的,一般可不予考虑。

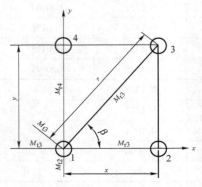

图 12-8 对称的多组车轮荷载作用在一块板上的弯矩计算图式

至于两组后轮中央处板所承受的弯矩要较一组后轮下板所产生的弯矩小很多,一般也不予计算。所以对单后轴车的两组后轮,通常仅按双轮胎的一组后轮的均布荷载来计算板的最大弯矩。当荷载相等而形成对称的多组车轮作用在一块板上时,例如双后轴汽车的四组后轮,平板挂车的多组后轮以及飞机起落架上的两组或四组轮子等,则应选其中一组轮子作主轮,按圆形均布荷载计算板所受的最大弯矩 M_0;对其他各组轮子则按集中荷载计算其在主轮轮迹中心下板所承受的附加轴向弯矩 M_r 和切向弯矩 M_t,然后把这些 M_r 和 M_t 按式(12-19)换算为 x 向弯矩和 y 向弯矩(图 12-8):

$$\left.\begin{array}{l} M_x = M_r\cos^2\beta + M_t\sin^2\beta \\ M_y = M_r\sin^2\beta + M_t\cos^2\beta \end{array}\right\} \tag{12-19}$$

式中:M_x、M_y——换算得的板在单位宽度上的 x 向弯矩和 y 向弯矩(MN·m/m);

β——集中荷载作用点与主轮轮迹中心点连线同 x 轴的夹角(°)。

最后把所有各个轮子对板所引起的 x 向弯矩和 y 向弯矩分别迭加起来,得出 $\sum M_x$ 和 $\sum M_y$。

按上述方法所算得的弯矩,只是板中部受荷时所产生的弯矩。弹性半无限地基的荷载应力计算理论对于荷载作用于板边、板角隅处以及有限尺寸的矩形板,在不同组合的轮载作用于板上任何位置时,均无法解决。《公路水泥混凝土路面设计规范》(JTG D40—2011)采用了有限元法近似地计算荷载作用下板的极限应力值,得出了荷载在不同模量比和不同板厚时的板内荷载应力。

四、荷载应力的有限元分析方法

弹性地基上有限尺寸板的求解,需采用数值法求解。目前,解算混凝土板的挠度和应力时,最有效、最常用的是有限单元法,将路面结构简化为板模型,即把混凝土面层看作受地基支撑的单块或多块板,无论是 Winkler 地基、弹性半空间地基还是 Pastenak 地基,对板的支撑都表示为等价作用于单元节点上的反力。利用有限元法中的位移法来求解水泥混凝土路面的挠度和应力。

有限元位移法是将路面板离散成有限个单元,每个单元仍保留原板的性质。相邻的单元在节点处连接,并以这些节点的位移向量$\{\delta\}$作为未知参数。选择一函数近似地表示每个单元内的位移场,并表示为节点位移的函数。把路面板所受到的荷载和地基反力转换为作用于节点处的等价节点力$\{P\} - \{Q\}$。利用变分法(最小势能原理)建立联系节点位移和节点力的单元刚度矩阵$[k_e]$,并把这三者之间的平衡关系表示成线性代数方程组:

$$[k_e]\{\delta\}^e = \{P\}^e - \{Q\}^e \tag{12-20}$$

集合各个离散化板单元的代数方程组,形成联立方程组:

$$[K_e]\{\delta\} = \{P\} - \{Q\} \tag{12-21}$$

给出几何边界条件后,即可求出各节点的位移向量。再通过应变—位移和应力—应变关系式,便可由节点位移向量计算得到内力和应力向量。

水泥混凝土面层大都采用矩形板。因而,离散单元采用矩形较为合适。由于板的应变和内力状态可以完全由挠度函数来确定,可选择挠度 w 及其一阶导数 $\theta_x\left(\theta_x = -\dfrac{\partial w}{\partial y}\right)$ 和 $\theta_y\left(\theta_y = \dfrac{\partial w}{\partial x}\right)$ 作为节点位移向量 $\{\delta\}$。这样,一个单元共有 4 个节点和 12 个自由度(图 12-9)。单元内的位移场便可选择包含两个 4 次项的 12 项多项式作为位移函数:

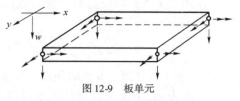

图 12-9　板单元

$$w = \alpha_1 + \alpha_2 x + \alpha_3 y + \alpha_4 x^2 + \alpha_5 xy + \alpha_6 y^2 + \alpha_7 x^3 + \alpha_8 x^2 y +$$
$$\alpha_9 xy^2 + \alpha_{10} y^3 + \alpha_{11} x^3 y + \alpha_{12} xy^3$$
$$= [N]\{\delta\} \tag{12-22}$$

式中:$[N]$——联系单元位移和节点位移的系数矩阵。

作用于单元上的外荷载,可按静力等效原则,利用虚功原理换算成等价的节点力:

$$\{P\} = p\iint_A [N]^T \mathrm{d}x\mathrm{d}y \tag{12-23}$$

式中:p——均布于面积 A 内的压强。

地基对路面板的反力,可看成是作用于板底面的同其挠度成函数关系的外荷载。

对于 Winkler 地基,由于挠度仅与作用于该处的压力(反力)成正比,可以利用式(12-22)的关系,以及类似于推演式(12-23)的相同方法,得到地基反力的等价节点力:

$$\{Q\} = \left(k\iint_A [N]^T[N] \mathrm{d}x\mathrm{d}y\right)\{\delta\} = [K_s]\{\delta\} \tag{12-24}$$

式中:k——地基反应模量;

$[K_s]$——地基刚度矩阵。

或者也可近似假设节点四周 $2a \times 2b$ 范围内的反力为均匀分布,而采用简化的节点反力与位移关系式:

$$\left.\begin{array}{r}\{Q\}^e = kab\{w\}^e \\ \{Q\} = [K_s][\delta]\end{array}\right\} \tag{12-25}$$

对于弹性半空间地基,可假设其反力由若干矩形反力面积所组成,每个矩形面积上的反力是均布的,其重心同它上面的矩形板单元的节点相重合(图 12-10)。地基顶面的均布反力作为集中力作用于节点。挠度与压力(反力)的关系可用 Bossinesq 公式建立。作用在 i 节点上的压力在该节点所产生的挠度为:

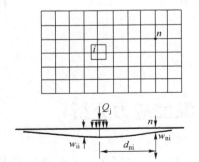

图 12-10　弹性半空间地基反力分布的近似假设

$$w_{ii} = \dfrac{Q_i(1 - \mu_s^2)}{\pi a E_s} F_{ii} \tag{12-26}$$

式中:$E_s \text{、} \mu_s$——地基的弹性模量和泊松比;

Q_i——均布在 $2a \times 2b$ 面积内的总压力(反力);

F_{ii} ——与单元形状有关的系数,见式(12-27)。

$$F_{ii} = \frac{a}{b}\ln\left(\sqrt{1+\frac{b^2}{a^2}}+\frac{b}{a}\right)+\ln\left(\sqrt{1+\frac{a^2}{b^2}}+\frac{a}{b}\right) \tag{12-27}$$

而作用在 i 节点的反力对其他节点(n)所产生的挠度,可近似按集中力处理:

$$\omega_{ni} = \frac{Q_i(1-\mu_s^2)}{\pi E_s d_{ni}} \tag{12-28}$$

式中:d_{ni} ——n 节点离 i 节点的距离。

用矩阵表示,挠度和反力的关系可写为:

$$\{\omega\} = [F_s]\{Q\}$$

或

$$\{Q\}[F_s]^{-1}\{\delta\} = [K_s]\{\delta\} \tag{12-29}$$

式中:$[F_s]$、$[K_s]$ ——地基的柔度矩阵和刚度矩阵,为对称正定的满矩阵。

弹性半空间地基反力的上述近似处理,在单元的边长比(长边/短边)等于1(也即为方形)时,所带来的误差小于5%。但随着边长比的增大,近似的误差急剧增大,从而造成计算结果失真。

对于 Pasternak 地基,地基反力与挠度的关系为:

$$q = kw - G\left(\frac{\partial^2 w}{\partial x^2}+\frac{\partial^2 w}{\partial y^2}\right) \tag{12-30}$$

因而,对于其中的 Winkler 模型项,可以直接利用式(12-24)。而对于剪切传递项,则可通过对式(12-22)进行偏导后求得,即:

$$\{Q\} = \left(k\iint_A [N]^T[N]dxdy + G\iint_A \frac{\partial^2}{\partial x^2}[N]dxdy + G\iint_A \frac{\partial^2}{\partial y^2}[N]dxdy\right)\{\delta\}$$

$$= [K_s]\{\delta\} \tag{12-31}$$

以式(12-24)、式(12-29)或式(12-31)代入式(12-21),即可组成离散单元集合体的平衡方程组:

$$\left.\begin{array}{l} [K_c]\{\delta\} = \{P\} - [K_s]\{\delta\} \\ ([K_c]+[K_s])\{\delta\} = \{P\} \\ [K]\{\delta\} = \{P\} \end{array}\right\} \tag{12-32}$$

式中:$[K]$ ——弹性地基板的总刚度矩阵。

第三节　水泥混凝土路面温度应力分析

水泥混凝土路面板内不同深度处的温度,随外界气温的变化而变化。这种变化使混凝土板出现膨胀和收缩变形,当变形受阻时,板内便产生胀缩应力和翘曲应力。

一、胀缩应力

当气温缓慢变化时,板内温度均匀升降,则面板沿断面的深度均匀胀缩。设 x 为板的纵轴,y 为板的横轴。如有一平面尺寸很大的板,在温差影响下板内任一点的应变为:

$$\left.\begin{aligned}\varepsilon_x &= \frac{1}{E}(\sigma_x - \mu\sigma_y) + \alpha\Delta t \\ \varepsilon_y &= \frac{1}{E}(\sigma_y - \mu\sigma_x) + \alpha\Delta t\end{aligned}\right\} \quad (12\text{-}33)$$

式中:ε_x、ε_y——分别为板纵向和横向应变;
σ_x、σ_y——分别为板纵向和横向的温度应力(MPa);
α——水泥混凝土的线膨胀系数,约为 1×10^{-5};
Δt——板温差(℃);
其余符号意义同前。

由于板与基层之间的摩阻约束,在温度升降时板中部不能移动,即 $\varepsilon_x = \varepsilon_y = 0$,以此代入式(12-33),解得面板胀缩完全受阻时所产生的应力为:

$$\sigma_x = \sigma_y = -\frac{E\alpha\Delta t}{1-\mu} \quad (12\text{-}34)$$

对于板边缘中部或窄长板,则 $\varepsilon_x = 0$ 和 $\sigma_y = 0$,则有:

$$\sigma_x = -E_c\alpha\Delta t \quad (12\text{-}35)$$

对未设接缝的混凝土路面板,当温度下降15℃时,其最大收缩应力可按式(12-34)计算。取 $E_c = 3\times 10^4$ MPa,$\mu_c = 0.15$,$\Delta t = -15$℃,则:

$$\sigma_i = -\frac{3\times 10^4 \times 10^{-5} \times (-15)}{1-0.15} = 5.29(\text{MPa})$$

在混凝土浇筑后的初期,混凝土尚未完全硬化,其抗拉强度不足以抵抗收缩应力,板将出现开裂。

当混凝土板温度升高时,如果未设置胀缝,板的膨胀受阻,板内将出现膨胀应力。如果板温度升高15℃,则压应力为5.29MPa。

为了减少收缩应力,在混凝土板内设置各种接缝,板被划分为有限尺寸的板块。这时板的自由收缩受到板与基础的摩阻力约束,此摩阻力随板的自重而变。因变形受阻而产生的板内最大应力出现于板长的中央,其值可近似按式(12-36)计算:

$$\sigma_t = \gamma \cdot f \cdot \frac{L}{2} \quad (12\text{-}36)$$

式中:γ——混凝土重度,约为 0.024MN/m^3;
L——板长(m);
f——板与基础之间的摩擦系数,同基础类型、板的位移量和位移情况等因素有关,一般为 $1.0\sim 2.0$。

板划分为有限尺寸板块后,因收缩而产生的应力很小,可不予考虑。

二、翘曲应力

由于混凝土板、基层和土基的导热性能较差,当气温变化较快时,板顶面与底面产生温度差,从而板顶面与底面的胀缩变形大小也就不同。当气温升高时,板顶面温度较其底面高,板顶膨胀变形较板底的大,则板中部隆起;相反,当气温下降时,板顶面温度较其底面低,板顶收缩变形较板底的大,因而板的边缘和角隅翘起,如图12-11所示。由于板的自重、地基反力和相邻板的钳制作用,使部翘曲变形受阻,从而使板内产生翘曲应力。由气温升高引起的板中部隆起受到限制时,板底面出现拉应力;而当气温降低引起的板四周翘起受阻时,板顶面出现拉应力。

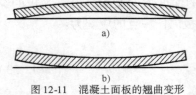

图 12-11 混凝土面板的翘曲变形
a)气温升高时;b)气温降低时

为了分析翘曲应力,威斯特卡德对文克勒地基板作了如下假设:温度沿板断面呈直线变化、板和地基始终保持接触,不计板自重,从而导出了板仅受地基约束时的翘曲应力计算公式。

对有限尺寸板,沿板长(L)和板宽(B)方向的翘曲应力分别为:

$$\left. \begin{array}{l} \sigma_x = \dfrac{E_c \alpha \Delta t}{2} \cdot \dfrac{C_x + \mu_c C_y}{1 - \mu_c^2} \\ \sigma_y = \dfrac{E_c \alpha \Delta t}{2} \cdot \dfrac{C_y + \mu_c C_x}{1 - \mu_c^2} \end{array} \right\} \quad (12\text{-}37)$$

在板边缘中点:

$$\sigma_x = \dfrac{E_c \alpha \Delta t}{2} \cdot C_x \quad (12\text{-}38)$$

以上两式中:Δt——板顶面与板底面的温度差(℃);

C_x、C_y——与L/l或B/l有关的系数,按式(12-39)计算;

l——板的相对刚性半径,$l = \sqrt[4]{\dfrac{D}{K}} = \sqrt[4]{\dfrac{E_c h^3}{12(1-\mu_c^2)k}}$;

E_c、μ_c、α——意义同前。

$$C_x \text{ 或 } C_y = 1 - \dfrac{2\cos\lambda \cos\lambda}{\sin 2\lambda + \sinh 2\lambda}(\tan\lambda + \tanh\lambda) \quad (12\text{-}39)$$

在式(12-39)中,计算C_x时,$\lambda = \dfrac{L}{l\sqrt{8}}$,计算$C_y$时,$\lambda = \dfrac{B}{l\sqrt{8}}$。

板顶面与板底面的温度差通常表示为板的温度梯度乘以板厚,即$\Delta t = T_g \cdot h$。温度梯度T_g过去大多采用美国的数据67℃/m。近年来,我国有关部门在实测的基础上提出了各公路自然区划内混凝土面板的最大温度梯度计算值T_g,如表12-3所示。

最大温度梯度计算值　　　　　　　　　　　表12-3

公路自然区划	Ⅱ、Ⅴ	Ⅲ	Ⅳ、Ⅵ	Ⅶ
T_g(℃/cm)	0.83~0.88	0.90~0.95	0.86~0.92	0.93~0.98

注:海拔高时取高值;湿度大时取低值。

为了方便工程计算应用,可采用有限元法计算板内翘曲应力。按照文克勒地基板计算翘曲应力的假设,采用有限元法来计算弹性半空间体地基上板的翘曲应力。此时板的相对刚性半径计算公式为:

$$l = h \sqrt[3]{\dfrac{E_c(1-\mu_s^2)}{6E_{tc}(1-\mu_c^2)}} \quad (12\text{-}40)$$

式中:E_{tc}——弹性半空间地基的计算回弹模量(MPa)。

对于较厚的板,采用温度沿板断面呈直线分布的假设,即按板顶和板底的温度差确定的温度梯度计算的温度翘曲应力,会得到偏大的温度翘曲应力值。为此,应考虑由于温度的非线性分布而引起的内应力。由于出现线性分布翘曲应力最大值和内应力最大值的时刻不同,因而,考虑内应力影响的温度翘曲应力最大值,不能简单地把各自的最大值叠加而成,而应在不同时刻通过叠加相应的温度线性分布翘曲应力和内应力得到温度翘曲应力随时间变化曲线后,从中取得最大值。此最大温度翘曲应力值采用下述形式表示:

板中部
$$\sigma_{t,m} = \frac{E_c \alpha h T_g}{2(1-\mu)} \left(\frac{B_x + \mu B_y}{1+\mu} \right) \quad (12-41)$$

板边缘中部
$$\sigma_{t,m} = \frac{E_c \alpha h T_g}{2} B_x \quad (12-42)$$

式中:B_x(或B_y)——温度应力系数,与翘曲应力系数和面板厚度有关。不同地基模型,关系式不同,在12.5节水泥混凝土路面板厚计算中具体给出。

第四节 水泥混凝土路面破坏形式与设计标准

一、破坏形式

水泥混凝土路面的使用性能在行车和自然因素的作用下不断下降,以致出现各种类型的损坏现象,其形式可分为接缝破坏和混凝土面板损坏两个方面,损坏性质也可分为功能性损坏和结构性损坏两个范畴。结构性损坏指结构受力超过材料的承受能力,产生破坏后使得路面的结构承载能力下降,已无法有效承受车辆荷载作用;功能性损坏指表面的缺陷等病害,使得路面发挥其功能时受到不良影响。

1. 接缝破坏

(1)挤碎

出现于横向接缝(主要是胀缝)两侧数十厘米宽度内。这是由于胀缝内的滑动传力杆位置不正确,或滑动端的滑动功能失效,或施工时胀缝内局部有混凝土搭接,以及胀缝内落入坚硬的杂屑等原因,阻碍了板的伸长,使混凝土在膨胀时受到较高的挤压应力,当其超过混凝土的抗剪强度时,板即发生剪切挤碎。

(2)拱起

混凝土面板在受热膨胀受阻时,某一接缝两侧的板突然向上拱起。这是由于板收缩时缝隙张开,填缝料失效,坚硬碎屑等不可压缩的材料塞满缝隙,使板在膨胀时产生较大的热压应力,从而出现纵向压曲失稳。

(3)错台

横向接缝两侧路面板出现的竖向相对位移。当胀缝下部嵌缝板与上部缝隙未能对齐,或胀缝两侧混凝土壁面不垂直,使缝旁两板在伸胀挤压过程中,会上下错开而形成错台。地面水通过接缝渗入基础使其软化,或者接缝传荷能力不足,或传力效果降低时,都会导致错台的产生。当交通量或基础承载力在横向各幅板上分布不均匀,各幅板沉陷不一致时,纵缝也会产生错台现象。

(4)唧泥

汽车行经接缝时,有缝内喷溅出稀泥浆的现象。在轮载的频繁作用下,基层由于塑性变形累积而同面层板脱空;地面水沿接缝下渗而积聚在脱空的缝隙内;在轮载作用下积水变成有压水而同基层内浸湿的细料混搅成泥浆,并沿接缝缝隙喷溅出来。唧泥的出现,使面板边缘部分失去支承,因而往往在离接缝 1.5~1.8m 以内导致横向裂缝。

(5)填缝料损坏

接缝内无填料,填料破损,缝内混杂砂石均称为填缝料损坏。填缝料损坏主要是由于填缝料脆裂、老化、挤出及与板边脱离造成。质量较差的填缝料,在短时间内就会发生填缝料损坏的现象。

此外,纵缝两侧的横缝前后错开、纵缝缝隙拉宽、填缝料丧失和脱落也都属于接缝的破坏。

2. 混凝土面板损坏

混凝土板的破坏主要是断裂和裂缝,其次,还有坑槽、孔洞、松散、磨光、麻面、露骨、板面起皮、剥落等。

(1)断裂

面板由于所受内应力超过了混凝土的强度而出现横向或纵向以及板角的断裂和裂缝,其原因是多方面的:板太薄或轮载太重;行车荷载的渠化作用(荷载次数超过允许值);板的平面尺寸太大,使温度翘曲应力过大;地基过量塑性变形使板底脱空失去支承;养护期间收缩应力过大;由于材料或施工质量不良,混凝土未能达到设计要求等。断裂裂缝破坏了板的结构整体性,使板丧失应有的承载能力。因而,断裂裂缝可视为混凝土面层结构破坏的临界状态。

(2)坑槽、孔洞

水泥混凝土路面板表面有局部破损,形成一定深度的洞穴称为孔洞。面层粗集料局部脱落而产生的长槽称为坑槽。孔洞和坑槽的形成主要是由于砂石材料含泥量过大,混凝土内有泥土或杂物所致。

(3)松散

水泥混凝土路面由于结合料不足或失效,成片或成段地呈现过度的粗糙和砂石材料分离的现象称为松散。松散主要是由于砂石含泥量较大,水泥质量较差或用量较少,或混凝土强度不足引起。

(4)麻面、露骨

水泥混凝土表面结合料磨失、成片或成段地呈现过度的粗糙称为麻面。路面混凝土保护层脱落形成粗集料裸露称为露骨。麻面主要是由于混凝土施工时遇雨所致。露骨则主要是混凝土表面灰浆不足,泌水提浆造成混凝土路面表面强度降低。

(5)磨光

水泥混凝土路面磨成光面,其摩擦系数已下降到极限值以下,其主要原因是由于水泥路面水泥砂浆层强度降低,水泥、集料等原材料耐磨性差。

(6)板面起皮、剥落

水泥混凝土路面表层上下脱开,这种板面浅层内所发生的病害称为起皮。起皮主要是施工过程中水灰比过大或因混凝土施工时表面砂浆有泌水现象所致。距接缝宽度 40cm 内的板边,板角半径 40cm 内不发生垂直贯通板的破碎现象称为剥落。这主要是由于混凝土强度不足,缝内进入杂物所引起。

二、设计标准

一般而言,功能性损坏可以通过适当处治恢复路面功能,而结构性损坏发生后,路面则需要大修。因此,路面设计应针对结构性损坏。

由于水泥混凝土为脆性材料,抗压强度远高于其抗拉强度,路面板的结构性损坏表现为各种形式的断裂裂缝。混凝土面板产生断裂的原因是其抗拉能力不足以抵抗拉应力。对于施工期间因混凝土的初期收缩受到阻碍而产生的拉应力超过了混凝土的抗拉强度而引起的横向裂缝,可以通过控制施工质量,如水灰比、水泥品质、缩缝锯切时间等予以防止;而板的温度翘曲应力可通过缩短缩缝间距,采取短板块而予以降低;板底脱空现象可通过对路基、垫层和基层采取适当的措施予以减轻或避免。对于重复荷载作用所引起的疲劳损坏断裂,则应选作确定混凝土面层厚度的主要损坏模式。

板内产生应力的外因主要是车轮荷载作用和温度的变化。另外,含水率的变化或基层的膨胀也会使混凝土面层板产生应力,但与前面两因素相比,产生的应力要小些。

研究和调查结果表明,混凝土路面板的温度翘曲应力有时可达到相当大的数值,特别当板长大于6m时,其大小会超过荷载应力。荷载应力和温度应力的共同反复作用,是使混凝土板产生疲劳断裂的主要原因。

因此在结构设计时应综合考虑荷载应力和温度应力的共同作用。我国《公路水泥混凝土路面设计规范》(JTG D40—2011)规定,水泥混凝土路面结构设计应以面层板在设计基准期内,在行车荷载和温度梯度综合作用下,不产生疲劳断裂作为设计标准;并以最重轴载和最大温度梯度综合作用下,不产生极限断裂作为验算标准。

第五节 水泥混凝土路面板厚计算

一、设计内容

水泥混凝土路面结构设计包括下述内容:

1. 路面结构组合设计

水泥混凝土路面结构组合设计,应根据该路的交通情况,结合当地环境气候条件和材料供应情况综合考虑。它包括各层的结构类型、弹性模量和厚度的确定。其设计过程与柔性路面结构组合设计相仿,基、垫层的设置应根据水泥混凝土路面的要求进行。

2. 混凝土面板厚度设计

混凝土面板厚度设计,应按照设计标准的要求,确定满足设计年限内使用要求所需的混凝土面层的厚度。

3. 混凝土面板的平面尺寸与接缝设计

根据混凝土面层板内产生的荷载应力和温度应力做出板的平面尺寸设计,布设各类接缝的位置,设计接缝的构造,并采取有效措施提高接缝的传荷能力。

4. 路肩设计

高速公路和一级公路中间带的路缘带和路肩的结构应与行车道的混凝土路面相同,并与行车道部分的混凝土面板浇筑成整体。路肩可采用水泥混凝土面层或沥青混合料面层,其基(垫)层结构应满足行车道路面结构和排水的要求。一般公路的混凝土路面应设置路缘石或用沥青混合料加固路肩。

5. 普通混凝土路面配筋设计

普通混凝土路面板较长或交通量较大、地基有不均匀沉降或板的形状不规则时,可沿板的自由边缘加设补强钢筋,在角隅处加设发针形钢筋或钢筋网,以阻止可能出现的裂缝。

二、力学模型

按基层和面层类型和组合的不同,水泥混凝土路面结构分析可分别采用下述力学模型:

①弹性地基单层板模型。适用于粒料基层或旧沥青路面上加铺混凝土面层;面板以下部分按弹性地基处理。

②弹性地基双层板模型。适用于无机结合料类基层或沥青类基层上混凝土面层,旧混凝土路面上加铺分离式混凝土面层。面层和基层或者新旧面层作为双层板,基层底面以下或者旧面层底面以下部分按弹性地基处理。

③复合板模型。适用于两层不同性能材料组成的面层或基层复合板。旧混凝土路面上加铺结合式混凝土面层,两层不同性能材料组成的层间黏结的面层,作为弹性地基上的单层板或者弹性地基上双层板的上层板;无机结合料类基层或沥青类基层与无机结合料类底基层组成的基层,作为弹性地基上双层板的下层板。

三、设计参数

1. 设计轴载与轴载累计作用次数

我国《公路水泥混凝土路面设计规范》(JTG D40—2011)规定,按疲劳断裂设计标准进行结构分析时,以100kN单轴—双轮组荷载作为设计轴载,对极重交通荷载等级的水泥混凝土路面,宜选用货车中占主要份额特重车型的轴载作为设计轴载。2轴6轮及以上的客货车的各级轴载作用次数 N_i 按等效原则换算为设计轴载的作用次数。详见第7章第二节。设计基准期内设计车道的累计作用次数与第一年的交通量、交通组成和交通量的增长情况等因素有关。应进行详细调查、观测与预测,然后按式(7-14)~式(7-18)确定,此处不再赘述。

2. 结构设计参数的变异性和路面结构的可靠度

路面的使用寿命是混凝土弯拉强度、面层厚度、基层顶面综合模量、混凝土弹性模量等参数的函数,因此,混凝土路面寿命的变异性,是由这些设计参数的变异性综合决定的。各结构设计参数,由于材料和结构组成的不均质、施工技术和质量控制水平差异等因素的影响,其数值在一定范围内变动。通过对现有不同等级、不同施工方法和不同结构的道路进行测试,得到各参数的变异系数范围。根据变异系数的频率分布情况,可将各安全等级路面的材料性能和结构尺寸参数的变异水平划分为低、中、高三个等级,分别适应于不同的公路等级及施工技术和质量控制水平。高速公路、一级公路的变异水平等级宜为低级,二级公路的变异水平等级应不大于中级。可按表12-4规定的主要设计参数变异系数范围选择相应的变异系数。

变异系数 C_v 的范围   表 12-4

变异水平等级	低	中	高
水泥混凝土弯拉强度	$0.05 \leq C_v \leq 0.10$	$0.10 \leq C_v \leq 0.15$	$0.15 \leq C_v \leq 0.20$
基层顶面回弹模量	$0.15 \leq C_v \leq 0.25$	$0.25 \leq C_v \leq 0.35$	$0.35 \leq C_v \leq 0.55$
水泥混凝土面层厚度	$0.02 \leq C_v \leq 0.04$	$0.04 \leq C_v \leq 0.06$	$0.06 \leq C_v \leq 0.08$

路面结构的可靠度是指在规定的设计基准期(设计使用期)内,在规定的交通和环境条件下,路面使用性能满足预定水平要求的概率。目标可靠度是所设计路面结构应具有的可靠度水平。选定较高的目标可靠度,在各设计参数的变异水平不变时,所设计的路面厚度较大,初期建设费用较高,但使用期间的养护费用和车辆运行费用较低;若选定较低的目标可靠度,则所设计的路面结构较薄,初期修建费用可以降低,但使用期间的养护费用和车辆运行费用将会提高。因此要选取合适的目标可靠度,现行规范提出了各级公路的目标可靠度以及相应的目标可靠指标,见表 12-5。目标可靠指标为变异系数的倒数,可靠度越大,可靠指标越高。

可靠度设计标准   表 12-5

公路等级	高速	一级	二级	三级	四级
安全等级	一级		二级	三级	
设计基准期	30		20	15	10
目标可靠度(%)	95	90	85	80	70
目标可靠指标	1.64	1.28	1.04	0.84	0.52

公路工程结构的设计安全等级,根据结构破坏可能产生的后果及严重程度划分,一级为破坏后果很严重、二级为严重、三级为不严重。《公路工程结构可靠度设计统一标准》(GB/T 50283—1999)规定的公路工程结构设计安全等级为三个等级,路面工程的安全等级仅考虑高速公路、一级和二级公路路面,相应的安全等级规定为一级、二级和三级。相应的目标可靠度与目标可靠指标是根据安全等级的数值逐级递降得到的。

3. 地基顶面的当量回弹模量

混凝土面板下的地基包括路基和根据需要设置的垫层与基层,其整体路面结构为弹性多层体系。分析板内荷载应力时,应将多层体系换算为半无限体,以其顶面的当量回弹模量作为半无限地基的模量值。

(1) 新建公路的板底地基当量回弹模量值 E_t

按下式计算确定:

$$E_t = \left(\frac{E_x}{E_0}\right)^\alpha E_0 \tag{12-43}$$

$$\alpha = 0.86 + 0.26\ln h_x \tag{12-44}$$

$$E_x = \frac{\sum_{i=1}^{n}(h_i^2 E_i)}{\sum_{i=1}^{n} h_i^2} \tag{12-45}$$

$$h_x = \sum_{i=1}^{n} h_i \tag{12-46}$$

式中:E_0——路床顶综合回弹模量(MPa);

α——与粒料层总厚度 h_x 有关的回归系数,按式(12-44)计算;

E_x——粒料层的当量回弹模量(MPa),按式(12-45)计算;
h_x——粒料层的总厚度(m),按式(12-46)计算;
n——粒料层的层数;
E_i、h_i——第 i 结构层的回弹模量(MPa)与厚度(m)。

(2)原有柔性路面顶面的当量回弹模量值 E_t

在旧沥青混凝土路面上铺筑水泥混凝土面层时,原沥青混凝土路面顶面的地基综合当量回弹模量 E_t 可根据落锤式弯沉仪(荷载 50kN、承载板半径 150mm)中心点弯沉的测定结果按式(12-47),或根据贝克曼梁(后轴重 100kN 的车辆)的弯沉测定结果按式(12-48)计算确定。

$$E_t = \frac{18621}{\omega_0} \quad (12\text{-}47)$$

$$E_t = 13739\omega_0^{-1.04} \quad (12\text{-}48)$$

$$\omega_0 = \overline{\omega} + 1.04 s_w \quad (12\text{-}49)$$

式中:ω_0——路段代表弯沉值(0.01mm);
$\overline{\omega}$——路段弯沉平均值(0.01mm);
s_w——路段弯沉的标准差(0.01mm)。

四、荷载疲劳应力

1. 临界荷位

为了简化计算工作,通常选取使面层板内产生最大应力或最大疲劳损伤的一个荷载位置作为应力计算时的临界荷位。由于现行设计方法采用疲劳断裂作为设计标准,选择临界荷位时应以产生最大疲劳损伤的荷载位置作为设计标准,利用荷载应力和温度应力综合疲劳作用的疲劳方程,分析具有不同接缝传荷能力的混凝土路面的疲劳损伤,得出其临界荷位在板纵向边缘中部(图 12-12)。基层板的临界荷位与面板相同。

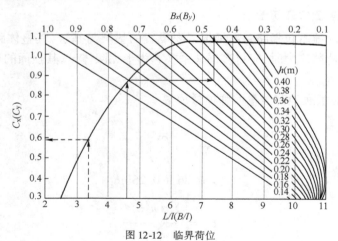

图 12-12 临界荷位

2. 荷载疲劳应力计算

(1)弹性地基单层板荷载疲劳应力

设计轴载在面层板临界荷位处产生的荷载疲劳应力:

$$\sigma_{pr} = k_r k_f k_c \sigma_{ps} \tag{12-50}$$

式中：σ_{pr}——设计轴载在面板临界荷位处产生的荷载疲劳应力（MPa）；

k_r——考虑接缝传荷能力的应力折减系数。采用混凝土路肩时，$k_r = 0.87 \sim 0.92$（路肩面层与路面面层等厚时取低值，减薄时取高值）；采用柔性路肩或土路肩时，$k_r = 1$；

k_c——考虑计算理论与实际差异以及动载等因素影响的综合系数，按公路等级由表12-6取用；

k_f——考虑设计基准期内荷载应力累计疲劳作用的疲劳应力系数，可按下式计算：

$$k_f = N_e^{\lambda} \tag{12-51}$$

λ——材料疲劳指数，普通混凝土、钢筋混凝土、连续配筋混凝土取0.057；碾压混凝土和贫混凝土，取0.065；钢纤维混凝土，按式(12-52)计算：

$$\lambda = 0.053 - 0.017 \rho_f \frac{l_f}{d_f} \tag{12-52}$$

ρ_f——钢纤维的体积率（%）；

l_f——钢纤维的长度（mm）；

d_f——钢纤维的直径（mm）；

σ_{ps}——设计轴载在四边自由板临界荷位处产生的荷载应力，按式(12-53)计算：

$$\sigma_{ps} = 1.47 \times 10^{-3} r^{0.70} h_c^{-2} P_s^{0.94} \tag{12-53}$$

$$r = 1.21 \left(\frac{D_c}{E_t}\right)^{1/3} \tag{12-54}$$

$$D_c = \frac{E_c h_c^3}{12(1 - \nu_c^2)} \tag{12-55}$$

式中：P_s——设计轴载的单轴重（kN）；

h_c、E_c、ν_c——混凝土面层板的厚度（m）、弯拉弹性模量（MPa）和泊松比；

r——混凝土板的相对刚度半径（m）；

D_c——混凝土面层板的截面弯曲刚度（MN·m）

E_t——板底地基层当量回弹模量（MPa）。

综合系数 k_c　　　　　　　表12-6

公路等级	高速公路	一级公路	二级公路	三、四级公路
综合系数 k_c	1.15	1.10	1.05	1.00

水泥混凝土路面需要用最重轴载来验算和控制水泥混凝土板的极限断裂。最重轴载是指调查中获得的最重轴重。对于承受极重交通荷载等级的水泥混凝土路面，应选择该路面所承受货车中占主要份额特重车型的轴载作为设计轴载。所谓占主要份额特重车型是指具有代表性的，并对累计轴次贡献较大的车型。

最重轴载在面层板临界荷位处产生的最大荷载应力，应按式(12-56)计算：

$$\sigma_{p,\max} = k_r k_c \sigma_{pm} \tag{12-56}$$

式中：$\sigma_{p,\max}$——最重轴载 P_m 在面层板临界荷位处产生的最大荷载应力（MPa）；

σ_{pm}——最重轴载 P_m 在四边自由板临界荷位处产生的最大荷载应力（MPa），按式(12-53)计算,式中的设计轴载 P_s 改为最重轴载 P_m(以单轴计,kN)。

(2)弹性地基双层板荷载疲劳应力

面层板或上面层板的荷载疲劳应力 σ_{pr} 的确定与单层板相同,应按式(12-50)计算。其中,荷载疲劳应力系数 k_f、应力折减系数 k_r 和综合系数 k_c 的确定方法,与单层板的相同;设计轴载 P_s 在上层板临界荷位处产生的荷载应力应 σ_{ps} 按式(12-57)确定。

$$\sigma_{ps} = \frac{1.45 \times 10^{-3}}{1 + D_b/D_c} r_g^{0.65} h_c^{-2} p_s^{0.94} \tag{12-57}$$

$$D_b = \frac{E_b h_b^3}{12(1 - \nu_b^2)} \tag{12-58}$$

$$r_g = 1.21[(D_c + D_b)/E_t]^{1/3} \tag{12-59}$$

式中:D_b——下层板的截面弯曲刚度(MN·m);

h_b、E_b、ν_b——下层板的厚度(m)、弯拉弹性模量(MPa)和泊松比;

r_g——双层板的总相对刚度半径(m);

h_c、D_c——上层板的厚度(m)和截面弯曲刚度(MN·m),按式(12-55)计算。

同理,应考虑最重轴载对上层板的影响。最重轴载在上层板临界荷位处产生的最大荷载应力求解与单层板相同,应按式(12-56)计算。最重轴载在四边自由板临界荷位处产生的最大荷载应力应按式(12-57)计算,式中的设计轴载 P_s 改为最重轴载 P_m(以单轴计,kN)。

下面层板或者贫混凝土或碾压混凝土基层板的荷载疲劳应力,应按式(12-60)计算。其中,疲劳应力系数 k_f 和综合系数 k_c 的确定方法与单层板的确定方法相同;设计轴载 P_s 在下层板临界荷位处产生的荷载应力应按式(12-61)计算。

$$\sigma_{bpr} = k_f k_c \sigma_{bps} \tag{12-60}$$

$$\sigma_{bps} = \frac{1.41 \times 10^{-3}}{1 + D_c/D_b} r_g^{0.68} h_b^{-2} P_s^{0.94} \tag{12-61}$$

式中:σ_{bpr}——下层板的荷载疲劳应力(MPa);

σ_{bps}——设计轴载 P_s 在下层板临界荷位处产生的荷载应力(MPa)。

(3)复合板荷载应力

面层复合板的荷载疲劳应力和最大荷载应力计算,与单层板或上层板完全相同,只需用面层复合板的截面弯曲刚度 $\tilde{D}_c$ 和等效厚度 $\tilde{h}_c$ 替代单层板或上层板的弯曲刚度 D_c 和厚度 h_c 即可,板相对刚度半径 r 或 r_g 应依据面层复合板弯曲刚度 $\tilde{D}_c$ 重新计算。

面层复合板弯曲刚度 $\tilde{D}_c$ 应按式(12-62)计算,等效厚度 $\tilde{h}_c$ 应按(12-63)计算。

$$\tilde{D}_c = \frac{E_{c1} h_{c1}^3 + E_{c2} h_{c2}^3}{12(1 - \nu_{c2}^2)} + \frac{(h_{c1} + h_{c2})^2}{4(1 - \nu_{c2}^2)} \left(\frac{1}{E_{c1} h_{c1}} + \frac{1}{E_{c2} h_{c2}}\right)^{-1} \tag{12-62}$$

$$\tilde{h}_c = 2.42 \sqrt{\frac{\tilde{D}_c}{E_{c2} d_x}} \tag{12-63}$$

$$d_x = \frac{1}{2}\left[h_{c2} + \frac{E_{c1} h_{c1}(h_{c1} + h_{c2})}{E_{c1} h_{c1} + E_{c2} h_{c2}}\right] \tag{12-64}$$

式中:E_{c1}、h_{c1}——面层复合板上层的弯拉弹性模量(MPa)和厚度(m);

E_{c2}、ν_{c2}、h_{c2}——面层复合板下层的弯拉弹性模量(MPa)、泊松比和厚度(m);

d_x——面层复合板中性轴至下层底部的距离(m),按式(12-64)计算。

基层为贫混凝土或碾压混凝土时,复合板中基层的荷载疲劳应力 σ_{bpr} 应按式(12-65)计算。其他类型基层不需进行荷载疲劳应力计算。

$$\sigma_{bpr} = \frac{\tilde{\sigma}_{bpr}}{1 + \frac{D_{b2}}{D_{b1}}} \quad (12\text{-}65)$$

式中:D_{b1}、D_{b2}——基层和底基层的弯曲刚度(MN·m),分别按基层和底基层的厚度 h_{b1} 和 h_{b2} 以及弹性模量 E_{b1} 和 E_{b2},由式(12-58)计算得到;

$\tilde{\sigma}_{bpr}$——按式(12-61)计算得到的基层复合板的名义荷载应力,其中,以基层厚度 h_{b1} 替代式中基层厚度 h_b,以复合板弯曲刚度 D_{b0} 替代式中基层板弯曲刚度 D_b。D_{b0} 按式(12-66)计算:

$$D_{b0} = D_{b1} + D_{b2} \quad (12\text{-}66)$$

五、温度疲劳应力

温度应力的大小与车辆荷载是重复荷载还是单次最重荷载作用没有直接关系,但将荷载应力与温度应力相加时,存在与实际状态的相似性问题。在路面使用初期,因地基对板的约束较强,产生的温缩应力和翘曲内应力较大;在使用后期,由于在应力反复作用下,界面上的约束将逐渐减弱,因此温度疲劳应力减小。考虑疲劳作用时,采用荷载疲劳应力,温度应力也应采用疲劳应力。在考察最重轴载对板的作用时,因其作用是一次性的,因此无须考虑疲劳效应,选择最大温度应力。

1. 弹性地基单层板温度疲劳应力

混凝土板的最大温度应力 $\sigma_{t,max}$,按式(12-67)确定:

$$\sigma_{t,max} = \frac{\alpha_c E_c h_c T_g B_L}{2} \quad (12\text{-}67)$$

式中:α_c——混凝土的线膨胀系数(1/℃),根据粗集料的岩性按表12-7取用;

T_g——公路所在地50年一遇的最大温度梯度,查表12-3取用;

B_L——综合温度翘曲应力和内应力的温度应力系数,按式(12-68)计算:

$$B_L = 1.77 e^{-4.48 h_c} C_L - 0.131(1 - C_L) \quad (12\text{-}68)$$

$$C_L = 1 - \frac{\sinh t \cos t + \cosh t \sin t}{\cos t \sin t + \sinh t \cosh t} \quad (12\text{-}69)$$

$$t = \frac{L}{3r} \quad (12\text{-}70)$$

式中:C_L——混凝土面层板的温度翘曲应力系数,按式(12-69)计算;

L——面层板的横缝间距,即板长(m);

r——面层板的相对刚度半径(m)。

水泥混凝土线膨胀系数经验参考值　　　　　表12-7

粗集料类型	石英岩	砂岩	砾石	花岗岩	玄武岩	石灰岩
水泥混凝土线膨胀系数(10^{-6}/℃)	12	12	11	10	9	7

在面层板临界荷位处产生的温度疲劳应力 σ_{tr},按式(12-71)计算:

$$\sigma_{tr} = k_t \sigma_{t,\max} \tag{12-71}$$

式中:k_t——考虑温度应力累计疲劳作用的温度疲劳应力系数,按式(12-72)计算。

$$k_t = \frac{f_r}{\sigma_{t,\max}}\left[a_t\left(\frac{\sigma_{t,\max}}{f_r}\right)^{b_t} - c_t\right] \tag{12-72}$$

式中:a_t、b_t、c_t——回归系数,按所在地区的公路自然区划查表12-8确定。

回归系数 a_t,b_t 和 c_t　　　　　　表12-8

系数	公路自然区划					
	Ⅱ	Ⅲ	Ⅳ	Ⅴ	Ⅵ	Ⅶ
a_t	0.828	0.855	0.843	0.871	0.837	0.834
b_t	1.323	1.355	1.323	1.287	1.382	1.270
c_t	0.041	0.041	0.058	0.071	0.038	0.052

2. 弹性地基双层板温度疲劳应力

弹性地基双层板模型,下层板的温度疲劳应力不需计算分析。

上层板的温度疲劳应力 σ_{tr}、最大温度翘曲应力 $\sigma_{t,\max}$、综合温度翘曲应力和内应力作用的温度应力系数 B_L 的计算式与单层板的相同。上层板的温度翘曲应力系数 C_L 应按式(12-73)计算:

$$C_L = 1 - \left(\frac{1}{1+\xi}\right)\left(\frac{\sinh t\cos t + \cosh t\sin t}{\cos t\sin t + \sinh t\cosh t}\right) \tag{12-73}$$

$$t = \frac{L}{3r_g} \tag{12-74}$$

式中:ξ——与双层板结构有关的参数,按式(12-75)计算;

r_β——层间接触状况参数(m),按式(12-76)计算;

k_n——面层与基层之间竖向接触刚度(MPa/m),上下层之间不设沥青混凝土夹层或隔离层时,按式(12-77)计算,设沥青混凝土夹层或隔离层时,k_n 取 3000MPa/m。

$$\xi = -\frac{(k_n r_g^4 - D_c)r_\beta^3}{(k_n r_\beta^4 - D_c)r_g^3} \tag{12-75}$$

$$r_\beta = \left[\frac{D_c D_b}{(D_c + D_b)k_n}\right]^{\frac{1}{4}} \tag{12-76}$$

$$k_n = \frac{1}{2}\left(\frac{h_c}{E_c} + \frac{h_b}{E_b}\right)^{-1} \tag{12-77}$$

3. 复合板温度疲劳应力

面层复合板的疲劳温度应力计算和疲劳温度应力系数与单层板相同。最大温度应力 $\sigma_{t,\max}$,应按式(12-78)计算。

$$\sigma_{t,\max} = \frac{\alpha_c T_g E_{c2}(h_{c1} + h_{c2})}{2} B_L \zeta \tag{12-78}$$

$$\zeta = 1.77 - 0.27\ln\left(\frac{h_{c1} E_{c1}}{h_{c2} E_{c2}} + 18\frac{E_{c1}}{E_{c2}} - 2\frac{h_{c1}}{h_{c2}}\right) \tag{12-79}$$

式中：B_L——面层复合板的温度应力系数，按式(12-68)计算，其中，面层板厚度 h_c 取面层复合板的总厚度($h_{c1} + h_{c2}$)，式(12-68)中温度翘曲应力系数 C_L，单层板时按式(12-69)计算，双层板时按弹性地基双层板的上层板温度翘曲应力系数确定，见式(12-73)；

ζ——面层复合板的最大温度应力修正系数，按式(12-79)计算。

六、混凝土板厚确定

混凝土面层厚度和板平面尺寸确定方法，可遵循下述设计步骤：

①进行行车道路面结构组合设计，初拟路面结构，包括路床、垫层、基层和面层的材料类型和厚度，并按表12-9所列的水泥混凝土面层厚度建议范围，依据交通等级、公路等级和所选变异水平等级初选混凝土板厚度。

混混凝土面层厚度的参考范围 表12-9

交通荷载等级	极重	特重			重				
公路等级	—	高速	一级	二级	高速		一级		二级
变异水平等级	低	低	中	低	中	低	中	低	中
面层厚度(mm)	≥320	320~280	300~260	280~240			270~230	260~220	
交通荷载等级		中等				轻			
公路等级		二级		三、四级		三、四级			
变异水平等级		高	中	高	中	高	中		
面层厚度(mm)		250~220	240~210	230~200	220~190	210~180			

②按照初拟路面结构的组合情况，选择相应的结构分析模型。

③参照图12-13所示的混凝土路面板厚计算流程，分别计算混凝土面层板(单层板或双层板的面层板)的最重轴载产生的最大荷载应力、设计轴载产生的荷载疲劳应力、最大温度梯度产生的最大温度应力及温度疲劳应力。

④当荷载疲劳应力与温度疲劳应力之和与可靠度系数的乘积，小于且接近于混凝土弯拉强度标准值，同时，最大荷载应力与最大温度应力之和与可靠度系数的乘积，小于混凝土弯拉强度标准值，即满足式(12-80)和式(12-81)时，初选厚度可作为混凝土板的计算厚度。

$$\gamma_r(\sigma_{pr} + \sigma_{tr}) \leq f_r \quad (12-80)$$

$$\gamma_r(\sigma_{p,max} + \sigma_{t,max}) \leq f_r \quad (12-81)$$

式中：γ_r——可靠度系数，即为保证设计的结构具有规定的可靠度，而在极限状态设计中采用的单一综合系数，是目标可靠度、设计参数变异水平等级的函数。设计时可依据所选目标可靠度及变异水平等级，按表12-10确定。

可靠度系数 表12-10

变异水平等级	目标可靠度(%)			
	95	90	85	80~70
低	1.2~1.33	1.09~1.16	1.04~1.08	—
中	1.33~1.50	1.16~1.23	1.08~1.13	1.04~1.07
高	—	1.23~1.33	1.13~1.18	1.07~1.11

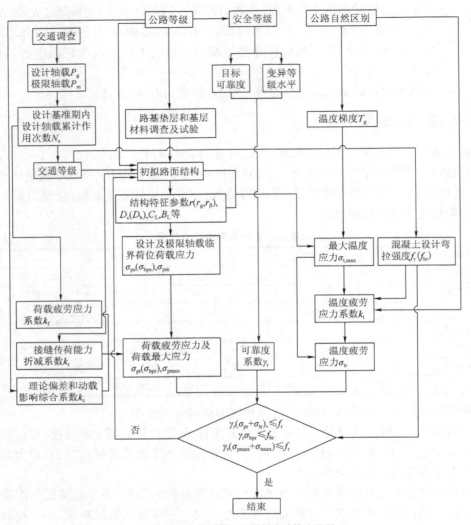

图 12-13 水泥混凝土面层厚度计算流程图

⑤贫混凝土或碾压混凝土基层或者双层板的下面层板,需计算其荷载疲劳应力,并检算荷载疲劳应力与可靠度系数的乘积是否小于其材料的弯拉强度标准值,即应满足式(12-82)。

$$\gamma_r \sigma_{bpr} \leqslant f_{br} \qquad (12-82)$$

⑥若不能同时满足上述要求,则应改选混凝土面层板厚度或(和)调整基层类型或(和)厚度,重新计算,直到同时满足。

⑦计算厚度加 6mm 磨损厚度后,应按 10mm 向上取整,作为混凝土面层的设计厚度。

第六节 水泥混凝土路面排水设计

路面排水与路基排水一起构成了路基路面的整体排水系统,因此,路面排水要与路基排水相协调和统一,设计中要考虑两者之间的联系,使排水设施构成整体,发挥作用。本节主要介绍水泥混凝土路面结构内部排水和路面边缘排水系统。水泥混凝土路面表面排水和中央分隔带排水(高速公路)同沥青混凝土路面,可参见沥青混凝土路面排水设计相关内容,此节不再赘述。

一、路面结构内部排水

水可以通过路面接缝、裂缝、路面表面和路肩渗入路面,或是由高水位地下水、截断的含水层和当地泉水进入路面结构,被围封在路面结构内的水分产生的有害影响可归纳如下:

①浸湿各结构层材料和路基土,易造成无黏结粒状材料和路基土的强度降低。

②使混凝土路面产生唧泥,随之出现错台、开裂和整个路肩破坏。

③进入空隙的自由水在行车荷载的作用下,会形成高空隙水压力和高流速的水流,带走路面基层的细颗粒产生唧浆,结果使路面失去支撑。

④在冰冻深度大于路面厚度的地方,高地下水位会造成冻胀,并在冻融期间降低承载能力。

⑤水使冻胀土产生不均匀冻胀。

⑥与水经常接触将使沥青混合料松散剥落,影响沥青混合料的耐久性。

表 12-11 所列为纵向每延米双车道路面(宽 7.5m)下各种路基土排除 $0.1m^3$ 路面结构内自由水所需时间的计算结果(表中 H 为路面结构底面到地下水位的距离,H_0 为结构底面到不透水层的距离)。由表列数值可知,当路基土为低透水性时(渗透系数不大于 10^{-5}cm/s),排除 $0.1m^3$ 路面结构内自由水约需 1d 以上时间;而当路基土的渗透系数不大于 10^{-7}cm/s 时,排除这些水分所需时间达数个月,实际上是不透水的。当路基土为低透水性时(渗透系数不大于 10^{-5}cm/s),而两侧路肩外也由这种土填筑时,路面结构便类似于被安置在封闭的槽式"浴盆"内,进入路面结构的水分,无法向下或向两侧迅速渗出,而被长时间积滞在路面结构内部。特别是位于凹形竖曲线底部、低洼河谷地、曲线超高断面内侧,以及立体交叉下穿路段的路面结构,由于地表径流或地下水汇集,进入结构内的自由水不仅数量大,而且停滞时间久。

不同渗透性路基土排除 $0.1m^3$ 路面结构内自由水所需的渗流时间　　　表 12-11

H/H_0	渗透系数(cm/s)				
	10^{-3}	10^{-4}	10^{-5}	10^{-6}	10^{-7}
	min	h	d	周(7d)	月(30d)
0.2	111	18.52	7.72	11.02	25.72
0.4	56	9.62	3.86	5.51	12.86
0.6	37	6.17	2.57	3.67	8.57
0.8	28	4.63	1.93	2.57	6.43
1.0	22	3.71	1.54	2.20	5.14

大量的路面损坏状况调查和路面使用经验表明,进入路面结构内的自由水是造成或加速路面损坏的重要原因。国外的一些对比分析和试验段观察结果表明,设有排水基层的路面,其使用寿命要比未设的提高 30%(沥青混凝土路面)和 50%(水泥混凝土路面)左右。因而,采用内部排水设施所增加的资金投入,可以很快从路面使用性能的提高、使用寿命的增加和养护工作的减少中得到补偿。

美国在20世纪60年代末和70年代初通过调查和经验总结,认识到了路面内部排水的重要性,在1973年便由联邦公路局组织制定了路面结构内部排水系统设计指南,以引导和推动公路部门采用路面内部排水措施。到1996年,经过20余年的使用经验和研究成果的积累,又进一步在AASHTO路面结构设计指南中,将排除渗入路面结构内水分所需的时间和一年内路面结构处于水饱和状态的时间比例作为指标,在路面设计中作为一项设计因素予以考虑。目前,在美国,路面内部排水系统已成为一项常用的措施,一些州的路面通用结构断面中也做了相应的规定。

我国《公路排水设计规范》(JTG/T D33—2012)建议遇有下列情况时,应设置路面内部排水系统。

①年降水量为600mm以上的湿润和多雨地区,路基由透水性差的细粒土(渗透系数不大于10^{-5}cm/s)组成的高速公路和一级公路或重要的二级公路。

②路基两侧有滞水,可能渗入路面结构内。

③严重冰冻地区,路基为由粉性土组成的潮湿、过湿路段。

④现有路面改建或改善工程,需排除积滞在路面结构内的水分。

同时规定,路面内部排水系统设计应符合下列要求:

①路面内部排水系统中,各项排水设施的泄水能力均应大于渗入路面结构内的水量,且下游排水设施的泄水能力应超过上游排水设施的泄水能力。

②渗入水在路面结构内的最大渗流时间,冰冻地区不应超过1h,其他地区不应超过2(重交通)~4h(轻交通)。渗入水在路面结构内的渗流路径长度不宜超过45~60m。

③各项排水设施不应被从路面结构、路基或路肩中渗流带来的细料堵塞,以保证系统的排水能力不随时间推移而很快丧失。

水泥混凝土路面结构表面的渗入量,由下列公式计算:

$$Q_i = I_c\left(n_z + n_h \frac{B}{L}\right) \quad (12\text{-}83a)$$

对于沥青混凝土路面:

$$Q_i = I_a B \quad (12\text{-}83b)$$

式中:Q_i——纵向每延米路面结构表面水的渗入量[m³/(d·m)];

I_c——每延米水泥混凝土路面接缝或裂缝的表面水设计渗入率[m³/(d·m)],可按 0.36m³/(d·m)取用;

I_a——每平方米沥青路面的表面水设计渗入率[m³/(d·m²)],可按0.15m³/(d·m²)取用;

B——单向坡度路面的宽度(m);

L——水泥混凝土路面的横缝间距(即板长)(m);

n_z——B宽度范围内纵向接缝和裂缝的条数(包括路面与路肩之间的接缝);

n_h——L长度范围内横向接缝和裂缝的条数。

进入路面结构内的自由水,可以通过向路基下部渗流而逐渐排走。渗流的速度随路基土的渗透性和地下水位的高度而异,可以利用达西渗流定律,以不同渗透性的路基土的排水时间进行计算分析。自由水在排水层内的渗流时间按下列公式计算:

$$t = \frac{L_s}{3600 v_s} \tag{12-84}$$

$$L_s = B\sqrt{1 + \frac{i_z^2}{i_h^2}} \tag{12-85}$$

$$v_s = \frac{1}{n_e} k_b \sqrt{i_z^2 + i_h^2} \tag{12-86}$$

式中：t——渗流时间(h)；
  L_s——渗流路经长(m)；
  v_s——渗流速度(m/s)；
  k_b——透水材料的渗透系数(m/S)；
  n_e——透水材料的有效空隙率；
  B——排水层的宽度(m)；
  i_z——路线纵坡(%)；
  i_h——路面横坡(%)。

二、水泥路面边缘排水系统

边缘排水系统是一种由沿路面边缘设置的透水性填料集水沟、纵向排水沟、横向出水管和过滤织物组成的边缘排水系统。该系统将渗入路面结构内的自由水，先沿路面结构层间空隙或某一透水层次横向流入集水沟和排水管，再由横向出水管排引出路基。这种方案常用于基层透水性小的水泥混凝土路面，特别是用于改善排水状况不良的旧水泥混凝土路面。水泥混凝土面层的边缘与角隅处，由于温度和湿度梯度引起的翘曲变形作用以及地基的沉降变形，常出现板底面与基层顶面间的脱空。下渗的路表水易积聚在这些脱空区内，促使唧泥和错台等损坏的出现。设置边缘排水系统，便于将面层—基层—路肩界面处积滞的自由水排离路面结构。而对于排水状况不良的旧水泥混凝土路面，采用边缘排水设施方案，可以在不改变原路面结构的情况下，改善其排水状况，从而提高原路面的使用性能和寿命。然而，自由水在路面结构层内沿层间渗流的速率要比向下渗流的速率慢许多倍，并且部分自由水仍有可能被阻封在路面结构内。因而，边缘排水系统的渗流时间长，路面结构处于潮湿状态的时间要比下面将要介绍的排水层排水系统长许多。边缘排水系统的常用形式见图12-14。

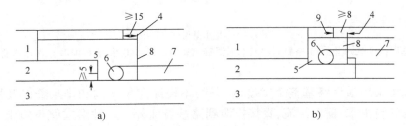

图12-14 边缘排水系统示意图(尺寸单位：cm)
a)新建路面边缘排水系统；b)改建路面边缘排水系统
1-面层；2-基层；3-垫层；4-路肩面层；5-集水沟；6-排水管；7-出水管；8-反虑织物；9-回填路肩面层

纵向排水管通常选用聚氯乙烯(PVC)或聚乙烯(PE)塑料管。排水管设三排槽口或孔口，其开口总面积不小于42cm²/m。管径按设计流量由水力计算确定，通常在70~150mm范围内选用。排水管的埋设深度,应保证不被车辆或施工机械压裂,并应超过当地的冰冻深度。在非冰冻区,新建路面时,排水管管底通常与基层底面齐平;改建路面时,管中心应低于基层顶面。排水管的纵向坡度宜与路线纵坡相同,但不得小于 0.25%。

横向出水管选用不带槽或孔的聚氯乙烯塑料管,管径与排水管相同。其间距和安全位置由水力计算并根据邻近地面高程和公路纵横断面情况确定,一般在 50~100m 范围内选用。出水管的横向坡度不宜小于 5%。埋设出水管所开挖的沟,须用低透水材料回填。出水管的外露端头用镀锌铁丝网或格栅罩住。出水口的下方应铺设水泥混凝土防冲刷垫板或者对泄水道的坡面进行浆砌片石防护,以防止水流冲刷路基边坡和影响植物生长。出水水流应尽可能排引至排水沟和涵洞内。

透水性填料由水泥处治开级配粗集料组成,其空隙率为 15%~20%。粗集料最大粒径不大于 40mm,粒径 4.75mm 以下的细粒含量不应超过 6%。为避免带孔排水管被堵塞,透水性填料中通过率为 85% 的粒径应比排水管槽口宽或孔口直径大 1.0~1.2 倍。水泥处治集料的配合比,应按透水性要求和施工的要求,通过试配确定。

集水沟底面的最小宽度,对新建路面,不应小于 30cm,对改建路面,应能保证排水管两侧各有至少 5cm 宽的透水填料。透水填料的底面和外侧围以反滤织物(土工布),以防垫层、基层和路肩内的细粒侵入而堵塞填料空隙或管孔。反滤织物可选用由聚酯类、尼龙或聚丙烯材料制成的无纺织物,能透水,但细粒土不能随水透过。

三、排水基层排水系统

基层排水系统是直接在面层下设置透水性排水基层,在其边缘设置纵向集水沟和排水管以及横向出水管等,组成排水基层排水系统(图 12-15),采用透水性材料做基层,使渗入路面结构内的水分,先通过竖向渗流进入排水层,然后横向渗流进入纵向集水和排水管,再由横向出水管排引出路基。这种排水系统,由于自由水进入排水层的渗流路径短,在透水性材料中渗流的速率快,其排水效果要比边缘排水系统好得多。一般在新建路面时采用此方案。排水基层设在面层下,作为路面结构的基层或基层的一部分,共同承受车辆荷载的作用。

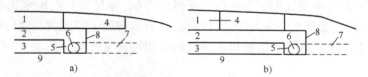

图 12-15 排水基层排水系统

1-面层;2-排水基层;3-不透水垫层;4-路肩面层或水泥混凝土路肩面层;5-集水沟;6-排水管;7-出水管;8-反滤织物;9-路基

排水层也可采用横贯路基整个宽度的形式,不设纵向集水沟和排水管以及横向出水管。渗入排水层内的自由水,横向渗流,直接排泄到路基坡面外。这种形式便于施工,但其主要缺点是,排水层在坡面出口处易生长杂草或被其他杂物堵塞,从而在使用几年后便不再能排泄渗入水,而集中积滞在排水层内的自由水反而使路面结构,特别是路肩部分,更易出现损坏。

在一些特殊地段,如连续长纵坡坡段、曲线超高过渡段和凹形竖曲线段等,排水层内渗流的自由水有可能被堵封或者渗流路径超过 45~60m。在这些地段,应增设横向排水管以拦截水流,缩短渗流长度。

排水层的透水性材料可以采用经水泥或沥青处治，或者未经处治的开级配碎石集料。未处治碎石集料的透水性一般比水泥或沥青处治的要低，其渗透系数大致变动于 60~1000m/d 范围内。而水泥或沥青处治碎石集料的渗透系数则大致在 1000~6000m/d 范围内，其中沥青处治碎石的透水性略高于水泥处治碎石。未经水泥或沥青处治的碎石集料，在施工摊铺时易出现离析，在碾压时不易压实稳定，并且易在施工机械行驶下出现推移变形，因而一般情况下不建议用作排水基层。用作水泥混凝土面层的排水基层时，宜采用水泥处治开级配碎石集料，其最大粒径可选取用 25mm。而用作沥青混凝土面层的排水基层时，则宜采用沥青处治碎石集料，最大粒径宜为 20mm。材料的透水性同集料的颗粒组成情况有关，空隙率大的组成材料，其渗透系数也大，需通过透水试验确定。表 12-12 列示了国外一些未处治和水泥或沥青处治集料排水基层的集料级配情况及相应的渗透系数。

未处治集料和水泥或沥青处治集料排水基层的集料级配及渗透系数　　表 12-12

材料类型		通过下列方筛孔（mm）百分率（%）									渗透系数
		37.5	25	19	12.5	9.5	4.75	2.36	1.18	0.3	0.075	（m/d）
未处治集料	1	100	95~100	—	25~60	—	0~10	0~5	—	—	0~2	6000
	2		100	90~100	—	20~55	0~10	0~5	—	—		5400
	3		95~100	—	60~80	—	40~55	5~25				600
	4			—	0~90		0~8					300
水泥处治	1	100	88~100	52~85	—	15~38	0~16	0~6	—			1200
	2	100	95~100	—	25~60		0~10	0~5	—	—	0~2	6000
沥青处治	1	100	90~100	35~65	20~45	—	0~10	0~5	—	0~2	0~2	4500
	2	100	50~100	—	15~85	0~5						

纵向集水沟布置在路面横坡的下方。行车道路面采用双向坡路拱时，在路面两侧都设置纵向集水沟。集水沟的内侧边缘可设在行车道面层边缘处，但有时为了避免排水管被面层施工机械压裂，或者避免路肩铺面受集水沟沉降变形的影响，将集水沟向外侧移出 60~90cm。路肩采用水泥混凝土铺面时，集水沟内侧边缘可外移到路肩面层边缘处。

排水基层下必须设置不透水垫层或反滤层，以防止表面水下渗入垫层，浸湿垫层和路基，同时防止垫层或路基土中的细粒进入排水基层而造成堵塞。

水文地质条件不良的土质路堑，路床土湿度较大时，宜设置排水垫层。排水垫层按路基全宽设在其顶面。过湿路基中的自由水上移到排水垫层内后，向两侧横向渗流。路基为路堤时，水向路基坡面外排流；路基为路堑或半路堑时，挖方坡脚处须设置纵向集水沟、排水管和横向排水管。

排水垫层一方面要能渗水，另一方面要防止渗流带来的细粒堵塞透水材料。为此，在材料级配组成上要满足透水和反滤的要求，宜采用碎石、砂砾等颗粒材料。

第七节　水泥混凝土路面加铺层设计

水泥混凝土路面的使用性能在使用过程中会随行车荷载和环境因素的作用而逐渐衰变。当路面的平整度、抗滑能力、损坏状况和承载能力等使用性能退化到规定的限制标准，或者承载能力不能满足未来交通的需求时,需采取措施提高其使用性能。在旧水泥混凝土面层上铺设加铺层,是一项可在较长时间内恢复或提高路面使用性能的经济有效的技术措施。

一、旧混凝土路面的技术调查和结构性能评定

为了确定旧混凝土路面对预期交通荷载的承载能力,并分析确定其剩余使用寿命,必须对旧混凝土路面进行技术调查和测定,才能为旧混凝土路面的改建或加铺层设计提供依据。

1. 路面的损坏状况调查评定

调查原有路面结构、宽度、厚度及路拱坡度情况。了解公路修建与养护的技术资料,以及沿线路基排水与积水状况,地下水位的深度,多年平均最大冻深等。对于已发生的板块断裂和路面破损状况,记载每块断裂板的裂缝条数和位置,并计算调查路段内断裂板的百分率。路面断裂原因可能是板的温度应力太大,也可能是路面整体强度不足,应加以分析判断。同时还要调查路面板建成年度、使用年限、交通量、交通组成及其增长率。并分析路面结构对目前交通的适应能力,以及路面结构的完整性。

旧混凝土路面的损坏状况采用断板率和平均错台量两项指标评定。断板率的调查和计算按《公路水泥混凝土路面养护技术规范》(JTJ 073.1—2001)的规定进行;错台调查可采用错台仪或其他方法量测接缝两侧板边的高程差,量测点的位置在错台严重车道右侧边缘内300mm处,以调查路段内各条接缝高程差的平均值表示该路段的平均错台量。路面损坏状况分为4个等级,各个等级的断板率和平均错台量的分级标准见表12-13。

水泥混凝土路面损坏状况分级标准   表12-13

等级	优良	中	次	差
断板率(%)	≤5	5~10	10~20	>20
平均错台量(mm)	≤3	3~7	7~12	>12

2. 接缝传荷能力和板底脱空状况调查评定

旧混凝土面层板的接缝传荷能力和板底脱空状况采用弯沉测试法调查评定。弯沉测试宜采用落锤式弯沉仪。

测定接缝传荷能力的试验荷载应采用设计轴载的一侧轮载。将荷载施加在邻近接缝的路面表面,实测接缝两侧边缘的弯沉值。按式(12-87)计算接缝的传荷系数。

$$k_j = \frac{w_u}{w_1} \times 100\% \qquad (12\text{-}87)$$

式中:k_j——接缝传荷系数;
w_u——未受荷板接缝边缘处的弯沉值(0.01mm);
w_1——受荷板接缝边缘处的弯沉值(0.01mm)。

根据调查路段内的接缝传荷系数测定结果,评定路面接缝的平均传荷能力,供加铺层设计时参考。旧混凝土面层的接缝荷载能力分为4个等级,分级标准见表12-14。

接缝传荷能力分级标准   表12-14

等级	优良	中	次	差
接缝传荷系数 k_j(%)	≥80	60~80	40~60	<40

板底脱空状况的评定是很复杂的,目前还没有一个公认的方法。现行规范采用在板角隅处应用落锤式弯沉仪(FWD)进行多级荷载作用下的弯沉测试,利用测定结果,可点绘出荷载—弯沉曲线。当关系曲线的后延线与坐标线的相截点偏离坐标原点时,板底便可能存在脱空。这种评定板底脱空状况的方法,已在部分实体工程中得到了良好的应用。

利用雷达检测板底脱空,应根据原路面结构设置必要的仪器参数,将测试采集的外业数据经仪器自带的软件处理后,通过剖面图确定脱空位置和范围,并与钻芯或其他脱空检测手段进行标定,方可进行全线雷达检测。

利用声波检测仪器对路面板进行敲击,通过传声器采集该声音信号,然后提取声信号的频域特征,通过声音的频率、峰值、带宽等信号特征判断路面是否脱空。

3. 旧混凝土路面结构参数调查

(1)旧混凝土路面面板厚度

旧混凝土路面面板厚度的确定,应根据钻孔取芯测试法量取。标准芯样的直径为100mm。芯样的数量及其分布应能够代表评定路段的板厚和混凝土强度状况并满足统计分析的要求。旧混凝土面层厚度的标准值可根据芯样的量测高度按式(12-88)计算:

$$h_e = \bar{h}_e - 1.04 s_h \tag{12-88}$$

式中:$\bar{h}_e$——量测的旧混凝土路面面板厚度的平均值(mm);

s_h——旧路面面板厚度量测值的标准差(mm)。

(2)旧混凝土的弯拉强度与弯拉弹性模量

旧混凝土的弯拉强度可采用钻孔取出的圆柱形试件进行劈裂试验,通过劈裂强度与抗弯拉强度的关系式,计算旧混凝土的弯拉强度:

$$f_r = 1.87 f_{sp}^{0.87} \tag{12-89}$$

$$f_{sp} = \bar{f}_{sp} - 1.04 s_{sp} \tag{12-90}$$

式中:f_r——旧混凝土弯拉强度标准值(MPa);

f_{sp}——旧混凝土面层的劈裂强度标准值(MPa);

$\bar{f}_{sp}$——旧混凝土面层的劈裂强度测定值的均值(MPa);

s_{sp}——旧混凝土面层的劈裂强度测定值的标准差(MPa)。

旧混凝土面层的弯拉弹性模量标准值采用式(12-91)计算:

$$E_c = \frac{10^4}{0.09 + \dfrac{0.96}{f_r}} \tag{12-91}$$

式中:E_c——旧混凝土的弯拉弹性模量标准值(MPa)。

(3)旧混凝土路面基层顶面的当量回弹模量标准值

旧混凝土路面基层顶面的当量回弹模量标准值,宜采用落锤式弯沉仪(设计荷载100kN、承载板半径150mm)量测板中荷载作用下的弯沉曲线,按式(12-92)和式(12-93)确定。为评定基层顶面当量回弹模量而进行的弯沉测试,应以板中为标准荷载位置,弯沉测点沿重载车道板的纵向中线布置,测点间距为20~50m,评定路段内的总测点数应不小于30点。

$$E_t = 100 e^{(3.60 + 24.03 w_0^{0.057} - 15.63 SI^{0.222})} \tag{12-92}$$

$$SI = \frac{w_0 + w_{300} + w_{600} + w_{900}}{w_0} \tag{12-93}$$

式中： E_t——基层顶面的当量回弹模量标准值(MPa)；

　　　　SI——路面结构的荷载扩散系数；

　　　　w_0——荷载中心处的弯沉值(μm)；

w_{300}、w_{600}、w_{900}——分别为距离荷载中心300mm、600mm和900mm处的弯沉值(μm)。

当采用落锤式弯沉仪的条件受到限制时，也可选择在清除断裂混凝土板后的基层顶面进行梁式弯沉测量，而后按式(12-94)计算确定。

$$E_t = 13739 w_0^{-1.04} \quad (12\text{-}94)$$

$$w_0 = \bar{w} + 1.04 s_w \quad (12\text{-}95)$$

式中：w_0——路段代表弯沉值(0.01mm)；

　　　$\bar{w}$——路段弯沉平均值(0.01mm)；

　　　s_w——路段弯沉的标准差(0.01mm)。

二、加铺方案选择

对旧混凝土路面进行分路段等级评定，若路面的断板率和平均错台量评定等级不一致时，以指标中较低的评定等级作为该路段的损坏状况评定等级。按路段综合评定结果，参照表12-15选定采用何种加铺结构或改建方式。

旧水泥混凝土路面加铺改建方案　　　　表12-15

	接缝传荷能力评价等级	优良		中		次	差
	路面损坏状况评价等级	优良	其他	中等以上	其他		
加铺改建方式	结合式混凝土加铺	★					
	分离式混凝土加铺	★	★	☆			
	沥青混凝土加铺	★	★	★	★	☆	
	破裂稳固改建				★	★	
	碎石化改建					★	★
	挖除改建						★

注：★—各等级公路适宜加铺改建方案；☆—二级及二级以下公路适宜加铺改建方案，高速、一级公路不宜采用。

当旧混凝土路面的损坏状况和接缝传荷能力评定等级为优良，面层板的平面尺寸及接缝布置合理，路拱横坡符合要求时，可采用结合式混凝土加铺方案、分离式混凝土加铺方案或沥青混凝土加铺方案。

当旧混凝土路面的损坏状况和接缝传荷能力评定等级为中等以上时，或者新旧混凝土板的平面尺寸不同、接缝形式或位置不对应或路拱横坡不一致时，可采用分离式混凝土加铺方案或沥青混凝土加铺方案。

当旧混凝土路面的损坏状况和接缝传荷能力评定等级为次等以上时，可采用沥青混凝土加铺方案。

加铺时必须对旧水泥混凝土路面进行处治，应更换破碎板，修补和填封裂缝，压浆填封板底脱空，磨平错台，清除旧混凝土面层表面的松散碎屑、油迹或轮胎擦痕，剔除接缝中失效的填缝料和杂物，并重新封缝。加铺时，对于检测有明显板底脱空的路段，应采用压浆材料填封板底脱空，浆体材料应具备流动性好、早期强度高、无离析、无泌水、无收缩等特性。

当旧水泥混凝土面层损坏状况严重时,宜选用打裂压稳方案或碎石化方案处治旧混凝土路面,根据公路等级和交通状况,将处治后的旧路面用作改建路面的基层或底基层。

打裂压稳改建方案,打裂后应使 75% 以上的旧混凝土板产生不规则开裂,相邻裂缝形成的块状面积为 $0.4 \sim 0.6\text{m}^2$;碎石化改建方案,破碎后应使 75% 以上的旧混凝土板破碎成最大尺寸小于 400mm 的颗粒。

三、沥青加铺层结构设计

沥青加铺层可设单层或双层沥青面层,至少有一层采用密级配沥青混合料,可根据需要设置调平层,在路面边缘宜设置内部排水系统。

沥青加铺层与原水泥混凝土面板之间宜洒布改性沥青,加强层间结合,避免层间滑移。防止和控制反射裂缝是沥青加铺层设计的重点。应根据气温、荷载、旧混凝土路面承载能力、接缝传荷能力等合理选用下述减缓反射裂缝的措施:

①增加沥青加铺层的厚度。
②在加铺层沥青混合料中掺加纤维及橡胶等改性剂。
③在旧混凝土板顶面或加铺层内设置应力吸收层、聚酯玻纤布或者土工织物夹层。
④沥青加铺层下层采用大粒径沥青碎石。

沥青加铺层的主要作用是提高路面的表面使用功能,对于降低混凝土下面层荷载应力的效果有限,水泥混凝土下面层仍是主要承载层。沥青加铺层的厚度应兼顾与混合料的公称最大粒径相匹配和减缓反射裂缝的要求确定。高速公路和一级公路的最小厚度宜为 100mm,其他等级公路的最小厚度宜为 80mm。

沥青加铺层下旧混凝土板的应力应满足式(12-80)和式(12-81)的要求。

有沥青上面层的混凝土板的临界荷位为板的纵向边缘中部。设计轴载在临界荷位处产生的荷载疲劳应力 σ_{pr} 由式(12-50)确定。

其中,应力折减系数、荷载疲劳应力系数和综合系数的确定方法,与无沥青上面层时完全相同。

设计轴载和最重轴载在有沥青上面层的混凝土板临界荷位处产生的荷载应力和最大荷载应力应分别按式(12-96)和式(12-97)计算。

$$\sigma_{psa} = (1 - \zeta_a h_a)\sigma_{ps} \tag{12-96}$$

$$\sigma_{pma} = (1 - \zeta_a h_a)\sigma_{p,max} \tag{12-97}$$

式中:σ_{psa}——设计轴载 P_s 在有沥青上面层的混凝土板临界荷位处产生的荷载应力(MPa);

σ_{pma}——最重轴载 P_m 在有沥青上面层的混凝土板临界荷位处产生的最大荷载应力(MPa);

ζ_a——系数,可由图 12-16 查取;

h_a——沥青上面层的厚度(m);

σ_{ps}——设计轴载在无沥青上面层的混凝土板临界荷位处产生的荷载应力(MPa),按式(12-53)计算;

$\sigma_{p,max}$——最重轴载 P_m 在无沥青上面层的混凝土板临界荷位处产生的最大荷载应力(MPa),按式(12-56)计算。

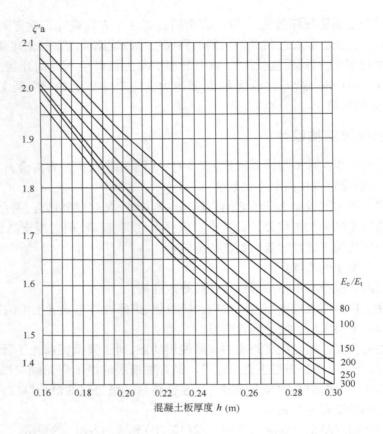

图 12-16 系数 ζ_a 图

有沥青上面层的混凝土板临界荷位处的温度疲劳应力和最大温度梯度时混凝土板最大温度应力应分别按式(12-98)和式(12-99)确定。

$$\sigma_{tra} = (1 + \zeta'_a h_a)\sigma_{tr} \tag{12-98}$$

$$\sigma_{tma} = (1 + \zeta'_a h_a)\sigma_{t,max} \tag{12-99}$$

式中：σ_{tra}——有沥青上面层的混凝土板临界荷位处的温度疲劳应力(MPa)；

σ_{tma}——有沥青上面层的混凝土板临界荷位处在最大温度梯度时的温度应力(MPa)；

ζ'_a——系数，由图 12-17 查取；

σ_{tr}——无沥青上面层的混凝土板临界荷位处的温度疲劳应力(MPa)，按式(12-71)计算确定。其中，计算混凝土板最大温度翘曲应力 $\sigma_{t,max}$ 时，其最大温度梯度 T_g 值(表 12-3)应乘以考虑沥青上面层厚度影响的修正系数 ζ_t，其数值按表 12-16 取值。

有沥青上面层的混凝土板的温度梯度修正系数 ζ_t　　　　表 12-16

h_a(m)	0.02	0.04	0.06	0.08	0.10	0.12	0.14	0.16	0.18	0.20
温度梯度修正系数 ζ_t	1.13	0.96	0.82	0.70	0.59	0.51	0.43	0.37	0.31	0.27

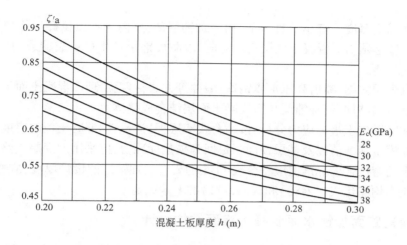

图 12-17　系数 ζ'_a 图

四、分离式混凝土加铺层结构设计

当旧水泥混凝土路面的损坏状况和接缝传荷能力评定等级为中等以上,或者新旧混凝土板的平面尺寸不同、接缝形式或位置不对应或路拱横坡不一致时,应采用分离式混凝土加铺层。加铺层铺筑前应更换破碎板,修补裂缝,磨平错台,压浆填封板底脱空,清除接缝中失效的填缝料和杂物,并重新封缝。

在旧混凝土面层与加铺层之间应设置隔离层。隔离层材料可选用沥青混凝土,厚度不宜小于 40mm。

分离式混凝土加铺层的接缝形式和位置,应按新建混凝土面层的要求布置。

加铺层可采用普通混凝土、钢纤维混凝土、钢筋混凝土和连续配筋混凝土。普通混凝土、钢筋混凝土和连续配筋混凝土加铺层的厚度不宜小于 180mm;钢纤维混凝土加铺层的厚度不宜小于 140mm。

加铺层和旧混凝土面层应力分析,按分离式双层板进行。旧混凝土板的厚度、混凝土的弯拉强度和弹性模量标准值以及基层顶面当量回弹模量标准值,应采用旧混凝土路面的实测值。加铺层混凝土的弯拉强度标准值应符合表 11-5 的要求。加铺层的设计厚度,应按加铺层和旧混凝土板的应力均满足式(12-80)和式(12-81)的要求确定。

五、结合式混凝土加铺层结构设计

设置结合式加铺层的主要目的是改善旧混凝土面层的表面功能,或者提高其承载能力或延长其使用寿命。结合式加铺层的厚度较薄,旧面层的接缝和发展性裂缝会反射到加铺层上。所以,只有当旧混凝土路面结构性能良好,其损坏状况和接缝传荷能力均评定为优良时,才能采用结合式加铺层。

结合式加铺层的厚度小,加铺层与旧混凝土面层的结合便成为这种加铺形式成功的关键。因此,一方面需采取措施彻底清理旧混凝土面层表面的污垢和水泥砂浆体,并使表面粗糙;另一方面需在清理后的表面涂以乳胶和环氧树脂等高强黏结剂,使加铺层与旧混凝土面层连接为一个整体。

结合式加铺层厚度不宜小于 80mm。由于加铺层薄,层内可不设拉杆和传力杆,加铺层的接缝形式和位置必须与旧混凝土面层完全对应,以防加铺层产生反射裂缝或与旧混凝土面层之间出现层间分离。

加铺前宜采用铣刨、喷射高压水或钢珠、酸蚀等方法,打毛清理旧混凝土面层表面,并在清理后的表面涂敷黏结剂,使加铺层与旧混凝土面层结合成整体。

加铺层和旧混凝土板的应力分析,按结合式双层板进行。旧混凝土板的厚度、混凝土的弯拉强度和弹性模量标准值以及基层顶面当量回弹模量标准值,应采用旧混凝土路面的实测值。加铺层混凝土的弯拉强度标准值应符合表 11-5 的要求。加铺层的设计厚度,应按加铺层和旧混凝土板的应力均满足式(12-80)和式(12-81)的要求确定。

六、旧沥青路面加铺水泥混凝土路面结构设计

当旧沥青路面已出现较严重的结构性损坏,路面承载能力较差时,选用水泥混凝土路面加铺层结构是一种可行的技术方案,可提高路面的结构承载力、延长路面的使用寿命。

对于旧沥青路面较严重的车辙、拥包等病害应进行铣刨,坑槽和网裂较严重的路段进行结构补强,并设置调平层,调平层材料可选用沥青混凝土等,再按新建水泥混凝土路面进行加铺层设计。

加铺层可采用普通混凝土、钢纤维混凝土、钢筋混凝土和连续配筋混凝土。普通混凝土、钢筋混凝土和连续配筋混凝土加铺层的厚度不宜小于 180mm;钢纤维混凝土加铺层的厚度不宜小于 140mm。

许多研究表明,当旧沥青路面和水泥混凝土之间黏结状况良好,且旧沥青路面有较强的结构承载力时,可使用超薄水泥混凝土加铺层,厚度宜为 80~130mm;为降低水泥混凝土板收缩和翘曲所产生的应力,面板平面尺寸宜为 2.5m×1.0m,通常取面板厚度的 10~20 倍。切缝深度宜为面层板厚的 1/4~1/3,缝宽宜为 3~5mm,无须封缝。此外纵缝应尽量避免设计在轮迹带处。

由于加铺层的厚度小,加铺层与旧沥青混凝土面层的黏结便成为这种加铺形式成功的关键。因此在完成对旧路面的修补后,需彻底清理旧沥青面层表面的污垢和泥土等,并使表面粗糙。在铺筑加铺层之前,务必保持旧路表面的干燥、清洁。

沥青层的铣刨厚度按损坏类型、严重程度及原沥青层的厚度确定。铣刨后的沥青混凝土面层应保留 80~100mm 的厚度,因为旧路面仍要承担大部分荷载作用。

超薄水泥混凝土加铺层目前在美国主要用于路面车辙严重地区,包括高等级公路的出入口及匝道、城市道路、县乡道路和汽车停车区等。

※第八节 国外主要水泥混凝土路面设计方法概述

水泥混凝土路面设计在国外有较长的历史,各国所使用的设计方法有许多种,比较典型的有美国波特兰水泥协会混凝土路面设计法,简称 PCA 法,以及美国各州公路及运输工作者协会水泥混凝土路面设计法,简称 AASHO 法。

一、波特兰水泥协会水泥混凝土路面设计方法——PCA 法

该种设计方法主要通过控制混凝土路面板断裂损坏,满足结构性能要求来进行设计。将路面结构简化为理想的结构图式,并将行车荷载和环境因素作用转化为相应的代表值或当量值,采用文克勒地基上的弹性薄板理论,建立荷载、环境因素作用与路面结构应力和挠度之间的计算模型和计算方法,来检验一定厚度的混凝土面板是否会出现断裂损坏。由于荷载和环境因素对路面作用的随机性以及结构设计变量的多变性,由理想化的结构模型计算得到的预期结果,与路面结构实际使用状况之间存在着较大的差异。为此,需要通过室内和野外试验验证以及使用经验的印证,对力学模型及有关设计参数进行修正或标定。所以,PCA 法属于力学—经验设计法。

1. 设计使用年限与交通分析

PCA 法取水泥混凝土路面设计使用年限为 40 年。

根据交通量统计资料,确定当前道路上的年平均日交通量,其中包括货车数、单轴和双轴各级荷载的分配,然后根据交通量的年平均增长率,预估使用年限内各级单双轴载的作用次数。

2. 荷载安全系数

PCA 法考虑荷载安全系数以考虑汽车的超载、轮载分配的不均匀性和冲击作用等因素所引起的荷载增大情况。为此,按道路交通量的不同,规定了荷载安全系数值如下:

(1)对于承受少量货车交通的道路、居住区街道和其他道路,采用 1.0。
(2)对于承受中等货车交通量的道路、主要道路,采用 1.1。
(3)对于连续交通流和大量货车交通的州际道路和其他多车道路面,采用 1.2。

按交通分析得出的各级轴载,都要乘以上述荷载安全系数,成为设计轴载。

3. 基础强度特征

基础的强度特征以地基反力模量 K 表征。K 值通过承载板试验确定,它随材料的性状、承载板的直径和施加荷载压力的不同而异。

由试验得知,当承载板直径大于 30in(英寸,1in = 2.54cm)时,则直径大小对荷载挠度曲线的影响就不大了。因此,通常规定采用承载板直径为 30in。测定地基反力模量时,统一规定取用挠度 $w = 0.05$in 时测得的压力值,如挠度难以达到 0.05in 时,则按压力 $q = 0.07 1bf/in^2$(磅力,$1lbf/in^2 = 6894.757Pa$)时,测得的挠度确定地基反力模量,即 $K = q/w$。

按上述测定方法,挠度值中包含了塑性变形,因而 K 值偏小,由此算得的板底应力偏大。如果采用重复加载—卸载试验,取回弹的挠度值计算 K 值,则所得的 K 值要大得多。AASHO 试验路的资料表明,黏土路基和粒料基层上的 K 值要比通常方法得到的 K 值大 77%。

路基上铺筑了粒料或稳定类基层后,基层顶面的 K 值将提高,提高后的数值可由承载板试验实测确定。不可能进行试验时,可参照图 12-18 确定。

4. 荷载应力

公路和城市道路路面,通常采用宽 3.6m 的车道,由实测到的车流沿此车道横向分布的频率可知,在车道的纵向边缘和角隅处荷载重复作用的概率均很小,而轴载位于横缝边缘时,恰好是荷载重复性最大处。故 PCA 采用横缝边缘作为计算应力的临界荷载位置。

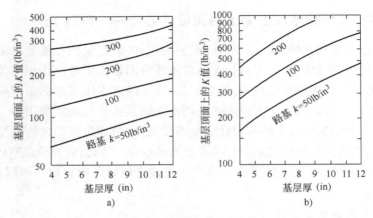

图 12-18 基层厚度对 K 值的影响
a) 粒料基层；b) 水泥处治类基层

根据横缝边缘这一临界荷载位置，应用威斯特卡德理论，编绘了单轴与双轴荷载应力计算图，如图 12-19 和图 12-20 所示。由于混凝土的弹性模量变化对板厚计算影响很小，在编绘计算图时统一采用 $E_c = 3981600 \text{lbf/in}^2 (28 \times 10^3 \text{MPa})$，$\mu_c = 0.15$。

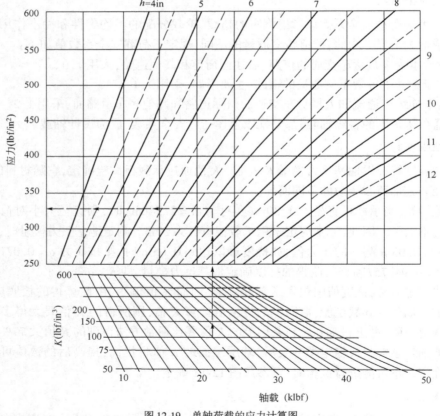

图 12-19 单轴荷载的应力计算图

5. 疲劳与安全系数

根据野外和室内试验资料，PCA 规定了混凝土板的应力比（重复弯曲应力与抗拉强度之

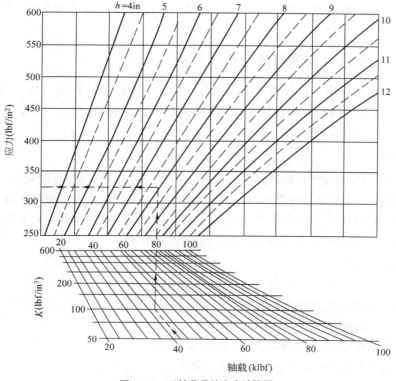

图 12-20 双轴荷载的应力计算图

比)与容许重复次数的对应关系,如表 12-17 所示。各级轴载重复作用的累积影响可根据迈因纳(Miner)的假说来确定,即材料在重复荷载作用下产生的疲劳呈线性积累,一个荷载重复作用后未耗尽的疲劳抗力仍可被另一个荷载重复作用时所利用。据此确定各级轴载产生的应力比,由表 12-17 查得相应的容许重复作用次数 N'_i,此 N'_i 同实际的重复作用次数 N_i(由交通量分析获得)相比,即得各级轴载对疲劳抗力的利用率。叠加各级轴载的利用率,得总的疲劳利用率。理论上,利用率综合不能大于 1,但考虑到混凝土强度在 28d 龄期后还要增长,所以根据 28d 抗弯强度设计时,疲劳的总和容许增大到 1.25。用公式表示为:

$$\sum_{i=1}^{n} \frac{N_i}{N'_i} \leq 1 \sim 1.25 \qquad (12\text{-}100)$$

应力比与容许重复次数对应关系 表 12-17

应力比	容许重复次数	应力比	容许重复次数	应力比	容许重复次数
0.51	400000	0.61	24000	0.71	1500
0.52	300000	0.62	18000	0.72	1100
0.53	240000	0.63	14000	0.73	850
0.54	180000	0.64	11000	0.74	650
0.55	130000	0.65	8000	0.75	490
0.56	100000	0.66	6000	0.76	360
0.57	75000	0.67	4500	0.77	270
0.58	57000	0.68	3500	0.78	210
0.59	42000	0.69	2500	0.79	160
0.60	32000	0.70	2000	0.80	120

如果按所选定的路面厚度计算得到的疲劳累积总和大于1.25或太小时,则调整路面板厚度,重新计算。

二、美国AASHTO路面可靠度设计方法

美国各州公路与运输工作者协会(AASHTO)在AASHTO试验路的基础上,以现时服务能力指数(PSI)作为衡量路面使用性能的指标,制定出路面结构设计方法。这是一种经验—力学类设计方法。

1. 设计标准

为了评价路面的耐用性指数和使用品质,AASHTO提出了耐用指数的概念:由一批汽车高速驶过试验路段,并对路况进行严格的检查。然后,对试验段的使用品质按五级计分制各自独立地做出评定。同时进行道路变形与破坏情况的量测,包括平整度、裂缝数量等。最后用回归分析的方法推导出耐用性指数与各项物理指标间的关系式。

对于水泥混凝土路面:

$$PSI = 5.41 - 1.801g(1 + \overline{SV}) - 0.09\sqrt{C + P} \quad (12-101)$$

式中:PSI——路面耐用性指数;

C——每1000ft^{2}路面裂缝的延长(英尺数);

P——每1000ft^{2}路面中修补面积(ft^2/1000ft^2);

$\overline{SV}$——沿着车轮迹线的次斜率变化数,用式(12-102)表示:

$$\overline{SV} = \frac{\sum Y^2 - \frac{1}{n}(\sum Y)^2}{n-1} \quad (12-102)$$

式中:Y——距离为1ft的两点间高差,即两点间的平均坡度;

n——测点数。

路面需要翻修时的PSI值,对于主要道路约为2.5,次要道路约为2.0。

路面结构从开始使用到需要采取重大修复措施时所经历的时段,称为使用性能期。水泥混凝土路面刚修好时的初始服务能力指数 PSI_0 约为4.5,到达需采取重大修复措施时的服务能力指数 PSI_t,可取为≥2.5或3.0(主要公路)或2.0(轻交通公路)。在使用性能期内路面服务能力指数的总变化量 ΔPSI:

$$\Delta PSI = PSI_0 - PSI_t \quad (12-103)$$

即作为路面的设计标准。

所设计的路面结构必须能承受使用性能期内行车荷载的累计作用和环境因素的影响,使路面服务能力的下降量 ΔPSI 不超过上述预定值。

设计使用性能期在低限和高限之间选择。低限是路面结构从初期使用到需要采取重大修复措施时的最低可接受年限,它取决于公众的可接受程度、可筹集的初期投资量、寿命周期费用分析和其他工程考虑。而高限则是依据当地使用经验,这种路面结构实际能达到的使用年限。

2. 设计参数

(1)交通分析

选用80kN的轴载作为标准轴载。

使用性能期内标准轴载累计作用次数的计算方法,与沥青路面厚度设计方法相同。

(2)可靠度水平(目标可靠度)P_s 和总标准差 S_z

依据设计道路的类型,参照表 12-18、表 12-19 选定路面的可靠度水平及与可靠度水平相对应的可靠指标 β。

美国各州混凝土路面设计的隐含可靠度和 AASHTO 的目标可靠度建议值 P_s(%) 表 12-18

道路等级		城 市			乡 村		
		范围	中间	建议值	范围	中间	建议值
州际公路		56~99	87~90	85~99.9	56~95	82~86	80~99.9
主干道		58~99	82.5~89	80~99	52~98	81~86	75~95
次要道路	集散道路	58~99	82~96	80~95	58~99	82~86	75~95
	地方道路			50~80			50~80

可靠度 P_s 与可靠指标 β 的对应关系 表 12-19

P_s(%)	99	98	97	96	95	93	90	85	80	75	70	60	50
β	2.32	2.07	1.89	1.75	1.65	1.48	1.28	1.04	0.84	0.67	0.52	0.25	0

总标准差 S_z 按具体情况选用,AASHTO 设计方法按 AASHO 试验路的误差分析结果建议采用 0.30~0.40。

(3)地基反应模量

在选用这一设计参数时,AASHTO 设计方法做了以下五方面的考虑:

①按年内各月的湿度和温度状况确定路基土和基层材料相应的回弹模量值。

②利用双层体系理论解,将回弹模量转换成地基综合反应模量值。

③考虑基岩在路基顶面下的深度(3m 以内),对综合反应模量值进行相应的修正。

④按照各个月的综合模量值对路面的相对损害程度,确定地基等效反应模量值。

⑤按所选基层的耐冲刷能力,考虑板底脱空情况,对等效反应模量进行修正,得到设计反应模量 k。

(4)混凝土抗弯拉强度 f_r 和弹性模量 E_c

以 28d 龄期测定结果的平均值作为混凝土的设计弯抗强度 f_r。

混凝土弹性模量按下述经验关系式,由抗压强度估算得到:

$$E_c = 4733 f_c^{0.5} \tag{12-104}$$

(5)路面排水系数 C_d

AASHTO 试验路的混凝土路面采用横贯路基(黏土)全宽的粒料基层,渗入路面结构内的自由水可以在基层内向路基边坡横向排流,排水时间估计需 1 周,属于中等排水状况。

对于其他设置不同内部排水设施或者排水状况更差的路面结构,引入排水系数 C_d 来考虑排水状况的影响。按渗入水在路面结构内排除的时间(排水质量)和一年内路面结构处于接近饱水状态的时间(与年降水量和降水系数有关),分别建议不同的排水系数 C_d 值,如表 12-20 所示。AASHTO 试验路的 C_d 值为 1.0。

(6)接缝传荷系数 C_j

AASHTO 试验路的混凝土路面,其横缝设置传力杆。因而,板角应力公式中的传荷系数用了 3.2。而对于其他情况,如横缝不设传力杆,路肩选用设拉杆的混凝土路面,则传荷系数应按板角应力值的差异而作相应的变更。表 12-21 中列出了不同情况下的传荷系数值。

排水系数 C_d 建议值　　　　　　　　　　　　表12-20

排水质量 (排水时间)	路面结构处于接近饱水状态的时间(%)			
	<1	1~5	5~25	>25
优(≤2h)	1.25~1.20	1.20~1.15	1.15~1.10	1.10
良(≤1d)	1.20~1.15	1.15~1.10	1.10~1.00	1.00
中(≤1周)	1.15~1.0	1.10~1.00	1.00~0.90	0.90
差(≤1月)	1.10~1.00	1.00~0.90	0.90~0.80	0.80
很差(不排水)	1.00~0.90	0.90~0.80	0.80~0.70	0.70

接缝传荷系数 C_j 建议值　　　　　　　　　　　　表12-21

路肩类型	沥青混合料		设拉杆的水泥混凝土	
横缝是否设传力杆	设	不设	设	不设
C_j	3.2	3.8~4.4	2.5~3.1	3.6~4.2

3. 设计步骤

AASHTO 设计方法确定混凝土面层厚度的步骤如下：

(1) 确定各项设计参数

①选定使用性能期，分析使用性能期内标准轴载的累计作用次数 N_{18}。
②选定目标可靠度(目标可靠指数 β)，确定总标准偏差 s_z。
③确定使用性能下降量 ΔPSI。
④确定混凝土弯拉强度 f_r 和弹性模量值 E_c。
⑤选取接缝传荷系数 C_j 和路面排水系数 C_d。

(2) 确定地基的设计反应模量 k

地基设计反应模量 k 的分析计算过程列于表12-22。

确定地基设计反应模量总计算表　　　　　　　　　　表12-22

月	路基土模量 E_S (MPa)	基层模量 E_{sb} (MPa)	综合反应模量 k_∞ (MN/m³)	刚性基础上模量 k_c (MN/m³)	相对损坏 U_r
1	138	345	304.7	374.0	0.35
2	138	345	304.7	374.0	0.35
3	17	103	44.0	63.7	0.86
4	17	103	63.7	83.1	0.78
5	28	103	63.7	83.1	0.78
6	28	138	113.6	149.6	0.60
7	48	138	113.6	149.6	0.60
8	48	138	113.6	149.6	0.60
9	48	138	113.6	149.6	0.60
10	48	138	113.6	149.6	0.60
11	28	103	63.7	83.1	0.78
12	138	345	304.7	374.0	0.35
合计：$\sum u_r = 7.25$					

注：1. 基层：类型为粒料；厚度为15cm；脱空为1.0；刚性基础深度为150cm；预计板厚为22.9cm。
2. 平均：$\overline{U}_r = \sum U_r/n = 7.25/12 = 0.60$；地基等效反应模量 $K_e = 149.6(MN/m^3)$；脱空修正后的 $k = 47.1(MN/m^3)$。

①路基土回弹模量 E_s。由路基土湿度和温度的季节变化以及湿度—回弹模量关系,确定各月的回弹模量值,列于表 12-22 第 2 栏。

②基层回弹模量值 E_{sb}。如果基层模量对湿度敏感,应按路基湿度变化相应地变化其模量值;如果不敏感,则统一采用一个值;模量值列于表 12-22 第 3 栏。

③地基综合反应模量值 k_∞。利用图 12-21,按路基和基层的模量及基层厚度,转换成地基综合反应模量,列于表 12-22 第 4 栏。

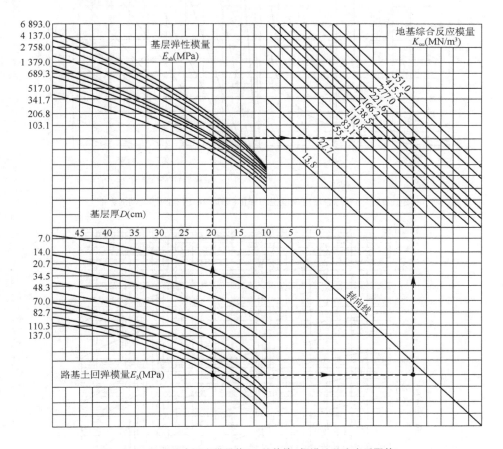

图 12-21　地基综合反应模量值 k_∞ 的估算(假设地基为半无限体)

④进行刚性基础影响的修正 k_c。路基顶面下 3.0m 范围内有基岩或其他刚性基础时,利用图 12-22 对上述地基反应模量值进行修正,得到修正后综合反应模量值,列于表 12-22 第 5 栏。

⑤等效反应模量值 k_e。预估面层厚度,利用图 12-23 估算每个月地基综合反应模量对路面结构的相对损坏 U_r,其结果列于表 12-22 第 6 栏;累加各月的相对损坏并取平均后,再由图 12-23 确定相应的等效反应模量 k_e。

⑥板底脱空修正。按基层材料类型,由表 12-23 选取相应的板底脱空系数 LS,再利用图 12-24 对等效反应模量进行修正,得到地基设计反应模量 k。

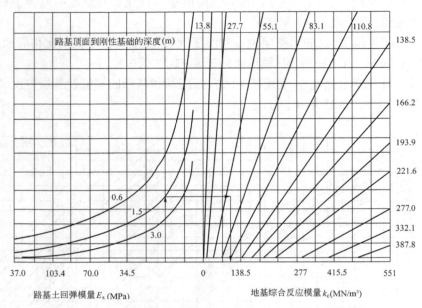

图 12-22　地基综合反应模量值的修正（考虑3m内有刚性基础的影响）

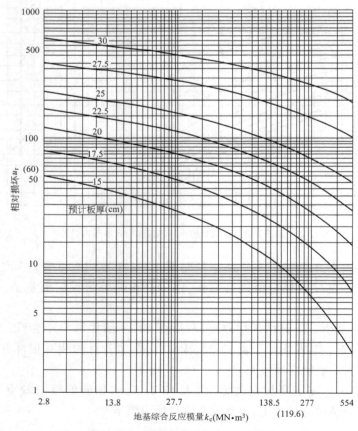

图 12-23　对混凝土路面相对损坏的估算

不同基层类型时的板底脱空系数 LS 表 12-23

基层材料类型	LS
水泥稳定粒料($E=6895\sim13790\mathrm{MPa}$),水泥—集料混合料($E=3447\sim6895\mathrm{MPa}$)	$0\sim1.0$
石灰稳定($E=138\sim483\mathrm{MPa}$)	$0\sim1.0$
粒料($E=103\sim310\mathrm{MPa}$)	$1.0\sim3.0$
细粒料或天然路基($E=21\sim276\mathrm{MPa}$)	$2.0\sim3.0$

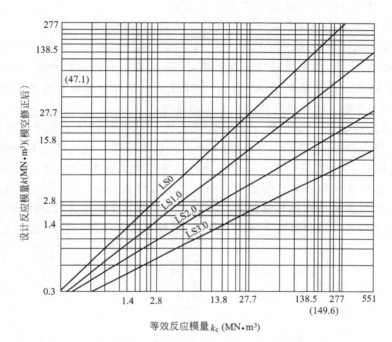

图 12-24 按板底脱空情况(板底脱空系数 LS)修正等效反应模量

(3) 确定所需面层厚度 h

利用下述路面结构、服务能力指数下降 $\Delta\mathrm{PSI}$ 与标准轴载作用次数 N_{18} 的经验关系式或者由此关系式绘制的诺谟图,可将前面(1)和(2)两步得到的各项设计参数确定所需的混凝土面层厚度 h。

$$\lg N_{18}=7.35\lg(h+1)-0.06+\frac{\lg\left(\frac{1}{3}\Delta\mathrm{PSI}\right)}{1+\frac{1.624\times10^{7}}{(h+1)^{8.46}}}+(4.22-0.32\mathrm{PSI_t})\cdot$$

$$\lg\left[\frac{f_r C_d}{215.63 k_j}\cdot\left(\frac{h^{0.75}-1.132}{h^{0.75}-\frac{18.42 k^{0.25}}{E_c^{0.25}}}\right)\right]-\beta s_z \qquad (12\text{-}105)$$

AASHTO 路面结构设计方法(包括厚度和其他设计内容),可应用计算机软件 DARWIN™ 进行。

思考题

1. 水泥混凝土路面设计包括哪些内容？
2. 为何采用抗弯拉强度作为水泥混凝土路面的设计指标？如何测定？
3. 什么是水泥混凝土路面设计基准期和路面结构可靠度？
4. 什么叫临界荷位？水泥混凝土路面板的临界荷位在什么位置？
5. 简述水泥混凝土路面结构分析的力学模型，水泥混凝土路面温度应力及荷载应力是如何确定的？
6. 简述水泥混凝土路面的板厚确定方法与步骤。
7. 水泥混凝土路面的加铺层类型应如何选择？厚度如何确定？
8. 公路自然区划Ⅳ区新建一条一级公路，路基土为低液限粉土，路床顶距地下水位1.0m，当地粗集料以砾石为主。拟采用普通混凝土面层，基层采用水泥稳定砂砾。经交通调查分析得知，设计轴载100kN，最重轴载180kN，设计车道使用初期标准轴载日作用次数为3000，交通量年平均增长率为5%。计算确定该路面面板厚度。
9. 公路自然区划Ⅴ区一条已建一级公路，原混凝土面层厚0.26m，板长5m，纵缝为设拉杆平缝，横缝为设传力杆假缝，基层为厚0.20m的水泥稳定砂砾。经交通调查分析得知，设计轴载100kN，最重轴载200kN，设计车道目前设计轴载日作用次数为7000，已建成通车10年。经调查评定，路面损坏状况和接缝传荷能力的分级标准为优良，无板底脱空。旧混凝土路面结构参数调查结果：弯拉强度实测标准值为4.5MPa，弯拉弹性模量标准值为29GPa，基层顶面回弹模量标准值为100MPa。拟加铺沥青混凝土面层，以改善路面使用性能。试确定沥青混凝土加铺层厚度。

第十三章
路基路面养护与管理

第一节 概　述

公路养护是为保持公路处于完好状态,防止其使用质量下降,以保证向公路使用者提供良好服务所进行的作业。公路建成通车后,因承受车辆荷载的磨损和冲击,受到暴雨、洪水、风沙、冰雪、日晒、冰融等自然力的侵蚀和风化,以及人为的破坏和修建时遗留的某些缺陷,路基、路面使用质量会逐渐降低。因此,公路建成通车后必须采取养护维修措施,并不断进行更新改善。公路养护必须及时修复损坏部分,否则将导致修复工程的投资加大,缩短公路的使用寿命,并给公路使用者造成损失。

公路养护的目的和基本任务包括:

①经常保持公路及其设施的完好状态,及时修复损坏部分,保障行车安全、舒适、畅通。

②采取正确的技术措施,提高养护工作质量,以延长公路的使用年限。

③防治结合,治理公路存在的病害和隐患,逐步提高公路的抗灾能力。

④对原有技术标准过低的路段和构造物以及沿线设施进行分期改善和增建,逐步提高公路的使用质量和服务水平。

根据《公路养护技术规范》(JTG H10—2009),公路养护按工程性质、规模大小、技术难易程度可划分为小修保养(Routine Maintenance)、中修工程(Intermediate Maintenance)、大修工程(Heavy Maintenance)、改建工程(reconstruction)四类。小修保养是对公路及其沿线设施经常进行维护保养和修补其轻微损坏部分的作业。中修工程是对公路及其沿线设施的一般性损坏部分进行定期的修理加固,以恢复公路原有的技术状况的工程。大修工程是对公路及其沿线设施的较大损坏进行周期性的综合修理,以全面恢复到原技术标准的工程。改建工程是对公路及其沿线设施因不适应现有交通量增长和荷载需要而进行全线或逐段提高技术等级指标,显著提高其通行能力的较大工程项目。

在养护工作之前,应根据《公路技术状况评定标准》(JTG 5210—2018)对公路进行评定。公路技术状况用公路技术状况指数(MQI, Maintenance Quality Index)和相应分项指标表示。公路技术状况分为优、良、中、次、差五个等级。公路技术状况评价包含路面、路基、桥隧构造物和沿线设施四部分内容。评价指标见图13-1,各指标值域均为0~100。

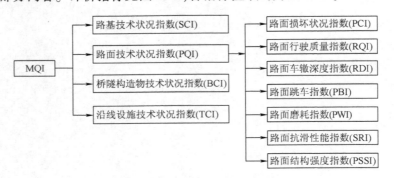

图13-1 公路技术状况评价指标

公路技术状况指数MQI按式(13-1)计算。

$$MQI = \omega_{SCI}SCI + \omega_{PQI}PQI + \omega_{BCI}BCI + \omega_{TCI}TCI \qquad (13-1)$$

式中:ω_{PQI}——在MQI中的权重,取值为0.70;
ω_{SCI}——在MQI中的权重,取值为0.08;
ω_{BCI}——在MQI中的权重,取值为0.12;
ω_{TCI}——在MQI中的权重,取值为0.10。

公路技术状况检测与调查的频率应按表13-1的规定执行。

公路技术状况检测与调查频率 表13-1

检测与调查内容		沥青路面		水泥混凝土路面	
		高速、一级公路	二、三、四级公路	高速、一级公路	二、三、四级公路
路面PQI	路面损坏	1年1次	1年1次	1年1次	1年1次
	路面平整度	1年1次	1年1次	1年1次	1年1次
	路面车辙	1年1次			
	路面跳车	1年1次		1年1次	
	路面磨耗	1年1次		1年1次	
	路面抗滑性能	2年1次		2年1次	
	路面结构强度	抽样检测		抽样检测	

续上表

检测与调查内容	沥青路面		水泥混凝土路面	
	高速、一级公路	二、三、四级公路	高速、一级公路	二、三、四级公路
路基 SCI	1 年 1 次			
桥隧构造物 BCI	按现行标准规范的有关规定执行			
沿线设施 TCI	1 年 1 次			

注：路面结构强度为抽样检测指标，抽样检测的路线或路段应按路面养护管理需要确定，最低抽样比例不得低于公路网列养里程的 20%。

公路技术状况各分项指标应分为优、良、中、次、差五个级别。各分项指标的等级划分标准应符合表 13-2 的规定。

公路技术状况分项指标等级划分标准　　　　表 13-2

评定指标	优	良	中	次	差
SCI、PQI、BCI、TCI	≥90	≥80，<90	≥70，<80	≥60，<70	<60
PCI、RQI、RDI、PBI、PWI、SRI、PSSI	≥90	≥80，<90	≥70，<80	≥60，<70	<60

注：1. 高速公路路面损坏状况指数 PCI 等级划分标准应为"优"大于或等于 92，"良"在 80~92 之间，其他保持不变。
2. 水泥混凝土路面行驶质量指数 RQI 等级划分标准应为"优"大于或等于 88，"良"在 80~88 之间，其他保持不变。

第二节　路基技术状况评定

根据《公路技术状况评定标准》(JTG 5210—2018)，路基损害类型分别为：路肩损坏、边坡坍塌、水毁冲沟、路基构造物损坏、路缘石缺损、路基沉降以及排水系统淤塞共 7 类。路基技术状况指数(SCI)按下式计算。

$$\mathrm{SCI} = \sum_{i=1}^{7} \omega_i (100 - \mathrm{GD}_{i\mathrm{SGI}}) \tag{13-2}$$

式中：i——路基损坏类型；

ω_i——第 i 类路基损坏的权重，按表 13-1 取值；

$\mathrm{GD}_{i\mathrm{SCI}}$——第 i 类路基损坏的累计扣分(Global Deduction)，最高分值为 100，按表 13-3 的规定计算。

路基损坏扣分标准　　　　表 13-3

类型(i)	损坏名称	损坏程度	计量单位	单位扣分	权重(ω_i)
1	路肩损坏	轻	m²	1	0.10
		重		2	
2	边坡坍塌	轻	处	20	0.25
		中		50	
		重		100	
3	水毁冲沟	轻	处	20	0.15
		中		30	
		重		50	

续上表

类型(i)	损坏名称	损坏程度	计量单位	单位扣分	权重(ω_i)
4	路基构造物损坏	轻	处	20	0.10
		中		50	
		重		100	
5	路缘石缺损		m	4	0.05
6	路基沉降	轻	处	20	0.25
		中		30	
		重		50	
7	排水不畅	轻	处	20	0.10
		中		50	
		重		100	

第三节 路面使用性能评价

路面使用性能包括路面结构、功能两个方面。路面使用性能的最基本要求是耐久、平整和抗滑。耐久性指路面具有足够的使用寿命,平整性和抗滑性分别保证路面行驶舒适性和行驶安全性。随着使用时间的增加,路面使用性能会逐渐衰减(图13-2),因此有必要对路面使用性能进行评价,以科学了解路面的使用性能状况。

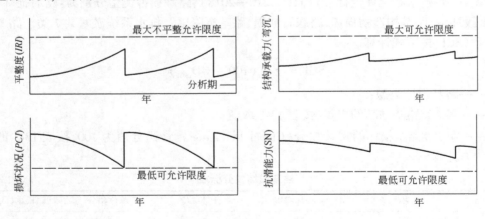

图 13-2 路况随时间的变化曲线

近年来,随着检测设备与技术的跨越式发展和道路养护管理技术研究的深入,许多国家和国际机构先后提出了不同的路面调查评价指标,建立了不同类型的路面评价模型。美国采用路面使用性能评价指数(Present Serviceability Index,PSI)和路面状况指数(Pavement Condition Index,PCI),英国采用道路状况指数(Road Condition Index,RCI),日本采用管理养护指数(Maintenance Control Index,MCI),加拿大采用行驶舒适性指数(Riding Comfort Index,RCI)。我国则采用路面使用性能(Pavement Quality Index,PQI)进行评价。

沥青路面使用性能 PQI 评价包括路面破坏、平整度、车辙、抗滑性能和结构强度五项技术内容。其中,路面结构强度为抽样评定指标,单独计算与评定,评定范围根据路面大中修养护需求、路基的地质条件等自行确定。水泥混凝土路面使用性能评价包括路面损坏、平整度和抗滑性能三项技术内容;砂石路面使用性能评价只包含路面破坏一项技术内容。

路面技术状况用路面技术状况指数(Pavement Quality Index,PQI)和相应分项指标表示。路面技术状况评价(PQI)包括路面损坏状况指数(PCI)、路面行驶质量指数(RQI)、路面车辙深度指数(RDI)、路面跳车指数(PBI)、路面磨耗指数(PWI)、路面抗滑性能指数(SRI)、路面结构强度指数(PSSI)。路面技术状况指数(PQI)按下式计算。

$$PQI = \omega_{PCI}PCI + \omega_{RQI}RQI + \omega_{RDI}RDI + \omega_{PBI}PBI + \omega_{PWI}PWI + \omega_{SRI}SRI + \omega_{PSSI}PSSI$$

(13-3)

式中:ω_{PCI}——PCI 在 PQI 中的权重,按表 13-4 的规定取值;

ω_{RQI}——RQI 在 PQI 中的权重,按表 13-4 的规定取值;

ω_{RDI}——RDI 在 PQI 中的权重,按表 13-4 的规定取值;

ω_{PBI}——PBI 在 PQI 中的权重,按表 13-4 的规定取值;

ω_{PWI}——PWI 在 PQI 中的权重,按表 13-4 的规定取值;

ω_{SRI}——SRI 在 PQI 中的权重,按表 13-4 的规定取值;

ω_{PSSI}——PSSI 在 PQI 中的权重,按表 13-4 的规定取值。

PQI 各分项指标权重 表 13-4

路面类型	权重	高速公路、一级公路	二、三、四级公路
沥青路面	ω_{PCI}	0.35	0.60
	ω_{RQI}	0.30	0.40
	ω_{RDI}	0.15	—
	ω_{PBI}	0.10	—
	$\omega_{SRI(PWI)}$	0.10	—
	ω_{PSSI}	—	—
水泥混凝土路面	ω_{PCI}	0.50	0.60
	ω_{RQI}	0.30	0.40
	ω_{PBI}	0.10	—
	$\omega_{SPI(PWI)}$	0.10	—

注:采用式(13-3)计算 PQI 时,路面抗滑性能指数 SRI 和路面磨耗指数 PWI 应二者取一。

一、路面损坏状况评定

路面损坏状况是对路面结构完好程度最直接的表观反映。路面损坏状况的评价不仅可提供路面结构完好程度等信息,还可以为确定所需的养护和改建措施提供依据,并可为设计、施工、养护提供反馈信息。

路面结构的损坏状况,须从三方面进行描述:①损坏类型;②损坏严重程度;③出现损坏的范围或密度。综合这三方面,才能对路面结构的损坏状况作出全面的估计。

1. 路面损坏类型及分级

引起路面出现损坏的原因是多方面的,主要有荷载、环境、施工、养护等,因而结构损坏所表现出的形态和特征也是多种多样的。各种损坏对路面结构完好程度和路面使用性能有不同程度的影响,需相应采取不同的养护或改建对策。因此,进行路面结构损坏状况调查前,要依据损坏的形态、特征和原因,对损坏进行分类,并对每一类损坏规定明确的定义。

路面常见的主要损坏类型,可按损坏模式和影响程度的不同而分为五大类(表13-5):

①裂缝或断裂。路面因行车荷载或温度疲劳应力作用导致开裂,结构的整体性因裂缝或断裂而受到破坏。

②永久变形。路基沉陷或路面抗变形能力不足所致,路面虽保持整体性,但形状产生较大的变化。

③松散。表层部分出现局部范围材料的散失或分离等。

④接缝损坏。水泥混凝土接缝及其邻近范围出现的局部损坏。

⑤其他。如泛油、修补等。

路面损坏分类 表13-5

分类	沥青路面	水泥混凝土路面	砂石路面
裂缝类	龟裂、不规则裂缝、纵裂、横裂	纵向、横向、斜向裂缝、断角、交叉裂缝	
变形类	沉陷、车辙、波浪、拥包	唧泥、错台、拱起、沉陷	车辙、沉陷、波浪、翻浆
松散类	坑槽(含啃边)、松散(含脱皮、麻面)	露骨、剥落、坑洞	露骨、松散、坑槽
接缝类		接缝材料破损、接缝破碎	
其他	泛油、修补损坏	修补损坏	

各种路面损坏都有其产生和发展的过程。在此过程中,处于不同阶段的损坏,对于路面使用性能有不同程度的影响。因而,为了区别同一种损坏对路面使用性能的不同影响程度,对各种损坏须按其影响的严重程度划分为几个等级(一般2~3个等级),如表13-6所示。

路面损坏分级依据 表13-6

损坏类型	严重程度分级依据	损坏密度评定	
		计量单位	密度计算
单条裂缝	裂缝宽度、裂缝边缘碎落程度、裂缝填封情况	延米	延米×0.3m 宽/A
龟裂	裂隙宽度、缝边碎落程度、裂块尺寸及松动程度	m^2	m^2/A
块裂	裂隙宽度、缝边碎落程度、裂块尺寸及松动程度	m^2	m^2/A
角隅断裂	同单条裂缝,或不分级	块数	块数/总块数
破碎板	碎裂成的板块数	块数	块数/总块数
沉陷、搓板、车辙	深度、波峰与波谷的平均高差	m^2	m^2/A
错台	相邻板的高差	块数	块数/总块数
唧泥	泥浆或水出现的程度,或不分级	块数	块数/总块数
磨光、松散、泛油	不分级	m^2	m^2/A
修补	完好程度	m^2	m^2/A

注:A 为调查区段的路面面积。

2.路面损坏情况调查

传统的路面损坏情况调查(损坏面积及路面损坏严重程度等)往往通过人工及目测进行;通常由调查小组沿线通过目测进行。调查人员鉴别调查路段上出现的损坏类型和严重程度并丈量损坏范围后,记录在调查表格上。同一调查路段上如出现多种损坏或多种严重程度,应分别计量和记录。

各种路面损坏出现的范围,对于沥青路面和砂石路面,通常按面积、长度或条数量测,除以被调查子路段的面积或长度后,以损坏密度(以%或Σ条数/子路段长表示)。而对于水泥混凝土路面,则调查出现该种损坏的板块数,以损坏板块数占该子路段总板块数的百分率计。

目测调查很费时。如果调查的目的不是为了确定养护对策和编制养护计划,则可采用抽样调查的方法,不必对整个路网每一延米的各种损坏都进行调查。通常可采取每公里抽取其中100m作为代表路段,但每次调查都要在同一路段上进行,以减少调查结果的变异性和保证各次调查结果的可比性。

传统路面损坏调查费时费力,路面损坏状况自动调查是未来的主要方法和手段。路面损坏状况自动检测技术及设备从20世纪80年代末期开始,先后发展了基于摄影技术的第一代路面损坏快速检测设备,基于模拟摄像(电视)技术的第二代多功能路面快速检测设备,基于数字摄像/照相技术的第三代多功能路面快速检测设备和目前采用的线扫描相机技术的第四代多功能路面快速检测设备。当前的线扫描相机采集路面损坏图像,速度达到12帧/s,前方图像检测采用了1/3CCD数字摄像机,检测速度为20~80km/h。路面损坏图像处理软件能够识别2mm以上的路面裂缝。

路面损坏状况调查自动检测系统(图13-3)包括两个子系统:图像获取子系统(数据采集)和图像显示及解释子系统(数据处理)。数据采集系统由安装在测试车上的光电扫描设备和摄像照相设备组成,通过光电扫描设备和摄像照相系统的共同工作,将路面破损数据记录并存储。保存的图像数据通过人工判读或机器视觉识别方式确定破损类型和数量,并将处理结果存入路面破损数据库。

图13-3 基于图像采集处理的路面损坏调查车

3. 路面损坏状况评价

路面破损率,即换算损坏面积与调查面积之比,换算损坏面积由路面表面各种类型的损坏,通过其对路面使用性能的影响程度加权累计计算得到。

$$DR = 100 \times \frac{\sum_{i=1}^{i_0} w_i A_i}{A} \tag{13-4}$$

式中:DR——路面破损率(Pavement Distress Ratio),为各种损坏的折合损坏面积之和与路面调

查面积之百分比(%);

A_i——第i类路面损坏的累计面积(m^2);

A——检测或调查的路面面积(调查长度与有效路面宽度之积,m^2);

w_i——第i类路面损坏的权重,沥青路面按表13-7取值,水泥混凝土路面按表13-8取值;

i——考虑损坏程度(轻、中、重)的第i项路面损坏类型;

i_0——包含损坏程度(轻、中、重)的损坏类型总数,沥青路面取21,水泥混凝土路面取20。

自动化检测时,A_i应按式(13-5)计算:

$$A_i = 0.01 \times GN_i \tag{13-5}$$

式中:GN_i——含有第i类路面损坏的网格数;

0.01——面积换算系数,一个网格的标准尺寸为$0.1m \times 0.1m$。

沥青路面损坏类型、权重及换算系数　　　　　表13-7

类型(i)	损坏名称	损坏程度	计算单位(m^2)	权重(w_i)人工调查	换算系数(w_i)(自动检测)
1	龟裂	轻	面积	0.6	1.0
2		中		0.8	
3		重		1.0	
4	块状裂缝	轻	面积	0.6	0.8
5		重		0.8	
6	纵向裂缝	轻	长度×0.2m	0.6	2.0
7		重		1.0	
8	横向裂缝	轻	长度×0.2m	0.6	2.0
9		重		1.0	
10	沉陷	轻	面积	0.6	1.0
11		重		1.0	
12	车辙	轻	长度×0.4m	0.6	—
13		重		1.0	
14	波浪拥包	轻	面积	0.6	1.0
15		重		1.0	
16	坑槽	轻	面积	0.8	1.0
17		重		1.0	
18	松散	轻	面积	0.6	1.0
19		重		1.0	
20	泛油		面积	0.2	0.2
21	修补		面积或长度×0.2m	0.1	0.1(0.2)

注:1. 人工调查时,应将条状修补的调查长度(m)乘以影响宽度(0.2m)换算成面积。

2. 自动化检测时,块状修补的换算系数w_i为0.1,条状修补的换算系数w_i为0.2。

水泥混凝土路面损坏类型、权重及换算系数　　　　表13-8

类型(i)	损坏名称	损坏程度	计量单位(m^2)	权重(w_i)（人工调查）	换算系数(w_i)（自动检测）
1	破碎板	轻	面积	0.8	1.0
2		重		1.0	
3	裂缝	轻	长度×1.0m	0.6	10
4		中		0.8	
5		重		1.0	
6	板角断裂	轻	面积	0.6	1.0
7		中		0.8	
8		重		1.0	
9	错台	轻	长度×1.0m	0.6	10
10		重		1.0	
11	拱起		面积	1.0	1.0
12	边角剥落	轻	长度×1.0m	0.6	10
13		中		0.8	
14		重		1.0	
15	接缝料损坏	轻	长度×1.0m	0.4	6
16		重		0.6	
17	坑洞		面积	1.0	1.0
18	唧泥		长度×1.0m	1.0	10
19	露骨		面积	0.3	0.3
20	修补		面积或长度×0.2m	0.1	0.1(0.2)

注：1. 人工调查时，应将条状修补的调查长度(m)乘以影响宽度(0.2m)换算成面积。
　　2. 自动化检测时，块状修补的换算系数 w_i 为0.1，条状修补的换算系数 w_i 为0.2。

通过对路面损坏状况进行检测，根据路面的折合损坏面积和调查面积可计算路面破损率（DR）和路面破损状况指数（PCI），以此来评价路面的损坏状况。

$$\text{PCI} = 100 - a_0 \text{DR}^{a_1} \tag{13-6}$$

式中：a_0——沥青路面采用15.00，水泥混凝土路面采用10.66；
　　　a_1——沥青路面采用0.412，水泥混凝土路面采用0.461。

二、路面行驶质量评定

路面的基本功能是为车辆提供快速、安全、舒适和经济的行驶表面。路面行驶质量反映路面满足这一基本功能的能力。

路面平整度可定义为路面表面诱使行驶车辆出现振动的高程变化。路面不平整所引起的车辆振动，会对车辆磨损、燃油消耗、行驶舒适、行车速度、路面损坏和交通安全等产生直接影响。因此，平整度是度量路面行驶质量的一项性能指标。

1. 平整度检测方法

路面平整度测定方法可划分为三大类型：第一类为断面类平整度测定；第二类为反应类平

整度测定；第三类为主观评估法。

（1）断面类平整度测定

断面类平整度测定是直接沿行驶车辆的轮迹量测路面表面的高程，得到路表纵断面，通过数据分析后采用综合统计量作为其平整度指标。属于这一类的方法，主要有以下几种：

①水准测量

采用水准仪和水准尺沿轮迹量测路面表面的高程，得到精确的路表纵断面。这是一种测定结果较稳定的简便方法，但测量速度很慢且费工。

②梁式断面仪

梁式断面仪测定路面平整度包括3m直尺法和连续式平整度仪法。两种方法均为目前我国路面平整度检测评价的标准方法。

3m直尺法：采用3m直尺连续10次量测测试点轮迹处路表同直尺间的最大高程差（间隙），由此得到路表纵向起伏情况。并通过计算最大间隙平均值、不合格尺数、合格率对测试段路基、路面平整度进行评价，这种方法较水准测量速度要快些。

连续式平整度仪法原理和方法为：牵引3m连续式平整度仪于测试路段上匀速行驶，速度宜为5km/h，最大不得超过12km/h。通过安装于连续式平整度仪纵梁上的测试轮和传感器、数据采集装置每10cm间隔采集路表凸凹偏差位移值 d_i（mm），计算测试路段内各测点连续100m区间的平整度标准差 σ（mm）、各评定路段平整度的平均值、标准差、变异系数及不合格区段数。

③GMR断面仪

GMR断面仪原理如图13-4所示，测试车身上安装2个同地面接触的跟随小轮，利用线性位移计量测车身与测试小轮接触的路表面间的相对位移 $W-Z$，并由装在小轮上方位置车身内的加速度仪量测其加速度，通过对信号的二重积分获得车身的位移 Z。将车身位移与相对位移叠加，经处理后可得到小轮随地面起伏的竖向位移 W，即轮迹的路表断面。由于行驶速度过快和路面较不平整时，跟随轮会发生跳动而影响测试结果。因此，GMR断面仪的测试速度一般不超过65km/h，适用于路表面较平整的路面或路面竣工验收时采用。

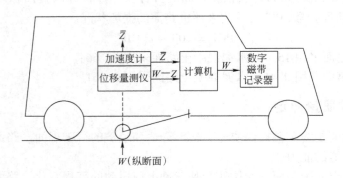

图13-4　GMR断面仪示意图

④APL惯性断面仪

APL惯性断面仪原理如图13-5所示，由跟随路表面起伏的车轮、车轮支撑臂、装有压载的框架和低频惯性摆组成测试拖车。惯性摆提供水平参考系，通过量测车轮支撑臂相对于水平惯性摆的角位移,计算出跟随轮沿路表的竖向位移。

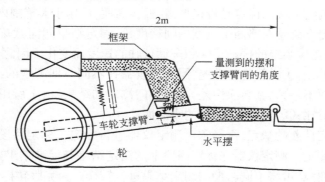

图 13-5　APL 惯性断面仪示意图

⑤激光断面平整度测定仪

激光断面平整度测定仪是一种与路面无接触的测量仪器,具有测试速度快、精度高、耐久性和可靠度好等特点。这种仪器还可同时进行路面纵断面、横坡、车辙等测量,因此也被称为激光路面断面测试仪。

激光断面平整度测定仪由一台装有激光传感器、加速度计和陀螺仪的测试车构成(图 13-6),同时配备有先进的数据采集与处理系统。测试车以一定速度行驶,固定在汽车底盘上的一排激光传感器通过测试激光束反射回读数器的角度测试到车身与路表面的距离,信号处理系统将来自激光传感器的模拟信号转换为数值信号并记录下来。测试车最快速度为 130km/h,一般每隔 0.1m 采集一次数据,通过数据分析系统,可得到国际平整度指数 IRI、车辙、横坡等。

图 13-6　激光断面平整度测定仪

断面类平整度测定方法的主要优点是可直接得到轮迹带路表面的实际断面,从而对路面平整度的特性进行分析。主要缺点是,对于前两种方法来说,测定速度太慢,不宜用于大范围的平整度数据采集;对于惯性断面仪和激光断面平整度测定仪来说,仪器精密度高,测试速度快,但操作和维修技术要求高,随着路面测试技术的发展,这类测试设备将逐步广泛应用于路面的快速检测与评定。

(2)反应类平整度测定

反应类平整度测定系统,是在车上安装由一个传感器和一个显示器组成的仪器,可以传感和积累车辆以一定速度行驶在不平整路面时悬挂系的竖向位移量。仪器得到的测定值,通常是一个计数值,每计一个数相应于一定的悬挂系位移量。

反应类平整度测定系统的优点是价格低廉,操作简便,可用于大范围内的路面平整度快速测定。由于这类测定系统是对路面平整度的间接度量,测定结果同测试车辆的动态反应状况有关,即随测量车辆机械系统的振动特性和车辆行驶的速度而变化。因此,反应类平整度测定系统存在三项主要缺点:①时间稳定性差,同一台仪器在不同时期测定的结果,会因车辆振动特性随时间的变化而不一致;②转换性差,不同部门测定的结果,由于所用测试车辆振动特性的差异而难以进行对比;③不能给出路表的纵断面。

为克服时间稳定性差的缺点,需经常对测定仪器进行标定。标定路段的平整度采用断面类平整度测定方法测定。测定仪器在标定路段上的测定结果与标准结果建立回归关系,即为标定曲线。利用此曲线,可将不同时期的测定结果进行转换。为克服转换性差的缺点,需寻找一个通用的平整度指标,把不同仪器或不同部门测定的结果,统一转换成以通用指标表示的平整度值。这样,它们就能够进行相互比较。

早期使用的反应类平整度仪有美国的 BPR、英国 TRRL 的颠簸累积仪(BI)和澳大利亚 NAASAR 平整度仪等。目前路基路面检测中使用较多的反应类平整度仪主要是车载式颠簸累积仪。

20世纪40年代,美国公路局开发出了 BPR 平整度仪,如图 13-7 所示。该仪器形式上为一辆单轮拖车,通过机械式积分器记录带片弹簧车轮的竖向位移量;其测定速度通常为32km/h。

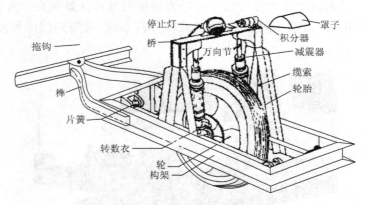

图 13-7 BPR 平整度仪示意

英国 TRRL 在 BPR 基础上,研制出了颠簸累积仪(BI)。它有拖车形式,与 BPR 平整度仪相似;也有直接安装在车上,量测后轴同车身之间悬挂系的位移(图 13-8)。测试车在经过被测路面时,由于路面的不平整会使汽车后轴与车身之间产生相对位移,以汽车后轴与车身之间的单向位移累积值 VBI 表示路面的平整度,以 cm/km 为单位。该方法适用于测定路面表面的平整度,评定路面的施工质量和使用期的舒适性。但不适用于较多坑槽、破损严重的路面。

车载式颠簸累积仪的工作原理是测试车以一定的速度在路面上行驶,由于路面凹凸不平,引起汽车的激振,通过机械传感器可测量后轴同车身之间的单向位移累积

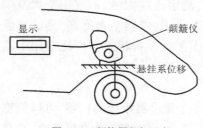

图 13-8 颠簸累积仪示意

值 VBI。VBI 越大,说明路面平整度越差,舒适性也越差。

2. 平整度指标

平整度测定的方法和仪器很多,相应采用的指标也各不相同,例如反应类平整度仪的平整度指标为平均调整坡(ARS)。为了使采用不同的方法和仪器测定的结果可以相互比较,并得到具有在时间和空间上稳定的平整度指标值,目前国际平整度指数(IRI)作为道路平整度测量的标准尺度已被广泛采用。

国际平整度指数(IRI)是一项标准化的平整度指标。它同反应类平整度测定系统类似,但是采用数学模型模拟 1/4 车(即单轮,类似于拖车)以规定速度(80km/h)行驶在路面上,分析悬挂系在行驶距离内由于动态反应而产生的累积竖向位移量,单位为 m/km。对标定路段的平整度,由精密水平仪测定路段上每隔 0.25m 测点的高程后通过计算确定国际平整度指数 IRI(m/km),然后与反应类平整度仪的测定结果建立相关关系,即标定曲线,利用此标定曲线,可以将不同反应类平整度仪的测定结果统一换算为国际平整度指数 IRI,从而克服反应类平整度仪转换性差的缺点。此外,不同测定方法的测定结果,采用 IRI 表示后,具有良好的可比性和相关性。因而,国际平整度指数是表征路面平整度的通用指标。

3. 路面行驶质量评价

路面行驶质量同三个方面的因素有关,即:路表面的不平整度、车辆的动态响应和人的感觉能力。因而,不同的乘客乘坐同一辆车行驶在同一个路段上,由于各人对行驶舒适性的要求和颠簸的接受能力不同,对该路段的行驶质量会做出不同的评价。所以为了避免随意性和主观性对评价结果的影响,应采用主、客观相结合的评价方法。一方面邀请具有不同代表性的乘客,分别按各人的主观意见进行评分,而后汇总以平均评分值代表众人的评价;另一方面对各评价路段进行平整度量测。通过回归分析建立主观评分同客观量测结果的相关关系。由此建立的评价模型,便可用来对路面行驶质量进行较统一的评价。

路面行驶质量采用行驶质量指数(RQI)作为评价指标,行驶质量指数是由国际平整度指数(IRI)计算而得。

在路面管理系统的研究中,研究人员建立了道路平整度与行驶舒适性的关系,并提出了路面行驶质量指数(RQI)模型:

$$RQI = \frac{100}{1 + a_0 e^{a_1 IRI}} \tag{13-7}$$

式中:IRI——国际平整度指数(m/km);

a_0——高速公路和一级公路采用 0.026,其他等级公路采用 0.0185;

a_1——高速公路和一级公路采用 0.65,其他等级公路采用 0.58。

路面平整度宜采用快速检测设备,可结合路面损坏和车辙一并检测。单独检测路面平整度时,宜采用高精度的断面类检测设备。路面平整度检测设备必须定期标定,每年至少标定一次,标定的相关系数应大于 0.95。条件不具备的三、四级公路,路面平整度可采用 3m 直尺人工检测。

三、路面车辙深度评价

路面车辙深度应采用断面类检测设备,检测指标为路面车辙深度 RD,每 10cm 应计算 1 个统计值,并按下式计算路面车辙深度指数(RDI)。

$$RDI = \begin{cases} 100 - a_0 RD & (RD \leq RD_a) \\ 90 - a_1(RD - RD_a) & (RD_a < RD \leq RD_b) \\ 0 & (RD > RD_b) \end{cases} \quad (13\text{-}8)$$

式中：RD——车辙深度(mm)；

RD_a——车辙深度参数，采用 10.0；

RD_b——车辙深度参数，采用 40.0；

a_0——模型参数，采用 1.0；

a_1——模型参数，采用 3.0。

四、路面抗滑性能评定

路面抗滑性能是指车辆轮胎受到制动时沿路表面滑移所产生的抗滑力。通常，抗滑性能被看作路面的表面特性，并定义为：

$$f = \frac{F}{W} \quad (13\text{-}9)$$

式中：f——摩阻系数；

F——作用于路表面的摩阻力；

W——垂直于路表面的荷载。

1. 路面抗滑性能检测方法

笼统地说，路面具有某一摩阻系数值是不确切的，应该对轮胎在路面上的滑移条件给予规定。不同的条件和测定方法，可以得到不相同的摩阻系数值。因此，需规定标准的测定方法和条件。抗滑性能可采用 4 种方法进行测定：①制动距离法；②锁轮拖车法；③偏转轮拖车法；④摆式仪法。

(1) 制动距离法

以一定速度在潮湿路面上行驶的 4 轮小客车，当 4 个车轮被制动时，车辆减速滑移到停止的距离，可用以表征非稳态的抗滑性能，以制动距离数 SDN 表示：

$$SDN = \frac{v^2}{225 L_s} \quad (13\text{-}10)$$

式中：v——制动开始作用时车辆的速度(km/h)；

L_s——滑移到停车的距离(m)。

测试路段应为材料组成均匀、磨耗均匀和使用年限相同的平直路段。测试前和每次测定之间，先洒水润湿路表面。制动速度以 64.4km/h 为标准速度。也可采用其他速度，但不宜低于 32km/h，每个测试路段至少选择 2 个试验段，而在每个试验段上每种规定速度至少测定 3 次，以算术平均值代表试验段和测试路段的制动距离数 SDN。

(2) 锁轮拖车法

装有标准试验轮胎的单轮拖车，由汽车拖拉，以要求的测定速度在洒水润湿的路面上行驶。抱锁测试轮，通过测定牵引力确定在载重和速度不变的状态下拖拉测试轮时，作用在轮胎和路面间的摩阻力。以滑移指数 SN 表征路面的抗滑性能：

$$SN = \frac{F}{W} \times 100 \quad (13\text{-}11)$$

式中：F——作用在试验轮胎上的摩阻力(N)；

W——作用在轮上的垂直荷载(N)。

轮上的载重为 4826N，标准测试速度为 64.4km/h。牵引力由力传感器量测，速度由第五轮仪量测。测试路段应选择材料组成均匀、磨耗均匀和使用年限相同的平直段。每个测试路段至少测定 5 次，以算术平均值代表该测试路段的抗滑能力。

(3) 偏转轮拖车法

拖车上安装有两只标准试验轮胎，它们对车辆行驶方向偏转一定的角度(7.5°~20°)。汽车拖拉以一定速度在潮湿路面上行驶时，试验轮胎受到侧向摩阻力的作用。记下此侧向摩阻力，除以作用在试验轮上的载重，可得到以侧向力系数 SFC 表征的路面抗滑性能：

$$\text{SFC} = \frac{F_s}{W} \tag{13-12}$$

式中：F_s——作用在试验轮胎上的侧向摩阻力(N)；

W——作用在轮胎上的垂直荷载(N)。

目前我国《公路路基路面现场测试规程》(JTG E60—2008)关于路面侧向力系数 SFC 的测定，规定采用摩擦系数测定车(通常为 SCRIM 型)测定，SCRIM 型摩擦系数测定车主要由车辆底盘、测量机构、供水系统、荷载传感器、仪表及操作记录系统、标定装置等组成，如图 13-9 所示。

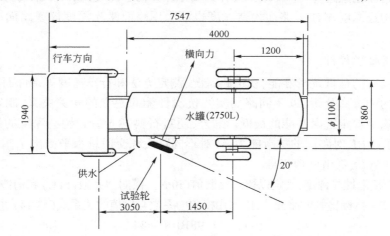

图 13-9 摩擦系数测定车示意图(尺寸单位：mm)

测试轮与车辆行驶方向成 20°角，作用于测试轮上的荷载为 2kN，测试车速为 50km/h，可连续或断续测试设定计算区间(5m、10m 或 20m)的侧向力系数 SFC，并计算和打印每一个评定路段的侧向力系数值统计个数、平均值、标准差、变异系数等。偏转轮拖车法具有测定时不影响路上交通，可连续并快速进行的优点。

(4) 摆式仪法

摆式仪法是一种主要在室内量测路面材料表面摩阻特性的方法，也可用于野外量测局部路面范围的抗滑性能。

摆式仪的摆锤底面装一尺寸为 6.35mm × 25.4mm × 76.2mm 橡胶滑块，当摆锤从一定高度自由下摆时，滑动面同试验表面接触。由于两者间的摩擦而损耗部分能量，使摆锤只能回摆到一定高度。表面摩阻力越大，回摆高度越小。通过量测回摆高度，可以评定表面的摩阻力。

回摆高度直接从仪器上读得,即摆值 BPN。试验前用水浇洒测试路面,每一测试地点需测试 5 次,取平均值代表该测点的抗滑值,以 BPN 表示。

(5) 构造深度测定

影响路面抗滑性能的因素有路面表面特性(细构造和粗构造)、路面潮湿状况和行车速度。

路表面的细构造是指集料表面的粗糙度,它随车轮的反复磨耗作用而逐渐被磨光。通常采用石料磨光值(PSV)表征其抗磨光的性能。细构造在低速(30~50km/h)时对路表抗滑性能起决定作用。而高速时起主要作用的是粗构造。它是由路表外露集料间形成的构造,其功能是使车轮下的路表水迅速排除,以避免形成水膜。粗构造由构造深度进行表征。平均构造深度越大,高速行使时抗滑性能越好。平均构造深度(MTD)可采用铺砂法进行测定。

将已知容量($25cm^3$)的标准砂摊填在干净而干燥的路表面空隙内,量测其覆盖的面积,按式(13-13)计算平均构造深度 MTD。

$$\mathrm{MTD} = \frac{4V}{\pi d^2} \tag{13-13}$$

式中:V——砂样容量(mm^3);

d——砂摊填面积的平均直径(mm)。

每个测试路面任意选择 4 个以上测点,测量并计算构造深度,以算术平均值作为该测试路段路面的平均构造深度 MTD。路面构造深度也可采用路面激光深度仪或路面激光纹理测试仪进行测定。

2. 路面抗滑性能评价

路表面应具有的最低抗滑性能,视道路状况、测定方法和行车速度等条件而定。各国根据对交通事故率的调查和分析,以及同路面实测抗滑性能间建立的相关关系,制定有关抗滑指标。有的国家除了规定抗滑性能的最低标准外,还对石料磨光值和构造深度的最低标准作出了规定,如英国 TRRL 对路面的抗滑能力,针对不同路段和交通量水平提出了侧向力系数 SFC 和石料磨光值 PSV 最低值两项指标。

我国对路面抗滑性能评定,规定以摆式仪摆值(BPN)、横向力系数(SFC)和构造深度(MTD)表示。对于采用 BPN 指标检测的路面,可以采用横向力系数与摆值的关系式(13-14)进行换算。

$$\mathrm{SFC} = 1.98\mathrm{BPN} - 34 \tag{13-14}$$

在大量观测试验的基础上,相关研究将基于横向力系数的路面抗滑性能检测指标 SFC 与抗滑性能指数 SRI(0~100)建立了以下关系式,从而使所有路面抗滑性能指标有了统一的评价尺度。

$$\mathrm{SRI} = \frac{100 - \mathrm{SRI}_{\min}}{1 + a_0 e^{a_1 \mathrm{SFC}}} + \mathrm{SRI}_{\min} \tag{13-15}$$

式中:SRI——路面抗滑性能指数;

SFC——横向力系数;

$\mathrm{SRI}_{\min}$——标定参数,采用 35.0;

a_0——模型参数,采用 28.6;

a_1——模型参数,采用 -0.105。

五、路面跳车和路面磨耗评价

路面跳车和路面磨耗应采用断面类检测设备进行检测。路面跳车的检测指标为路面跳车

PB，每 10m 应计算一个统计值。路面磨耗的检测位置应为车道的左轮迹带、右轮迹带和无磨耗的车道中线；检测指标应为路面构造深度 MPD，每 10m 应计算一个统计值。

1. 路面跳车评价

路面跳车应根据路面纵断面高差确定。路面纵断面高度应按式(13-16)计算：

$$\Delta h = \max\{h_1, h_2, \cdots, h_i, \cdots h_{100}\} - \min\{h_1, h_2, \cdots, h_i, \cdots, h_{100}\} \tag{13-16}$$

式中：Δh——路面纵断面高差(cm)，路面纵断面高差应为 10m 路面纵断面最大高程和最小高程之差；

h_i——第 i 点的路面纵断面高程；

i——第 i 个路面纵断面高程数据。路面纵断面高程应为自动化设备检测数据，每 0.1m 计一个高程，10m 路面纵断面共计 100 个高程数据。

路面跳车应按表 13-9 的规定划分跳车程度。

路面跳车程度划分标准 表 13-9

检测指标	轻 度	中 度	重 度
路面纵断面高差 Δh(cm)	≥2，<5	≥5，<8	≥8

路面跳车应按处计算，若 10m 路面纵断面存在轻度、中度或重度的路面跳车，则该 10m 路面纵断面应计为 1 处路面跳车。

路面跳车指数(PBI)应按式(13-17)计算：

$$PBI = 100 - \sum_{i=1}^{i_0} a_i PB_i \tag{13-17}$$

式中：PB_i——第 i 类程度的路面跳车数；

a_i——第 i 类程度的路面跳车单位扣分，按表 13-10 值；

i——路面跳车程度；

i_0——路面跳车程度总数，取 3。

路面跳车扣分标准 表 13-10

类别(i)	跳车程度	计量单位	单位扣分
1	轻度	处	0
2	中度		25
3	重度		50

2. 路面磨耗评价

路面磨耗指数(PWI)应按式(13-18)和式(13-19)计算：

$$PWI = 100 - a_0 WR^{a_1} \tag{13-18}$$

$$WR = 100 \times \frac{MPD_C - \min\{MPD_L, MPD_R\}}{MPD_C} \tag{13-19}$$

式中：WR——路面磨耗率(%)；

a_0——模型参数，采用 1.696；

a_1——模型参数，采用 0.785；

MPD——路面构造深度(mm);

MPD$_C$——路面构造深度基准值,采用无磨损的车道中线路面构造深度(mm);

MPD$_L$——左轮迹带的路面构造深度(mm);

MPD$_R$——右轮迹带的路面构造深度(mm)。

六、路面结构承载能力的评定

通过对路面结构承载能力的评定,可以确定路面的剩余寿命,预估何时需进行改建,并为加铺层设计提供参数。

1. 路面结构承载能力评定方法

路面结构承载能力的评定方法可分为破坏和无破坏两类。

(1)破坏类评定法

路面结构承载能力的破坏类评定,是从路面各结构层内钻取试样,通过室内试验,确定各项计算参数,估算出结构承载能力。由于不可能在路面上大量取样,所得参数反映的路面情况具有一定的局限性。

(2)无破坏类评定法

无破坏类评定,一般通过路表弯沉测定来估算路面结构承载能力。常用弯沉仪有如下几种。

①静态弯沉仪

最常用仪器是贝克曼梁(Benkleman Beam)。测定缓慢移动车轮下路表的回弹弯沉值(车轮驶离测头)或总弯沉值(车轮驶向测头)。另外一种静态弯沉仪为自动弯沉仪,如英国TRRL、法国LCPC和美国加州的自动弯沉仪,可连续进行,每隔一定间距量测一次路表弯沉量。贝克曼弯沉仪得到的是测定车辆载重下的最大回弹弯沉值;而自动弯沉仪测到的是最大总弯沉值和总弯沉曲线。

②动态稳定弯沉仪

利用振动力发生器在路上作用一固定频率的正弦动荷载,通过沿荷载轴线相隔一定间距布置的位移传感器,量测路表的动弯沉曲线。目前应用广泛的有轻型动弯沉仪(如Dynaflect和Road Rater),所作用的动荷载(达到峰值)约5kN;重型动弯沉仪,作用的动荷载约达150kN。为了保证施加振动荷载时仪器不跳离路面,仪器的自重必须大于动荷载。因此在施加动荷载前,路面实际上已受到一较大静载的作用,这将影响测定结果的精度。

③脉冲或落锤式弯沉仪

落锤式弯沉仪(Falling Weight Deflectometet,FWD),如图13-10所示,测试时一定质量的重锤从40cm高度落下,作用于弹簧和橡胶缓冲系统,通过30cm直径承载板,传递给路面半正弦脉冲力。脉冲力作用时间约为0.028s。利用沿荷载轴线布置的位移传感器量测路表的动弯沉曲线,如图13-11所示。通过改变重量或落高,可以施加不同级位的动荷载(15~125kN)。由于仪器本身的重量轻,因而路面受到的预加荷载较小。

动态弯沉测定可以得到路表的动弯沉曲线。作用于路表的动荷载向路面结构内部的应力扩散呈圆锥形,应力锥与路面各结构层界面的交点以外的路表弯沉值只受到此交点所在界面以下各结构层回弹模量的影响。根据这一原理,可以依据应力锥和路面各结构层次布置传感器的位置,利用测定的弯沉曲线,采用弹性层状体系理论反算路面各结构层的弹性模量值。

图 13-10 落锤式弯沉仪

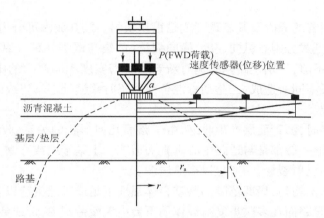

图 13-11 落锤式弯沉仪作用下路表弯沉曲线和路面结构内应力区示意图

2. 路面结构承载能力的评价

将调查路段分为若干均匀路段,整理各均匀路段的实测弯沉资料,求得代表弯沉或计算弯沉。

从设计所依据的弯沉标准出发,采用结构强度系数(Structure Strength Index,SSI)作为路面结构强度评价指标。

$$\mathrm{SSI} = \frac{l_d}{l_0} \qquad (13\text{-}20)$$

式中:SSI——路面结构强度系数;
l_d——路面设计弯沉(mm);
l_0——实测代表弯沉(mm)。

《公路技术状况评定标准》(JTG 5210—2018)给出了路面强度评价模型,见式(13-21)。该模型将路面结构强度指数与 PCI 和 RQI 在量纲上实现了一致。

$$\mathrm{PSSI} = \frac{100}{1 + a_0 e^{a_1 \mathrm{SSI}}} \qquad (13\text{-}21)$$

式中:PSSI——路面结构强度指数;
a_0——模型参数,采用 15.71;
a_1——模型参数,采用 -5.19。

第四节 路面的病害与防治

一、沥青路面的病害及原因

沥青路面在使用过程中,由于行车荷载作用和环境因素的影响,将使路面逐渐产生各种破损。路面的损坏可以分为两类:一类是结构性损坏,包括路面结构整体或部分结构层的破坏,使路面失去支承行车荷载的能力;另一类是功能性损坏,功能性损坏有可能并不伴随结构性损坏而发生,但由于平整性和抗滑能力等的下降,使其不再具有预定的服务功能,从而影响服务质量。

(1)裂缝

沥青路面产生裂缝的原因及其表现形式是很复杂的。按其成因可分为荷载型裂缝和非荷载型裂缝两类;按其型式分则有纵向裂缝、横向裂缝、龟裂与网裂几种。纵向裂缝产生的主要原因,一是填土压实不够,特别是路基拓宽时新老土基密实度不同产生的不均匀沉陷;二是因冻胀作用时的冻胀量不同所造成;三是沥青混合料施工时接缝处理不当或碾压不够密实,在重复行车作用下所形成。

当冬季气温下降时,沥青面层产生收缩,由于路面几何形状的关系,收缩的主轴为路线的纵向,因此形成的裂缝一般都是与道路中心垂直的横缝。土基干缩或冻缩,以及半刚性基层温缩和干缩引起路面的反射裂缝,一般也以横缝居多。

当路面结构强度不均匀,局部范围的路基整体强度不足或基层失稳以及沥青面层老化,会形成荷载型裂缝,沥青路面在多次重复荷载作用下会出现疲劳现象,形成疲劳开裂。这类裂缝一般表现为网裂,并在行车作用下发展为块状龟裂。

(2)坑槽

坑槽是由于路面松散、龟裂等破损后在行车作用下不断扩展恶化,而在路面上形成不规则形状的坑洞的一种路面损坏。坑槽的成因有以下两种:①水分渗入路面,在荷载作用下产生动水压力,造成沥青剥落和材料散失;②由疲劳裂缝等其他病害发展而来。

(3)沉陷

沉陷是由于路基、路面产生竖向变形而导致路面下沉的现象。沉陷的特点是沉陷面积大,涉及的结构层次比较深。其产生的主要原因是:①路面排水不畅,路基过度湿润产生不均匀沉降,引起路面局部下沉;②路基或基层强度不足或填挖路基强度不一致,在车辆荷载作用下,路基或基层结构遭破坏而引起沉陷;③路面强度不能适应日益增长的交通量,从而产生路面疲劳现象。

(4)车辙

车辙是沥青路面的一种主要损坏形式,大都发生在实行渠化交通的高等级公路上。路面在车轮荷载的反复作用下,由于沥青面层的进一步压密,特别是高温下沥青面层劲度模量降低导致竖向永久变形和侧向流动隆起,使路面沿行车轮迹逐渐产生纵向带状凹槽变形,在车道横断面方向上多呈 W 形,当车辙达到一定的深度。辙槽内就会积水并影响车速和行车的舒适与安全,因此必须采取措施处治。

(5)磨光

集料磨光指路面粗集料表面在引车荷载反复作用下磨滑,棱角及微观纹理丧失,与轮胎之间的摩擦系数降低。通常发生在轮迹带处。

(6) 麻面

面层混合料沥青用量不足,矿料级配偏粗或嵌缝料规格不当,以及在低温、雨季施工时路面未能成型,致使粒料脱落,即形成麻面。如处理不及时,往往由于麻面渗水,沥青面层碎裂,可发展成为松散。

(7) 松散

松散多发生在沥青路面使用的初期,其原因是使用的沥青稠度偏低,用量偏少,与矿料的黏附力不足;或因沥青加热温度过高造成沥青老化失去黏性;或所用矿料过湿、铺撒不匀以及嵌缝料不合规格而未能被沥青牢固黏结所致。基层或土基湿软变形,也可导致松散产生。

(8) 泛油

泛油一般是由于沥青面层的沥青用量过大、稠度太低或热稳定性差等原因所引起,但有时也可能由于低温季节施工,层铺法沥青路面的嵌缝料散失过多,在气温转暖后,在行车作用下多余沥青溢至表面而形成。泛油使路面在行车时产生轮迹和粘轮现象,并使路面抗滑性能下降,严重影响行车安全。

(9) 油包

油包是由于局部泛油处理不当,细料过多,沥青含量过大,或因沥青滴流在路面结成油污而形成面积不大的包状物。

(10) 拥包

拥包是由于沥青面层中沥青含量偏高,黏度和软化点偏低,矿料级配不良,细料偏多,空隙率太低,致使面层材料自身的高温抗剪强度不足,或因基层含水率过大,水分难以蒸发而滞留于基层表面或基层浮土清扫不净、黏层沥青洒布不合要求等原因影响面层与基层之间的结合,造成层间抗剪强度的不足,在行车水平力作用下使路面产生推拥、挤压而在路面两侧或行车道范围内所形成的一种局部的不规则隆起变形。

(11) 波浪(搓板)

波浪是路面表面沿纵向形成的有规则的凹凸起伏的一种变形。波浪的产生,一是由于拥包未能及时处治,在行车作用下逐渐演变发展所形成;另外,在层铺法施工的路面中,由于沥青洒布不匀形成油垄,沥青多处矿料厚,沥青少处矿料薄,经行车不断冲击、振动使其发展而造成。

(12) 脱皮

脱皮是沥青面层在行车作用下产生大块的片状剥落现象。

(13) 啃边

路面宽度过窄,边缘强度不足,路肩碾压不密实,路肩和路面衔接不当以致路肩积水渗入使其湿软,在行车作用下,路面边缘破裂剥落,并逐步向路中发展而形成啃边。

二、沥青路面预防性养护

根据路面病害类型、路面损害程度及所需采用养护措施的性质和功能,可将路面养护分为:预防性养护(Preventive Maintenance)、修复性养护(Corrective Maintenance)、路面翻修(Pavement Rehabilitation)、路面重建(Pavement Reconstruction)四类。

预防性养护是在路面状况良好、不增加路面结构承载能力的情况下,对现有道路系统通过采用经济有效的养护措施,来延缓路面性能的衰减,维持或改善现有路面适用性能的一种有计划的养护活动。

预防性养护是建立在费用—效益分析的基础上,在一定条件下实施的养护行为。它无法阻止路面的最终损坏,但可以降低路面的损坏速率,延长服务寿命。所有预防性养护只能在路面未出现结构性破损之前适用,而不能起到结构性的修复功能。因此,预防性养护与路面出现结构性破坏后所采用的矫正性养护有着本质的区别。

从养护措施实施的时间、规模角度定义,预防性养护是涵盖了路面日常养护、小修保养以及根据路面性能及时实施的一些专项养护措施的养护活动。

沥青路面预防性养护是在合适的时间对适宜的路面运用合理的预防性养护措施。沥青路面有多种预防性养护处治方案,针对不同的路况及环境选择与之相适应的预防性养护措施才能取得良好的效果。

常见的沥青路面预防性养护处治方案如表 13-11 所示。

常见的沥青路面预防性养护处治方案 表 13-11

路面破坏类型		裂缝密封	雾状封层	微表处	稀浆封层	开普封层	碎石封层	铣刨或磨平	薄层 HMA 罩面
平整度	结构稳定			√		√		√	√
	结构不稳定								√
车辙				√	√			√	√
疲劳裂缝		√		√	√	√	√		√
纵向或横向裂缝		√							
泛油				√			√	√	
松散			√	√					

注:√表示适宜的养护对策。预防性养护仅适用于轻度裂缝,不适用于中到重度的疲劳裂缝。

常用预防性养护措施包括:

(1)裂缝密封

这是一种局部修复的方法,用于防止水和杂物进入裂缝,包括清理裂缝并密封。它需要使用压缩空气将裂缝里的碎片吹出,然后用热沥青或专用密封剂灌缝密封。这种养护能够有效地延长路面寿命。

(2)雾封层

使用少量用水稀释的乳化沥青或再生剂,使其喷洒渗入路面细小裂缝和表面空隙中,覆盖路面表面并起到延缓老化和松散的作用,并可一定程度改善路容。雾封层使用应确定好其洒布量,避免对路面抗滑性能影响过大。

(3)稀浆封层

使用乳化沥青、良好级配的细集料、矿粉和水拌制的混合料,用来填封裂缝和旧路面表面,以恢复其表面特性,防止水与空气侵入路面,提高抗滑性能。一般用于二级及二级以下公路的养护。

(4)改性沥青微表处

用聚合物改性乳化沥青作结合料,轧碎集料、矿粉、水和其他添加剂按适当比例组成,使用专用摊铺设备,一次性完成摊铺,并可根据路面损坏程度进行一层或多层摊铺的路面维修养护罩面技术。起到封闭裂缝和空隙,提高路面抗滑能力,还可用于填补轻度车辙,主要用于高速公路及一级公路的预防性养护,也可用于新建公路的磨耗层。

(5)同步碎石封层

采用同步碎石撒布车,将沥青(乳化沥青)和单一粒径碎石同步撒布并碾压成型,它具有良好的抗滑性能和防渗性能,能有效防治路面贫油、掉粒、轻微网裂、车辙、沉陷等病害,可用于高等级沥青路面、普通混凝土桥面沥青铺装下封层及防水联结层,也可用于道路的预防性养护和抢修性养护,有效提高路面的防滑性能。

(6)热拌沥青混合料薄层罩面

用热拌沥青混合料(沥青混凝土、沥青玛蹄脂碎石等)铺筑的厚度在 1~3cm 的薄层罩面。用于提高路面行驶质量、促进表面排水及防滑以及改善表面不平整,是常用的养护措施之一。

(7)冷拌沥青混合料薄层罩面

它既包括用乳化沥青拌合的沥青混合料,也包括稀浆封层、开普封层和微表处铺筑的薄层罩面,可用于填充裂缝,提高摩擦力,提高行驶质量。

三、沥青路面修复性养护

沥青路面在使用过程中,在行车荷载和自然因素反复作用下,路面将产生各种各样的破损。当路面出现病害并达到一定程度时,需要对其进行及时的维修和处治,以恢复其使用功能和强度,以防止路面病害的进一步发展。

1. 车辙修补

对于小于 5mm 的轻微车辙可不处理。对于深度 $h=5\sim15mm$ 的车辙,采取微表处或稀浆封层处治;对于 $h \geqslant 15mm$ 的严重车辙,可采用路面铣刨机或风镐将车辙表面翻松至一定深度,清理干净后,喷洒 $0.3\sim0.5kg/m^2$ 黏层沥青,然后采用与原路面结构相同的沥青混合料铺筑,碾压密实。

如车辙是由不稳定夹层所引起的,则应清除不稳定层后,重铺面层;对于属于局部下沉造成的车辙,可按处理路面沉陷的方法进行修理。

2. 坑槽修补

对于路面基层完好,仅面层有坑槽时,可按如下步骤进行处治:

①按"圆洞方补"原则划出修补范围并开槽,将槽开切成方形或矩形,其纵横边线与公路中心线平行和垂直,并保持槽壁直立。

②清理坑槽,直至露出坚实稳定的底层,并使槽内保持干燥。如面层材料需要再生利用,应避免混入基层等其他材料和杂物。

③在槽底与槽壁均匀地洒布一薄层黏层沥青。

④摊铺沥青混合料并压实,混合料一般采用与原路面相同的材料,但其最大粒径应与槽深相适应。摊铺厚度应使混合料压实后略高于周围的路面。压实方法应视修补坑槽面积的大小而定,小面积坑槽采用小型手扶振动碾或振动夯板压实,面积较大的坑槽宜用压路机碾压。为使修补部分表面密实、均匀,对较深坑槽,可分两层铺筑,下层用较粗粒径的混合料,表层用粒径较细的混合料。

⑤用烙铁烙平槽的四周,使新旧路面结合良好并使槽边密封,以防渗水。

如路面基层甚至土基已遭破坏,应先将土基和基层分别妥善修理处治后,再铺补面层。在低温潮湿季节,可采用乳化沥青作结合料修补;在寒冷季节,为控制坑槽扩展,可采用现有路面材料临时填补坑槽,待气候好转后再按要求修复。

3. 裂缝处治

对于轻微且无变形的裂缝,可在高温季节采用喷洒沥青并撒料压入方法处理,或进行小面积封层;在低温潮湿季节可采用阳离子乳化沥青封层或采用乳化沥青稀浆封层。对于基层收缩引起的反射裂缝以及面层的温度收缩裂缝,缝宽在5mm以内的可将缝隙清扫干净、清除尘土后采用热沥青或乳化沥青灌缝的方法进行封堵;缝宽大于5mm的,应剔除缝内杂物和松动的缝隙边缘,或沿裂缝开槽后进行清除,采用砂粒式或细粒式热拌沥青混合料填充、捣实,并用烙铁封口,随即撒砂、扫匀。也可采用乳化沥青混合料封填。

对于大面积的网裂、龟裂,如因基层、土基的原因所引起的,应分析原因先处理土基或补强基层后再修复面层;如为面层老化或沥青性能不良的原因所引起的,经技术经济比较,可选用以下方法处治:

①乳化沥青稀浆封层。

②层铺法或拌和法加铺沥青混合料上封层,或先铺设土工布后再加铺沥青混合料上封层,以防止裂缝的反射。使用土工织物时,先喷洒改性乳化沥青黏层油,用量一般为$1.0 \sim 1.2 kg/m^2$,随即摊铺土工织物并用胶轮压路机碾压紧贴,然后铺筑沥青封层。在这种情况下,土工织物的铺设主要起加筋作用,因此应采用抗拉强度高、耐高温(其上铺热沥青面层)的土工材料。为保证新旧沥青层的整体强度,加土工织物(土工格栅)的沥青面层总厚度一般不得小于5cm。

③橡胶沥青薄层罩面。

4. 局部缺陷处理

(1)泛油

处治泛油应先对泛油路段取样做混合料抽提试验,根据其油石比确定采用不同的处治方法。轻度泛油,可撒3~5mm的石屑或粗砂,控制车辆碾压至不粘轮为止。

泛油较重路段,根据情况可先撒5~10mm的碎石,引导行车均匀碾压,待其稳定后,再撒2~5mm的石屑或粗砂,控制行车碾压成型。

严重泛油路段,先撒一层10~15mm或更粗的碎石,用压路机强行压入,待其基本稳定后,再分次撒布5~10mm碎石和3~5mm石屑,引导行车碾压成型。

处治泛油,必须掌握先撒粗料后撒细料和少撒、勤撒、撒匀的原则。不应过多重复使用细料,以免形成软的沥青层,影响路面稳定。

(2)拥包

对于轻微且已稳定的拥包,可在高温时直接铲平。由于面层原因引起的较严重的拥包,可在气温较高时,用加热罩(器)烘烤待其发软后铲除,而后找补平顺,夯实后用烙铁熨平;面层较厚、拥包范围较大、气温较低时,可用路面铣刨机铣平。

属于层间结合原因引起的较严重拥包,应采用挖补法先处理基层后,再铺补面层。

(3)波浪(搓板)

对于小面积的波浪,可在波谷内填补沥青混合料,予以找平处治;如起伏较大,可铲除波峰部分后再铺罩面层;对于大面积的波浪、搓板,宜用路面铣刨机铣削波峰后重新罩面。

如由于层间结合不良或因基层强度与稳定性不足引起的波浪,则应揭除面层,对基层处理或补强后,重新铺筑面层。

(4) 麻面

对于大面积的麻面路段,可在气温上升(10℃以上)时将其清扫干净,喷洒沥青(用量为 $0.8\sim1.0\text{kg/m}^2$)后,撒布 $3\sim5(8)\text{mm}$ 石屑或粗砂(用量为 $5\sim8\text{m}^3/1000\text{m}^2$),扫匀并用轻型压路机压实予以处理。在低温潮湿季节可用乳化沥青碎石混合料修理。小面积麻面可采用乳化沥青封层修理。

(5) 松散

对于由面层所引起的大面积松散,可将松散材料清除,然后重铺沥青面层。对于因基层或土基引起的松散,应先处理基层或土基后再重铺沥青面层。对于局部的严重松散以及因油温过高、沥青失去黏性造成的松散,应采用挖补法处理。

如因采用酸性石料与沥青黏附性差而造成的松散,则应在沥青中掺加抗剥离剂、增黏剂或用部分干燥的生石灰粉、消石灰粉、水泥代替填料以及用石灰浆处理粗集料等抗剥离措施,以改善沥青与矿料的黏附力,提高沥青混合料的水稳性。

(6) 油包

可在气温较高时,或用加热罩(器)烘烤路面使其发软后,将油包铲除,而后找补平整,再用烙铁烙平。对于因油钉或漏撒形成的油包,在气温高时铲去即可。

(7) 脱皮

①由于面层与基层之间结合不良,或因初期养护不当,封层与下层黏结不好而引起的脱皮,应先将脱落和已松动部分清除干净后,洒布黏层沥青,重铺面层或封层。

②由于面层矿料颗粒重叠,沥青分布不匀,或水的影响和霜冻作用引起的脱落,应将面层翻修。为防止水和霜冻作用的影响,宜采用憎水的碱性集料或掺加抗剥落剂。

(8) 啃边

可适当加宽路面或路面基层,设置路缘石,加固路肩并使之与路面衔接顺适,保持路肩应有横坡以利排水,在冬季应将积雪清除至路肩以外。对于已经破损的路面边缘,应将其切成纵横正规的断面,并适当挖深,采取局部加厚面层的办法修复。

(9) 沉陷

路面轻微下沉,且无破损,可不加处理。沉陷引起的路面裂缝,如路面和土基已经密实稳定,对裂缝可按前述处治裂缝的办法进行处理。沉陷影响路面平整度时,如面积不大,可在拉毛、扫净、洒布黏层沥青后,根据沉陷的程度采用不同粒径的热拌沥青混合料予以补平;如面积较大,可采用罩面处治。

对基层和路基结构破坏引起的沉陷,必须先将基层和土基处治后,再修复面层。对于路基下坑洞、沟槽等引起的局部沉陷,应采用砂砾石、碎石、干砌或浆砌片石等将其重新回填密实,面积较大或有暗流时,宜用桥涵跨越。

当桥头路面沉陷高差达 2cm 时,应及时填铺平顺。必要时,可采用钻孔压浆处治加固桥头填土。

四、沥青路面再生技术

在旧路翻修改造过程中会产生大量的废旧料,这些旧料作为路用材料,仍有很高的利用价值。因此,旧料的再生利用也被作为路面大修的有效技术手段,并受到日益重视和推广应用。

为了节约能源,减少环境污染和降低路面造价,近年来,许多国家都非常重视旧沥青路面的再生利用。旧沥青路面再生利用就是将旧沥青路面材料经过回收、破碎、加热、掺配新料和再生剂、拌和等处理后,恢复原有沥青路面材料的性能,然后再路面改建中重复使用。

按照再生路面组成材料及再生方式,可将沥青路面再生方法分为厂拌热再生、就地热再生、厂拌冷再生和就地冷再生四类。

(1)厂拌热再生

厂拌热再生(图 13-12),是将就旧沥青路面,经过翻挖、铣刨、回收集中到再生拌和厂,根据需要进行破碎筛分预处理,再掺入一定比例的新集料、新沥青、再生剂等,用改装的或特制的厂拌沥青混凝土再生设备进行加热拌和后,运至施工现场,热铺压实成为新的沥青路面结构层。

图 13-12 厂拌热再生拌和楼

(2)就地热再生

就地热再生(图 13-13),是将旧沥青路面上面层,经过现场专用就地热再生机组(设备),通过表面加热、翻松铣刨,并掺入一定比例的新集料、新沥青、再生剂等,并经拌和、摊铺、压实成为新的沥青路面面层。

图 13-13 就地热再生施工

就地热再生主要针对沥青路面表面层功能性损坏,对表面层进行性能恢复,改善沥青路面的服务性功能。

(3)厂拌冷再生

厂拌冷再生,是将旧沥青路面面层或基层,经过翻挖、回收、破碎、筛分,再掺入一定比例的新黏结剂(如乳化沥青、泡沫沥青、水泥等)、新集料等,利用工厂拌和设备进行冷态拌和,铺筑成为新的沥青路面结构层。

沥青路面的冷再生是在自然环境温度下完成沥青路面的翻挖、破碎、新材料的添加、拌和、摊铺及压实成型,重新形成路面结构层的一种工艺方法。由于黏结剂是在冷态状态下拌和形成,其分布均匀性和黏附性并不理想,与粒料黏结性也相对较差。所以,厂拌冷再生混合料主要用于高等级沥青路面的中、下面层和基层,也可用于低等级路面面层。

(4) 就地冷再生

就地冷再生,是利用现场就地冷再生设备,将旧沥青路面面层或部分基层,经过冷破碎、翻松,掺入一定比例的新黏结剂(如乳化沥青、水泥、泡沫沥青等)、新集料,现场冷态拌和,铺筑而成的沥青路面结构层。

沥青路面的就地冷再生也是在自然环境温度下完成沥青路面的翻挖、破碎、新材料的添加、拌和、摊铺及压实成型等工艺。就地冷再生又可分为基层冷再生和全深式冷再生,再生层主要适用于作为高等级沥青路面的基层或底基层,其上面一般应进行沥青混合料面层的铺筑。利用就地冷再生方法,可实现100%利用路面旧料。

五、水泥混凝土路面的病害与养护

1. 水泥混凝土路面的病害

水泥混凝土路面的使用性能在行车和自然因素的作用下不断下降,以致出现各种类型的损坏现象。其形式可分为接缝破坏和混凝土面板损坏,损坏性质也可分为功能性损坏和结构性损坏。

(1) 接缝的破坏

①挤碎

出现于横向接缝(主要是胀缝)两侧数十厘米宽度内。这是由于胀缝内的滑动传力杆位置不正确,或滑动端的滑动功能失效,或施工时胀缝内局部有混凝土搭接,以及胀缝内落入坚硬的杂屑等原因,阻碍了板的伸长,使混凝土在膨胀时受到较高的挤压应力,当其超过混凝土的抗剪强度时,板即发生剪切挤碎。

②拱起

水泥混凝土面板在受热膨胀受阻时,某一接缝两侧的板突然向上拱起。这是由于板收缩时缝隙张开,填缝料失效,坚硬碎屑等不可压缩的材料塞满缝隙,使板在膨胀时产生较大的热压应力,从而出现纵向压曲失稳。

③错台

横向接缝两侧路面板出现的竖向相对位移。当胀缝下部嵌缝板与上部缝隙未能对齐,或胀缝两侧混凝土壁面不垂直,使缝旁两板在伸胀挤压过程中,会上下错开而形成错台。地面水通过接缝渗入基础使其软化,或者接缝传荷能力不足,或传力效果降低时,都会导致错台的产生。当交通量或基础承载力在横向各幅板上分布不均匀,各幅板沉陷不一致时,纵缝也会产生错台现象。

④唧泥

汽车行经接缝时,由缝内喷溅出稀泥浆的现象。在轮载的频繁作用下,基层由于塑性变形累积而同面层板脱空;地面水沿接缝下渗而积聚在脱空的缝隙内;在轮载作用下积水变成有压水而同基层内浸湿的细料混搅成泥浆,并沿接缝缝隙喷溅出来。唧泥的出现,使面板边缘部分失去支撑,因而往往在离接缝1.5~1.8m以内导致横向裂缝。

此外,纵缝两侧的横缝前后错开、纵缝缝隙拉宽、填缝料丧失和脱落也都属于接缝的破坏。

(2)混凝土板本身的破坏

混凝土板的破坏主要是断裂、裂缝和面层表层类病害。面板由于所受内应力超过了混凝土的强度而出现横向或纵向以及板角的断裂和裂缝,其原因是多方面的:板太薄或轮载太重;行车荷载的渠化作用(荷载次数超过允许值);板的平面尺寸太大,使温度翘曲应力过大;地基过量塑性变形使板底脱空失去支撑;养生期间收缩应力过大;由于材料或施工质量不良,混凝土未能达到设计要求等。断裂裂缝破坏了板的结构整体性,使板丧失应有的承载能力。因而,断裂裂缝可视为混凝土面层结构破坏的临界状态。

表层类病害主要表现为由于混凝土混合料中集料的耐磨性较差而出现的磨损和露骨;施工养护不当造成的纹裂、网裂和起皮;活性集料反应引起的网裂、粗集料冻融裂纹、坑洞等。

2. 混凝土路面的养护与维修

(1)日常养护

水泥混凝土路面应做好预防性、经常性养护,及早发现缺陷,查清原因,采取适当措施,保持路面状况良好。

路面必须定期清扫泥土和污物,冰雪地区应及时除雪、除冰,路面上出现的小石块等坚硬物应予以清除,中央分隔带内的杂物应定期清除,保持路容整洁。

水泥混凝土路面的接缝应保持表面平顺,接触完好。对于填缝料凸出板面的情况,高速公路、一级公路超出3mm,其他等级公路超出5mm时应铲除。外溢流淌到接缝两侧面板的填缝料,影响路容和平整度时应予以铲除。填缝料局部脱落时应灌缝填补,填缝料脱落缺失大于三分之一或因日久老化而失去弹性,应立即进行整条接缝的填缝料更换。更换填缝料应使用专用机具。更换填缝料之前应将原有填缝料及掉入缝槽内的砂石杂物清理干净,并保持缝槽干燥、清洁。填缝料灌注深度宜为3~4cm,填缝料灌注高度夏天宜与板面平,冬天宜稍低于面板2mm。

(2)水泥混凝土路面破损维修

①裂缝维修

对于宽度小于3mm的裂缝,可采取扩缝灌浆。顺着裂缝扩宽成1.5~2.0cm的沟槽,槽深可根据裂缝深度确定,最大深度不得超过2/3板厚,清除混凝土碎屑,吹净灰尘后,填入粒径0.3~0.6cm的清洁石屑,选用适当的灌缝材料灌缝,待灌缝材料固化后,达到通车强度,即可开放交通;对贯穿全板厚的3~15mm的中等裂缝,可采取条带罩面进行补缝:在裂缝两侧平行于缩缝进行切缝,且距裂缝距离不小于15cm(图13-14),凿除两切缝之间的混凝土,深度以7cm为宜,切割的缝内壁应凿毛,并清除松动的混凝土碎块及表面尘土、裸石。每间隔50cm打一对耙钉孔,耙钉孔的直径应略大于耙钉直径2~4mm,并在二耙钉孔之间打一对与耙钉孔直径相一致的耙钉槽,耙钉孔填满砂浆,将耙钉除锈处理后插入耙钉孔内安装(耙钉宜采用$\phi16$螺纹钢筋,耙钉长度不小于20cm,弯钩长度为7cm),浇筑混凝土并及时振捣密实、抹平,并喷洒养护剂。

对宽度大于15mm的严重裂缝可采用全深度补块,具体有集料嵌琐法、刨挖法、设置传力杆法。

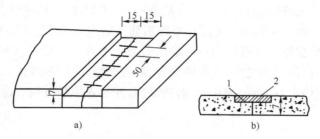

图 13-14 条带补缝(尺寸单位:cm)
1-钯钉;2-新浇混凝土

a. 集料嵌琐法

在修补的混凝土路面上,平行于缩缝画线,沿画线位置进行全深度切割。在保留板块边部,沿内侧 4cm 位置,锯 5cm 深的缝(图 13-15)。破碎、清除旧混凝土,全深锯口和半深锯口之间的 4cm 宽条混凝土垂直面应凿成毛面,拌制混凝土混合料并在拌和后 30~40min 内卸到补块区内,振捣密实。混凝土达到通车强度后,即可开放交通。

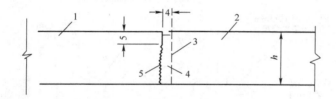

图 13-15 集料嵌琐法(尺寸单位:cm)
1-保留板;2-全深度补块;3-全深度剧缝;4-凿除混凝土;5-缩缝交错界面

b. 设置传力杆法

如图 13-16 所示,处理基层后,应修复、安设传力杆和拉杆。原混凝土板的传力杆或拉杆折断时,应重新安设或应用与原规格相同的钢筋焊接。安装时应在板厚 1/2 处钻出比传力杆直径大 2~4mm 的孔,孔中心间距 30cm,其误差不应超过 3mm。横向施工缝传力杆直径为 25mm,长度为 45cm,嵌入相邻保留板内深 22.5cm。拉杆孔直径宜比拉杆直径大 2~4mm,应沿相邻板块之间的纵向接缝板厚 1/2 处钻孔,中心间距 80cm。拉杆采用 $\phi 16mm$ 螺纹钢筋,长 80cm,其中 40cm 嵌入相邻车道的板内。传力杆和拉杆宜用环氧砂浆牢牢固定在规定位置,摊铺混凝土前,传力杆的伸出端应涂少许润滑油。

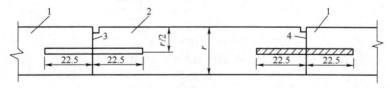

图 13-16 设置传力杆法(单位:cm)
1-保留板;2-全深度补块;3-缩缝;4-施工缝

②板块、板角修补

若水泥混凝土板边轻度剥落,应将剥落的表面清理干净,用沥青混合料或接缝材料修补平整;当板边严重剥落时,可采用前述条带罩面进行修补;若板边全深度破碎,可采用前述全深度补块法进行修补。

板角断裂修补应按破碎面的大小确定切割范围,见图13-17。切缝后,凿除破损部分时,应凿成规则的垂直面,对原有钢筋不应切断,如果钢筋不能全部保留,至少也要保留20～30cm长的钢筋头,且应长短交错。原有传力杆有缺陷时应予更换。基层不良时可采用C15混凝土浇筑基层。与原有路面板的接缝面,应涂刷沥青,如为胀缝,应设胀缝板。浇筑新混凝土,与原有面板之间的接缝应切出宽3mm、深4mm的接缝槽,并灌入填缝材料。待混凝土达到强度后,方可开放交通。

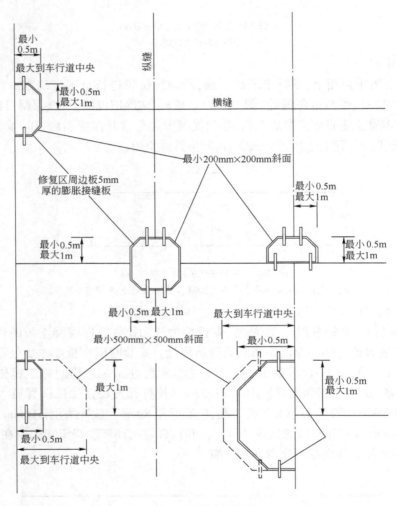

图13-17 板角修补法
注:修复纵向边不能位于车轮轨迹上。

③板块脱空处治

判断水泥混凝土面板脱空可采用弯沉测定法,凡弯沉超过0.2mm的,应确定为面板脱空。可采用沥青灌注、水泥砂浆灌注法进行板下封堵。

a.沥青灌注法

如图13-18所示布置灌浆孔。灌浆孔钻好后,采用压缩空气将孔中的混凝土碎屑、杂物清除干净,保持干燥;将建筑沥青加热融化,温度一般为180℃,用沥青洒布车或专用设备以

200~400kPa 的压力将沥青灌注压满后约 0.5min,拔出喷嘴,用木楔堵塞。待沥青温度下降后,拔出木楔,填进水泥砂浆,即可开放交通。

b. 水泥砂浆灌注法

灌浆孔的布设同沥青灌注法。灌注机械可采用压力灌浆机或压力泵,灌注压力为 1.5~2.0MPa,灌浆作业应先从沉陷量大的地方开始,逐步由大到小,当相邻孔或接缝中冒浆,即可停止泵送水泥浆,每灌完一孔应用木楔堵孔。待砂浆抗压强度达到 3MPa 时,用水泥砂浆堵孔,即可开放交通。

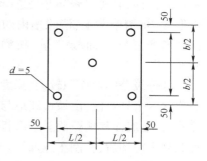

图 13-18 灌浆孔布置(尺寸单位:cm)

④错台处治

错台的处治方法有磨平法和填补法,可按错台的轻重程度选定。

高差小于等于 10mm 的错台。可采用磨平机抹平,或人工凿平。处理时应从错台最高点开始向四周扩展,边磨边用 3m 直尺找平,直至相邻两块板齐平为止(图 13-19)。磨平后将接缝内杂物清除干净,并吹净灰尘,及时将嵌缝料填入。

高差大于 10mm 的严重错台,可采取沥青砂或水泥混凝土进行处治。用沥青砂处治时,先清除路面杂物和灰尘,并喷洒一层热沥青或乳化沥青,沥青用量为 0.40~0.60kg/m²,再用沥青砂填补,修补面纵坡变化应控制在 1% 以内,填补后用轮胎压路机碾压。用水泥混凝土修补时,应将错台下沉板凿除 2~3cm 深,修补长度按错台高度除以坡度(1%)计算(图 13-20),清除杂物灰尘,浇筑聚合物细石混凝土,混凝土达到通车强度后,即可开放交通。

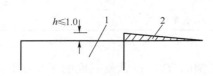

图 13-19 错台磨平法示意图(尺寸单位:cm)
1-下沉板;2-磨平

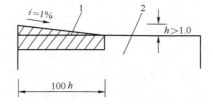

图 13-20 错台填补法示图(尺寸单位:cm)
1-凿除修补;2-下沉板

⑤拱起处理

拱起处理应根据具体情况,采取不同的方法进行处治。板端拱起但路面完好时,应根据板块拱起高低程度,计算要切除部分板块的长度。先将拱起板块两侧附近 1~2 条横缝切宽,待应力充分释放后切除拱起端,逐渐将板块恢复原位,在缝隙和其他接缝内应清缝,并灌填缝材料,如图 13-21 所示。

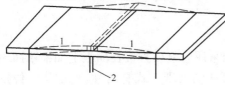

图 13-21 板体拱起修复
1-拱起板;2-切除部分

拱起板两端间因硬物夹入发生拱起,应将硬物清除干净,使板块恢复原位,应清理接缝内杂物和灰尘,灌填缝料。胀缝间因传力杆的部分或全部在施工时设置不当,使板受热时不能自由伸长而发生拱起,应重新设置胀缝。

⑥坑洞修补

对个别的坑洞,应清除洞内的杂物,用水泥砂浆等材料填充,达到平整密实;对较多洞连成一片的,可采取薄层修补方法进行修补:沿与路中心线平行或垂直的方向切割深 6cm 以上的矩形槽,将槽壁凿毛,清除槽内的混凝土碎屑,将新拌混凝土拌和物填入槽内,振捣密实,并保持与原混凝土面板齐平,喷洒养护剂养生,待混凝土强度达到通车强度后,方可开放交通。

低等级公路对面积较大、深度在 3cm 以内且成片的坑洞,可用沥青混凝土进行修补:用风镐凿除一个处治区,区域边线应与路中线平行或垂直,凿除深度以 2~3cm 为宜,清除混凝土碎屑,在槽底面和槽壁洒黏层沥青,用量为 0.4~0.6kg/m²,铺筑沥青混凝土并碾压密实,待沥青混凝土冷却后,控制车速通车。

⑦接缝维修

当相邻车道面板发生横向位移,使得纵缝张开宽度在 10mm 以下时,宜采取聚氯乙烯胶泥、焦油类填缝料和橡胶沥青等加热施工式填缝料进行维修;当纵缝张开宽度在 10mm 以上时,先清除缝内杂物和灰尘,采用挤压枪注入聚氨脂类常温施工式填缝料,填缝料固化后方可开放交通;当纵缝张开宽度在 15mm 以上时,采用沥青砂填缝。

若接缝出现碎裂,先在破碎部位外缘,切割成规则图形,其周围切割面应垂直于面板,底面宜为平面,清除混凝土碎块,吹净灰尘杂物,并保持干燥状态,用经过改性的环氧树脂类材料或经乳化反应过的环氧树脂乳液等高强材料进行填充维修,待修补材料强度达到通车要求后,方可通车。补强材料技术要求见表 13-12。

补强材料技术要求 表 13-12

性 能	技 术 要 求	性 能	技 术 要 求
灌入稠度(s)	<20	黏结强度(MPa)	≥3
拉伸强度(MPa)	≥5	断裂伸长率(%)	2~5

⑧表面起皮、剥落、露骨处治

水泥混凝土路面局部路段出现磨光,应采取机械刻槽的方法,以恢复路面的平整度和粗糙度;对较大范围的磨损和露骨可铺设沥青类磨耗层。

沥青类磨耗层铺筑前应对混凝土面板进行修整处理,使混凝土路面干燥、清洁,路面喷洒 0.4~0.6kg/m² 的黏层沥青,然后立即铺筑厚 1.0~1.5cm 的沥青砂磨耗层,若采用乳化沥青,应待破乳后铺筑。

磨耗层采用稀浆封层时,稀浆封层机摊铺时应保持槽内有近半槽稀浆,摊铺过程中出现局部稀浆过厚,需用橡皮板刮平,稀浆过少应用铁锹取浆补齐,流出的乳液需用刮板刮平,摊铺终点接头处应平直整齐。稀浆封层铺筑后到成型前应封闭交通,开放交通初期应有专人指挥,控制车速不得超过 20km/h,并不得紧急制动或掉头。

3. 旧水泥混凝土路面碎石化技术

对于处于使用期末,病害严重的水泥混凝土路面,当采用修复或直接在面板上加铺罩面等措施已不能保证路面使用性能时,必须大修改建,此时可能的处理方式有两种:一是从原位挖除旧水泥混凝土破碎板,重铺路面结构基层、面层;二是原位利用,就地破碎旧水泥混凝土板,并将其作为基层或底基层,其上在新加铺面层。

原位挖除成本很高,对环境造成不利影响,旧路面材料得不到利用。原位破碎利用,既降低成本,又不会对环境造成不良的影响,并充分利用旧水泥混凝土路面材料的强度,因而在破坏严重的水泥混凝土路面结构改造中得到越来越多的应用。水泥混凝土路面破碎后可采用沥青路面也可采用水泥路面,从国内外工程情况看,加铺沥青路面成为主流。

目前国内外常用的水泥混凝土路面破碎施工机械种类不少,各有特点,在进行水泥混凝土路面破碎施工过程中有着不同的工艺特点和施工效果。目前我国最常用的水泥混凝土破碎方式及设备有以下几种:

(1) 冲击压实破碎,如前述第六章图 6-12 所示,采用冲击压路机破碎原水泥混凝土面并使面板与基层紧密结合;

(2) 共振破碎,采用共振破碎机械(图 13-22)破碎,施工效率较高,每车道每天可破碎 1500m。它所施加的振动荷载高频低幅,产生的破碎颗粒粒径小,这种破碎机械产生的冲击能传播范围及对构造物影响较小,其破碎宽度也较小。

图 13-22 共振破碎机械

(3) 多锤头破碎

MNB(Multiple-Head Breaker)是一种多锤头破碎设备,如图 13-23 所示。它利用设备所带多个锤的重力下落对水泥混凝土路面板进行锤击和破碎。

图 13-23 多锤头破碎设备

根据路面不同的病害程度、交通量状况与设计使用寿命选用不同的破碎方式。在我国,冲击压实设备用于水泥混凝土路面破碎已有一定的工程经验,其破碎后粒径偏大,相当于减小了水泥混凝土板块尺寸,而采用共振式破碎或多锤头破碎,破碎后颗粒粒径更小,相当于碎石基层结构,从而板块强度需要加铺的路面结构要求更高。

※第五节 路面养护管理系统概述

一、路面管理与路面管理系统

路面在使用过程中,其使用性能会因行车荷载和环境因素的不断作用而逐渐变坏。路面使用性能的恶化,将增加车辆的运行费用,包括燃油、轮胎和保修材料的消耗以及行程时间等费用。因而,在路面使用期内,还需继续投入大量资金以维护(包括养护和改建)路面,使之保持一定的使用性能。这就需要考虑怎样把有限的资金分配到最需要采取措施并能取得最佳效果的路段上,使现有路网保持合理的服务水平。因而,无论是新建路面或是维护现有路面,都需要进行有效的管理。

路面管理工作,包括规划、设计、施工、养护、路况监测和评价、研究等方面。其主要内容和相互关系,如图13-24所示。这些活动分属不同的管理层次。如规划活动主要关心的是网级水平上的投资决策和计划安排,而设计或施工活动主要涉及各个工程项目的技术管理。

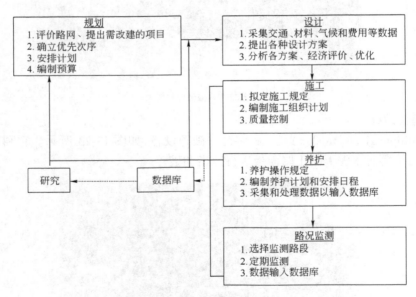

图13-24 路面管理的组成

每个道路管理部门都必须考虑如何向上级申请投资和决定如何使用好分配到的资金。这就需要对路网内路面的使用性能进行监测,对其现状做出评价,由此确定哪些项目需要投资,在预算容许的范围内按优先次序资助尽可能多的急需项目。

项目优先次序的安排,需依据该项目的使用性能或服务水平现状决定。而路面的现状显然同其结构、荷载、环境和其他因素等历史状况有关,是以前所做某些管理决策结果的体现,同样,目前管理决策也将对未来的路面状况产生影响。因此,管理决策时既要考虑它们的直接影响,也要预期它们对未来的影响,即不仅需考虑目前的需要和所需的费用,也要考虑对将来的需要和费用所带来的后果。

因此,路面管理是协调和控制同路面有关的各项活动,其目的是使管理部门通过这一过程能有效地使用资源(如资金、劳力、机具设备、材料、能源等),以最低的资源消耗,在预定使用期内提供并维持具有足够服务水平的路面。

路面管理系统则是通过应用系统分析的方法,综合考虑技术、经济、社会和政治等方面因素,协调各项路面管理活动,促使路面管理过程系统化。它是为管理部门的决策人提供分析的工具和方法,帮助他们考虑和分析比较各项可能的对策,定量地预估各项对策的后效,在预定的标准和约束条件下,选用费用—效益最佳的方案。因而,路面管理系统的建立和实施,可以帮助管理部门改善所作出决策的效果,扩大决策的范围,为决策的效果提供反馈信息,以积累管理经验,并保证部门内各级单位决策的协调一致性。

二、路面管理系统的分级

路面管理系统,一般划分为网级管理系统和项目级管理系统两个层次。

1. 网级路面管理系统

网级管理系统通常包括一个地区,如省、市的公路网或一大批工程项目。其主要任务是为管理部门在进行关键性的行政决策时提供对策,包括:

①路况分析。路网内路面现有状况的分析及路面状况变化预估。
②路网规划。确定路网内需要新建、改建和养护的项目。
③安排计划。确定进行上述项目的合适时间和各项目的优先次序。
④预算安排。确定各年度的投资额。
⑤资源分配。各行政区域或不同等级道路或养护改建和新建之间的资源分配。

为实施上述任务,网级管理系统包含图 13-25 所示各项基本要素。

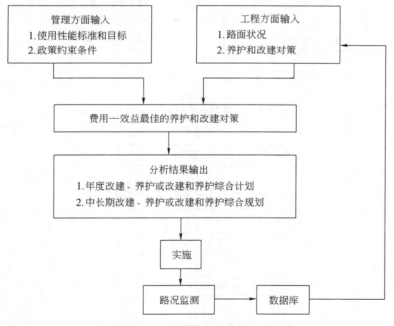

图 13-25 网级路面管理系统的基本要素

其中,管理方面的输入包括:

①使用性能目标。路网规定的在使用性能方面应达到的总水平。

②政策约束条件。事先规定投资的地区分配比例或新建、改建和养护的投资分配比例等。

③预算约束条件——可以用于路面工程的资金。

工程方面的输入包括:

①路面现状。调查、评定现有路面在结构和功能方面的使用性能状况。

②养护和改建对策。对不同类型和不同路况的路面拟定若干典型的养护和改建对策。

③使用性能预估模型。预测路面在结构和功能方面的使用性能随时间或交通量变化而变化的情况。

④费用模型。不同养护、改建对策的养护费用、建筑费用和用户费用等。

2. 项目级路面管理系统

项目级管理系统仅针对一个工程项目。它的主要任务是为管理部门对某一工程进行技术决策时提供对策,以选择费用—效益最佳的方案。

项目级管理系统的基本要素及其同网级管理系统的关系,如图13-26所示。由网级管理系统的输出,可以得到某一工程项目的三方面目标:行动目标(采取哪一种新建、改建或养护行动);费用目标(可分配到的投资额)和使用性能目标(在预定期限内应具有的使用性能指标)。项目级管理系统则是通过进一步采集特定的现场资料,拟定备选路面方案,并结合具体条件进行详细的结构计算和经济分析,以确定采用费用—效益最佳或者更合理的行动方案。

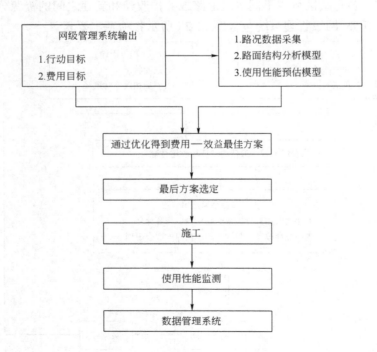

图13-26 项目级路面管理系统的基本要素

三、路面管理系统的结构与组成

完整的路面管理系统通常由三个子系统所组成:数据管理系统、网级管理系统和项目级管理系统。

1. 数据管理系统

路面管理系统必须建立在大量信息的基础上,即必须以数据系统作为支撑,才能保证系统提出的对策具有客观性。数据管理系统通常包含下述四类信息:

①设计和施工数据。交通参数、道路等级、几何参数、路面厚度、所用材料及性质试验结果、路基土性质及试验结果等。

②养护和改建数据。曾进行过的养护和改建的类型、实施的日期和费用等。

③使用性能数据。主要包括四方面:行驶质量、路面损坏状况、结构承载能力和抗滑能力。通过路况监测系统定期采集得到。

④其他。环境(降水、温度、冻冻)、材料单价等。

数据管理系统由两部分组成:数据库和路况监测(数据采集)系统。在采集数据前,必须先仔细分析哪些数据是必需的,避免把非必需的数据纳入系统。

2. 网级管理系统

网级路面管理系统通常由下述几部分组成。

①使用性能评价模型。对于通过监测系统采集到的路况资料,进行评级或评分。要由多方面的属性来表征路面所处的状态,例如损坏、平整度、结构承载能力或抗滑能力等。

②使用性能预估模型。仅靠路况数据和评价,难以比较各种对策方案,或保证得到最佳对策,因为尚不知道采取某项对策后的效果(路况的变化)。因此,需建立使用性能预估模型,即建立处于某种状态的路面在采取某项养护或改建措施后路况的有关属性(使用性能参数)随时间或交通的变化关系。

③使用性能标准和养护改建对策模型。根据使用要求、经济分析和经济条件,为公路网规定路面的使用性能标准。当路面的使用性能达不到这一要求时,须采取养护或改建措施,以恢复路况到可接受的状态。同时,要为不同等级和不同路况的路面,按当地的经验、条件和政策,制订出若干典型的养护和改建对策,供提出各种对策方案时参考。

④费用模型。包括建筑费用、养护费用和用户费用三部分。建筑费用是指新建或改建时的一次投资。养护费用则是路面在使用期间的日常养护费。用户费用是指使用道路的车辆所担负的运行费、行程时间费和延误费等。它反映了公路部门提供的投资和服务水平所产生的直接社会效益。

⑤优先次序或优化。建立管理系统的主要目的是提供最佳的路网养护和改建对策。这些对策能使整个路网在预算受约束的条件下维持最高的路况(服务)水平,或者使整个路网在满足最低使用性能标准的条件下所需的投资最少。为实现这一目标,可以采用不同的优先规划或优化方法。

目前,各国和各地区所建立的网级管理系统各具不同的形式。有的包含使用性能预估模型,有的并未包含;有的简单地按路面服务水平的高低规划先后次序;有的则采用线性规划或整数规划法以达到优化的目的。

3. 项目级管理系统

项目级管理系统的组成基本上与网级系统相同。由于项目级系统的主要任务是为网级系统所确定的工程项目提供在预定分析期内的费用—效益最佳的改建方案,因此必须采集更为详细和结合当地情况的资料,并进行具体的结构和功能分析。项目级和网级所采用的使用性能参数基本相同,但在数据采集和路况评价方面有重要差别。

四、路面管理系统的功能

路面管理系统的功能主要表现在以下几方面:
①通过监测系统采集到的客观数据评价道路的现状。
②利用具有一定可靠度的使用性能预估模型,预测各种养护和改建对策的后果。
③以客观的数据作为申请投资的依据,并可以论证不同投资(预算)水平对路网服务水平和路况的改善和影响。
④为合理地和有效地分配投资和资源提供费用—效益最佳的对策。
⑤合理地评价各种设计方案。
⑥利用监测系统采集到的数据,考察和评价设计、施工和养护方法,并为修改或制定规范提供依据。

思考题

1. 路面使用性能包括哪几方面?分别采用哪些指标表征?如何测定这些指标?
2. 简述沥青路面、水泥混凝土路面技术状况评价指标及方法。各指标及方法有何异同?
3. 何为路面预防性养护?预防性养护有哪些技术?适用条件与场合有哪些?
4. 分析沥青路面的主要病害及产生原因,如何进行养护与维修?
5. 分析水泥混凝土路面的主要病害及产生原因,如何进行养护与维修?
6. 何为路面管理系统?路面管理系统的组成、结构和功能是什么?

参 考 文 献

[1] 中华人民共和国行业标准.公路工程技术标准:JTG B01—2014[S].北京:人民交通出版社,2014.
[2] 中华人民共和国行业标准.公路技术状况评定标准:JTG 5210—2018[S].北京:人民交通出版社股份有限公司,2018.
[3] 中华人民共和国行业标准.公路养护技术规范:JTG H10—2009[S].北京:人民交通出版社,2009.
[4] 中华人民共和国行业标准.公路水泥混凝土路面养护技术规范:JTJ 073.1—2001[S].北京:人民交通出版社,2001.
[5] 中华人民共和国行业标准.公路沥青路面养护技术规范:JTG 5142—2019[S].北京:人民交通出版社股份有限公司,2019.
[6] 中华人民共和国行业标准.公路路基路面现场测试规程:JTG E60—2008[S].北京:人民交通出版社,2008.
[7] 中华人民共和国行业标准.公路路面基层施工技术细则:JTG/T F20—2015[S].北京:人民交通出版社股份有限公司,2015.
[8] 中华人民共和国行业标准.公路路基设计规范:JTG D30—2015[S].北京:人民交通出版社股份有限公司,2015.
[9] 中华人民共和国行业标准.公路工程无机结合料稳定材料试验规程:JTG E51—2009[S].北京:人民交通出版社,2009.
[10] 中华人民共和国行业标准.沥青及沥青混合料试验规程:JTG E20—2011[S].北京:人民交通出版社,2011.
[11] 中华人民共和国行业标准.公路工程集料试验规程:JTG E42—2005[S].北京:人民交通出版社,2005.
[12] 中华人民共和国行业标准.公路沥青路面设计规范:JTG D50—2017[S].北京:人民交通出版社股份有限公司,2017.
[13] 中华人民共和国行业标准.公路排水设计规范:JTG/T D33—2012[S].北京:人民交通出版社,2012.
[14] 中华人民共和国行业标准.公路沥青路面施工技术规范:JTG F40—2004[S].北京:人民交通出版社,2005.
[15] 中华人民共和国行业标准.透水沥青路面技术规程:CJJ T190—2012[S].北京:中国建筑工业出版社,2012.
[16] 北京市路政局.北京市废胎胶粉沥青及混合料设计施工技术指南[M].北京:人民交通出版社,2007.
[17] 中华人民共和国行业标准.公路水泥混凝土路面设计规范:JTG D40—2011[S].北京:人民交通出版社,2011.
[18] 中华人民共和国行业标准.公路水泥混凝土路面施工技术细则:JTG/T F30—2015[S].北京:人民交通出版社,2014.

[19] 交通部第二公路勘察设计院.公路设计手册—路基[M].2版.北京:人民交通出版社,1996.

[20] 汪旭光.爆破手册[M].北京:冶金工业出版社,2010.

[21] 高文学,邓洪亮.公路工程爆破理论与技术[M].北京:科学出版社,2013.

[22] 中华人民共和国国家标准.土方与爆破工程施工及验收规范:GB 50201—2012[S].北京:建筑工业出版社,2012.

[23] 中华人民共和国行业标准.铁路路堑边坡光面(预裂)爆破技术规程:TB 10122—2018[S].北京:中国铁道出版社,2008.

[24] 陈忠达,原喜忠,路基支挡工程[M].北京:人民交通出版社,2013.

[25] 方左英.路基工程[M].北京:人民交通出版社,1996.

[26] 方福森.路面工程[M].北京:人民交通出版社,1996.

[27] 邓学钧.路基路面工程[M].2版.北京:人民交通出版社,2005.

[28] 邓学钧,黄晓明.路面设计理论与方法[M].北京:人民交通出版社,2001.

[29] 邓学钧,陈荣生.刚性路面设计[M].北京:人民交通出版社,1990.

[30] 沙庆林.高等级公路半刚性基层沥青路面[M].北京:人民交通出版社,1999.

[31] 林绣贤.柔性路面结构设计方法[M].北京:人民交通出版社,1988.

[32] 朱照宏,王秉刚,郭大智.路面力学计算[M].北京:人民交通出版社,1985.

[33] 姚祖康.水泥混凝土路面设计理论和方法[M].北京:人民交通出版社,2003.

[34] 黄晓明.路基路面工程[M].北京:人民交通出版社,2014.

[35] 姚祖康.道路路基路面工程[M].上海:同济大学出版社,1994.

[36] 陆鼎中,程家驹.路基路面工程[M].上海:同济大学出版社,1993.

[37] 何兆益,杨锡武.路基路面工程[M].重庆:重庆大学出版社,2001.

[38] 梁富权,刘毓栋.路基路面工程[M].北京:人民交通出版社,1994.

[39] 黄维蓉.道路建筑材料[M].北京:人民交通出版社,2011.

[40] 何兆益,杨锡武.路基路面工程[M].北京:人民交通出版社,2006.

[41] 李伟.路基路面工程[M].北京:机械工业出版社,2013.

[42] 沈金安.沥青与沥青路用性能[M].北京:人民交通出版社,2001.

[43] 姚祖康.水泥混凝土路面设计[M].合肥:安徽科学技术出版社,1999.

[44] 刘中林,田文,史建方,等.高等级公路沥青混凝土路面新技术[M].北京:人民交通出版社,2002.

[45] 杨金泉.碾压混凝土路面施工技术[M].北京:人民交通出版社,2000.

[46] 傅智.水泥混凝土路面滑模施工技术[M].北京:人民交通出版社,2000.

[47] 王秉纲,郑木莲.水泥混凝土路面设计理论与施工[M].北京:人民交通出版社,2004.

[48] 徐培华,陈忠达.路基路面试验检测技术[M].北京:人民交通出版社,2000.

[49] 潘玉利.路面管理系统原理[M].北京:人民交通出版社,1998.

[50] 姚祖康.路面管理系统[M].北京:人民交通出版社,1993.

[51] 武建民.路面养护管理系统[M].北京:人民交通出版社,2014.